국가안보의
이론과 실제

[개정판]

국가안보의
이론과 실제

이성만 외

오름

National Security:
Theory and Practice

Sung Man LEE et al.

ORUEM Publishing House
Seoul, Korea
2024

서문 ————

　근대 국민국가, 주권국가의 등장 이후 국제정세는 늘 변화의 소용돌이 속에 있었지만 최근에는 더 급격하고 급속한 변화를 겪고 있는 것 같다. 범세계적으로 영토, 종교, 인종 등과 같은 전통적 갈등 요인으로 인한 안보위협이 지속되는 가운데 초국가적·비군사적 위협으로 인한 안보의 불확실성이 증대되고 있다.

　한반도가 속한 동북아 지역에서도 경제 분야의 협력과 상호의존성이 심화되면서도 안보 분야의 협력은 높아지지 않는 '아시아 패러독스(Asia's Paradox)' 현상이 지속되고 있다. 중국이 엄청난 속도와 규모로 경제적 성공을 거두자 이를 기반으로 군사적·외교적 영향력을 확대하면서 중국몽(中國夢)을 꿈꾸고 있다. 오바마 행정부의 '아시아 회기(Pivot to Asia)' 정책은 중국을 견제하면서도 미국 중심의 패권질서에 중국을 편입시키려는 시도였다. 나아가 2017년 집권한 트럼프 대통령은 미국의 주권수호와 국익증진을 최고의 가치로 여기는 '미국 우선주의(America First)'를 표방하면서 G2국 간의 첨예한 국익충돌현상을 예고하고 있다. 미국과의 군건한 동맹관계를 국가안보의 바탕으로 삼고 있는 한국의 입장에서 중국의 초민족주의(hyper-nationalism)적 행태로 인한 폐해에 어떻게 대응할 것인가의 문제는 중대한 사안이 아닐 수 없다.

　한반도의 안보환경은 북한의 핵실험과 미사일 도발로 인해 안보불안을 겪고 있다. 세계에서 유례없는 3대 세습의 독재자로 군림하고 있는 김정은은 과감한 개혁을 시도하려했던 서열 2인자이자 고모부인 장성택을 처형하고, 정권에 잠재적 도전자가 될 가능성이 큰 이복형인 김정남을 화학무기로 암살하는 등 정권유지를 위해 극악무도한 일을 서슴지 않고 있다. 더욱이 북한은 핵무기의 고도화를 통해 2017년 말에는 미국 본토 전역에 대한 핵공격능력을 확보했다고 주장하여 미국의 '화염과 분노'를 자아내고 있다. 미국은 이러한 북한의 도발에 대응하여 군사적 대응을 비롯한 모든 옵션을 검토하는 등 일촉즉발의 위기상황까지 연출되고 있다.

우리는 이러한 위중한 안보상황을 어떻게 이해하며 어떻게 대응해나가야 할 것인가? 이 책은 이러한 안보 문제들에 대한 주요개념과 원리를 설명함으로써 독자 스스로 문제해결능력을 갖추는 데 목적이 있다.

안보는 무엇을 무엇으로부터 어떻게 지켜낼 것인가에 대한 답을 모색하는 것이다. 따라서 국가안보는 "국가이익을 각종 위협(군사적·비군사적 위협, 대내·외적 위협)으로부터 다양한 수단(정치, 경제, 군사, 사회적 수단)을 통하여 보호하고 증진시키는 것"이라고 할 수 있다. 필자는 이러한 3가지 핵심개념을 중심으로 국가안보의 개념에서부터 안보확보를 위한 정책 및 전략, 위협의 종류 및 관리 그리고 한국의 안보현실에 이르기까지 국가안보를 둘러싼 총체적인 구도를 이해할 수 있도록 내용을 구성하였다. 특히 안보 관련 주요개념 및 이슈를 총망라함으로써 국가안보에 관한 포괄적인 핸드북을 지향하였다.

오늘날 한반도가 직면하고 있는 현실을 객관적으로 분석하고 한반도의 안정과 평화를 달성하는 방법을 궁리하는 것은 어느 특정한 사람의 일이 아니라 현재를 살아가는 우리 모두의 사명이다. 졸저를 늘 소중하게 받아주시고 기꺼이 개정판 출고를 허락해주신 도서출판 오름의 부성옥 대표 및 관계자 여러분들께 거듭 감사를 드리면서, 이 책을 접하는 모든 자들이 본서를 디딤돌로 삼아서 대한민국 안보의 미래를 열어나가는 통일 대국의 주역들이 될 것을 기대한다.

2018년 2월
필자들을 대표하여 이성만

차례 ————

PART Ⅲ   국가안보 위협과 관리

01

국가안보의 개념

학습내용

이 장은 국가안보의 기본 개념을 설명한다. '안보'를 학문으로서 연구하는 것이 어떤 함의를 갖는지 알기 위해서는 기본적인 개념을 이해할 필요가 있기 때문이다. 또한 안보를 구성하고 있는 요소들을 확인함으로써 이 책의 전체적인 윤곽을 파악하는 것 또한 이 장의 중요한 목표이다. 따라서 안보의 정의와 목표, 패러다임의 변화에 대하여 살펴본 다음, 안보의 주체/영역/위협/수단에 대하여 설명하도록 하겠다.

I. 머리말

우리는 의식하든 하지 않든지 간에 안보의 울타리 속에서 개인과 집단 나름의 목표를 추구하며 살고 있다. 안보가 주로 인간집단의 운명을 좌우한다는 것을 감안할 때 그 기본 단위는 주권국가가 된다. 그러므로 오늘날 각 개인은 '국가안보'라는 안전망 속에서 가치를 창출하며 살아가고 있다고 볼 수 있다. 만약 이 안전망을 소홀히 한다면 어떤 결과가 초래될까? 아마도 그간 쌓아온 수많은 가치들을 잃게 될 것이다. 안보의 가치를 소홀히 한 결과 국가는 물론 우리 선조들의 피땀 어린 문화재들마저 침탈당한 조선 말기를 떠올려보자.

백과사전에 의하면 국가안보는 국가안전보장(安全保障)의 준말이며, 이는 '외부로부터의 위협에 대하여 국가의 안전을 보장하는 일'을 뜻한다. 그렇다면 학문으로서 국가안보는 위협에 대한 대응책을 모색하여 안전보장에 힘쓰는 것을 의미한다는 것을 쉽게 추론할 수 있다. 따라서 국가안보는 심오한 철학적 가치를 깨닫거나 과학적 원리를 이해해야 하는 목적으로 하는 기초학문과는 거리가 멀다. 오히려 우리가 당면한 위협이 무엇인지, 이를 관리하고 해결하기 위한 전략과 정책에는 어떠한 것이 있으며 어떻게 도출해낼 수 있는지 구체적으로 따지는 학문이라고 할 수 있다.

일반적으로 국가안보는 "국가이익을 위협으로부터 각종 수단을 통하여 보호하고 증진시키는 것"으로 정의된다. 따라서 국가안보를 이해하기 위해서는 먼저 국가이익이 무엇을 의미하는지 파악할 필요가 있다. 국가이익의 의미를 파악하고 나면 안보의 주체, 위협, 수단과 같은 요소들을 이해하는 것은 수월하기 때문이다.

국가이익은 안보의 목표에 해당하는 것으로서 지켜야 할 대상, 혹은 추구해야 할 가치를 의미한다. 그러므로 국가마다 다소간 차이가 있을 수 있지만 영토, 주권과 같이 어떤 국가든지 포기할 수 없는 소중한 가치가 존재한다. 문제는 이렇듯 똑같이 소중한 가치라 할지라도 안보의 주체에 따라서 마주하는 위협의 강도와 동원 가능한 대응수단에는 차이가 있을 수밖에 없다는 것이다. 국력이 강한 국가는 위협 자체가 적거나 위협이 생기더라도 당당하게 대응할 수 있겠지만 약소국의 경우 영토를 양보하거나 다른 소중한 가치를 내어주는 식의 소극적인 대응을 피하기 어려운 경우가 많다.

따라서 자국의 국가이익이 무엇인지, 이에 대한 위협은 어느 정도이며, 어떠한 수단을 통하여 대응할 수 있는가를 정확하게 인식하고 연구하는 것은 국가가 안보의 울타리로서 제대로 기능하기 위하여 가장 근본적인 준비라고 할 수 있다. 이 장에서는 안보의 정의와 목표, 패러다임의 변화를 통하여 안보란 무엇인지 고찰하고, 안보의 구성요소를 주체/영역/위협/수단으로 나누어 살펴보면서 안보 연구의 첫걸음을 내딛어보자.

II. 안보란 무엇인가?

1. 안보의 정의

우리에게 안보란 그다지 낯선 개념이 아니다. 안보관련 분야에 종사하는 사람이 아니더라도 세상과 담을 쌓고 살지 않는 한 하루에도 몇 번씩 듣기 마련이다. "유엔안전보장이사회는 어떠한 형태의 테러리즘도 국제평화와 안전에 가장 심각한 위협이 되며, 테러행위는 그 동기에 관계없이 범죄이며 정당화할 수 없음을 재확인한다", "북핵 위기는 주변국 안보에 치명적인 문제를 야기할 수 있습니다", "오존층 파괴로 인한 안보위협으로 인하여 도서국가들은 대응책 마련에 들어갔습니다"와 같은 사례에서 잘 드러나듯 우리가 의식하지 못하고 있었을 뿐 친숙한 단어임에 틀림없다.

친숙한 단어라고 해서 정의하는 것이 쉬운 일은 아니다. 단적인 예로 '사랑'을 들 수 있다. 사랑만큼 모든 사람들이 고민하는 친숙한 단어도 없지만, 이 개념을 명료하게 정의할 수 있는 사람은 그다지 많지 않다. 그렇다면 안보의 개념에 손쉽게 접근할 수 있는 방법에는 무엇이 있을까? 조금은 진부할 수도 있지만 동, 서양에서 이 단어가 어떻게 형성되고 사용되어왔는지 그 어원을 거슬러 올라가보는 것도 하나의 방법이 될 수 있다.

안보는 '安: 안전, 편안함'과 '保: 지키다, 보호하다'라는 한자가 결합한 단어로서 '안전을 지키다'라는 의미를 갖는다. 라틴어 어원을 찾아봐도 흥미로운 결과를 얻을 수 있다. 안보(security)는 라틴어 'Securitas'에 기원을 두고 있다. 이는 'se: ~으로부터 자유롭다'와 'curitas: 불안, 근심, 걱정'의 합성어로 '불안, 근심으로부터의 자유'를 의미한다.

안전을 지킨다는 표현에는 위협의 존재와 주체의 행동이 전제되어 있다. 무언가 위협이 있기에 주체가 지키는 행동을 한다는 것이다. 또한 불안이란 위협에서 비롯되는 것이며, 이로부터 자유롭고자 한다면 사전에 불안요소를 제거하거나 충분한 대비를 하는 등 적절한 행동이 뒤따라야 한다. 이로 미루어볼 때 안보라는 개념은 주체와 대상에 있어서 유연한 적용이 가능하지만 기본적으로 '위협'과 '행동'을 전제하고 있음을 알 수 있다. 즉, 어떠한 위협으로부터 스스로를 지키기 위한 일련의 행동을 하는 것으로 안보를 정의할 수 있다는 것이다.

하나의 사례를 들어보자. 냉전 시대까지만 하더라도 개개인의 인권은 안보의 대상이 아니었다. 국가에 대한 군사적 침범이 주된 안보위협으로 인식되었으며, 영토를 지키고 이데올로기를 수호하기 위해서라면 인권은 다소나마 희생할 수 있는 요소였다. 그러나 냉전이 종식됨에 따라 국가는 안보의 주체로서의 독점적인 지위를 상실하게 된다. 국가 간 분쟁을 조정하는 데 있어서 국제기구들의 역할이 늘어났으며, 정보통신기술의 발달로 정부를 통하지 않는 비공식적인 교류가 일상화되자 다국적기업, 시민단체와 같은 비국가행위자(non-governmental actors)들의 역할 또한 증대되었기 때문이다. 이들 새로운 안보주체들에 의하여 개인의 인권에 대한 문제제기가 이루어지고, 위협에 대응하는 '행동'이 이어지면서 군사안보에 대별되는 소위 '인간안보'라는 새로운 안보부문이 등장하기에 이른다.

이 사례에서 우리는 주체와 대상의 변화에도 불구하고 안보의 본질, 즉 위협과 그에 대한 대응이라는 구조에는 변함이 없음을 파악할 수 있다. 시대와 상황의 변화에 따라서 주체와 대상에 있어서 변화 있었지만 위협의 존재와 그에 따른 행동이라는 본질은 그대로라는 점에서 인권 역시 안보의 한 부문으로 인정받을 수 있는 것이다. 이상의 정의를 바탕으로 안보의 패러다임과 구성요소들에 대하여 살펴보도록 하자.

2. 안보 패러다임의 변화

패러다임은 "어떠한 사물이나 개념에 대한 한 시대 사람들의 견해나 사고를 근본적으로 규정하고 있는 이론적인 틀, 혹은 인식의 체계"를 의미한다. 어떠한 사물이나 개념에 대한 다양한 견해가 존재하고 있더라도 그중에서 특정한 입장이 그 시대 사람들로부터 정론으로 받아들여지고 있다면 이를 패러다임이라고 한다는 것이다. 따라서 안보 패러다임은 무엇을 안보로 볼 것인지를 규정하는 이론적 틀 내지는 인식의 체계라고 할 수 있다.

여기서 우리는 '시대'라는 표현에 주의할 필요가 있다. 시대가 바뀌거나 상황이 달라지면 패러다임이 변화할 수도 있음을 함축하는 표현이기 때문이다. 예를 들어 천동설은 프톨레마이오스가 주장한 이래 1000년이 넘는 세월 동안 천체의 운동에 관한 확고부동한 패러다임이었다. 반면 지동설은 기원전 3세기 아리스타르코스에 의해 학설로서 주장된 바 있었지만 근거없는 낭설로 치부되고 있었다. 그러나 관측기술이 발달하고 과학에 대한 종교적 제약이 약화되면서 상황은 달라진다. 적지 않은 시간이 소요되었지만 결국 코페르니쿠스와 갈릴레이 등이 지동설을 뒷받침하는 과학적 측정법과 논거를 거듭 제시하면서 지동설은 천동설을 대신하는 새로운 패러다임으로 인정받기에 이른다.

이러한 사례를 통하여 우리는 안보 패러다임 또한 변화할 수 있음을 예상할 수 있다. 오랜 세월 당연시해온 패러다임이 있을지라도 시대와 조건이 달라지면 경쟁하던 다른 견해가 새로운 패러다임으로 부상할 수 있다는 것이다. 이와 더불어 안보문제를 다루는 사회과학에서는 자연과학에서와 달리 복수의 견해가 패러다임으로 인정받기도 한다는 사실을 간과하지 말아야 한다. 자연과학에서처럼 과학적으로 논증되는 진리가 아닌 이상 사회과학 이론에서는 복수의 정답이 존재할 수도 있기 때문이다.

안보 패러다임에서는 국가안보 패러다임이 오랜 세월 주류로 받아들여져 왔다. 국제안보 패러다임 역시 경쟁하는 입장으로 적지 않은 주목을 받아왔지만 냉전시기까지를 놓고 볼 때 인류의 안보문제를 설명하는 주된 틀로서의 역할은 국가안보 패러다임의 몫이었다. 그렇지만 냉전이 종식되고 탈냉전 시대로 접어들면서 국제안보 패러다

〈참고 1-1〉리바이어던

....

영국의 철학자 토마스 홉스는 국가를 리바이어 던에 비유한 바 있다. 리바이어던은 성서 '욥기' 에 나오는 영생의 동물로서 강력한 힘을 가진 존재를 표상한다. 홉스는 자연상태의 모든 인간 은 평등하며, 그렇기 때문에 각자 자유와 행복 을 추구할 권리를 갖는다고 했다. 또한 개인의 입장에서는 자기이익을 일관되게 추구하는 것 이 합리적이다. 그러나 각자 자신만의 권리를 무한대로 추구할 경우 상호 충돌이 불가피하게 되고 결국 현실사회는 '만인의 만인에 대한 투 쟁'의 모습을 지니게 된다. 그렇게 되면 누구도 자신의 권리를 보장받을 수 없기 때문에 홉스는 사회계약을 통해 법과 나라를 만들고 그 국가가 강력한 주권을 행사함으로써 질서를 유지해야 한다고 주장했다. 홉스의 주장은 일견 절대왕정

의 주권행사를 옹호하고 이에 대한 복종을 정당화하는 논리로 보인다. 그러나 주권 이 본래 시민 개개인에게 있으며 시민의 자발적 동의와 계약에 기초하여 국가가 성립 하였음을 주장함으로써 근대 서구 자유주의 사상의 토대를 마련한 것 또한 사실이다.

임의 가치가 제고되고 현실화되면서 국가안보 패러다임은 예전만큼 압도적인 영향력 을 행사하지 못하게 되었다. 아직 어느 한 쪽이 다른 쪽을 완전히 대체하지는 못하는 상황이지만 변화가 나타난 것은 사실이다.

그렇다면 두 가지 패러다임에 대하여 보다 자세히 살펴보도록 하자. 먼저 국가안보 패러다임을 이해하기 위해서는 국가가 등장한 배경을 살펴볼 필요가 있다. 우리는 굳이 인류학적인 근거까지 확인하지 않더라도 국가가 등장하기 이전 원시시대의 풍경 이 그다지 평화롭지 않았으리라는 사실을 쉽게 유추할 수 있다. 원시 자연상태에서 인류는 예리한 발톱도 두꺼운 가죽도 가지지 못한 미약한 존재로서 사나운 짐승의 위협마저도 두려워해야만 했다. 무리를 짓고, 도구를 발명하면서 짐승과 굶주림의 위협으로부터는 제법 자유로워졌으나, 바야흐로 무리 간의 갈등이 생기면서 더 큰 위 협에 직면해야만 했다. 실용적인 근거를 찾기 어려운 대규모 살육과 전쟁은 일상이 되었다. 그야말로 살아서 숨을 쉬는 한 불안으로부터 자유롭기 어려운 시기였다고

해도 과언이 아니다. 홉스는 이 시기를 '만인에 대한 만인의 투쟁'의 시기로 표현한
바 있다.

약육강식의 현실과 자신을 지키려는 의지가 서로 결합하면서 인간의 무리는 점차
규모를 키우게 된다. 안전을 보장받기 위해서는 힘이 필요하고, 힘은 규모에서 나왔기
때문이다. 이러한 인간의 무리는 문명이 발전함에 따라서 '국가'의 체계를 갖추게 되
었고, 합법적인 폭력은 국가의 이름 아래 정리되기에 이른다. 국가를 단위로 한 분쟁
에는 끝이 보이지 않을지언정 국가 내부의 질서는 다스려지기 시작한 것이다. 결과적
으로 인류는 국가라는 단위체에 의하여 각종 치명적인 위협으로부터의 생존을 보장받
게 된 셈이다.

이처럼 국가가 안보를 책임지는 핵심적인 주체이자 단위로 자리매김한 것은 1648
년 베스트팔렌 조약이 기점이다. 국경을 기준으로 내부에서 벌어지는 일에 관해서는
국가가 결정권을 갖는 '주권(sovereignty)' 개념이 등장하면서 국가는 국내 치안을 다스
리고 외부로부터의 침략을 대비하는 데 있어서 확고한 권위를 부여받게 된 것이다.
이로써 안보문제에 있어서도 국가중심성이 확립되기에 이른다. 이 장의 제목에서도
잘 드러나듯 이때부터 국가와 안보는 하나의 단어로 결합하여 불가분의 관계로 인식
되기에 이르며, 이러한 패러다임을 '국가안보 패러다임'이라고 한다. 이 패러다임에서
는 안보의 가치를 절대적인 것으로 인식한다. 따라서 어떠한 경우에도 자신을 지킬

〈참고 1-2〉 주권(Sovereignty)

주권은 근대 이후 국가 간 국제체제의 근간을 이루는 개념으로서 제한된 공간적 영역
에 대한 독립적인 지배력 및 상호 불가침을 원칙으로 한다. 유럽의 크고 작은 국가들
이 대거 연루되었던 30년 전쟁이 종식된 1648년, 전후 처리를 위하여 맺어진 베스트
팔렌 조약에서 처음 등장하였으며, 이후 동아시아를 비롯한 전 세계에 전파되면서
오늘날까지도 국제사회를 구성하는 기본원리로 작동하고 있다. 주권 개념은 비록 국
제기구라 할지라도 국가 상위에 존재하는 것이 아니며, 주권을 행사하는 국가 간의
합의에 의해 형성됨을 전제로 한다. 일제에 의한 무단 국권침탈을 경험한 우리나라로
서는 외부의 간섭으로부터 주권을 수호한다는 것의 의미가 남다르지만 독재국가의
경우 다소 다른 맥락이 존재하기도 한다. 중국의 경우 자국민에 대한 인권탄압을 자
행하면서도 이에 대한 국제적인 비판의 목소리를 주권에 대한 간섭으로 취급하기 때
문이다.

수 있도록 강력한 군사력을 건설하고 동맹을 맺음으로써 세력균형을 달성하는 데 노력을 기울이는 것을 중시한다.

현실주의적 가정에 이론적 바탕을 둔 국가안보 패러다임과 달리 국제안보 패러다임은 현실주의적 사고로부터 벗어나는 데에서 출발한다. 즉, 국제정치를 주도하는 것은 주권국가임에 틀림없지만 그 국가들이 모여서 이룬 국제사회에서는 '새로운 동학'이 작용하기에 국가중심적인 사고에서는 설명할 수 없는 일들이 나타난다는 것이다. 새로운 동학은 국가들은 그들이 형성한 사회의 규칙과 제도에 의해 구속당함을 의미한다. 따라서 국가들은 상호의존성에 따라서 취약성과 민감성을 갖게 된다.

국제안보 패러다임에서도 안보는 중요한 가치이다. 그렇지만 국가안보 패러다임에서처럼 절대적인 가치로 중시되는 것이 아니라 상대적인 가치로 중시된다. 즉, 안보를 위하여 다른 가치들을 희생시키는 대신 자국의 안보를 훼손하지 않는 선에서 최대한 자유와 평등, 번영과 같은 가치들을 지키고자 한다는 것이다. 따라서 국제안보 패러다임에서는 대화와 협력을 통하여 공존하는 것 또한 안보를 추구하는 하나의 수단으로 여겨진다. 이러한 협력이 제도화되고 신뢰가 축적되면 지역적 차원의 안보공동체를 형성하여 공생공영을 도모할 수도 있다는 것이다.

흥미로운 것은 두 패러다임이 안보의 주체와 수단에 대하여 인식을 달리하고 있음에도 불구하고 안보의 목표에 관해서는 기본적인 공감대를 형성하고 있다는 것이다. 즉, 국가 간 협력을 통한 안보를 추구하거나 국가이익을 다소간 양보하는 일이 있더라도 이는 어디까지나 이러한 방법을 통해서 안보 목표의 달성을 앞당길 수 있다는 발상

〈참고 1-3〉 국가안보 패러다임 vs 국제안보 패러다임

패러다임	주요 행위자	성격	안보 속성
국가안보	국가	전통적 안보 군사안보 국가 중심적 안보	안보의 절대성 추구
국제안보	국가, 국제기구, 제도	비전통적 안보 포괄적 안보 협력안보	안보의 상대성 인정

에서 출발하는 것이지 목표 자체가 변경된 것은 아니다. 이러한 이해를 바탕으로 아래에서는 안보의 목표에 대해서 살펴보도록 하자.

3. 안보의 목표

국가가 안보를 책임지는 주체로 자리매김한 이래 국가는 안보를 지키는 주체이자 대상으로서 존재해왔다. 그렇다면 우리는 국가가 무엇인지 파악함으로써 안보의 목표를 이해할 수 있을 것이다. 하지만 이를 정의하는 것은 결코 간단한 문제가 아니다. 일상적으로 사용하는 단어임에도 불구하고 이것이 지칭하는 대상이 무엇인지, 함축하고 있는 가치가 무엇인지에 대해서는 이해가 쉽지 않기 때문이다. 따라서 국가가 성립하기 위한 최소조건부터 살펴볼 필요가 있다.

국가는 기본적으로 일정한 영토, 국민, 그리고 주권이 갖추어졌을 때 성립한다. 이 가운데 무엇 하나라도 상실하게 된다면 더 이상 국가로 존립할 수 없다. 예를 들어 조선이라는 국가가 사라진 것은 주권을 상실했기 때문이었고, 대한민국 임시정부가 수립되어 상당한 유민들이 모였음에도 국가로 인정받지 못한 것은 영토가 없었기 때문이다. 따라서 안보의 대상이 국가라고 할 때 안보의 목표는 자연스레 영토, 국민, 주권을 수호하는 일이 된다.

그렇지만 영토, 국민, 주권을 안보의 목표로 규정하고 현실을 고찰할 때 한 가지 문제가 발생한다. 영토, 국민, 주권 등의 요소들이 안보의 궁극적인 대상임에 틀림없지만 여기에만 주목하다 보면 실제 안보에 대한 위협을 제대로 파악하지 못하거나 대응시기를 놓칠 수도 있기 때문이다. 실제로 적지 않은 안보위협이 영토나 국민, 주권 자체를 공격하는 대신 경제이익이나 이데올로기와 같은 국가의 중요한 가치나 이익을 서서히 침탈하는 형태로 나타나고 있다. 따라서 우리는 중요한 국가이익 또한 안보의 목표로서 고려해야 한다.

이때 문제는 어떤 이익까지를 안보의 목표로 삼을 것인가 하는 점이다. 중국어선이 영해를 침입하여 어류를 남획하는 것, 중국산 마늘 수입으로 국내 마늘 농가들이 고통을 겪는 것은 분명 이익을 침해당한 것이지만 이를 안보의 목표로 삼는 것은 지나친 행위라고 여겨진다. 그렇다면 안보의 목표가 되는 국가이익은 어떤 것일까?

국가이익은 통상 중요도에 따라서 4가지로 구분한다(Snow 2008; 구영록 1995). 생존적(survival) 이익, 치명적(vital) 이익, 핵심(major) 이익, 그리고 지엽적(peripheral) 이

〈참고 1-4〉 한국의 국가이익

문재인 정부는 급변하는 안보환경에 효과적으로 대응하고 국정 목표인 '평화·번영의 한반도'를 실현하기 위해 아래와 같은 국가안보 목표를 설정하고 그에 따른 전략 기조와 과제를 제시했다.
▲ 북핵 문제의 평화적 해결 및 항구적 평화 정착
▲ 동북아 및 세계 평화·번영에 기여
▲ 국민 안전·생명을 보호하는 안심 사회 구현

익이 바로 그것이다. 생존적 이익은 영토나 주권처럼 국가의 존립에 직접적으로 관계되는 이익으로 침해되었을 경우 즉각적인 전투도 불사해야 하는 이익을 의미하며, 치명적 이익은 기간산업이나 각종 인프라시설 등 국가의 정상적인 기능과 관계되는 사항으로 군사행동을 포함한 강경한 대응까지도 필요로 하는 이익을 의미한다. 그외 핵심 이익은 충분한 방지책이 마련된다면 예방할 수 있으나 그렇지 못하였을 경우 심각한 손실이 예상되는 문제를 의미하며, 지엽적 이익은 긴급하지도 그다지 중대하지도 않은 문제이지만 간과할 수 없는 이익을 지칭한다. 따라서 핵심 이익과 지엽적 이익의 경우에도 세심한 노력이 필요하지만 상황에 따라서 협상의 여지가 존재한다.

요점정리

- 안보의 본질은 위협이 존재하고 그에 따른 행동을 고민한다는 데 있다.
- 패러다임은 어떠한 사물이나 개념에 대한 한 시대 사람들의 견해나 사고를 근본적으로 규정하고 있는 이론적인 틀, 혹은 인식의 체계를 의미한다.
- 국가안보 패러다임에서는 국가를 안보의 주요 행위자로 바라보며 군사안보의 영역을 중심으로 안보의 절대성을 추구한다.
- 국제안보 패러다임에서는 국가뿐만 아니라 국제기구와 제도 또한 중요한 행위자로 인식하며 포괄적 안보영역에 대하여 안보의 상대성을 추구한다.
- 안보의 목표에는 영토, 국민, 주권과 여러 국가이익이 속한다.
- 국가이익은 중요도에 따라서 생존적 이익, 치명적 이익, 핵심 이익, 지엽적 이익으로 구분된다.

앞서 살펴본 패러다임의 변화와 더불어 안보의 목표 역시 확대 추세를 보이고 있다. 특히 이전에는 선언적 의미에 그쳤던 국민의 복지향상과 평화공존, 인류공영 등의 가치는 국민여론의 비등과 대외이미지 관리 차원뿐만 아니라 인간안보 개념의 부상 및 협력안보 기제의 확충에 힘입어 핵심 이익의 위상을 확고히 하기에 이르렀다.

III. 안보의 구성요소

1. 안보의 주체

안보의 개념을 정의하면서 이 개념은 '행동'을 전제하고 있음을 밝힌 바 있다. 어떤 움직임이 있다는 것은 기본적으로 움직임을 일으키는 사물이 존재함을 의미한다. 안보 개념에 있어서 이 사물을 '주체'라고 표현한다.

여기서 행동은 기본적으로 위협에 대한 대응을 의미한다. 어떠한 위협이 존재할 때 주체가 나서서 대응하는 것이 안보의 기본적인 동학이기 때문이다. 그렇지만 이러한 대응이 다른 주체에게는 위협으로 다가올 수도 있다. 예를 들어 터키와 지속적인 갈등을 빚어온 그리스가 자국의 안보를 지키기 위하여 신형전투기를 대거 구매하는 행동은 발칸 반도의 여러 소국들에게 의도치 않은 위협으로 다가올 수 있다. 따라서 안보의 주체는 안보를 수호하는 행위자를 지칭하기도 하지만 안보 위협을 야기하는 행위자를 지칭하기도 한다는 것을 알 수 있다.

상술한 예에서 잘 드러나듯 가장 대표적인 안보의 주체는 바로 국가이다. 국제관계라는 것이 형성된 이래 국가는 늘 안보의 가장 핵심적인 주체였으며 오늘날에도 여전히 가장 중요한 주체임에 틀림없다. 국가가 대표적인 주체로 손꼽히게 된 배경에는 크게 두 가지 이유가 있다. 첫째, 국가는 상호 간에 질적·양적으로 가장 큰 위협을 제공하는 존재이다. 다른 주체들이 야기하는 위협이 아무리 다양하더라도 국가만큼 치명적인 위협을 가할 수는 없기 때문이다. 둘째, 국가는 다양한 안보위협을 사전에 예방하고 대비하도록 우리가 세금을 납부하는 유일한 주체이다. 우리의 안보가 유지되는 데 중요한 역할을 맡고 있는 다른 주체도 존재하지만 이들은 일상적인 인식의 범위 밖에 있는 경우가 많기 때문이다.

그렇다면 국가를 제외한 다른 주체에는 무엇이 있을까? 가장 우선적으로 떠오르는 것은 아마도 국제연합(UN)을 위시한 각종 국제기구일 것이다. 북한의 기습적인 남침으로 인해 풍전등화의 신세까지 몰렸음에도 불구하고 우리나라가 독립을 보전할 수 있었던 것은 국제연합의 신속한 개입 덕분이었음을 떠올려보자. 세르비아 군에 의해 코소보에서 자행되었던 잔혹한 인종청소 사태 역시 북대서양조약기구(NATO)의 개입에 의하여 진정될 수 있었다. 이러한 사례들에서 잘 드러나듯 국제기구 역시 그 비중을 무시할 수 없는 안보의 주체임을 확인할 수 있다.

국제기구는 크게 두 가지로 구분된다. 국제 정부간기구(intergovernmental organization)와 국제 비정부기구(international non-governmental organization)가 바로 그것이다. 국제연합, 북대서양 조약기구는 국제 정부간기구에 속한다. 여러 국가에서 대표를 파견하고 예산을 갹출하여 운영되는 경우가 대부분이기에 영향력이 강력한 한편, 주요 강대국의 입김에서 자유롭지 못하다는 특징을 갖는다. 국제 비정부기구는 국제적십자사, 국경 없는 의사회, 혹은 그린피스 등이 대표적인 사례이다. 이들은 환경, 군축, 인권 등 지구적 관심을 요하나 주권국가들에 의해서 충분히 다뤄지지 못하고 있는 안보 부문에서 적극적인 활동을 펼치고 있으며, 재정적인 한계에도 불구하고 각국의 비정부기구(non-governmental organization)들을 네트워크로 엮어냄으로써 국제적인 영향력을 발휘하고 있다.

이외에도 다국적기업, 테러집단, 국제적 저명인사를 주요한 안보주체로 꼽을 수 있다. 다국적 기업은 특정한 국가의 국경을 넘어 여러 국가에서 생산 및 판매 활동을 하는 기업을 의미하며, 보잉사와 같은 군산복합체가 여기에 포함된다. 다국적기업이 안보주체 가운데 하나로 언급되는 이유는 이들이 안보에 미치는 막대한 영향력 때문이다. 세계화라는 거대한 온실 속에서 다국적기업의 연매출은 웬만한 국가의 연간예산 규모를 훌쩍 뛰어넘고 있으며, 이를 유지하기 위하여 이들은 정보전과 사전로비를 통한 정책결정과정에의 개입을 불사하고 있다.

테러집단은 동서양을 막론하고 수천 년 전부터 존재해온 안보주체 가운데 하나이다. 일본의 닌자나 이슬람 세계의 어쌔신(assassin)은 영화에 잠시 출연하였던 상상의 존재가 아니라 암살을 통하여 실제 역사를 바꾸어놓았던 중요한 행위자였기 때문이다. 다만 근대 이후 급격한 군사기술의 발달과 냉전시기 치열한 진영 간 대립으로 인하여 부수적인 행위자로 밀려나 있었을 따름이다. 테러집단의 안보주체로서의 존재감은 탈냉전 이후 세계 각지에서 인종적·종교적 갈등이 증폭되고, 이들에게 대량살상무기를 비롯한 파괴력 높은 장비들이 유입됨에 따라 커지고 있는 추세이다.

국제적 저명인사 역시 안보문제에서 무시할 수 없는 비중을 차지한다. 특정한 자격 요건이나 기준이 존재하는 것은 아니지만 대체로 주요 강대국 및 국제연합(UN)의 전, 현직 지도자나 노벨 평화상 수상자, 혹은 종교 지도자 등 국제적인 인지도와 영향력을 겸비한 인사들이 여기에 해당한다. 빌 클린턴 전 미국 대통령이나 넬슨 만델라 전 남아프리카 공화국 대통령이 대표적인 사례이다.

국가를 제외한 여타 안보주체들의 역할 증대는 안보영역의 확대와 국제체제의 변화에서 기인한다. 냉전이 종식됨에 따라 핵전쟁과 3차 대전의 공포에 억눌려있던 다양한 안보영역들에도 조명이 비춰지기 시작하였고, 지구온난화로 인한 환경재해의 증가로 인하여 단일 국가가 개별적으로 자국의 안보를 확보하기 어려워졌기 때문이다. 또한 양극에 집중되어 있던 권력이 분산되고, 세계화의 확산으로 국가 간의 상호의존성이 심화되면서 국가 간의 협력의 필요성이 제고된 측면도 경시할 수 없다.

2. 안보의 영역

안보의 영역은 안보 주체(subject)가 관심을 가지는 대상을 의미한다. 즉, 안보 객체(object) 또는 보호대상, 지켜야 할 가치 등을 의미한다. 냉전시기만 해도 국가안보는 군사안보와 동일시되었으나 탈냉전으로 군사안보 외에도 사회안보, 경제안보, 정치안보, 과학기술안보, 환경안보 등이 등장하게 되었다(김열수 2011).

먼저 군사안보 부문에서는 우리가 일반적으로 생각하는 안보의 영역을 다룬다. 대내외적인 군사적 위협으로부터 영토, 주권, 국민을 보호하기 위한 능력을 함양하는 것을 안보주체의 역할로 인식하기 때문이다. 여기서 대내외적인 군사적 위협은 주적이나 잠재적 적국으로부터의 공격과 테러집단에 의한 초국가적 위협, 그리고 국내 반정부세력에 의한 군사적 분리운동 및 정부전복 시도, 헌정질서를 파괴하는 유혈폭동 등을 모두 포함한다.

사회안보 부문에서는 국가의 정체성을 보호하고 향상시키는 것을 안보문제로 인식한다. 즉, 민족·종교·언어·문화 등 집단의 정체성을 지키지 못할 경우 그 국가는 존립의 근거를 상실하게 된다는 것이다. 국가마다 이러한 정체성의 구성요소가 다르기 때문에 일반화하기는 어렵지만 사회안보의 문제로부터 자유로운 국가는 존재하지 않는다. 정체성을 놓고 벌이는 '수평적 경쟁'과 '수직적 경쟁'의 문제가 있기 때문이다. 수평적 경쟁은 다른 국가의 정체성이 유입되어 자국의 정체성과 경쟁을 벌이면서

발생하게 되는 문제를 의미한다. 최근 중국, 대만, 일본에서 한류에 대한 역풍으로
나타나는 혐한류, 혹은 반한류가 대표적인 사례이다. 수직적 경쟁은 다원주의가 배제
된 채 국가 내의 집단 사이에서 발생하는 경쟁을 의미한다. 중앙정부가 공용어 사용을
강요하면서 토착의 언어와 문화를 말살하고자 하다가 분쟁으로 발전한 바 있는 인도
네시아의 사례나 구 유고연방 내 7개 공화국이 정체성을 놓고 수직적 경쟁을 벌이다
가 결국 내전을 겪은 끝에 분할된 사례가 대표적이다. 이처럼 사회안보의 문제가 발전
하면 군사안보의 문제가 되기도 한다.

경제안보 부문에서는 "국민의 복지와 안정, 그리고 국력의 수준을 유지하고 향상시
키는 것"을 안보의 문제로 여긴다(김열수 2011: 154). 경제가 시장원리에 따라서 움직
이는 이상 경제 부문을 군사부문처럼 통제하고 관리하는 것은 불가능하다. 그럼에도
불구하고 경제를 안보의 한 부문으로 인식하는 것은 이 부문과 여타 안보부문, 즉
군사, 사회, 정치 부문이 긴밀한 연관성을 갖기 때문이다. 여기서 연관성이란 다음과
같은 사항을 의미한다.

첫째, 군사력 건설 및 유지는 국가의 경제적 능력에 직접적인 영향을 받는다. 경제
력이 약한 국가가 과도하게 군사력을 건설할 경우 구 소련의 사례처럼 국가 자체가
붕괴할 수 있다. 둘째, 경제력 자체가 국가의 위상을 결정한다. 군사력과 결부시키지
않더라도 경제적 능력이 뛰어난 국가의 경우 국제관계에서 협상으로 해결할 수 있는
여지가 커지기 때문에 안보문제에 있어서 유리한 고지를 차지하기 쉽다. 셋째, 경제적
안정이 유지되지 않을 경우 사회·정치안보에 있어서 갈등이 심화된다. 대공황 발생
이후 세계 각지에서 갈등과 분쟁이 들불처럼 번진 것은 우연한 일이 아니었다.

마지막 정치안보 부문은 국가의 정통성을 발전시키고 정치적 안정성을 유지하는
것을 안보문제로 인식한다. 따라서 자국과 다른 정치체제를 가진 국가와의 이데올로
기적 대립, 국내의 인종, 민족, 종교적 갈등에 대한 적국의 분열책동, 그리고 자국의
인권탄압에 대한 국제사회의 간섭 등은 총칼이 드러나지 않더라도 직접적인 안보위협
으로 인식되기 마련이다.

이상에서 살펴본 바와 같이 안보의 영역은 군사안보 외에도 사회안보, 경제안보,
정치안보를 중요한 축으로 삼고 있다. 이들은 다소간 중첩된 영역을 가지고 있지만
서로 다른 문제를 포착하고 있다는 점에서 연구의 가치를 갖는다.

이밖에도 이들 4개 부문이 포괄하지 못하고 있는 영역들도 존재한다. 이는 근본적
으로 앞서 살펴본 안보 패러다임의 변화와 안보 주체의 다양화에 따라서 안보영역이

요점정리

···

- 국가는 가장 핵심적인 안보 주체로서의 위상을 가지고 있다.
- 국제기구는 국제 정부간기구와 국제 비정부기구로 구분된다.
- 세계화와 탈냉전의 영향으로 안보에 있어서 다국적기업과 테러집단의 영향력이 증대되고 있다.
- 안보의 영역은 군사/사회/경제/정치 안보 부문에서 논의될 수 있다.
- 비전통적 안보영역은 안보패러다임의 변화와 안보주체의 다양화에 따라 안보영역이 점차 확장 및 세분화되는 추세에서 나왔다.
- 비전통적 안보영역은 탈냉전과 양극체제의 붕괴, 세계화와 정보혁명, 인간안보 등장 등에서 비롯된다.

점차 확장 및 세분화되는 추세에 있기 때문이다.

이처럼 분야별 안보는 군사안보를 제외하고는 이른바 '비전통적 안보영역'으로서, 이는 탈냉전과 양극체제의 붕괴, 세계화와 정보혁명 그리고 인간안보 개념의 등장 등에서 더욱 두드러지게 나타낸다. 탈냉전으로 군사안보의 절대성이 약화되고 여타 안보영역의 상대적 중요성이 커지게 되었다. 군사안보에 집중되었던 관심이 다른 영역으로 분산되었으며 냉전시기 동안 이데올로기에 의해 봉인되었던 민족·종교·역사적 갈등들이 일제히 수면위로 올라오게 되었다. 따라서 해적, 과격 종교단체, 테러집단과 같은 비정부기구가 안보위협을 야기하는 주된 원천으로 부상하게 되었다.

세계화는 일반적으로 기업의 활동, 즉 생산 및 판매의 범위가 국경을 초월하고, 자본의 이동이 자유로워지며, 다른 국가 및 민족의 문화가 우리의 생활 깊숙한 곳까지 유입되는 현상을 지칭한다(Aydinli 2006; Schneider 2003). 세계화는 경제의 상호의존성 증대를 낳게 되었는데 이는 두 가지 측면에서 새로운 위협으로 다가오고 있다.

첫째, 세계화로 인한 경제적 상호의존 심화는 경제안보 부문에 있어서 전례가 없는 위협을 야기했다. 상호의존이 아니었다면 특정국가, 지역의 문제로 끝났을 그리스, 스페인의 방만한 재정운영 등으로 인한 경제위기의 여파가 세계 각국의 경제위기로 이어지고, 이 나라들과는 관계없는 약소국까지도 연쇄적인 위기상황에 봉착하게 만들었다. 또한 상호의존의 심화는 민감성과 취약성이라는 측면에서 국가의 대응 능력을 약화시킨다는 문제를 갖고 있다(Keohane and Nye 1998). 경제적 효율성을 위하여 국가들은 비교우위에 따른 생산을 하게 되지만 어딘가 문제가 발생하여 유통과 공급이 제대로 이루어지지 않게 될 경우 국가적 위기에 빠질 수 있다. 특히 생존과 직결되는 식량이나 에너지 자원의 경우 국가안보에 위협이 될 수 있는데 이 때 발생하는 위협의 정도를 취약성이라고 한다. 한편 부족한 자원을 대체할 수 있는 다른 자원이나 이를 제공할 수 있는 다른 국가가 없을 경우 발생하는 위협의 정도를 민감성이라고 한다. 문제는 이러한 사실을 이용하는 국가나 테러집단들이 존재한다는 것이다. 예를 들어 러시아는 자국의 천연가스에 난방을 의존하게 된 우크라이나를 비롯한 동유럽 국가들에게 일방적인 가스값 인상을 통보하였고 이에 응하지 않은 국가들에 대한 가스공급을 중단함으로써 해당 국가에서는 동사자가 발생하는 참변이 발생했다.

안보 영역의 확대의 또 다른 요인은 정보화이다. 정보화는 인터넷을 비롯한 정보통신기술의 혁신적인 발전으로 인한 변화를 통칭한다. 정보가 이제는 토지, 자본에 비견될 수 있는 새로운 차원의 자원으로서 생산, 유통, 분배, 소비되기 시작하였다(Wilson 2004). 어떤 집단이 무슨 목적으로 사용하는가 여부에 따라서 전혀 다른 결과를 가지고 올 수 있는 새로운 자원이 등장한다. 정보화의 결과 우리가 익히 알고 있는 긍정적인 효과 외에도 예상치 못한 피해들이 늘어날 수 있다는 사실을 내포한다. 이미 온라인을 통한 해킹을 비롯한 사이버 테러는 경제적인 피해를 넘어서 국가안보에 대한 새로운 차원의 위협을 가하고 있다. 디도스(D-DOS) 공격은 작게는 특정 사이트, 크게는 국가 기간망을 먹통으로 만들 수 있는 능력을 확인한 바 있으며, 위성항법장치 (GPS)에 대한 교란은 국가의 동맥에 해당하는 물류·운송은 물론, 항공 전력을 비롯한 군사력의 배치 및 운용에 직접적인 위협으로 다가오고 있다. 이러한 불안으로부터 벗어나기 위하여 다소 성능이 떨어질지언정 국가 기간망과 군사장비는 예전의 아날로그 시스템으로 복귀해야 한다는 주장까지 제기될 만큼 정보화의 결과로 등장한 위협의 공포는 쉽게 가라앉지 않고 있다.

다음으로 인간안보 개념의 대두는 국제체제의 변화, 세계화, 정보화와 다른 맥락에서 안보 위협을 다양화시켰다. 국제체제 변화는 위협의 상대적인 중요성에 변화를 야기하였고, 세계화와 정보화는 새로운 차원의 위협을 등장시켰다면, 인간안보 개념의 등장은 안보의 대상을 국가에서 사회, 집단, 인간으로 확장시킴으로써 위협의 범주를 확장시켰기 때문이다. 인간안보는 "강압적인 권력구조로부터의 해방을 포함한 인간 존엄의 실현과 기본적인 물질적 요구에 대한 충족이 이루어지는 상태"로 정의된다 (Thomas 1999). 인간안보 개념이 국제적으로 확산되기 시작한 것은 1994년 유엔개발

계획(UNDP)에서 인간안보를 '공포로부터의 자유(freedom from fear)'와 '궁핍으로부터의 자유(freedom from want)'로 규정짓고 본격적으로 활동에 나서면서부터이다. 이후 코피아난 전 유엔사무총장이 "개인의 주권이 국가의 주권에 우선하며, 모든 인간은 공포 및 결핍으로부터의 자유를 누릴 권리가 있다"고 천명하고, 새천년 개발계획(millenium development goals)을 비롯한 각종 실현방안 및 이행점검수단을 제시하면서 인간안보는 본격적인 논쟁의 대상이 되기 시작했다.

인간안보 개념은 두 가지 측면에서 큰 파장을 몰고 왔다. 첫째, 안보의 영역을 지나치게 확장함으로써 자칫 안보개념 자체를 모호하게 만들 수 있다. "안보는 군사나 정치적인 측면은 물론 인간의 생존에 필요한 모든 요소들을 보호하는 것이어야 한다."면서 인간 삶에 대한 모든 위해요소는 곧 안보에 대한 위협이 될 수 있다(Buzan 1991). 빈부격차, 식량부족, 환경재해는 물론 심지어 학교폭력 문제까지도 안보에 대한 위협이라면 이 개념을 어떻게 감당할 수 있겠느냐는 문제가 발생한 것이다. 둘째, 인간안보 개념은 국가중심적 사고에서 벗어나 개인을 안보의 준거로 삼았지만 인권을 수호할 주체와 위협의 원천이 동일할 경우, 즉 국가가 자국민의 인권을 위협할 경우에 대응할 수 있는 수단이 한정되어 있다. 개인의 인권을 탄압하거나 절대적 궁핍을 야기하는 위협의 주체는 주로 그 개인이 속한 주권국가의 정부라는 점에서 이는 경시하기 어려운 문제이다.

피해의 범위와 상황이 심각하거나 중요한 천연자원을 공급하는 국가의 경우 국제사회가 인도적 개입(humanitarian intervention)을 감행하기도 하지만 주권침해 문제와 안보리 상임이사국 간의 이해관계로 인하여 이런 경우는 많지 않다. 유엔의 정의를 따르자면 인간안보 개념에서의 위협은 크게 7가지 영역으로 나눠진다. 경제안보, 식량안보, 건강안보, 환경안보, 개인안보, 공동체안보, 정치안보가 바로 그것이다. 더 구체적으로는 초국가 범죄에서부터 인신매매, 에이즈/전염병, 환경오염, 인구이동/난민, 빈곤/소득격차, 식량부족, 대량살상무기 확산, 테러리즘, 내전까지 모든 이슈가 인간안보에 대한 위협에 해당한다.

3. 안보의 위협

위협은 안보라는 개념이 성립하는 데 있어서 논리적 근간을 이룬다. 마치 도둑이 없어지면 경찰이라는 직업이 유지될 수 없는 것처럼 위협이 존재하지 않는다면 안보를 고민할 이유 또한 사라지기 때문이다.

위협은 '사회적 행위주체'가 '의도적인 행위'로써 피해를 야기하는 것으로 정의되곤한다(Baldwin 1997: 11-12). 즉, 인간이나 인간의 집단(국가)이 주체가 되어 의도적으로해를 끼치고자 하는 것을 위협으로 정의한다는 것이다. 이러한 정의는 명확한 기준을제시한다는 점에서 장점을 갖지만 오늘날 큰 문제가 되고 있는 환경안보, 에너지안보등 비전통안보 개념에서 나타나는 위협은 포괄하지 못한다는 한계를 갖는다. 즉, 국가안보 패러다임에 한정된 정의라는 것이다. 이에 울만 등의 학자는 이러한 정의에 한정되는 대신 안보의 목표로 정의된 가치를 위험에 처하게 하거나 손상하는 것들을 안보에 대한 '위협'으로 정의할 것을 주장한 바 있다(Ullman 1983; Allison and Treverton 1992).

위협의 범주를 넓게 잡는 것은 좋지만 다양한 종류의 위협을 나열하는 것은 안보정책을 결정하는 데 있어서 실제적인 도움이 되지 못한다. 따라서 여러 학자들은 위협의세기를 질적으로 분석하는 데 다양한 노력을 기울인 바 있다(Sahinoglu 2005; Buzan 2007; 김열수 2011). 그 결과는 다음의 7가지 항목이다. 첫째, 위협의 구체성 여부이다. 이란의 핵개발은 직접적인 적대관계에 봉착해있는 이스라엘에게 구체적인 위협이며, 지구온난화에 의한 해수면 상승 역시 남태평양 도서국가에게는 구체적인 위협임에분명하다. 그렇지만 이들 위협은 한국의 입장에서는 포괄적인 위협에 불과하다.

둘째, 위협의 공간적 근접성 여부이다. 같은 정도의 위협이라고 가정할 때 지리적으로 인접한 위협이 더 큰 위협으로 다가오기 마련이다. 대량살상무기의 발전으로 인하여 상황이 다소 변하고 있다 할지라도 국경을 마주한 국가의 위협이 타 대륙에 존재하는 위협보다 크다는 사실은 변하지 않는다.

셋째, 위협의 시간적 근접성 여부이다. 잠재적인 가능성 차원에 머무르는 위협보다가시적인 징후를 보이는 위협의 강도가 더 크다는 것이다. 한시라도 도발을 개시할수 있는 북한의 위협이 일본이나 중국의 영토적 야심보다 더 강한 위협으로 다가온다는 것이다.

넷째, 위협이 현실화될 수 있는 개연성이다. 동아시아 도서지역에 대한 영토적 갈등이 전쟁으로 발전할 개연성은 상당히 높은 상황이지만 북극의 자원을 놓고 주변국들이 벌이고 있는 치열한 경쟁이 대규모 전쟁으로 발전할 가능성은 상대적으로 낮은편이다. 이 경우 전자의 위협이 더 강하다고 평가할 수 있다.

다섯째, 이익 침해의 심각성 여부이다. 지엽적 이익을 훼손당한 경우와 생존적 이익을 침해당한 경우 해당 국가가 인식하는 위협의 강도에는 차이가 있을 수밖에 없다. 북한의 미사일이 자국의 영공을 통과하였을 때도 일본 정부는 유감이라는 성명을 발표하는 데 그쳤지만 센카쿠 열도를 침입한 중국어선이 일본 해상보안청 순시선을 들이박았을 때는 어선 나포라는 강수를 선택한 바 있다.

여섯째, 역사적 경험의 유무이다. 역사적으로 포화를 주고받았거나 갈등을 빚었던 상대로부터 야기되는 위협은 갈등의 경험이 없는 상대로부터 야기되는 위협보다 더욱 크게 다가오기 마련이다. 중국의 군사력 증강이라는 같은 현상에 대해서도 베트남이나 인도의 경우처럼 중국과 국경분쟁을 벌이고 전쟁을 치른 경험을 가진 국가와 그런 경험이 없는 미얀마나 라오스, 파키스탄 등의 국가들이 느끼는 위협의 정도에는 분명한 차이가 있다는 것이다.

마지막으로 국가 간의 우호성 여부이다. 미국과 캐나다는 엄청난 길이의 국경선을 마주하고 있지만 서로를 위협으로 인식하지 않는다. 또한 미국은 영국과 프랑스가 핵무기를 포함한 막대한 군비를 갖추고 있지만 이를 위협으로 인식하지 않는다. 오랫동안 우호관계를 맺고 있는 국가이기 때문이다. 반면 친미정권을 붕괴시키고 들어선 쿠바의 카스트로 정권과 이란의 이슬람정권은 중대한 안보 위협으로 인식하고 제재조치를 가하고 있다.

안보연구의 대가인 부잔(Barry Buzan)조차도 "위협의 강도를 구분하는 것은 마치 물과 불 사이를 등급으로 나누는 작업과도 같다"며 어려움을 호소한 바 있다. 이상에서 살펴본 바와 같이 다양한 기준을 도입하더라도 객관적인 척도로 계량화하는 것은 쉽지 않기 때문이다. 또한 "자라 보고 놀란 가슴 솥뚜껑 보고도 놀란다"는 말처럼 위협의 실제 강도보다도 안보주체가 처한 상황이나 주관적인 판단으로 인하여 오인(misperception)이 발생할 가능성도 배제할 수 없다. 이러한 측면을 보완하기 위하여 등장한 개념이 바로 '취약성'이다.

취약성은 안보주체가 위협에 대응하는 능력의 한계를 염두에 둔 개념으로 취약성의 정도에 따라서 같은 위협이라도 다른 결과를 초래할 수 있다. 이는 똑같은 늑대가 위협으로 다가왔지만 아기돼지 삼형제는 각자의 취약성 정도, 즉 어떤 집을 건설해두었는가에 따라서 다른 결과를 맞이한 것에서 잘 드러난다.

물론 취약성을 평가하는 과정에서도 주관성이 개입될 수 있으며, 자신의 능력을 과대평가하거나 과소평가함으로써 문제를 악화시킬 수도 있다. 따라서 취약성의 정도를 분석함에 있어서도 객관적인 기준을 도입할 필요가 있다. 통상적으로 많이 활용되는 취약성 평가 기준에는 위협의 세기, 동맹의 유무와 강고성, 정치·사회적 단결의 정도, 지정학적 위치와 기후, 자원의 외부의존도 등이 있다.

다음으로 앞에서 논의된 바 비전통적 안보영역으로서 다룰 수 있는 대표적인 위협들은 테러, 해적의 위협, 인종분쟁, 환경안보 위협, 전염병 그리고 사이버 안보 위협 등이 있다. 군사적 위협에 해당되는 초국가적 위협으로는 각종 테러집단에 의해 자행되는 테러의 위협과 세계 각지의 해상교역로를 교란시키고 있는 해적의 위협을 들 수 있다. 또한 국내적 위협으로서 인종분쟁을 들 수 있다. 냉전시기 수면 아래로 내려와 있었던 상당수의 인종·종교·민족·역사 등에 따른 갈등이 솟구쳐 오르면서 유혈분쟁으로 발전했기 때문이다. 비군사적 위협 가운데 초국가적 위협은 환경안보 위협과 전염병의 경우처럼 월경(越境)성을 기본적인 속성으로 하는 위협을 의미한다. 환경안보 위협은 환경오염 및 환경재해로 인한 위협으로 화산폭발, 대지진, 쓰나미와 같은 대형 자연재해와 오존층 파괴, 수질오염, 대기오염, 토양오염 등이 해당된다. 초국가적 전염병으로 인한 위협은 국가 간의 협력에도 불구하고 급속한 확산이 계속되고 있다.

한편 사이버 안보에 대한 위협은 크게 세 가지 차원으로 나누어진다. 첫 번째 차원에는 금전적인 목적에서 발생하는 사이버 범죄(cyber crime)로 컴퓨터를 이용하는 범죄를 말한다. 인터넷을 이용한 명예훼손, 사기, 예금인출, 주가조작, 바이러스유포, 정보유출 등이 있으며 최근 램섬웨어 같은 악성프로그램으로 인한 대규모 혼란사태를 들 수 있다. 두 번째 차원은 사이버 테러(cyber terrorism)의 문제로서 일반대중의 공포를 야기하거나 자신의 존재감을 드러내기 위한 목적으로 가해지는 무차별한 공격행위를 의미한다. 여기에는 기존의 테러집단이 정보통신기술을 활용하여 사이버 공간에서 벌이는 테러 또한 포함된다. 마지막 세 번째 차원은 국가 간의 치열한 정보전으로 인한 네트워크 교란 및 정보마비를 의미한다(Stohl 2006; Keohane and Nye 1998). 이들의 위협은 공격대상에 한계가 없고, 일정한 법칙이 없으며, 근본적인 해결책이 없다는 특성을 갖고 있어 개인은 물론 정부의 사이버 공간에 대한 고심이 깊어가고 있는 실정이다.

4. 안보의 수단

안보의 수단은 이상에서 살펴본 개념들을 조합한 결과라고 할 수 있다. 안보의 주체가 다양한 영역에서 야기되는 위협으로부터 안보목표를 지키기 위하여 동원하는 것이 바로 안보의 수단이다. 따라서 이는 안보 패러다임의 변화를 가장 잘 드러내는 지표로 작용한다. 안보의 수단이 무수히 많은 안보 주체들이 상호작용을 주고받는 가운데 도출된다는 점을 고려할 때 새로운 수단이 등장했다는 것은 게임의 규칙에 변화가 있었음을 보여주기 때문이다. 이를 감안하여 이 글에서는 안보의 수단을 국가안보 패러다임과 국제안보 패러다임으로 구분하여 살펴보도록 하겠다.

국가안보 패러다임에서는 군사력과 동맹, 그리고 세력균형이 대표적인 안보의 수단으로 인식된다. 이들 세 가지 수단은 국제안보 패러다임이 등장한 이후에도 지속적으로 활용되고 있을 뿐만 아니라 이를 배제하고는 안보를 논할 수 없는 기본개념들이다.

먼저 군사력의 경우 나머지 두 개념과의 차별화를 위하여 자력방위, 혹은 자주국방이라는 개념으로 정의되기도 한다. 즉, 스스로의 힘으로 안보를 지킨다는 개념이다. 국가의 형성과정을 반추해볼 때 이 개념이 여러 수단 가운데 하나에 불과하다는 사실은 자못 역설적으로 들린다. "하늘은 스스로 돕는 자를 돕는다"는 벤자민 프랭클린의 말을 빌리지 않더라도 자력방위가 불가능한 국가의 안보는 요행에 불과하기 때문이다. 군사력을 보유하지 않고서도 독립을 유지하고 있는 몇몇 소국들의 경우 주변 강국에게 주권의 일부를 이양한 채 보호를 받고 있는 경우가 대부분이다. 다른 안보수단의 사용 가능성을 원천적으로 배제하고 있는 스위스의 경우 확고한 군사력을 보유하고 있다.

자력방위를 위한 군사력은 일반적으로 타국을 침략하거나 침략을 당했을 때 사용되는 것으로 인식된다. 이러한 인식과 달리 군사력은 대내외적으로 여러 가지 역할을 담당하고 있다. 대외적으로는 통상 방어/억제/강압의 기능을 맡는다. 방어는 안보위협이 야기되었을 때 이를 분쇄하고 피해를 최소화하는 역할을 의미한다. 억제와 강압은 동전의 앞뒤와 같은 개념으로서 전자가 적으로 하여금 어떠한 행동을 하지 못하도록 막는 기능이라면, 후자는 적으로 하여금 특정한 행동을 하도록 하는 기능이다. 이처럼 자력방위는 군사력을 활용하여 안보위협의 발생을 원천적으로 방지하거나 발생한 위협을 제거하는 기능을 의미하는 것이다. 대내적으로는 정치안보의 측면에서 정권을 유지하거나 변경하는 데 핵심적인 역할을 담당하며, 각종 환경재해가 발생하거나 테러행위가 발생했을 경우 국민의 생명과 재산을 보호하는 역할을 담당한다.

동맹과 세력균형은 주로 자국의 능력만으로는 위협에 대항하는 것이 어려울 때 활용된다. 군사력을 건설하는 것은 많은 시간과 경제력을 필요로 할 뿐만 아니라 지정학적 위치와 부존자원, 인구, 영토 등의 여러 요인으로 인하여 애초에 안보위협을 감당하기 어려운 경우가 많기 때문이다. 동맹과 세력균형은 이러한 상황을 효과적으로 역전시켜준다. 강대한 적에 대항하여 힘/위협의 균형을 이룰 수도 있으며, 군비증강 소요를 대체함으로써 경제력을 키울 여유를 확보할 수도 있다.

그러나 군사력과 달리 동맹과 세력균형은 안보의 주체가 통제할 수 없는 변수가 지나치게 많은 관계로 한계를 갖는다. 서로 자국의 이익을 극대화하는 과정에서 무임 승차자(free-rider)가 발생하거나 치명적인 배신을 당할 수 있다는 것이다. 결과적으로 동맹과 세력균형은 미국과 같은 강대국도 소홀히 할 수 없는 중요한 안보 수단이지만 믿고 의지할 수 없는 수단으로서 인식되고 있다.

국제안보 패러다임은 이러한 전통적 안보 수단의 한계를 극복하고자 하는 열망의 산물이라고 할 수 있다. 물론 오랜 기간 비현실적인 이상으로 치부되던 수단들이 빛을 볼 수 있었던 배경에는 국제정치구조의 변화가 있었다. 그렇지만 기존의 안보수단만으로도 극복할 수 없었던 각종 딜레마 상황에서 벗어나야 한다는 의지가 없었다면 실현불가능한 일이었다.

대표적인 사례로는 집단안보, 공동안보, 협력안보와 같은 다자안보협력과 군비통제, 평화활동 등의 활동을 꼽을 수 있다. 이들 개념은 기본적으로 다자주의로서의 특

요점정리

- 위협은 기본적으로 사회적 행위주체의 의도적인 행위로서 피해를 야기하는 것으로 정의하지만, 이에 해당하지 않더라도 안보목표로 정의된 가치를 위험에 처하게 하거나 손상하는 것 또한 위협에 포함된다.
- 위협의 강도는 구체성, 공간적 근접성, 시간적 근접성, 현실화될 개연성, 이익침해의 심각성, 역사적 경험, 국가 간 우호성에 의하여 결정된다.
- 취약성은 안보주체가 위협에 대응하는 능력의 한계에 초점을 맞춘 개념으로서 취약성이 높다는 것은 안보주체가 위협에 대응할 수 있는 능력이 낮다는 것을 의미한다.
- 취약성은 위협의 세기, 동맹의 유무와 강고성, 정치·사회적 단결의 정도, 지정학적 위치와 기후, 자원의 외부의존도에 의하여 결정된다.
- 국제안보 패러다임의 안보수단에는 집단안보, 공동안보, 협력안보와 같은 다자안보협력과 군비통제, 평화활동 등의 활동이 존재한다.

성을 내포하고 있다. 즉, 상위의 통제기구 없이도 당사국들의 공동이익을 위하여 상호 간에 협력할 수 있다는 가능성을 받아들였다는 것이다. 또한 맹목적으로 환상을 쫓아 가는 대신 신뢰확보를 위한 장치를 마련하고 협력의 저변을 넓힘으로써 '제도화 (institutionalize)'를 추구한다는 공통점을 갖는다.

이러한 특성은 국제안보 패러다임의 제 수단이 여전히 지역별, 사안별로 큰 격차를 보이고 있음에도 불구하고 안보 수단으로서의 가치를 유지하는 바탕이라고 볼 수 있 다. 군사력, 동맹, 세력균형의 여러 수단들을 대체할 수 있는 단계는 아니지만 지속적 으로 추진할 가치를 지니고 있다는 것이다.

IV. 맺음말

이 장에서는 국가안보 연구의 첫걸음으로서 안보의 개념을 학습하였다. 이상에서 살펴본 바에 따르면 안보는 "인간이 자신과 자신이 속한 공동체에 드리우는 불안의 그림자로부터 벗어나고자 하는 행위의 총체"를 의미한다. 국가를 비롯한 여러 행위주 체가 여러 영역에 걸친 위협으로부터 소중한 가치를 지키기 위하여 필요한 수단을 동원하는 커다란 알고리즘을 떠올릴 수 있다면 안보를 제대로 이해한 것이다.

안보를 이러한 알고리즘으로 파악하고 나면 복잡한 개념과 이론이 나열되더라도 길을 잃지 않을 수 있다. 아무리 낯선 이론이라도 이것이 어떤 영역에 해당하며 무슨 위협을 다루고 있는지, 무엇이 주체가 되어 어떠한 수단을 사용하고 있는지 하나씩 구분하다보면 어느새 이론을 터득해있는 자신을 발견할 수 있기 때문이다. 이제 남은 것은 이 책을 계속 읽어나가면서 머릿속을 가득 채우고 있던 물음표를 느낌표로 바꾸 어 나가는 일이 되리라.

불안으로부터의 자유라는 안보의 목표는 인간이 살아가면서 늘 지향하는 바이기는 하나 실현이 쉽지 않은 목표임에 분명하다. 평화로운 저녁시간에도 신문을 펼치거나 TV뉴스를 켜면 나날이 새로운 분쟁이 발생하고 해묵은 갈등이 반복되면서 우리의 안보가 위협당하고 있음을 자각케 한다. 이럴 때마다 사람들은 태초의 평화, 자연 속 에서의 고요한 삶을 그리워하곤 한다. 새소리, 물소리 들으며 한가롭게 과일을 따먹는 전원의 풍경을 떠올리면서 말이다. 그러나 불행히도 이 또한 우리의 상상일 뿐 실제 태초의 풍경은 그다지 평화롭지 않았던 것으로 보인다. 우리에게는 애초에 평안히 물러설 곳조차 없을 지도 모른다.

　그럼에도 불구하고 절망은 아직 이르다. 안보 패러다임의 변화에서 잘 드러나듯 새로운 차원의 안보모색이 하나둘 가시적인 성과를 거두고 있으며, 안보영역 또한 군사에 한정되지 않고 인간의 삶의 질을 향상시키는 차원으로 발전해가고 있기 때문이다. 희망을 실현시키는 것은 어느 누군가의 일이 아니라 우리의 몫임을 명심할 때 미래는 더욱 밝아질 것이다.

핵심개념

- 주권(sovereignty)
- 베스트팔렌 조약(Peace of Westphalia)
- 패러다임(paradigm)
- 안보딜레마(security dilemma)
- 안보공동체(security community)
- 국제 정부간기구
  (intergovernmental organization)
- 국제 비정부기구(international non-governmental organization)
- 다국적기업(multinational corporation)
- 인간안보(human security)
- 사회안보(social security)
- 국방딜레마(defense dilemma)
- 무임승차자(free-rider)

토론주제

1. 인권탄압을 일삼는 국가의 주권은 존중되어야 하는가, 주권을 훼손하더라도 국제사회가 개입해야 하는가?
2. 홉스가 말하고 있는 "자연상태가 전쟁상태"가 사실이라면 인간이 동물과 다른 점은 무엇이겠는가?
3. 국제안보 패러다임은 국가안보 패러다임을 대체할 수 있는가?
4. 한국은 사회안보 측면에서 어떤 위험에 직면해 있는가?
5. 위협의 세기를 질적으로 분석하는 것은 어떤 함의를 갖는가?
6. 국제기구가 국가를 뛰어넘는 안보주체로서의 역할을 맡을 수 있을까?
7. 인간안보 개념을 포함할 경우 안보영역이 지나치게 모호해지지 않는가?

추가문헌

- 김열수(2011), 『국가안보: 위협과 취약성의 딜레마』, 서울: 법문사.
  안보 개념을 유사한 어휘들과의 비교를 통하여 자세히 설명하고 안보의 의제, 주체, 대상, 취약성을 부문별로 분석한 입문서.

- 이상현(2011), 『새로 그리는 동아시아 안보지도: 중국 부상의 안보적 함의』, 성남: 세종연구소.
  중국의 부상을 중심으로 동아시아의 맥락에서 안보 개념을 쉽게 풀어나가는 연구서.

- 피터 하스 편저, 이상현 역(2017), 『세계화의 논쟁』, 서울: 명인출판.
  세계화에 관한 다양한 차원과 관점들을 제공해주는 책으로서 17개의 주제들에 대해 찬성과 반대 양 시각을 개관적으로 조명해주고 있다.

- 홍원표(2005), 『국제질서의 패러독스』, 인간사랑.
  안보 패러다임의 변화를 역사적 배경과 함께 자세히 설명한 이론서.

02

국제정치이론과 국가안보

학습내용

이 장은 국제정치이론에 대해 다룬다. 국가안보를 이해하는 데 있어서 국제정치를 아는 것은 필수적이라 할 수 있다. 외부로부터의 위협에 대처하고 국가의 이익과 안보를 지키기 위해서는 국제질서와 국가 간 관계에 대해 잘 알아야 하기 때문이다. 국제정치이론은 국가들 간의 관계에 대한 이론이며, 본질적으로 전쟁과 평화의 문제를 다루는 이론이다. 이 장에서는 가장 많은 이들이 국제정치와 국가안보 문제를 분석하고 설명하는 데 활용하는 분석틀인 현실주의와 자유주의, 구성주의이론에 대해 차례대로 살펴보겠다.

I. 머리말

국가안보를 공부하는 데 왜 국제정치이론을 배워야할까? '이론'이란 말을 들을 때 많은 사람들은 지루하고 딱딱하며 현실과는 동떨어진 이야기들을 떠올린다. 국가안보 문제를 더 잘 알려면 고리타분한 이론보다는 무기, 전쟁, 동맹 같은 현실적인 정책 이슈가 더 중요해 보인다. 그러나 이론은 바로 그 현실을 보다 잘 이해하고 설명하기 위해, 나아가 그로부터 미래를 예측하고 대비하기 위해 만들어지는 것이다.

끊임없이 변화하는 복잡한 현실 속에서 국가안보 정책결정자들은 어떻게 현상을 분석하고 판단할지를 시시때때로 결정해야 한다. 현재 어떤 국가가 가장 위협적이고, 앞으로는 어떤 국가가 우리에게 가장 큰 위협이 될까? 이웃 나라의 급속한 국력 성장을 어떻게 봐야 할까? 오랫동안 적대해온 국가와 평화로운 관계를 회복하려면 어떻게 해야 할까? 이처럼 복잡한 상황 속에서 정확한 분석과 판단을 위해서는 일정한 분석의 틀과 기준이 필요하다. 이때 앞으로 나아갈 길을 찾는 데 도움을 주는 지도 역할을 하는 것이 바로 국제정치이론이다.

국제정치이론은 국가들 간의 관계에 대한 이론으로 국가안보 문제를 다룰 때 다음과 같이 우리를 도와준다. 첫째, 국제정치 현상과 사건에 대한 분석틀을 통해 특정한 국가의 행동이나 그 결과를 이해할 수 있게 해준다. 둘째, 이러한 설명과 이해의 축적을 통해 국제정치의 특정한 법칙과 원리를 도출해냄으로써 국가들의 행동 경향을 알 수 있게 해준다. 셋째, 이렇게 도출된 분석과 법칙의 적용을 통해 또 다른 상황을 보다 쉽고 정확하게 분석하게 해주고, 동시에 미래에 대한 예측과 대비를 할 수 있게 해준다. 넷째, 여러 가지의 선택이 가능한 상황에서 어떠한 정책을 취하는 것이 더 좋을지 판단하도록 도와주는 지침의 역할도 한다.

사람마다 세상을 바라보는 관점이 다른 것처럼 국가안보와 국제정치에 대해서도 서로 다른 관점을 가진 여러 이론들이 존재한다. 각 이론은 서로 다른 세계관과 전제를 가지고 있으며 각기 다른 설명과 정책 대안을 제시한다. 이 장에서는 가장 많은 이들이 국제정치와 국가안보 문제를 분석하고 설명하는 데 활용하는 분석틀인 현실주의와 자유주의, 구성주의이론에 대해 차례대로 살펴보겠다.

II. 현실주의이론과 국가안보

1. 현실주의의 개념과 세계관

현실주의는 가장 오랜 역사를 가진 국제정치이론이자, 국가안보를 가장 강조하는 이론이라 할 수 있다. 멀게는 춘추전국시대 중국의 손자(孫子)로부터 시작해서 고대 그리스의 역사가 투키디데스, 르네상스 시대 이탈리아의 정치사상가 니콜로 마키아벨리 등 많은 이들이 현실주의의 관점에서 국가 이익의 확보와 유지, 쟁탈의 문제에 대한 고민을 지속해왔다.

현실주의를 한 문장으로 정의하자면 국제정치의 공간에는 특정한 정치적 현실이 존재하며 국가들은 이에 부합하는 대외정책을 펴게 되고, 또 펴야 한다고 주장하는 이론이라 할 수 있다. 현실주의 이론가들은 현실을 외면한 대외정책은 국가를 위기에 빠뜨릴 수 있으며 냉혹한 국제정치의 현실에 적응한 국가만이 생존과 국익을 보장받을 수 있다고 주장한다. 그렇다면 현실주의가 이야기하는 국제정치 공간의 '특정한 정치적 현실'이란 과연 구체적으로 무엇을 말하는 것인가? 현실주의는 다음과 같이 설명한다.

첫째, 국제체제는 무정부상태(anarchy)이다. 국내정치에서는 경찰과 사법체계가 사회의 질서를 유지하며, 다른 사람을 해치거나 사회 질서를 어지럽히는 사람은 공권력에 의해 처벌을 받는다. 그러나 국제정치의 영역에선 이렇게 치안이나 질서 유지를

〈참고 2-1〉 무정부상태(anarchy)

무정부상태는 현실주의이론의 핵심 전제이자 출발점이 되는 개념으로, 지배자(arch)가 없는(an) 상태(an-archy)를 말한다. 초등학교 시절 선생님이 교실을 비웠을 때를 떠올려보자. 누구나 제각각 자신이 하고 싶은 대로 행동하는 통에 난장판이 되었을 것이다. 이와 같이 국제정치의 공간에는 '말썽쟁이를 혼내고 질서를 유지할 선생님(혹은 지배자)'이 없다. 국내정치는 정부가 지배하는 위계상태(hierarchy)로, 권력을 독점한 정부가 법과 사회제도를 통해 질서를 유지하고 범법자를 처벌한다. 그러나 국제정치의 공간에는 세계정부가 없고, 그나마 있는 국제법과 국제기구도 강제력이 없어 국가들의 행동에 실질적인 제약을 가하지 못한다. 그렇기에 국가들, 특히 힘센 국가들이 자신의 마음에 따라 권력을 행사할 수 있는 것이다.

담당할 만한 세계적인 권력체나 권위자가 없다. 그렇기에 어떤 국가든 충분한 힘만 있다면 무엇이든 자신이 원하는 대로 할 수 있는 상태가 바로 무정부상태로서의 국제체제라 할 수 있다.

둘째, 국제정치의 가장 핵심적인 행위자(actor)는 바로 국가이다. 국가는 무력을 정당하게 독점하고 있는 유일한 행위자이다. 또한 외부의 간섭 없이 자국의 문제를 결정할 수 있는 배타적 권한으로서 주권(sovereignty)을 갖고 있다. 무엇보다도 국가들을 통제할 세계적 차원의 권력체가 없는 무정부상태의 특성상 국제정치의 공간에선 국가가 가장 중요하고 강력한 행위자일 수밖에 없다.

셋째, 국가들 간의 관계는 권력(power)에 의해 결정된다. 국내정치에선 법과 도덕이 존재하기에 강자가 함부로 행동할 수 없다. 자의적 폭력을 통해 약자의 것을 빼앗거나 괴롭힌다면 법의 처벌을 받거나 도덕적 비난을 받게 될 것이다. 그러나 무정부상태의 국제정치 공간에선 국가들을 제약할 그 어떤 법적·도덕적 규제 장치도 존재하지 않는다. 이처럼 국제정치에는 어떠한 제약도 존재하기 않기에 결국 강자가 약자를 억누르고 약자는 따라야 하는 비정한 힘의 법칙이 지배할 수밖에 없다.

2. 현실주의의 주요 주장

이렇게 비관적인 세계관으로부터, 현실주의는 국가안보에 대해 다음과 같은 분석과 주장을 이끌어낸다. 첫째, 국가이익과 목표에 있어서 최우선 순위는 바로 국가의 생존과 안보이며, 이를 위한 자조(self-help)의 수단으로서 국가는 권력을 추구한다. 무정부상태하에선 어떤 국가든 자신이 마음먹은 대로 행동할 수 있다. 충분한 힘만 갖고 있다면 다른 국가를 지배하거나 착취할 수도 있으며, 이를 처벌하거나 응징해줄 세계정부는 존재하지 않는다. 이렇게 정글과도 같은 상황 속에서 살아남기 위해 각 국가가 취할 수 있는 최선의 수단은, 자신을 보호하고 이익을 추구하는 데 충분한 힘을 스스로 갖추는 것뿐이다.

둘째, 국가들은 서로를 신뢰할 수 없으며 이로 인해 안보 딜레마(security dilemma) 속에서 경쟁할 수밖에 없다. 안보 딜레마란 안보를 위한 한 국가의 군사력 증강 의도를 다른 국가가 위협으로 인식하여 군사력 증강을 촉진하는 과정에서 어느 국가도 이전보다 안보가 강화되었다고 인식하지 못하는 상태를 뜻한다. 안보 딜레마는 상대방 국가의 군사력 증강이 자국의 방어능력을 강화하려는 의도인지 공격능력을 강화하려는 의도인지 확실히 알 수 없기 때문에 발생한다. 안보 딜레마를 촉진하는 군사력 증강은 국가의 전체 국력이 아니라 개별 국가가 처한 상황에서 사용되는 특정한 군사력으로 정의할 수 있다(Van Evera 1999).

안보 딜레마 상황이 위험한 경우는 상대방의 군사력 증강 의도가 공격 우위인지 방어 우위인지 확신할 수 없는 상황에서 상대방의 군사력이 공격 우위에 있을 때이다. 공격 우위 상황이 위험한 이유는 ① 해당 국가가 전쟁에서 승리할 수 있다는 잘못된 낙관에 빠지기 쉽다. ② 종합적 판단보다 군사적 고려만 우선하여 선제공격 등 성급한 전술을 채택하기 쉽다. ③ 공격 우위인 상태에서는 불확실성이 더욱 증폭되기 때문에 국가 사이의 전체 국력 변화에 적응하기 어렵다(Jeseph Grieco 1988; 이에 논리적 문제점 지적은 Robert Powell 1991: 1303-1320). ④ 공격 우위를 위한 비용이 투자되었기 때문에 이를 유지하려는 동기에서 공격 우위를 위한 추가 투자를 계속할 가능성이 높다. 결국 모두 '죄수의 딜레마' 상황에서 군비경쟁으로 치달을 수밖에 없으며, 자국의 안보를 키우려는 노력이 결과적으로 안보를 악화시키는 아이러니한 상황에 직면하게 된다(〈참고 2-1〉). 그렇다고 해서 상대방을 믿고 힘을 갖추지 않았다가 침략을 당한다면 그 결과는 재앙과도 같은 것이기에 국가는 안보 딜레마에서 벗어날 수 없다.

셋째, 현실주의 국제정치이론가들에게 좋은 대외정책이란 자국의 안보와 이익을 보전하고 강화하는 데 기여하는 정책이며, 그것이 꼭 도덕적이거나 국제법에 부합해야 할 필요는 없다. 그렇다면 현실주의 국제정치이론은 비도덕적인가? 현실주의자들도 도덕성을 강조하지만, 인류 전체의 관심과 더 넓은 이익에 긍정적인 가치를 부과하는 도덕성이 아니라 정치적 필요성과 신중성(prudence)에 따르는 다른 종류의 도덕성을 강조한다. 이러한 도덕성의 하나는 국가 안에 살고 있는 시민들을 위한 도덕이고, 다

〈참고 2-2〉 죄수의 딜레마(prisoner's dilemma)와 안보의 딜레마

죄수의 딜레마는 게임이론(game theory)의 개념 중 하나로, 두 행위자가 서로를 믿지 못해 최선의 결과가 아닌 차악의 결과를 택하게 되는 상황을 말한다. A와 B두 명의 용의자가 경찰에 체포되었다고 생각해보자. 이들은 서로 격리된 채 다음과 같은 조건으로 심문을 받는다.

	B가 협력	B가 배신
A가 협력	A 6개월 복역 B 6개월 복역	A 10년 복역 B 석방
A가 배신	A 석방 B 10년 복역	A 5년 복역 B 5년 복역

- A, B 중 한 사람만 죄를 자백하면 자백한 사람은 석방되지만 부인한 사람은 10년을 복역한다.
- 두 사람 모두 죄를 자백하면 둘 다 5년씩 복역한다.
- A, B 둘 다 죄를 부인하면 두 사람 모두 6개월씩 복역한다.

두 사람은 어떤 선택을 내릴까? 사실 두 사람 모두 협력하여 죄를 부인(협력)하면 6개월씩만을 복역할 수 있다. 그러나 내가 자백을 했다고 해서 상대방도 그럴 거라고 믿을 수 있을까? 내가 협력(자백)했는데 상대방이 배신(부인)할 경우 나는 10년이나 복역해야 한다. 격리된 상태에서 서로를 믿을 수 없기에 최악을 피하는 방법은 나라도 자백을 하는 것이다. 결국 두 죄수는 모두 차악의 결과를 선택하여 모두 자백하게 되고, 6개월 복역보다도 나쁜 5년 복역의 결과를 만들어내게 된다.

	B국 협력	B국 배신
A국 협력	A, B국 간 평화 유지	B국에 대한 A국의 안보가 취약해짐
A국 배신	A국에 대한 B국의 안보가 취약해짐	군비경쟁과 안보불안

안보의 딜레마 역시 같은 유사한 논리가 적용된다. 경쟁하는 국가가 서로를 믿고 협력한다면 군비경쟁 대신 평화적 관계를 만들 수 있지만, 한 쪽이 배신하고 군사력을 증강할 경우를 걱정하여 결국 끊임없는 군비 증강에 나설 수밖에 없고 이로 인한 군비경쟁과 안보불안은 계속된다.

- 현실주의이론은 국제정치 공간의 특정한 정치적 현실에 부합하는 대외정책을 국가들이 펴게 되고, 또 펴야 한다고 주장한다.
- 현실주의는 국제 체제가 무정부상태이며 국제정치의 가장 핵심적인 행위자는 국가로, 국가들 간의 관계는 권력에 의해 결정된다고 본다.
- 현실주의자들은 국가의 생존과 안보가 가장 중요한 국가이익이자 목표이며, 이를 보장하기 위해 국가들이 권력을 추구한다고 분석한다.
- 현실주의의 분석에 따르면 국가들은 서로를 신뢰할 수 없으며 이로 인해 안보의 딜레마 속에서 경쟁할 수밖에 없다.
- 현실주의는 세력균형의 형성을 통해 제한적이나마 균형과 평화가 가능하다고 본다.

른 하나는 국제관계에서 국가를 위한 도덕이다. 마키아벨리에 따르면 이러한 기준이 국가지도자가 개인으로는 용납하기 어려운 행위(살인, 기만, 거짓말 등)를 정당화하도록 만든다. 더 나아가 국내에서 윤리적 정치공동체를 만들어주는 것이 국가이기 때문에 국가의 안전과 이익을 위한 활동이 국가지도자의 도덕적 의무이다. 그런 점에서 국제기구나 국제법이 평화를 가져올 거라고 보는 것은 희망적인 생각일 뿐이다.

넷째, 국가들 간의 힘의 경쟁이 항상 파국을 불러오는 것은 아니며, 세력균형 (balance of power)을 통해 안정과 균형은 유지될 수 있다. 현실주의자라고 해서 국제체제가 항상 전쟁 중에 있다고 보지는 않는다. 힘이 센 국가에 대응하여 다른 국가들이 이와 균형을 이룰 수 있을 만큼 충분한 힘을 갖춘다면 침략은 이루어지지 않을 것이고, 그렇게 된다면 잠시나마 제한적인 평형상태로서의 평화가 만들어질 수도 있다. 이처럼 강대국의 출현으로 힘의 균형이 깨질 우려가 생겼을 때, 나머지 국가들은 자국의 힘을 키우거나 함께 동맹을 맺어 대응함으로써 세력균형을 이룬다. 물론 각국의 국력 변화에 따라 세력균형은 얼마든지 새롭게 만들어질 수 있다. 국제정치의 공간에는 영원한 우군도, 영원한 적도 없기 때문이다.

3. 현실주의의 여러 흐름

비록 앞에서 설명한 기본적인 세계관과 명제들을 공유하고 있기는 하지만, 현실주의 내에도 다양한 생각의 흐름이 존재한다. 여기서는 현실주의의 주요 갈래라 할 수 있는 고전적 현실주의, 구조적 현실주의, 그리고 신고전적 현실주의에 대해 살펴보겠다.

고전적 현실주의(classical realism)는 냉혹한 정치 현실의 근원을 인간의 본성으로부터 찾는다. 인간에게는 권력 추구의 본성이 있고, 국제정치 역시 인간들이 하는 것인 만큼 권력 쟁탈과 경쟁의 장이 될 수밖에 없다는 것이다. 일찍이 고대 그리스 역사가 투키디데스는 아테네와 스파르타의 전쟁을 기록한 책 '펠로폰네소스 전쟁사'에서 역사는 인간 본성에 기초를 둔, 권력을 향한 끊임없는 투쟁에 의해 움직이는 것이라고 갈파한 바 있다. 대표적 고전적 현실주의자인 한스 모겐소(Hans Morgenthau)는 이러한 권력욕과 그에 바탕을 둔 국가 간의 경쟁이 "인간 본성에 기초한 객관적 법칙"과도

〈참고 2-3〉 현실주의의 여러 흐름

종류		핵심 주장	분석 수준	주요 학자
고전적 현실주의		▪ 권력을 추구하는 인간의 본성이 국가들 간의 권력 경쟁을 야기한다.	개인 (인간본성)	한스 모겐소
구조적 현실주의	방어적 현실주의	▪ 무정부적 구조가 국가를 안보 추구자(security maximizer)로 만든다. ▪ 국가는 현 상태의 권력 균형을 중시한다.	구조 (국제체제)	케네스 왈츠, 로버트 저비스
	공격적 현실주의	▪ 무정부적 구조가 국가를 권력 추구자(power maximizer)로 만든다. ▪ 국가는 체제 내에서 가장 강력한 국가가 되기 위해 노력한다.		존 미어샤이머, 콜린 엘먼
신고전적 현실주의		▪ 구조와 함께 개별 국가 수준의 변수들(지도자 인식, 국가 사회 관계, 정부 역량, 국가 동기 등)을 고려해야 한다.	국가	랜달 슈웰러, 앤드류 로벨, 파리드 자카리아

같다고 주장한다(Morgenthau 1948: 4-15).

한편 구조적 현실주의(structural realism)는 무정부상태의 국제정치 구조에 주목한다. 설령 국가지도자들이 탐욕스런 권력욕을 갖고 있지 않다 하더라도 국가는 무정부상태가 야기하는 불안과 불신 때문에 안보와 권력을 추구할 수밖에 없다. 즉, 국제정치의 비정한 현실은 개개인의 본성이나 국가와 같은 행위자의 문제라기보다는 행위자들이 그렇게 행동할 수밖에 없도록 만드는 구조(structure) 때문이라는 것이다(Waltz 1979).

구조적 현실주의는 또다시 방어적 현실주의와 공격적 현실주의로 나눌 수 있다. 방어적 현실주의(defensive realism)는 국가가 추구하는 제일 목표는 안보이며, 이를 위해 현 상태(status quo)의 유지를 중시한다고 본다. 자국의 국력이 너무 강대해지면 이를 견제하기 위한 세력균형 동맹이 형성되어 고립될 수 있기에 오히려 안보를 저해할 수 있다. 또한 공격과 수비의 균형(offense-defence balance)의 측면에서 일반적으로 공격이 수비보다 어렵기에 국가는 방어적 현실주의 전략을 채택하게 된다(Jervis 1978; Glaser 1994/1995; van Evera 1999).

이에 반해 공격적 현실주의(offensive realism)는 국가가 최대한의 국력을 갖추는 것을 제일 목표로 하며, 이로 인해 강대국 간에는 끝없는 힘의 경쟁이 벌어질 수밖에 없다고 주장한다. 무정부상태에선 타국의 진정한 의도를 알 수도 없고, 안다 하더라도 이를 결코 신뢰할 수 없기에 안보를 추구하는 가장 확실한 방법은 가장 강해지는 것이다. 그렇기에 국가는 방어적 현실주의가 예측하는 것처럼 현재의 상태를 유지하는

요점정리

- 현실주의 내에도 다양한 이론적 흐름들이 존재하며, 크게 고전적 현실주의, 구조적 현실주의, 신고전적 현실주의로 나눌 수 있다.
- 고전적 현실주의는 권력을 추구하는 인간의 본성이 국가 간 권력 경쟁을 가져온다고 본다.
- 구조적 현실주의는 무정부상태라는 구조의 중요성을 강조하며, 국가를 안보추구자로 보는 방어적 현실주의와 권력추구자로 보는 공격적 현실주의로 나뉜다.
- 신고전적 현실주의는 구조와 함께 개별 국가 수준의 변수를 추가함으로써 국가들의 행태를 더욱 잘 설명할 수 있다고 주장한다.

것이 아니라, 누구도 함부로 도전할 수 없도록 체제 내에서 가장 강력한 국가가 되기 위해 노력한다(Mearsheimer 2001).

끝으로 신고전적 현실주의(neoclassical realism)는 구조뿐 아니라 국가 역시 중요한 변수라고 본다. 신고전적 현실주의 이론가들은 구조적 현실주의가 이야기하는 구조의 중요성을 공감하지만, 이와 함께 구조와 같은 체제 수준의 변수만으로는 국가의 행태를 제대로 설명할 수 없다고 주장한다. 국가지도자의 인식, 국력 증강의 과정에 영향을 미치는 국가와 사회의 관계, 국민의 동원에 필요한 정부의 역량, 개별 국가의 선호도와 행동 동기 등 국가 수준의 변수에 따라 국가들의 행동이 달라질 수 있다는 것이다(Zakaria 1998; Schweller 2004; Lobell et al. 2009).

III. 자유주의이론과 국가안보

1. 자유주의의 개념과 세계관

원래 자유주의(liberalism)는 정치, 경제, 사회 등의 제반 분야에서 개인의 자유를 우선으로 두어야 한다고 주장하는 사상, 신념, 이론을 아우르는 개념이다. 유럽의 근대화 과정에서 출현한 자유주의는 미국 독립혁명과 프랑스 대혁명을 통해 꽃을 피우게 되었고 개인의 인권과 정치적 자유를 중요시하는 정치적 자유주의, 그리고 자유로운 시장경제 체제와 정부 간섭의 최소화를 주장하는 경제적 자유주의로 발전하였다.

국제정치이론으로서의 자유주의는 국제정치의 영역에서 자유주의적 정치 및 경제질서의 도입을 통해 협력과 평화의 창출이 가능하다고 주장하는 이론을 말한다. 일반적 의미의 자유주의가 국내 정치 및 사회 수준의 문제에 초점을 두는 반면, 국제정치이론으로서의 자유주의는 국제정치의 공간에서 자유주의적 이념, 정치 체제, 경제 제도 등이 국가 및 국제 체제에 미치는 영향에 관심을 가진다.

자유주의가 바라보는 세계는 현실주의자들의 세계와는 조금 다르다. 자유주의는 역사의 진보와 이성에 대한 신뢰가 자유주의의 기본 바탕인 만큼, 자유주의는 현실주의보다 낙관적으로 세상을 바라본다. 첫째, 자유주의 역시 국제정치의 공간이 무정부상태라는 점은 인정하지만, 그렇다고 해서 현실주의가 이야기하는 것처럼 국가들이 강박적으로 안보에 매달린다고 보지는 않는다. 물론 생존이 국가에 있어서 가장 중요한 목표인 것은 맞지만, 그렇다고 해서 현실주의가 이야기하는 것처럼 상시적 불안에 떨며 다른 국가를 억누르기 위해 힘과 투쟁을 추구한다고는 볼 수 없다. 둘째, 자유주의는 국가뿐 아니라 국가 이외의 행위자 역시 중요하게 여긴다. 국제정치의 공간은 국가와 함께 기업, 비정부기구 등과 같은 국내적 행위자들과 국제기구, 초국가단체 등과 같은 국제적 행위자 간의 복잡한 상호작용이 일어나는 곳이다. 셋째, 자유주의는 국가가 현실주의가 이야기하는 것처럼 권력의 논리로 작동하는 단순한 기계장치가 아니며, 국내적 정치체제와 사회질서, 그리고 국제적 차원의 제도와 이념으로부터 영향을 받는다고 본다.

2. 자유주의의 주요 주장

국제정치와 안보 문제에 대한 자유주의의 주요한 주장들을 살펴보면 다음과 같다. 첫째, 협력을 통해 이익을 거둘 수 있고 국제기구나 국제제도와 같이 불확실성을 낮춰주는 다른 요소의 도움을 받을 수 있다면 국가들은 갈등 대신 협력을 선택할 수 있다. 자유주의자들은 현실주의자들이 이야기하는 것처럼 국가가 상시적 불안 속에서 치열한 권력 투쟁에 임한다고 보지 않는다. 일정한 수준의 안보만 확보된다면 국가는 경제 교역이나 다양한 분야에서의 정책 협력 등을 통해 다른 국가와 갈등이 아닌 이익 창출을 위한 협력을 할 수 있다. 투명성이 높은 자유주의적 국내 제도나 협력을 증진하고 불확실성을 낮춰주는 국제제도를 통해 배신의 가능성은 낮추고 협력의 가능성은 높일 수 있다.

둘째, 자유주의적 경제 질서의 이익에 주목하는 이론가들은 경제 교류의 확대가 국가들의 상호의존을 심화시켜 군사 분쟁의 가능성을 낮출 수 있다는 상호의존론(interdependence theory)을 제시한다. 무역이나 해외투자와 같은 국제적 경제 교류는 거래 당사국 모두에게 이익을 주고, 교류 과정에서 정부뿐 아니라 기업, 시민사회 등 다양한 부문에 걸쳐 다른 나라와 복합적인 상호의존관계가 만들어진다(Keohane and Nye 1977). 이런 상황에서 전쟁이 일어난다면 경제 교류는 물론 이미 형성된 상호의존 관계를 잃게 될 텐데, 그 상실비용이 너무 크기에 군사 분쟁을 꺼리게 될 수밖에 없다. 또한 교류에서 이익을 거두는 기업, 이익집단과 개인 등 다양한 행위자들이 군사적 갈등에 반대하는 분위기를 만들어내고, 정부의 정책결정과정에 영향을 미쳐 갈등의 군사적 해결보다는 평화적 해결을 지향하게 된다(Risse-Kappen 1995).

셋째, 자유주의적 정치 체제의 영향력을 강조하는 이론가들은 민주주의 국가의 확산이 평화를 가져올 수 있다고 주장한다. 민주주의 국가 간에는 전쟁이 없다는 민주평화론(democratic peace theory)은 실제 통계적 분석을 통해서도 입증되었다(Russett 1994). 이 현상의 원인으로는 규범적 요인과 제도적 요인이 제시된다. 먼저 규범적 요인으로는 대화와 타협을 중시하는 정치 규범을 들 수 있다. 민주주의 국가에서는 다양한 갈등이 폭력이 아니라 민주적 절차와 대화, 타협을 통해 해결된다. 이러한 규범을 받아들인 민주주의 국가의 지도자들은 다른 민주주의 국가와의 관계에도 이를 적용하여, 외교적이고 평화적인 수단을 통해 갈등을 해결한다는 것이다(Maoz and Russett 1993; Owen 1994). 한편, 제도적 요인으로는 견제와 균형을 중시하는 정치 제도를 들 수 있다. 민주주의 국가들은 제도상 정책 결정 과정이 투명하고 공개되어 있어 서로에 대한 불신의 정도를 낮출 수 있다. 또한 민주주의 국가의 지도자는 정책을 결정할 때 의회와 행정부 간의 견제 관계, 국민 여론, 야당과 같은 반대세력까지를

〈참고 2-4〉 집단안보(collective security)

1950년 북한이 남한을 침공하자, UN 안전보장이사회 결의를 통해 UN군이 파병되었다. 왜 저 멀리 터키와 에티오피아에서까지 군대를 보내 참전했을까? 그것은 바로 집단안보제도 때문이었다. 집단안보는 모든 국가가 함께 공동으로 침략 행위에 대응할 것을 약속함으로써 평화를 유지하고 안전을 보장하는 제도를 말한다.

집단안보를 창안한 미국 대통령 우드로우 윌슨(W. Wilson)은 세력균형의 논리와 동맹이 제1차 세계대전을 불러왔다고 지적하며, 동맹은 일부 국가들만이 외부의 적에 대응하기 위해 체결하는 것이기 때문에 국제정치에서 전쟁이 끊일 날이 없다고 비판하였다. 그는 이를 대신하여, 모든 국가들이 함께 세계평화에 대한 협약을 체결하고 이를 어기고 공격행위를 하는 국가를 공동으로 응징함으로써 집단적으로 모두의 안전을 보장할 것을 제안하였다. 이를 통해 탄생한 것이 최초의 집단안보기구인 국제연맹(League of Nations)이며, 현재는 제2차 세계대전 이후 설립된 국제연합(United Nations)이 집단안보기구로서의 역할을 수행하고 있다.

집단안보는 평화를 해치는 행동을 모든 국가가 함께 대응할 것을 선언함으로써 침략 행위를 예방하고, 실제로 침략 행위가 일어났을 땐 실제 군사적 응징에 나선다. 군비 증강이나 동맹과 같은 현실주의 안보정책이 '나의 안전'을 보장하고자 하는 자조(self-help) 행위라면, 집단안보는 '모두의 안전'을 보장하고 이를 위협하는 자를 모두가 함께 응징하는 일종의 치안행위(police action)라 할 수 있다.

요점정리

- 자유주의는 자유주의적 정치 및 경제 질서의 도입을 통해 국제 협력과 평화 창출이 가능하다고 주장한다.
- 자유주의이론은 국가가 협력을 통해 이익을 거둘 수 있고 불확실성을 낮춰주는 다른 요소의 도움을 받을 수 있다면 갈등 대신 협력을 선택할 수 있다고 본다.
- 상호의존론은 경제 교류를 통한 상호의존이 국가 간 협력과 평화를 증진시킬 수 있다고 보며, 민주평화론은 민주적 국내정치체제의 규범적 요소와 제도적 요소가 민주주의 국가 간의 전쟁을 방지할 수 있다고 주장한다.
- 자유주의에 따르면 국제제도는 불확실성과 거래비용을 줄여줌으로써 국가 간 불신을 완화시키고, 나아가 협력과 평화를 증진시킬 수 있다.

모두 감안해야 한다. 전쟁이 가져오는 국내정치적 파급효과와 불확실한 군사적 성공 가능성 등을 생각할 때, 민주주의 국가의 지도자는 쉽게 전쟁을 결정할 수 없다 (Schultz 1998; Bueno De Mesquita et al. 1999).

넷째, 국제 제도의 중요성을 강조하는 자유주의자들은 제도를 통해 협력의 가능성을 높이고 나아가 분쟁도 예방할 수 있다고 본다. 무정부상태에선 어떤 국가든 아무런 제약 없이 행동할 수 있기에 배신의 가능성이 상존하지만, 서로에 대한 정보를 좀 더 투명하게 얻을 수 있고 불확실성을 줄일 수 있다면 공통의 이익을 위해 협력할 수도 있다. 이를 도와주는 것이 바로 제도이다. 국제제도는 국가들이 함께 맺는 약속을 통해, 그리고 반복된 상호작용에서 서로에 대한 정보를 얻고 협력을 학습하는 과정을 통해 불확실성과 거래비용을 줄이도록 도와준다(Keohane 1984; Axelrod and Keohane 1986). 또한 모든 국가가 함께 참여하는 집단안보와 같은 안보제도를 통해 개별 국가의 안보 추구과정에서 일어날 수 있는 분쟁의 가능성을 차단하고 국제적 차원의 안전 보장을 이룩할 수 있다고 본다.

3. 자유주의의 여러 흐름

현실주의에 다양한 흐름이 있는 것처럼, 자유주의 국제정치이론 내부에도 여러 갈래의 주장들이 존재한다. 어떤 부분을 강조하고 주목하는가에 따라 자유주의 국제정치이론은 크게 이념적 자유주의, 경제적 자유주의, 제도적 자유주의로 나눌 수 있다.

이념적 자유주의는 정치적 자유주의 이념의 중요성을 강조하고 자유민주주의의 확산이 필요하다고 주장한다. 이념적 자유주의자들은 자유주의 정치 이념을 공유한 국가들이 증가할수록 평화의 가능성은 더욱 높아지고, 교류와 협력을 통한 이익은 더욱 커질 수 있다고 본다(Owen 1994). 제1차 세계대전 직후 우드로우 윌슨 대통령에 의한 집단안보제도 창설을 통해 자유주의적 국제질서 형성에 큰 영향을 미친 이념적 자유주의는, 냉전이 종식된 이후 국제정치의 주도적인 사상으로서 더욱 큰 정치적 영향력을 발휘하고 있다.

경제적 자유주의는 상업적 거래와 자유시장경제의 평화적 영향을 강조한다. 일찍이 프랑스의 사상가 몽테스키외(Montesquieu)는 상업이 호전적 군사 사상의 영향력을 감소시킨다고 보았으며, 독일 철학자 칸트(I. Kant)는 상업정신(spirit of commerce)이 전쟁을 방지한다고 주장하였다. 경제적 자유주의는 국가가 전쟁보다 상업적 교류를 통해 더 큰 이득을 볼 수 있다고 보며, 교역의 증대가 전쟁의 기회비용을 높여 전쟁도 예방한다고 주장한다. 최근에는 자본주의의 고도화에 따라 국가의 영토팽창 욕구는 감소하고 각 국가가 전쟁 대신 시장을 통해 이득을 추구한다는 자본주의 평화론(capitalist peace theory)도 제기되고 있다(Gartzke 2007).

제도적 자유주의는 국제 협력을 촉진하고 분쟁을 방지하는 제도의 영향을 강조한다. 제도적 자유주의에 따르면 정치, 경제, 사회, 문화 등 다양한 부문에 걸친 국제제도의 존재는 국가들 간의 협력을 보다 쉽게 해준다(Keohane 1989). 또한 국가 간에 분쟁이 발생했을 때 국제연합과 같은 국제기구들은 분쟁 당사자 간의 타협을 중재하

요점정리

· ·

- 이념적 자유주의는 자유주의 이념이 평화를 창출하며, 이를 위해 자유민주주의의 전 세계적 확산이 필요하다고 주장한다.
- 경제적 자유주의는 자유시장경제를 통한 국제경제 교류가 국가들 간의 분쟁을 예방하고 평화를 창출할 수 있다고 본다.
- 제도적 자유주의는 국제제도가 국가들 간의 갈등 해결을 도와주고 협력을 촉진하는 기능을 할 수 있다고 주장한다.

고 갈등 해결을 도와주며, 이를 통해 각 국가들이 국제제도를 통한 평화적 갈등 해결
을 학습하게 해준다(Russett and Oneal 2001).

IV. 구성주의이론과 국가안보

1. 구성주의의 개념과 세계관

구성주의(constructivism)는 원래 지식과 의미는 객관적으로 정해진 것이 아니라 인
간의 인식과 사회적 상호작용을 통해 구성된다고 보는 철학적 관점을 가리키는 말이
다. 외부 세계의 '현실(reality)'에 대한 객관적 지식이란 존재할 수 없으며, 지식과 의
미는 사람들이 그것을 인식하는 과정, 그리고 사람들 간의 사회적 상호작용을 통해
구성되는 것이라는 시각이다. 구성주의 국제정치이론은 이와 같은 구성주의의 기본적
인 생각을 국제정치에 적용한 이론으로, 국제정치의 다양한 양상과 요소들이 역사적·
사회적으로 구성된다고 본다. 현실주의나 자유주의와 같은 기존의 주류 국제정치이론
들은 자신이 견지하는 세계관을 통해 "국제정치의 현실이란 원래 이런 것이며, 그렇기
에 국가들은 이렇게 행동하게 된다"고 주장하지만, 구성주의가 보기에 국제정치에 객
관적으로 정해진 틀이나 현실이란 없다. 그것들은 모두 국가의 인식에 의해, 그리고
국가들 간의 역사적·사회적 상호작용을 통해 구성되는 것이다(Onuf 1989; Wendt
1992; Ruggie 1993).

그렇기에 구성주의는 국가의 행동에 지대한 영향을 미치는 국제정치 체제 역시 사
실은 국가들에 의해 구성되는 것이며, 구성되는 방식에 따라 전혀 다른 체제가 될
수 있다고 본다. 예를 들어 구성주의자들은 무정부상태에도 여러 경우가 있을 수 있다
고 본다.

대표적인 구성주의자인 웬트(Alexander Wendt)는 국제적 무정부 상태를 문화에
따라 〈참고 2-5〉와 같이 구분한다. 현실주의자들의 이야기처럼 모두가 서로를 적으로
간주하는 투쟁 상태일 수도 있지만, 자유주의자들이 이야기하는 것처럼 서로를 경쟁
자로 여기고 필요에 따라 협력하는 상태가 될 수도, 혹은 서로 우정을 쌓으며 긴밀히
협력할 수도 있다(Wendt 1999). 이 모든 것은 서로를 어떻게 인식하는가, 그리고 서로
의 행동과 상호작용을 통해 어떻게 새로운 인식과 행동의 규범이 만들어지느냐에 달

〈참고 2-5〉 문화에 따른 국제적 무정부 상태 구분

구분	상대 국가에 대한 인식	상대와의 관계	국제관계	비고
홉스적 문화	적	적대감 (절대적 이익)	죽느냐 죽이느냐	현실주의
칸트적 문화	친구	우호와 협력	영구 평화	구성주의 자유주의 (민주평화론)
로크적 문화	경쟁자	경쟁 (상대적 이익)	공존 공생	자유주의 (제도주의)

려 있다. 다른 국가를 적으로 볼 것인지 친구로 볼 것인지도 정체성과 상호인식에 따라 달라진다. 동맹의 상대를 결정하는 것도 상호인식의 문제이다. 이런 점에서 현실주의자들은 힘의 배분을 중시하지만 구성주의자들은 관념의 배분을 강조한다.

구성주의는 국가이익이나 위협과 같은 국가안보의 중요한 요소들 역시 역사적·사회적으로 어떻게 인식되고 구성되느냐에 따라 전혀 새롭게 규정될 수 있다고 본다. 현실주의나 자유주의 모두 국제정치와 국가안보의 문제를 너무 물질적으로만 접근했다고 구성주의는 지적한다. 군사력, 경제력과 같이 물질적 요소들도 물론 중요하지만 대상을 어떻게 인식하는지, 그리고 어떤 관계를 맺고 있는지와 같은 비물질적 요소들도 중요하다는 것이다. 예를 들어 영국이 북한보다 더 많은 핵무기를 가지고 있지만, 미국은 영국의 핵무기보다 북한의 핵무기를 더욱 위협이 되는 것으로 인식한다. 이것은 대상 국가에 대한 역사적·사회적 인식, 그리고 그 국가와의 관계 맺기 방식을 통해 판단되어지는 것이다.

2. 구성주의의 주요 주장

구성주의는 국제정치와 안보문제에 대해 다음과 같은 시각을 제시한다. 첫째, 국가의 자기 정체성이 그 국가의 안보정책을 결정할 수 있다. 현실주의나 자유주의가 국가의 판단과 행동을 단순히 물질적 이익과 위협의 계산 논리로 분석하고 예측하는 데 반해, 구성주의는 국가의 정체성을 국가이익을 결정하는 설명의 변수로 제시한다. 국가의 정체성이란 다른 국가와 비교하여 자국에 대해 갖게 되는 인식을 의미하며 역사적 경험, 주변국과의 상호작용, 국내 사회문화의 변화 등에 영향을 받아서 형성되고 변화한다. 국가의 정체성은 흔히 국가 지도자나 국민들이 자신의 국가를 어떤 국가로 인식하는가, 국가이익을 무엇으로 인식하느냐에 기준이 되며 이로 인해 다른 국가와 다른 정책을 선택할 수 있다. 즉, 국가지도자들 혹은 국민들이 자신의 국가를 어떤 국가로 보느냐에 따라, 무엇이 국가이익에 해당하고 어떤 정책을 선호할 것이며 특정 정책에 따르는 제약을 어떻게 판단할지에 대해 완전히 다른 생각을 가질 수 있다는 것이다(Legro 2005). 예를 들어 고대 그리스에서 쇠퇴하던 스파르타는 펠로폰네소스 전쟁이라는 선택을 했지만, 1980년대 쇠퇴하던 소련은 평화적으로 현실과 타협했는

〈사례 연구〉 국가정체성 변화가 안보정책에 미치는 영향: 일본의 사례

국가정체성의 변화가 국가안보 정책에 미치는 영향을 가장 잘 보여주는 사례가 바로 일본이다. 같은 20세기 동안이었지만 제2차 세계대전 이전의 일본과 이후의 일본은 완전히 다른 나라라고 해도 믿을 수 있을 만큼 급격한 국가정체성의 변화를 보여주었고, 이에 따라 정반대의 안보정책을 채택하였다.

20세기 초 일본은 끊임없이 군사적 팽창을 추구하는 군국주의 국가였다. 1930년대 본격적인 군사 팽창에 나선 이후 태평양 전쟁에서 패전할 때까지 군부와 주전론(主戰論)을 주장하는 세력이 이끄는 일본은 지속적인 전쟁 속에 있었다. 일본의 이익과 동아시아의 평화를 보호한다는 명목 하에 일본은 중국, 동남아시아, 남태평양, 멀게는 호주에 이르기까지 광범위한 군사 작전을 전개하였으며, 중일 전쟁과 태평양 전쟁 모두 일본의 공격으로 시작된 전쟁이었다.

그러나 2차 대전 이후의 일본은 이와는 전혀 다른 모습을 보여주었다. 종전 이후의 일본은 안보는 미국에게 맡기고 경제 발전에 주력한다는 소위 '요시다 독트린'을 통해 군사국가로서의 정체성을 포기하고 상업국가로 변신했으며, 최초의 피폭국가로서 핵무기의 제조, 보유, 반입을 반대하는 '비핵3원칙'을 고수해왔다. 이러한 변화 속에서 일본은 반(反)군사국가, 비핵국가로 스스로를 새롭게 규정하였고, 그 결과 일본은 군사력의 증강과 사용에 소극적인 정치군사문화를 갖게 되었다(Berger 1996). 실제 2008년 봄에 있었던 여론조사에서는 82%의 일본 국민이 군대보유금지를 규정한 평화헌법 9조의 개정에 반대함으로써 일본의 재무장에 반대하는 뜻을 보였다(讀賣新聞 2008.4.11).

데, 구성주의자들은 스파르타와 소련의 정체성, 국가이익에 대한 인식의 차이로 다른 선택을 했다고 본다. 또한 넓은 영토와 부강한 경제력을 갖고 있어도 캐나다처럼 평화로운 국가로 남을 수 있고, 작고 후진적이어도 북한과 같이 끊임없이 국제사회에 도전하는 국가가 될 수도 있다. 물론 이 정체성은 국제적 문화, 국내 사회의 변화, 역사적 경험, 다른 국가와의 상호작용 등을 통해 변화할 수 있고 그에 따라 그 국가의 안보정책을 크게 바꿔놓을 수 있다(Jepperson et al. 1996).

둘째, 타국을 적으로 볼 것이냐 아니면 동지로 볼 것이냐의 문제도 정체성과 상호인식에 따라 달라질 수 있다. 현실주의는 강력한 국가에 대해 일단 불신과 불안을 가지고 대비해야 한다고 이야기하지만, 구성주의는 그 국가가 어떤 정체성과 어떤 목표를 갖고 있는지, 그리고 우리나라를 어떻게 보는지에 따라 해당 국가에 대한 판단이 달라질 수 있다고 본다. 어느 국가를 위협적이라고 볼 것인가의 문제뿐 아니라, 어떤 국가와 친구가 될 것인가의 문제도 마찬가지이다. 동맹 파트너의 선택이나 공동의 안보제도 참여에 있어서 얼마나 정체성을 공유하고 있는지, 공통의 인식을 갖고 있는지는 중요한 결정요인이 된다(Risse-Kappen 1996; Barnett 1996).

요점정리

∙∙

- 구성주의이론은 국제정치의 다양한 양상과 요소들이 국가의 인식에 의해, 그리고 국가들 간의 역사적·사회적 상호작용을 통해 구성된다는 이론이다.
- 구성주의는 국제정치 체제가 구성되는 방식에 따라 다른 양상을 보일 수 있으며, 국가이익이나 위협과 같은 요소들 역시 역사적·사회적으로 어떻게 인식되고 구성되느냐에 따라 전혀 새롭게 구성되고 규정될 수 있다고 본다.
- 국가의 정체성에 따라 국가이익의 규정, 정책에 대한 선호도, 특정 정책에 대한 제약에 대한 판단이 달라질 수 있으며, 위협적인 적대국과 동맹·협력의 파트너를 판단하는 데에도 정체성과 상호인식의 요소가 중요한 영향을 미친다고 구성주의는 주장한다.
- 역사적 경험, 국가정체성, 정치 군사적 문화 등의 요소를 통해 만들어지는 전략문화는 그 국가의 독특한 전략적 사고방식과 군사력 운용 방식을 결정할 수 있다.
- 국제 규범은 가치 있는 행동에 대한 유인동기와 나쁜 행동에 대한 제약을 제시하며, 국가들이 규범을 받아들이고 내면화하는 과정을 통해 국가정체성과 행동에 변화가 생길 수 있다.

〈참고 2-6〉

전략문화가 국가행동에 영향을 끼친다는 사실을 어떻게 밝힐까?

중국 명나라의 전략문화에 대한 연구는 군사력 운영의 독특한 방식을 밝히기 위해 당시 군사지휘관을 선발하는 무과시험을 분석했다. 당시 명나라는 무경칠서라는 일곱 가지 병서에 기초하여 무과시험을 구성했는데 이는 명나라 이전부터 존재했으며 명나라 전략상황을 반영하지 않은 독립적인 요소였다. 따라서 명나라 군사지휘관이 군사력을 운영하는데 기준이 되었던 무경칠서의 내용에서 당시의 군사력에 대한 관념, 정체성, 문화를 확인할 수 있었다. 연구 결과, 일반적으로 알려진 것처럼 중국 전통의 유교는 군사력에 비판적이었지만 명나라 무경칠서에는 이런 내용이 없었다. 따라서 명나라의 전략문화는 유교라는 전통과 달리 군사력의 선제사용을 선호했으며 이후 중국의 전략문화에도 이러한 관념에 영향을 끼쳤다고 이해할 수 있다.

셋째, 역사적 경험과 사회적 상호작용의 영향을 통해 형성된 관념이 국가의 전략적 사고방식을 결정할 수 있다. 실제로 국가가 안보를 극대화하려는 결과가 모두 군사적 균형으로 나타나는 것은 아니다. 이처럼 국가마다 군사력을 사용하는 특정한 사고방식의 차이가 국가의 행동을 결정한다는 입장이 전략문화(strategic culture) 연구자들의 주장이다. 〈참고 2-6〉 냉전기 상호 핵 대치 상황에 있었던 미국과 소련의 차이를 그 예로 들 수 있다. 미국은 사상자 발생을 꺼리는 정치 문화로 인해 억제(deterrence) 전략을 선호한 반면, 역사적으로 잦은 외침을 겪은 소련은 선제공격을 강조했다고 본다. 이러한 전략문화는 그 국가의 역사적 경험, 국가정체성, 지배적인 정치철학, 정치·군사조직의 문화 등에 의해 형성된다(Snyder 1977; Gray 1981; Johnston 1998).

넷째, 국제적 규범이 국가의 안보정책에 영향을 미칠 수 있다. 현실주의자들은 국가이익을 위해서라면 아무렇지 않게 냉혹한 행동을 취할 수 있고, 또 취해야 한다고 이야기하지만 구성주의는 국가가 이익만을 생각하는 게 아니라 규범을 익히고 따를 수 있다고 주장한다. 구성주의가 이야기하는 규범이란 "주어진 정체성에 따른 적절한 행동에 대한 기대"이다(Finnemore and Sikkink 1998: 891). 물론 개인이 국내의 사법제도에 예속되는 것만큼의 영향력을 갖지는 않지만 규범은 어떤 행동이 가치가 있다고 여겨지며 어떤 행동이 나쁘다고 여겨지는지를 국가들에게 제시함으로써 국가의 행동과 정체성을 변화시킬 수 있다(Klotz 1995; Finnemore 1996). 예를 들어 어떤 나라에 대량학살이 발생했을 때 자국에 이익이 되지 않는데도 인도적 개입을 시도하는 것은, 인도적 개입의 규범이 그 국가의 지도자와 국민들에게 가치 있는 행위로 여겨지기 때문이다(Finnemore 2003). 또한 자신을 문명국이라 인식하는 국가는 전쟁 중이라 하더라도 핵무기나 화학무기와 같은 대량살상무기를 사용하지 않는다는 암묵적 규범을 지키려 한다(Price 1997; Tannenwald 1999).

〈사례 연구〉 국제정치이론의 적용: 중국의 부상

20세기 말부터 엄청난 속도의 경제성장을 거둔 중국은 21세기 새로운 초강대국의 지위에 올라서고 있다. 중국의 부상을 어떻게 보아야 할까? 이것은 우리에게 위협일까 아니면 기회일까? 그리고 중국의 급속한 강대국화에 대해 우리는 어떻게 대응해야 할까?

■ 현실주의의 관점
현실주의의 관점에서 본다면 강대국 중국의 등장은 분명한 안보 위협이다. 비록 중국은 화평굴기(和平崛起)의 기치 아래 평화로운 부상을 이야기하지만, 중국이 지금도 앞으로도 평화적인 의도를 가질 거라고 기대하는 건 순진한 생각이다. 강력해진 중국은 우리나라의 이익을 침해할 수도 있고, 최악의 경우 주권과 영토를 위협할 수도 있다. 현실주의이론의 처방에 따르면 한국은 강대국 중국의 위협에 대처하기 위해 군사력 증강과 함께 세력균형을 위한 동맹을 체결하고 강화해야 할 것이다.

■ 자유주의의 관점
자유주의의 시각에서 볼 때 부강한 중국이 꼭 위험하다고 볼 수는 없다. 중국은 세계자본주의 체제에 성공적으로 편입되었으며, 이제는 세계 경제의 엔진 역할을 하고 있다. 지속적인 경제 성장을 위해 중국은 세계시장을 필요로 하며, 세계 역시 중국의 경제적 역할을 필요로 한다. 이렇게 상호의존이 심화된 상태에서 중국이 전쟁을 벌일 거라고 예상하기는 어려우며, 만일 중국과 군사적 갈등이 빚어진다면 그로 인한 손해는 막심할 것이다. 또 중국은 WTO, UN과 같은 다양한 국제기구에 적극적으로 참여하는 모습을 보여주었다. 자유주의자들도 중국의 국력이 무서운 속도로 성장하고 있다는 것은 인정하겠지만, 그에 대한 대응책은 앞으로도 중국과의 경제적 상호의존을 심화시키고 국제 제도에 적극적으로 참여시킴으로써 중국이 다른 국가들과 평화로운 이익의 조화를 창출할 수 있도록 만들어야 한다고 주장할 것이다.

- **구성주의의 관점**
구성주의자들은 중국의 인식, 그리고 중국과 다른 국가들 간의 상호작용이 중요하다고 주장할 것이다. 중국이 정말 스스로를 평화로운 경제대국으로 인지하느냐, 아니면 패권적 제국의 지위를 회복하길 원하는지에 따라 중국의 대외정책은 달라질 수 있다. 또한 현재의 국제질서에 대해 만족하는지, 아니면 이를 바꾸고 싶어하는지도 중요하다. 그리고 미국과의 관계, 주변 국가들과의 관계에서 서로를 어떻게 인식하고 받아들이게 되는지에 따라 중국이 패권을 추구할 것인지, 평화와 협력을 추구할 것인지는 달라질 수 있다. 구성주의주의자들에게 정책적 대안을 물어본다면, 아마도 중국이 국제규범을 준수하도록 적극적으로 세계 질서에 편입시키고 중국 지도자들과의 교류를 증대하여 중국의 새로운 정체성 형성 과정에 적극적으로 관여(engagement)해야 한다고 제언할 것이다.

V. 맺음말

국제정치이론은 국가들 간의 관계에 대한 이론이며, 전쟁과 평화의 문제를 다루는 이론이다. 그렇기에 국가안보를 공부하는 사람이라면 국제정치이론을 반드시 알아둘 필요가 있다. 누구라도 분석과 설명, 판단의 과정에서 일정한 틀과 기준을 사용하기 마련이다. 정제되지 않은 편견이나 어설픈 판단에 의지하기보다는 탄탄한 논리적 기반을 갖춘 이론의 시각에서 접근하는 것이 국제정치와 국가안보 문제를 보다 잘 이해할 수 있는 방법이 될 것이다.

현실주의는 냉혹한 국제정치 현실에 주목하여 이에 부합하는 국가만이 살아남을 수 있다고 주장한다. 무정부상태하에서 끊임없는 위협에 시달리는 국가는 자신의 생존과 이익을 지키기 위해 권력을 추구할 수밖에 없으며, 다른 국가를 항상 잠재적 혹은 직접적인 적으로 여길 수밖에 없다. 정글 같은 국제정치 현실 속에서 제한적이나마 평화가 가능한 것은 세력균형을 통해 힘의 균형이 이루어졌을 때이다.

자유주의는 보다 낙관적으로 국제정치를 바라본다. 자유주의적인 정치질서와 경제질서를 도입한다면, 국가는 협력할 수도 있다. 서로 협력하는 과정에서 이익을 거둘 수 있다면, 그리고 그런 협력을 도와주는 국제 제도의 도움을 받는다면 국가들은 서로 다투기보다는 협력하고 싶어 할 것이다. 또한 자유민주주의의 확산은 민주주의 국가들 간의 평화를 더욱 확장시킬 것이며, 전 세계적 자유시장경제는 국가들 간의 경제적 상호의존을 심화시켜 군사적 갈등을 예방할 것이다.

구성주의는 세상 돌아가는 방식이 정해져있지 않다고 본다. 국가들이 어떤 생각을 가지고 행동하는지, 그런 국가들의 행동이 서로 역사적·사회적 상호작용을 통해 개별적 정체성과 국제적 규범 환경을 어떻게 만드는지에 따라 많은 것이 달라질 수 있다. 그렇기에 국가안보의 문제를 볼 때도 군사적·경제적 이익의 문제뿐 아니라 각 국가의 인식, 정체성, 그 국가에 부여되는 규범도 함께 살펴볼 필요가 있다.

권력과 경쟁을 중시하는 현실주의, 이익과 협력의 가능성을 제시하는 자유주의, 인식과 정체성과 규범의 문제를 강조하는 구성주의는 각기 다른 설명과 대안을 내놓는다. 어떤 관점이 더 설득력 있다고 보느냐에 따라 문제를 바라보고 분석하는 시각도 달라질 것이다.

핵심개념

- 현실주의(realism)
- 자유주의(liberalism)
- 구성주의(constructivism)
- 무정부상태(anarchy)
- 안보딜레마(security dilemma)
- 세력균형(balance of power)

- 집단안보(collective security)
- 상호의존론(interdependence theory)
- 민주평화론(democratic peace theory)
- 국가정체성(national identity)
- 전략문화(strategic culture)
- 규범(norm)

토론주제

1. 세 가지 국제관계이론 중 어느 관점이 국제정치와 국가안보의 문제를 가장 잘 설명하고 있다고 생각하는가? 혹은 어느 관점이 가장 설득력이 떨어지는가?
2. 세 가지 국제관계 이론이 바라보는 무정부상태는 모두 똑같은 개념인가? 만일 차이가 있다면 어떤 점에서 다른가?
3. 안보의 딜레마는 결코 벗어날 수 없는 것일까? 만일 벗어날 수 있다면 어떤 방법을 통해 벗어날 수 있을까?
4. 국제기구와 국제제도의 역할에 대한 현실주의와 자유주의의 관점 중 어느 쪽이 더 설득력 있다고 생각하는가?
5. 민주주의가 확산된다고 해서 세계의 평화가 확산될까? 오히려 민족주의나 여론의 영향을 받아 더 호전적인 국가가 될 수도 있지 않을까?
6. 경제적 교류가 심화된다고 해서 그것이 전쟁을 방지할 수 있을까? 자유주의자들의 설명에 허점은 없는가?
7. 구성주의가 이야기하는 정체성이나 전략문화는 국제정치와 국가안보 문제를 분석하는 기준으로 사용하기에 너무 주관적이고 모호하지 않은가?
8. 국제 규범이 국가의 행동에 미치는 영향은 구성주의자들이 주장하는 만큼 과연 큰 것일까?

추가문헌

- 하영선 편(2007), 『변환의 세계정치』, 서울: 을유문화사.
  국제정치의 역사적 변천 과정과 국제정치이론의 발전을 한국적 관점에서 소개한, 유익한 입문서.

- 조셉 나이, 양준희 역(2009), 『국제분쟁의 이해: 이론과 역사』, 서울: 한울아카데미.
  20세기 이후 국제정치의 전개와 제1, 2차 세계대전을 비롯한 다양한 전쟁에 대해 국제정치이론의 관점에서 알기 쉽게 설명한 책.

- 함택영·박영준 편(2010), 『안전보장의 국제정치학』, 서울: 사회평론.
  안보 문제에 초점을 맞춰 국제정치이론의 시각과 주요 개념에 대해 분석한 연구서.

- 이근욱(2009), 『왈츠 이후』, 서울: 사회평론.
  국제정치이론의 최근 연구 경향과 발전 상황을 알고 싶다면 읽어볼 만한 연구서.

- 존 미어세이머, 이춘근 역(2017), 『강대국 국제정치의 비극』, 서울: 김앤김북스.
  고전적 현실주의, 왈츠의 신현실주의 이론을 모두 초월하는 새로운 현실주의 이론을 제시하고, 역사적 사례를 들어 자신의 이론을 증명해보이고자 시도한 책으로서 "현실의 세계는 결국 현실주의적인 세계로 남아 있다"라는 자신의 주장을 강력히 뒷받침하는 책이다.

03

민군관계와 국가안보

학습내용

이 장은 민군관계에 대해 살펴본다. 문민통제와 민군갈등의 해소는 인류사회의 오랜 숙원 가운데 하나이다. 건전한 민군관계가 국가안보의 근간을 이룸에도 불구하고 이를 달성하는 일에는 적지 않은 난관이 산적해 있기 때문이다. 이 글에서는 민군관계의 제 개념을 살펴보고, 민군갈등의 원인과 문민통제의 확립 방안을 고찰한다. 그리고 한국 현대사를 바탕으로 변화하는 안보 패러다임에 따른 바람직한 지향점을 제시한다.

Ⅰ. 머리말

외부의 위협으로부터 나라를 지키자면 어떻게 해야 할까? 다양한 준비가 필요하겠지만 가장 먼저 해야 할 일은 강한 군사력을 갖추는 일임에 틀림없다. 몽둥이를 든 경비원을 여럿 세워두면 더 이상 늑대가 양을 물어갈 일을 걱정하지 않아도 되는 것처럼 말이다. 그런데 경비원들이 배가 고프다며 양을 쳐다본다면 주인은 어떻게 대처해야 할까? 학문으로서의 민군관계는 바로 이 주인의 고민을 국가적 차원으로 확장시킨 것이라 할 수 있다.

국가의 주인(주권자)은 정치체제의 변화에 따라 역사적 변천을 겪어왔다. 귀족에서 왕으로, 왕에서 국민으로 말이다. 그렇지만 국가를 지키기 위한 합법적 폭력의 관리를 전담하는 집단으로서의 군은 수천 년간 변함없이 그 역할을 수행하고 있다. 이 말인즉슨 누가 주인이 되었든 민군관계를 고민하지 않을 수 없었다는 것이다. 군인황제 시대의 로마가 그러했던 것처럼 때로는 군을 대표하는 자가 국가의 주인이 되기도 했지만 그 역시 주인의 자리에 올라서는 것과 동시에 같은 고민에서 벗어날 수 없었다.

이는 현대적 의미의 민군관계가 정립되기 이전까지는 주권자가 취할 수 있는 특별한 대응책이 없었기 때문이다. 늑대들에게 양을 빼앗기지 않으려면 충분한 수의 경비원들이 있어야 하지만 경비원들이 많아지면 이를 통제하기가 어려워지는 딜레마가 발생한 것이다. '지키는 자는 누가 지킬 것인가'라는 딜레마는 현대 민주국가에서도 예외 없이 발생한다. 군이 국가안보를 수호하는 데 충분한 병력과 영향력을 유지하도록 하는 동시에 이를 국민을 대표하는 정부의 권위 아래 통제하는 것은 결코 쉬운 일이 아니기 때문이다. 이러한 통제가 실패하는 순간 이른바 쿠데타가 발생한다. 주로 민주주의가 공고화되지 못한 국가에서 발생하는 사건이지만 선진국이라고 해서 안심할 수 있는 것은 아니다.

물론 이것이 민군관계의 전부는 아니다. 국민국가가 등장한 이후, 오늘날 군은 그 이전과 성격을 달리한다. 대부분의 국가에서 군은 더 이상 특정 개인이나 집단을 대변하는 사적집단이 아닌 '국민의 군대'가 되었기 때문이다. 따라서 민군관계는 군의 역할과 성격에 대한 오해를 줄이고 건전한 관계 확립의 방법을 모색하는 학문으로서 발전해왔다. 또한 세계화, 정보화에 따라 안보 패러다임이 변화하면서 민군관계에 대한 고민은 군의 향후 발전방향과도 긴밀한 연관성을 갖게 되었다. 학문으로서의 민군관계가 갖는 함의를 함께 살펴보도록 하자.

II. 민군관계의 개념

1. 민군관계의 정의

때로는 복잡한 설명보다 직관적으로 떠오르는 단상이 그 단어를 이해하는 데 도움이 된다. 그럴듯한 표현으로 하자면 브레인스토밍을 해보자는 것이다. "여러분, 민군관계란 단어를 들었을 때 무엇이 떠오르시나요?" 이러한 질문에 혹자는 수해지역 복구에 땀방울을 흘리거나 눈길을 뚫고 들어가 국민들을 구한 국군장병 이야기를 떠올릴 것이다. 혹자는 국군의 날 행사를 구경하고자 광화문 광장을 가득 메운 시민과 그 사이에서 씩씩하게 행진에 임하는 사관생도를 떠올릴 수도 있다. 혹자는 천안문 광장에서 맨손으로 탱크부대를 막아서다가 군인들에게 연행된 시민을 떠올릴 지도 모른다.

민군관계에 대한 정의는 크게 두 갈래로 나누어진다. 민과 군을 이분법적으로 나눠서 양자 간의 정치적 맥락에서 정의하는 입장과 하나의 제도로서의 군이 국가체계속에서 맡는 역할과 영향력을 중심으로 정의하는 입장이 바로 그것이다. 전자의 경우 민과 군을 뚜렷하게 구분되는 집합으로 본다는 점에서 분석의 편의성을 갖는다. 민군

〈참고 3-1〉 민군관계의 단상들

1. 左上: 혹한기 폭설 재해 구조에 나선 국군장병
2. 左下: 국군의 날을 맞아 서울 시내에서 행진하는 힘차게 사관생도
3. 右上: 민주화 시위를 짓밟기 위해 전진하는 인민해방군 탱크를 막아선 중국 시민
4. 右下: 대통령으로부터 군정권(군사행정권, 군령권에 대응됨)을 위임받는 참모총장

관계를 군의 입장을 대표하는 군 최고지휘부와 군을 제외한 나머지 사회, 즉 민간인들을 대표하는 정부 및 정당의 지도자 사이의 제반관계로 정의함으로써 중첩되거나 모순되는 영역을 근본적으로 제거할 수 있기 때문이다. 따라서 이 관점에서의 주요관심사는 권력의 소재이며, 문민우위를 확보하여 군국주의(militarism)를 방지하는 것이다 (Janowitz 1960; Smith and Smith 1983).

반면 후자의 경우 전자의 관점에서는 설명할 수 없는 다양한 분야에 걸친 민군 간의 상호보완적 작용을 담아낸다는 점에서 중요한 함의를 갖는다. "군인은 군복 입은 민주시민"이라는 표현에서 잘 드러나듯 이 관점에서는 민군 간의 구분에 큰 의미를 두지 않는다. 군인도 군인 이전에 국민이며, 징병제를 실시하는 국가라면 국민 상당수가 군경험을 가지고 있다는 점에서 구분 자체가 쉽지 않기 때문이다. 대신 세 가지 측면에 집중한다. 첫째, 공식적으로 국방 분야가 행정부에서 점하고 있는 지위, 둘째, 군의 체제 정치이데올로기에 대한 친화여부, 셋째, 군이 가지고 있는 군전문직업주의(military professionalism)적 성격이 바로 그것이다. 군이 가지고 있는 정치권력과 체제 정치이데올로기에 대한 친화여부를 고려하여 군전문직업주의의 강도를 조절하는 것이 이 관점의 주요관심사이다(Huntington 1981).

이러한 정의가 등장한 배경을 이해하기 위해서는 먼저 현대적 의미의 민군관계가 정립되기까지의 역사를 살펴볼 필요가 있다. 사실 원시시대에는 민과 군 사이의 구분이 존재하지 않았다. 그러나 크고 작은 무리가 형성되고 그것이 커짐에 따라서 인간은 분업과 협업을 하게 되었으며 그로부터 군사적 기능을 담당하는 이들이 독립적인 지위를 획득하게 된다. 이들의 역할은 외부의 침입으로부터 내부의 구성원과 영토의 안전을 지키는 것이었다(Huntington 1981). 문제는 이들이 가진 무력은 외부의 침입을 막는 데 사용될 수도 있지만 분업의 성과물을 나눌 때 더 많은 몫을 요구하는 데도 효과적이었다는 것이다. 덕분에 인류 역사의 상당 부분은 무력을 보유한 세력의 등장과 퇴조의 반복으로 얼룩지게 된다.

그러나 프랑스혁명을 계기로 근대 민족주의가 싹트고 주권재민(主權在民)사상이 인류사회의 보편적 인식으로 자리잡게 되면서 수천 년간 당연시되던 군사력에 기반한 정치권력 장악에 의문이 제기되기 시작한다. 새뮤얼 파이너는 민족주의와 주권재민 사상에 더하여 국민군의 등장, 군전문직업주의의 정교화, 신생독립국의 탄생까지 모두 다섯 가지 요소를 현대적 민군관계의 징표로 간주한다(Finer, Finer et al. 2002). 이 시점부터는 주권을 가진 시민들이 자신들을 지켜줄 힘을 가진 군을 어떻게 통제할 것인가라는 문민통제(civilian control)의 문제를 고민하기 시작했다는 것이다.

이러한 역사에서도 잘 드러나듯 민군관계의 핵심은 문민통제라고 해도 과언이 아니다. 그러나 이 정도 설명만으로는 문민통제의 필요성을 크게 느끼기 어려울 수 있다. 따라서 문민통제의 핵심기제 가운데 하나인 군전문직업주의의 의미를 고찰하면서 이해를 심화시켜 보도록 하자.

2. 군전문직업주의

군전문직업주의는 군인을 국가의 '합법적 폭력을 관리'하는 전문가 집단으로 간주하는 이론, 혹은 인식이라고 할 수 있다. 의사는 환자 진단과 시술을, 변호사는 법의 해석과 집행의 전문성을 바탕으로 배타적 권리와 의무를 가지고 있는 것과 마찬가지로 군인도 국가안보를 지키는 데 필요한 합법적 폭력을 유지하고 사용하기 위한 전문성에 대한 배타적 권리와 의무를 지고 있다는 것이다.

달리 표현하자면, "비교적 젊은 나이에 장기간의 교육과 훈련을 통하여 습득한 국방에 관한 전문지식과 전투기술을 제도적으로 보장된 일정기준에 따라 사용함으로써 국가와 국민을 방위하겠다는 정신력과 책임감을 갖고 종사하는 직업"으로 군인을 바라보는 시선이 군전문직업주의의 핵심이다(조영갑 2005).

사실 원시적 의미의 군전문직업주의는 근대 초까지 존재하였던 용병대에서도 찾아볼 수 있다. 무력의 유지 및 사용을 자신들의 호구지책으로 삼아 전문적인 기량을 뽐내던 존재들이라는 점에서 말이다. 그러나 현대적 의미의 군전문직업주의가 정립되고, 민족과 국가를 넘어 보편적인 규범으로 자리잡게 된 데에는 몇 가지 역사적 배경이 존재한다.

첫째, 주권국가 개념의 등장이다. 국가의 주권이 특정 개인이나 민족, 계급에 있는 것이 아니라 '국민'에게 있다는 인식이 확산되면서 군대 역시 국민을 지키는 사명을 띠게 되었다. 이러한 사명을 충실히 수행한 군대에 대하여 해당 사회가 호의와 신뢰로 응답하면서 군은 하나의 전문적인 직업으로 발전해올 수 있었다는 것이다.

둘째, 헌법에 입각한 민주적 정치체제의 정립이다. 기존의 전제왕정을 대체하는 입헌군주국과 민주주의, 사회주의 정치체제가 정립된 이후 각국은 국가에서 운영하는 사관학교를 비롯한 공식적인 훈련기관을 통하여 군인들에게 국민과 국가에 대한 충성을 교육하였다. 이들 기관은 각종 이해관계나 파벌로부터 독립하여 국민 세금으로 운영되면서 국민들의 뜻을 대표하는 합법적 권위에 의한 통제를 받아들일 수 있었다.

셋째, 산업화가 진전되고 과학기술이 급격히 발전함에 따라 전쟁의 양상이 변화해왔다. 고대, 중세 시대에도 무기의 발전이 전쟁의 승패를 좌우한 사례는 많다. 그러나 산업화는 전쟁의 개념 자체를 변화시키기에 이른다. 전문적으로 훈련된 집단의 전략, 전술적 준비 없이는 대규모 생산 및 동원, 병력의 배치 및 통제, 그리고 첨단장비의 운용 자체가 불가능해졌기 때문이다. 즉, 어떤 국가든 자국의 존립을 유지하기 위해서는 평시부터 전문성 함양에 진력한 조직을 양성해두어야 하는 시대적 조건이 마련된 것이다.

이러한 배경 속에서 정립된 군전문직업주의는 해당국가의 안보환경과 정치·경제적 발전에 따라 조금씩 다른 모습으로 발전해왔다. 이는 군이 자신의 전문지식과 기술을 어떤 목적으로 사용하는가에 따라서 크게 두 갈래로 구분할 수 있다. 보다 직설적으로 말하자면, 군이 강제력을 동원하여 국내정치영역에 관여하는 것을 납득하느냐 여부에 따라 입장이 둘로 갈라진다는 것이다.

우선 구직업주의(old-professionalism)에서는 내란 및 쿠데타 진압을 제외한 어떠한 정치적 개입도 정당화될 수 없으며, 철저한 정치적 중립을 바탕으로 국가안보 수호의 소명을 다해야 한다고 주장한다. 반면 신직업주의(new-professionalism)에서는 정치적 중립을 지키는 것만으로는 반정부세력으로부터 대내적 안보를 지키고, 대외적 안보에 필요한 군사력을 건설하는 것이 어려운 상황이 있음을 인정한다. 이러한 상황에서는 군이 가진 정치적, 물리적 자원을 동원하여 정치에 참여하는 것이 군의 소명을 다하는 것이라고 주장한다.

전자는 헌팅턴(Samuel Huntington) 교수에 의해 정립된 이론으로서 군의 역할을 대외적 안보와 군사적 영역에 한정하고, 군인이 정치에 관여하는 것에 대한 경계를 분명히 한다. 군이 정치에 관여하는 것을 경계하는 데에는 세 가지 근거가 있다(조영갑 2009). 첫째, 군 본연의 책무를 다하는 데 요구되는 상당한 전문성이 요구되며, 이 전문성은 장기간에 걸친 교육훈련 외에는 수급할 방도가 없다. 훌륭한 정치인이 되기 위해서도 여러 가지 전문성이 요구되며 훈련이 필요하지만 여기에 종사할 자원은 다양한 사회영역과 경로를 통해서 수급될 수 있다. 따라서 현역에서 은퇴한 군인이 자신의 경험과 능력을 활용하여 정치에 참여하는 것을 제외한 현역군인의 정치참여는 군 본연의 책무 완수에 부정적인 영향을 미치거나, 교육훈련에 들어간 세금이 허비되는 결과로 이어질 수 있다.

둘째, 군인의 임무는 국가로부터 부여된 목표를 달성하기 위하여 합리적인 수단을 모색하고 실행하는 데 있으며, 목표 자체를 결정하는 권한은 국민들이 선출한 대표들에게 있다. 물론 군사안보 영역의 문제에 대한 전문적인 지식을 바탕으로 바람직한 목표설정에 대한 의견제시 및 조언의 역할은 당연한 권리이자 의무지만 결정권한은 없다는 것이다. 이 원칙에서 벗어나게 되면 정부가 폭력을 독점하고 있는 군을 견제하거나 통제할 수 있는 장치가 사라지게 된다.

셋째, 군이 가지고 있는 본질적 속성과 정치의 속성이 조화를 이루기 어렵다는 것이다. 군은 계급사회로서 상명하복(上命下服)의 특성을 가지고 있으며, 구성원들의 의사보다는 목표달성을 우선시하는 군인정신을 그 본질적 속성으로 한다. 반면 정치에서는 협상과 타협을 피할 수 없다. 특히 민주정치는 정답을 찾아서 실행하는 것이 아니라 구성원 다수가 동의하고 그에 반대하는 소수의견도 배려할 수 있는 대안을 도출하는 데 그 본질이 있다. 따라서 군이 정치에 참여할 경우 일시적인 효율성이 제고될 수도 있지만 민주정치의 근본이 훼손될 수밖에 없다.

스테판(Alfred Stepan) 교수는 헌팅턴 등이 주창한 기존의 군전문직업주의의 적용범위와 효과성에 대하여 의문을 제기하면서 새로운 이론을 제시한다. 이를 신직업주의라고 하는데, 그 핵심은 구직업주의 이론이 지나치게 서구 선진산업사회에 편향되어 있다는 비판에 있다. 즉, 구직업주의 이론은 미국이나 유럽의 민주주의가 공고화된 경제선진국들의 경우에는 적합할지 모르지만 식민지에서 독립하여 정치적, 경제적으로 뒤처져 있는 개발도상국이나 후진국의 경우에는 적합성이 떨어진다는 것이다 (Alagappa 2001; Fitch 1998).

이 관점에서는 군의 전문성이 정치에 필요하고, 도움이 되는 경우라면, 방관하는 것보다 개입하는 것이 타당하다고 주장한다. 여기에는 두 가지 근거가 존재한다. 첫째, 국내정치의 향방과 국가안보의 수호는 불가분의 관계라는 것이다. 군이 정치적 중립을 지키기 위하여 국내의 정치적 소요를 방치했다고 가정하자. 이는 작은 소요를 반란이나 쿠데타로까지 발전하도록 함으로써 국가안보에 있어서 치명적인 위협을 야기할 수 있다. 또한 이 틈을 이용한 외적의 침입이 발생할 경우 국가의 존립 자체가 위험에 처하게 된다. 따라서 국가안보를 책임지는 전문가 집단으로서 상황에 따라 정치에 개입할 의무도 가진다는 것이다.

둘째, 국가발전에 기여하는 것이 곧 국가안보를 지키는 일이라는 것이다. 개발도상국, 후진국의 경우 정치와 경제의 발전을 위하여 많은 인적자원들을 필요로 하는데, 군은 이러한 인재들을 대거 공급할 수 있는 사실상 유일한 근원(source)이다. 군은 체계적인 교육훈련과 실전경험을 통하여 간부들에게 군사적 지식뿐만 아니라 조직을 관리하고 기획하는 경영능력과 같은 사회경제적으로도 유용한 다양한 능력을 함양하도록 하기 때문이다. 따라서 이런 능력을 갖추지 못한 정치인들이 권력쟁탈전을 일삼는 것을 수수방관하는 것은 무책임한 행동이며, 국가발전을 위하여 정치에 개입하여 전문성을 살리는 것이 바람직하다는 것이다.

양자의 논리 가운데 어느 쪽이 더 타당한지 밝히는 것은 이 글의 목표가 아니다. 그러나 팽팽히 맞서는 두 입장 가운데 어느 쪽을 수용하는가에 따라서 군사정권의 등장은 정당화될 수도, 그렇지 않을 수도 있다는 점을 고려할 때 보다 구체적인 논의를 생략할 수는 없으므로, 민군관계의 유형을 살펴보면서 논의를 진행코자 한다.

요점정리

- 민군관계에 대한 정의는 민과 군을 이분법적으로 나눠서 양자 간의 정치적 맥락을 분석하는 관점과 국가체계에 속한 하나의 제도로서 군을 고찰하는 관점으로 크게 나누어진다.
- 현대적 의미의 민군관계는 프랑스 혁명 이후 민족주의, 주권재민 사상, 국민군의 등장, 군전문직업주의의 정교화, 신생독립국의 탄생을 기점으로 등장한다.
- 군전문직업주의는 군인을 국가의 합법적 폭력을 관리하는 전문가 집단으로 간주하는 인식이다.
- 군전문직업주의는 주권국가 개념의 등장, 헌법에 입각한 민주적 정치체제의 정립, 전문성 함양에 진력하는 조직의 필요성 증대라는 역사적 배경 속에서 현대국가의 보편적인 규범으로 자리매김하였다.
- 군전문직업주의는 군이 국내정치에 개입하는 것을 바라보는 관점에 따라서 구직업주의와 신직업주의로 구분된다.

3. 민군관계의 유형

민군관계의 유형은 학자에 따라 다양한 방식으로 분류되고 있다. 어떤 변수가 민군관계의 양상을 결정하는가에 관하여 인식차가 있기 때문이다. 이 글의 목적은 어떠한 분류가 가장 적합한가를 따지는 것이 아니라 민군관계의 개념을 이해하는 데 있다는 점에 유의하여 가장 핵심적인 변수를 구분하고, 이에 따라서 어떠한 유형들이 존재하는지 알아보도록 하겠다.

민군관계는 해당국가의 사회경제적 조건, 이데올로기, 정치권력의 향방, 병력충원의 원리, 그리고 군전문직업주의의 발전정도에 따라서 다양한 유형으로 나타난다(Janowitz 1964; Huntington 1981; 조영갑 2005). 민군관계의 유형은 기본적으로 선진국가형 모델과 개발도상국가형 모델로 구분할 수 있다. 이는 단순한 경제적 격차보다도 서구 선진국들과 여타 지역의 국가에서 민군관계가 발전해온 역사적 배경 자체가 다르다는 데 초점이 맞춰져 있다.

선진국가형 모델은 세 가지로 구분된다. 귀족-봉건적 모델, 그리고 민주주의 모델, 전체주의 모델이 바로 그것이다. 귀족-봉건적 모델은 문민통제 개념이 본격화되기 이전의 형태로서 군부나 민간 엘리트 모두 귀족이라는 동일한 출신배경을 가지고 있었

〈참고 3-2〉 사무엘 헌팅턴과 민군관계 이론

사무엘 헌팅턴 교수는 시사전문지 'Foreign Policy'
의 창간인이자 『문명충돌(Clash of civilizations)』
의 저자로 익히 알려져 있다. 그러나 그가 처음 학문
적 명성을 얻게 된 계기가 민군관계 연구에 이정표
격인 『군인과 국가(The Soldier and the State)』라
는 책을 집필한 것이라는 사실을 아는 사람은 그리
많지 않다. 오늘날까지도 민군관계를 둘러싼 학계의
논쟁은 헌팅턴이 정립한 개념틀 안에서 이루어지고
있으며, 이 챕터 또한 상당 부분을 그의 이론적 개념
을 바탕으로 서술되었다. 민군관계에 대한 보다 심
도있는 이해를 원하는 독자에게 『군인과 국가』 일독
(一讀)을 권한다.

기에 사실상 양자 간의 갈등보다는 타 신분 통제를 위한 협력이 우선시되었던 경우를
지칭한다. 민주주의 모델은 민간 엘리트와 군부엘리트가 기능적으로 분화되어 있고,
문민통제의 원칙에 의해 군에 대한 민간정부의 통제가 공식화되어 있는 유형을 의미
한다. 마지막 전체주의 모델은 선거 및 혁명에 의해 집권한 권위주의 정당을 바탕으로
하는 민간 엘리트들이 자신들의 신념을 실현하기 위하여 군부엘리트를 강력하게 통제
하는 형태이며, 군대통제를 위하여 비밀경찰, 당 직할 군대조직을 창설하거나, 장교선
발 및 파견을 통하여 당원은 군내부에 침투시키는 방법이 사용된다.

개발도상국가형 모델은 다섯 가지로 구분된다. 자노위츠는 이 다섯 가지 모델을
통하여 제2차 세계대전 이후 전 세계 각지에서 등장한 다양한 형태의 민군관계를 유
형화하였다. 권위주의적 개인 모델, 권위주의적 대중정당 모델, 민주주의 경쟁 모델,
민군연합 모델, 군사과두체제 모델이 바로 그것이다. 권위주의적 개인 모델과 권위주
의적 대중정당 모델은 각각 독재자 개인이나 권위주의적 대중정당이 군부의 정치참여
를 억제하고 영향력을 통제하는 양상으로 나타난다. 군은 두 모델에서 공히 시민사회
와 괴리되어있다.

민주주의 경쟁 모델은 상술한 선진국가형 모델 중 민주주의 모델과 유사한 것으로
다당제와 선거제도가 정치체제의 기본원리로서 작동하며, 군부는 공식적 기구와 절차

에 의거하여 정부의 통제를 받는다. 민군연합 모델과 군사과두체제 모델은 군부가 적극적으로 정치에 개입한다는 점에서 앞서 언급한 세 가지 모델과 분명한 차이를 보인다. 민군연합 모델은 군부가 정치의 전면에 나서지는 않지만 군부의 정치적 지지가 전제되지 않고서는 어떤 집단도 정치권력을 장악할 수 없는 경우를 지칭한다. 즉, 군부가 경쟁적인 정치집단들 사이에서 일종의 '심판관' 역할을 담당하는 것이다. 군사과두체제 모델은 군부가 직접적인 정치세력으로 진출하여 권력을 행사하는 경우를 지칭한다. 이때 군부는 시민들의 선거권과 피선거권을 포함한 각종 정치적 권리를 제약하며 저항하는 시민들을 총칼로 억압한다.

헌팅턴은 군부 정치권력의 강·약, 군전문직업주의 수준의 고·저, 그리고 군부에 대한 사회의 이데올로기적 찬·반을 조합하여 최대 여덟 가지의 민군관계 유형이 나타날 수 있다고 주장한다(Huntington 1981). 이 가운데 개념상 성립할 수 없는 세 가지 경우를 제외하면 총 다섯 가지 유형이 존재하는 셈이다.

처음 두 가지는 군부의 정치권력이 강한 경우이다. 첫째, 군부의 정치권력이 강하지만 군전문직업주의 수준이 낮고 군의 정치참여에 대한 사회의 이데올로기적 반대가 심한 경우이다. 이는 중동이나 라틴아메리카에서 흔히 찾아볼 수 있는 유형으로서 쿠데타가 잦으며 정치개혁이 어려운 경우가 많다. 둘째, 군부의 정치권력이 강하고, 군전문직업주의 수준이 높으며 군에 대한 여론이 긍정적인 경우이다. 비스마르크 시기 프로이센이 대표적인 사례로서, 외부로부터의 끊임없는 안보위협으로 인해 국민들이 군의 적극적인 역할을 용인하지만 객관적 문민통제의 원칙에 입각하여 군 스스로 자신의 영역을 넘지 않는 모습을 보인다.

나머지 세 가지는 군부의 정치권력이 약한 경우이다. 셋째, 군부의 정치권력이 약하고 군전문직업주의도 미약하며, 군의 정치참여에 대한 사회의 이데올로기적 반대가 심한 경우이다. 히틀러 치하의 독일이 대표적인 사례로서, 특정 이데올로기가 사회를 강력하게 지배하면서 군의 정치적 영향력을 확실하게 통제하는 경우를 의미한다. 넷째, 군부의 정치권력이 약하고 군의 정치참여에 대한 사회의 이데올로기적 반대가 심하지만 군전문직업주의가 고도로 발전한 경우이다. 2차 대전 초기까지의 미국이 대표적인 사례로서, 군사력이 발전해있지만 외부의 안보위협이 크지 않은 국가들이 여기에 속한다. 다섯째, 군부의 정치권력이 약하지만 군에 대한 여론이 긍정적이고 군전문직업주의가 발전해있는 경우이다. 20세기 영국이 대표적인 사례로서, 보수적 질서와 가치가 존중받는 사회분위기 속에서 군이 자신의 영역 안에서 위국헌신의 모습을 보이는 경우를 지칭한다.

이는 각각의 항목을 극단의 상황으로 가정한 경우들로서 현실에서는 훨씬 다양한 분포가 나타날 수 있다. 그러나 이러한 요인들을 기준으로 민군관계의 양상이 달라진 다는 사실을 파악하는 데 효과적이라는 점에서 헌팅턴의 분석은 함의를 갖는다.

일반적인 유형은 아니지만 병영국가모델(garrison state model)도 살펴볼 필요가 있다. 병영국가모델은 중일 전쟁 당시의 일본이 대표적인 사례로서, 국가의 모든 기능과 활동이 궁극적으로 전쟁과 군부를 위해 동원되는 국가체제를 지칭한다. 한정된 자원을 군비증강에 우선적으로 투입, 군부세력이 급성장하면서 의회와 정부가 군부에 대한 통제 및 견제기능을 상실하고, 국가안보를 담보로 한 공생관계에 접어든다는 것이다. 문제는 이것이 역사 속 이야기에 머무르지 않는다는 것이다. 기밀유지를 중시하는 경향 때문에 천문학적인 예산이 투입되는 무기/기술 개발에 대한 의회의 감독이 곤란을 겪고 있으며, 군산복합체의 성장으로 군사안보분야 정책결정이 왜곡되고 있기 때문에 현대 민주주의 사회에서도 병영국가모델 재현의 우려가 나오고 있다. 대표적인 민주주의 국가이지만 전 세계 국방예산의 50% 이상을 군비에 지출하면서 군산복합체의 정치적 영향력이 비대해진 미국 역시 이러한 우려로부터 자유롭지 못하다.

요점정리

．．

- 민군관계의 유형을 결정하는 핵심변수는 해당국가의 사회경제적 조건, 이데올로기, 정치권력의 향방, 병력충원의 원리, 군전문직업주의의 발전정도이다.
- 민군관계의 선진국가형 모델에는 귀족-봉건적 모델, 민주주의 모델, 전체주의 모델이 속한다.
- 민군관계의 개발도상국가형 모델에는 권위주의적 개인 모델, 권위주의적 대중정당 모델, 민주주의 경쟁 모델, 민군연합 모델, 군사과두체제 모델이 속한다.
- 민군관계는 군부 정치권력의 강/약, 군전문직업주의 수준의 고/저, 군부에 대한 사회의 이데올로기적 찬/반에 따라서 다양한 유형으로 나누어진다.

III. 민군갈등 해소와 문민통제

1. 문민통제의 방법

한국은 민주주의를 국가통치의 기본원리로 삼고 있다. 이는 "대한민국은 민주공화국이다", "대한민국의 주권은 국민에게 있고, 모든 권력은 국민으로부터 나온다"는 헌법 1조에서 잘 드러난다. 따라서 정치체제가 바뀌지 않는 한, 국군은 국민의 군대로서 문민우위에 입각한 문민통제를 받아들여야 하며, 군의 정치개입은 통제되어야 한다. 그러나 이러한 당위적 사실의 나열만으로는 문민통제가 어떤 방식으로 이루어지는 것이 바람직한가에 대한 정보를 얻을 수 없다.

사회주의 국가의 경우 체제유지를 위하여 강압적인 방식을 동원하여 확고한 문민통제를 유지한다(Li 2008). 주로 세 가지 방법이 동원되는데 그 종류는 다음과 같다. 첫째, 충원과 선택에 의한 통제이다. 정부의 최고지도자, 혹은 정당이 선호하는 사회적 배경을 타고난 이들로 군 간부를 충원하고 군부 엘리트로 양성한다는 것이다. 둘째, 세뇌에 의한 통제이다. 군사적 전문성을 제고하기 위한 교육보다도 정치사상 교육의 비중이 클 정도로 이데올로기를 강조함으로써 군부의 자발적 복종을 이끌어내고자 하는 것이다. 셋째, 조직에 의한 통제이다. 사회주의 국가에서는 '이원적 지휘체계(dual leadership)'가 일반적이다. 즉, 일반적인 지휘계통에 따라 군 간부들이 지휘권을 가지고 있지만 각 단위마다 당에서 파견된 정치위원이 지휘권을 박탈할 수 있는 감독권을 가지고 실질적인 명령권을 행사하고 있다는 것이다.

민주주의 국가에서는 이와 달리 주관적/객관적 문민통제의 방법이 일반적이다. 주관적 문민통제는 군의 정치적 영향력을 상대적으로 약화시키거나 외적으로 제한함으로써 문민우위를 달성하는 방법이다. 즉, 정부나 특정한 사회계급의 힘을 강화함으로써 군부의 정치적 영향력을 상대적으로 축소하거나 군의 정치적 참여 금지를 법조항에 명시함으로써 제한하는 것이다. 이 방법을 통해 성공적으로 문민통제를 달성하고 있는 사례로는 스위스를 들 수 있다. 평시에는 참모총장도 공석으로 둠으로써 군 통수권이 철저하게 민간 행정부의 수반에게 집중될 수 있도록 하기 때문이다.

그러나 역사적으로 볼 때 주관적 문민통제의 방법을 사용하였음에도 불구하고 문민통제를 달성하지 못한 경우가 더 많다. 민주주의가 제대로 작동하는 한 민간 정치집단은 둘 이상으로 나누어져 경쟁하기 마련이고, 이들이 권력싸움에서 승리하기 위하여

<참고 3-3> 영화 속 민군관계

민군관계는 어감상 무척 낯설게 느껴지는 것이 사실이다. 특히 다양한 유형과 통제방법은 처음 접하는 이들로서는 쉽게 상상하기 어려울 수 있다. 이런 경우 민군관계의 여러 단면을 그려내고 있는 영화 속 장면들에서 도움을 얻는 것도 좋은 방법이다. 사실 민군관계는 우리가 의식하지 못하였을 뿐 대중적인 영화 속 장면들에서도 드러난 바 있었기 때문이다.

사회주의 국가의 민군관계를 잘 드러내는 영화로는 '닥터 지바고'와 '애너미 앳 더 게이트'를 들 수 있다. 두 영화를 통하여 우리는 공산당에서 파견한 정치위원의 이원적 지휘체계(dual leadership) 의한 군 장악 및 통제의 과정과 조작의 방법을 엿볼 수 있다. 민주주의 국가에서의 군부 통제는 '트

리플엑스2', '에비타', 'D-13' 등에서 잘 드러난다.

'트리플엑스2'의 경우 군수업체와 결탁한 국방장관이 군을 동원하여 평화주의자인 대통령을 암살하고 쿠데타를 일으키는 내용을 통하여 비록 상상에 불과하지만 민주주의 국가에서의 문민통제 문제에 대한 경각심을 일깨워주는 영화이며, '에비타', 'D-13'을 통해서는 민간 정치지도자들의 역량이 민군관계의 건전한 형성이 미치는 영향이 대조적으로 드러난다.

서로 군부에 손을 내밀면서 역으로 군의 정치개입을 조장한 경우가 많았기 때문이다.

헌팅턴은 주관적 문민통제의 한계를 극복할 대안으로 객관적 문민통제를 제시하면서 이것만이 유일한 민주적 통제방법임을 역설한다. 그는 상술한 구직업주의적 관점에 입각하여 군인들에게 전문직업적 가치를 윤리적으로 내재화시켜야 한다고 주장한다. 민간엘리트는 군이 정치에 관심을 가지지 않을 수 있도록 경계를 철저히 구분하고, 군 장교들은 전문성, 책임성, 단체성을 바탕으로 최고통수권자가 제시한 목표를 성공적으로 달성하기 위해 매진하는 중립적이고 자율적인 전문직업인으로서의 자세를 갖춰야 한다는 것이다(Huntington 1981).

자노위츠는 헌팅턴의 방법이 틀린 것은 아니지만 군과 정치를 완전히 분리시키는 일 자체가 불가능하다는 점을 강조한다. 만반의 안보대비태세를 갖추고 성공적으로

군사작전들을 달성하기 위해서는 민간 엘리트가 군부 내부의 동학을 잘 알고 있어야 할 뿐만 아니라 군부 엘리트 또한 국제관계를 이해하고, 정치적으로 민감한 전문직업 장교가 되어야 한다는 것이다. 따라서 민간 엘리트들은 군사실무부서에서 장기간 보임 함으로써 군조직과 교리, 그리고 진행중인 군사작전들을 정확하게 꿰뚫고(penetration) 있어야 하며, 군부 엘리트들은 군사안보 분야의 국가적 논쟁에 대한 조언과 진행 중인 군사작전들의 효율성 평가 측면에서는 정치영역에 관여하는 것이 필요하다고 주장한 다. 군전문직업주의를 기본으로 강조한다는 점에서 객관적 문민통제를 받아들이지만 주관적 문민통제와 조화시켜야 함을 주장한 셈이다(Janowitz 1960).

깁슨(Christopher Gibson)은 객관적/주관적 문민통제의 원칙을 조화시켜 메디슨식 접근(Madisonian approach)을 새로운 방법으로 제시한다(Nielsen and Snider 2009). 이 방법의 원칙은 다음 세 가지이다. 첫째, 선출된 최고지도자가 최종결정권을 가진다. 둘째, 군부 엘리트들은 그들이 공직생활을 하는 동안 언제나 무당파적 입장을 견지한 다. 셋째, 군에 대한 문민통제 책임은 대통령과 의회가 공유하며, 양자는 군편제를 관리하고 지침을 내리며, 예산배정과 감찰을 엄격히 한다.

그는 이 원칙을 바탕으로 군부 엘리트들이 준수해야 할 기준을 제시한다. 첫째, 조 직, 민군, 국가 간의 논쟁에서 입장을 명확히 할 수 있도록 전문성을 키워야 한다. 둘째, 정치적 제한, 민감성을 인식하되, 과거의 경험과 전문적인 연구에 입각한 조언 을 아끼지 말아야 한다. 셋째, 비공개회의(closed-door meeting)라 할지라도 군부의

요점정리

- 사회주의 국가에서는 충원과 선택, 정치사상 교육을 통한 세뇌, 이원적 지휘체계 등의 강압적인 방식을 동원하여 문민통제를 실현한다.
- 주관적 문민통제는 군의 정치적 영향력을 상대적으로 약화시키거나 외적으로 제한 함으로써 문민우위를 달성하는 방법이다.
- 객관적 문민통제는 군인들이 최고통수권자가 제시한 목표를 성공적으로 달성하기 위해 매진하는 중립적이고 자율적인 자세, 즉 전문직업적 가치를 내면화함으로써 문민우위를 달성하는 방법이다.
- 메디슨식 접근에서는 주관적/객관적 문민통제의 원칙을 조화시켜서 군의 효율적 운용과 문민우위 확립을 동시에 추구한다.

입장을 반영하고자 사실을 부풀리거나 지도자의 비위를 맞추고자 사실을 왜곡하지 말고 있는 그대로의 분석을 제공해야 한다. 넷째, 함께 업무를 수행하는 민-군이 하나의 팀이 됨으로써 조직적 이해관계를 넘어선 최상의 결과도출 달성을 목표로 삼는다. 다섯째, 민주적 과정의 정치함(精緻)을 충분히 이해함으로써 국가안보를 지킨다는 명분아래 대의정치의 원리를 훼손하지 않도록 노력한다. 여섯째, 조직의 이해관계가 아닌 의회와 정부의 지침에 따라서 일하는 것이 당연하지만 그보다 더 근본적으로 국민을 위하여 일한다는 점을 명심한다. 일곱째, 뉴스미디어는 국익을 위하여 필요할 때만 활용한다.

2. 민군갈등의 원인

문민통제를 위한 다양한 모색에도 불구하고 문민우위가 흔들리거나 일시적으로 문민우위가 달성되더라도 갈등이 지속되는 경우가 대부분이다. 민군 간에 갈등이 발생하는 원인은 무엇이며, 이를 근본적으로 해결할 수 있는 방법은 없는 것인가?

콘(Richard Kohn)은 건전한 민군관계 확립이 어려운 이유로 다음의 네 가지를 꼽는다(Nielsen and Snider 2009). 동등하지 않은 논의구조, 관점의 차이, 안보문제의 중요성 증대, 군의 조직화 심화가 바로 그것이다. 우선 동등하지 않은 논의구조(an unequal dialogue)는 모든 결정권을 민간 엘리트 측에서 가지고 있기에 이들이 마음만 먹으면 군의 책임, 권위, 임무내용은 물론 발언기회를 줄 것인가 여부까지 결정지을 수 있기에 군부 엘리트 측에서 불만을 가지기 쉽다는 것이다. 둘째, 관점의 차이는 민과 군은 자신의 역할, 의도, 책임, 경력 등의 차이로 인해 다른 관점을 가질 수밖에 없으며, 이로 인해 갈등이 생겨날 수밖에 없다는 것이다. 물론 아이젠하워의 경우처럼 군경험을 가지고 있는 사람이 대통령이 될 경우 상호 간의 이해의 폭이 넓어질 수 있다. 그렇지만 양측이 국민에게 져야 하는 책임 및 맡은 바 역할에서 분명한 차이가 존재한다는 점은 변하지 않는다. 셋째, 안보문제의 범위가 넓어지고 위협의 강도가 커지면서 민군 간의 관점차가 돌출되는 경우가 잦아졌다. 사이버테러 및 전자전, 인간안보를 비롯한 비전통안보 영역의 확장은 문제를 더욱 심화시키고 있다. 넷째, 군의 전문성을 강화하고 효율성을 증진하기 위한 목적으로 군을 지속적으로 조직화해왔지만 역으로 군이 조직의 이해관계를 지키고자 투쟁하는 양상을 보이고 있다. 의회와 행정부는 군의 이러한 조직이기주의적 행태를 개혁하고자 갈등을 빚지 않을 수 없다는 것이다.

브룩스(Risa Brooks)는 민간/군부 엘리트의 구성과 국내외적 안보환경, 그리고 군사문화를 이유로 제시한다(Brooks 2008). 첫째, 민군갈등은 민간 엘리트와 군부 엘리트의 계급, 지역, 민족 구성에서 일차적인 영향을 받는다. 계급, 지역, 민족상의 차이가 있을 경우 차이가 없는 경우보다 갈등이 증폭되기 쉽다. 둘째, 국내외적 안보위협은 민군갈등에 직접적인 영향을 미친다. 안보환경의 악화는 여타의 민군갈등을 봉합하고 단결을 이끌어낼 수도 있지만 대응전략에 따르는 희생에 대한 이견으로 인해 결정적인 민군 간의 갈등이 발생하기 쉽다. 셋째, 다른 집단과 구별되는 군의 문화적 특성은 일반적인 시민적 가치, 정치적 신념과 충돌을 일으키기 쉽다. 장교들은 통상의 정부관료들과는 사뭇 다른 사회화과정 및 경험을 거쳐 고위장교의 위치까지 진급을 하기 마련이며, 이 과정에서 임무완수를 위한 적절한 체계와 수단에 대한 독자적인 인식이 형성되기 때문에 의견충돌이 불가피하다는 것이다.

스나이더(Don Snider)는 군의 영역을 존중하지 않는 민간 엘리트의 과도한 간섭을 민군갈등의 핵심요인으로 지적한다(Snider and Carlton-Carew 1995). 상술한 여러 요인들 역시 그 근원을 따져보면 군에 대한 민간 엘리트의 간섭에서 기인한다는 것이다. 이 관점은 군과 민 사이의 분업(division of labor)을 존중해야 한다는 데에서 출발한다. 즉, 군사안보 업무는 민간인보다 군인이 더 잘 파악하고 있으며, 민간업무는 민간인이 더 잘 알고 있기에 각자의 전문분야를 담당해야 해야 한다는 것이다. 비록 최종적인 결정을 정책결정권자가 할지언정 정책의 구상 및 집행, 그리고 운영에 있어서는 군의 자율성이 보장될 때 양자 간의 조화로운 관계가 가능하다는 결론이다. 기본적으로 구직업주의에 가까운 군전문직업주의에 입각한 주장이지만, 문민통제를 위한 정당한 개입과 간섭의 경계를 정하는 것은 결코 단순한 작업이 아니라는 점에서 논쟁의 여지가 있다.

이상의 논의를 통하여 민군갈등은 주로 안보정책결정을 둘러싼 구조적 문제와 민군 행위자들의 조직적 특성에서 기인한다는 사실을 확인할 수 있다. 특정 개인이나 어느 일방의 문제가 아니라 정책결정구조와 조직적 특성에 원인이 있다는 것이다. 따라서 손쉽게 떠올릴 수 있는 정권교체나 군지휘부 쇄신 등의 방법으로는 민군갈등을 근본적으로 해결할 수 없다. 또한 민군관계가 국가안보를 결정짓는다는 점을 고려할 때 적당한 선에서의 타협이나 합의도 성립할 수 없다. 이에 많은 학자들은 최선의 해결책으로 '신뢰구축'을 제시한다(Lovell and Kronenberg 1974; Snider, Matthews et al. 2002; Nielsen and Snider 2009; Owens 2011).

3. 신뢰구축과 민군관계

민군 사이의 신뢰구축이 갈등해결의 최선책이라는 주장은 누구도 부정하기 어려운 주장이다. 그렇지만 이는 누구나 할 수 있는 말이기도 하다. 정말 우리에게 필요한 내용은 누가 어떤 노력을 했을 때 신뢰가 구축되는가라는 보다 구체적인 방법이다. 손뼉도 마주쳤을 때 소리가 난다는 말처럼 신뢰구축 또한 민과 군 양측의 노력이 공히 필요하다. 어떤 노력이 필요한지 민과 군의 노력을 나눠서 살펴보자.

신뢰구축을 위하여 군에서 노력할 사항에는 크게 네 가지가 있다. 첫째, 군은 언제나 정치적 중립을 유지해야 한다. 군인도 국민의 한 사람으로서 자신의 정치적 입장을 가질 수 있으며, 그에 따라 헌법에 명시된 투표의 권리를 행사할 수 있다. 그러나 개인 혹은 집단으로서의 군이 이를 넘어서는 행동을 할 경우 불신이 야기되며, 불신은 곧 군에 대한 각종 비효율적인 제약으로 이어질 수밖에 없다.

둘째, 군은 군사정책의 변화, 개혁, 조정, 혁신 문제에 관한 충분한 전문성을 갖추고 있어야 한다. 이러한 문제에 관한 군의 주장은 비록 정당한 주장이라 할지라도 조직이기주의에 입각한 것으로 오해받기 쉽다. 이러한 오해를 극복하고 국가안보에 필요한 개혁에 대한 동의를 얻기 위해서는 민간을 넘어서거나 대등한 수준의 전문성이 필요하다.

셋째, 군 지휘부는 겉치레나 눈속임 따위로부터 자유롭게 보고 및 조언을 할 수 있는 권리를 요구해야 한다. 이 권리에 의거하여 솔직하고 신중하며, 전문적인 관점이 명령체계에 따라 비공개적으로 상부에 전해져야 한다. 군의 입장을 관철시키기 위하여 정보를 흘리거나 사실을 부정하는 행위, 정책 이행을 고의로 지연시키는 행위, 명령체계를 건너뛰는 행위, 선택지를 조작하는 행위나 그런 행위를 의심하게 하는 행동은 불신을 야기한다.

넷째, 군 지휘부는 정부의 지시와 명령에 복종해야 하며, 협조해야 한다. 결정과정에서 반대를 할 수는 있지만 일단 최고통수권자가 결정을 내렸을 경우 군은 실패 없이 명령을 달성해야 한다. 정부의 유관부서에 봉직하는 식견있는 관료들은 군의 복종 문제에 대하여 상당한 정도의 의심을 품고 있으며, 군이 가지고 있는 물리적 능력은 이러한 의심에 무게를 더한다. 따라서 군은 한 치의 의심도 남지 않도록 행동해야 하며, 이러한 의식적인 노력이 바탕이 되었을 때 비로소 문민통제가 성립할 수 있다.

이러한 노력이 민과 신뢰를 쌓기 위하여 군에서 노력해야 하는 사항이라면, 출세지상주의, 조직이기주의, 사임(resignation)은 신뢰구축을 위하여 군에서 반드시 자중해야 하는 사항들이다. 우선 출세지상주의는 앞서 살펴본 사항들에 저촉되지 않는다는 점에서 더욱 위험하다. 상부의 의견에 무조건 순응하면서 안보를 위하여 꼭 필요한 사항조차도 조언하지 않는 것이 특징이기 때문이다. 자신의 출세와 진급만을 목표로 삼고, 여타의 의무와 가치를 소홀히 여기기 때문에 이런 의식을 품은 군인이 많을 경우 그 나라의 안보는 위태로워진다. 또한 이러한 의식을 가진 군인을 꿰뚫어보는 민간지도자가 있을 경우 군에 대한 불신이 싹트기 마련이다.

조직이기주의는 국가의 안보나 국민의 이익보다는 군의 대외이미지 제고, 자군의 예산 및 인력 증대 등을 우선시하는 태도를 의미한다. 이는 관료제의 고질적인 병폐로서 군뿐만 아니라 어떤 조직에서든지 찾아볼 수 있는 문제이며, 일정 부분 불가피한 측면이 있다. 그렇지만 군에서 조직이기주의가 만연할 경우 균형 잡힌 군사력 건설이 어려우며 장기화될 경우 외화내빈(外華內貧)한 군으로 전락할 우려가 있다는 점에서 심각한 문제이다.

마지막으로 사임은 군 지휘부가 자신의 도덕, 전문윤리에 어긋나거나 불필요한 희생을 야기하는 문제에 대하여 정식으로 문제를 제기, 투쟁하는 대신 사임함으로써 책임에서 벗어나고 마는 행위를 의미한다. 우리나라에서는 이러한 행위가 청렴한 자의 선택으로 인식되곤 한다. 그러나 사임은 무책임한 행동이 될 소지가 많다. 중차대한 결정을 앞두고 담당자가 사임할 경우 후임자는 저항할 힘을 갖추지 못한 채 결정에

임해야 하거나 결정에 찬성하는 것을 조건으로 임명될 가능성이 높기 때문이다. 따라서 최선을 다하여 문제를 제기하되, 그럼에도 불구하고 결정이 될 경우 문제를 보완할 수 있는 대책마련에 최선을 다하는 것이 가장 바람직한 태도이다.

신뢰구축을 위하여 민에서 노력해야 할 사항에는 다섯 가지가 있다. 첫째, 민간 정치지도자들은 군을 이해하고자 노력해야 한다. 군의 주장을 주의 깊게 경청하고 그러한 입장이 도출된 배경을 이해하고자 노력하지 않은 채 색안경을 끼고 판단하는 것은 바람직하지 못하다. 군에 대한 이러한 태도는 군으로 하여금 극도의 무력감이나 정상적인 정치과정에 대한 회의를 품게 할 우려가 있다.

둘째, 민간 정치지도자들은 군이 국가에 충성하는 조직임을 인정하고 진정으로 존중해야 한다. 군은 국민에 의해 선출된 정부와 지도자의 명령에 따르는 것이지 해당 정당과 정치인에게 충성을 바치는 것이 아니다. 따라서 단지 이전 정권이나 타 정당 하에서 명령을 수행했다고 해서 지휘권을 박탈하거나 불이익을 주는 것은 잘못된 처사이다. 최선을 다하여 정부의 명령을 수행했고 성과가 있었다면 그 노고를 인정해줄 필요가 있다.

셋째, 민간 정치지도자들은 검증되지 않았거나 공정하지 못한 비판으로부터 군을 보호하고 뒷받침해주어야 하며, 군의 필요와 관점을 대변해주어야 한다. 잘못이 있다면 합당한 조치를 취하는 것이 맞지만 꼬리 자르기 식으로 군을 희생양 삼는 것 또한 지양해야 한다. 이러한 배려와 노력이 바탕이 되었을 때 군 또한 군의 이해관계에 반하는 정책, 즉 예산 삭감이나 병력감축 등의 개혁이 추진되더라도 진심을 이해하고 따를 수 있다.

넷째, 민간 정치지도자들은 국방정책에 관하여 군에 감추는 것 없이 투명하게 업무를 처리하고, 행동에 책임을 져야 한다. 군 또한 정상적이고 합법적인 과정을 통하여 국방정책에 관여하도록 해야 한다. 투명성과 합법성이 전제되지 않을 경우 무리한 시도들이 나타나게 되고 그럴 경우 오해와 불신을 피할 수 없기 때문이다. 잠시의 효율을 추구하다가 영영 수렁에 빠지는 것은 피해야 한다.

다섯째, 민간 정치지도자는 군에 대하여 자신이 가지고 있는 권한을 정중하게 사용해야 한다. 군은 정부 명령에 복종해야 하고, 국회의 요구에 따라 업무를 설명할 의무를 가지고 있다. 그러나 이 의무는 상하관계로서 맺어진 것이 아니라 국민을 위하여 일하는 권한을 위임받은 동료로서의 업무관계이다. 군으로부터 진정한 협력을 이끌어낼 수 있는 정부는 군을 함부로 대하고 권한을 남용하는 정부가 아니라 합당한 절차와

요점정리

- 신뢰구축을 위하여 군에서는 정치적 중립 유지, 전문성 확보, 자유로운 보고 및 조언의 권리 요구, 명령에 대한 복종을 위하여 노력해야 한다.
- 신뢰구축을 위하여 군에서는 출세지상주의, 조직이기주의, 사임이 발생하지 않도록 자중해야 한다.
- 민간 정치지도자는 군의 입장을 이해하고자 노력하고, 군의 충성심을 존중해야 하며, 부당한 비판으로부터 군을 보호할 의무를 가지고 있다.
- 민간 정치지도자는 국방정책에 관하여 투명하게 업무를 처리하고 행동에 책임을 져야 하며, 군에 대하여 자신이 가지고 있는 권한을 정중하게 사용해야 한다.

원칙에 따라서 의견을 충분히 수렴하는 정부임에 틀림없다.

IV. 한국 민군관계의 주요쟁점과 발전방향

1. 군부의 정치개입과 민주화

한국 현대사는 그 자체로 생생한 민군관계 교과서라고 해도 과언이 아니다. 두 차례의 군부 쿠데타(coup d'état), 군부정권 주도의 산업화 달성, 민주화 운동의 성공과 문민통제 확립까지 상술한 모든 개념들이 함축적으로 드러나기 때문이다.

군부의 정치개입은 1961년 5월 16일, 박정희 장군을 중심으로 하는 소장파 장교들이 군사정변을 일으키면서 시작된다. 이들은 민간 정치지도자들의 역량으로는 4.19혁명 이후 혼란에 빠져있는 정국을 수습할 수 없다고 판단, 무력으로 정권을 장악하기에 이른다. 당시 국군의 수뇌부는 대체로 구직업주의적 성향을 강하게 가지고 있었던 반면, 이들은 신직업주의적 성향이 뚜렷하였다. 군을 비롯한 사회의 전반적인 부패척결과 경제적 근대화를 국가안보의 전제조건으로 여겼던 것이다. 민간 정치인들의 활동은 이러한 목표달성에 장애물로 인식, 탄압의 대상이 되면서 군부의 지시를 충실히 이행하는 유능한 관료들을 중심으로 하는 관료적 권위주의(bureaucratic authoritarianism)가 국정운영의 원리로 자리잡게 된다.

　박정희 대통령은 국군의 월남파병, 광부/간호사의 독일 파견, 대일청구권협상 등을 통해 얻은 차관과 배상금을 토대로 경부고속도로와 포항제철소를 건설하면서 산업화의 기틀을 마련하고, 경제개발 5개년 계획을 바탕으로 단계적인 경제성장을 달성하는 데 성공한다. 2차 대전 이후 독립한 식민지 국가 가운데 이렇게 경제적 근대화에 성공한 나라가 없으며, 군부정권이 경제적 근대화를 달성한 경우도 드물다는 점을 고려할 때 박정희 정권의 비전과 리더십은 분명 높은 평가를 받을 만하다. 그렇지만 "본인이 아니면 안 된다"는 독단으로 인해 경쟁과 참여가 보장되지 않는 권위주의 정치가 장기간 지속되었으며, 수면 아래에서 관료주의와 출세주의가 판치는 가운데 민군갈등이 증폭되는 결과를 초래하고 말았다.

　1979년 10월 26일, 군부세력의 일원인 김재규 중앙정보부장의 권총 발사와 함께 박정희 대통령의 군부정권은 막을 내리게 된다. 이윽고 대통령 권한대행을 맡고 있던 최규하 국무총리가 정식으로 제10대 대통령에 취임하였으나, 전두환 소장과 그를 따르는 하나회를 위시한 신군부 세력이 12.12사태를 일으키고, 5.18광주민주화항쟁을 유혈진압하면서 새로운 군부정권이 등장하게 된다.

　신군부 세력 역시 자신의 쿠데타를 신직업주의에 입각하여 정당화하고자 노력하였다. 군부정권의 권위주의적 통치방식에 의한 국내정치의 안정과 지속적인 경제성장을 명분으로 삼은 것이었다. 그러나 이는 더 이상 산업구조의 고도화, 소득수준 향상에 따른 시민사회의 성장이라는 사회변화에 조응할 수 없는 정치체제였다. 또한 신직업주의적인 사명감보다는 고도로 정치화(politicization)된 군내 사조직(하나회)을 바탕으로 한 권력쟁취의 성격이 강하였기에 국민들의 반발은 격심했다.

　군부정권에 대한 국민들의 분노는 이미 1979년 10월, 부마항쟁으로 촉발된 상황이었다. 그러나 박정희 대통령이 서거하면서 민주화의 기대가 커지자 일시적으로 잠잠해진 상황에서 새로운 군부가 정권을 장악하자 광주민주화항쟁으로 그간 억눌려 있던 민군갈등이 폭발하고 말았던 것이다. 시작부터 통치의 정당성을 상실한 전두환 정부는 삼청교육대를 설치·운영함으로써 불만의 목소리를 잠재우고 군부의 기득권을 지키는 데 주력한다. 이러한 노력은 1987년 6월 10일 평범한 회사원들까지 시위대열에 합류하고, 전두환 정부의 차기 대권주자 노태우의 직선제개헌 및 평화적 정부이양을 골자로 한 6.29선언과 함께 종지부를 찍게 된다. 1988년, 직선제에 의해 선거가 진행되었음에도 불구하고 신군부의 주역 중 하나인 노태우가 대통령으로 당선되면서 진정한 의미의 군부정권 해체는 5년 뒤로 미뤄지게 된다.

1993년 대통령에 취임한 김영삼은 군부통치시대의 종식을 선언하면서 '문민정부'를 선포한다. 그리고 군의 정치적 중립과 문민통제를 확립하고자 하나회를 위시한 군내 사조직 혁파, 과거 군사정권의 역사적 죄과에 대한 단죄를 단행했다. 김대중 대통령이 이끄는 국민의 정부는 '군인은 군복을 입은 민주시민'이라는 기치를 내걸고 한 차원 높은 민군화합을 추구하였으며, 문민통제의 원칙을 제도화시키기에 이른다. 이를 바탕으로 노무현 대통령의 참여정부는 안보정책결정구조를 개선하고 국방개혁을 법제화함으로써 선진적인 민군관계의 방향성을 제시한 바 있다.

2. 안보 패러다임의 변화와 미래의 민군관계

냉전 종식으로 말미암은 세계화는 인류의 삶을 혁명적으로 바꿔놓고 있다. 각종 장벽이 무너지면서 국경을 넘나드는 교류/교역은 더 이상 낯선 모습이 아니다. 인터넷과 정보통신기기의 보급에 따른 정보화의 확산 역시 이러한 변화를 가속시키고 있다. 이러한 변화는 안보 패러다임에서도 극적으로 나타나고 있다. 안보라는 개념 자체가 '국가'가 주체가 되어 각종 군사적 위협으로부터 국민과 주권을 지킨다는 전통적 안보에서 안보의 주체와 대상을 보다 넓게 인식하는 비전통적 안보로 발전했기 때문이다. 초국가기구나 시민단체 등 비국가행위자도 안보의 주체로 여기는 협력안보가 국가 간 안보협의에서 핵심적인 사안으로 부상하였으며, 예전에는 안보영역으로 인식되지 않았던 인간안보나 환경안보의 영역까지도 안보의 대상으로 간주되고 있다는 말이다.

안보 패러다임의 변화는 민군관계의 개념에도 새로운 과제와 가능성을 동시에 던져주고 있다. 안보영역의 확장에 따라 군에게 요구되는 역할과 그 전문성의 범위도 넓어졌을 뿐만 아니라 안보문제에 관여하는 주체가 다양해지면서 민과 군의 관계가 더욱 복잡해졌기 때문이다. 이는 군의 역할이 과거처럼 단순히 국가의 폭력관리를 전담하는 존재에 그치지 않고 인류의 생존과 존엄성을 보장하는 데 기여하는 방향으로 발전해가고 있음을 의미한다. 어떠한 과제를 극복해야 하고 어떤 가능성이 열렸는지 차례로 살펴보자.

먼저 인간안보의 개념을 살펴보자. 인간안보는 1994년 국제연합 산하기구(UNDP)에서 제시한 개념으로 인간 개개인의 '공포로부터의 자유'와 '궁핍으로부터의 자유'를 핵심으로 한다(한국정치학회 2008). 따라서 개인의 생명을 위협하는 군사적 위협은 물론, 정치적 자유, 환경, 복지 등 포괄적 차원의 인권까지도 안보의 문제로 판단한다. 이 개념의 의의는 사람들로 하여금 인권의 가치를 새로이 인식하고, 인권수호를 위한 국제적인 연대협력을 강화하도록 했다는 데 있다. 결과적으로 각국은 군사력을 사용함에 있어 과거보다 신중해졌으며, 대인지뢰금지협약, 국제형사재판소 설립 등의 조약 채택에 적극적으로 나서게 되었다. 덕분에 군의 주요역할이었던 전쟁임무는 발발 가능성이 줄었을 뿐만 아니라 이전에는 고려하지 않아도 무방했던 여러 제약조건이 생겨났다.

반면 이전에는 없었던 역할이 생겨나기도 했다. 이른바 비전투작전(operations other than war)이라 불리는 전쟁 이외의 제반 작전활동이 군의 핵심역할로 부상하고 있는 것이다. 국가이익을 보호하는 것은 물론, 인류의 존엄성을 지키고 지원하기 위한 목적으로 말이다(Snider, Matthews et al. 2002; Egnell 2011). 비전투작전은 주로 국제연합이나 지역안보공동체가 주축이 되어 편성한 다국적군에 의해 수행된다. 평시에는 전후복구와 같은 평화구축, 환경보호활동과 같은 국가지원, 재난구조와 같은 민간지원, 테러 진압 및 마약 방지와 같은 무력지원이 비전투작전에 속하며, 분쟁상황에서는 분쟁을 사전에 방지하는 예방외교, 분쟁재발을 막는 평화조성, 무장해제 및 협정 이행을 감시하는 평화유지, 그리고 무력충돌을 강제로 진압하는 평화강제 등이 여기에 속한다.

요점정리

- 박정희 장군을 위시한 소장파 장교들은 신직업주의적 성향을 바탕으로 구직업주의적 성향에서 벗어나지 못한 당시 군 수뇌부에 대한 쿠데타를 감행하였고, 성공적으로 정권을 장악한 이후 관료적 권위주의에 입각한 경제개발계획을 시행하였다.
- 전두환 장군을 위시한 신군부 세력은 신직업주의적 사명감을 명분으로 내세웠지만 고도로 정치화된 군내 사조직(하나회)을 바탕으로 한 권력쟁취의 성격이 더 강하였다.
- 안보 패러다임의 변화는 민군관계에 있어서 새로운 과제와 가능성을 동시에 던져주고 있다.
- 군은 인간안보 개념의 정착에 따라서 국가의 폭력관리를 전담하는 기관으로서의 역할에 적지 않은 제약을 받게 되었지만 비전투작전과 같은 인류의 생존과 존엄성을 보장하는 기관으로서의 역할을 새로이 부여받게 되었다.

이러한 작전들은 군으로 하여금 폭력관리라는 기존의 전문성을 넘어서는 다양한 전문성을 갖추도록 요구한다. 군사력 규모의 축소와 군의 활동영역이 제한되는 추세에서 벗어나 새로운 역할이 제시된 것이다. 뿐만 아니라 문민통제 하에서의 일방적인 명령-복종관계에서 벗어나 민간부문과의 긴밀한 협력을 전제로 한 공동작업을 경험하게 되면서 민군관계가 한층 성숙하게 되었다. 국내에서의 민군갈등 발생소지가 줄어들고 민과 군 사이의 상호이해가 증진된 것은 물론이다.

V. 맺음말

한국 현대사는 살아있는 민군관계의 교과서라고 해도 과언이 아니다. 민군관계의 핵심논제인 문민통제가 해방 이후 50년간의 과제가 되어왔을 뿐만 아니라 구직업주의/신직업주의의 논란 속에서 산업화와 민주화를 동시에 달성하였기 때문이다. 군부 주도의 산업화 성공에 뒤이은 평화적인 민군 간 정권교체는 다른 국가에서 유래를 찾아보기 어려울 만큼 경이로운 일이 아닐 수 없다.

그럼에도 불구하고 한국의 민군관계사는 그 가치만큼 학계에서 주목받지 못하고 있다. 성공적인 체제전환에도 불구하고 사회 전반적으로 기형적인 측면들이 잔존하고 있기 때문으로 추정된다. 한쪽에서는 군의 문민화가 메아리처럼 울린다. 대통령은 물론이고, 국방부장관과 사관학교 교장에 대해서도 순수 민간인 출신이 보임해야 하며, 방위사업청의 문민화도 더욱 강화되어야 한다는 목소리가 여전하다. 다른 한쪽에서는 대통령, 국방상임위 국회의원들의 병역이행사항이 그들의 전문성과 결부되어 늘 민감한 이슈로 부상한다. 전투력 강화에 필수적인 각종 훈련장 건설은 민원제기로 지연되는 한편 훈련에 매진해야 할 병력이 민군갈등 완화를 위한 주민지원사업에 동원되는 형편이다. 이러한 현실 속에서 이따금씩 터져 나오는 부정부패와 기강해이 문제는 군에 대한 국민의 불신을 조장하고 있으며, 국가를 위한 헌신을 증명할 방법이 마땅찮은 환경으로 인하여 적지 않은 군인들이 매너리즘에 빠져있는 것 또한 사실이다.

우리가 멈춰있다고 세상도 함께 정지하지는 않는다. 전 세계는 바야흐로 변화의 와중에 있다. 탈냉전 이후 안보 패러다임의 변화는 비전통적 안보 개념의 대두로 요약된다. 이전에는 주목받지 못하였던 각종 인간안보 논의가 부상하고, 실현되리라고 기대하지 않았던 안보공동체와 군축협상 등 협력안보가 가시화되고 있다. 이러한 시대적 변화에도 불구하고 한반도만큼은 북한의 핵개발과 무력도발, 중국과 일본의 경쟁적인 군비증강의 틈바구니 속에서 신음하고 있다. 통일 이후 남북한 군사력 재편방향 및 민군관계의 지향점 설정은커녕 당장의 앞가림도 못하는 형편이다.

우리는 이따금 쉽게 풀리는 않는 문제를 칼로 베어버림으로써 끝내고자 하는 유혹을 받는다. 고대 그리스의 알렉산더 대왕이 엉킨 매듭을 칼로 베어버림으로써 오랜 신탁(神託)을 풀어냈던 것처럼 말이다. 민군관계의 문제에서 칼을 휘두르는 행위는 전쟁에 비유할 수 있다. 어떤 방향으로든 단기간에 결론이 나기 때문이다. 그러나 역사가 웅변하듯 전쟁은 결코 바람직한 해결방법이 아니다. 이러한 생각에서 벗어나도록 하기 위해서는 함께 변화를 고찰하고 대안의 방향성을 모색할 필요가 있다. 비단 민군관계의 발전이 아니라 국가안보를 위해서도 그러한 방법은 바람직하지 못하다는 점을 인식해야 함은 물론이다. 변화의 수레바퀴는 멈출 수 없다. 이 변화에 성공적으로 조응하느냐 여부에 따라 군은 새로운 존재의 의의를 각인시키며 발전할 수도, 흘러간 옛 노래로 퇴락할 수도 있다.

핵심개념

- 주관적 문민통제(subjective civilian control)
- 군전문직업주의(military professionalism)
- 구직업주의(old-professionalism)
- 신직업주의(new-professionalism)
- 병영국가모델(garrison state model)
- 주관적 문민통제(subjective civilian control)
- 객관적 문민통제(objective civilian control)
- 메디슨식 접근법(Madisonian approach)
- 출세지상주의(careerism)
- 조직이기주의(institutionalism)
- 정치화(politicization)
- 쿠데타(coup d'état)
- 관료적 권위주의(bureaucratic authoritarianism)
- 인간안보(human security)
- 비전투작전(operations other than war)

토론주제

1. 현대적 민군관계가 등장하였음을 확인할 수 있는 징표에는 어떠한 사건이 있는가?
2. 구직업주의과 신직업주의 사이에는 어떠한 인식의 차이가 있으며, 이에 따라 민군관계는 어떠한 양상으로 발전하게 되는가?
3. 해당국가의 사회경제적 조건은 민군관계의 유형을 어떻게 구분짓는가?
4. 권위주의적 개인 모델과 권위주의적 대중정당 모델은 어떤 차이점을 가지고 있는가?
5. 군전문직업주의의 내재화를 통한 객관적 문민통제는 현실적으로 실현가능한가?
6. 민군갈등 해결을 위해서는 군과 민 어느 쪽의 노력이 더 시급한가?

추가문헌

- 조영갑(2005), 『민군관계와 국가안보』, 서울: 북코리아.
  민군관계의 주요 이론을 정리하고 한국의 민군관계를 시대순으로 개괄하는 입문서.

- 온만금(2006), 『군대사회학』, 서울: 황금알.
  민군관계의 개념을 역사적 발전과정을 통하여 설명하고 오늘날 우리가 당면하고 있는 민군관계의 주요 쟁점을 분석하는 연구서.

- 국방대안보문제연구소 편(2009), 『안보적 관점에서 본 한국 현대사』, 서울: 오름.
  해방 이후 한국 현대사를 통하여 민군 간 갈등을 고찰하고 발전방향을 제시하는 연구서.

- 윌리엄 맥닐 저, 신미원 역(2005), 『전쟁의 세계사』, 서울: 이산.
  민주주의와 산업화의 확산에 따른 근대 이후 전쟁 양상의 변화를 고찰하면서 현대적 의미의 민군관계가 성립되는 과정을 고찰하는 역사서.

04

전략과 국가안보

학습내용

이 장은 전략에 대해 다룬다. 전략은 설정된 목표의 달성을 위해 주어진 수단을 어떻게 잘 활용할 것인가에 대한 계획과 실천으로서, 국가적·군사적 차원의 목표 달성을 위해 국가전략과 군사전략이 수립되고 운용된다. 전략의 성공은 나라를 부강하고 평화롭게 만들지만, 전략의 실패는 국익의 심각한 손실은 물론 나라의 존립 자체를 위협할 수도 있다. 이런 점에서 전략은 국가안보를 이해하기 위해 필수적으로 알아야 할 대상이라 할 수 있다. 이 장에서는 전략의 개념과 수준, 전략의 수립과 운용시 유의해야 할 전략의 논리, 그리고 전략 사상의 발전에 대해 차례대로 살펴보겠다.

I. 머리말

전략이라는 말은 오늘날 정말로 다양한 곳에서 쓰이고 있다. 기업인들은 매출 확대를 위해 효과적인 판매 전략과 홍보 전략에 고심하며, 목돈을 가진 이들은 어떻게 하면 자신의 자산을 늘릴 수 있을지 전략적인 투자 방법을 알고 싶어 한다. 인터넷에서는 전략시뮬레이션 게임이 인기를 끌고, 대형 서점에는 경영 전략과 처세 전략을 다룬 책들이 수북이 쌓여 있다. 축구팬들 간에는 국가대표팀의 새로운 전략에 대해 논쟁이 벌어지며, 입시철이 되면 방송과 신문에서 수험생들을 위한 필승합격전략이 쏟아져 나온다.

이렇게 생활 속에서 빈번하게 사용되고 있지만, 전략이란 원래 군사 용어이다. 전략을 뜻하는 'strategy'라는 말은 고대 그리스어 'strategía'에 어원을 두고 있다. 이 말의 원래 의미는 군대를 통솔하는 장군(strategós)의 기술과 전법을 일컫는 표현이었다. 한자로 전략이라는 말은 전쟁을 뜻하는 '전(戰)'자와 꾀, 슬기, 지혜를 뜻하는 '략(略)'자로 구성되어 있다. 전쟁에서의 승리를 위한 슬기와 지혜인 것이다.

어떻게 하면 전쟁을 승리할 수 있는가? 전쟁에 대비하고 국가를 지키기 위해서는 어떤 준비와 계획이 필요한가? 전쟁이 상존하는 세상에서 어떻게 하면 지혜롭고 슬기롭게 공동체를 지키고 국가를 발전시킬 것인가에 대한 고민과 모색은 인류가 존재한 이래 계속되어 왔다. 동양에서는 손자(孫子), 오자(吳子), 육도(六韜), 삼략(三略) 등의 병법서가 대대로 읽혀왔고, 서양에서는 고대 로마와 비잔틴 제국의 전략서들이 지금까지도 전해지고 있다.

전략의 성공은 나라를 부강하고 평화롭게 만들지만, 전략의 실패는 국익의 심각한 손실은 물론 나라의 존립 자체를 위협할 수도 있다. 이런 점에서 전략은 국가안보를 이해하기 위해 필수적으로 알아야 할 대상이라 할 수 있다. 전략은 설정된 목표의 달성을 위해 주어진 수단을 어떻게 잘 활용할 것인가에 대한 계획과 실천으로서, 국가적·군사적 차원의 목표 달성을 위해 국가전략과 군사전략이 수립되고 운용된다.

이 장에서는 전략의 원래 의미인 군사전략과 그 확대 개념으로서의 국가전략에 초점을 맞춰 다음과 같은 문제들을 다룰 것이다. 전략이란 무엇인가? 전략은 어떤 수준으로 수립되며 어떠한 구성요소들을 가지고 있는가? 전략의 논리는 어떻게 구성되는가? 역사적으로 전략은 어떻게 변화해 왔는가? 이상의 질문에 대한 대답들을 차례대로 살펴보면서 여러분은 국가전략과 군사전략의 개념과 실제 운용에 대해 이해하고 고민할 기회를 갖게 될 것이다.

II. 국가안보와 전략

국가안보는 내외부의 위협으로부터 국가의 생존이 보장되고 국가번영을 위한 적절한 이익추구행위가 보장되는 상태를 의미한다. 특히 국가의 생존은 가장 궁극적인 것이며, 주권, 국민의 생명과 재산, 영토와 영해와 같이 국가의 핵심 이익이 지켜지는 것과 관련이 있다. 비록 국가의 사활적인 이익은 아니지만 국가번영을 위한 정당하고 적절한 이익추구행위가 제한된다면 이 또한 국가안보가 보장되었다고 할 수는 없을 것이다. 국제사회에서 국가의 이익추구행위는 필연적으로 국가 간에 협력과 마찰의 상호관계를 불러오게 마련이며, 특정 희소가치의 배분에 있어 국가 간의 협력이 불가능할 상황에 이르러서는 분쟁으로 이어질 수도 있다. 국제사회에서 이러한 분쟁을 조정하기 위한 도구로 국제법과 협약, 국제제도 등의 여러 가지가 존재하지만, 사안에 따라 협력이 불가능한 경우에는 폭력적인 수단을 사용하거나 사용할 것을 위협하면서 문제해결을 시도하는 국가가 있을 수 있다. 이러한 다소 거친 외교를 시도하는 국가와 인접한 국가의 국가안보는 불안정성에 노출될 수 있다. 국제체제 하에서 국가는 국가가 보유한 권력수단을 이용한 정책과 전략의 시행으로 국가안보를 보장하기 위한 노력을 한다.

국제사회의 현실 하에서 국가는 자국의 위상과 자원 등을 고려하여 각기 독특한 국가안보목표를 수립한다. 또한 국익을 뒷받침하는 국가안보목표를 성취하기 위한 국가의 주요행위과정으로서 국가안보정책과 전략을 수립하고 적용한다. 국가안보정책은 다소 합법적이고 공개적이며 정형화된 틀에서 수립되며, 국가안보목표를 성취하기 위해 국가의 가용자원과 수단을 동원하는 종합적이고 체계적으로 공개된 구상을 담고 있다. 국가안보전략은 식별된 국가목표를 성취하기 위해 다소 비밀스러운 요소를 가지며, 식별된 국가목표를 성취하기 위해 어떠한 국력 수단을 어떻게 조합하여 사용할 것이냐를 계획하는 것과 관련되어 있다. 이러한 관점에서 혹자는 국가안보전략을 국가안보목표를 성취하기 위해 국력의 수단을 발전시키고 사용하는 노력을 조정하는 술(術, Art)이라고 정의하기도 한다(Drew and Snow 2006: 17).

III. 전략의 개념과 체계

1. 전략의 개념

전략이란 무엇인가? 〈참고 4-1〉에서 볼 수 있는 것처럼, 전략을 무엇으로 정의할 것인가에 대해서는 많은 견해들이 있다. 군사전략의 고전 '전쟁론'의 저자 칼 폰 클라우제비츠(Carl von Clausewitz)로부터 많은 전략이론가들은 전략을 전쟁에서의 목표, 즉 전쟁 승리를 위해 군사력을 어떻게 활용하는가의 문제로 정의하였다. 그러나 이후의 전략 이론 발전 과정에서는 단순한 활용 방식의 문제를 넘어 전략을 목적 달성을 위한 수단과 방식의 활용 계획으로 보는 관점, 그리고 단순한 기술(art)을 넘어 과학(science)으로서의 전략에 대한 고민이 축적되어왔다.

이러한 성격을 종합해 정의할 때, 국가안보와 관련하여 전략이란 "전·평시 국가목표를 달성하기 위해 제(諸)국력수단을 준비·운용하는 기술과 과학"이라 정의할 수 있다. 다소 복잡한 정의이지만 보다 구체적으로 설명하자면 다음과 같다. 우선 전략은 목표(ends)와 수단(means), 방식(ways)의 세 가지 기본요소로 구성된다(Lykke 2001: 179). 목표란 전략을 통해 국가적, 혹은 군사적으로 무엇을 성취하고자 하는가의 영역에 있는 요소이다. 한편 수단이란 목표를 달성하기 위해 어떤 힘을 활용할 수 있는가

〈참고 4-1〉 전략의 다양한 정의

....

"전쟁의 목표 달성을 위한 전투의 운용"

_칼 폰 클라우제비츠(Clausewitz 1832/1976: 177)

"정책의 목적 달성을 위해 군사적 수단을 배분하고 적용하는 기술"

_리델 하트(Hart 1954: 321)

"두 개의 대립하는 의지가 무력을 사용하여 분쟁을 해소하고자 하는 변증법적 기술"

_앙드레 보프르(Beaufré 1965: 181)

"목표를 달성하기 위해 노력을 조직화하는 행동 계획"

_데니스 드류 & 도널드 스노우(Drew & Snow 2006: 13)

"어떻게 이길 것인가에 대한 기술과 이론"

_앨런 스티븐스 & 니콜라 베이커(Stephens & Baker 2006: 5)

의 영역에 있다. 이것은 자원이나 장비와 같은 물질적인 것일 수도 있고, 관계나 영향력과 같은 추상적인 것일 수도 있다. 끝으로 방식이란 목표 달성을 위해 자신이 보유한 수단을 어떻게 활용하는가의 문제이다. 전략은 이렇게 목표, 수단, 방식의 세 가지 요소가 함께 적합하게 조합되어야만 한다.

다음으로 전략이란 목표 달성을 위해 어떤 수단을 어떻게 활용할 것인가에 대한 '계획'이다. 달성하고자 하는 전략적 목표는 무엇인가? 이를 위해 어떤 수단을 준비해야 하며 무엇이 활용 가능한가? 사용 가능한 수단 중에서는 무엇을 선택할 것이며, 선택한 수단은 어떤 방식으로 어떻게 활용할 것인가? 전략가는 이처럼 목표와 수단과 방식에 대해 스스로에게 질문을 던지고, 이에 따라 전략을 수립한다. 이와 같이 전략이란 목표의 설정에서부터 수단과 방식의 선택 및 활용에 대한 구체적이고 실제적인 행동 계획이라 할 수 있다.

또한 전략은 이렇게 세워진 계획을 실행하고 운용하는 '기술(art)'이기도 하다. 전략은 단지 목표 달성을 위해 어떤 수단을 어떻게 활용할 것인지에 대한 계획에서 그치는 것이 아니라, 그것을 실제로 운용하는 것까지를 가리킨다. 그렇기에 전략은 책상 앞에서 끝나는 것이 아니라 실제 전략이 펼쳐지는 전장에서 완성되는 것이라 할 수 있으

<참고 4-2> 전략의 세 가지 구성요소: 목표, 수단, 방식

구성요소	내용
목표(ends)	무엇을 얻고자 하는가? - 전략을 통해 성취하고자 하는 것
수단(means)	무엇을 활용할 것인가? - 목표 달성을 위해 활용할 수 있는 물질적·비물질적 자원과 도구
방식(ways)	(주어진 수단을) 어떻게 활용할 것인가? - 목표 달성을 위해 주어진 도구와 수단을 활용하는 방식

며, 이론만이 아니라 실천까지를 포함한다.

끝으로, 전략은 목표 달성을 위한 수단 활용의 원리와 방안에 대한 '과학(science)'으로서의 성격 또한 가지고 있다. 여기서 이야기하는 과학이란 천문학이나 물리학과 같은 자연과학을 일컫는 좁은 개념이 아니라, 체계적으로 구축된 지식 체계로서의 학문을 말한다. 전략은 단지 일회적인 목표 달성을 위한 계획이나 실제 상황에서 목표 달성을 위해 다양한 수단들을 활용하는 기술뿐 아니라, 목표와 수단과 방식의 적절한 조합과 활용에 대한 논리적 이론과 원리, 법칙의 종합이기도 하다. 그리고 이렇게 체계적으로 구축된 지식은 전략의 수립과 운용에 있어서 가장 기본적인 바탕이 된다 (Brodie 1949; Walt 1987).

2. 전략의 체계

전략의 체계는 다양한 방식으로 정리할 수 있지만, 국가안보의 관점에서 접근할 때 그 수준에 따라 국가전략과 국가안보전략, 그리고 군사전략으로 분류할 수 있다. 먼저 국가전략(national strategy)은 대전략(grand strategy)이라고도 부르며, 국가 차원의 목표 달성을 위한 전략을 가리킨다. 모든 국가는 국가적으로 달성하고자 하는 목표를 가지고 있다. 정치적 제도와 가치의 보전과 발전, 경제의 안정적이고 지속적인 성장, 국제사회에서의 지위 향상, 국내 사회 통합과 안정 유지 등은 많은 국가들이 국가

전략의 차원에서 추구하는 대표적인 목표들이라 할 수 있다. 국가 목표의 설정은 해당 국가가 처한 국제사회에서의 위치와 정치적·경제적·사회적 상황, 추구하고자 하는 방향 등의 요인을 통해 결정된다. 이렇게 목표가 결정되고 나면 국가전략은 정치, 외교, 군사, 경제, 사회, 문화 등 다양한 차원에 걸쳐 그 국가가 보유한 자원과 수단을 활용하여 국가 정책으로서 추진된다. 국가 정책은 이렇게 국가가 보유한 다양한 부분의 총체적 역량을 바탕으로 국가 목표 달성을 위해 필요한 행동을 취하는 것이다.

국가안보전략(national security strategy)은 국가전략의 하위 수준에 위치하는 전략으로서 국가 안전 보장과 국가이익의 보전 및 증진을 핵심 목표로 둔다. 가장 기본적인 국가안보전략의 목표는 주권과 영토, 그리고 국민의 생명과 재산을 내/외부의 위협으로부터 보호하는 것이다. 그러나 안보와 국가이익의 개념을 어떻게 보느냐에 따라 국가안보의 범주는 훨씬 커질 수 있으며, 최근에는 군사안보뿐 아니라 경제안보, 사회안보 등의 영역이 국가안보의 새로운 영역으로 부각되고 있다. 국가안보전략의 수단으로는 군사력만을 떠올리기 쉽지만, 군사력뿐 아니라 정치, 외교, 경제, 사회 정책 역시 국가안보전략의 수단으로서 활용될 수 있다. 예를 들어 평화를 위협하는 국가에

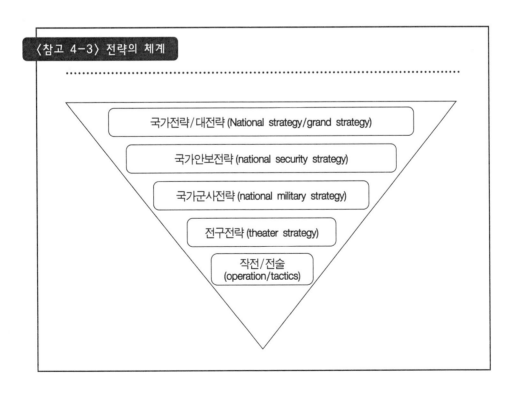

〈참고 4-3〉 전략의 체계

국가전략/대전략 (National strategy/grand strategy)

국가안보전략 (national security strategy)

국가군사전략 (national military strategy)

전구전략 (theater strategy)

작전/전술 (operation/tactics)

- 전략이란 특정 목표 달성을 위해 적합한 수단과 방식을 활용하는 계획, 기술, 그리고 이에 대한 과학을 가리키는 개념이다.
- 전략은 목표(ends)와 수단(menas), 방식(ways)의 세 가지 기본요소로 구성된다.
- 전략의 체계는 국가안보의 관점에서 접근할 때 그 수준에 따라 국가전략과 국가안보전략, 그리고 군사전략으로 분류할 수 있다.

대해 가하는 경제 제재 정책은 국가안보전략을 위한 수단으로서 경제 정책의 수단을 활용하는 것이라 할 수 있으며, 국제적 범죄자나 테러리스트의 정보를 각국이 공유하고 이들의 여행이나 이주를 제한하는 것은 국가안보를 위한 사회적 정책 수단의 활용이라 볼 수 있다.

군사전략(military strategy)은 전략의 체계상 국가안보전략의 하위 전략이다. 국가전략과 국가안보전략의 목표 달성을 위해 군사적 차원에서 어떤 목표를 달성해야 하는지, 그리고 이를 위해 어떠한 군사적 자원과 수단을 사용할 것인지, 어떤 방식으로 이를 활용할 것인지에 대한 전략이 바로 군사전략인 것이다. 군사전략은 다시 세분할 때 국가 수준의 기본적 전략으로서의 국가군사전략과 전쟁을 치르는 전구(theater) 수준의 전구전략으로 나눌 수 있다. 그리고 전구전략의 수행을 위해 이보다 낮은 작전적 수준, 그리고 전술적 수준의 계획이 이루어진다.

IV. 전략의 네 가지 차원

전략을 수립하고 실행할 때에는 다음과 같은 전략의 네 가지 차원을 고려해야 한다 (Howard 1979). 그 첫 번째는 전략의 작전적 차원, 두 번째는 전략의 군수적 차원, 세 번째는 전략의 사회적 차원, 끝으로 네 번째는 전략의 기술적 차원이다. 전쟁을 위한 군사전략은 물론 보다 높은 수준의 대전략으로서의 국가전략에 이르기까지 이들 네 가지 차원의 문제는 전략가들이 반드시 고려해야 할 요소라 할 수 있다.

먼저 첫 번째로 전략의 작전적 차원(operational dimension)은 보유하고 있는 전력을 어떻게 운용할 것인가의 문제, 즉 용병(用兵)의 차원이다. 우리가 평소 흔히 사용하는 전략이라는 말은 대개 이 의미를 가리키는 경우가 많으며, 작전적 차원으로서의 전략은 전통적인 전략 이론에서 가장 중요하게 다루어져 온 요소이다. 전략 이론의 대가 클라우제비츠가 전략을 "전쟁의 목표 달성을 위한 전투의 운용"이라고 보았던 것도 바로 전략의 작전적 차원에 주목했기 때문이었다. 원하는 목표를 달성하기 위해 현재 자신에게 주어진 전력을 어떤 방식으로 어떻게 활용할 것인가는 전략의 핵심적인 요소라 할 수 있다.

두 번째로 전략의 군수적 차원(logistical dimension)은 전력을 어떻게 양성하고 유지할 것인가의 문제라 할 수 있다. 군수적 차원에서의 전략은 최고의, 그리고 최대의 물자와 장비를 갖춘 전력을 전장에 투입하고 이를 유지하는 것이다. 보급의 문제는 인류 전쟁의 역사에서 수많은 전쟁의 승패를 가름 지어온 결정적인 요소였다(Van Creveld 1995). 아무리 뛰어난 전술을 구사한다고 해도 병력과 물자의 보급이 제대로 이뤄지지 않는 군대는 전투에서 승리할 수는 있어도 전쟁에서 승리할 수는 없다.

세 번째로 전략의 사회적 차원(social dimension)은 사회적 역량을 어떻게 동원할 것인가의 문제로, 전쟁을 위한 군사전략은 물론 국가 전략적 차원에서 근대 이후 전략의 핵심적 요소로 등장하였다. 나폴레옹 전쟁 이후 출현한 총력전(total war) 양상은 현대 전쟁의 패러다임 자체를 국가의 모든 역량이 투입되는 진정한 국가 대 국가의 대결로 바꿔놓았다. 국가 목표 달성과 전쟁의 승리를 위해서는 사회의 모든 역량이 동원되어야 하고, 국민의 사회적 지지와 동원을 이끌어내는 능력은 전략의 성공을 위한 필수적인 요소가 되었다.

끝으로 전략의 기술적 차원(technological dimension)은 기술의 발전으로 새롭게 변화하는 전략 환경에 어떻게 대처하고 또한 이 기술을 어떻게 활용할 것인가의 문제이다. 과학기술의 발전은 전쟁과 전략에 엄청난 영향을 미치는 요소라 할 수 있다. 근대 이후 화약, 화기, 전차, 항공기, 잠수함 등과 같은 무기 체계의 비약적인 발전은 전쟁의 양상 자체를 바꾸어놓았으며, 특히 핵무기 등장 이후 과학기술의 요소는 이전에 비할 수 없는 중요성을 갖게 되었다. 무기 체계 이외에도 교통, 통신, 컴퓨터 기술과 같은 첨단과학기술 발전은 군사전략뿐 아니라 국가전략 수준에서 새로운 기회와 도전을 제공하고 있다.

- 전략을 수립하고 실행할 때에는 작전적 차원, 군수적 차원, 사회적 차원, 기술적 차원의 네 가지 차원을 고려해야 한다.
- 전략의 작전적 차원(operational dimension)은 보유하고 있는 전력을 어떻게 운용할 것인가의 문제, 즉 용병(用兵)의 차원이다.
- 전략의 작전적 차원(operational dimension)은 보유하고 있는 전력을 어떻게 운용할 것인가의 문제를 말한다.
- 전략의 군수적 차원(logistical dimension)은 전력을 어떻게 양성하고 유지할 것인가의 문제라 할 수 있다.
- 전략의 사회적 차원(social dimension)은 사회적 역량을 어떻게 동원할 것인가의 문제이다.
- 전략의 기술적 차원(technological dimension)은 기술의 발전으로 새롭게 변화하는 전략 환경에 어떻게 대처하고 또한 이 기술을 어떻게 활용할 것인가의 문제와 관련이 있다.

V. 전략 사상의 발전

전쟁에서의 승리를 위해 어떤 전략이 필요한가에 대한 고민은 인류가 공동체를 이루고 살기 시작한 시점부터 계속되어 왔다. 역사적인 흐름에 따라 전략 사상과 이론은 전통적인 지상군 전략으로부터 출발하여 해양전략, 항공전략과 핵전략, 게릴라전과 대반군전략에 이르기까지 지속적인 발전을 이룩해왔다.

1. 지상군 전략

과학기술의 발전이 전장의 개념을 비약적으로 확대시키기 이전까지 전통적으로 중요한 전쟁은 대개 육지에서 수행되어왔다. 대륙전략(continental strategy)이라고도 불리는 지상군 전략은 육군으로 대표되는 육상의 전력을 활용하는 전략으로, 지상의 병력은 거점 지역을 방어하거나 공격·점령하는 데 있어 가장 직접적으로 활용할 수 있는 전력이라 할 수 있다. 현대적 형태의 전쟁이 등장한 이후 지상군 전략에서 핵심적인 요소는 바로 화력의 사용과 기동의 문제였다. 부대가 보유한 화력을 어디를 어떻게 공격하는 데 활용할 것인가, 그리고 부대를 어떻게 기동하여 적의 어떤 곳을 노릴 것인가의 문제는 많은 전략가들이 지속적으로 고민해온 문제였다. 이와 같은 고민 하에 다양한 아이디어들이 제시되어 왔지만, 크게 나누어 볼 때 지상군 전략의 발전은 직접접근과 간접접근의 두 가지 흐름으로 분류할 수 있다(Malik 1999).

〈참고 4-4〉 직접접근 전략과 간접접근 전략

직접접근 전략

"전쟁을 치르기 위한 모든 작전에는 기본이 되는 하나의 위대한 원칙이 있다. 이는 원칙들을 잘 배합하는 데 준거가 되어야 하며, 다음과 같은 금언 속에 그 원칙이 내포되어 있다.

(1) 전략적 기동으로 집중된 군사력을 연속적으로 전구(戰區)의 결정적 지점(decisive point)에 투입하고, 적의 병참선에도 가급적 대군을 투입하는 것
(2) 아군의 주력으로 적을 각개 격파할 수 있도록 기동하는 것
(3) 전장에서 집중된 병력을 결정적 지점이나 격파해야 할 가장 중요한 적 전선의 일부에 투입하는 것
(4) 이들 병력의 집중이 결정적 지점을 지향하도록 하고 적기에 투입되도록 조정하는 것."

_앙투안 조미니(Antoine Jomini)

간접접근 전략

"…용병을 잘하는 사람은 적의 군대를 굴복시키되 직접 부딪쳐 싸우지 않으며, 적의 성을 빼앗되 이를 직접 공격하지 않으며, 적국을 정복하되 지구전의 방법으로 하지 않으며, 반드시 적을 온전히 보존한 채 이기는 방법으로써 천하의 권세를 다툰다. 이리하면 군대가 무디어지지 않으면서도 그 이익은 온전하니 이것이 곧 모공, 즉 계략으로서 적을 공격하는 방법이다." _손자병법 모공(謀攻)편

"…상황이 우리에게 유리하면 유리할수록 그것에 반비례해서 전투는 줄어들게 된다. 그러므로 전략의 완성은 아무런 참혹한 전투를 치르지 않고 사태를 결말로 가져오는 것이다." _리델하트(Liddell Hart)

직접접근(direct approach) 전략은 전쟁의 주도권을 쥐고 공세를 펼쳐 적의 주력 부대를 섬멸함으로써 전쟁에서의 승리를 달성하고자 하는 전략이다. 직접접근 전략의 대표적인 이론가로 들 수 있는 것이 클라우제비츠와 앙투안 조미니(Antoine H. Jomini)이다. 클라우제비츠는 전쟁은 전세를 판가름짓는 '결정적인 전투(decisive battle)'에서의 승패를 통해 그 결과가 결정된다고 보았다. 또한 전쟁의 승리를 위해서는 그가 '중력의 중심(center of gravity)'이라고 부른, 적 전력의 핵심부에 모든 전력을 집중하여 공격해야 한다고 보았다. 한편 자신이 종군했던 나폴레옹 군의 전략을 과학적으로 체계화하고자 시도했던 조미니는 전투에서 방어보다 공격이 우세하다고 강조하고 전력을 적의 취약 지점, 즉 '결정적 지점(decisive point)' 공격에 집중하여 승리를 달성해야 한다는 전략을 주창하였다(Jomini 1862/2000).

이에 반해 간접접근(indirect approach) 전략은 바로 적의 주력과 대결하는 것이 아니라 간접적인 방식으로 적의 전력을 약화시키는 것이 보다 효과적인 전략이라고 본다. 간접접근 전략을 제시한 전략이론가는 리델 하트(B. H. Liddell Hart)이다. 그는 적 주력군과의 직접 충돌이 지나치게 큰 피해와 비용을 초래한다고 지적하고, 주력을 우회하는 기동을 통해 적 병력을 분리시키거나 보급을 차단하거나 퇴로를 차단함으로써 적의 전의와 전쟁 수행 능력을 상실케 해야 한다고 주장하였다. 이렇게 간접적인 방식을 통해 적을 원래의 위치에서 이탈시키고 심리적 효과를 거둠으로써 승리의 확률을 더 높이는 것이 간접접근 전략의 핵심이다(Hart 1954). 이것은 동양 전략의 고전 손자병법의 전략 사상과도 통하는 것으로, 손자는 아군의 피해를 최소화하면서 승리하는 것을 전략의 중요한 원칙으로 제시하며 "싸우지 않고 승리하는 것이 최상의 용병법"이라고 제시한 바 있다.

2. 해양전략

오래전부터 인류는 해상에서도 전쟁을 벌여왔으나, 해양전략이 본격적으로 전략으로서의 체계를 갖추고 주목받게 된 것은 19세기 말 미국의 해양전략 사상가 알프레드 마한(Alfred T. Mahan)이 등장하면서부터였다. 마한은 군사전략을 넘어 국가적 수준의 대전략으로서 해양의 중요성을 강조하였는데, 그는 국력의 새로운 요소로서 단순히 국가가 보유한 해군의 역량만을 뜻하는 해군력을 넘어 바다를 이용한 통상과 운송까지를 포함하는 포괄적 국가 역량으로서 '해양력(sea power)'이라는 개념을 제시하였다

(Mahan 1889/1999).

마한은 역사적 고찰을 통해 강력한 해양력을 갖춘 국가만이 진정한 강대국이 될 수 있으며, 제해권(command of the sea)의 확보가 국가의 번영과 안전 보장을 담보한다고 보았다. 제해권이란 해양에서 인원과 물자를 자신의 의지에 따라 수송하는 능력을 확보하고 적의 능력은 거부하는 것이다. 그리고 이것은 강력한 해군력과 해양력에 의해서만 가능하다. 그는 국가의 번영과 발전을 위해서는 해양의 안전하고 안정적인 이용이 필수적이고, 이를 뒷받침하는 해양력이 국가전략과 국력의 핵심 요소로서 중요하게 여겨져야 한다고 주장하였다.

전쟁을 위한 전략의 관점으로 좀 더 좁혀보면 마한은 클라우제비츠의 영향을 받아 직접전략의 성격을 띤 해양전략을 제시하였다. 클라우제비츠가 '중력의 중심'에 전력을 집중하여 적의 주력을 섬멸해야 한다고 주장했던 것을 받아들여, 마한은 해상에서도 결정적 전투에서 전력을 집중하여 적의 주력 함대를 섬멸하는 것이 제해권 확보를 위한 해양 전략의 핵심이라고 보았다. 제해권의 확보를 위해서는 우리측의 해상 교통과 운송을 보호하는 동시에 적대 세력의 자유로운 해양 이용을 막아야 하는데, 이를 위해서는 적 함대를 집중공격하여 섬멸하는 것이 최선이기 때문이다. 그리고 그는 이를 위한 수단으로서 대양(大洋)함대의 건설과 유지가 필요하다고 마한은 주장하였다. 이러한 마한의 전략 사상은 19세기 말과 20세기 초 전 세계적인 해군 건설 경쟁의 이론적 기초가 되었으며, 결정적 전투에서의 집중된 공격이라는 전략은 태평양 전쟁 시 미국과 일본 간의 해전을 통해 현실화되었다.

마한이 국가 수준의 대전략으로서의 해양전략을 제시했다면, 영국의 전략이론가 줄리안 콜벳(Julian S. Corbett)은 실제 전쟁의 수행을 위한 군사전략으로서의 해양전략을 제시하였다. 그는 여러 면에서 마한과 차이를 보였는데, 바다는 광대하기에 마한이 주장한 것과 같은 보편적이고 영구적인 바다의 통제는 불가능하며 제해권이란 핵심 지역의 해양을 일정 기간 통제하는 상대적인 개념이라고 보았다. 또한 적의 주력함대에 전력을 집중하여 섬멸하는 것이 아니라 해양교통로(SLOC: Sea Lanes of Communication)의 통제와 중요한 지역에서의 적 선박 운행 통제, 해양 봉쇄 등이 제해권 확보를 위해 보다 효과적인 전략이라고 주장하였다. 그는 마한과는 반대로 해양 전력의 집중이 오히려 해양교통로와 같은 주요 지역에 대한 방비를 약화시킬 수 있으며 적에게 우리 측의 병력을 명백하게 드러내 보이는 것이기에 부적절한 전략이라고 보았다. 또한 콜벳은 해군만으로 전쟁을 승리할 수 없으며, 육군과의 합동작전을 통해서만 해군의 전략적 효과가 극대화될 수 있다고 주장함으로써 합동성의 중요성을 강조하였다 (Corbett 1988).

3. 항공전략과 핵전략

과학기술의 발달과 함께 육지와 바다뿐 아니라 공중의 공간 역시 새로운 전쟁의 공간으로 등장하게 되었다. 항공력이 전쟁의 수단으로서 등장하게 된 것은 제1차 세계대전부터이며, 이탈리아의 포병장교였던 줄리오 두헤(Giulio Douhet)는 20세기 초 최초로 항공전략을 집대성한 전략이론가였다. 그는 지상군의 작전과 기동을 방해하는 다양한 지리적 장애물과 지상군 간의 지난한 대치 상황을 극복할 수 있는 새로운 전력으로서 항공기에 주목했다. 항공기는 3차원의 공중 공간에서 자유롭게 기동할 수 있으며 적의 전선과 방어막을 넘어 핵심적 중심지를 타격할 수 있는 능력을 보유한, 전혀 새로운 형태의 전략적 수단이었다. 그는 제공권을 확보한 군은 방해를 받지 않고 지상의 목표를 향해 지속적인 공격을 가할 수 있기에, 앞으로의 전쟁에서는 제공권을 장악하는 것이 승리의 필수 조건이 될 것이라고 보았다. 두헤는 이를 위해 육군이나 해군을 위한 보조적 수단으로서 항공무기를 이용할 것이 아니라 독립된 전력으로서 공군을 편성해야 한다고 주장하였다(Douhet 1999).

20세기 초반과 중반 활동했던 영국의 휴즈 트렌차드(Hugh Trenchard), 미국의 윌리엄 미첼(William Mitchell), 알렉산더 세버스키(Alexander de Seversky) 등과 같은 항공전략 사상가들은 항공전략을 보다 세련되게 발전시켰다. 이들은 크게 다음과 같은 점을 강조하였는데, 우선 첫째로 이들은 공군에 의해 제공권 혹은 공중우세가 확보되어야만 지상의 육군과 해군이 안정적으로 작전을 펼칠 수 있으며 그런 점에서 공군은 전쟁 승리에 있어서 핵심적인 역할을 하는 것으로 간주되어야 한다고 보았다. 둘째, 이들 항공전략 사상가들은 항공력이 전술과 작전 수준을 뛰어넘은 전략적 차원의 무기로서, 적국의 핵심 시설과 국가 중심부에 대한 전략적 공중 공세를 통해 적의 마비를 야기하고 전쟁 수행 의지를 분쇄함으로써 전쟁 자체를 끝내버릴 수 있는 강력한 수단임을 강조하였다(이성만 외 2010). 항공력의 진가가 드러난 전쟁이라 할 수 있는 제2차 세계대전은 실제로 전쟁에서 항공기가 얼마나 강력한 위력을 발휘하는지 잘 보여준 전쟁이었다. 영국은 소위 '영국 전투(Battle of Britain)'라고 불린 공중전을 통해 독일의 침략을 막아냄으로써 전세 역전의 발판을 마련할 수 있었고, 태평양 전쟁에서는 해상 전투의 새로운 패러다임으로서 항공기의 중요성이 부각되었다. 그리고 무엇보다도, 길고도 참혹했던 전쟁을 종식시킨 것은 핵무기를 탑재한 B-52의 전략 폭격이었다.

히로시마와 나가사키에 핵폭탄이 투하된 이후 핵무기는 전략의 패러다임을 또 한 번 새롭게 바꿔놓았다. 도시 하나는 물론 나라 하나까지 완전히 파괴할 수 있는 위력을 가진 핵무기의 등장은 전혀 새로운 개념의 무기가 탄생했음을 의미했다. 가공할 핵무기의 파괴력으로 인해, 이제 전략의 핵심은 공격과 방어의 문제가 아니라 적이 공격을 아예 하지 못하도록 방지하는 핵 억제(nuclear deterrence) 전략의 문제로 변환되었다. 냉전을 주도한 미국과 소련을 중심으로 주요 강대국들은 경쟁적으로 핵무기를 개발하였고, 핵 공격을 받았을 때 역시 핵으로 강력한 보복을 가할 것임을 내보임으로써 상대가 자신에게 핵무기를 사용하지 못하도록 만들고자 했다(핵 전략에 대해서는 제8장 참조).

한편 핵무기의 등장은 핵무기 운반수단으로서의 항공력의 중요성을 다시 한 번 부각시켰다. 전략핵잠수함과 함께 전략폭격기와 전략미사일은 핵무기를 운반하고 투사(project)하는 주요 수단으로서 주목받았으며, 억제 전략의 가장 기본적인 구성요소로 활용되었다. 특히 2차 대전 시기 초보적 개발 단계에 있었던 미사일은 냉전기에는 핵전략의 주요 수단으로서 집중적으로 개발되어 한 때에는 동서 양 진영에서 핵탄두를 탑재한 수만 발의 미사일이 서로를 겨누고 있었다.

4. 게릴라전과 비정규전 전략

국가가 보유한 대규모 정규군 간의 전쟁이라는 전략 패러다임은 20세기 이후 또 다른 변화를 맞게 되었다. 그 계기가 된 것은 중국의 국공내전과 베트남전이었다. 미국의 지원을 힘입어 막대한 물자와 장비를 보유한 국민당 군이 마오쩌둥(毛澤東)이 이끄는 공산당군에 패하고 베트남전에서 역시 막강한 전력을 보유한 미군이 명백히 열세로 보였던 베트콩에게 패배하면서, 비정규군을 중심으로 한 게릴라전과 비정규전(irregular war) 전략이 새롭게 주목을 받게 되었다.

기존의 정규전에서는 동등한 수준과 유사한 형태의 정규군 간에 서로를 전쟁 수행 능력을 파괴하는 전략이 사용된 반해, 비정규전에서는 반군이나 게릴라, 혁명집단과 같은 비정부적 행위자들의 게릴라전이나 테러와 같은 지속적인 소규모 분란(insurgency)

〈참고 4-5〉마오쩌둥의 16자 전법

··

마오쩌둥이 이끄는 공산 게릴라군은 병력, 장비, 물자의 측면에서 절대적인 열세에 있었음에도 불구하고 탁월한 전략을 통해 국민당 군과의 전쟁에서 승리할 수 있었다. 당시 마오쩌둥은 '16자 전법'이라 불린 게릴라전의 원칙을 제시하였는데, 그 내용은 아래와 같다.

- 적진아퇴(敵進我退): 적이 전진하면 우리는 후퇴한다.
- 적주아요(敵駐我擾): 적이 야영을 하면 우리는 적을 교란한다.
- 적피아타(敵疲我打): 적이 피로를 느끼면 우리는 공격한다.
- 적퇴아추(敵退我追): 적이 후퇴하면 우리는 추격한다.

을 통해 적을 장기적으로 굴복시키는 전략이 사용되었다. 이들은 불리한 병력과 물자, 장비의 한계를 극복하기 위해 소규모의 유연한 조직 구조를 채택하였으며 적이 인명과 물자를 소모하고 마침내는 심리적으로 전쟁 수행 의지를 상실하게 만듦으로써 강대한

요점정리

···

- 역사적인 흐름에 따라 전략 사상과 이론은 전통적인 지상군 전략으로부터 출발하여 해양전략, 항공전략과 핵전략, 게릴라전과 대반군전략에 이르기까지 지속적인 발전을 이룩해왔다.
- 지상군 전략은 화력과 기동의 조합 및 활용에 대한 고민 속에 발전해 왔으며, 크게 직접접근 전략과 간접접근 전략의 흐름으로 발전하였다.
- 해양 전략은 국가 전략의 핵심 요소로서 해양력의 요소를 강조하였으며, 제해권 확보를 위한 전략에 초점을 맞춰 발전해왔다.
- 항공 전략은 전쟁 승리를 위한 제공권 장악의 중요성을 강조하는 동시에, 항공력을 활용한 전략적 공중공세에 중점을 두고 발전하였다.
- 핵무기의 등장은 전략의 새로운 패러다임을 제시하였으며, 핵의 억제를 위한 전략적 수단과 방법의 모색은 냉전기 가장 중요한 전략적 문제였다.
- 게릴라전과 비정규전 전략은 정규전과는 전혀 다른 전략적 도전을 제기하였으며, 20세기는 물론 21세기까지도 그 중요성은 주목받고 있다.

적을 패퇴시킬 수 있었다. 또한 비정규전에서는 적의 전력을 파괴하는 것뿐 아니라 지역과 밀착하여 사람들의 지지를 이끌어내는 '마음의 전쟁'이 중요한 전략적 요소로 부각되었다.

비정규전 전략의 중요성이 또 다시 주목받게 된 것은 2000년대 초 미국의 이라크 침공과 아프가니스탄 침공 이후 안정화 작전이 지속적인 난항을 겪게 되면서 부터였다. 미국은 압도적인 전력을 바탕으로 이라크와 아프가니스탄 군의 저항을 무력화하고 손쉽게 정권을 무너뜨리는 데 성공하였으나, 이후 두 나라에서 이슬람 무장집단의 지속적인 분란전(insurgency)을 진압하고 체제를 안정화시키는 데 엄청난 비용과 노력, 그리고 인명을 잃어야만 했다.

VI. 맺음말

전략이라는 말을 들으면 우리는 역사 속 이야기나 소설, 영화에 등장하는 멋진 전략가들을 떠올린다. 위나라의 대군을 맞아 적벽대전을 승리로 이끌었던 삼국지 속의 제갈량, 임진왜란 시 명량해전에서 13척의 배로 300척이 넘는 왜군을 격퇴했던 이순신 장군, 전쟁마다 승리를 거두며 유럽을 자신의 군홧발 아래 두었던 나폴레옹의 이야기를 보고 있으면 전략이란 번뜩이는 기지와 천부적인 재능을 가진 천재들의 영역인 것처럼 느껴진다. 그러나 이러한 전략가들의 성공 뒤에는 국가를 수호하고 전쟁을 승리로 이끌기 위한 치열한 고민과 연구, 노력이 있었으며 이것은 오늘날 국가안보를 공부하는 우리에게도 마찬가지로 필요한 것들이다.

전략이란 특정한 목표의 달성을 위해 적합한 수단과 방식을 활용하는 계획, 기술, 그리고 이에 대한 과학이다. 전략은 목표의 설정, 수단의 준비와 선택, 목표 달성을 위한 수단 활용의 방식 모색의 세 가지 요소로 구성되며 이를 위한 계획, 그리고 이것을 실제로 운용하는 기술, 그리고 이 모든 것과 관련한 체계적인 지식과 이론의 축적물이기도 하다. 전략은 국가적 차원에서의 목표 달성을 위한 전략인 국가전략, 국가안보를 목표로 하는 국가안보전략, 그리고 그 하위 전략으로서 군사력을 수단으로 하는 군사전략의 체계로 구성된다.

인류의 오랜 역사를 통해 많은 이들은 어떻게 하면 국가를 부강하게 발전시키고 전쟁에서 승리를 거둘 수 있을지에 대해 고민해 왔으며, 이것은 전략의 지속적인 변화와 발전을 가져왔다. 성공적인 전략을 개발하고 수행했던 국가들은 번영과 평화를 누릴 수 있었지만, 전략의 실패는 국가를 위기에 처하게 하고 국민들을 위험에 빠뜨리는 결과를 가져왔음을 지난 역사는 보여준다. 급변하는 전략 환경과 다양한 위협 속에서 우리의 조국과 사랑하는 사람들을 지키고 우리가 소중히 여기는 가치들을 보전하기 위해서 우리는 우리에게 어떤 전략이 필요하며, 이를 위해 어떤 전략적 노력이 필요한지에 대한 고민을 지속적으로 해나가야 할 것이다.

핵심개념

- 전략(strategy)
- 전략의 3가지 구성요소
- 국가전략/대전략(national strategy/ grand strategy)
- 국가안보전략(national security strategy)
- 군사전략(military strategy)
- 전략의 4가지 차원
- 전략 환경(strategic environment)
- 마찰(friction)

- 위험(risk)
- 직접접근(direct approach)
- 간접접근(indirect approach)
- 해양력(sea power)
- 항공력(air power)
- 핵억제전략(nuclear deterrence strategy)
- 비정규전(irregular war)

토론주제

1. 전략은 어떻게 정의내리는 것이 가장 적절하다고 생각하는가? 자신이 생각하는 전략의 개념을 정의해보자.
2. 전략의 구성요소를 목표, 수단, 방식의 세 가지로 분류하는 것에 동의하는가? 어떤 요소가 더 추가될 수 있을까?
3. 전략의 계획으로서의 성격, 기술로서의 성격, 과학으로서의 성격 중 어떤 것이 가장 중요한 의미를 갖는다고 생각하는가?
4. 왜 군사전략은 국가전략과 국가안보전략의 하위 개념인가?
5. 현대전에서는 전략의 네 가지 차원 중 어떤 요소가 가장 중요하다고 생각하는가? 앞으로의 전쟁에서는 어떤 요소가 중요할 것이라고 보는가?
6. 앞으로 한국의 전략환경에서는 어떠한 국가전략과 군사전략이 필요하다고 생각하는가?

추가문헌

- 칼 폰 클라우제비츠, 김만수 역(2009), 『전쟁론』, 서울: 갈무리.
  군사 전략에 대해 관심이 있다면 반드시 한 번은 읽어야 할 전략이론의 고전.

- 손자, 김광수 역(1999), 『손자병법』, 서울: 책세상.
  고대 중국에서 저술되었지만 21세기까지도 읽히며 군사 전략의 개념과 철학을 담은 최고의 고전으로 꼽히는 병법서.

- 온창일(2004), 『전략론』, 서울: 집문당.
  초심자들과 입문자들을 위해 전략의 개념과 이론, 실제에 대해 쉽게 설명한 입문서.

05

안보정책결정과 국가안보

학습내용

이 장은 안보정책결정에 대해 다룬다. 안보정책의 결정과정은 국가안보의 동학을 이해하고 대안을 모색하는 데 있어서 중요한 단초를 제공한다. 이 장에서는 안보정책결정과정을 이해할 수 있도록 안보정책결정의 환경과 분석수준에 대해 살펴본다. 이를 바탕으로 안보정책결정의 분석모델과 그 사례를 살펴보도록 하겠다.

I. 머리말

우리는 늘 문제상황에 봉착하고 이를 해결하기 위한 의사결정을 내리면서 살아간다. 점심에는 무엇을 먹을지, 좋아하는 이성의 마음을 어떻게 얻을지, 혹은 어떤 전공을 택할지 끊임없이 결정해야만 한다. 그리고 모든 선택과 결정에는 결과가 뒤따른다.

국가 역시 매 순간 수많은 정책을 결정하면서 존속한다. 그리고 그러한 결정에는 상응하는 결과가 따르게 된다. 개인의 결정에도 책임이 따르는 것은 마찬가지이다. 현명한 판단에는 보상이, 잘못된 결정에는 대가가 따르기 마련이다. 그러나 국가의 정책결정에는 개인의 경우보다 더 큰 책임이 따르게 된다. 수천, 수만 명이 목숨을 잃거나 국가 자체가 사라질 수도 있기 때문이다. 이러한 중요성에도 불구하고 결정에는 많은 시간이 주어지지 않는다. 국가와 민족들의 운명을 건 수많은 정책들이 보이지 않는 시계의 재깍거림 속에서 결정되어왔다. 더욱 마음을 무겁게 하는 사실은 한 번 결정된 정책은 쉽게 돌이킬 수 없다는 것이다. 시위를 떠난 화살처럼 말이다.

동서고금의 지도자들은 여러 제약 속에서도 최선의 정책을 도출해내고자 다양한 노력을 경주해왔다. 정책결정과정의 치열한 고민을 생생하게 보여주는 정관정요, 펠레폰네소스 전쟁사의 집필과 학습은 바로 이러한 노력의 대표적인 사례이다. 이러한 노력의 중요성은 두 차례의 세계대전을 치르면서 학계의 공감대를 얻었으며, 냉전을 겪으면서 하나의 분과학문으로 발전하기에 이른다. 자칫 사소해 보일 수 있는 하나의 정책결정이 인류 전체의 운명을 결정지을 수 있다는 사실이 자명해졌기 때문이다. 핵무기의 개발과 미사일 기술의 발전 역시 이러한 추세를 가속시켰다. 이에 따라 정책결정과정에 대한 연구는 단순한 역사 서술의 차원을 넘어서 다양한 변수를 구분하고 분석수준과 분석모델을 적용하는 전문적인 학문분야로 발전하게 되었다.

그렇다면 학문으로서 정책결정과정 연구를 통하여 우리는 무엇을 얻을 수 있는가? 정책결정과정을 연구한다고 해서 국가안보 문제가 저절로 해결되는 것은 아니다. 영화 '소스코드'에 나오는 것처럼 타임머신을 개발해서 위협의 근원을 제거하는 것이 안보를 지키는 보다 완벽한 방법임에 틀림없다. 그러나 영생을 보장하는 불로초를 기다리는 진시황처럼 마냥 타임머신을 기다릴 수는 없지 않겠는가?

정책결정과정을 연구함으로써 우리가 얻을 수 있는 것은 다음과 같다. 첫째, 분석사례에서 정책결정과정이 제대로 기능하고 있는지, 문제가 발생한 지점이 어디인지 밝혀냄으로써 국가안보의 내부적 취약성을 파악해낼 수 있다. 둘째, 한정된 정보를 가지고도 다가올 위협에 대한 적절한 대응책을 마련할 수 있다. 셋째, 다양한 경우의 수를 도출해냄으로써 국제관계에서의 오인(misperception)의 가능성을 줄인다. 넷째, 강대국정치 중심의 일반적인 국제정치연구에서 벗어나 약소국의 국가안보 증진에도 실제적으로 활용될 수 있다.

정책결정과정이 갖는 의미와 중요성을 파악한 우리에게 남은 숙제는 "그렇다면 정책결정과정을 어떻게 이해하고 분석할 것인가"이다. 우선 정책결정의 환경을 살펴봄으로써 정책결정에 영향을 미치는 변수에는 무엇이 존재하는지 파악한 다음, 분석수준과 분석모델을 살펴보면서 숙제를 해결하도록 하자.

II. 안보정책의 개념

안보정책은 '안보'라는 단어와 '정책'이란 단어의 복합어이다. 안보라는 개념은 앞에서도 논의된 바 "어떤 가치를 위협으로부터 보호하고 증진시키는 것"으로 따라서 국가안보는 "국가이익을 각종 위협으로부터 안보수단을 통하여 보호하고 증진시키는 것"이 될 것이다. 정책이란 용어는 실생활과 밀접하게 관련되어 사용되고 있다. 안보정책뿐만 아니라 자녀들의 교육과 관련된 교육정책, 시민들의 일상생활과 관련된 교통정책이나 주택정책 또는 조세정책 등과 같이 다양한 정부활동분야를 지칭하는 말로 사용되고 있다. 정책은 일반적으로 "바람직한 사회상태를 이룩하려는 정책목표와 이를 달성하기 위해 필요한 정책수단에 대하여 권위 있는 행정기관이 공식적으로 결정한 기본방침"이라고 정의한다(김문성 2000: 325).

안보정책은 종종 국방정책 또는 군사전략이란 용어와 혼동하거나 혼용하여 사용하는 경우가 있지만 개념적인 구분이 필요하다. 우선 안보정책이란 국가안보를 증진하기 위한 방책이며 종종 '국가 대전략(grand strategy),' 안보 독트린, '국가전략' 등의 개념과 유사개념 또는 혼용해서 사용하고 있다. 이러한 안보정책 개념은 종종 국방정책과 혼용되어 사용되거나 또는 유사개념으로 사용되어 왔다. 그 이유는 전통적인 안보의 개념이 주로 군사적 위협에 대응하는 것이었기 때문에 국방과 안보는 동일선상에서 논의될 수밖에 없었다. 그러나 안보개념이 군사뿐만 아니라 정치·경제·사회·과학기술 등과 같은 분야를 포함하는 포괄적인 개념으로 확장됨에 따라 군사분야는 국가안보정책의 하위정책 중의 하나로 자리 잡게 되었으며, 자연스럽게 두 용어 간 확연한 구분이 이루어졌다. 국방정책이란 일반적으로 "국가안전보장정책의 일부로서 외부의 위협이나 침략에 대해 국가의 생존을 보호하기 위하여 군사, 비군사에 걸쳐 각종수단을 유지, 조성 및 운용하는 정책"으로 정의한다(합동·연합작전 군사용어사전 2010). 그러나 국방정책이 위협의 출처를 "외부의 군사적 위협과 침략"으로 한정하고 있지만 대응방식에 있어서는 포괄적인 의미의 국방력, 다시 말하면 정치, 경제, 사회 등의 국가총력을 동원해야 한다는 점에서 안보정책과 큰 차이가 없다.

한편, 군사정책이란 "국방정책의 일부로서 군사력의 유지, 조성 및 운용을 도모하는 오로지 군사에 관한 정부의 제반활동 또는 지침"이다(합동참모본부 1998: 74). 군사정책의 지향하는 바에 따라 전략적 측면, 구조적 측면, 그리고 교리적 측면으로 나누어 정의할 수 있다. 전략적 측면으로는 군사력의 행사와 관련하여 군사력의 규모와 구성 및 무기체계, 그리고 이들의 배치, 수행 및 운용에 관한 정책이며, 구조적인 측면으로는 인력정책, 획득정책, 조직정책 등과 같이 군사력의 획득과 조직에 관한 정책이며, 교리적인 측면으로는 군사력을 적용하는 교리의 개발과 연구에 관한 정책이다.

정책과 전략의 관계를 확연하게 구분한다는 것은 거의 불가능할 정도로 상호 밀접한 관계를 맺고 있다. 비록 대전략의 경우처럼 전략이 정책보다 개념체계상 오히려 상위에 위치할 수도 있지만, 일반적으로는 정책이 상위개념으로 지침과 원칙을 제시하는 것임에 반해 전략은 정책을 수행하는 방법 또는 기술로 이해되고 있다. 그러나 정책과 전략을 국방의 기능과 연계해서 해석하면 비교적 구분이 쉽다. 국방정책은 주로 군정에 관한 사항이고 전략은 군령에 관한 사항으로 구분할 수 있다. 군정사항에는 군사조직의 유지 및 건설(군의 편성, 병력 및 장비의 결정, 인사 등)과 군사력의 발동(전쟁과 파병 및 철수, 계엄 등) 등이 포함된다. 반면에 군령사항에는 전투와 관련된 군대의 용병과 작전수준에서의 운용에 관한 사항이 포함된다.

III. 안보정책결정의 환경

1. 환경의 정의

잠시 눈을 감고 상상해보자. 두 사람이 체스판을 사이에 두고 앉아 있다. 훈수 두는 이조차 함부로 입을 열기 어려울 정도의 긴장감이 감돌고 있다. 눈치 없는 시계바늘이 재깍재깍 돌아가고 있는 것을 아는지 모르는지 양측 모두 상대의 다음 수를 고민하면서 자신의 말을 향해 손을 뻗는다. 촉박한 시간을 탓하며 과감히 내려놓은 말이 돌이킬 수 없는 악수(惡手)가 되어버린다. 국가의 안보정책이 결정되는 과정은 곧잘 이와 같은 체스 게임에 비유된다. 게임이 진행되는 동안 양측이 처하게 되는 상황이 정책결정의 환경과 유사성을 갖기 때문이다. 이 장에서는 정책결정의 환경이 의미하는 것이 무엇인지, 어떠한 특성을 갖는지 살펴보도록 하자.

정책결정의 환경이란 정책결정과정에서 마주하게 되는 각종 제약조건들을 포괄적으로 지칭하는 개념이다(Mintz and DeRouen 2010). 제약된 시간 안에 한정된 대안 가운데에서 결정이 내려야 한다는 점, 판단에 필요한 모든 정보가 항상 제공되는 것이 아니라는 점, 상대의 의도를 명확히 파악하지 못한 채 경험과 전략적 판단을 근거로 능동적인 상호작용을 해야 한다는 점, 그리고 위험성과 친숙성, 신뢰성, 스트레스 등 수많은 요소들이 환경을 구성하고 있다.

이러한 환경의 각종 요소들은 정책결정권자들에게 직접적인 영향을 미칠 뿐만 아니라 최종적인 결정 자체를 바꿔놓기도 한다는 점에서 정책결정과정 연구의 밑바탕을 이룬다. 이러한 측면을 강조하는 학자는 환경은 곧 정책결정을 결정하는 설정(Settings)이라고 표현하기도 한다(Frankel 1963). 어떠한 프로그램이든 상황에 따라 설정이 변경될 수도 있지만 특정한 설정 하에서는 그에 따라서 프로그램이 운용되는 것과 마찬가지 개념으로 정책결정의 환경을 인식한 것이다.

환경이라는 개념을 도입하는 것은 단순히 이것이 미치는 영향이 크기 때문이 아니라 분석적 유용성이 있기 때문이다. 학자들은 분석에 활용하기 위하여 환경을 크게 두 가지로 구분한다. 심리적 환경(psychological environment)과 조작적 환경(operational environment)이 바로 그것이다. 심리적 환경은 정책결정과정에 당사자들이 실제로 마주하였거나 인지하고 있었던 요소들을 모두 포함한다. 이를 문학에 비유하자면 현대소설에서 흔히 사용하는 1인칭 주인공 시점에 가깝다. 따라서 심리적 환경에서는 정책결정에 중요한 요소로 작용했음에도 불구하고 당사자들은 인지하지 못한 요소가 존재할 수 있다.

반면 조작적 환경은 실제 영향을 미쳤다고 인지하고 있는 요소들은 물론, 영향을 미쳤을 것으로 추정되는 모든 요소들을 포함한다. 문학에서의 전지적 작가 시점처럼 당시 인식하고 있었던 요소뿐만 아니라 간과하였던 요소들까지 확보할 수 있는 모든 정보들을 반영하여 정책결정과정을 조망한다. 따라서 조작적 환경 상에서는 심리적 환경에서 필연적이었던 정보의 제약이 상당 부분 해소된다.

물론 심리적 환경과 조작적 환경을 구분하는 것은 특정한 정책결정의 상황이 종료된 다음 사후적(事後的) 분석과정에서 가능한 일이다. 역사에는 만약이라는 단어는 그다지 큰 의미를 갖지 못한다는 사실을 고려할 때 이러한 분석 역시 유사한 상황에 대한 교훈 제공에 불과할 수 있다.

그러나 조작적 환경의 개념을 파악하고 있다면 심리적 환경의 폭 자체도 넓어질 수 있다는 점에서 이러한 개념 구분은 의미를 갖는다. 즉, 정책결정의 현장에서는 심리적 환경을 바탕으로 결정에 임할 수밖에 없지만 "통상 이러한 상황에서는 어떤 변수가 작용하는가?"를 체크함으로써 자칫 간과할 수 있었던 요소들까지 반영한 결정과정을 진행할 수 있다는 것이다.

물론 조작적 환경을 활용하여 보다 엄밀하게 정책을 결정한다고 해서 반드시 좋은 결과가 보장되는 것은 아니다. 이는 기본적으로 갖추어야 하는 요건에 불과하며, 상대의 전략을 추론(analogies)하는 과정을 거쳐서 우리가 선택가능한 대안을 도출해내야 한다. 안보정책결정과정이 여타 분야의 정책결정과정과 다른 특성은 바로 우리의 정책이 타국의 정책에 직접적인 변수로 작용하고 타국의 정책 역시 우리의 정책에 영향을 미친다는 점이기 때문이다. 시의적절한 변화와 응용력을 필요로 하는 안보정책에는 정적인(static) 최선책이 존재할 수 없다.

2. 공식적 정책결정자와 비공식적 정책결정자

정책결정과정은 결정에 직접 관여하는 정책결정자(determinants)와 간접적인 영향을 미치는 각종 변수들로 구성된다. 정책결정자는 이슈영역이나 문제의 경중과는 무관하게 정책을 결정해야 하는 상황이 발생할 경우 늘 관여하는 행위자를 의미한다. 그 외의 변수들은 사안에 따라 굉장히 큰 영향을 미칠 수도 있지만 전혀 무관한 경우도 있다는 점에서 정책결정자와 차이를 분명히 한다. 정책결정자는 크게 둘로 구분할 수 있다. 공식적 정책결정자(official determinants)와 비공식적 정책결정자(unofficial determinants)가 바로 그것이다(Frankel 1963).

전자는 행정부를 비롯한 각종 헌법기관과 이 기관들의 작동원리를 제공하는 법체계를 지칭한다. 정책을 기획하고, 검토하고 최종적으로 승인하는 공식적인 행위자들이 여기에 속하는 것이다. 물론 행정부에 속한 공무원 모두를 공식적 정책결정자로 볼 수는 없다. 2010년 기준 우리나라 행정부 소속 공무원만 해도 61만 명이 넘고, 행정부의 머리라고 할 수 있는 청와대 소속 인원만 하더라도 980명을 헤아리기 때문이다. 따라서 정책결정에 직접 관여하는 국가수반과 최측근 참모진, 해당 정책이슈 주무부서의 고위공무원, 그리고 일선에서 해당 정책을 전담하는 담당자가 핵심적인 공식적 정책결정자라고 할 수 있다(Paul 2008: 84-85).

행정부의 영향력이 큰 것이 사실이지만 입법부와 사법부의 입장 역시 정책결정 시 중대한 역할을 수행하는 경우가 많다. 물론 여기에는 해당국가가 어떤 정치체제를 가지고 있는지, 입법-사법-행정 삼권 간의 권력이 균형을 이루고 있는지의 여부가 결정적인 영향을 미친다(Silverstein 1997). 정치체제가 대통령중심제인지, 의회중심의 내각제인지, 대통령과 총리가 권한을 나누어 갖는 이원집정부제인지에 따라서, 혹은 중간선거나 실정(失政)으로 인해 행정부가 정국주도권을 상실했을 경우 정책결정의 양상이 달라지기 때문이다. 중간선거 이후 의회를 장악한 야당의 반대에 부딪쳐서 자신의 안보정책 대부분을 수정해야만 했던 미국 클린턴 행정부가 대표적인 사례라고 할 수 있다.

비공식적 정책결정자는 국내 언론, 국민 여론, 각종 이익단체 및 대중적 영향력을 가진 개인 등을 지칭한다. 정책결정에 있어서 비공식적 정책결정자의 관여수준은 국민들의 정치참여가 보장되는 정도에 따라 완연한 차이를 보인다. 예를 들어 민주주의 국가에서는 정책이 집행되기 이전은 물론 집행이 이루어지는 단계에서도 비공식적

요점정리

....

- 정책결정의 환경은 정책결정과정에서 마주하게 되는 각종 제약조건을 포괄적으로 지칭하는 개념이다.
- 정책결정의 환경은 크게 심리적 환경과 조작적 환경으로 구분되는데, 전자는 실제 정책결정과정에 당사자들이 마주하였거나 인지한 요소들을 의미하는 반면, 후자는 실제 영향을 미쳤을 것으로 추정되는 모든 요소들을 포함한 개념이다.
- 조작적 환경은 끊임없는 추론과 시의적절한 응용을 필요로 하는 정책결정과정에서 반드시 활용해야 하는 긴요한 개념이다.
- 공식적 정책결정자는 행정부를 비롯한 각종 헌법기관과 이 기관들의 작동원리를 제공하는 법체계를 지칭하며, 비공식적 정책결정자는 언론과 국민 여론, 각종 이익 단체 및 대중적 영향력을 가진 개인을 지칭한다.

정책결정자들에 의해 정책에 수정이 가해지거나 아예 변경될 가능성이 큰 반면, 권위주의 국가에서는 비공식적 정책결정자들의 독립된 목소리를 듣는 것 자체가 쉬운 일이 아니다.

3. 의제의 설정

'결정'이라는 표현으로 인해 정책결정과정은 다분히 정적인 작업으로 여겨지기 쉽다. 그러나 실제 정책결정의 과정은 복잡다단한 단계를 거쳐 이루어지는 것이 일반적이다. 이는 결정에 영향을 미치는 변수들이 많기 때문이기도 하지만 보다 근본적으로는 특정이슈가 무수히 많은 경쟁안건들을 제치고 핵심쟁점으로 부상하기까지의 과정들이 모두 분석대상으로 여겨지기 때문이다.

행위의 성격에 따라 단계를 나누어보면 크게 의제설정(agenda setting) 단계, 정책형성 단계, 정책이행 단계로 구분할 수 있다(Rosati and Scott 2010). 정책결정이라는 표현에서 우리가 흔히 연상하는 단계는 바로 '정책형성 단계'이다. 상술한 여러 정책결정자들의 움직임이 수면 위로 드러나는 시기이기 때문이다. 이러한 특성 덕분에 분석이 용이하기에 적지 않은 분석모델들이 바로 이 단계에 집중되어 있다. 또한 정책이행 단계는 쉽게 상상할 수 있듯이 정책을 실행하고 피드백을 받는 단계를 의미한다. 그러나 '의제설정 단계'가 무엇인지, 왜 중요한지에 대해서는 보다 자세히 살펴볼 필요가 있다. 이에 관한 고찰 없이는 해당 정책을 온전히 이해하는 것이 쉽지 않기 때문이다.

정책결정과정에서 '의제설정 단계'는 무대 위에 있는 수많은 배우들 가운데 특정 인물에게 하이라이트를 비추는 상황에 비유할 수 있다. 어느 나라든지 대통령을 비롯한 여러 공식적 정책결정자들이 검토하고 다룰 수 있는 안건의 양은 한정되어 있다. 반면 결정을 필요로 하는 굵직한 안보현안은 증가하는 추세이다. 예전에는 사실상 군사영역이 곧 안보현안이었으나 오늘날에는 국경을 넘나드는 각종 테러나 환경문제, 그리고 전염병까지도 안보문제로 인식되고 있기 때문이다. 따라서 각각의 안보현안들은 그 심각성과 임박성 등 일련의 기준에 의거한 선별과정을 거쳐 정책결정의 대상이 되는데 이 선별과정을 '의제설정 단계'라고 부른다.

이 단계의 중요성은 미국의 언어학자 조지 레이코프가 역설한 바 있다. 그는 미국 공화당의 정책들은 다수 국민들의 지지를 이끌어내는 데 분명한 한계를 가지고 있음에도 불구하고 민주당의 정책들을 누르고 국정시책으로 채택되는 경우가 적지 않은데, 이는 공화당이 의제설정에 있어서 민주당보다 탁월한 능력을 보이기 때문이라고 설명한다(Lakoff 2004). 즉, 창 밖에 보이는 세상에 대하여 현란한 주장을 펼치는 것보다 창문(frame) 자체를 자신이 원하는 모양으로 만듦으로써 창 밖에 보이는 세상을 결정할 수 있다는 것이다.

그렇다면 의제설정, 즉 특정 이슈가 정책결정의 대상이 되기 위해서는 어떤 조건이 필요할까? 첫째, 대통령과 그를 둘러싼 핵심 참모들이 특정 이슈에 대한 신념을 가지고 있을 경우 그 이슈가 의제로 설정될 가능성이 높아진다. 둘째, 관료제의 특성인 경로 의존성(path dependency)에 따라 예전부터 핵심 의제로 여겨졌던 문제들이 지속적으로 의제로 다루어진다. 셋째, 국내외적인 사건 및 위기상황으로 인하여 가시적인 대응이 필요하게 된다.

의제설정 단계는 정책결정과정에서 시간적으로도 가장 우선하고, 영향력 면에 있어서도 다른 단계에 뒤지지 않음에도 불구하고 크게 주목받지 못하는 영역이다. 정책형성 및 정책수행 단계에서 사회적으로 심각한 갈등이 빚어질 때 비로소 의제설정이 어떻게 이루어졌는가에 대한 검토가 이루어지는 것이 일반적이다. 한미 FTA나 제주도 해군기지 건설 문제와 같이 중요한 사안들에 관해서도 갈등이 심화되고 나서야 의제설정 단계에서 의사소통이 불충분하였음이 문제로 분석된 바 있다.

그렇지만 산적한 국정현안들을 고려할 때 모든 정책에 관하여 같은 비중으로 각각

〈참고 5-1〉 경로의존성(path dependency)

경로의존성은 법률, 제도, 관습 혹은 문화, 그리고 과학적 지식이나 기술, 각종 도구에 이르기까지 인간사회의 많은 측면이 한 번 형성되고 나면 그 후 이것이 비효율적임이 판명되더라도 기존의 방식을 답습하는 경향이 있음을 밝힌 이론이다. 스탠포드 대학의 폴 데이비드와 브라이언 아서는 쿼티(QWERTY) 영문 배열 자판을 통하여 이를 설명한 바 있다. 처음 타자기를 개발한 기술자들은 타자 속도가 지나치게 빠를 경우 타자기가 엉키는 현상이 발생하기에 타자 속도를 늦추기 위한 방편으로 다소 불편한 쿼티 자판을 발명하였다. 그렇지만 여기에 익숙해진 소비자들은 타자기의 기술적 문제가 해결된 컴퓨터가 등장한 오늘날에도 보다 효율적인 여타 자판들을 외면하고 쿼티 자판을 이용하고 있다. 습관과 익숙함 때문에 새로운 변화를 거부하기 때문이다. 경로의존성 이론은 관료제에서도 잘 드러난다. 관료제 하의 조직에서 나타나는 경로의존성은 역시 개인의 경우와 마찬가지로 습관이나 익숙함에서 기인하기도 하지만 보다 근본적으로는 책임의 문제에서 기인하는 경우가 많다. 개인의 경우 변화를 단행할 경우 비용을 치를 지라도 그 혜택 또한 오로지 본인의 것이 되지만 조직의 경우 기존의 방식에서 변화를 단행하여 성공하더라도 본인에게 돌아오는 것이 크지 않은 대신 행여나 잘못될 경우 모든 것이 본인의 책임으로 돌아온다. 반면 기존의 방식을 답습할 경우 큰 성과가 없더라도 본인이 책임질 것 또한 없다. 이로 인하여 관료제 하에서는 복지부동(伏地不動)의 행태가 나타나는 경우가 많다. 성과급이나 각종 인센티브 등의 제도는 이러한 현실을 개선하기 위한 기제로서 등장하였다.

의 단계를 검토할 수는 없는 것이 현실이다. 마치 영화 제작사들이 흥행이 확인된 바 있는 영화에 대해서만 프리퀄(prequel)을 제작하는 것과 같은 이치이다(프리퀄은 예전에 개봉된 영화보다 스토리가 앞서는 영화를 뜻한다. 오리지널 필름에서 왜, 어떻게 사건이 일어났는지 설명하는 기능을 한다). 영화 '엑스맨'과 '스타워즈'는 전 세계적으로 흥행했기 때문에 프리퀄에 해당하는 '엑스맨: first class', '스타워즈: 에피소드1'이 제작될 수 있었고 그 덕분에 우리는 등장인물들간의 대립관계가 형성된 배경을 보다 심도있게 이해할 수 있게 된 것처럼 말이다.

의제설정이 끝나면 곧 '정책형성 단계'로 진입하며, 이 단계를 거치고 나면 '정책수행 단계'로 이행할 수 있다. '정책형성 단계'에서는 개인, 집단, 국가, 국제체제 상의 여러 변수의 영향 속에서 정책결정자들 사이의 상호관계에 의해 목표가 정의되고 대안이 모색된다.

그 결과, 결정된 정책이 담당부서로 하달되고 실행되기 시작한 단계가 바로 정책수

- 정책결정과정은 행위의 성격에 따라 의제설정 단계, 정책형성 단계, 정책이행 단계로 구분된다.
- 의제설정 단계는 어떤 이슈를 정책결정의 대상으로 삼을 지 선택하는 단계로서 정책결정에 결정적인 영향을 미치는 경우가 많다.
- 의제설정 단계에서 특정 이슈가 의제로 선택되기 위해서는 대통령과 핵심 참모들이 그 이슈에 대한 신념을 가지고 있거나, 예전부터 핵심의제로 여겨졌기에 경로의 존성이 작용하거나, 갑작스런 위기상황으로 인하여 가시적인 대응을 필요로 해야 한다.
- 정책형성 단계에서는 여러 변수의 영향 속에서 정책결정자 간 상호관계에 의해 목표가 정의되고 대안이 모색된다.

행 단계이다. 이 단계에는 정책 수행과정에서의 시행착오와 성공, 그리고 실패와 관련된 각종 피드백 또한 포함된다.

IV. 안보정책결정의 분석수준

1. 분석수준의 함의

정책결정과정에 있어서 분석수준의 역할은 사진촬영에서 '렌즈'에 비유할 수 있다. 각각의 렌즈는 정해진 초점거리에 들어오는 빛만을 반사하여 각기 다른 상(像)을 맺는다. 즉, 같은 위치에서 같은 대상을 촬영하더라도 사용한 렌즈의 종류에 따라서 전혀 다른 사진을 마주하게 된다는 말이다. 예를 들어 수업 중인 강의실을 촬영한다고 가정하자. 촬영범위가 넓은 광각렌즈를 사용할 경우, 몇 명의 학생이 수업에 집중하고 있지 않은지 파악하기 좋은 사진이 나온다. 반면 망원렌즈를 사용할 경우 특정 학생이 핸드폰으로 카카오톡 메시지를 보내고 있는 장면을 포착해낼 수 있다. 따라서 렌즈의 종류와 특성을 꿰뚫고 있는 전문가의 경우 다양한 렌즈를 사용함으로써 자신의 목적에 맞는 사진을 구현해낼 수 있다.

분석수준 역시 마찬가지이다. 어떤 분석수준으로 연구하느냐에 따라 정책결정과정의 전혀 다른 모습을 포착해낼 수 있다. 한 가지 분석수준에서는 결과를 설명할 수 없었더라도 다른 분석수준에서의 연구를 통하여 명쾌한 설명을 이끌어낼 수도 있으며, 여러 분석수준을 결합시킴으로써 특정 분석수준의 한계를 보완할 수도 있다.

카메라 렌즈가 발전해온 역사와 마찬가지로 정책결정과정에 대한 분석수준 역시 분석의 효용과 적실성에 의해 다양하게 발전해왔다. 이렇듯 난립해있던 다양한 층위의 분석수준을 하나의 체계로 정립한 학자가 바로 케네스 왈츠(Kenneth Waltz)이다. 그는 자신의 박사학위 논문이자, 필생의 역작인 '인간, 국가, 전쟁(Man, the State, and War)'을 통하여 전쟁의 원인을 고찰함에 있어 세 가지 층위를 고려해야 함을 주장하였다. 즉, 인간의 행태, 국가의 내부구조, 그리고 국제적 무정부 상태라는 세 가지 층위를 복합적으로 고려하여 분석에 임하지 않을 경우 특정 요인을 과대평가하거나 간과할 수 있다는 것이다.

예를 들어 북한이 핵을 개발하게 된 까닭을 분석해보자. 첫 번째 층위에서는 김정일과 측근 군부세력의 광기를 의심하거나 세계 각지의 독재정권 및 공산국가들이 붕괴된 데에 대한 심리적 방어기제가 정책으로 구현된 것으로 판단할 수 있다. 반면두 번째 층위에서 볼 때 핵 개발은 2012년으로 계획되어 있는 '강성대국 진입의 해'라는 목표를 달성하기 위한 국가적 시책으로서, 그리고 총체적 난국 속에서도 인민들을 하나로 묶을 수 있는 구심점으로서 고려될 수 있다. 마지막 세 번째 층위에서는 공식적이든 비공식적이든 핵보유국이 갖는 국제적 영향력과 국가안보 확보 효과를 노린 것으로 분석할 수 있다.

이처럼 층위 별로 구분하여 분석할 경우 보다 체계적인 연구가 가능하며, 오인의 가능성을 줄임으로써 적절한 대응책을 마련하는 데 중요한 밑바탕이 된다. 반대로 이러한 분석이 결여되었기에 충분히 피할 수 있었던 참혹한 전쟁을 치러야 했던 경우도 있다. 종전 이후 수십 년 만에 재회한 미국의 로버트 맥나마라 전 국무장관과 베트남의 보 응우엔 지압 전 국방장관의 인터뷰에 따르면 베트남 전쟁은 피할 수 있었던 최악의 참사였던 것으로 보인다(다이사쿠 2004). 미국은 소위 '도미노 현상'이라는 국제체제적 문제를 우려하여 압박정책을 강행하였으나, 실제로 호치민은 미국에 대한 우호적인 감정을 가지고 있었을 뿐만 아니라 베트남 국민들 역시 미국보다 중국의 야욕을 우려하고 있었다고 한다. 따라서 미국이 이러한 층위를 고려하여 베트남과의 관계를 형성했다면 역사는 달리 쓰일 수 있었다는 것이다. 역사에 '만약'은 없지만 분석수준의 함의를 잘 보여주는 사례가 아닐 수 없다.

2. 분석수준의 종류와 특성

분석수준의 종류는 학자에 따라 다양하게 설정되어 왔다. 대체로 월츠의 세 가지 층위, 즉 개인차원, 국가차원, 그리고 국제차원의 틀을 벗어나지는 않지만 국가차원의 분석수준을 세분화하거나 각각의 분석수준을 보다 정교하게 정의하여 분석의 정밀도를 높인다는 공통점을 갖는다. 국가차원의 분석수준을 직책속성(role characteristics), 정부변수(governmental variables), 사회변수(societal variables) 등으로 세분화하는 로즈나우(James Rosenau), 국가차원을 지정학적 위치, 사회 및 경제구조, 정권형태와 같은 국내적 결정요소, 관료들의 정치형태 등으로 구분하고, 공식적 정책결정자의 인식(perception)을 강조하는 저버스(Robert Jervis), 집단의사결정, 문화 및 정체성, 그리고 국내정치형태를 강조한 허드슨(Valerie Hudson)의 연구 등이 대표적이다(Rosenau 2006; Hudson 2007; 김용호 2006).

이를 종합하면 크게 다섯 가지로 분석수준을 나눌 수 있다. 개인적 의사결정, 집단의사결정, 문화/국가정체성, 국내정치형태, 그리고 국제체제가 바로 그것이다. 각각의 분석적 함의를 살펴보자.

첫째, '개인적 의사결정'은 최고지도자, 혹은 주요 정책결정자의 심리적 측면 전반을 분석대상으로 삼는다. 현대사회의 조직화가 진행됨에 따라 특정 개인이 정책결정에 미치는 절대적인 영향력은 과거에 비해 약화된 것이 사실이지만 여전히 단일변수로서 정책결정에 가장 큰 영향을 미치는 것은 주요 정책결정자의 신념 혹은 인식과 같은 심리적인 요소이기 때문이다. 이 분석수준은 특히 유사한 조건에도 불구하고 다른 결정이 도출되는 경우를 분석하는 데 유용한 경우가 많다. 지도자의 출신, 인적사항 연구를 바탕으로 한 계량적인 성격유형분석과 지도자들의 발언, 글 등을 바탕으로 기질과 동기를 밝혀내는 내용분석 등이 대표적이다.

둘째, '집단의사결정'은 주요 정책결정자들을 포함하는 엘리트 집단과 주요 행정관료를 분석대상으로 삼는다. 국가를 운영하는 핵심인력들을 분석대상으로 삼는다는 점에서 상술한 개인적 의사결정과 중첩되는 측면이 없지 않지만 각자 개성을 뽐내던 정책결정자들이 집단 혹은 조직에 속하였을 때 나타나는 변화에 주목한다는 점에서 명확한 차이를 갖는다. 이러한 변화는 '집단사고(group think)'와 관료제의 폐해로 인한 비합리적 결정의 도출을 의미한다. 관료제의 폐해는 조직들의 업무 표준화 작업과 관료조직간 경쟁으로 인해 발생하는 비합리성을 의미한다. 이에 관해서는 조직과정모델과 관료정치모델을 다루면서 자세히 논의하도록 하자.

셋째, '문화/국가정체성'은 복수의 국가에 대한 비교적 관점에서의 연구성과들을 주요 분석대상으로 삼는다. 따라서 국가 사이의 보편성보다는 특수성이 보다 강조되기 마련이며, 국가마다 민족, 종교적 차이와 역사적 맥락에 의하여 서로 다른 문화를 형

〈참고 5-2〉 휴리스틱(Heuristic): 개인 수준의 정책결정 오류

휴리스틱은 의사결정과정을 단순화한 지침으로 발견한다(Eurisko)라는 그리스어의 어원에서 비롯되었다. 휴리스틱은 '대충 어림짐작하기'로 정의되는데, 사람들은 불충분한 시간, 충분하지 않은 정보로 인해 과거 경험(시행착오)이나 지식에 의존해 판단하거나 합리적 판단이 필요하지 않을 때 빠르게 판단할 수 있게 휴리스틱을 사용하게 된다.

휴리스틱의 유형 중 하나인 '가용성 휴리스틱'은 의사결정할 때 가장 빨리 떠오르는 생각에 영향을 받는 현상을 의미한다. 예를 들어 어떤 비행기 사고소식을 듣고 자신의 비행기 예약을 취소한 결정을 들 수 있는데, 실제로는 통계적으로 전 세계에서 가장 안전한 교통수단은 여전히 비행기이다. 두 번째 유형은 '확인 휴리스틱'으로 내가 내린 결정과 일치하는 정보만 선택적으로 접근하려는 판단을 의미한다. 즉, 자신의 믿음과 일치하는 정보를 접하면 더 개방적으로 접근하는 현상이다. 예를 들어 TV에서 아프리카 사람들의 어려운 생활상을 보고 일상에서 처음 만나는 아프리카 사람들을 불쌍하다고 판단하는 경우이다. 세 번째 '감정 휴리스틱'은 오늘날 판단과 의사결정이 숙고나 논리와 관계없이 감정에 영향을 받는 현상을 말한다. 예를 들어 포드 주식을 살 때 포드 주식에 대한 정확한 정보보다 포드 자동차를 좋아한다는 자신의 긍정적 감정에 의존하여 포드 주식을 구입하는 결정을 들 수 있다. 끝으로 '대표성 휴리스틱'은 사람이나 사물을 판단할 때 기존의 고정관념과 일치시키는 경향을 의미한다. 예를 들어 면접관이 직원 면접을 진행할 때 자기 주위의 성실한 직원과 비슷한 인상을 가진 후보자를 뽑는 경우를 들 수 있다.

우리가 휴리스틱의 함정에 빠지기 쉬운 이유는 첫째, 판단과정에서 어떤 가설을 설정하기만 해도 그것을 뒷받침하는 정보가 자동적으로 떠오르기 때문이며 둘째, 주의력과 인지처리능력의 한계로 인해 많은 정보를 모두 습득 못하고 마음에 맞는 정보만 선택하기 쉽기 때문이다. 이러한 휴리스틱을 방지하려면 결정을 내리기 전에 부정적인 증거를 수집하는 과정을 거칠 필요가 있다. 예를 들어 어떤 차를 구입할 때 그 차의 장점만 찾지 말고 단점도 찾아보려는 노력이 필요하다. 즉 항상 자신이 잘못 생각할 수 있다는 가능성을 열어두고 정보를 접해야 한다.

성해왔으며 이러한 문화의 영향으로 각기 다른 정체성이 드러나게 되었다는 사실에 주목한다. 탈냉전 이후 시장경제, 자유, 민주주의 등의 가치들이 국제적 보편성을 확보한 것으로 보이지만 특수성을 극복하기에는 아직 역부족이라는 점에서 이 분석수준은 정책결정과정을 설명하는 데 상당한 효과를 보인다. 실제 분석에 있어서는 해당국

〈참고 5-3〉 집단사고와 모험이행

집단사고(Group think)는 응집력 있는 집단들의 조직원들이 갈등을 최소화하며, 의견의 일치를 유도하여 비판적인 생각을 하지 않는 것을 뜻한다. 이 용어는 1972년 어빙 제니스(Irving Janis)에 의해 "응집력이 높은 집단의 사람들은 만장일치를 추진하기 위해 노력하며, 다른 사람들이 내놓은 생각들을 뒤엎으려고 노력하는 상태"로 규정된 바 있다. 집단사고가 이뤄지는 그룹에 속한 사람들은 외곽부분의 사고를 차단하고, 대신 자신들이 편한 쪽으로 이끌어가려고 한다. 또한 집단사고가 일어나는 동안에선 반대자들을 바보로 보기도 하며, 혹은 조직 내의 다른 사람들을 당황하게 하거나 화를 낸다. 집단사고는 조직을 경솔하게 만들며, 불합리한 결정을 내리며, 주변사람들의 말을 무시하며, 조직 내에서 소란을 일으키는 것을 두려워하도록 만든다.
이상의 설명에서 잘 드러나듯 집단사고는 정책결정 권한을 가지고 있는 엘리트 집단에서만 발생하는 문제가 아니다. 가까이 청소년 또래집단에서도 쉽게 찾아볼 수 있는 문제라는 말이다. 그러나 국가의 권력을 분점하고 책임을 공유하는 최고 정책결정자들 집단의 경우 그 형성과 운영과정에서 객관성을 상실할 가능성이 더욱 높아지는 것이 사실이다. 권위주의 국가는 차치하고 민주주의 국가에서도 소수의견에 대한 배려와 비판자(devil's advocate)의 확보가 뒷받침되지 않을 경우 최고정책결정 소집단은 원래의 목적을 잃고 비정상적 합의를 도출해내기 십상이다.
더 큰 문제는 책임의 분산효과로 인해 한 개인이 개별적으로 선택할 때보다 더욱 모험적인 정책을 결정하는 모험이행(risky shift) 현상이 발생하기도 한다는 것이다. 대표적인 사례로 1961년 미국의 피그스만(Bay of Pigs) 침공사건을 들 수 있다. 케네디 이전 정권부터 피그만 침공을 계획하고 있던 군/정보계통 보좌진은 이 계획의 위험성에 대한 문제제기가 있었음에도 불구하고 결정과정에서 이러한 문제제기를 배제시키고 성공가능성을 부풀림으로써 대통령으로 하여금 침공을 감행하게 하였다. 미국 정부는 쿠바 정부를 전복시키기 위해 쿠바 출신 망명자들을 훈련시켜 쿠바 피그스만에 상륙시켰는데, 이 작전은 처참한 실패로 끝났다. 상륙지의 선정부터 군사작전 계획, 차질이 빚어졌을 때의 대안까지 모든 부분에 문제가 있었지만 계획을 입안하고 실행하는 과정에서 정책결정에 참여한 인사 중 누구도 집단사고의 영향으로 인해 이 문제를 지적하지 못했다. 이 사건에서 큰 교훈을 얻은 케네디 대통령은 이후 자신의 정책결정라인에 다양성을 확보하고 전문가들의 조언을 경청하는 등의 노력을 통하여 얼마 뒤 찾아온 쿠바 미사일 위기를 성공적으로 극복한 바 있다(Paul 2008).

가의 역사적 사례에서 드러나는 특성과 패턴을 구별해내고, 해당사안에 대한 사회적 담론을 검토하며, 이 담론들이 정책결정에 어떠한 영향을 미치는지에 관한 분석이 이루어지는 것이 일반적이다. 중국의 한국 전쟁에의 개입결정은 이 분석수준으로 잘 설명할 수 있는 대표적인 사례이다. 중국은 전통적으로 근방에서 벌어지는 분쟁에서 방어적인 태도를 보이기보다는 공격적인 대응을 우선시하는 문화를 가지고 있었으며, 제국으로서의 정체성이 주변질서를 결정하고 관리하는 데 있어서 능동적인 태도를 가져왔다는 것이다.

넷째, 국내정치형태는 정책결정을 둘러싸고 국내에서 벌어지는 정치세력 간의 상호작용을 주요 분석대상으로 삼는다. 의회와 행정부, 여당과 야당, 그리고 정부와 언론 및 여론 사이의 쟁의(爭議)를 연구함으로써 상술한 세 가지 분석수준에서 포착하지 못한 요소들에 초점을 맞추는 것이다. 이에 따르면 앞서 살펴본 베트남 전쟁에 대한 새로운 설명이 가능하다. 트루먼, 아이젠하워, 케네디 등 미국의 최고정책결정자들 역시 베트남에 대규모 병력을 파견하는 것을 원치 않았으나 매카시(Joseph McCarthy) 상원의원이 불러일으킨 반공주의 열풍으로부터 자신의 정치적 입지를 지키기 위하여 파병을 강행했다는 것이다.

국내정치형태에 대한 분석은 권위주의 국가보다는 민주주의 국가에서 특히 효용성이 높다. 다양한 공식/비공식 정책결정자들이 정책결정에 관여할 수 있는 폭이 민주주의 국가에서 더 높기 때문이다. 정치에 직접 참여하는 입법부, 사법부는 물론, 언론의 영향력 또한 결정적이다. CNN이 1992년 소말리아 사태에 파병된 미군병사의 시체가 거리에 끌려 다니는 장면을 중계함으로써 전면철수 결정을 이끌어낸 것이 대표적인 사례이다. 덕분에 미디어가 국민여론을 자극함으로써 정책결정에 영향을 미치는 행위 자체가 'CNN 효과'로 명명된 바 있다(Gilboa 2005). 이와 반대로 정부관계자들이 언론보도내용을 조작, 국민들의 관심을 특정한 이슈로 유도하여 정책결정을 용이하게 한다는 '허가 이론(consent theory)' 역시 국내정치형태의 주요한 분석방법 중 하나이다(Peña 2003).

다섯째, 국제체제는 주권국가들의 행위를 결정짓는 체제적 속성과 개별국가의 속성을 분석대상으로 삼는다. 이때 한 가지 전제가 필수적인데, 이는 주권국가 위에는 별도의 정치체가 존재하지 않는다는 것이다. 즉, 국제적 차원의 무정부상태와 여기서 기인하는 안보딜레마로부터 자유로운 국가는 지구상에 존재하지 않는다는 것이다. 모든 국가가 국제체제에 구속되기 때문에 체제가 어떠한 속성을 가지고 있는지, 그리고 해당국가가 어떠한 조건을 가지고 있는지에 따라 정책결정에 변화가 생길 수밖에 없음에 주목하는 것이다.

체제 속성은 체제를 구성하고 있는 행위자의 수, 공식적 또는 비공식적인 동맹을 통해 각각의 극에 응집하는 정도, 초국가적 기구의 존재여부와 이들의 영향력, 그리고 체제 내의 논쟁적 사안의 수 등을 의미한다(Hudson 2007). 일반적으로 이러한 속성을 분석함으로써 현재의 국제체제가 양극, 단극, 다극 혹은 무극 가운데 무엇에 속하는지 밝힐 수 있다. 그러나 오늘날과 같이 수십 년간 지속되던 기존의 체제가 붕괴하고 새로운 체제로 이행하는 시점에서는 다소 판단이 어려운 것이 사실이다. 실제로 폴 케네디(Paul Kennedy)와 같이 미국 주도의 단극체제가 당분간은 지속될 것이라고 주장하는 학자도 있지만 이미 단극체제가 무너지고 무극체제가 도래했다는 하스(Ricard Haas), 미국이 우위에 있지만 그 지위는 상대적인 것임에 불과하다는 헌팅턴(Samuel Huntington)의 단-다극체제(uni-multipolar system)처럼 다양한 주장이 공존하고 있는 현실이다(하스 2005; 장달중 2004).

국가 속성은 오늘날과 같이 체제 속성에 변화가 생기는 시점일수록 더 큰 분석적 함의를 갖기 마련이다. 국가 속성에는 다양한 척도가 도입되지만 주로 국가의 크기, 천연자원, 지리적 조건, 인구분포, 정치체제, 군사적 능력, 경제력, 그리고 명성

요점정리

- 분석수준을 활용함으로써 정책결정과정을 보다 체계적으로 분석할 수 있으며, 특정 요인을 과대평가하거나 간과함으로써 야기되는 오인의 위험성을 줄일 수 있다.
- 분석수준은 크게 개인적 의사결정, 집단의사결정, 문화/국가정체성, 국내정치형태, 국제체제 등으로 구분할 수 있다.
- 집단사고는 폐쇄적 의사결정구조를 가진 집단에서 발생하는 비합리적 결정의 도출 문제를 의미하며, 모험이행은 이러한 비합리적 결정이 종종 합리적 결정보다 훨씬 큰 위험을 감수하는 방향으로 내려지는 현상을 지칭한다.
- 체제 속성은 체제를 구성하고 있는 행위자의 수, 공식적 또는 비공식적인 동맹을 통해 각각의 극에 응집하는 정도, 초국가적 기구의 존재여부와 이들의 영향력 그리고 체제 내의 논쟁적 사안의 수를 의미한다.
- 국가 속성은 국가의 크기, 천연자원, 지리적 조건, 인구분포, 정치체제, 군사적 능력, 경제력, 그리고 명성 등을 의미한다.

(reputation) 등을 주요 분석대상으로 꼽을 수 있다. 이들은 대체로 계량적 분석이 가능하나 명성의 경우가 다소 예외적이라 할 수 있다.

국가의 명성은 그것이 실추되거나 제고될 수 있다는 사실이 정책결정자들의 결정에 영향을 준다는 점에서 중요한 변수로 작용한다(Mercer 2008). 이때 명성은 일종의 자산(property) 개념으로 인식되며, 당사국과 상대국(동맹/적) 사이의 상호의존적인 성격을 갖는다. 따라서 국가들은 특정 정책을 통하여 동맹국들로부터 신뢰를 확보하고 적국의 경거망동을 억제함으로써 명성을 쌓을 것인지, 다소간 명성이 손상되더라도 비용을 줄이고, 연루의 위험성에서 벗어날 지를 고민하기 마련이다. 베트남 전쟁 당시 자국이 남베트남을 포기할 경우 아시아 각국이 도미노 현상처럼 공산화될 것을 우려한 미국이 엄청난 비용에도 불구하고 패배의 순간까지 포기하지 않았던 것이 명성을 지키기 위한 대표적인 사례라고 볼 수 있다.

V. 안보정책결정의 분석모델

1. 분석모델의 정의

분석수준이 의미하는 바를 어느 정도 이해하였다면 분석모델 이해는 한결 수월하다. 왜냐하면 분석모델은 분석수준에서 드러나는 주요 변수들을 개별사례에 적용할 수 있도록 '모형화'한 것에 지나지 않기 때문이다. 따라서 분석수준이 단면도라면 분석모델은 일종의 프라모델(Plastic model)에 비유할 수 있다. 즉, 실제 정책결정과정에서 핵심역할을 맡는 행위자와 중요한 변수를 두드러지게 하고 나머지 요소들은 생략함으로써 분석을 단순화하는 데 분석모델의 목적이 있다는 것이다.

카메라에 비유하자면, 분석모델은 특정 초점거리에 고정되어 있지만 그 초점거리에서만 포착할 수 있는 특수효과를 가진 렌즈에 비유할 수 있다. 초점이 닿는 중앙은 확대되어 뚜렷하게 보이지만 사각(寫角)이 180°가 넘기에 중앙을 제외한 나머지 부분에서는 왜곡이 생기는 어안렌즈의 경우처럼 말이다. 어안렌즈로 찍은 사진이 그렇듯 분석모델은 정책결정과정에 대한 무척 흥미로운 설명을 제공한다.

그러나 분석모델을 통해 밝혀진 내용은 그 자체로 사실(fact)이라고 할 수 없다. 정보의 불확실성 속에서 보편적 조건을 전제로 분석이 이루어지기 때문이다. 즉, 그럴 개연성이 높지만 어디까지나 잠정적인 결론에 머무른다는 것이다. 그럼에도 불구하고 분석모델이 널리 활용되는 까닭은 무엇일까?

이유는 간단하다. 정책결정과정에 대한 다양한 분석수준이 존재하고 어느 한 수준도 분석에 필요한 정보를 충분히 얻는 것이 불가능하지만 분석모델을 활용하면 공극(孔隙, missing puzzle)을 상당 부분 보완할 수 있기 때문이다. 분석모델들이 없었다면 김일성과 스탈린, 마오쩌둥의 남침 결정과정에 대한 분석은 구 소련과 동구권의 기밀문서가 해제된 1990년대 이전에는 아예 불가능했을 것이다. 한국 전쟁 이외에도 분석모델이 없었다면 심증은 있지만 물증이 없어서 분석을 포기해야 했을 사례는 무수히 많다.

분석모델의 효시는 합리주의 모델이다. 이 모델은 무정부상태라는 국제정치의 기본전제 하에서 모든 국가는 자신의 주권을 지키고 국익을 극대화하기 위하여 최선의 정책을 도출하고자 노력할 것이라고 가정한다. 즉, 각각의 국가는 합리적 행위자로서 합리적인 과정을 통해 안보정책들을 결정했을 것으로 간주한다는 것이다. 이를 위해 국가들은 정책 전반에 대한 포괄적인 고려와 전략 수립을 바탕으로 실제문제에 대한 개별적이고 구체적인 대안의 검토와 정책의 선택을 수행한 다음 피드백을 통하여 학습, 평가, 반성을 수행한다는 것이다. 이 모델은 후술할 합리적 행위자모델로 발전하게 된다.

합리주의 모델이 가지는 풍부한 설명력에도 불구하고 합리성에 대한 의문이 거듭되면서 새로운 분석모델들이 등장하게 된다. 앨리슨과 젤리코는 합리주의 모델이 틀린 것은 아니지만 그것만으로는 정책결정과정을 충분히 설명할 수 없는 이유를 다음과 같이 밝힌 바 있다. 첫째, 모든 국가가 합리적인 정책결정을 추구하지만 '정치성'이 완전히 배제될 수 없기에 늘 제한된 합리성 하에 정책결정이 이루어진다. 둘째, 모든 정책결정자의 능력에는 한계가 있으며 정보의 불확실성이 상존하기 때문에 불합리한 판단을 내릴 가능성이 존재한다. 셋째, 실제 정책결정기구는 하나로 통합되어 있지 않기에 중간 중간 개인의 사적인 판단과 정치성이 개입될 가능성이 높다. 넷째, 국익을 객관적으로 정의하는 것은 불가능하기 때문에 다양한 이익을 대변하는 세력 간의 경쟁과 이해관계 조정으로 정책결정이 이루어질 수밖에 없다(Allison and Zelikow 1999). 새로이 등장한 여러 분석모델들은 이렇듯 합리주의 모델이 간과한 지점에 조명을 밝히면서 추가적인 분석적 함의를 이끌어냈기에 점진주의 모델(incremental model)로 통칭된다. 이들이 가지고 있는 특성은 무엇인지 합리주의 모델과 비교하여 살펴보도록 하자.

2. 주요 분석모델 비교

정책결정과정에 대한 연구가 심화됨에 따라 분석모델의 종류는 다양화되고 있는 추세이다. 합리주의 모델에서 발전한 합리적 행위자모델, 이에 대한 대안으로 발전한 조직과정모델(organizational process model)과 관료정치모델(bureaucratic politics model), 그리고 국제체제 분석수준에서 발전하여 국가 간의 상호작용에 초점을 맞추는 구조동일성 모델(isomorphism model), 종적영향모델(vertical influence model), 지역확산모델(regional diffusion model)이 대표적인 사례이다(Sabatier 2007; Allison and Zelikow 1999) 지면 관계상 모든 모델을 비교할 수는 없지만 오늘날 정책연구의 가장 핵심적인 분석모델로 손꼽히는 합리적 행위자모델, 조직과정모델, 관료정치모델은 자세히 살펴보지 않을 수 없다.

먼저 합리적 행위자모델은 정책결정을 국가라는 단일한 행위자의 합리적 선택으로 정의한다. 결정에는 오직 국가라는 단일한 행위자가 참여할 따름이며, 국가는 대표성을 갖고 주어진 상황에서 가능한 모든 대안을 고려하여 국익을 극대화시키는 정책을 결정한다는 것이다. 여기서 합리성은 과정을 지칭하는 것이지 결과의 합리성을 의미하는 것이 아니다. 국가마다 정책결정자의 성향, 정당구조, 문화 등 모든 면에서 차이가 있지만 기본적으로 주어지는 국제 안보환경에 반응하여 합리적인 과정을 거쳐 결정을 내린다는 것이다. 이 관점에 따르면 모든 국가들은 유사한 환경이 주어졌을 때

〈참고 5-4〉 분석모델에 따른 관점의 차이

	합리적 행위자모델	조직과정모델	관료정치모델
산출된 정책에 대한 관점	합리적 선택의 결과	제도적 산물	정치적 협상의 결과
정책결정에 참여하는 행위자	단일 행위자	상대적 단일 행위자	복수 행위자

유사한 결정을 하리라고 가정할 수 있으며, 국가들의 행위를 상당 부분 예측할 수 있다는 결론에 이르게 된다.

조직과정모델은 정책결정을 조직의 제도적 절차에 따른 산물로 정의하며 결정에 관여하는 행위자의 상대적 단일성을 인정한다. 상대적 단일성은 결정에 여러 조직들이 관여하지만 그들이 서로 대립, 경쟁하는 것이 아니라 정부의 정해진 목표달성을 위하여 정해진 역할을 수행한다는 것을 의미한다. 문제는 정부의 각 조직마다 기본적인 작동원리, 즉 표준행동절차(standard operational procedure)가 다르다는 데 있다. 이로 인해 같은 상황이 주어지더라도 부서에 따라 다른 정책대안이 도출될 수 있으며 이것이 최종적인 조정(central coordination)을 거쳐서 정책으로 결정되는 과정에서 비합리성이 배태될 가능성이 존재한다. 따라서 한 정권에 의해 결정된 정책 사이에서 일관성이 떨어질 수 있으며, 모순된 정책이 나타날 수도 있다는 것이 이 모델의 입장이다.

관료정치모델은 정책결정을 복수 행위자 사이의 정치적 협상의 결과로 정의한다. 정부는 서로 다른 이익 추구하는 개인, 조직의 집합체라는 점에서 다원성을 갖는다. 이들은 정책결정과정에 참여하면서 부서별로 정해진 자신들의 임무에 입각하여 상황을 정의하고 그에 따른 해결책을 제시한다. 여기까지는 사실 조직과정모델과 큰 차이가 없다. 차이는 각기 다른 입장이 도출되었을 때 자연스럽게 조정이 이루어져서 정책이 결정되는 것이 아니라고 보는 시각에 있다. 관료정치모델에서는 부서와 부서의 대표 사이에 적나라한 경쟁과 협상이 상존한다고 본다. 누구의 입장이 정책으로 결정되느냐에 따라 해당부서의 존폐와 예산할당이 결정되며, 승리를 거둔 부서와 그 대표는 정권의 핵심인물(keyman)로서의 권력을 향유할 수 있기 때문이다. 이 모델에서는 일종의 권력싸움(power game)이 진행된다고 간주하기에 누가 어떤 지위에 있느냐역시 중요한 변수가 된다. "어떤 사람이 장관이 되었으니 이런 정책이 통과될 가능성이 높다"와 같은 신문의 분석들은 관료정치모델의 가장 원초적인 모델이라고 할 수 있겠다.

앨리슨과 젤리코는 세 가지 모델의 상호보완성을 강조한다. 즉, 특정 모델이 다른 모델의 가치를 완전히 대체할 수 없으며, 경쟁적 패러다임으로서 작용할 때 분석적 효용성이 극대화된다는 것이다. 이러한 시각과 달리 대통령의 행정부 통제능력을 강조하며 관료정치모델의 복잡성을 비판하는 입장도 존재한다(Krasner 2002). 실제과정은 다를지언정 결과를 분석하는 데 있어서는 합리적 행위자모델의 적합성이 높다는 것이다. 쿠바 미사일 위기에 대한 세 가지 모델에서의 사례연구를 통해 확인해보도록 하자.

3. 쿠바 미사일 위기를 통해서 본 정책결정 분석모델

쿠바 미사일 위기는 1962년 10월 16일, 소련이 쿠바에 미사일기지를 건설 중이며, 핵탄두를 해상운송 중이라는 첩보가 케네디 대통령에게 전해지면서 시작된다. 이후 13일간의 치열한 외교전 속에서 미소 간의 갈등은 핵전쟁 일촉즉발의 상황까지 번져가기에 이른다. 핵전쟁의 위기를 경고하는 케네디 대통령의 떨리는 목소리와 표정을 지구 반대편에 살았던 한국의 평범한 시민들조차 기억하고 있을 만큼 충격이 큰 사건이었다. 대중들의 기호에 민감할 뿐만 아니라 미국인들의 향수를 이용하기 좋아하는 할리우드 감독들이 '엑스맨: 퍼스트 클래스'와 같은 대작에서도 이 사건을 모티브로 삼고 있다는 사실은 이 사건의 함의를 실감하게 한다.

쿠바 미사일 위기의 분석에 있어서 앨리슨은 크게 세 가지 질문을 던진다(Allison and Zelikow 1999). 첫째, 왜 소련은 쿠바에 미사일을 배치하려고 했는가? 둘째, 왜 미국은 해상봉쇄를 대응책으로 선택했는가? 셋째, 왜 소련은 배치를 강행하지 않고 물러섰는가? 여기에 답하기 위하여 그는 합리적 행위자모델, 조직과정모델, 관료정치모델을 상호보완적으로 활용한다.

합리적 행위자 모델의 관점에서 보면 소련이 쿠바에 미사일을 배치하고자 한 것은 핵전력 상의 격차를 만회하고 세력균형을 확보하기 위한 합리적 선택이었다. 당시 미국의 핵무기 보유량이 소련의 8배가 넘었으며, 소련과 국경을 접하고 있던 미국의 우방국 터키에 핵무기가 탑재된 중거리 탄도미사일이 배치되어 있었기 때문이다 (Zaloga 2002). 터키에서 미사일이 발사되면 16분 만에 모스크바가 잿더미가 되는 상황에서는 미국과 대등한 지위를 유지할 수 없음은 자명했다. 명분 또한 분명했다. 미국이 쿠바인 망명자들을 지원하여 일으킨 피그만 침공을 가까스로 격퇴하긴 했지만 정권유지에 위협을 느낀 쿠바의 피델 카스트로가 먼저 지원을 요청했기 때문이다.

이러한 움직임을 파악한 미국의 대응 역시 합리적 행위자모델에 의해 설명할 수 있다. 케네디 대통령은 "소련의 서반구에 대한 핵위협에 단호하게 대응하겠다"고 소련을 압박하면서 쿠바 섬에 대한 해상봉쇄를 단행한다. 추가적인 물자유입을 봉쇄하면서 미사일 배치 철회와 소련군 철수를 요구한 것이다. 이는 핵전력상의 열세를 고려할 때 소련이 물러서지 않을 수 없으며, 이 경우 미국은 전략적 우월성을 유지할 수 있음을 고려한 대응이었다.

해상봉쇄만이 유일한 해결책으로 제시된 것은 아니었다. 이외에도 군부 강경파들이 주장한 쿠바 부분폭격 및 전면침공안, 카스트로 회유를 위한 비밀접근안, 그리고 국제기구를 통한 외교적 압력까지 다양한 대응책들이 모색된 것이 사실이다. 그러나 이러한 대응책들은 제각각 문제점들을 안고 있었다. 쿠바에 대한 부분폭격 및 전면침공의 경우 선전포고 없이 폭격을 한다는 것은 일본의 진주만 폭격과 다름없다는 도덕적 부담감과 쿠바에 주둔 중인 소련군의 사상자 발생으로 인한 전면전으로의 확대 가능성이 문제였다. 카스트로에 대한 회유 역시 이미 소련군이 주둔하고 있는 상황에서 그 효과를 확신할 수 없었으며, 국제회의 석상에서 구두를 벗어 두드리는 흐루시초프의 성정을 고려할 때 외교적 압력 역시 신통치 않은 대안으로 여겨졌다.

그렇다면 소련이 배치를 포기한 까닭은 어떻게 설명할 수 있을까? 합리적 행위자모델에 따르면 소련이 배치를 포기한 것은 흐루시초프와 케네디가 협상을 통해 터키에 배치된 미국의 미사일 철수라는 조건에 동의했기 때문이다. 소련으로서는 적의 목에 방울을 다는 데에는 실패했지만 자기 목에 달린 방울을 제거했기에 아쉬울 것 없는 거래였던 셈이다.

조직과정모델에서는 조직과정 상의 문제가 아니었다면 해상봉쇄까지 감행하지 않고서도 미사일 배치를 막을 수 있는 기회가 여러 차례 있었다는 지적에서 논의를 시작한다. 8월 말, 9월 초 정찰비행과 CIA요원에 의해 여러 차례 미사일 배치의 징후들이 감지되었음에도 불구하고 표준행동절차에 따르느라 정보당국자들에게 충분한 정보가 보고되지 않았기 때문이다. 입수된 정보들은 2주 이상 소요되는 진위여부 확인절차 없이는 상부에 보고될 수 없었으며, 현장요원의 정보가 본부까지 보고되는 데도 통상 9일에서 12일의 시간이 필요했다. 이러한 시간이 흐른 다음인 10월 4일, 이상 징후를 인식한 미국 정보위원회(The United States Intelligence Board)가 정찰비행을 결정하였지만 소련 미사일 도입사실 확인까지는 다시 열흘의 시간이 소요된다. CIA와 국방부, 국무부 사이의 업무영역에 대한 갈등이 있었기 때문이다. 정찰기가 추락할 경우에 대비하여 조종사가 자기 부서 소속이어야 한다는 실랑이가 벌어졌기 때문이다(김용호 2006).

해상봉쇄가 대응책으로 결정되는 과정에서 공군의 표준행동절차가 미친 영향 역시 조직과정모델을 통해 드러나는 중요한 발견 가운데 하나이다. 부분폭격이 유력한 대안으로 검토될 때 공군에서는 자군의 표준행동절차에 따라 공습목표인 미사일의 완벽 제거를 목표로 설정하였고, 이를 위하여 최소한 500회 이상의 출격이 필요하다고 주장하였다. 이는 사실상 전면침공을 의미하는 것이었기에 이를 바라지 않는 케네디 대통령의 반대에 직면하게 되면서 군사력 사용 자체가 고려대상에서 제외되기에 이르렀다는 것이다.

관료정치모델에서는 해상봉쇄라는 대응책이 전형적인 협상과 타협의 드라마 속에서 결정되었다고 분석한다. 이는 '디데이13(D-13)'이라는 영화에서 잘 드러난다. 쿠바미사일 위기를 피그만 사건에서의 실패를 만회할 기회로 여긴 CIA와 군 장성들은 시종일관 쿠바에 대한 군사적 조치를 주장한다. 케네디 대통령 역시 단호한 모습을 보여줘야 하는 국내정치적 부담으로 인해 군사적 조치를 긍정적으로 고려하였다. 반면 딘 러스크 국무장관은 외교적 조치를 통한 해결을 주장하였고, 로버트 케네디 법무장관은 "형을 도조 히데키와 같은 전범으로 만들고 싶지 않다"는 발언과 함께 군사행동에 대한 반대 입장을 명확히 하였다.

양측의 첨예한 논쟁은 핵전쟁으로의 확산가능성을 염려한 맥나마라 국방장관이 해군을 동원한 해상봉쇄를 대안으로 제시하면서 일단 타협점을 찾게 된다. 한편으로는 전면전 수행 준비를 속개하는 한편, 평화적 해결의 가능성을 열어두는 절충안이었기 때문이다. 그러나 소련 수송함을 호위한 잠수함이 등장하고, 미국의 U-2정찰기가 쿠

요점정리

- 분석모델의 효시는 합리주의 모델이며, 이 모델은 모든 국가는 자신의 주권을 지키고 국익을 극대화하기 위하여 최선의 정책을 도출하고자 노력할 것이라는 전제에서 출발한다.
- 합리주의 모델은 모든 정책결정은 제한된 합리성 하에서 이루어진다는 점, 정보의 불확실성이 상존한다는 점, 정책결정과정에 개인의 사적인 판단과 정치성이 개입될 가능성이 있다는 점, 그리고 국익 자체가 다양한 세력 간의 경쟁과 이해관계 조정을 통하여 도출된다는 점에서 한계를 드러낸다.
- 합리적 행위자모델은 정책결정을 국가라는 단일한 행위자의 합리적 선택으로 정의한다.
- 조직과정모델은 정책결정을 조직의 제도적 절차에 따른 산물로 정의하며 결정에 관여하는 행위자의 상대적 단일성을 인정한다.
- 관료정치모델은 정책결정을 복수 행위자 사이의 정치적 협상의 결과로 정의한다.
- 분석모델 사이에는 분석대상에 따른 적실성의 차이가 있을 뿐 서열을 매기는 것은 의미가 없으며, 상호보완적으로 활용될 때 분석적 효용력이 더 커진다.

바 상공에서 격추되면서 논쟁은 다시금 격화된다. 군부에서 쿠바에 대한 저공정찰과 무력시위를 요구하였기 때문이다. 이러한 요구가 확전을 위한 함정임을 간파한 대통령의 거부로 다시 한 차례 위기가 지나가지만 군부가 케네디 대통령의 데프콘 3호 비상령을 임의로 2호로 격상시켜 발령한 사실이 드러나면서 양측의 갈등은 절정에 다다르게 된다. 이는 곧 케네디가 선포한 디데이, 즉 10월 29일까지 미사일을 실은 수송함이 철수하지 않으면 전쟁을 개시할 수 있도록 하는 조치였기 때문이었다. 미소 양국 정상 간의 비밀협상이 극적으로 합의에 이르지 못했다면 이후 역사는 수많은 버섯구름이 기록되었을지도 모르는 일이다.

차례로 살펴본 바와 같이 세 가지 분석모델은 각기 다른 논리를 바탕으로 정책결정 과정을 분석해내고 있다. 짧은 요약만으로 판단하는 것이 바람직하지는 않지만 각 모델이 포착해내는 내용에 차이가 있으며, 상호보완적으로 활용될 때 그 가치가 더욱 빛난다는 사실을 파악하는 것은 어렵지 않을 것이다.

VI. 맺음말

체스에서는 얼마나 빠르게 상대의 수를 읽고 몇 수 다음까지 내다보느냐가 승패를 좌우한다. 그런 의미에서 2002년, 체스 세계챔피언 크람니크(Vladimir Kramnik)가 초당 279만 수를 읽는 능력을 갖춘 독일의 체스 프로그램 딥 프리츠(Deep Fritz)를 꺾고 챔피언타이틀을 지킨 것은 경이로운 일로 여겨졌다. 아무리 천재라 할지라도 인간이 그처럼 빠른 연산을 해내는 것은 불가능하기 때문이다. 그럼에도 불구하고 승리할 수 있었던 비결은 바로 컴퓨터가 생각하는 정석대로 움직이는 대신 허(虛)를 찌르는 것이었다. 마치 삼국지 연의에서 제갈량이 "제갈량은 절대로 모험을 하지 않는다"는 사실을 경험적으로 굳게 믿는 사마의를 역이용하여 성을 비워두고 홀로 성루에 앉아 거문고를 타면서 사마의의 대군을 물러가게 한 일화(空城彈琴計)처럼 말이다.

크람니크는 2006년, 딥 프리츠와의 재대결에서 6전4무2패로 완패하고 만다. 사람들은 "인간의 자존심이 걸린 매우 어렵고 중요한 시합"이라며 최선을 다한 크람니크가 패배한 원인을 딥 프리츠의 연산능력이 초당 800만 수로 발전한 것에서 찾았다. 그러나 분석가들은 사소한 실수 하나가 승패를 갈랐다고 한다. 공격의 성공에 도취된 나머지 그답지 않은 실수를 범하면서 인공지능과 그 개발자에게 챔피언 자리와 상금 100

만 유로를 내주고 만 것이다.

국가의 안보정책에는 챔피언 타이틀이나 100만 유로, 자존심보다 훨씬 큰 대가와 보상이 따른다. 자칫 사소한 실수가 국민들의 목숨을 담보로 내줄 수 있는가 하면 국가를 지도상에서 사라지게 만들기도 한다. 따라서 국가의 안보정책을 결정함에 있어서 진정으로 중요한 것은 대단히 화려하고 멋진 안보정책을 고안해내는 것보다 사소한 실수의 가능성을 줄이는 일이라고 할 수 있다. 정책결정과정에 대한 학문적 연구는 바로 이러한 목적에서 이루어진다.

이상에서 우리는 정책결정의 환경과 분석수준, 그리고 분석모델을 살펴봄으로써 정책결정과정을 어떻게 이해할 수 있는지 알아보았다. 이제 다음 단계는 이러한 개념과 이론을 실제 사례에 적용하여 살펴보는 것이다. 어떤 이론도 그 자체로 존재의 의의를 가질 수 없으며, 실제로 활용해보는 것만큼 이론을 연마하기 좋은 방법도 없다. 그렇다면 이를 통해 우리는 무엇을 얻을 수 있는가?

왜 정책결정과정을 연구해야 하는지, 구체적으로 어떻게 분석할 수 있는지 알았다 하더라도 이를 통하여 무엇을 얻을 수 있는지를 제대로 파악하지 못하면 실제로 얻는 것은 많지 않다. 진주를 추려내지 못하고 쓸모 없는 정보들만 나열할 가능성이 높기 때문이다. 우리는 정책결정과정을 연구함으로서 첫째, 국내 정책결정라인의 결함을 진단하고 문제를 시정할 수 있다. 둘째, 다양한 경우의 수를 도출해냄으로써 국제관계에서의 오인(misperception)의 가능성을 줄인다. 이를 바탕으로 셋째, 한정된 정보를 가지고도 다가올 위협에 대한 적절한 대응책을 마련하는 데 기여한다. 이는 결과적으로 강대국 대열에 끼지 못하는 국가들도 국가존립과 번영의 길을 모색할 수 있는 구체적인 방법으로 작용한다. 즉, '강대국 국제정치의 비극'에 절망하는 대신 치열한 고민의 기회가 주어진 것이다.

핵심개념

- 정책결정환경(Policy decision-making Environment)
- 제왕적 대통령(The Imperial Presidency)
- 공식적 결정요인(Official Determinants)
- 비공식적 결정요인(Non-Official Determinants)
- 의제설정(Agenda Setting)
- 분석수준(Level of Analysis)
- 집단사고(Group Think)

- 모험이행(Risky Shift)
- CNN 효과(CNN effect)
- 점진주의 모델(incremental model)
- 합리적 행위자모델(rational actor model)
- 조직과정모델(organizational process model)
- 관료정치모델(bureaucratic politics model)
- 표준행동절차(standard operational processors)
- 경험적 타당성(empirical validity)

토론주제

1. 안보정책결정을 분석하는 것은 국가안보에 있어서 어떤 함의를 갖는가?
2. 안보정책을 개혁하고자 할 때 우선적으로 관심을 기울여야 하는 단계는 의제 설정과 정책형성 가운데 어떤 단계인가?
3. 집단사고의 폐해를 최소화하기 위해서는 어떤 노력이 필요한가?
4. 점진주의 모델 등장의 배경이 된 합리주의 모델의 한계는 무엇인가?
5. 북한의 핵개발은 합리적 행위자모델, 조직과정모델, 관료정치모델 가운데 어떤 모델로 가장 잘 설명이 되는가?
6. 합리적 행위자모델이 전제하는 단일한 행위자로서의 국가는 지나치게 비현실적인 가정이 아닌가?
7. 조직과정모델에서 가정하는 것처럼 실제 안보정책결정과정에서 표준행동절차가 미치는 영향이 크다면 표준행동절차를 어떤 방식으로 개량하는 것이 바람직하겠는가?

추가문헌

▪ 김용호(2006), 『세계화 시대 국제관계: 동아시아적 이해』, 서울: 오름.
동아시아의 맥락에서 풍부한 사례분석을 바탕으로 분석수준을 설명한 유익한
입문서.

▪ 밸러리 허드슨·신욱희 역(2007), 『외교정책론』, 서울: 을유문화사.
주요변수를 중심으로 분석수준을 설명하고 외교정책분석의 현황을 고찰한 연
구서.

▪ 히가시 다이사쿠·서각수 역(2004), 『우리는 왜 전쟁을 했을까?』, 서울: 역사넷.
베트남 전쟁 당시 미국과 베트남의 안보정책을 담당했던 최고정책결정자 사
이의 실제 대담을 바탕으로 미국이 베트남문제에 개입하고 전쟁을 결정하기
까지 어떤 문제가 있었는지를 보여주는 생생한 연구서.

▪ 그래험 앨리슨·김태현 역(2005), 『결정의 엣센스』, 서울: 모음북스.
쿠바 미사일위기를 사례로 다양한 분석모델을 적용하여 분석한 대표적인 정
책결정과정 연구서.

06

국가안보의 모색: 자력방위와 동맹

학습내용

이 장에서는 국가안보를 위한 모색의 수단으로서 군사력과 동맹에 대해 살펴본다. 모든 국가는 외부로부터의 상시적인 위협에 대응하기 위한 노력을 계속해야 하며, 군사력은 자신의 힘을 기름으로써 안보와 국가이익을 지킬 역량을 갖추는 유용한 수단이 될 수 있다. 동맹은 군사력 양성에 드는 시간과 비용의 문제를 해결하고, 한 나라의 힘만으로 대응하기 어려운 위협과 도전에 대응하기 위한 수단이 될 수 있다. 이 장의 구성은 다음과 같다. 먼저 군사력의 정의와 역할을 살펴봄으로써 군사력이 무엇이며, 어떠한 기능을 수행하는지 살펴볼 것이다. 다음으로는 동맹의 정의와 유형에 대해 알아보고, 동맹이 어떠한 동기에서 만들어져 어떠한 요인에 의해 유지되고 또 붕괴되는지에 대해 살펴볼 것이다.

I. 머리말

모든 국가는 스스로 자국의 안보를 지키기 위해 끊임없이 노력해야만 하는 운명을 갖고 있다. 다양한 위협에 제대로 대처하지 못하는 국가는 국익은 물론 주권까지도 잃고 역사 속으로 사라져버릴 수밖에 없으며, 지금 현재도 전 세계의 국가들은 자국의 안보와 국익을 지키기 위해 끊임없는 노력과 경쟁을 지속하고 있다. 상시적인 외부로부터의 위협에 대처하기 위해 국가는 크게 두 가지 방식을 모색할 수 있다.

첫 번째는 자력방위로서 스스로 군사력을 갖추는 것이다. 군사력은 국가안보의 가장 기본적인 수단으로서 외부로부터의 안보 위협에 대응하여 국가 방위의 역할을 수행한다. 아무리 경제력이 부강하고 높은 수준의 문화적 성취를 이룬 나라라 하더라도 이를 지킬 무력이 없으면 외부로부터의 침략에 의해 이 모든 것을 상실할 수 있다.

두 번째로, 한 국가의 군사력만으로 방위하기 어려운 위협에 대해서는 둘 이상의 국가가 집단방위를 통해 대응할 수 있다. 즉 동맹(양자 또는 다자간)체결을 통해 국가는 대외 위협에 효과적으로 대응하는 동시에, 부족한 자국의 역량을 보완할 수 있다. 인류가 국가를 형성하고 살기 시작한 때부터 동맹은 이미 존재했다. 일찍이 전국시대(戰國時代) 중국에서는 합종책(合縱策)·연횡책(連橫策)과 같은 다양한 동맹의 책략이 국가 전략으로 활용되었으며, 서양의 가장 오래된 전쟁 기록 중 하나인 펠로폰네소스 전쟁사는 아테네를 중심으로 한 델로스 동맹과 스파르타를 중심으로 한 펠로폰네소스 동맹 간의 전쟁을 담고 있다.

이 장에서는 국가안보를 위한 핵심 수단으로서 군사력과 동맹에 대해 살펴볼 것이다. 군사력이란 무엇이며 어떤 역할을 수행하는가? 동맹이란 무엇이며 어떤 유형들이 존재하는가? 동맹은 어떠한 동기에서 만들어지고 유지되며 어떤 이유로 인해 붕괴되는가? 이상과 같은 질문에 대한 대답을 통해 이 장에서는 자력방위 수단으로서의 군사력 개념과 역할, 동맹의 개념과 유형, 형성 동기와 유지 및 해소 원인에 대해 다루도록 하겠다.

II. 자력방위: 군사력과 국가안보

1. 군사력의 정의

군사력을 어떻게 정의해야 할까? 별 생각 없이 쉽게 사용하는 용어이지만 사실 군사력이 무엇인가를 정확하게 정의하는 것만큼 어려운 일도 없다. 군사력이란 쉽게 말해 '군사적 능력'이다. 그런데 문제는 '능력'을 어떻게 볼 것인가이다. 우리는 군사력을 생각할 때 군대가 보유한 병력과 무기의 규모를 흔히 떠올린다. 만일 군사력을 그렇게 정의한다면, 베트남전에서 훨씬 열악한 병력과 무기를 가지고 있었던 북베트남과 베트콩이 미국을 이긴 것을 어떻게 설명할 수 있을까? 병력과 무기의 열세를 극복할 수 있을 만큼의 또 다른 형태의 '군사적 능력'이 있었기에 승리할 수 있었다고 할 수 있지 않을까? 이처럼 군사력이란 단순히 물리적 수치 이상의 무언가를 포함하는 개념이라 할 수 있다.

이런 점에서 군사력은 "유·무형의 군사적 임무 수행 능력"으로 정의할 수 있다. 이 정의는 다음과 같은 의미를 내포하고 있다. 첫째, 군사력은 유형의 능력과 무형의 능력 모두를 포함한다. 유형의 군사력 요소로는 한 국가나 세력이 보유한 병력, 무기 체계의 양과 질, 장비 및 시설의 규모와 수준 등을 들 수 있다. 한편 무형의 군사력 요소에는 군사 교리 및 전략·전술, 사기, 군사적 숙련도와 경험, 조직 문화와 리더십 등이 포함된다.

둘째, 군사적 임무 수행 능력이라는 측면에서 군사력의 의미와 평가는 상황에 따라 달라질 수 있다. 일반적으로 군사력은 가상 혹은 실제의 전쟁 수행 능력에 따라 평가

〈참고 6-1〉 군사력의 평가와 비교

지능에는 IQ가 있고 경제력에는 GDP와 GNP가 있는 것처럼, 군사력에도 평가 비교를 위한 지표가 존재할까? 세계 각국의 군사력은 어떻게 비교할 수 있을까? 한 국가가 가진 유·무형의 군사적 역량을 객관적으로 완벽하게 측정하는 것은 불가능에 가깝다. 그렇기에 군사력 측정과 비교에는 객관적 측정이 가능한 지표들을 바탕으로 군사력의 간접적 비교가 이뤄지고 있다. 저명한 안보 문제 연구기관인 스웨덴의 SIPRI(Stockholm International Peace Research Institute)와 영국의 IISS(The International Institute for Strategic Studies)는 매년 전 세계의 군사력 비교 결과를 발표한다. SIPRI의 SIPRI Year Book은 전 세계 국가의 군비 지출(military expenditure) 통계를 통해 세계 군사력의 간접 지표를 제공하며, IISS는 Military Balance 시리즈를 매년 발간하여 군비지출과 함께 각국이 보유한 무기 체계에 대한 자료를 제시하고 있다. 이와 같은 단순 수치의 비교를 넘어선 시도도 있다. 미국 RAND 연구소는 무기 체계의 성능과 특정 상황에서의 전투력 효과 등을 고려하여 가중치 부여와 수치 조정을 통한 전력지수 모델을 개발하였으며, 한국의 국방연구원은 이를 보완한 모델을 개발하여 우리 군의 전력평가 지표로 활용하고 있다. 또한 수치 비교를 통한 정태적 비교의 한계를 넘어서기 위한 동태적 비교의 시도로서, 컴퓨터 시뮬레이션을 통한 워게임(war game) 역시 국가 간 군사력 비교를 위한 도구로 활용되고 있다.

되지만, 실제로 군사력이 활용되는 임무는 상당히 다양하며 주어진 임무의 성격 및 상황에 따라 군사력은 다르게 평가될 수 있다. 예를 들어 현재의 중국과 같이 큰 규모의 잘 훈련된 지상군을 보유했지만 해군의 역량은 뒤처진 나라인 경우, 지상에서의 전투나 영토 점령 작전에 있어서는 높은 군사력을 갖췄다고 할 수 있어도 해상 보급로

요점정리

- 군사력은 유·무형의 군사적 임무 수행 능력으로 정의할 수 있다.
- 군사력의 개념에는 병력, 무기체계, 장비 및 시설 등의 유형적 능력과 함께 군사교리와 전략·전술, 숙련도와 리더십 등의 무형적 능력이 포함된다.
- 군사력은 고정된 개념이 아니며, 상황과 임무의 특성에 따라 다르게 평가될 수 있다.

방어와 같은 임무에서는 취약한 군사력을 갖추고 있다고 평가할 수밖에 없다. 이처럼 어떤 상황에서 어떠한 전략적·전술적 목표를 가지고 무엇을 달성하고자 하는지에 따라 군사력 평가는 달라질 수 있다.

2. 군사력의 역할

그렇다면 군사력은 어떤 역할을 수행할까? 군사력은 다양한 부문에 걸쳐 여러 목적을 위해 활용될 수 있다. 군사력은 외부로부터의 군사적 위협에 대응하여 자국의 영토와 주권을 보호하는 방어 역할과 함께 직접적·잠재적 적대세력의 행동을 억제하는 억제의 역할을 수행할 수 있다. 또한 타국이나 타 세력으로 하여금 우리가 원하는 행동을 하게 만드는 강압의 수단으로 활용될 수 있으며, 적 세력이나 시설을 타격하는 공격의 기능을 수행할 수도 있다. 이뿐 아니라 국가의 위상이나 평판을 높이기 위한 과시 목적으로 활용될 수 있으며, 이외에도 기타 다양한 역할 수행이 가능하다. 이상의 역할들은 서로 완전히 분리되는 것이 아니며, 하나의 상황이나 임무에서 복합적으로 수행될 수 있다.

1) 방어(defense)

군사력의 첫 번째 기능이자 가장 핵심적인 역할은 바로 외부의 군사적 위협으로부터 국가와 공동체를 방어하는 것이다. 군사력의 방어적 사용은 두 가지 기능으로 나눌 수 있다. 첫째, 방어적 목적에서 군사력은 적의 공격 자체를 회피하거나 이를 격퇴하는 데 사용된다. 둘째, 적의 공격이 발생했을 때 이로 인한 피해를 최소화하기 위해서도 사용된다. 이 두 가지 기능은 독립적으로 운용되는 것이 아니라, 방어적 목적을 위한 군사력 활용에서 혼합적으로 수행된다.

수동적 방어만이 방어의 역할을 수행하는 것은 아니다. 그 대표적인 예가 선제공격 (preemptive attack)이다. 선제공격이란 적의 공격이 임박했다고 판단되었을 때 이를 회피하거나 무력화시키기 위해 적을 먼저 공격하는 것을 말한다. 예를 들어 휴전선 일대에 배치된 북한의 장사정포가 우리측에 대한 공격을 위한 발사 징후를 보일 때 우리 군의 전투기가 이를 선제공격한다면, 이것은 일종의 방어적 군사력 운용이라 볼 수 있다.

한편 유사한 개념으로 예방공격(preventive attack)은 현재 자국의 군사력이 적대국의 군사력보다 앞서 있지만 적대국의 군사력이 자국을 곧 앞질러 심각한 위협이 될 것으로 예상될 때, 아직 유리한 상황에서 이를 먼저 공격하는 것을 말한다. 그 대표적 사례가 1981년 있었던 이스라엘의 이라크 오시라크(Osirak) 폭격이다. 당시 이스라엘 은 적대국인 이라크가 오시라크 지역에 핵 시설을 건설하고 있다는 정보를 입수한 후, 이라크가 핵무기를 보유하는 것을 막기 위해 이라크의 오시라크 원자로를 폭격하 여 파괴했다.

한 가지 논란의 여지가 있는 문제는 예방공격을 과연 방어의 일환으로 볼 수 있는 가이다. 예방공격은 자의적 판단에 따라 이루어질 수 있으며 나쁘게 이용될 경우 침략 을 정당화하기 위한 논리로 활용될 수도 있다. 또한 현재의 실질적 위협이 아니라 미래의 불투명한 위협에 대응한 군사력 사용은 국제규범이나 국제법 차원에서 정당성 을 얻기 힘들다. 실제로 2003년 이라크 전에서 미국은 이라크의 대량살상무기(WMD: Weapons of Mass Destruction) 개발에 대한 예방전쟁을 전쟁 명분으로 삼았지만, 국제 여론의 호응을 얻지 못하고 유엔의 동의도 얻지 못했으며 전쟁 이후 이라크의 대량살 상무기 개발 증거를 찾아내지도 못했다.

2) 억제(deterrence)

방어가 실제 공격을 물리적으로 막아내고 격퇴하는 것이라면, 억제는 심리적 효과 를 통해 공격 자체를 단념시키는 것이다. 순수한 의미에서의 억제란 쉽게 말해 "우리 가 원치 않는 행동을 상대가 (하고 싶어도) 하지 못하게 만드는 것"을 말한다. 군사력 운용의 상황에서 대개의 경우 우리가 억제하고자 하는 행동은 바로 적국의 공격이다. 군사력은 거부적 억제와 징벌적(처벌적, 응징적) 억제를 통해 상대방의 공격 의사를 애초에 상실시킬 수 있다.

거부적 억제(deterrence by denial)란 공격을 효과적으로 무력화하거나 격퇴할 수 있는 방어력을 갖추고 있음을 상대에게 인식시킴으로써 함부로 우리를 공격하지 못하 게 하는 것을 말한다. 우리측이 충분히 강력한 방어 능력을 갖추고 있다고 인식한다면 적국은 공격을 해봤자 승리는 커녕 치러야 할 비용이 더 크다는 판단에 공격을 꺼릴 것이다. 이처럼 거부적 억제에서는 방어력이 큰 역할을 한다.

한편, 징벌적 억제(deterrence by punishment)는 적의 공격에 우리가 가혹한 보복을 가할 능력과 의지가 있음을 상대에게 인식시킴으로써 함부로 공격하지 못하게 하는 것을 가리키는 개념이다. 우리를 공격했을 때 감당할 수 없을 정도의 군사적 공격으로 보복당할 것을 안다면 적국은 쉽게 공격에 나설 수 없다. 징벌적 억제의 대표적 예로는 핵 억제(nuclear deterrence)를 들 수 있다(핵 억제에 대해 자세한 내용은 8장 참조). 핵 억제의 확보를 위해 가장 중요한 능력은 제2격 능력(second strike capability), 즉 핵을 통한 보복 능력이다. 만일 적국으로부터 핵 공격을 받았을 때 우리 역시 상대국에 핵무기로 보복할 수 있다면, 적국은 우리를 핵으로 공격하지 못할 것이다. 핵무기로 인한 피해는 상상을 초월하기에 우리에게 핵무기로 피해를 입힌다고 해도 자국역시 핵무기로 인한 피해를 입을 가능성이 있다면 적국은 핵 공격을 단념할 수밖에 없다. 이처럼 징벌적 억제에서는 보복능력, 즉 공격력이 큰 역할을 수행한다.

억제가 성공하기 위해서는 능력(capability), 의지(intention), 소통(communication)의 세 가지 조건이 만족되어야 한다. 첫째, 가장 기본적인 전제 조건으로, 상대방이 공격을 했을 때 엄청난 인적·물적 피해와 비용을 치르게 만들 만큼의 군사적 역량이 필요하다. 둘째, 공격을 받았을 때 군사력을 과감히 사용해 거부·보복할 의지가 있어야 한다. 충분한 군사력을 갖추고 있다 하더라도 확전의 우려나 다른 이유로 인해 이를 사용할 의지가 확고하지 않다면 억제는 실패할 수밖에 없다. 셋째, 억제에 충분한 군사력과 이를 단호히 사용할 의지를 갖고 있음을 상대에게 분명하게 전달해야 한다. 설령 능력과 의지가 있다 하더라도 그것이 상대방에게 제대로 전달되어 인식되지 않는다면, 억제는 성공할 수 없다(George and Smoke 1974; Huth 1988; Morrow 1999).

3) 강압(compellence)

억제가 상대가 어떤 행동을 하지 못하게 만드는 것이었다면, 강압은 "강제로 상대의 행동을 바꾸는 것"이다. 즉 상대가 설령 원치 않더라도 우리가 원하는 행동을 하게 만들거나 현재 하고 있는 행동을 중단하게 만드는 것이 강압이다. 강압은 흔히 외교의 수단으로 활용된다. 군사력을 통한 강압은 상대로 하여금 특정한 행동을 하도록 무력을 통해 강제하거나 현재 하고 있는 행동을 중단하도록 무력으로 강제함으로써 외교정책 목표 달성에 이바지할 수 있다(Schelling 1966; Art 2003).

강압은 무력 사용의 위협과 실제 무력 사용이라는 두 가지 수단을 통해 이루어진다. 먼저 무력 사용의 가능성을 상대에게 제시하는 것만으로도 상대의 행동을 강제할 수 있다. 한 예로, 1853년 미국의 페리(Matthew Perry) 제독은 해군 함대를 이끌고 일본에 내항해 통상 개방을 하지 않으면 무력을 사용할 수 있다는 위협을 막부에 가했다. 그는 이러한 위협을 통해 실제 무력 사용 없이도 폐쇄 정책을 펴왔던 일본으로부터 불평등조약과 개항을 강제로 이끌어낼 수 있었다. 다음으로, 실제 무력 사용 역시 강제의 도구가 될 수 있다. 그 대표적 예가 베트남 전쟁 중이던 1965년 미국이 북베트남 지역에 대해 가한 대대적인 공습이다. 비록 결과적으로 실패하긴 했지만, 미국은 북베트남이 남베트남 지역에서 준동하는 베트콩 세력을 지원하지 못하도록 압력을 넣기 위해 이 지역에 폭격을 가했다.

일반적으로 강압은 억제보다 성공하기 어렵다. 억제는 특정한 행동 자체를 막는 것, 즉 현 상태가 유지되도록 만드는 것이다. 그러나 강압은 현재의 행동을 바꾸는 것, 즉 현 상태를 변경시키는 것이기 때문에 억제보다 더 큰 노력과 비용이 들어갈 수밖에 없다. 또한 강압은 상대방의 의지를 직접 건드리는 것인데다 큰 굴욕감을 상대방에게 선사하기 때문에 저항이 클 수밖에 없다(Art 1980; George 1994).

강압의 성공에 영향을 미치는 요소들은 다음의 세 가지로 정리할 수 있다. 첫째, 요구의 정도이다. 강압을 통해 강제하고자 하는 행동이 상대로 하여금 큰 비용을 치러야 하거나 굴욕감을 느끼게 만들 만큼 무리한 요구라면, 성공 가능성은 낮아진다. 둘째, 고통을 가할 수 있는 능력이다. 강압을 성공시키려면 물리적 파괴력뿐 아니라 상대방이 어떻게 하면 가장 큰 고통을 느낄 지를 감안해야 한다. 적 요새에 맹폭을 퍼붓는 것보다 후방의 보급로를 끊는 것이 오히려 적에게는 더 뼈아플 수 있다. 상대가 굴복할 수밖에 없게 만드는 가장 취약한 부분에 얼마나 타격을 가할 수 있는지가 중요하다. 셋째, 양측의 의지 역시 중요한 요소이다. 강압을 가하는 측은 자신의 요구가 관철되지 않을 경우 단호히 무력을 행사할 의지를 갖추고 있음을 보여야 한다. 한편 강압을 당하는 측의 의지가 확고할 경우 강압의 성공 가능성은 낮아진다(Lauren 1979; George 1994; Art 2007).

4) 공격(offense)

공격은 군사력을 활용해 적국 혹은 적대세력의 병력과 주요 시설, 중요 가치를 타격하고 파괴하는 것을 말한다. 개별적·집단적 자기 방어만을 정당한 것으로 인정하는 국제법과 국제규범상 공격은 정당화되기 어려운 측면이 있지만, 그래도 공격은 엄연히 군사력의 중요 역할의 하나로 간주되어야 한다. 군사력은 상황과 목적에 따라 적 진영에 침투하고 적 영토를 점령하며, 병력 및 주요 시설을 무력화하고 파괴하는 데 사용될 수 있다. 공격은 과거 물리적 대상에 대한 파괴 행위만을 의미했지만 심리전과 사이버전의 중요성이 부각되면서 주요 기간망, 사회 질서 및 대중 심리 등 적의 중요

<참고 6-2> 군사력의 역할

분류	내용
방어 (defense)	▪ 적의 공격을 회피하거나 격퇴하고 적 공격시 이로 인한 피해를 최소화하는 것
억제 (deterrence)	▪ 방어력과 보복능력, 그리고 이를 사용할 의지를 적에게 인식시킴으로써 적의 공격 의지 자체를 단념시키는 것
강압 (compellence)	▪ 군사력을 통해 상대국이 특정한 행동을 하도록 만들거나 현재 하고 있는 행동을 중단시키도록 강제하는 것
공격 (attack)	▪ 군사력을 활용해 적국 혹은 적대세력의 병력과 주요 시설, 중요 가치를 타격하고 파괴하는 것
과시 (swaggering)	▪ 군사력의 전시적 효과를 통해 국가 혹은 지도자의 위상을 강화하는 것
기타 역할	▪ 긍정적 역할: 재난구호, 인도주의적 지원, 군사 원조 등 ▪ 부정적 역할: 독재 체제 강화, 주민 감시와 탄압, 국가 전복 등

가치에 대한 공격 역시 공격의 일환으로 여겨지고 있다.

5) 과시(swaggering)

군사력은 국가의 위상을 높이는 데에도 활용될 수 있다. 대대적인 군사 퍼레이드나 군사 연습의 과시 등은 그 국가가 강대한 군사력을 보유하고 있음을 보이는 전시적 효과를 거둘 수 있다. 또한 핵무기, 항공모함, 스텔스 전투기와 같은 특정한 무기는 전투력과 성능 뿐 아니라 무기 자체가 갖는 높은 상징성으로 인해 과시의 도구가 될 수 있다. 특히 핵무기는 가공할 파괴력과 함께 극소수의 강대국만이 보유하고 있다는 특성으로 인해 높은 상징성을 갖는 무기이다(Eyre & Suchman 1996).

과시를 위한 군사력 활용의 동기는 다음과 같다. 첫째, 주변국에 자국의 군사력과 위용을 과시함으로써 자국의 국제적 위상을 높일 수 있다. 둘째, 군사력의 과시를 통해 국민들의 자긍심을 고취하는 한편 국가안보에 대한 신뢰를 제고하는 효과를 꾀할 수 있다. 셋째, 정부와 정치인의 국내정치적 지지를 이끌어내는 수단으로 활용되는 경우도 있다. 이는 많은 제3세계 권위주의 국가들에서 발견되는 현상으로, 이들 국가에서는 통치자들이 특정 무기 체계의 구입이나 군사 퍼레이드 등을 통해 자신의 지위를 과시하고 강화하고자 하는 시도를 보인다.

6) 기타

이상의 역할 이외에도 군사력은 다양한 목적을 위해 사용될 수 있다. 군사력은 재난 구호 및 복구, 인도주의적 지원, 군사 원조, 치안 유지 등과 같은 다양한 활동에 투입될 수 있는데, 이를 '전쟁이외 군사작전(MOOTW: military operations other than War)'이라고 부른다. 군은 대규모 자연 재해 시 인명을 구조하고 구호물자를 전달하며 복구를 지원할 수 있다. 또한 기아나 난민 발생 등의 상황에서 인도주의적 지원 물자를 제공하는 역할을 할 수도 있으며, 신생국이나 군사력이 취약한 우방국에 대해 군사 물자 제공, 군사 훈련 등의 군사 원조를 실시할 수도 있다. 이뿐 아니라 경찰력만으로 치안 유지가 불가능한 특수상황이 발생할 경우 치안 및 사회 질서 유지의 임무를 군이 수행하게 될 수도 있다.

요점정리

- 군사력의 주요 역할은 방어, 억제, 강압, 공격, 과시, 기타 역할의 여섯 가지로 정리할 수 있다.
- 방어는 군사력의 가장 핵심적인 역할로, 적의 공격을 회피하거나 격퇴하고 적 공격 시 이로 인한 피해를 최소화하는 것이다.
- 억제는 방어력과 보복능력, 그리고 이를 사용할 의지를 적에게 인식시킴으로써 적의 공격 의지 자체를 단념시키는 것이다.
- 강압은 군사력을 통해 상대국이 특정한 행동을 하도록 만들거나 현재 하고 있는 행동을 중단시키도록 강제하는 것으로서, 외교정책의 수단으로 활용된다.
- 공격은 군사력을 활용해 적국 혹은 적대세력의 병력과 주요 시설, 중요 가치를 타격하고 파괴하는 것으로, 군사력의 중요 역할의 하나이다.
- 과시는 군사력의 전시적 효과를 통해 국가 혹은 지도자의 위상을 강화하는 역할이다.
- 이외에도 군사력은 재난구호, 인도주의적 지원, 군사 원조 등의 긍정적 역할을 수행할 수 있으나 독재 체제 강화, 주민 감시와 탄압, 국가 전복 등 부정적으로 사용되는 경우도 있다.

〈사례 연구〉 북한의 선군정치

선군정치 시대 북한은 군사력이 얼마나 다양하게 활용될 수 있는지를 잘 보여주는 사례라 할 수 있다. 북한의 1990년대는 '고난의 행군'으로 불릴 정도로, 사회주의권의 잇따른 붕괴와 김일성의 사망, 극심한 경제난과 자연재해 등 위기의 연속이었다. 이러한 위기를 겪으며 집권한 김정일은 '선군정치'를 통치이념으로 내세웠다. 선군정치의 핵심은 국가 통치의 모든 부문에서 군을 앞세운다는 것으로, 군을 통해 국가 위기 상황 돌파와 국가 재건에 나서겠다는 것이다. 선군정치는 1995년 1월 김정일의 권력 승계를 통해 공식 반포된 이후 1998년 최고인민회의 전원회의를 통해 북한의 통치 체제로 법제화되었으며, 김정은의 권력승계 이후에도 북한의 핵심 지도지침으로 자리 잡고 있다.

이와 같은 선군정치의 일환으로 북한은 군사력을 다음과 같이 활용하고 있다. 첫째, 북한은 핵무기의 개발을 통해 미국과 한국의 군사력에 한참 뒤처진 군사력 균형을 역전시키고 억제를 확보하려 하고 있다. 둘째, 북한이 개발한 핵무기와 미사일은 주변 국가들로부터 체제 유지에 필요한 경제 원조를 얻어내는 강압의 도구로 활용될 수도 있다. 셋째, 핵무기 개발과 같은 군사력 과시를 통해 북한은 김정일 정권의 위대함을 선전함으로써 정권의 정당성을 확보하고 자국 인민의 충성심을 높이려 한다. 넷째, 천안함 폭침이나 연평도 포격과 같은 공격 및 도발 행위를 통해 북한은 우리측에는 불안을 조장하고 내부적으로는 단결력을 강화하는 효과를 거두려 하였다. 다섯째, 북한군은 김정일 정권에 가장 충성스러운 집단으로서, 북한 체제 유지에 방해가 될 수 있는 내부 반발이나 불만을 가혹하게 탄압하는 역할을 수행하고 있다. 여섯째, "인민군대의 위력 아래 혁명과 건설의 전반 사업을 추진"한다는 선군정치의 기치 아래 북한군은 군사적 기능 수행뿐 아니라 경제 생산 및 시설 복구 등의 사업에까지 동원되어 각종 인프라 및 공장 건설 작업 등에까지 투입되었다.

한 가지 주지할 점은 위와 같이 긍정적인 방향으로만 군사력이 사용되지는 않는다는 점이다. 북한이나 미얀마와 같은 독재 국가에서는 군사력이 주민 감시와 탄압의 수단으로 활용되며, 쿠데타와 같이 특정 집단의 권력 장악 수단으로서 군이 활용되는 경우도 있다. 또한 아프가니스탄, 아프리카 여러 국가의 내전 사례와 같이 국가 혼란 및 전복의 수단으로 활용되는 것도 군사력의 부정적 활용 사례라 할 수 있다.

III. 동맹과 국가안보

1. 동맹의 정의와 유형

자국만의 군사력으로 완벽한 안보가 확보될 수 있다면 좋겠지만, 군사력 확보를 위해서는 비용과 시간이 소요되며 한 나라의 힘만으로 대처하기 어려운 위협 또한 존재한다. 동맹은 이때 국가가 택할 수 있는 유용한 대안이다. 동맹은 "둘 이상의 국가들 간의 군사 협력을 위한 공식적·비공식적 합의"라고 정의할 수 있다(Walt 1987: 1). 보다 엄밀한 정의에서는 공식적 합의가 이루어진 경우만을 동맹으로 간주하지만, 이스라엘과 미국 간의 관계와 같이 명시적 협약 없이도 실질적 동맹으로 기능하는 경우를 생각할 때 공식적 합의와 함께 비공식적 합의가 이루어진 경우까지 동맹으로 포함시키는 것이 적절하다.

합의의 방식과 성격에 따라 동맹을 통한 군사협력에는 다음과 같이 다양한 유형들이 존재할 수 있다(Snyder 1997; Weitsman 2004). 첫째, 중립조약(neutrality treaty)을 통해 전쟁이 발생했을 때 서로 우호적 중립을 지키기로 약속할 수 있다. 중립조약을 통해 조약 체결국은 다른 국가와 전쟁을 치르게 되었을 때 체결 대상국의 참전을 막음으로써 전선(戰線)이 둘 이상으로 늘어나는 부담을 사전에 방지할 수 있다. 중립조약의 대표적 사례로는 1887년 독일과 러시아가 제3자의 침공 시 중립을 지키기로 약속한 양국 간의 재보장조약(Reinsuarance Treaty)을 들 수 있다.

둘째, 불가침 조약(nonaggression treaty)은 서로를 공격하지 않기로 약속하는 것이다. 불가침조약을 통해 조약체결국은 서로에 대한 군사적 대응에 들어가는 자원과 비용을 절약할 수 있고, 다른 국가로부터의 위협에 대한 대비와 같이 다른 방향으로 자원을 돌려 활용할 수 있다. 불가침조약의 대표적인 예는 1939년 독일과 소련 간에 체결된 상호불가침조약이다. 이 조약을 통해 히틀러는 폴란드 침략과 서유럽 침공에 큰 부담을 덜 수 있었다.

셋째, 협상(entente)은 군사적 위기 상황이 발생했을 때 이에 대해 협조적으로 논의할 것을 약속함으로써 협력의 기대를 높이는 것이다. 협조적 논의를 약속하는 수준이라는 점에서 엄밀한 의미의 동맹에 포함되지 않는다고 보는 견해도 있지만, 이 정도 수준의 약속만으로도 상당한 의미의 정치적 연합이 결성되는 것이라 볼 수 있으며, 특히 주변국에 주는 의미는 매우 크다고 할 수 있다. 1차 세계대전에서 독일, 오스트

요점정리

- 동맹은 둘 이상의 국가들 간의 군사 협력을 위한 공식적·비공식적 합의이다.
- 합의의 방식과 유형에 따라 동맹은 중립조약, 불가침조약, 협상, 상호원조조약, 연합 등의 형태를 띨 수 있다.

리아-헝가리 제국과 대립했던 영국, 프랑스, 러시아의 삼국협상(The Triple Entente)이 협상의 대표적인 예라고 할 수 있다.

넷째, 상호원조조약(mutual assistance treaty)은 특정 목표나 상황에 대해 군사적 원조를 약속하는 것으로, 군사동맹 중 가장 흔한 유형이라 할 수 있다. 상호원조조약은 방어적 목적과 공격적 목적 모두에 활용될 수 있다. 방어적 목적에서의 상호원조조약은 타국으로부터 공격당할 경우 군사적 지원과 원조를 제공할 것을 약속하는 것으로, 한미상호방위조약이 그 대표적 예라 할 수 있다. 공격적 목적에서의 상호원조조약은 타국을 침공할 때 공동의 군사행동을 취하기로 하는 형태를 띨 수 있다. 조약을 통해 합의된 원조의무(casus foederis) 조건과 절차가 무엇이냐에 따라 상호원조조약은 다양한 형태의 약속이 될 수 있다. 예를 들어 NATO의 경우 군사공격을 당할 때 자동적 군사지원을 약속하고 있지만, 한미상호방위조약은 한 쪽이 공격을 받았을 때 다른 한 쪽이 헌법적 절차에 따라 의회 동의를 얻어 군사원조를 실행하도록 되어 있다.

다섯째, 연합(coalition)은 장기적 목표와 역할에 대한 약속이 아니라 특정한 목표 달성을 위해 힘을 합쳤다가 그 목적이 달성되면 해소하는 방식의 협력이다. '의지의 연합(coalition of willing)'이라고도 불리며, 대개는 특정한 목표의 군사 작전 실행을 위해 각국이 힘을 합치는 경우가 많다. 제휴의 대표적인 예로는 1991년의 걸프전과 2003년의 이라크전 당시 이라크 공격을 위해 미국을 중심으로 꾸려진 다국적군을 들 수 있다.

2. 동맹 형성의 동기

동맹은 어떤 원인과 동기에 의해서 만들어지는 것일까? 동맹의 형성에는 다양한 원인이 있지만, 크게 다음과 같은 네 가지를 들 수 있다. 첫째, 국가는 자국의 군사력만으로 대응하기 어려운 타국이나 타세력의 국력 혹은 위협에 균형을 맞추기 위해 동맹을 맺을 수 있다. 둘째, 동맹을 통해 동맹 파트너 국가의 정책에 영향을 미치기 위한 목적으로 동맹이 만들어질 수도 있다. 셋째, 강한 국가에 편승하기 위한 목적의 동맹도 존재한다. 넷째, 타국의 정복이나 축출과 같은 특정한 군사적 목적 달성이 동맹 결성의 동기가 될 수도 있다. 이상의 원인과 동기는 서로 완벽히 구분되지 않으며, 하나의 동맹에 둘 이상의 형성 동기가 작용할 수도 있다.

1) 균형(balancing)

동맹의 가장 주요한 동기는 바로 자국의 힘만으로 힘의 균형을 맞추기 어려운 국가에 대해 여러 국가의 힘을 합쳐 세력균형(balance of power)을 형성하는 것이다(Waltz 1979; Paul 2005). 세력균형이란 강대한 국가가 자신의 힘을 무기로 타국의 주권과 이익을 침해하는 것을 견제하기 위해 다른 여러 국가들이 힘을 합쳐 동맹을 맺는 것을 말한다. 단순히 국력의 크기가 아니라 특정 국가가 얼마나 위협이 되는가에 따라 동맹이 만들어진다고 보는 견해도 있다. 즉 동맹은 힘에 대한 균형이 아니라 위협에 대한 균형(balance of threat)을 취하기 위해 형성된다는 것으로, 단지 국력이 큰 국가에 대해서가 아니라 가장 위협적인 국가에 대항해 동맹이 맺어진다는 것이다. 특정한 국가가 얼마나 위협적인가의 평가에는 그 국가의 국력과 함께 지리적 인접성, 공세적 능력, 해당 국가의 의도가 영향을 미친다(Walt 1984). 균형을 위한 동맹의 예는 무수히 많다. 우리가 알고 있는 많은 동맹은 대부분이 이처럼 강대한 국가, 혹은 위협적 국가에 대한 힘의 균형을 맞추기 위한 동기에서 만들어졌다. NATO(North Atlantic Treaty Organization)는 냉전기 서유럽 지역에 대한 소련의 위협에 대응하기 위해 만들어졌으며, 한미동맹과 미일동맹 역시 냉전시기 동아시아 공산국가들로부터의 군사적 위협에 대해 한국이나 일본 일국의 힘으로 대처하기 어려운 상황에 대응하기 위해 맺어졌다.

2) 묶어두기(tethering)

다른 국가에 대항하는 것이 아니라 오히려 동맹을 맺음으로써 그 국가로부터의 위협을 없애거나 해당 국가를 관리하는 것을 목표로 하는 동맹도 존재한다. 이것이 묶어두기를 위한 동맹이다(Weitsman 2004). 특정한 국가가 큰 힘을 가지고 있고 위협이 된다고 해서 그 국가에 대립하는 동맹을 꼭 맺을 이유는 없다. 오히려 동맹을 맺어 한 편이 된다면 그 국가로부터의 위협을 줄일 수 있는 것이다. 동맹이란 국가 간의 약속이기에 이를 파기하려면 국제적 신뢰와 위신의 손상이라는 비용을 감수해야만 한다. 그렇기에 위협적 국가와 동맹을 맺어둘 경우 적어도 한 동안은 그 국가로부터의 위협을 상당히 감소시킬 수 있다. 또한 동맹 파트너의 정책 방향에 영향을 미치는 것은 물론 관리 및 통제를 하는 수단으로도 동맹은 활용될 수 있다. 그 대표적인 예가 1939년 독일과 소련 간에 있었던 독소 상호불가침 조약, 2차 대전 이후 NATO의 설립 이다. 독일의 히틀러는 소련과의 불가침조약을 통해 폴란드 침공과 서유럽으로의 공세에 큰 부담이 될 수 있는 소련과의 전쟁 가능성을 일정 기간 없앨 수 있었으며, 소련의 스탈린 역시 불가침 조약을 통해 히틀러의 관심을 서유럽으로 돌리고 앞으로 있을지 모를 독일과의 전쟁 준비에 필요한 시간을 벌 수 있었다. 한편 2차 대전 이후 NATO 설립은 소련이라는 외부로부터의 위협에 대한 대응이라는 일차적 목표 이외에 두 차례나 유럽에서 큰 전쟁을 일으켰던 독일을 하나의 동맹 체제 안으로 묶어 독일의 군국주의화 및 재군비화를 방지한다는 이차적 목표를 가지고 있었다.

3) 편승(bandwagoning)

강력하고 위협적인 국가에 대항해 힘의 균형을 맞추는 것이 아니라, 오히려 강한 쪽으로 붙는 동맹 역시 가능하다. 이것이 편승이다. 이미 국제정세상 대세가 기울었 다고 판단될 경우 강한 편에 붙는 것이 더욱 유리하다는 판단에 의해 편승하게 될 수도 있으며, 보다 공세적으로는 강대국과 동맹을 맺고 정복 활동에 동참하여 이익을 꾀하는 공격적 편승의 전략을 택할 수도 있다(Schweller 1994). 편승의 대표적인 예로 는 2차대전기 독일의 동맹국이었던 헝가리의 사례를 들 수 있다. 당시 히틀러는 체코 슬로바키아 영토를 침탈하면서, 체코슬로바키아가 보유하고 있던 루테니아 지방을 헝 가리에 할양해주었다. 헝가리는 독일에 편승하여 체코슬로바키아와 분쟁 중이던 루테 니아 지방을 얻을 수 있었다.

4) 군사적 목표 달성

군사적 목표 달성을 위해 힘을 합치는 경우도 존재한다. 많은 동맹이 대개 외부로 부터의 위협에 수세적으로 대응하기 위한 목적으로 형성되는 반면, 군사적 목적 달성 을 위한 동맹은 효과적인 군사 임무 수행을 위한 역량 배가를 위해 만들어진다. 대개 군사적 팽창과 침략을 목표로 하는 경우가 많다. 이러한 형태의 동맹은 1939년 독일 의 히틀러와 이탈리아의 무솔리니 간에 체결된 강철동맹(The Steel Pact)과 같이 팽창

요점정리

••

- 동맹 형성의 동기는 크게 균형, 묶어두기, 편승, 군사적 목표 달성의 네 가지로 정리할 수 있다.
- 균형을 위한 동맹은 강하고 위협적인 국가에 대응하기 위해 여러 국가가 서로 힘을 합쳐 힘의 균형을 맞추기 위한 동기에서 만들어진다.
- 묶어두기를 위한 동맹은 특정 국가와의 동맹 체결을 통해 그 국가로부터의 위협을 없애거나 해당 국가를 관리하기 위한 동기에서 형성된다.
- 편승을 위한 동맹은 강하고 위협적인 국가와 동맹을 맺음으로써 국가이익을 도모하고자 하는 동기에서 맺어진다.
- 군사적 목적 달성을 위한 동맹은 효과적 군사임무 수행에 필요한 역량 배가를 위해 만들어진다.

적이고 침략적인 외교정책 추구를 위해 일정 기간 동안 상호 군사 원조를 약속하는 형태가 될 수도 있고, 2003년 이라크전에서 결성된 다국적군과 같이 특정 목표의 달성까지만을 목표로 하는 경우도 존재할 수 있다.

3. 동맹의 유지 요인

앞에서 다룬 내용이 동맹이 어떤 동기에서 만들어지는가에 대한 것이었다면, 이제는 동맹이 어떤 요인에 의해 유지되는지 살펴보겠다. 동맹이 지속될 수 있도록 하는 요인으로는 동맹 리더국가의 패권적 리더십, 신뢰도의 유지, 국내정치에서의 동맹 지지세력, 동맹의 제도화, 가치 및 이념의 공유를 들 수 있다(Walt 1997).

1) 패권적 리더십

동맹을 이끄는 리더 국가가 패권적 리더십을 발휘할 때 동맹은 더욱 공고히 유지될 가능성이 높아진다. 리더 국가는 자신의 정치적·외교적 영향력을 발휘해 양자동맹일 경우 동맹 파트너, 다자동맹일 경우 동맹 멤버가 동맹으로부터 이탈하는 것을 막을 수 있다. 또한 동맹의 유지와 존속을 위해 필요한 공동행동에서의 공공재(public good)를 제공하는 역할을 수행함으로써 동맹 체제를 유지하는 데 긍정적인 기여를 할 수 있다.

대표적인 예가 냉전기 미국과 소련의 사례이다. 두 나라는 각각 자유진영, 공산진영의 국가들과 동맹을 맺고 동맹국의 안전 보장은 물론 동맹국이 상대진영과의 체제 경쟁 및 군사 경쟁에서 뒤쳐지지 않도록 군사적·경제적 지원을 아끼지 않았다. 뿐만 아니라 소련의 경우 1956년 헝가리에서, 그리고 1968년 체코슬로바키아에서와 같이 소련과의 동맹에 부정적인 세력이 집권하자 직접 무력으로 개입하여 이를 축출하기까지 했다.

2) 신뢰의 유지

신뢰 역시 동맹 유지를 위해 필수적인 요소라 할 수 있다. 동맹 파트너 국가가 도움을 필요로 할 때 이를 위해 충분히 원조를 해줄 수 있을 만큼의 역량을 갖추지 못했다 거나, 혹은 이를 줄 의지가 없다고 상대방이 느끼게 되면 동맹은 위기를 맞게 된다. 이러한 상황을 피하고 동맹을 공고히 유지하기 위해서는 동맹 파트너로 하여금 내가 동맹을 유지하는 데 충분한 역량과 의지를 가지고 있음을 지속적으로 확인시켜주어야 한다.

냉전기 미국과 소련은 이를 위해 특히 신경을 많이 쏟았던 것으로 유명하다. 양국은 한 동맹국을 소홀히 여겼을 때, 이것이 전 세계에 있는 다른 동맹국들로 하여금 자신의 능력과 의지에 대해 의심하게 만들 것을 우려했다. 미국이 베트남전에서 엄청난 인적·물적 손실을 입으면서도 쉽게 전쟁을 포기하고 철수할 수 없었던 것은 미국의 위상 손실에 대한 걱정뿐 아니라, 남베트남을 버림으로써 다른 동맹국로부터 신뢰를 잃을 것을 걱정했던 까닭이 크다.

3) 국내정치에서의 동맹 지지 세력

동맹이 형성되고 일정 기간 유지되다 보면, 동맹을 지지하는 국내정치 세력이 만들어지게 된다. 동맹국에 친화적인 성향을 띠고 있는 정치인이나 동맹을 이념적으로 지지하는 세력, 혹은 동맹의 존재로 인해 정치적·경제적 이익을 보게 되는 이익집단이 국내정치적으로 동맹을 유지하고 존속하게 만드는 세력이 될 수 있다.

가장 쉽게 볼 수 있는 예가 미국과 이스라엘의 관계이다. 양국 간에는 공식적 동맹이 체결되어 있지 않지만 두 나라가 웬만한 공식적 동맹보다도 더 긴밀히 협력하는 사이라는 것은 전 세계가 아는 사실이다. 특히 미국은 여러 차례의 중동 분쟁 및 국제 문제에서 자국의 손해를 무릅쓰고 이스라엘을 지원하는 모습을 보여 왔는데, 여기에

는 미국 내 유태인 정치가 및 이익집단, 그리고 유태계 로비그룹이 막대한 영향력을
발휘하고 있다고 알려져 있다.

4) 제도화

제도화 수준이 높을수록 동맹이 오래 유지될 가능성은 높아진다. 모든 사회 제도와
기구가 그렇듯이 동맹의 제도화 과정에서 만들어진 관료적 기구와 제도는 일정 단계
가 지나면 자생적 생명력을 갖고 스스로를 유지하고 확대하려는 경향을 갖게 되며,
이렇게 조직의 성장 및 비대화로 인해 동맹을 해소함으로써 치러야 할 비용은 더욱
커진다. 또한 제도화의 수준이 높아짐으로써 동맹 체결국 간의 협력 정도가 증대되면
동맹이 발휘할 수 있는 총체적 역량 역시 증가되어 당초의 목적을 넘어선 역할까지
수행할 수 있는 등 높은 유용성을 동맹에 제공해줄 수 있다.

높은 수준의 제도화가 동맹에 긍정적 기여를 하고 있는 대표적인 예가 바로 NATO
이다. NATO는 당초 소련의 군사적 위협으로부터 서유럽 국가들의 안전을 보장하기
위한 목적으로 만들어졌으나, 냉전기를 거치며 성취한 높은 수준의 제도화를 통해 냉
전이 종식되어 소련으로부터의 위협이 사라진 이후에도 유럽 지역의 안보를 책임지는
상설 다자안보기구로서의 기능을 수행하고 있다.

5) 가치와 이념의 공유

동맹을 체결한 나라들 간에 공유된 가치와 이념은 동맹의 유지에 긍정적인 역할을
할 수 있다. 물론 공통의 가치와 이념을 보유하고 있다고 해서 이것이 냉정한 국익
계산을 뛰어넘을 만큼의 영향을 미친다고 보기는 어렵지만, 다른 조건들이 동일하다
고 했을 때 공통의 가치와 이념이 동맹 파트너 간의 신뢰와 협력을 증진시키는 데
긍정적 기여를 할 수 있다는 것은 분명하다.

그 대표적 예가 냉전기 북한과 중국의 관계이다. 중국 공산당은 중국 내전이 끝난
직후 국내형편이 어려웠음에도 불구하고 한국 전쟁에 공산주의 국가인 북한을 위해
지원군을 파병하였으며, 냉전기 내내 사회주의 혈맹으로서 북한과 특수 관계를 유지
하였다. 냉전 종식 이후 중국이 이데올로기적 경직성에서 벗어나 개혁·개방 노선을
걸으면서 북중관계가 이데올로기적 특수관계에서 정상적인 국가 대 국가의 관계로
변화하고 있다는 사실은, 냉전기 양국의 동맹 관계에 사회주의라는 공통의 이념이 얼
마나 큰 영향을 미쳤는지를 방증한다.

요점정리

··

- 동맹이 지속될 수 있도록 하는 요인으로는 동맹 리더국가의 패권적 리더십, 신뢰도 의 유지, 국내정치에서의 동맹 지지세력, 동맹의 제도화, 가치 및 이념의 공유를 들 수 있다.
- 동맹을 이끄는 리더 국가가 패권적 리더십을 발휘할 때 동맹은 더욱 공고히 유지될 가능성이 높아진다.
- 동맹에 친화적인 정치인이나 이익집단과 같이 국내정치적으로 동맹을 지지하는 세력의 존재는 동맹의 유지 가능성을 높여준다.
- 제도화의 수준이 높을수록 동맹의 유지 및 존속이 더욱 용이하다.
- 공유하고 있는 공동의 이념과 가치는 동맹을 유지하고 존속시키는 데 긍정적 기여를 할 수 있다.

4. 동맹의 붕괴와 해소 요인

앞서 살펴본 것과 같이 동맹이 유지되기 위해서는 여러 가지 요인의 긍정적 작용이 필요하다. 그렇다면 동맹은 어떠한 요인에 의해서 붕괴되거나 해소되는가? 동맹의 해소 요인으로는 동맹 파트너 간의 위협인식 변화, 목적 달성, 서로에 대한 신뢰 저하, 국내정치에서의 동맹 반대 세력을 들 수 있다(Walt 1997).

1) 위협인식의 변화

동맹을 결성할 때 동맹 체결국은 공통의 위협인식을 가지고 있지만, 이것이 변화할 때 동맹은 붕괴될 수 있다. 이러한 위협인식에 영향을 미치는 요소들은 앞서 언급한 바와 같이 동맹이 대응하고자 하는 대상국가의 국력, 지리적 인접성, 공격적 역량, 공세적 의도이다. 위협적이었던 국가의 국력과 군사력이 쇠퇴하거나 그 국가로부터 침략의 의도가 인식되지 않는다면 동맹의 존재 가치는 낮아질 수밖에 없다. 이뿐 아니라 새로운 무기체계 도입이나 군사기술의 확보 등을 통해 위협에 독자적으로 대응할 능력을 갖추게 되었을 때, 동맹은 그 가치를 상실할 수 있다.

위협인식 변화로 인한 동맹의 종식을 보여주는 가장 대표적인 사례가 20세기 미국과 소련의 관계이다. 두 나라는 2차 세계대전에서 연합국의 일원으로서 함께 공동의

〈참고 6-3〉 방기와 연루의 딜레마

연인 사이에서와 마찬가지로 동맹 파트너 간에도 '밀고 당기기'가 존재한다. 냉정한 국제정치의 세계에서는 동맹을 맺었다고 해서 실제 전쟁이나 위기상황이 발생했을 때 동맹 파트너로부터 도움을 받을 수 있을 거라고 안심할 수 없으며, 혹은 반대로 동맹 파트너로 인해 불필요한 분쟁에 휘말려 드는 골치 아픈 상황이 발생할 수도 있다. '방기와 연루의 딜레마'는 이러한 문제로부터 발생한다.

방기(abandonment)란 쉽게 말해 동맹 파트너로부터 내버려지는 것, 즉 동맹의 약속을 배반당하는 것을 말한다. 동맹을 체결했다고는 해도 자국의 이익에 도움이 되지 않는다고 생각될 경우, 상대방은 나와의 조약을 파기하거나 아니면 동맹을 체결하고 있는 상황에서도 위기 시 나를 내버려둘 수 있다. 동맹에 대한 통계 연구에 따르면, 1800년대 이후 존재한 군사 동맹 중 동맹 체결국이 자신의 동맹 파트너를 도와 실제 전쟁에 참전한 경우는 전체의 75%에 불과하다고 한다(Siverson and King 1979; Saborsky 1980). 대표적 예가 2차 대전 직전 체코슬로바키아와 프랑스의 동맹이다. 두 나라는 독일로부터의 위협에 대응한 동맹을 맺고 있었으나 체코슬로바키아가 히틀러에게 침략당할 때 프랑스는 체코슬로바키아를 내버려두었다. 연루(entrapment)란 동맹 파트너 때문에 원치 않는 분쟁에 휘말려드는 경우를 말한다. 동맹은 전쟁이나 위기상황 시 서로를 군사적으로 돕기로 한 약속이기에, 나 혼자였다면 끼어들지 않았을 전쟁에 동맹 파트너 때문에 연루되는 상황이 발생할 수 있다. 그 대표적 예가 1차 대전기 독일과 오스트리아-헝가리 제국 간의 동맹이다. 당시 독일은 발칸반도에 큰 이해관계가 없었지만, 유일한 동맹국으로서 중요한 가치를 갖고 있었던 오스트리아-헝가리 제국이 황태자 페르디난트 대공의 암살 책임을 구실로 세르비아를 침공하면서 1차 대전의 소용돌이로 함께 휘말려 들어갈 수밖에 없었다.

방기와 연루의 문제가 '딜레마'가 되는 이유는, 방기되지 않기 위해 애쓸 때 연루의 위험이 커지고 연루되지 않기 위해 노력할 때 방기될 가능성이 높아지기 때문이다. 동맹으로부터 방기당하지 않으려면 평소 내가 동맹의 약속에 대해 헌신적인 의지를 가지고 있고, 동맹 파트너에게 적극적인 협력과 지원을 아끼지 않을 것임을 보여주어야 한다. 그러나 이러한 노력을 보일 경우 나의 동맹 파트너는 나의 확실한 의지와 지원의사를 믿고 모험적인 행동을 벌일 수 있으며, 그 결과 불필요한 분쟁에 연루될 가능성은 높아진다. 반대로 원치 않는 분쟁으로의 연루를 꺼려 내가 동맹 파트너를 확실히 도울 의지를 평소 보여주지 않는다면, 동맹 파트너는 나의 공약을 의심하여 나와의 동맹을 파기하려 하거나 동맹에 큰 의지를 두지 않고 문제상황 시 나를 방기할 가능성이 높아진다. 이처럼 동맹을 맺은 국가는 상대로부터 방기되거나 혹은 상대로 인해 불필요한 분쟁에 연루되는 상황을 막기 위해 '적절한 수준의' 상호 의지 확인과 협력을 지속해야 한다.

위협인 독일, 일본에 맞서 싸웠다. 그러나 연합국의 승리로 전쟁이 끝난 이후 더 이상 공동의 위협은 존재하지 않았으며 이제 미국에 가장 큰 위협은 소련, 소련에 가장 큰 위협은 미국이었다. 양국의 협력관계는 자연스럽게 종식되었고 두 나라는 냉전기 동안 새로이 동맹 체제를 재편하여 적대관계에 돌입하였다.

2) 목적 달성

공격적 의도를 가지고 만들어진 동맹은 소기의 목적이 달성되었을 때 끝날 수 있다. 이것은 목적 달성 이후 더 이상의 목표가 사라짐으로써 자연스럽게 해소되는 방식이 될 수도 있고, 목적 달성 이후 국가 간 세력균형 및 관계 변화로 인해 새로운 동맹이 형성되는 방식이 될 수도 있다. 목적 달성 이후 동맹이 해소되는 사례로는 1991년 걸프전과 2003년 이라크전 당시 만들어졌던 다국적군 연합이 전쟁 종료와 함께 자연스럽게 해소된 것을 들 수 있다.

3) 신뢰 저하

동맹을 체결한 상대방이 믿고 의지할 만한 파트너라는 생각이 더 이상 들지 않을 때 동맹관계는 끝날 수 있다. 신뢰 저하의 요인으로는 두 가지를 들 수 있다. 그 첫째는 동맹 파트너가 동맹을 통해 방어해야 하는 위협에 대응하기에 충분한 역량을 더 이상 갖추고 있지 않다고 생각되는 경우이며, 두 번째는 충분한 역량을 갖추고 있다 하더라도 나를 도울 의지가 의심스럽다고 생각되는 경우이다. 두 가지 경우 모두 동맹 체결국은 동맹 파트너를 신뢰하기 어려우며, 이때 동맹은 붕괴의 가능성이 높아진다.

신뢰 저하로 인한 동맹의 붕괴 사례는 여러 곳에서 찾을 수 있다. 2차 대전 시기 독일의 동맹국이었던 루마니아는 히틀러의 패망이 가까워왔다는 판단에 이르자, 독일을 버리고 소련을 지원했다. 또한 소련의 지원 하에 치른 몇 차례의 중동 전쟁에서 실패를 겪은 이집트의 사다트 대통령은 더 이상 충분한 군사적·경제적 원조를 신뢰할 수 없다고 판단하여 소련을 버리고 미국과의 관계 강화로 방향을 선회하였다.

4) 국내정치에서의 동맹 반대 세력

동맹의 유지에 부정적인 영향을 미치는 여러 가지 국내정치 요소 역시 동맹의 붕괴나 해소를 가져올 수 있다. 첫 번째로, 특정 정치인이나 정치 세력이 동맹을 비판하고 공격함으로써 정치적 이익을 얻을 수 있는 경우, 동맹의 존속은 위협받을 수 있다.

요점정리

- 동맹의 해소 요인으로는 동맹 파트너간의 위협인식 변화, 목적 달성, 서로에 대한 신뢰 저하, 국내정치에서의 동맹 반대 세력을 들 수 있다.
- 동맹 체결국의 위협인식에 변화가 생겼을 때 동맹은 붕괴될 수 있다.
- 특정한 목적 달성을 위해 만들어진 동맹은 소기의 목적이 달성되었을 때 해소될 수 있다.
- 동맹 파트너에 대한 신뢰가 저하될 때 동맹은 붕괴되거나 해소될 수 있다.
- 동맹에 반대하는 국내정치 세력은 동맹을 붕괴시키는 중요한 요인이 될 수 있다.

1967년 프랑스의 드골 대통령은 NATO 통합지휘체계로부터의 이탈을 선언하여 보다 자주적인 외교안보정책을 원했던 여론의 지지를 얻었고, 1992년 필리핀에서는 미국에 대한 비판적 여론에 의해 필리핀 정부가 미군의 해군 및 공군기지 철수를 결정했다.

두 번째로, 정권 교체로 인해 동맹 체제에 부정적 인식을 가진 정치 세력이 권력을 장악하게 될 경우 동맹은 종식될 수 있다. 1949년 중국 내전이 공산당의 승리로 돌아감에 따라 국민당을 지지했던 미국과 중국의 동맹은 붕괴되었다. 또한 1959년의 쿠바 혁명, 1979년의 이란 혁명과 니카라과 혁명에서는 반미주의 정권의 등장과 함께 미국과의 동맹이 종식되었다.

IV. 맺음말

지금까지 살펴본 것처럼 군사력과 동맹은 국가안보의 핵심 수단이라 할 수 있다. 각 국가는 자국의 군사력을 양성하고 보유하여 외부의 위협으로부터 자신을 지킬 수 있는 힘을 확보하고자 한다. 이와 함께 군사력의 양성 및 보유에 드는 비용과 시간의 문제를 해결하고 자국의 힘만으로 대응하기 어려운 위협과 도전에 대응하기 위해 다른 국가와 동맹을 맺을 수도 있다.

군사력은 유·무형의 군사적 임무 수행 능력으로서 병력이나 무기, 시설 및 장비와 같은 유형적 요소와 함께 전략·전술, 숙련도와 경험, 리더십 등의 무형적 요소를 포함한다. 군사력의 주요 역할은 방어, 억제, 강압, 공격, 과시 등으로 나눌 수 있으며, 이와 같은 다양한 역할을 수행함으로써 군사력은 국가안보를 위한 유용한 정책 수단으로 활용될 수 있다.

동맹은 둘 이상의 국가가 군사 협력을 위해 맺는 공식적·비공식적 합의이며 중립조약, 불가침조약, 협상, 상호원조조약, 연합 등 다양한 형태를 띨 수 있다. 힘의 균형, 묶어두기, 편승, 군사적 목적 달성 등의 동기로 인해 동맹은 형성되며 패권적 리더십, 신뢰의 유지, 국내정치에서의 동맹 지지세력, 동맹의 제도화, 가치와 이념의 공유는 동맹을 공고히 유지하는 데 도움을 주는 요소로 작용한다. 그러나 동맹 파트너 간의 위협인식 변화, 목적의 달성, 서로에 대한 신뢰 저하, 국내정치에서의 동맹 반대 세력 등의 요인으로 인해 동맹은 붕괴되거나 해소될 수 있다.

군사력과 동맹은 국가안보를 위한 유용한 수단이자 도구이지만 어떻게 활용되느냐에 따라 평화와 번영을 가져올 수도 있고, 위기와 전쟁을 가져올 수도 있다. 분명한 것은 역사 속에 존재한 모든 부강한 국가들은 군사력과 동맹 모두를 적절히 준비하고 활용할 수 있는 지혜와 역량을 갖추고 있었다는 점이다. 국가안보를 공부하는 이들이라면 이를 반드시 기억해야 할 것이다.

핵심개념

- 군사력(military power)
- 동맹(alliance)
- 방어(defense)
- 억제(deterrence)
- 강압(compellence)
- 공격(offense)
- 과시(swaggering)
- 전쟁외군사작전(MOOTW)
- 선제공격(preemptive attack)
- 예방공격(preventive attack)
- 중립조약(neutrality treaty)
- 불가침조약(nonaggression pact)
- 협상(entente)
- 상호원조조약(mutual assistance treaty)
- 원조의무(casus foederis)
- 연합(coalition)
- 균형(balancing)
- 묶어두기(tethering)
- 편승(bandwagoning)
- 방기(abandonment)와 연루(entrapment)의 딜레마

토론주제

1. 군사력은 어떻게 정의내리는 것이 가장 적절하다고 생각되는가?
2. 예방공격을 정당한 방어의 일환으로 볼 수 있는가?
3. 억제와 강압의 성공을 위해서는 어떤 조건이 갖추어져야 할까?
4. 억제와 강압 중 어떤 것이 더 성공 가능성이 높을까?
5. 전쟁외군사작전의 역할과 중요성을 어떻게 평가할 수 있는가?
6. 동맹은 어떻게 정의내리는 것이 적절하다고 생각되는가?
7. 국가는 왜 동맹의 약속을 지키려고 노력하는 것일까?
8. 균형, 묶어두기, 편승, 군사적 목적 달성을 위한 동맹 중 어떤 것이 가장 흔한 유형의 동맹이라고 생각되는가? 왜 그러한가?
9. 동맹의 유지를 위해서는 어떠한 조건이 갖추어져야 할까?
10. 어떠한 요소들이 동맹의 유지를 위협하고 붕괴를 가져오는가?
11. 방기와 연루의 딜레마를 해결하기 위해서는 어떤 노력이 필요할까?

추가문헌

- Rupert Smith(2007), The Utility of Force: The Art of War in the Modern World, New York: Penguin Books. [국역: 황보영조 역(2008), 『전쟁의 패러다임: 무력의 유용성에 대하여』, 서울: 까치글방.]
  현대전에서 군사력이 어떻게 활용되어 왔는가에 대해 다루고 있는 책으로, 유엔군과 NATO군에서 지휘관을 역임한 저자의 경험이 깊이 있는 분석과 함께 제시되고 있다.

- 한용섭 편(2004), 『자주냐 동맹이냐』, 서울: 오름.
  자주국방과 동맹 사이에서 한국은 어떠한 전략적 방향을 취해가야 할 것인가에 대한 문제를 다룬 책으로, 동맹 이론은 물론 한미동맹을 비롯한 실제 우리의 안보 문제에 대한 중요한 고민을 담고 있다.

- 하영선(2010), 『21세기 신동맹: 냉전에서 복합으로』, 서울: EAI.
  21세기 동맹의 개념이 어떻게 새롭게 변환되고 있는지, 그리고 미국과 전 세계의 국가들이 어떻게 새로이 동맹 전략을 수립하고 있는지를 다룬 책.

07

국제안보의 모색: 다자안보와 군비통제

I. 머리말

II. 다자안보협력의 모색

III. 군비통제와 확산방지

IV. 맺음말

학습내용

이 장은 국가안보의 수단으로서 국제안보에 대해 다룬다. 군사력 건설과 동맹은 국가안보의 가장 기본적인 수단이다. 그러나 아무리 강한 국가라 할지라도 이 두 가지 수단만으로는 안보확보에 무리가 따르기 마련이다. 안보딜레마도 문제지만 탈냉전 이후 본격화되고 있는 안보영역의 확대와 비국가행위자로부터의 위협 증가는 기존의 수단만으로는 감당할 수 없기 때문이다. 국제안보는 국가 단위를 넘어서 다자적, 지역적, 세계적 차원에서 이루어지는 안보협력을 포괄한다. 이 글에서는 대표적인 개념인 집단안보, 공동안보, 협력안보, 군비통제에 대해 살펴보도록 하자.

Ⅰ. 머리말

불과 4년간의 전쟁으로 3천만 명이 넘는 사상자를 낸 제1차 세계대전의 참화는 여러모로 충격적인 사건이었다. 역사가 기록된 이래 인간이 공동체를 이루고 살아가는 곳에서 전쟁이 사라진 적은 없지만 이토록 방대한 지역에서 수많은 국가가 연루된 전쟁이 발생한 적 또한 없었기 때문이다. 전쟁의 규모도 충격이었지만 안보를 강화하고자 건설한 군사력과 동맹관계로 인하여 오히려 전 세계가 전쟁의 소용돌이 속으로 휘말려 들었다는 사실이 유럽 각국의 정치지도자와 지식인들에게는 큰 충격으로 다가왔다. 스스로를 문명의 표준으로 여겨온 그들로서는 도저히 납득할 수도, 용인할 수도 없는 사태가 벌어진 것이다. 국제안보의 모색은 바로 이 지점에서 시작되었다.

국제안보는 개별국가 차원의 안보모색, 즉 자주국방에 힘쓰고 동맹을 맺는 등의 노력을 넘어서서 여러 국가가 안보를 확보하기 위하여 함께 노력하는 것을 의미한다. 달리 표현하자면 안보딜레마를 극복하기 위한 지역적, 국제적 협력을 지칭한다. 따라서 국제안보는 안보의 취약성을 줄이는 동시에 위협 자체를 줄이는 데도 관심을 둔다.

국제안보는 국제체제의 형태, 안보위협의 변화 등에 따라 다양한 모습으로 발전해왔다. 특히 제2차 세계대전의 발발, 냉전체제의 도래, 탈냉전과 유럽연합의 등장은 국제안보의 모색에 있어서 중요한 변곡점으로서 작용했으며 새로운 안보개념의 발전으로 이어져왔다. 집단안보, 공동안보, 그리고 협력안보가 대표적인 사례이다. 유럽의 경우 구 공산권의 개방을 기화로 전간기(戰間期)부터의 염원이었던 군비통제를 상당한 수준으로 달성하였다.

이러한 발전에도 불구하고 군사력과 동맹은 여전히 국가안보의 핵심수단으로 여겨지고 있다. 특히 아시아 지역에서는 중국의 군사적·경제적 부상으로 인하여 군사력과 동맹의 중요성을 강조하는 현실주의적 시각이 다시금 활개를 치고 있다. 이는 최근 내한한 미어샤이머 시카고대 교수의 "한국은 한 치의 실수도 용납되지 않는 지정학적 환경에 위치하고 있다. 한국에게 미국과의 동맹은 생존과 직결되는 전략적 선택"이라는 조언에서 잘 드러난다.

군사력과 동맹은 간과해서도 안 되고, 포기할 수도 없는 안보수단임에 틀림없다. 그렇지만 군사력과 동맹만으로는 '불안으로부터의 자유'라는 국가안보 개념의 근원적인 목표를 달성할 수 없다는 점 또한 분명한 사실이다. 군사력이 제아무리 강해지더라도 안보딜레마가 계속되는 한 국가안보는 제자리걸음이기 때문이다. 국제안보의 주요 개념과 함의를 살펴봄으로써 안보인식의 지평을 넓혀보자.

II. 다자안보협력의 모색

다자안보협력을 글자 그대로 풀이하면 '여러 나라가 안보를 위하여 협력을 모색하는 행위'이다. 그러나 이러한 행위는 다자안보협력이라는 개념이 등장하기 훨씬 이전부터 존재해왔다. 안보연구의 한 분야로서 다자안보협력은 이러한 단순한 뜻풀이 이상의 의미를 담고 있다. 종류에 따라 세부적인 차이는 있지만 다자안보협력에 속하는 개념들은 다자주의를 지향한다는 점에서 공통점을 갖는다. 즉, 상위의 통제기구 없이도 당사국들의 공동이익을 위하여 상호 간에 협력 및 행동의 제한이 가능하다고 전제한다는 것이다. 이 글에서는 역사적 등장순서에 따라서 집단안보, 공동안보, 협력안보의 순으로 다자안보협력의 모색을 확인한다.

1. 집단안보(collective security)의 개념

집단안보는 제1차 세계대전의 참화 속에서 그 싹이 피어올랐다. 비록 전쟁에서 승리하였지만 참담한 피해를 통하여 교훈을 얻은 연합국 측에서 다시는 이러한 전쟁이

발생하지 않게 할 방안을 모색했기 때문이다. 아이디어는 간단하였다. 강력한 군사력
도, 복잡한 동맹관계도 결국은 전쟁의 규모를 키울 뿐이라면 모든 국가가 한 편이
되어 엉뚱한 일을 벌이는 국가를 제재하자는 것이다. 즉, 애초에 특정한 적을 상정하
지 않은 채 모든 국가가 하나의 집단에 소속되지만, 개별 회원국에 대한 침략이 발생
할 경우 이를 집단 전체에 대한 안보위협으로 간주하여 집단적으로 응징한다는 것이
다(one for all, all for one). 이 개념에 따르자면 침략국은 집단에 속해있는 나머지
모든 국가를 상대해야 하기에 부담을 느낄 수밖에 없고, 부담의 무게만큼 전쟁의 가능
성은 줄어든다는 것이 집단안보의 기본전제이다.

집단안보의 개념은 집단방위(collective defense) 개념과 비교할 때 그 특성이 더욱
잘 드러난다. 표현이 유사하기에 혼동하기 쉽지만 두 개념은 엄밀히 구분된다. 집단
안보와 달리 집단방위는 특정한 적을 상정함으로써 성립하며, 이러한 목적에 동의하
는 국가만이 제한적으로 가입할 수 있기 때문이다. 이러한 특징으로 인하여 집단방위
는 다자동맹이라고 불리기도 한다.

집단안보 개념을 실현하기 위한 국제기구는 1차 대전 와중에 이미 영국과 프랑스에
서 구상되고 있었다. 이 구상은 이후 미국의 윌슨 대통령(Thomas Woodrow Wilson)
에 의해 표면화되고, 1919년 파리강화회의에서 규약이 정해지면서 국제연맹(League
of Nations)이 탄생한다. 국제연맹은 집단안보, 국제분쟁의 중재, 무기감축, 개방외교
를 원칙으로 내세우며, 해군군축회의를 주최하는 등 일련의 성과를 거둔 바 있다. 그
러나 제창국인 미국이 의회의 인준거부로 불참하게 되고, 조치 불이행국가에 대한 집
단적인 제재능력을 확보하지 못함에 따라서 존재의 의의가 점차 상실되기에 이르렀
다. 이러한 한계로 인하여 국제연맹은 군국주의 세력의 팽창에 제대로 대처할 수 없었
으며, 결국 제2차 세계대전이 발생하게 된다. 국제연맹은 전후 개최된 1946년 총회에
서 해체를 결의, 연맹의 목적을 이어받은 국제연합을 발족시키면서 역사의 뒤안길로
사라지게 된다.

국제연합(United Nations)은 국제연맹의 실패를 교훈삼아 미국, 소련, 영국, 프랑스,
중국 등 주요강국을 상임이사국으로 포함하였다. 강대국들의 협력 없이는 집단안보의
기제가 실질적으로 작동하기 어렵다는 현실을 인정하고 강대국들의 기득권을 반영함
으로써 그들의 참여를 이끌어내고자 한 것이다. 또한 군사적인 제재능력을 확보하기
위하여 유사시 평화유지(peace keeping)를 목적으로 하는 다국적군 소집 규정을 제정
하였다. 이로써 실제적으로 작동하는 집단안보 기구가 출현할 수 있었다. 세계 각지

의 분쟁지역에서 활동 중인 유엔 평화유지군과 노동, 보건, 식량, 문화, 환경, 개발 등 다양한 분야에서의 국제협력활동에 진력하고 있는 여러 전문기구들이 그 대표적인 사례이다.

오늘날 국제연합은 이를 제외하고서는 국제관계를 논할 수 없을 정도의 위상을 갖추게 되었다. 그 결과 국제연합의 결의 없이 자행되는 타국에 대한 '공격'을 목적으로 하는 군사력의 사용 자체가 국제법에 위배되는 것으로 인식되기에 이르렀다. 집단안보의 개념이 국제관계의 바탕으로 자리잡게 된 것이다.

그렇지만 몇 가지 한계가 여전하다는 사실은 부정하기 어렵다. 첫째, 가해자와 피해자가 분명하지 않은 분쟁이 존재한다. 미국은 국제연합의 반대에도 불구하고 대량살상무기 제거를 위한 선제공격(선제공격은 공격이 아니라 방어의 일환으로 인정된다)을 명분으로 이라크를 침공한 바 있다. 후세인이 벌인 여러 만행들을 고려할 때 미국의 행위를 정당한 것으로 볼 수도 있지만 안보리에서 부결되었음에도 불구하고 침공을 감행한 것 또한 문제이기 때문이다.

둘째, 국제연합의 개입결정이 집단안보의 이상실현보다는 개별국가의 주권존중과 보편적 인권보장이라는 명분 아래 강대국 간의 이해관계 대립양상으로 번지면서 유엔의 결정이 갖는 권위가 흔들리고 있다.

셋째, 이러한 문제를 해결하기 위하여 핵심 집행기관인 안보보장이사회에 대한 개혁이 모색되고 있으나 개혁의 대상인 5개 상임이사국들이 거부권(veto)을 가지고 있는 이상 전향적인 개혁보다는 강대국 간의 이해관계 조정에 그칠 가능성이 높다.

사실 2차 대전의 종전에 뒤이어 찾아온 냉전으로 인하여 집단안보의 이상은 그 실현을 연기할 수밖에 없었다. 미국과 소련의 양 진영과 비동맹세력으로 국제체제가 재편되면서 다시금 세력균형의 논리가 국가안보를 결정하게 되었기 때문이다. 그럼에도 불구하고 국제연합을 중심으로 집단안보는 꾸준히 모색되어 왔으며, 탈냉전 이후 새로운 차원으로 도약하고 있는 것으로 보인다. 이러한 도약의 디딤돌 역할을 한 공동안보의 개념을 살펴보도록 하자.

2. 공동안보(common security)의 개념

공동안보라 함은 서로 경쟁하는 가운데 상대방의 존재를 인정하고 그들의 안보도 보장해주어 우발적인 전쟁의 위험을 줄이고 동시에 자신의 안보를 추구하려는 공존개

념이다. 이러한 공동안보 역시 시대적 요청에 따라 등장한 안보 개념 가운데 하나이
다. 사실 공동안보 개념은 일국의 안보를 자주국방이나 동맹에 의존하는 대신 다자협
력을 통하여 실현하고자 한다는 점에서 집단안보와 뜻을 같이 한다. 즉, 국가 간의
'경쟁'을 전제로 하는 현실주의적 안보관의 한계를 극복하기 위한 모색이라는 점에서
두 개념이 인식을 함께 하고 있다는 것이다. 따라서 공동안보는 완전히 새로운 개념이
라기보다 냉전이라는 시대적 상황으로 인하여 본래의 취지를 달성하지 못하고 있는
집단안보의 한계를 극복하기 위한 모색이었다고 보는 것이 타당하다.

　그럼에도 불구하고 양자는 두 가지 점에서 근본적인 차이가 드러난다. 첫째, 집단안
보는 적을 상정하지 않지만 공동안보에서는 적이 뚜렷하게 드러난다. 이는 일촉즉발
의 상황으로 다가온 핵전쟁의 위기감에서 비롯된 변화였다. 집단안보의 경우처럼 적
을 상정하지 않을 경우 적이 문제를 일으킨 다음에야 위협에 대하여 대응이 가능하고,
그나마도 집단에 속한 국가들이 이론에서처럼 집단행동에 동참하지 않을 경우 피해가
클 수밖에 없다. 반면 적국을 뚜렷하게 명시할 경우 위협에 빠르게 대처할 수 있다.

　적국을 명시한다는 점에서 "공동안보가 동맹 등의 안보수단과 다를 바 없다"는 지
적도 가능하다. 그러나 공동안보에서는 적을 상정하되 적대하는 대신 공존의 필요성

〈참고 7-1〉 영합게임(zero-sum game)

영합게임은 게임 참가자가 서로 경쟁하고, 경쟁의 결과 한 사람의 이득이 다른 사람의
손실로 귀착되는 현상을 말한다. 경쟁에 임하는 양측이 각각 승자와 패자로 갈리는
상황을 의미하기도 한다. 대표적인 것이 바로 장기나 포커 게임이다. 예를 들어 A와
B가 포커게임을 할 때, A가 10,000원을 땄다면 B는 10,000원을 잃기 마련이다. 행위
자들 간의 이해득실을 더하면 영으로 수렴하기에 영합(零合)게임이라고 하는 것이다.
영합게임에서는 승자가 되지 못하면 패자가 되기에 무슨 수를 써서라도 상대를 이겨
야만 손해를 보지 않을 수 있다. 따라서 무한경쟁의 참혹한 상황이 벌어지기 쉽다.
이 점에서 영합게임은 승자독식제(winner takes all)와 같은 의미로 쓰인다. 반대말은
양합게임(positive-sum game) 혹은 윈윈게임(win-win game)이다. 이는 승자와 패
자 구분 없이 양자 모두 이득을 얻는 것을 의미한다.
안보문제에 있어서 이익은 국가의 사활을 좌우하는 문제이기 때문에 필연적으로 영합
게임일 수밖에 없다. 그러나 공동안보가 영합게임으로부터 자유롭다는 것은 이 개념
을 통하여 무한경쟁으로부터 벗어나 참여자 모두가 이익을 거둘 수 있음을 의미한다.

을 인정하고 협력을 모색하는 것을 핵심으로 삼는다. 따라서 공동안보에서는 동맹과 자주국방에서는 피하기 어려운 영합게임(zero-sum game) 및 안보딜레마로부터 자유로울 수 있는 것이다.

둘째, 공동안보는 집단안보와 달리 비군사적 이슈영역 또한 안보문제로 파악한다는 점에서 '포괄안보(comprehensive security)'적 인식의 단초를 찾을 수 있다. 재래식 전력 및 핵무기와 같은 군사적 이슈를 핵심적인 안보문제로 여기지만 이전까지는 안보 이슈로 다루지 않았던 불황, 인플레이션 등 세계적 차원의 경제문제나 국제적인 환경문제를 안보협상의 테이블 위로 올려놓았다는 것이다.

이러한 특성을 통하여 공동안보는 적과 경쟁하는 대신 공존을 모색함으로써 안보문제를 해결하고자 하는 개념임을 알 수 있다. 그러나 우리가 아는 대부분의 치열한 국가 간 경쟁은 공존을 원하지 않았기 때문에 아니라 '신뢰'가 형성되기 어려웠기 때문에 비롯되었다. 그렇다면 자국을 위협하던 상대방이 진정으로 공존을 원하는 것인지, 단순히 자국을 무장해제하기 위한 위장전술인지 판단할 근거가 필요하다.

공동안보에서는 이를 근거로써 방어적 방위(defensive defense)와 합리적 충분성(reasonable sufficiency)을 제시한다. 방어적 방위는 각국이 '공격이 최선의 방어'라는 고전적 명제에서 벗어나 군사력을 방어적 수단으로 인식하고 건설하는 것을 의미한다. 즉, 자국의 영토를 벗어나 침략하는 것을 목적으로 하는 공격형 무기보다는 영토

〈참고 7-2〉 팔메위원회(Palme Committee)

팔메위원회는 "군축과 안전보장에 관한 독립위원회"의 약칭으로 1980년 전 스웨덴 총리 팔메를 중심으로 미국, 영국, 폴란드, 소련의 대표적인 현실정치가들이 모여서 의견을 나눈 조직이다. 공동안보는 본 위원회에서 처음 개념화되었으며, 이들의 81년 유럽 전역 핵교섭의 조기실현, 탄도탄요격미사일조약(ABM 조약) 체결, 비핵지대 창설에 대한 현실적인 제안으로 현실화되기에 이른다.

이들이 제시한 공동안보의 6개 원칙은 다음과 같다. 첫째, 모든 국가는 안보를 위한 정당한 권리를 갖는다. 둘째, 군사력은 국가 간의 분쟁해결을 위한 정당한 도구가 아니다. 셋째, 국가정책의 표현에는 제한이 필요하다. 넷째, 안보는 군사적 우위로 얻을 수 없다. 다섯째, 무기의 양적인 감축과 질적인 제한은 공동안보를 위해 필수적이다. 여섯째, 무기협정과 정치적 사안의 연계는 피해야 한다.

를 방어하는 데 목적을 둔 무기체계를 갖추자는 것이다. 이로써 만일의 사태를 대비하는 동시에 서로에 대한 위협을 줄이는 효과를 거둘 수 있다. 합리적 충분성은 자국의 군사력을 급격히 낮추는 것이 아니라 상대의 공격을 방어하는 데 필요한 최소한의 억제력을 확보하는 것을 의미한다. 이 두 가지 개념을 조합하면 단계적인 조치를 통한 신뢰구축이 가능하다.

실제로 미국과 소련, 그리고 소련 붕괴 이후에는 미국과 러시아 양국을 주축으로 공동안보 개념에 입각한 여러 조약이 체결되었으며, 이를 통하여 막대한 양의 핵무기가 감축되면서 인류는 핵전쟁의 공포로부터 다소나마 멀어질 수 있었다. 유럽의 경우 미국과 소련의 협력을 다자적인 차원으로 확장한 유럽안보협력기구(OSCE)의 노력에 힘입어 재래식 전력의 감축, 이에 대한 투명한 사찰, 각종 군사기밀 공유 등의 단계적 신뢰구축 조치가 진척된 바 있다.

아시아의 경우 유럽과 달리 공동안보 개념이 그리 빛을 발하지 못한 것으로 보인다. 그렇지만 6자회담과 같은 현존하는 안보협의체가 이 지역의 군비경쟁을 줄이고 공동안보를 실현하는 시발점이 될 수 있을 것이라는 평가도 존재한다. 북핵문제를 해결하기 위하여 시작된 협의체이지만 서로에게 잠재적인 위협이 되는 국가들, 즉 한국, 북한, 미국, 중국, 러시아, 일본이 함께 안보협력을 논할 수 있는 제도가 마련되었다는 점에서 의미를 갖기 때문이다.

공동안보 개념이 본격적으로 작동하기 위해서는 서로를 적으로 규정하고 군비경쟁에 돌입한 국가들이 존재해야 한다. 따라서 양극체제가 무너진 이후 공동안보 개념을 통한 안보모색이 줄어든 것은 자연스런 귀결이다. 그러나 이로써 다자안보의 모색 자체가 줄어든 것은 아니었다. 보다 평화로운 시대를 맞이한 여러 국가들은 이전에는 상상하기 어려웠던 여러 분야에 걸친 협력을 모색하고 공존을 추구하기 시작했기 때문이다.

3. 협력안보(cooperative security)의 개념

협력안보는 탈냉전 이후 변화된 안보환경에서 태동한 개념이다. 탈냉전 이후 국가들은 미국과 소련으로 대표되는 양 진영의 명시적이고 절대적인 군사력 위협에서 벗어날 수 있었다. 그러나 기쁨도 잠시 이전에는 부차적인 문제로 여겼던 요소들이 직접적인 안보위협으로 부상하였다. 해묵은 인종, 민족, 종교 갈등과 영토와 자원을 둘러싼 분쟁, 그리고 경제와 환경, 인권에 이르기까지 수많은 영역이 안보문제로 인식되기 시작한 것이다.

안보환경의 변화에는 영역의 확장도 있었지만 주체의 다변화도 간과할 수 없다. 이전에는 강대국을 위시한 국가들이 위협을 야기하는 핵심적인 주체였으나 이제는 테러집단과 같은 비정부행위자까지도 주요한 주체로 떠올랐기 때문이다.

군사력과 동맹은 물론, 집단안보와 공동안보 개념으로도 이러한 안보환경의 변화에는 제대로 대응할 수 없었다. 그러자 이러한 한계에서 벗어나 새로이 부상한 안보위협에 대응할 수 있는 안보개념이 모색되기 시작하였으며, 이러한 모색을 일컬어 협력안보라고 한다.

상술한 바와 같이 협력안보도 국가 간의 공존을 추구하고 협조를 바탕으로 한다는 점에서 공동안보와 공통점을 갖는다. 그러나 가시적인 결과물이 드러나야만 단계적인 성과로 인식하는 공동안보와 달리 협력안보 개념에서는 안보협력을 위한 대화의 과정 자체에 의미를 둔다는 점에서 차이가 있다. 직접적인 성과가 없더라도 대화가 이어질 수 있는 정기적인 자리만 마련된다면 신뢰축적, 오해 해소 등의 부수적인 효과를 거둘 수 있으며, 이러한 효과들이 안보증진에 도움이 된다고 인식하기 때문이다.

이러한 관점에서 협력안보는 다음의 특성을 갖는다. 첫째, 양자외교보다는 다자외교를 추구한다. 안보환경이 복잡해짐에 따라 상당수의 안보문제가 여러 국가의 협조를 필요로 하는 경우가 많을 뿐만 아니라 갈등의 당사국인 양자 간에 대화는 쉽게 결렬되거나 중단되는 경우가 많기 때문에 여러 국가가 모여서 안보협력을 모색함으로써 지속성을 확보하고자 하는 것이다.

둘째, 포괄적 안보를 추구한다. 공동안보 역시 다양한 영역을 안보이슈로 인식하였지만 이는 어디까지나 부수적인 문제였던 반면, 협력안보에서는 포괄적 안보가 안보협력을 증진시키는 핵심적인 수단으로 인식된다. 즉, A라는 이슈에서는 협력한 유인이 적지만 B와 C라는 이슈에서는 협력의 이익이 크다면 이를 연계함으로써 안보협력의 가능성을 높일 수 있다는 것이다.

셋째, 예방외교를 중시한다. 집단안보의 경우 침략이 발생한 이후에야 대처가 가능한 수동적인 수단에 한정하며, 공동안보의 경우 침략의 수단을 상호 간에 제한하는 것을 목표로 하지만, 협력안보는 국가 간의 분쟁을 분쟁 차원에서 해결하고 전쟁과 같은 상황으로 이행하는 것을 사전에 예방하는 것을 핵심적인 목표로 삼는다는 것이다.

넷째, 다층적인 협력의 제도화를 추구한다. 국가 간의 합의와 국제기구 설립이 핵심

협력안보의 대표적인 사례로는 한국의 제안으로 1999년부터 매년 개최되고 있는 한중일 환경장관회의를 들 수 있다. 삼국은 매년 교대로 회의 개최하여 환경안보에 대한 협력과 공동대응을 실현하고 있다. 해양환경 보호, 철새 이동 보호, 황사 통제 및 사막화 방지 협력 등에서 가시적인 성과를 거두고 있으며, 일본의 원전 사태를 계기로 향후 지진과 쓰나미, 화산 폭발 등으로 발생하는 재난 피해를 예방하고 극복하기 위한 정보공유 및 대응능력 배양에 협력을 가속화하고 있다.

아시아의 대표적인 협력안보 레짐으로는 아세안지역포럼(ARF: ASEAN Reginal Forum)을 들 수 있다. 이 기구는 1994년 동남아시아국가연합(ASEAN)을 중심으로 아시아태평양 지역의 여러 국가들이 출범시켰으며, 지역의 각종 안보 현안에 대하여 의논하고 해결책을 강구하는 장으로 발전해왔다. 말라카 해협 해적문제를 비롯한 해양수송로 안전 문제, 마약밀수 등의 초국가범죄, 테러, 전염병 등 비전통안보 문제들을 주로 다루어왔으며, 북한 핵문제, 천안함 폭침 같은 군사현안 또한 의제로 다룬 바 있다. 그렇지만 ARF는 특정 문제에 대한 근본적인 해결을 강구하거나 강제적인 조치를 취하지 않는다. 민감한 문제들도 모두 논의석상에 올려 각자의 의견을 개진토록 하는 대신 판결을 내리지는 않는다는 것이다. 이러한 특징으로 인하여 문제해결에 무력하다는 비판도 있지만 덕분에 분쟁을 사전에 방지하고, 대화의 장이 유지될 수 있다는 평가도 존재한다.

적인 협력의 기제임에 틀림없으나 이외에도 민간단체간의 교류, 전문가 그룹에 의한 협의 등 다양한 수준에서의 협력을 제도화하고 적극적으로 활용한다는 특성을 갖는다.

다섯째, 최소최대전략(minimum-maximum strategy)을 추구한다. 이는 모든 갈등이 각국이 자신의 이득을 최대화하려는 의지에서 비롯되기에 상호 간에 자신의 이득 추구를 최소화하고 조금씩 양보함으로써 문제를 해결할 수 있다는 인식이다. 죄수의 딜레마(prisoner's dilemma)에서 잘 드러나듯이 국익추구로 인한 부정적인 결과 자체가 합리적 선택의 산물이지만, 국가의 경우 '선택'이 일회성으로 그치는 것이 아니라 반복되기 때문에 양보가 더 큰 이익을 가져온다는 것이 이론적으로도 증명된 바 있다(Shepsle and Bonchek 1997).

여섯째, 협력안보는 안보협력의 대상에 있어서 개방성을 갖는다. 다양한 수준과 영역에 걸친 협력을 추구하기에 특정 국가로 협력대상을 한정하지 않으며, 적과 아군을 구별하는 배타성 또한 존재하지 않는다.

　이상에서 살펴본 바에 따르면 집단안보와 공동안보, 그리고 협력안보는 각기 뚜렷하게 구별되는 특성을 가지고 있지만 명료하게 구분하기 어려운 요소들도 일부 가지고 있다. 따라서 우리는 세 개념이 서로 다른 현상을 지칭하기 위하여 도출된 것이 아니라 다자안보협력의 역사적 발전과정에서 차례로 등장한 것임을 명심해야 한다. 학자에 따라서 이러한 역사적 맥락과는 무관하게 주요특성만을 중심으로 개념을 구사하는 경우가 있기에 혼동을 일으키기 쉽기 때문이다. 또한 이들 개념과 개념 실현을 위하여 만들어진 기구를 구분할 필요가 있다. 기계적으로 동치시킬 경우 이해의 폭이 제한될 수 있기 때문이다. 국제연합의 경우, 집단안보를 실현하기 위한 목적으로 처음 구상된 기구지만 이것이 가지고 있는 허브(hub)로서의 기능을 십분 활용하여 공동안보는 물론 협력안보와 군비통제의 개념을 구현하는 데도 중요한 역할을 한 바 있다.

〈참고 7-4〉 안보수단별 특성 비교

특성	양자동맹	집단방위 (다자동맹)	집단안보	공동안보	협력안보
적대세력 명시	O	O	X	O	X
조약 가입의 개방성	폐쇄적	폐쇄적	개방적	폐쇄적	개방적
가입국가의 수	양자	다자	다자	양자/다자	다자
군사력 활용한 문제해결	O	O	O	X	X
협력, 대화 통한 문제해결	X	X	O	O	O

등장시기

동맹	──────────────────────────────────────→
집단	←──────────────────────────→
공동	←──────────────────→
협력	←──────→

1차 대전　2차 대전　　한국 전쟁　베를린장벽 붕괴(냉전종식)

요점정리

- 집단안보는 특정한 적을 상정하지 않고 모든 국가를 회원국으로 받아들이지만 회원국에 대한 공격이 발생할 경우 이를 집단 전체에 대한 침략으로 간주하여 공동으로 대응함으로써 안보를 확보하는 개념이다.
- 집단방위는 특정한 적을 상정함으로써 성립하며, 공동의 적을 가진 국가 간의 폐쇄적 동맹을 의미한다.
- 공동안보는 적을 명시적으로 상정하되 적과의 직접적인 협상 및 협력을 통하여 안보를 확보하는 개념이다.
- 공동안보는 방어적 방위와 합리적 충분성 개념을 통하여 적대국 간의 신뢰구축을 가능하게 한다.
- 협력안보는 탈냉전 이후 본격적으로 부상한 포괄적 안보와 비국가행위자에 의한 안보위협을 관리하는 데 초점이 있으며, 다자외교와 다층적 협력의 제도화를 중시한다.
- 협력안보는 여러 안보이슈를 연계함으로써 국가 간의 타협을 모색하며, 갈등을 사전에 해소하는 예방외교를 특징으로 한다.

III. 군비통제와 확산방지

1. 군비통제의 개념

앞서 살펴본 세 가지 다자안보협력의 개념은 특정한 정책수단을 지칭하기 이전에 기본적인 인식의 틀로서의 함의를 지녔다. 반면 지금부터 살펴볼 군비통제의 개념은 보다 구체적인 정책수단으로서의 성격을 갖는다. 즉, 군비통제는 상술한 세 개념과 층위가 다르다는 것이다. 군비통제가 국제안보를 실현하기 위한 핵심적인 도구 중 하나라면, 다자안보협력의 개념들은 국제안보의 지향점을 결정하는 핵심 교리(敎理)인 셈이다. 공동안보에서도 핵무기에 대한 군비통제를 중요한 정책목표로 삼고 있으며, 협력안보에서도 각종 군비통제를 협력의 심화단계에서 달성할 수 있는 중요한 성취로 여겨지고 있다는 점에서 이는 잘 드러난다.

그렇다면 이제 군비통제가 의미하는 바가 무엇인지, 이를 통해 달성하고자 하는 목적은 무엇인지, 종류에는 어떠한 것들이 있는지 차례로 살펴보자. 군비통제의 의미

〈참고 7-5〉 군비통제와 유사한 개념

개념	설명
군비제한 (arms limitation)	양자 또는 다자 협상의 결과로 상호 합의에 따라 당사국들이 군사력 수준을 양적 또는 질적으로 일정하게 제한하는 것.
군비축소 (arms reduction)	해당국의 기존 군사력 중에서 기본적인 방어능력 이상을 보유하는 무기와 병력을 질적으로 양적으로 감축해 상대국에 위협을 주는 공격적 무기를 제거하여 군사적 충돌 가능성을 배제 내지 최소화하는 것.
신뢰구축조치 (CBMs: confidence-building measures:)	양측의 군사적 충돌 가능성을 줄이고 위기관리를 제대로 작동하기 위해 상호신뢰를 제도화하는 조치 및 행위를 의미.

는 다음과 같은 정의에서 잘 드러난다. 국방부에서는 군비통제를 "국가 또는 지역 간의 군비경쟁 및 군사적 불균형 완화, 적대국가 간 상호 불신 감소, 군사적 예측가능성 증대 등을 통한 상호 이해 및 신뢰증진으로 평화적 방법에 의한 분쟁해결을 도모하여 궁극적으로 세계평화를 추구하는 것"으로 정의한다. 위협과 취약성을 기준으로 나누자면 위협 자체를 줄이기 위한 노력인 셈이다.

군비통제의 개념은 반대말인 군비경쟁(arms race)과의 대비를 통해 한층 더 가까이 다가갈 수 있다. 군비경쟁은 일반적으로 "정치적 분쟁에 얽혀있는 국가들이 상대방의 군사적 증강태세를 인지하고 자신의 군사적 능력을 높여가는 작용-반작용의 현상," 혹은 "상호 적대적인 관계에 있는 강대국들 간 또는 지역 내 패권을 위해 국가들 간 일정한 기간 이상 쌍방이 경쟁의식 속에서 자국 군사력 증강을 상호 경쟁적으로 증가시키는 행위"로 정의된다(함택영 2010). 그렇다면 이를 뒤집은 행위, 즉 작용-반작용의 연쇄를 중단시키는 행위, 경쟁을 감소시키는 행위가 바로 군비통제임을 알 수 있다.

사실 군비통제 개념을 설명하는 데는 이러한 복잡한 단어들이 동원될 필요가 없다. 국가안보의 근원적 딜레마인 '안보딜레마'가 무엇인지 이해하는 사람이라면 군비통제의 기본원리를 이해할 수 있기 때문이다. 안보딜레마는 "상위의 통제기구가 없기에 사실상 무정부상태와 다름없는 국제사회에서 국가들은 각자 자신의 안보를 지키기 위할 뿐이지만 이러한 노력이 상호 간에 위협으로 작용하면서 아무리 노력하더라도 안보를 확보할 수 없는 악순환"을 의미한다. 군비통제는 바로 이 악순환의 고리를 끊어내고자 하는 고민의 총체라고 할 수 있다. 어차피 계속해봤자 안보가 확보될 수 없다면 멈추는 것이 당연하다는 발상에서 출발한 것이다.

이러한 발상에서 출발했기에 군비통제의 목적은 자명하다. 끝없는 군비경쟁을 중단함으로써 전쟁의 위험성을 줄이고, 군비증강에 소모되던 비용을 국가의 경제적 효율성을 높이는 데 활용하자는 것이다. 이로써 평화와 공존, 번영이라는 가치를 달성할 수도 있겠지만 여기에 미치지 못할지라도 현실적인 갈등과 충돌의 가능성을 줄일 수 있다면 그것만으로도 목표는 달성한 것으로 볼 수 있다.

누가 보더라도 군비경쟁의 악순환을 중단하는 쪽이 이성적인 판단임에 틀림없다. 그러나 어느 쪽이 합리적인 선택이냐고 묻는다면 악순환을 계속하는 쪽 손을 들어주지 않을 수 없다. 왜냐하면 자국이 경쟁을 멈추었을 때 타국이 멈추지 않는다면 결국 자국의 안보만 훼손되기 때문이다. 따라서 타국도 함께 멈추게 할 방법이 필요하다. 마치 영화에서 주인공과 악역이 함께 무기를 하나씩 내려놓고, 멀리 던지고 나서야 자리에 마주 앉아 협상을 시작하는 것처럼 말이다.

불행히도 현실은 영화와 다르다. 영화에서는 악당이 아무리 교묘한 책략을 쓰더라도 주인공은 구사일생 살아남지만 현실에서는 한 순간의 방심만으로도 국가의 흥망이 결정돼버리는 경우가 허다하다. 덕분에 군비통제의 종류 역시 다양하게 발전해왔다. 참여국가의 분포, 자발적 참여여부, 통제하는 무기의 종류, 협정의 발효범위 등이 대표적인 기준이다.

군비통제는 통제방식에 따라서도 크게 두 가지로 나누어진다. 운용적 군비통제와 구조적 군비통제가 바로 그것이다. 운용적 군비통제(operational arms control)는 군사력의 구성이나 규모 자체를 변경하지 않더라도 부대 및 장비의 배치와 활용에 제한을 가함으로써 목적을 달성한다. 반면 구조적 군비통제(structural arms control)는 군사력을 양적·질적으로 제한하거나 감축함으로써 목적을 달성한다는 점에서 뚜렷한 차이를 보인다.

안보를 확보하는 방안이라는 측면에서 볼 때 군비통제는 분명 군비경쟁보다 근본적으로 효과적인 방법임에 틀림없다. 군비경쟁으로는 해결 불가능한 안보딜레마를 극복할 수 있는 가능성을 보여주기 때문이다. 문제는 군비통제가 목표하는 국가 간의 '상호신뢰'를 달성하는 것이 쉽지 않다는 점에서 비롯된다. 애당초 안보에 대한 불안이 시작된 이유가 상호불신에 있었다는 사실을 고려할 때 이는 치명적인 문제가 아닐 수 없다. 이로 인해 군비통제는 이상(理想)에 불과하다는 지적을 받기도 한다.

군비통제는 이 문제를 극복하기 위한 현실적인 방안으로 검증(verification)을 활용한다. 손 놓고 믿어보다가 사후(事後)에 강제력을 동원하는 대신 지속적으로 감시·분석함으로써 이행여부를 판단한다는 것이다. 이를 통하여 위반사항을 빠른 시일 안에 파악하고 제재할 수 있을 뿐만 아니라 꾸준하게 이행될 경우 자연스럽게 신뢰가 쌓이는 효과까지 누릴 수 있다.

군비통제가 이상에 머물지 않고 현실에서 효력을 발휘하기 위해서는 효과적인 검증장치가 마련되어야 하는 것은 물론, 국가 상호 간의 진지한 노력이 필수적이다. 역사적 사례에 비추어 볼 때 이러한 노력이 뒷받침되기 위해서는 몇 가지 조건이 필요하다. 예를 들어 미소 간의 핵무기 군비통제 과정에서 잘 드러나듯 지나친 국방예산 지출로 인한 경제적 부담과 이를 더 이상 지탱할 수 없다는 위기감, 상호 간의 갈등을 줄이지 않으면 파국으로 치달을 수밖에 없다는 공감대가 대표적이다. 또한 자국에 안보위협을 가할 수 있는 가상적국에 대한 최소한의 억제력을 확보하였는가도 중요한 조건에 해당한다. 이 조건이 충족되지 않을 경우 군비증강을 당장 중단하는 것에 대한 국내적 합의를 확보하는 것 자체가 불가능하기 때문이다.

군비통제가 상당 부분 현실화되고 있는 유럽의 경우와 달리 한반도를 포함한 동아시아 지역에서 군비통제의 개념은 아직 맹아 상태에 머물고 있다. 세계적으로도 손꼽히는 규모의 군사력이 집중되어 있는 휴전선 인근의 군비축소 문제, 통일 이후 직면하

〈참고 7-6〉 군비통제의 종류

기준	종류		
통제방식	운용적 군비통제	구조적 군비통제	
참여국가의 분포	세계적 군비통제	지역적 군비통제	
자발적 참여여부	자발적 군비통제	강제적 군비통제	
통제무기의 종류	재래식무기 군비통제	대량살상무기 군비통제	
통제협정의 발효범위	일방적 군비통제	쌍방적 군비통제	다변적 군비통제

게 될 막대한 규모의 재래식 전력(현역 군인만 170만 명에 육박하는 군사력 규모)와 이북의 대량살상무기 처리 문제, 중국의 군사력 현대화와 더불어 가속화되고 있는 한중일 삼국 간의 군비경쟁 문제에 이르기까지 문제가 산적해있는 현실이다. 군비통제가 성공적으로 달성되건, 그렇지 못하건 간에 이 지역이 군비통제 개념의 거대한 실험장이 된다는 사실 자체에는 변함이 없을 것으로 보인다.

2. 핵확산과 비확산의 개념

군비통제의 여러 분야 가운데서도 가장 오랜 역사를 자랑하는 분야는 바로 재래식무기에 대한 통제이다. 근대적 의미에서의 조약만 하더라도 이미 100여 년 전인 1921년, 워싱턴군축회의에서부터 등장한다. 그러나 제2차 세계대전이 원자탄의 등장과 함께 막을 내리고, 곧이어 냉전으로 돌입하면서 군비통제의 주된 관심사는 재래식무기에서 이른바 대량살상무기(WMD: weapons of mass destruction)에 대한 통제로 옮겨가게 된다. 여기에는 콜레라나 탄저균과 같은 병원균을 재료로 한 생물무기, 독가스 등의 화학작용제를 이용한 화학무기, 중장거리 미사일 기술의 비약적인 향상도 중요한 역할을 했지만 무엇보다 결정적인 계기는 바로 주요 강대국들에 의한 경쟁적인 핵무기 개발 및 확산이었다. 단 하나의 폭탄으로도 대재앙이 초래될 수 있다는 사실이 각국의 안보관계자들을 전율하게 만들었기 때문이다.

핵무기는 파괴력이라는 측면에서도 다른 무기와 차별화되지만 일단 사용되었을 때 그 피해가 국지적으로 한정되지 않는다는 점에서도 특징을 갖는다. 보복공격의 피해는 둘째치더라도 방사능 오염으로 인한 피해를 온 인류가 함께 감당해야 하기 때문이다. 따라서 핵무기 개발에는 막대한 자금과 기술력이 요구될 뿐만 아니라 국내외적인

〈참고 7-7〉 핵확산의 종류

개념	내용
수직적 확산	핵보유국의 보유량 증가, 핵무기의 성능향상
수평적 확산	핵보유국의 증가

압력과 불이익이 따르게 된다.

그럼에도 불구하고 핵이 확산되는 것은 핵개발을 통하여 얻을 것이 있기 때문이다. 첫째, 재래식무기 혹은 핵전력의 열세로 인한 안보불안을 단번에 해소할 수 있다. 특정국가가 핵무기를 보유하게 되었을 경우 실제로 사용되지 않더라도 적국의 도발을 억지하는 효과를 충분히 노릴 수 있다는 것이다. 둘째, 핵무기 보유와 강대국 지위 사이에 일정 부분 연관성이 있다. 공식적으로 핵무기 보유국으로 인정받고 있는 국가들은 모두 유엔 안전보장이사회의 상임이사국이며, 일단 개발에 성공한 국가들은 강대국들도 함부로 하지 못한다는 사실이 이러한 환상을 더욱 자극하고 있다. 셋째, 국민적 자긍심을 고취시키는 효과를 바탕으로 국내정치적 불안을 해결할 수 있기 때문이다. 핵무기 개발에 성공할 경우 국민적 지지를 바탕으로 집권세력의 국내외적 정치적 입지가 강화된다는 것이다. 이러한 원인들로 인하여 비보유국은 핵을 개발할 '의지'를 가지게 된다.

핵확산의 배경에는 이외에도 핵확산의 영향이 그리 비관적이지만은 않다는 낙관론자들의 논리가 중요한 역할을 하였다. 핵무기는 사용하는 측에서도 피해를 감수해야 하기에 선제공격무기가 아닌 최후 방어수단이며, 상호 간에 핵무기를 보유하게 될 경우 공멸을 우려한 결과 전쟁이 억지되는 결과를 가져올 수 있다고 주장함으로써 핵무기 개발에 대한 정당화 논리를 제공한 것이다. 핵억지이론(nuclear deterrence theory)에 기반하여 국가를 합리적 행위자로 전제한 낙관론자들의 논리는 1960년대 주요강대국들이 차례로 핵무기를 개발하고, 이에 따라 여타 비보유국들의 안보불안이 심화됨에 따라 한계에 봉착하게 된다.

핵확산금지조약(NPT: nuclear non-proliferation treaty)은 더 이상 상황을 방치할 수 없다고 판단한 미국을 위시한 핵보유국 및 유엔 군축위원회가 확산방지를 위한 모색을 거듭한 결과이다. 핵무기의 수평적 확산과 수직적 확산을 방지하기 위한 조치는 물론 이미 만들어진 핵무기를 감축(nuclear disarmament)하기 위한 제도를 만들어낸 것이다. NPT는 핵비확산과 핵군축 외에도 '원자력의 평화적 이용 보장'에도 목적이 있다. 원자력의 특성상 핵개발을 억제하기 위해서는 전력생산 등의 평화적 이용에도 제한을 가할 수밖에 없지만 철저한 감시 및 검증을 전제로 핵무기 비보유국에게 평화적 이용기술을 이전할 것을 천명한 것이다.

NPT에서는 "1967년 1월 1일 이전에 핵무기와 그 밖의 핵폭발 장치를 제조하고 폭발시킨 나라"인 미국, 중국, 러시아, 영국, 프랑스 5개국을 핵보유국가로 인정한다.

물론 NPT에 가입하지 않고서 핵을 개발하여 사실상 보유를 인정받고 있는 인도, 파키스탄, 이스라엘과 핵개발에 성공한 것으로 추정되고 있는 북한과 이란을 포함하면 총 10개국이 핵무기를 보유하고 있는 국가에 해당한다. "핵확산을 막지 못한다면 1975년까지는 15~20개국이 핵무기를 보유할 것"이라던 1963년 미국 케네디 대통령의 걱정이 NPT 덕분에 상당 부분 억제된 것이다(Reeves 1993). 핵을 보유했다가 폐기한 남아공, 소련 해체로 핵무기 보유국이 되었다가 통제권을 포기한 벨라루스, 카자흐스탄, 우크라이나는 물론, 한국과 브라질 등 핵 프로그램 진행 도중에 포기한 국가들이 무수히 많다는 사실에서도 핵비확산에 NPT가 상당한 공을 세웠음을 간접적이나마 확인할수 있다.

국제사회는 여러 차례에 걸친 위기와 도전 속에서도 비확산체제를 유지해왔지만 2000년대에 들어서면서 NPT는 실효성 자체에 의문이 제기되는 상황에 직면하게 되었다. 수십 년간 나름의 성과를 이어온 체제가 왜 문제가 되고 있는지, 대안으로 어떠한 구상이 등장하였는지 다음 장에서 살펴보도록 하자.

3. 반확산과 확산방지구상

NPT가 핵확산을 방지하는 데 효용성 있는 체제인가에 대한 문제제기는 크게 두가지 측면으로 나누어진다. 추구하는 목적 자체의 모순에서 비롯되는 문제와 탈냉전 이후 안보개념의 변화로 인한 문제가 바로 그것이다. 먼저 추구하는 목적의 모순이란 비확산, 핵군축, 원자력의 평화적 이용 보장이라는 세 가지 목표를 동시에 달성하고자 하기에 겪을 수밖에 없는 다음의 두 가지 문제를 지칭한다.

첫째, 상업용·연구용을 명목으로 이전된 원자로가 핵무기 개발에 전용되는 것을 완벽하게 막을 수 없었다. 즉, 평화적 이용을 보장하려다가 확산을 방치한 상황에 이른 것이다. 계속되는 세계적 전력수요의 증가에 대한 현실적 대안으로 원자력발전이 손꼽힘에 따라 이 문제는 더욱 심각해질 것으로 보인다.

둘째, 기존 핵보유국들이 핵군축에 소극적으로 임함에 따라서 NPT의 불평등성이 부각되고 있다. 애당초 기존 핵보유국의 기득권을 보장하되 차후 적정한 시기를 정하여 핵군축을 진행하겠다고 명시하였음에도 불구하고 해석의 애매함을 이용하여 성의 있는 핵무기 감축이 이루어지지 못하고 있다는 것이다. 이는 핵무기가 군사적 용도로 사용되지 않더라도 보유국에게 여러 가지 과실을 안겨주기 때문으로 사료된다. 영토를 비롯한 각종 국가 간 분쟁이나 외교적 갈등에서 국가의 핵보유 여부가 결과에 영향을 미친다는 연구들이 이를 뒷받침한다(Beardsley and Asal 2009; Jo and Gartzke 2009).

탈냉전 이후 안보개념의 변화 역시 NPT의 실효성에 심각한 균열을 야기한 원인이라고 볼 수 있다. 즉, 안보위협을 제공하는 주체의 범위가 넓어지면서 기존의 NPT로는 통제하기 어려운 상황이 벌어지고 있다는 것이다. 진영 간 대립의 종식은 양극에 의한 핵전쟁이라는 결정적인 위협도 함께 제거한 바 있다. 그러나 핵우산을 제공하던 맹주를 잃었거나 지역적 강대국의 핵위협을 받게 된 국가들이 핵개발 의지를 갖게 되고, 테러단체 등의 비국가행위자 또한 수요자로 등장하면서 핵확산의 위험은 한층 심화된 것이다.

이에 대한 대응으로 등장한 것이 바로 반확산(counter proliferation) 개념이다. 비확산이 수평적·수직적 차원의 확산을 소극적으로 억제하고자 하는 접근이었다면 반확산은 무력을 사용해서라도 적극적으로 확산 시도를 분쇄하는 접근이라고 할 수 있다. 그리고 확산방지구상(PSI: proliferation security initiative)은 바로 이 반확산의 개념이 구체화되면서 태동한 것이다.

PSI는 기존의 수출통제체제를 회피하여 국제적으로 대량살상무기와 관련물질을 거래하는 것을 근절시키는 데 목적이 있다. 이를 위하여 참여국의 영토, 영해, 영공은 물론 공해상에서도 대량살상무기 적재 의혹 선박 및 항공기를 정지-검색할 수 있는 이른바 '차단'을 핵심수단으로 삼는다. 대량살상무기 자체를 포함하여 관련장비나 부품이 불량국가(rogue state)로 유입되도록 방치하거나 사후에 이를 대규모로 개입하는 대신 사전에 처리한다는 것이다. 참여국 간의 긴밀한 정보공유와 작전협력을 통하여 차단에 성공할 경우 대량살상무기 확산을 '예방'할 수 있다는 점에서 PSI는 장점을 가지고 있다.

실제로 PSI는 발효된 지 10년도 되지 않은 기간 동안 상당한 성과를 거둔 바 있다. 북한에서 수출되던 각종 장비와 미사일을 차단한 것은 물론 중동지역에서도 원심분리기의 이동을 적발하는 등 적지 않은 실적을 올렸기 때문이다. 그러나 몇 가지 한계 또한 노정한 바 있다(백진현 2010). 첫째, 차단전략의 효용성이다. 핵확산 방지에 있어서 가장 핵심적인 농축우라늄, 플루토늄 등 소형물품은 검문을 하더라도 차단이 어려우며, 차단의 특성상 많은 국가들이 협조를 해야 효율을 높일 수 있는데 참여를 꺼리는 국가들이 적지 않기에 한계가 있다는 것이다.

둘째, 국제법적 정당성이다. 특정 국가가 공해상에서 강제적으로 선박의 통행을 막고 검문을 실시하는 것은 국제법적으로 부당하다는 것이다. 이는 PSI가 유엔과 같은 공식 국제기구에 의해 운영되는 것이 아니라 미국을 중심으로 하는 의지의 연합 (coalition of the willing)에 의해 주도되고 있다는 점에서 특히 문제가 되고 있다.

마지막으로 운영의 차별성과 투명성을 들 수 있다. 목적이 대량살상무기 통제라면 기준이 일관되어야 함에도 불구하고 인도나 파키스탄, 이스라엘 등 미국과 전략적 관계를 맺고 있는 국가의 경우 차단의 대상에서 빠진다는 것이다. 또한 참여국 현황 및 차단 사례 역시 공개되지 않고 있다는 사실도 문제가 되고 있다.

이러한 한계에도 불구하고 PSI는 성공적으로 참여국과 활동을 넓혀나가고 있다. PSI가 원래 부시 전 대통령과 참모들의 강력한 의지에 의하여 추진된 구상이었다는 점을 고려할 때 정권이 바뀌었음에도 불구하고 PSI가 발전을 지속한 것은 예상치 못한 일이다. 이는 오바마 대통령이 반확산을 위해서라면 소형 핵무기의 사용도 불사하겠다던 부시 전 대통령의 견해에 전적으로 찬성하는 것은 아니지만 "냉전의 낡은 유물인 핵무기가 없는 세상"을 꿈꾼다는 평소 신념과 PSI가 조응하는 바가 있었기 때문으로 사료된다. 대표적인 대량살상무기 수출국인 북한을 마주하고 있는 한국으로서는 귀추가 주목되는 일이 아닐 수 없다.

요점정리

- 군비통제는 군비경쟁을 완화하여 전쟁의 위험성을 줄이고 군비증강에 소모되던 비용을 국가의 경제적 효율성 증진에 활용하는 것을 목적으로 한다.
- 군비통제는 지속적인 감시와 분석을 바탕으로 하는 검증을 통하여 국가 상호 간에 신뢰를 확보한다.
- 핵확산금지조약은 핵군축, 원자력의 평화적 이용 보장, 핵비확산을 목적으로 한다.
- 핵확산금지조약은 세 가지 목적의 상호모순 및 불이행, 탈냉전 이후의 안보개념 변화에 따라서 실효성에 문제가 생겼다.
- 반확산은 수출통제체제를 회피하여 대량살상무기와 관련물질을 거래하는 것을 무력을 사용해서라도 근절시키는 것을 목적으로 한다.
- 확산방지구상은 차단전략을 통하여 예방적 차원의 대량살상무기 확산억제를 달성한다.
- 확산방지구상은 차단전략의 효용성, 국제법적 정당성, 운영의 차별성과 투명성에서 한계를 갖는다.

IV. 맺음말

국제안보의 활발한 모색은 국가안보의 양상을 변화시키고 있다. 이전에는 그저 지식인의 몽상에 불가했던 일들이 개념적으로 구체화되고 현실에서 구현되는 시대가 열린 것이다. 정보통신의 발달과 국제적인 인적교류의 활성화는 이러한 추세를 더욱 가속화시키고 있다. 인류는 더 이상 다른 선택지가 없기에 뛰어들어야만 했던 끝없는 군비경쟁에 동참하지 않더라도 '공존공영'의 길을 찾을 수 있게 되었다.

그렇지만 우리가 직면하고 있는 동아시아의 현실을 놓고 볼 때 이상의 논의는 여전히 꿈과 같은 일이다. 매일 같이 전해져오는 중국의 군사력 현대화, 이에 대응한 일본의 보통국가화 움직임, 러시아의 극동군 강화, 그리고 북한의 핵무기 개발 등의 소식이 우리로 하여금 이상론은 집어치우고 군비증강에 매진할 것을 독촉하기 때문이다. 약육강식의 논리가 국가 간 관계를 지배하던 백여 년 전의 아픈 기억은 마음을 더욱 조급하게 한다.

우리의 선택지는 무엇이 되어야 하는가? 다양한 견해가 존재할 수 있겠지만 하나 확실한 것은 현실논리에 급급해서 국제안보의 모색을 포기할 경우 영영 쳇바퀴를 돌리는 다람쥐 신세를 면할 수 없다는 것이다. 이는 기존의 안보수단들, 즉 군사력과 동맹, 세력균형을 포기하라는 말이 아니다. 다만 여기에 만족하지 말고 국제안보의 실현을 위해서도 노력해야 한다는 것이다.

유럽의 경우에도 두 차례의 세계대전을 치르고, 냉전을 지나면서 동아시아 못지않게 치열한 갈등을 겪어왔다. 그럼에도 불구하고 끊임없는 노력과 관심이 오늘날과 같은 새로운 안보레짐을 일구는 원동력이 되었다. 기본적으로 안보레짐(security regime)은 "국가들이 타국도 상응한 행동을 할 것이라는 믿음 아래에 자기의 행동을 제한하는 원칙과 규칙 그리고 규범"을 의미하며, 이는 국가들이 단기적인 이익추구를 넘어서 협력하도록 하는 근간을 이룬다. 이러한 신뢰는 하루아침에 형성되지 않는다. 그리고 몇몇 지도자의 합의만으로 이룰 수 있는 것 또한 아니다. 충분한 시간과 적절한 기회가 주어질 때 비로소 가능한 일임에 틀림없다. 한낮에는 쓸모없는 것처럼 비치는 등대의 불빛일지라도 포기하지 않고 지켜내는 국가만이 어둠이 닥쳤을 때 환히 제 역할을 다하는 등대를 소유할 수 있는 것이다.

핵심개념

- 집단안보(collective security)
- 집단방위(collective defense)
- 공동안보(common security)
- 영합게임(zero-sum game)
- 방어적 방위(defensive defense)
- 합리적 충분성(reasonable sufficiency)
- 협력안보(cooperative security)
- 포괄안보(comprehensive security)
- 군비통제(arms control)
- 군비경쟁(arms race)

- 신뢰구축조치(CBMs: confidence-building measures)
- 대량살상무기(WMD: weapons of mass destruction)
- 핵억지이론(nuclear deterrence theory)
- 핵확산금지조약(NPT: nuclear non-proliferation treaty)
- 반확산(counter proliferation)
- 확산방지구상(PSI: proliferation security initiative)

토론주제

1. 다자안보협력을 모색하는 이유는 무엇인가? 다자주의가 지향하는 바는 무엇인가?
2. 세 가지 다자안보협력 개념의 공통점과 차이점은 무엇인가?
3. 안보의 범위를 군사적 부문에 한정하지 않고 여타 부문으로 확장하는 것은 어떤 의미가 있는가?
4. 유럽의 경우와 마찬가지로 동아시아에서도 국제안보의 모색이 현실화될 수 있을까?
5. 유엔 안보리 5개 상임이사국의 막강한 영향력은 집단안보 체제에 긍정적인 영향을 미치는가? 부정적인 영향을 미치는가?
6. 핵무기의 보유는 결코 바람직하지 않은 일인가? 낙관론자의 주장은 설득력이 없는가?
7. 반확산 개념 실현을 위한 확산방지구상이 대상국가의 주권을 침해할 소지는 없는가? 그럼에도 불구하고 허용할 가치가 있는 일인가?

추가문헌

- 함택영·박영준 편(2010), 『안전보장의 국제정치학』, 서울: 사회평론.
  다자안보협력과 군비통제를 풍부한 사례를 중심으로 설명한 입문서.

- 조나단 와츠 저·윤태경 역(2011), 『중국 없는 세계: 중국, 경제, 환경의 불협화음에 관한 8년의 기록』, 서울: 랜덤하우스코리아.
  저널리스트 특유의 통찰력을 바탕으로 비전통적 안보위협의 심각성과 협력안보의 필요성을 환기시키는 책

- 백진현 편(2010), 『핵비확산체제의 위기와 한국』, 서울: 오름.
  핵확산 문제를 역사적으로 고증하고 새로운 도전과 이에 대한 대응을 다룬 연구서.

- 류광철·양준희·임갑수(2005), 『군축과 비확산의 세계』, 서울: 평민사.
  해당분야 협상을 담당하였던 외교관들이 군축을 둘러싼 각종 국제조약과 새로운 이슈영역을 정리한 생생한 연구서.

08

억제와 핵전략

학습내용

전쟁의 억제는 상대방으로 하여금 전쟁을 발발하지 않도록 영향력을 행사하는 과정과 행위를 말한다. 전쟁을 일으켜도 성공할 수 없고, 기대되는 이익보다 더욱 큰 손실을 입을 것이며, 현재 상태를 유지하는 것이 오히려 이익이 될 것임을 이해시켜 자제시키는 활동이다. 힘을 직접 사용하는 것이 아니라 힘의 사용 위협을 통하여 상대방으로 하여금 현재 상태를 유지하거나 도발하지 않도록 하는 것으로서, 대부분의 경우 군사력은 존재 그 자체로서 활용된다. 인류를 전멸시킬 수 있는 핵무기가 등장한 이후에는 핵전쟁의 억제가 절대적인 명제가 되었고, 미국을 중심으로 핵억제이론이 집중적으로 발전되어 전파되었으며, 억제와 억제전략이 일반적인 관심의 대상이 되었다. 이 장에서는 전쟁을 억제하기 위한 각종 전략들을 소개한다. 특히 핵무기 등장 후 미국의 핵전략 변천사는 핵전쟁을 예방하기 위한 각고의 노력의 산물들이라 볼 수 있다.

I. 머리말

억제(deterrence)라는 개념은 인간의 역사와 근원을 같이하고 있다. 개인 간에도 어떠한 행위를 취하지 못하게 하기 위하여 체벌이라는 위협수단을 활용해 왔으며, 국가 내 개인이나 집단도 국가의 권력이나 국내법에 규정된 강제수단에 의해서 자의적인 행위를 마음대로 취할 수 없게 되어 온 것이 사실이다. 국가나 국가들이 형성한 동맹체 간에도 군사력을 포함한 폭력수단에 의해서 대치하고 있는 상대의 무력사용을 억제해 왔으며, 이것이 실패할 경우에는 전쟁이라는 극한적인 대립관계에 돌입하기도 했다.

전쟁이 발발하면 승리해야 하지만 전쟁이 일어나지 않도록 사전에 억제하는 것이 더욱 중요하다. 전쟁억제는 상대방의 심리에 영향을 끼치려는 과정과 행위이다. 객관적인 행위자체가 중요한 것이 아니라 적의 심리에 영향을 주는 정도가 중요하다. 따라서 억제력은 현재상태가 더욱 이익이 된다고 인식하고 그에 따라 행동을 할 때 성립된다.

본 장에서는 먼저 억제의 개념을 소개하고 억제가 성립하기 위한 구비조건들을 살펴본다. 또한 핵무기 등장 이후에 나타나는 핵전략의 유형들과 함께 미국의 억제전략 변천사를 살펴봄으로써 전쟁억지를 위한 각고의 노력들과 그 의미를 알아본다.

II. 억제의 개념

억제라는 의미의 'deterrence'는 라틴어 terrere(공포를 불러일으킨다)라는 어원에서 유래하고 있다. 옥스퍼드 영어사전(Oxford English Dictionary)에 의하면, 억제한다(to deter)는 것은 "두려움으로 낙담시키거나 금하게 하는 것, 어떤 것으로 놀라게 하는 것, 위험이나 걱정으로 어떤 행위나 그 진행을 삼가게 하는 것"으로 정의하고 있다. 르보와 스타인은 억제를 "바람직하지 못한 행위를 하려는 행위자로 하여금 행위의 비용이 이익보다 많다는 사실을 확인시킴으로써 그런 행위를 예방"하는 것으로 정의하고 있다(Lebow and Stein 1990: 336). 즉, 전쟁을 통해 얻으려는 이익보다도 전쟁에서 입게 될 피해가 더 크다는 것을 상대방에게 확신시켜 전쟁을 포기하게 만드는 행위라는 것이다. 간단히 말해서 억제는 상대방에게 그가 감당하기를 꺼리는 위험을 과시함으로써 상대의 행위를 예방하거나 단념시키는 행위로 규정할 수 있다. 이러한 의미

〈참고 8-1〉 강압전략(coercive strategy)

▪ 상대방의 의지에 영향력을 행사하여 상대국의 행태에 영향을 주는 전략

- 위협행사에 초점을 두고 있으며 이것이 충분하지 않을 때 제한적/선별적 타격
- 군사적 위협과 함께 제한된 군사력 사용 포함하며 분명한 목표가 존재
- 강압전략의 목표: 적의 의지를 지향한 힘의 사용으로 억제의 실효성을 높이고 만약 억제가 실패하여 적의 도발이 감행될 때 이를 중지케하거나 원상복귀케 하는 것

▪ 강압전략의 사례

- 이스라엘의 오시라크 원자로 폭격: 성공적 수행, 항공력의 정밀공격, 기습공격, 원거리 투사
- 걸프전: 미국의 제안을 후세인이 거부하여, 지상군투입을 통한 전면전 형태, 진정한 의미의 강압전략 실패
- 코소보전: 지상군 작전 필요성이 끊임없이 제기되었으나 NATO 지도부의 불수용, 항공강압전략으로 유고 굴복
- 아프간전: 결과적으로 아프간전은 전면전 양상으로 전개되어, 강압전략 측면에서 실패

의 억제는 종종 더 포괄적인 의미의 '억지(抑止)'라는 용어와 구분되어 사용된다. 억제 (抑制)는 위협(보복 또는 공격의 무력화) 등의 강압적인 방법으로 어떤 행위자체를 못하 도록 하는 의미로 사용되는 데 반해서, 억지는 어떤 행위를 못하도록 하는 뜻 이외에 진행하던 행위를 중지하도록 한다거나 더 이상 진행시키지 않게 한다는 의미로도 사 용될 수 있기 때문에 전략, 특히 핵전략에서 상대가 핵무기를 아예 사용하지 못하도록 한다는 의미를 부각시키는 용어로서는 억지보다는 억제가 더욱 합당할 것이다(온창일 2004: 175). 따라서 핵 억제전략은 상대가 행동을 취할 경우 동시에 핵으로써 받아들 일 수 없는 대가를 당할 것이라고 위협을 가함으로써 적이 바람직하지 않은 행동을 못하도록 막는 전략이다. 억제의 기본개념은 침략행위자체가 얻는 것보다 잃는 것이 클 것이라는 비례적인 보복력에 의한 억제다. 그러나 이러한 비례적 억제는 핵무기라 는 억제수단이 등장하면서 강대국은 치명적인 핵보복력에 의한 절대억제 개념에 의존 하게 되었다. 또한 억제는 "임의 행위자의 행동에 영향을 주기 위한 잠재적 또는 실제적 힘의 사용(Freedman 2008: 26)"이라는 의미의 강압(coercion, compellence, compulsion) 과 구분된다.

억제는 발생 가능한 행위를 미연에 방지하기 위해 수동적으로 무력을 사용하는 것 이지만 강압은 능동적으로 무력을 사용하고 그 과정도 일련의 행동과 거기에 대한 반응의 연속으로 구성된다. 로버트 아트(Robert Art) 교수는 강압을 ① 진행 중인 행위 의 중지, 행위를 개시하였으나 목표달성에는 이르지 못하게 중지토록 함, ② 완료된 행위의 원상회복, ③ 상대방이 어떤 행위를 개시하지 못하도록 억제하는 것 등을 의미 로 설명한다. 따라서 여기서 강압은 억지(抑止)보다 더 포괄적인 의미를 담고 있다.

〈참고 8-2〉 강제력 행위 유형

....

1. **위협(threaten)**: 무력행사가 반드시 수행되지 않더라도 그것이 수행될 것이라고 믿도 록 하는 위협행위
2. **상해(hurt)**: 자신의 공약에 대한 시위행위 등을 통해 심리적 영향을 줄 수 있는 능력
3. **처벌(punish)**: 위협 실패시 미래에 대한 위협의 신뢰성을 재수립하기 위해 적에게 무력 사용.
   * **보복**: 미래에 발생할지도 모르는 또 다른 우발사태와 직접적 관계가 없는 단순한 보복

강압은 힘을 사용하는 자와 대상 사이에 흥정이 내포된 고도의 정신적인 개념이다. 따라서 강제력(coercive force)을 발휘함은 더욱 나쁜 상태가 따를 것이라는 의미를 내포하는 몇 가지 차등화된 폭력행위로 설명될 수 있으며, 〈참고 8-2〉와 같이 위협, 상해, 처벌과 같은 몇 가지 행위를 들 수 있다.

다음의 그림은 강압의 의미를 억제와 전쟁과 비교하고 있다. 이 그림에서 강압은 억제의 신뢰성을 높이며 전쟁으로 진행되기 전의 행위로 볼 수 있다. 특히 위협은 억제에 고도의 신뢰성을 주는 동시에 강압의 첫 단계로 표현된다. 처벌은 강압의 높은 단계로서 전쟁에 본격적으로 돌입하기 전 제한된 무력사용을 할 수 있다는 의미다.

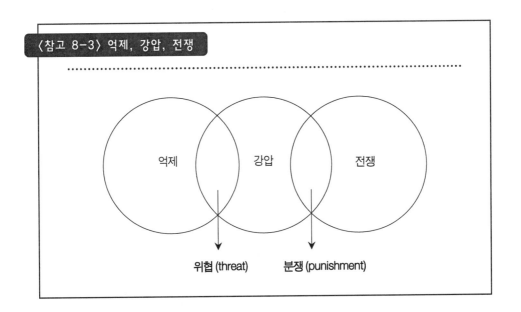

〈참고 8-3〉 억제, 강압, 전쟁

요점정리

- 억제: 전쟁을 통해 얻으려는 이익보다도 전쟁에서 입게 될 피해가 더 크다는 것을 상대방에게 확신시켜 전쟁을 포기하게 만드는 행위
- 핵억제전략: 상대가 행동을 취할 경우 동시에 핵으로써 받아들일 수 없는 대가를 당할 것이라고 위협을 가함으로써 적이 바람직하지 않은 행동을 못하도록 막는 전략
- 강압전략: 적 의지에 영향력을 행사하여 그 행태에 영향을 주기 위한 잠재적 혹은 실제적 힘의 사용

III. 억제의 구비조건

억제가 성공하려면 억제자는 자신이 제시한 위협에 근거한 보복을 실제로 집행할 의지와 능력이 있어야 하고, 이를 피억제자가 정확히 인식해야만 할 것이다. 이를 크게 2가지 요소로 구분하면 신뢰성과 합리성으로 설명할 수 있다.

1. 신뢰성(credibility)

억제를 현실적으로 보장할 수 있는 기본적 조건으로서 신뢰성은 억제자의 능력과 의도 그리고 이들 두 요소를 고려한 복합적 요소로 구성된다.

1) 능력(역량, capability)

능력은 억제자가 자신이 제시한 위협을 실제로 집행할 수 있는 수단을 보유하고 있는가 하는 것으로, 위협을 실행에 옮길 수 있는 위협국의 능력이다. 실행될 수 없는 위협을 조작하는 것은 공연한 기만적 행위에 불과하다. 따라서 상대자가 얻기를 희망하는 어느 가능성 있는 이익에 비해 상대적으로 받아들일 수 없는 대가를 부과하는 능력이 필요하다. 이러한 능력에는 무기, 투발수단, 무기의 생존성, 지휘 및 통제체계의 비취약성 등을 그 내용으로 들 수 있겠다.

- 무기 및 무기체계: 무기는 보복능력의 가장 기초적인 요소로서 위협국의 무기(폭탄과 탄두)가 위협에 대해 양, 크기, 그리고 작전의 신뢰도면에서 비례하는가가 주된 문제가 될 것이다. 일반적으로 무기의 파괴력은 TNT(폭발물질인 trinitrotoluene) 폭파력으로 환산되어 표시되며, 핵폭탄의 폭발능력은 TNT의 킬로톤 또는 메가톤(백만 톤) 단위로 측정된다(킬로톤은 핵분열에 의한 핵(원자)폭탄으로부터 얻어지며, 메가톤은 핵융합과정의 열핵(수소)폭탄으로부터 얻어진다).

- 투발수단: 위협국이 자국의 재량으로 고유의 신뢰성 있는 투발수단 즉, 폭탄을 목적지까지 운반할 수 있는 수단을 가지고 있는가 하는 문제다. 재래식 무기는 무기자체가 운반수단을 동시에 보유하고 있는 것이 통상이다. 그러나 핵탄두는 미사일이라는 별개의 운반수단에 의해서 목표까지 도달된다. 이에는 지상발사

미사일과 핵잠수함에 장착된 미사일, 전략폭격기 등을 모두 망라한다.

■ **무기의 생존성**: 최초 공격을 흡수하고 난 후에도 피억제자가 수용하기 어려운 보복을 가하는 데 필요한 수단인 충분한 종류와 분량의 무기를 보유하고 있다는 사실은 억제의 조건인 신뢰성을 고양시키는 중요한 요소가 된다.

미국의 핵무기 독점시대에서는 구소련의 핵무기 위협을 느끼지 않았다. 핵이 있어도 투발수단은 항공기뿐이며 장거리 폭격기편대를 소유하지 못했던 것이다. 그러나 소련이 1957년 첫 인공위성 스푸트니크 발사를 통한 로켓능력 보유로 충격을 받은 미국은 제1격전략과 제2격전략을 탄생시켜 이에 대응하였다. 즉 핵전쟁의 시작을 뜻하는 제1격능력군과 함께 적의 공격에서 살아남은 핵군의 제2격능력군, 적의 공격을 흡수한 뒤에 보복공격을 할 수 있는 군의 창설이 필요하게 된 것이다. 적이 공격을 먼저 가해와도 살아남아서 적에 대하여 견딜 수 없는 극심한 피해를 입힐 수 있는 충분한 보복군의 생존이 보장되지 않고서는 제1격군이 아무리 광범위하게 분산되어 있어도 억제를 할 수 없는 것이다.

■ **지휘 및 통제체계의 비취약성**: 국가통치체계, 단기경보체계, 통신망, 작전지휘본부 등의 비취약성을 고려해야 하는데, 이를 위해 비상항공기 탑재지휘소가 항상 공

〈참고 8-4〉 생존의 방법

....

1. 은폐와 비닉(秘匿): 알지 못하는 장소에 설치하여 이를 위장하여 놓음
2. 소산(疏散): 기지의 분산배치
3. 준비태세: 핵폭탄 장착 폭격기편대와 승무원들의 이륙대기. 1961년 미전략 공군은 베를린 위기 후 약 50% 즉, 600기 정도의 항공기를 15분 대기로 유지했음.
4. 대피호의 요새화: 무기를 철근 콘크리트로 만들어진 지하 '사일로(silo)'(전략 미사일의 지하격납고)와 같은 요새화된 시설에 두어서 방호
5. 기동성: 적의 탐색과 파괴를 복잡하게 하기 위해서 무기를 계속 이동, 공중에서는 핵무기 장착폭격기의 공중급유를 통한 체공연장, 해양에서는 잠수함, 지상에서는 철도망, 도로를 따라 이동
6. 수량: 수량이 많을수록 생존가능성 높음
7. 무기의 다양성: 지해공 무기체계의 다양성이 어느 정도 생존성 보장

중에 떠있는 상태로 유지해야 하며, 또한 인간의 오류와 비인가행위에도 대비해야 한다.

2) 의도(intention)

억제의 조건인 신뢰성을 보장하기 위한 요소는 능력의 구비만으로 보장되는 것이 아니며, 이를 직접 사용할 의도가 뒷받침되어야 한다. 억제자는 제시한 위협을 실제로 집행할 능력이 있어야 하지만, 이에 못지않은 요소는 이를 실행할 의지다. 여기에는 분명한 의사전달(communication)이 있어야 하는데, 어떤 범위의 행위가 금지되어야 하며, 만일 그러한 금지사항을 무시한다면 어떤 일이 일어나리라는 것을 적으로 하여금 정확하게 알도록 하는 것이다. 위협의 존재가 알려지지 않는다면 억제는 존재할 수 없는 것이다. 로키산맥의 큰 회색곰은 자신의 영역을 표시하기 위해 그가 선택한 지역의 나무에 자신이 닿을 수 있는 가장 높은 위치에 발톱자국을 내는 것으로 알려져 있다.

억제를 달성할 수 있는 요소로서 능력과 의지는 상호 밀접한 연관을 가지고 있다. 능력이 유형적인 조건이라면 의지는 무형적인 것이라고 볼 수 있다. 억제자가 능력을 보유한 사실만으로 그가 보복할 것이라고 단정하기는 곤란하다. 반대로 보복의지가 충만하다 해도 능력이 뒷받침되지 않으면 그 신뢰성이 결여될 수밖에 없다. 암사자는 침입자로부터 새끼사자를 보호하기 위해 으르렁거림으로써 자기의도를 전달하고 송곳니를 보임으로써 자기능력을 과시한다. 이처럼 의도와 능력의 조합은 신뢰성을 더욱 높여줄 수 있는 것이다.

2. 합리성(rationality)

억제달성을 위한 또 하나의 중요한 조건은 합리성이다. 억제의 성립은 억제자나 피억제자가 제시된 위협과 구체화된 보복, 그리고 의도한 행위와 이로부터 기대되는 이익을 상정(想定)하고 손익을 따지는 데 있어서 합리적인 분석과 판단을 하리라는 가정에 근거를 두고 있다. 따라서 억제위한 리더의 구비조건을 다음과 같이 몇 가지로 살펴볼 수 있다.

첫째, 경쟁을 통해 얻어지는 것이 무엇이든 간에 억지위협을 피하는 것을 더 중시하는 리더, 둘째, 정보를 상대적으로 왜곡하지 않으며, 원하는 결과를 얻기 위해 그 정보

〈참고 8-5〉 억제의 실패요소들

- 태평양 전쟁 당시 일본의 전쟁상 아나미는 미국의 핵무기 공격 후에도 의회에 전쟁을 계속할 것을 역설하였는데, 그는 "이 나라 전체가 한 송이 아름다운 꽃처럼 스러져가면 어떻겠는가?"라고 하면서 일본본토에서의 최후 일전을 주장하였다.
- 쿠바미사일 위기에서 카스트로는 '쿠바는 사라질 것이나 사회주의는 승리할 것'이라는 믿음에 의해 소련이 미국에 대해 선제 예방 핵공격을 할 것을 주장하였다.
- 1982년에서 정치적으로 매우 약화된 임시정부는 영국과의 포클랜드 분쟁이 민족주의를 끌어내어 그들의 경쟁력을 강화하고 결국 국내 정치권위를 획득할 수 있는 기회로 판단하였다.
- 히틀러는 매일 다량의 흥분제와 진정제를 혼합·사용하거나 코카인 흡입으로 망상과 편집증을 갖고 있었다. 모택동은 심한 불면증으로 수면제의 과다복용 상태에서 회의를 주재하거나 손님을 접견했다고 하며, 케네디 대통령은 에디슨병 치료를 위한 스테로이드 사용으로 자주 흥분하거나 근심하며 성급해 했다고 한다.

를 정책결정과 연관시키는 리더, 셋째, 적의 의도, 이해, 공약, 가치를 자세히 알고 이해하는 리더, 넷째, 정책을 마지막으로 결정하는 단계에서 외부적 요인에 대한 손익계산에 초점을 맞추는 리더, 다섯째, 정책결정과 연관된 일반적 군사력에 대해 이해하고 있는 리더, 마지막으로, 각각의 이러한 합리적인 정책결정자들이 국가를 움직이는 서로 비슷한 정책을 세우는 정치체제에 있을 때이다. 이 중 하나라도 충족되지 않으면 억지의 효과는 감소하게 마련인 것이다.

이에 반해 억제의 실패요소도 짚어볼 수 있겠다. 첫째, 정책결정자의 개인적 신념, 믿음, 성격이 크게 작용한다. 둘째, 위험한 벼랑끝 전술을 들 수 있다. 지도자로 하여금 공격성이 필요하다고 생각하게 하는 중요한 국내외적 조건이 벼랑끝 전술을 선택케 한다. 셋째, 정치적 요청과 인식왜곡을 들 수 있다. 지도자들이 참을 수 없는 미래를 피하기 위해 그들이 즉시 행동을 취해야 한다는 스트레스를 받고 있을 때에는 잘 알려진 수많은 인지절차는 그들의 능력을 제한할 수 있다. 마지막으로, 약물사용에 의한 인식왜곡이 있다.

Ⅳ. 핵전략의 유형

1. 최소억제와 최대억제전략

최소억제라 함은 전면전쟁이 일어나면 모든 관련국이 비참하게 되어버릴 것이라는 주장에 기초를 두고 있다. 설사 몇 개 안 되는 열핵무기라 하더라도 그것이 도시목표에 지향되어 있으면 충분하다고 보고 있기 때문에 최소주의 학파(minimalist school)들은 억제에 필요한 무기의 양을 비교적 적게 주장하는 낙관적 견해를 견지하고 있다. 반면에 최대억제는 수적, 기술적인 면에서 압도적인 우위를 규정하고 있는데, 이는 양측이 각각 어떠한 기습공격에서도 견디어낼 수 있는 잔존능력 확보 노력으로 부단한 군비경쟁이 촉발될 수 있다. 이들 최대주의학파(maximalist school)들은 보다 많은 양의 무기와 적에 대한 우세 요구하고 있어 비관적 견해를 갖게 된다.

2. 대군사력전략과 대가치전략

대군사력전략(大軍事力戰略, Counter-Force Strategy)은 핵시대 초기에 '대량보복' 이론을 옹호하는 것으로 무장은 폭탄과 폭격기를 통해 이루어진다(Harkabi 2008). 아이젠하워 정부는 이 교리를 'New Look'전략으로 명명하여 채택하였다. 핵폭격기 개발 등 핵폭격능력 발전은 선택과 집중차원에서 대규모 지상군유지 등 여타 과도한 방위비 지출보다 경제적인 것으로 판단하여 공군에 예산의 50%를 배당하였다. 대군사력전략은 분별력 있는 보복과 제한을 요구하는 전략으로서, 전쟁발발 시 적의 전략적 군사부대 기지, 즉 유도탄기지 및 비행기지 등을 가능한 조기에 신속하게 타격하는 데 적합한 무기를 설계하게 된다. 비록 대군사력공격의 한계를 넘어 대도시공격의 전투가 될 경우 대비하여 예비군사력을 항상 유지하지만, 이렇게 되면 상호공격유발로 공멸하게 된다. 따라서 양측이 공히 대군사력공격으로 제한될 것이다. 따라서 핵전쟁에 적합하고 전략적 대군사력공격에 적합한 군사력 건설이 필요하게 된다.

한편, 대도시(對都市, anti-cité) 또는 대가치(對價値) 전략은 다음과 같이 주장한다. 즉, 핵전쟁 발발 시 억제가 불가능해지며 분쟁은 상호파괴로 발전할 것이다. 때문에 누구든 이러한 전쟁에 대비한 계획을 하지 못하도록 하기 위해서는 도시폭격과 대량파괴를 할 수 있도록 설계된 무기를 획득해야 한다는 것이다. 도시는 계속 '연성' 표적으로 잔존하기에 핵전쟁은 생각할수록 매우 무서운 것으로 인식되어 전쟁이 방지된다는 것이다.

3. 1차 공격력과 2차 공격력

1차 공격력(First Strike Capability)은 상대를 먼저 공격했을 때 상대의 효과적인 반격능력을 파괴할 수 있는, 즉 상대의 2차 공격력을 제거할 수 있는 공격의 감행능력을 말한다. 단순히 먼저 공격할 수 있는 능력을 말하는 것이 아니다. 반면에 2차 공격력(Second Strike Capability)은 상대의 공격을 받은 후 효과적으로 반격하기에, 즉 상대에게 "감당할 수 없는 피해(Unacceptable Damage)"를 입히기에 충분한 전력을 확보하는 능력을 말한다(〈참고 8-6〉).

1차 공격력과 2차 공격력의 개념이 최초로 정립된 것은 1959년 홀스테터(Hohlstetter)에 의해서였다(Wohlstetter 1959: 211-234). 억제전략 성공의 관건은 2차 공격력의 확보 여부이기 때문에 중요한 것은 전체 핵무기 보유 숫자가 아니라 선제 핵공격을 받은 후

〈참고 8-6〉 감당할 수 없는 피해

• "감당할 수 없는 피해"에 대해서는 다양한 정의가 있는데, 1968년 미 국방장관 맥나마라(Robert McNamara)는 인구의 20~25%를 살상하고 산업기반의 50%를 파괴하는 것으로 정의했다.

상대의 방공망을 뚫고 대량보복을 감행할 수 있는 잔존 핵전력의 규모에 달려 있다.

4. 보프르의 핵전략

앙드레 보프르(André Beaufre)는 직접핵전략과 간접전략은 상호보완관계로 보면서 핵시대 전략의 전략 일반 공식을 다음과 같이 정의했다.

$$S = KF\Phi T$$
K: 어떤 특정상황 여건에 적용가능한 특정 요소
F: 물질력   Φ: 도덕적·심리적 요소,   T: 시간요소

보프르는 위의 전략공식에서 직접전략에서는 군사력의 F가 가장 중요한 요소이나 간접전략에서는 Φ가 가장 중요하고 지배적인 요소로 간주하고 있다. 보프르는 핵억제력 또는 정치적 억제력에 의해서 무력행사가 제한되어 있는 경우에, 군사력은 제2차적으로 사용하되 주로 심리적, 정치적, 경제적 방법 등의 비군사적 방법을 사용하여 정치목표를 달성하려는 전략을 구사할 것을 주장한다. 그는 이와 같은 간접전략을 "핵전을 회피하면서 작은 행동의 자유를 최대한 이용할 줄 아는 기술과 종종 군사적 수단 사용의 극단적인 제한에도 불구하고 주요 결정적 승리를 이루는 기술"로 정의하고 있다.

요점정리

■ 핵전략의 유형

- 최소억제 / 최대억제
- 대군사력전략 / 대가치전략
- 1차 공격력 / 2차 공격력

V. 미국 안보정책과 억제전략의 변천

국제정치에서 핵무기가 차지하는 중요성이 냉전시기보다 상대적으로 감소하였다 하더라도 여전히 핵무기는 국가안보전략에 있어 중요한 요소로 간주되는 것이 현실이다. 특히 주변 국가들과 지속적인 갈등관계에 있거나 경쟁국가에 비하여 상대적인 군사력열세를 지니고 있는 국가들은 핵무기 보유에 대한 유혹을 쉽사리 뿌리칠 수 없는 것이 현실이다. 인도와 파키스탄의 핵실험, 이란의 핵보유 의지, 계속되는 북한의 핵개발의혹은 이러한 현실을 반영하고 있는 대표적인 경우들이다. 실제 핵무기가 가지고 있는 전략적 효용성은 냉전 이후에도 지속되고 있으며 기존의 핵보유국가들, 특히 미국의 안보정책에서도 명확하게 나타나고 있다. 1980년대부터 본격화되고 있는 핵무기 감축노력과는 별도로 핵무기는 여전히 미국의 안보정책에서 중요한 부분을 차지하고 있다. 미국의 안보전략을 효과적으로 수행하기 위해서는 강력한 군사력이 필요하고 핵무기는 미국의 군사력에서 가장 핵심적인 수단으로 간주되고 있다.

미국의 핵전략은 1945년 핵무기개발 이후 많은 변화를 가져왔지만 기본적으로 미국의 이익을 보호하기 위하여 운용되어 왔다. 미국의 핵전략은 대체적으로 냉전시기에 있어서 소련에 대한 견제와 봉쇄를 목표로 변화되어 왔으며 탈냉전시기에서는 핵무기의 실제적 사용보다는 핵확산의 통제에 초점을 두었고 러시아와의 핵무기 감축을 적극적으로 추진하고 있다. 하지만 미국의 핵전략은 국제정치의 변화와 국내정치의 상황에 따라 유연하게 변화하였을 뿐 본질적으로 핵무기에 의한 억제 정책은 변하지 않았다.

억제이론에 대한 논리적 탐구와 학문적 연구가 가장 발전한 나라는 미국이다. 세계에서 가장 먼저 핵무기를 갖게 된 미국은 히로시마와 나가사키에서 핵무기의 위력을 실감했고, 이후 소련도 핵을 보유하게 되자 인류 역사상 불의 발견에 비유될 수 있는 이 경이적인 무기의 사용과 처리문제에 대해 진지하게 고민하게 된 것이다. 따라서 억제이론의 틀을 이루고 있는 기본전제와 가정 및 주요 용어들이 모두 미국적 사고의 산물이며, 억제이론의 발전역사가 곧 미국 핵전략의 발전역사와 궤를 같이 해왔다. 이런 점에서 억제이론을 제대로 이해하기 위해서는 역대 미 행정부의 안보정책과 억제전략을 살펴보는 것을 빼놓을 수 없다.

핵무기를 보유하게 되면서 역대 미 행정부가 갖게 된 주된 과제의 하나는 전임 행정부의 핵무기 운용전략을 재검토하는 것이었다. 매 행정부마다 대통령의 통치철학에 바탕을 두되 당시의 전반적인 국제정치 상황, 주요 적대국이 야기하는 외부위협, 동맹국들의 입장, 핵기술 발전 상태, 경제상황과 국내 정치적 요인 등을 고려한 새로운 억제전략을 제시하는 것이 전통이 되어 왔다. 미 행정부의 주요 억제전략을 살펴보면 다음과 같다.

1. 대량보복전략(Massive Retaliation Strategy)

미국이 핵무기를 개발한 직후에는 구체적인 핵전략이 없었다. 다만 당시 소련과의 관계에서 핵무기체계의 우위를 점하고자 하는 노력이 이어졌을 뿐이었다. 미국은 핵무기를 개발하였음에도 실제 초기에는 대량생산을 하지 않았고 군사전략에 의하여 핵무기를 실전배치하지도 않았다. 핵무기의 중요성과 핵전략의 구체적 수립은 아이젠하워 행정부에 들어와서야 구체성을 가지게 되었다. 아이젠하워 대통령은 취임하면서 국가경제력을 저해하지 않는 범위에서 강력한 군사력을 건설하라는 지시를 하였고, 이 요구에 따라 검토 보고된 문서가 NSC-162/2이다. 이 문서를 토대로 형성된 핵정책이 바로 '뉴룩(New Look) 정책'으로서 이는 '핵무기의 우위'를 바탕으로 소위 '대량보복(massive retaliation)'과 기타 가능한 모든 수단을 동원하여 유럽에서의 소련의 재래식 전력의 우위를 상쇄하는 것을 목적으로 하였다.

이와 같은 대량보복전략은 적의 공격에는 대량 핵보복으로 대응하겠다는 미국의 결심을 보여줌으로써 소련의 이 팽창을 억제할 수 있을 것으로 기대하고 착안된 전략이라고 할 수 있다. 대량보복전략은 아이젠하워 행정부의 국무장관이었던 덜레스(John F. Dulles)가 1954년 뉴욕의 외교협회에서 공식 천명한 억제전략으로서 비교적 예산이 많이 소요되는 재래식 군사력을 감축시키고 상대적으로 적은 비용으로 높은 효과를 낼 수 있는 핵전력을 강화하여 유럽에서의 미국에 의한 핵무기 전장을 설치하는 것을 목적으로 하고 있다. 덜레스는 팽창하는 소련의 위협에는 '보복(retaliation)'과 '해방(liberation)'이라는 두 가지 수단으로 대응하여야 한다고 보았다. 그 중 보복의 수단은 소련의 군사적 공격에 대응하는 데에 있어 필요한 어떠한 무기도, 핵무기를 포함하여 사용할 수 있다는 입장이었다. 따라서 아이젠하워 행정부는 1950년대를 통하여 핵무기 개발을 더욱 촉진하였고 상대적으로 소련과의 핵경쟁에서 우위에 서게 되었다. 아이젠하워 행정부는 대량보복전략이 소련과의 전면적 대응을 목적으로 하고 있는 만큼 지역적이고 제한적으로 발생하는 위기에 대해서는 국가 간의 상호방위조약과 집단안보조약으로 보완하고자 하였다(문영일 1999: 316-319).

2. 유연반응전략(Flexible Response Strategy)

핵무기의 양적팽창에 주력한 아이젠하워 행정부 이후 미국은 1960년대 초반에 충분한 대륙간탄도미사일, 핵잠수함, 그리고 전략폭격기를 보유하여 소련과의 관계에서 전략적 우위를 지킬 수 있었다. 하지만 소련의 대응핵개발에 따라 실효성과 신뢰성의 문제가 제기된 미국의 대량보복전략은 케네디 행정부에 의하여 새로운 전략으로 전환하게 되었다. 브로디(Brodie)와 쉘링(Schelling)에 의하면 대량보복이 도덕적으로도 문제가 있으며 전면전으로 확전될 가능성이 많다고 비판하면서 제한적으로 대응하는 것이 효과적이라고 보았다. 그리고 소련의 핵무기체계의 발달로 인하여 대량보복전략의 신빙성이 약화되었다고 본다. 서유럽국가들의 재무장으로 인한 재래식 전력의 열세가 상당 부분 보완되었기 때문에 소련에 대응하여 굳이 핵에 의한 대량보복전략을 고수할 이유가 상실되었다고 했다(이상우·하영선 2000: 193-194).

유연반응 개념은 대량보복 개념과 달리 어떤 권위적인 이론화 작업이 있는 것은 아니며 여러 갈래로 해석되기도 했다. 존 케네디가 대통령 선거 출마를 결정했을 때, 유연반응 학파의 전문가들을 외교정책 참모로 기용했는데, 대통령 당선 후 랜드 출신의 보좌관들은 주요 직책을 부여받았다. 그래서 유연반응 전략이 미국의 공식 정책이 되었으며, 현재까지 미국의 기본전략이 되고 있다. 이 전략은 적절한 대응을 위해 재래식 군사력 증강을 주장하는데, 그 비용이 유럽 동맹국의 재건으로 많지 않다는 것이다. 또 기술의 발달로 부대와 장비의 이동이 용이하며, 대응도 유연하며, 그 전략의 선택도 다양할 필요가 있다는 것이다.

이처럼 케네디의 유연반응전략은 대량보복전략의 비현실성을 보완하기 위하여 나온 것으로 소련의 다양한 도전이나 팽창에 대하여 사안에 따라 적절한 수준으로 대응한다는 것이 골자이다. 즉 사안에 따라서는 재래식 전력만으로도 대응이 가능하며 이러한 유연한 대응이 전쟁으로의 발전을 막을 수 있다는 것이다. 따라서 대량보복전략이 국가 간 전면전으로 확대되는 우려가 있는 반면 유연반응전략은 국가 간 분쟁을 제한전으로 축소할 수 있는 여지가 있게 만들었다. 물론 이와 같은 유연반응전략에 의한 '손실제한(damage limitation)'전략만이 케네디 행정부의 공식입장은 아니었다. 오히려 유연반응전략보다 다음에 언급될 '상호확증파괴전략'이 더 중요시하게 간주되었다.

3. 상호확증파괴전략(Mutual Assured Destruction Strategy)

1960년대 들어 소련의 핵전력이 급격하게 신장되면서 미국의 핵 우위는 점차 사라지게 되었고, 미·소 모두 상대의 핵전력을 선제공격해서 제압할 수 없는 상황에 도달했다. 아울러 1960년대 미국의 여론은 미국 핵전력의 상당 부분이 소련의 도시를 표적으로 배치되었고 소련의 핵전력도 유사한 형태로 배치되어 있다는 인식을 갖고 있었다. 이러한 전략적, 국내적 현실을 활용해서 맥나마라(McNamara) 국방장관이 1960년대 중반에 개념화한 것이 상호확증파괴(MAD: Mutual Assured Destruction Strategy) 전략이다. 이는 적이 핵공격을 가할 경우 적의 공격미사일 등이 도달하기 전 혹은 도달 후 생존보복전력을 이용해 상대편도 전멸시킬 수 있는 보복핵전략이다. 이러한 MAD 전략은 미·소가 서로에 대한 확증파괴능력, 즉 2차 공격력을 갖추었다는 것과 미·소 관계에서 "전략적 균형(strategic parity)"이 달성되었음을 미국이 인정한다는 전략적, 정치적 의미를 갖는다.

MAD 전략에 따르면 양 당사자 간에 핵의 정체(nuclear stalemate)를 보장하기 위해서 생존성(survivability)과 취약성(vulnerability)이라는 두 가지 요건을 갖추어야 한다. 생존성은 쌍방이 상대방의 선제공격으로부터 살아남을 수 있는 전력을 보유하는 것이다. 취약성은 선제공격을 받은 피공격 측이 보복공격을 통해 공격 측의 도시, 산업시설 등 사회적 가치가 있는 표적들을 파괴할 수 있을 만큼 선제공격측이 보복공격에 취약해야 한다. 생존성이 없는 측은 상대의 선제공격을 그만큼 더 두려워하게 되는

〈참고 8-7〉 탄도탄요격미사일 제한조약(ABM Treaty)

· 탄도탄 요격미사일(Anti-Ballistic Missile)은 ICBM 등 날아오는 적의 탄도탄을 조기에 탐지, 격추하기 위한 미사일방어체계로 1969년 개발되었다. 그러나 ABM의 개발로 핵전쟁 위험이 높아지자 미소 양국은 "어느 한 쪽도 미사일 공격에 대한 방어능력을 갖추면 안 된다"라는 군비통제협상을 하게 된다. 이것이 미국과 소련이 1972년 체결한 ABM Treaty다. 이 조약은 ABM에 대해 수도와 대륙간탄도탄 기지 중심 반경 150km 이내에 각각 하나의 ABM체계만 배치가능, 100기 이상의 요격미사일/발사대 배치 금지 등등을 명시하고 있다. 미국의 NMD(부시 행정부 이후 MD) 구축계획으로 2002년 6월 영구 폐기되었다.

> ⟨참고 8-8⟩ 미국의 입장에서 본 MAD 전략
>
> ···
>
> 미국의 입장에서 MAD 전략의 골자는 소련의 어떠한 공격에도 이에 대한 보복으로 소련에게 '받아들이기 어려운 수준의 피해를 입힐' 미국의 전략능력을 강조하는 것이었다. 이 전략의 수준은 구체적이어서 소련주민의 1/4이나 1/3의 몰살과 소련 경제산업기반의 1/2이나 2/3의 파괴처럼 목표를 명확하게 하였다. 이러한 것은 소련으로 하여금 보복의 두려움으로 인하여 선제공격을 못하도록 하는 데 목적을 두고 있다(도거티와 팔츠그라프, 이수형 역, 『미국외교정책사』, 1997, pp.250-251).

것을 말한다. 취약성이 없는 측은 상대의 보복공격을 두려워하지 않을 것이다. 따라서 만일 위기가 발생한다면 생존성이 높고, 취약성이 없는 측이 상대에 대해 선제공격을 감행할 동기가 높아질 것이고, 그만큼 핵의 정체가 깨질 가능성이 커진다는 것이 MAD 전략의 기본논리이다(Catudal 1986: 87). 취약성을 높이기 위해서 미·소가 1972년에 합의한 것이 영공방어를 사실상 포기하기로 한 "탄도탄요격미사일 제한협정" 즉, ABM 조약(ABM Treaty)이다. 맥나마라는 MAD 전략이 다음과 같은 이점을 갖는 것으로 보았다(Blacker and Duffy 1984: 230). 첫째, 상대에 대한 전력 우위를 유지하기 위해서 지속적인 투자를 하지 않아도 되기 때문에 장기적으로 국방비를 절약할 수 있다는 당시 시점에서 새로운 무기구매가 안보증진을 가져오지 않는다는 현실, 즉 전력증강의 효용성이 포화상태에 달했다는 맥나라마의 상황판단을 반영하고 있다. 둘째, 핵무기 사용위협의 신뢰성이 낮아짐으로써 핵무기가 정치적 영향력 확대의 수단으로 사용될 가능성을 없앨 수 있다는 사실. 셋째, MAD 전략 하에서는 미국이 소련과의 군비통제협상에 진지하게 참여할 동기가 생긴다는 사실이다.

이처럼 케네디 행정부 이후 유연반응전략과 상호확증파괴전략은 미국 핵정책의 기조가 되었다. 특히 1960년대 말부터 미국과 소련의 핵평형이 유지되면서 미국은 더욱 유연한 핵전략을 시도하였다.

4. 충분성전략

닉슨 대통령이 맥나마라의 의견을 수용해서 제창한 충분성(sufficiency) 원칙을 기초로 삼아 고안된 핵전략이다. 충분성 원칙은 미·소의 전략관계에서 균등(parity) 혹은 "대체적인 등가성(rough equivalence)"의 상태를 달성하는 것이 바람직하다는 전략개념이다. 1969년 닉슨 행정부 취임 당시 미국은 소련과 중국의 도시를 공격하는데 필요한 이상의 핵무기를 보유했고, 과잉 핵무기는 주로 소련의 군사목표물을 겨냥해서 배치되어 있었다. 닉슨 행정부 초기 키신저 안보보좌관이 주도한 외교안보 정책보고서는 충분성의 요건을 다음과 같이 네 가지로 파악했다(Blacker and Duffy 1984: 225-226). 첫째, 2차 공격력을 확보할 수 있어야 한다. 둘째, 상대가 선제공격으로 군사적 이익을 얻지 못할 정도로 견고한 핵전력을 갖춤으로써 위기 시의 안정을 유지한다. 셋째, 상대의 핵전력에 똑같이 맞대응할 필요는 없지만 핵전력의 규모와 능력이 상대에 비해 열세여서는 안 된다. 즉 "필수적인 등가성(essential equivalence)" 혹은 균등이 유지되어야 한다. 넷째, 제한된 탄도미사일요격체계가 소규모의 또는 우발적인 미사일 공격을 제압할 수 있어야 하며 억지용 ICBM 전력을 보호하는 데 기여해야 한다.

결과적으로 충분성전략은 전략핵무기 분야에서 대소 열세를 허용하지 않되 기존의 우위 입장을 사실상 포기하는 것이며, 미국이 일방적으로 자제하지는 않겠지만 상호 자제하는 것이 서로에게 이익이 된다는 인식을 담고 있다. 닉슨 행정부는 소련에 대한 핵 우위를 포기하고 충분성과 균등원칙에 입각해서 "전략무기제한조약(SALT: Strategic Arms Limitation Talks Treaty)"을 비롯한 다양한 군비통제조약의 협상에 임하게 된다. 하지만 1970년부터 최초로 다탄두(MIRV: Multiple Independently Targetable reentry Vehicle)를 개발하는 등 핵무기 증강을 선도했다는 사실은 충분성전략의 한계를 보여주는 것이기도 하다.

5. SDI(Strategic Defense Initiative) 전략

1981년 레이건 행정부가 출범하면서 미국의 철저한 방어력으로 소련의 공격력을 무효화시키려는 전략구상을 내놓았다. 이른바 전략방위구상(SDI 또는 Star Wars)으로서 우주에 배치된 레이저위성·빔위성 등으로 이루어진 시스템에 의해 핵미사일을 목표도달 전에 요격·파괴하는 구상이다. 이 핵전략은 재래식 무기의 획기적인 발전으로 핵능력을 무효화·무력화시키는 개념으로서 탈핵(post nuclear) 시대의 등장을 예고하는 것이었다. 공격보다는 방어, 상호공멸(MAD)이 아닌 상호생존(MAS)을 보장한다는 개념인 SDI는 소련의 확증파괴 능력을 무효화시킴으로써 소련의 핵무기 사용을

〈참고 8-9〉고르바초프의 '합리적 충분성'

방어만을 수행 시 요구되는 군사력, 즉, 잠재적 공격에 대응하기에는 충분하나 공격에는 불충분한 군사력을 유지한다는 것이다. 이는 최소핵무기라도 도시목표이면 충분하다는 '최소억제능력' 전략에 해당된다.

억제한다는 전략구상이었다.

철저한 반공주의자인 레이건은 소련을 악의 제국(evil empire)으로 규정하고 미국과 우방국의 군사력 재강화를 통해, 힘의 우위에 의한 미국의 철저한 방어력으로 소련의 공격력을 무효화시키고, 소련의 팽창주의를 봉쇄시키겠다는 구상을 하게 된 것이다. 과감하고 야심적인 구상인 SDI로 군비경쟁 촉발을 야기한다는 의혹이 있었음에도 불구하고 미국과 소련 사이에 전개되어 왔던 핵군비경쟁을 오히려 핵감축경쟁으로 전환시킨 계기를 제공하였다. 경제적 빈곤상태에 직면하고 있었던 소련은 그 엄청난 경비

〈참고 8-10〉SDI, GPALS, NMD, TMD, MD

SDI는 소련으로부터 본격적인 전략핵탄두를 탑재한 ICBM의 공격을 억제·방어하는 것이었다. 이에 대하여 부시 대통령이 추진하고자 했던 GPALS는 소련이나 제3세계로부터의 우발·한정적 또는 중앙의 지령에 근거하지 않은 군부의 독자 판단·오인에 의하여 발사되는 100 내지 200발에 달하는 탄도미사일 공격으로부터 미국 본토뿐만 아니라 해외에 파견되어 있는 미군 및 동맹제국을 방어하는 것을 목적으로 하였다. 이는 NMD(국가미사일방어; 소련의 우발적, 제한된 수의 탄도미사일 공격으로부터 미국 본토를 방어)와 TMD로 구분하여 추진되었다. 특히, 1993년 1월 클린턴 정권의 탄생으로 취임한 아스핀 국방장관은 취임 초에 새로운 탄도미사일 방위개념으로서 전역탄도미사일방어(TMD: Theater Missile Defense)개념을 제시하였다. 이 개념은 탈냉전을 배경으로 해외에 주둔하는 미군과 미국의 동맹국을 지역 분쟁 시에 제3세계 제국으로부터 발사되는 중·단거리 탄도미사일 공격으로부터 지키는 것을 목표로 한 것이다. TMD가 상정하는 제3세계의 탄도미사일은 수십 발로부터 많아야 수백 발 정도로써 방어의 대상이나 범위도 SDI보다 좁다. 따라서 TMD가 SDI보다 기술적인 실현성을 얻기 쉬운 것이다.

와 고도의 기술력이 요구되는 전략방어체계 구비는 불가능하다고 판단하게 되었다. 1985년 3월 11일 소련 공산당 서기장에 취임한 고르바초프(Mikhail Gorbachev)는 이러한 현실을 인식하고 개혁/개방 정책을 표방하기에 이르렀다. 그는 안보개념도 개별국가 안보가 아닌 공동안보 개념으로 대체해야 한다고 주장하면서 "합리적 충분성"의 군사독트린 개념을 제시하였다.

이러한 SDI는 1987년부터 기술적 난관으로 야심찬 계획들의 추진력이 상실되었다. 게다가 냉전이 종식되면서 소련의 전면적 핵공격 가능성이 희박해지자 SDI는 더욱 힘을 잃게 되었다. 따라서 1991년 부시(George Walker Bush) 대통령은 '제한공격에 대한 지구전역방어체계(GPALS: Global Protection Against Limited Strikes)'를 시도하였으며, 이는 국가미사일방어(NMD)와 전역미사일방어(TMD)로 구분하여 추진되었다. 그 후 아들 부시(George Herbert Walker Bush) 대통령은 다시 NMD와 TMD를 포괄하는 미사일방어(MD) 정책을 구상하게 되었다.

6. 선제공격(preemptive strike) 전략

부시 대통령은 미 행정부가 역사적으로 기피해왔던 선제공격 독트린을 공식적인 군사안보전략의 요소로 채택하고 이에 필요한 대비태세를 갖춰 나갔다. 이러한 부시 행정부의 선제공격 독트린은 2003년 이라크 전쟁을 통해 현실로 구현되었다.

부시 대통령은 2002년 6월 미 육사에서 행한 연설에서 9·11사태가 탱크 한 대 값도 안 되는 수십만 불로 가능했다고 지적하고, 자유에 대한 가장 중대한 위협은 "극단주의와 기술(radicalism and technology)"이 만나는 곳에 있다고 강조했다. 부시는 냉전시대 미국의 안보가 의존했던 억제와 봉쇄전략이 일부 경우에는 그대로 적용할 것이라고 밝히면서 억제의 효용성을 완전히 부인하지는 않았다. 하지만 새로운 위협은 새로운 사고를 요구한다면서 특정국가에 대해 대량보복을 가하겠다는 억제는 보호할 국민과 국가가 없는 테러집단에게는 아무런 의미가 없다고 주장했다. 봉쇄 역시 정서불안 상태의 독재자가 WMD를 사용하거나 테러집단에게 제공할 수 있기 때문에 효과적인 안전보장수단이 되지 못한다고 보았다.

이렇게 WMD로 무장한 불량국가와 테러집단을 새롭고 심각한 위협으로 규정한 부시 대통령은 위협이 구체화될 때까지 기다릴 수만은 없다면서 신속한 행동의 필요성을 제기했다. 아울러 테러와의 전쟁은 방어적 태세만으로는 이길 수 없으며 미국의 안보를 위해서는 미국인들이 전향적이고 단호한 사고를 갖추고 선제행동을 준비해야 한다면서 선제공격의지를 분명히 밝혔다. 따라서 선제공격이란 적의 공격이 임박했다고 판단되었을 때 이를 회피하거나 무력화시키기 위해 적을 먼저 공격하는 것을 말한다.

부시 행정부의 국가안보에 대한 기본입장과 추진전략은 2002년 9월에 발간된 국가안보전략보고서에서 더욱 구체화되어 천명되고 있다(The National Security of the United States of America 2002).

억제전략이 가능하기 위해서는 대량보복에 대한 상대방의 인지(합리적 사고를 통한 대량손실 계산)로 공격포기가 이루어져야 한다. 그러나 9·11 테러 같은 비국가의 테러행위 경우 보복공격의 영토나 집중된 인구가 없을 뿐만 아니라 자신들의 행동으로 인한 손실을 계산하는 합리성도 없기 때문에 종래의 억제전략은 기본전제에서부터 성립되지 않는 것이다. 죽는 것을 영광으로 생각하는 광신자에게는 보복의 위협도 억제효과를 기대하기 어렵다는 것이다.

부시 행정부가 후세인 정권의 테러지원 및 WMD 개발을 저지하겠다는 명분으로 시작한 이라크 전쟁은 국내외적으로 많은 비판이 제기되었다. 그러나 외부의 적대세력이 야기하는 위협이 무르익는 상황을 그냥 앉아서 있지 않겠다는 부시 행정부의 의지가 구현된 전쟁임에는 틀림없다.

요점정리

· ·

■ 미 행정부의 주요 억제전략

- 냉전하 핵억지전략
  대량보복전략, 유연반응전략, 상호확중파괴전략, 충분성전략
- 탈핵시대 억제전략
  SDI 전략, 선제공격전략

VI. 맺음말

미국의 핵정책은 국제정치와 국내적인 상황의 변화에 따라, 그리고 상대국가의 반응에 의해 많은 변화를 하였다. 그러나 국제환경의 변화와 상대적으로 미국의 패권이 약화되기 시작한 1970년대 이후부터는 미국의 핵전력이 절대적인 위치를 차지하지 못하였지만 미국은 유연한 대응을 통하여 핵무기체계에 있어 상대적 우위를 여전히 가지고 있다. 미국의 핵정책에서 주목할 것은 핵무기체계의 일방적 우위를 점하기 전까지는 미국은 지속적으로 핵무기체계를 발전시켜왔으며 핵우위에 대한 일정한 확신을 가진 후, 특히 1970년대부터는 국제적인 핵확산을 저지시키는 노력도 병행하고 있다는 점이다. 그리고 핵의 평형이 있었던 시기에는 국제핵확산을 저지하고 억제에 기초한 유연한 핵정책을 표방하였지만 핵의 우위가 있는 시기에는 공격적 핵전략을 채택하고 있다는 것도 미국 핵정책의 두드러진 특징 중의 하나이다.

미국 핵억제전략의 큰 변화는 재래식 무기의 획기적인 발전에서 비롯되었다. 이는 핵능력을 무효화·무력화시키는 개념으로서 완벽한 방어적 핵전략인 이른바 전략방위구상(SDI)이었다. 미국은 SDI를 오늘날 미사일방어(MD) 구상으로 계속 발전시켜 나가고 있다. 한편, 미국은 억제성공의 구비조건(특히 합리성)을 아예 결여하고 있는 WMD로 무장한 불량국가와 테러집단에 대해서는 '선제공격전략'으로 신속하게 대응하고 있다.

전쟁이 일어나지 않는 것이 전쟁억제 노력(전략)에 의한 것인지 아니면 애초부터 상대방이 도발의사가 없었는지 판단하기는 어렵다. 그러나 2차 대전 후 핵전쟁을 포함한 대규모 전쟁은 발발하지 않았다. 이는 UN과 같은 집단방위체제의 작동과 함께 미국을 비롯한 초강대국들이 적극적인 억제전략의 구사로 변화하는 국제안보환경에 능동적으로 대처해나가고 있음을 반증하는 것으로 볼 수도 있다.

핵심개념

- 강압(전략)
- 핵억제전략
- 최소억제전략 / 최대억제전략
- 대군사력전략 / 대가치전략
- 1차 공격력 / 2차 공격력
- 선제공격전략

- 대량보복전략
- 유연반응전략
- 상호확증파괴전략
- 충분성전략
- SDI전략

토론주제

1. '억제'와 '억지'를 구분하고 '강압'과 비교해 보자.
2. 억제를 위한 구비조건은 무엇이며, 그 내용은 어떤 것들이 있는가?
3. 보프르(Anddrè Beaufre)의 핵전략 공식에서 간접전략의 의미는 무엇인가?
4. 미국의 핵전략 변천에서 대소(大蘇) 전략적 균형 또는 대체적 등가성(우위입장 포기) 판단에서 나온 핵전략은 무엇인가?

09

전쟁

학습내용

이 장의 주제는 전쟁이다. 전쟁은 국가의 생존과 멸망을 결정하고 수많은 사람의 삶과 죽음에 영향을 미치는 중대한 사건이다. 그렇기에 국가안보를 공부하는 데 있어서 전쟁의 중요성은 아무리 강조해도 지나치지 않을 것이다. 전쟁이란 무엇인가? 전쟁은 어떤 본질적 특성을 가지고 있으며, 전쟁의 양상은 역사적으로 어떻게 변화해왔는가? 전쟁은 왜 일어나는가? 그리고 전쟁은 우리에게 어떤 도덕적 도전들을 제기하는가? 이 장에서는 이상의 질문에 대한 대답을 찾아가면서 전쟁의 개념과 양상, 전쟁의 원인, 그리고 전쟁과 도덕의 문제에 대해 차례대로 살펴보겠다.

I. 머리말

동양 병서의 고전 손자병법은 "전쟁은 국가의 중대사이다. 그것은 국민의 생사가 달려 있는 곳이며 국가의 존망이 결정되는 길이니 깊이 고찰하지 않을 수 없다(兵者, 國之大事, 死生之地, 存亡之道, 不可不察也)"라는 이야기로 시작된다. 손자가 지적한 대로 전쟁은 국가의 생존과 멸망을 결정하고 수많은 사람의 삶과 죽음에 영향을 미치는 중대한 사건이다. 그렇기에 국가안보에 있어서 전쟁의 중요성은 아무리 강조해도 지나치지 않을 것이다.

인간이 공동체를 형성하고 살기 시작할 무렵부터 전쟁은 끊이지 않고 계속되어 왔다. 기원전 3500년부터 20세기에 이르기까지 인류는 역사적으로 약 14,500회의 전쟁을 경험했고 이로 인해 희생된 사람의 수는 35억 명에 달하며, 전쟁이 없었던 시간은 모두 합쳐도 5천 년이 넘는 기간 중 300년도 채 되지 않는다. 또한 두 차례의 세계대전이 벌어진 이후인 1945년 이후만 해도 120회가 넘는 국가 간 전쟁과 100회가 넘는 내전이 벌어졌다. 인류의 역사는 곧 전쟁의 역사라고 해도 과언이 아닌 것이다.

우리 역사 역시 수백 회가 넘는 외세의 침략과 전쟁의 아픈 경험을 가지고 있으며, 아직 한반도는 남북 간의 군사적 대치가 지속되는 가운데 언제 전쟁이 일어나도 이상하지 않을 정도의 불안정한 휴전상태에 있다. 이런 현실을 생각할 때 우리는 더없이 진지한 태도로 전쟁을 공부하고 탐구해야 할 것이다. 전쟁이란 무엇인가? 전쟁은 어떤 본질적 특성을 가지고 있으며, 전쟁의 양상은 역사적으로 어떻게 변화해왔는가? 전쟁은 왜 일어나는가? 그리고 전쟁은 우리에게 어떤 도덕적 도전들을 제기하는가? 이 장에서는 이상의 질문에 대한 대답을 찾아가면서 전쟁의 개념과 양상, 전쟁의 원인, 그리고 전쟁과 도덕의 문제에 대해 차례대로 살펴보게 될 것이다.

II. 전쟁의 개념과 본질

1. 전쟁의 정의

전쟁이란 무엇인가? 전쟁은 너무 많은 곳에서 사용되기에 오히려 그 정확한 의미를 파악하기 어려운 용어 중 하나다. 언론 매체만 해도 '범죄와의 전쟁', '빈곤과의 전쟁', '질병과의 전쟁'과 같이 매일 같이 수없이 많은 '전쟁'들을 쏟아내고 있다. 이런 비유적·상징적인 표현은 차치하더라도 전쟁은 워낙 복잡하고 변화무쌍한 현상이기에 정의내리기 쉽지가 않다. 전쟁은 어떻게 정의할 수 있으며, 무엇이 전쟁의 개념을 규정하는 핵심적인 요소일까?

전쟁에 대해서는 다양한 정의가 존재하지만(〈참고 9-1〉), 여기서는 전쟁이란 "정치적 단위체 사이에 벌어지는 지속적이고 조직화된 폭력"이라는 정의를 따르기로 한다 (Bull 1977: 184). 이 정의는 다음과 같은 핵심 요소들을 포함한다. 첫째, 전쟁은 물리

〈참고 9-1〉 전쟁에 대한 다양한 정의

"적으로 하여금 우리의 의지에 따르도록 강제하는 폭력 행위"
_칼 폰 클라우제비츠(Clausewitz 1976: 75)

"정치적 단위체 사이에 벌어지는 지속적이고 조직화된 폭력"
_헤들리 불(Bull 1977: 184)

"1,000명 이상의 사망자가 발생한 지속적 무력 분쟁"
_데이비드 싱어 & 멜 스몰(Singer & Small 1972: 37-39)

적 폭력을 수반한다. 폭력은 전쟁을 다른 형태의 갈등과 구분하는 핵심적 요소 중 하나이다. 서로의 인명을 살상하거나 주요 시설을 파괴하는 것과 같은 폭력이 수반될 때 비로소 전쟁이라 할 수 있다. '무역전쟁'이나 '외교전쟁'이라는 표현을 사용한다 할지라도, 경제 분쟁 때문에 서로 높은 관세를 매기거나 외교적 갈등으로 인해 외교관을 추방하는 행위는 전쟁의 범주에 포함될 수 없다.

둘째로, 전쟁은 정치적 단위체 사이에 벌어지는 것이다. 일반적으로 전쟁이라고 하면 우리는 국가와 국가 간의 충돌을 생각하지만 역사적으로 있었던 다양한 형태의 전쟁에서는 인종, 민족, 부족, 종교집단, 특정 이데올로기의 추종집단 등 다양한 방식으로 정치적 결집을 이룬 집단이 전쟁에 결부되었다. 정치적 단위체 간의 폭력이라는 점에서 전쟁의 범주에 조직폭력배의 세력투쟁과 같은 것은 포함되지 않는다. 또한 전쟁은 정치적 단위체 '사이의' 것으로, 둘 이상의 정치적 단위체가 서로 싸워야 성립된다. 한 국가가 다른 국가를 무력으로 침공했다 할지라도 침략당한 국가와의 교전 없이 일방적인 파괴나 점령으로 끝난다면 그것은 전쟁이라 볼 수 없다.

셋째로, 전쟁은 지속적이고 조직적으로 벌어지는 폭력이다. 전쟁이 되기 위해서는 일정 기간 폭력이 지속되어야 한다. 국경 지대에서 두 나라의 군대가 잠시 총격을 교환하거나 우발적으로 충돌하는 것은 전쟁이라고 보지 않으며, 그것이 계기가 되어 일정 기간 이상의 지속적 무력 분쟁으로 발전했을 때 비로소 전쟁이라 규정할 수 있다. 또한 조직적 폭력의 조건 또한 만족되어야 한다. 예를 들어 한 나라의 군인 하나가 특정한 조직적 지시나 명령 없이 개인적으로 다른 나라의 군인 하나를 죽인다면 그것은 그저 살해라고 볼 수 있다. 그러나 한 나라의 군대가 조직적으로 다른 나라의 군대와 일정 기간의 연속적인 전투를 통해 상대측을 살상한다면 그것은 전쟁이라 부를 수 있다.

2. 전쟁의 본질: 클라우제비츠의 삼위일체

19세기 독일의 군사이론가이자 전쟁에 대한 이론적 집대성을 시도한 책 『전쟁론』의 저자로도 유명한 칼 폰 클라우제비츠(C. V. Clausewitz)는 상황과 환경에 따라 전쟁의 수행방식은 달라질 수 있어도 시대와 장소를 불문하고 전쟁의 본질은 똑같다고 주장하였다. 그에 따르면 전쟁에서는 언제나 '전쟁의 삼위일체(trinity of war)'라고 부를 수 있는 비이성적 감정과 폭력의 요소, 가능성과 확률의 요소, 그리고 이성적 정치/

정책의 요소 세 가지를 발견할 수 있다(Clausewitz 1976: 89).

첫째, 전쟁은 언제나 폭력, 증오, 적개심과 같은 맹목적이고 자연적인 힘을 수반한다. 이 힘은 기본적으로 전쟁에 참여하는 인간의 감정과 열정으로부터 나오며, 전쟁이라는 특수하고 격렬한 폭력의 상황 속에서는 언제나 이와 같은 비이성적 힘이 강력하게 작동한다. 이것은 좁게는 전투에 참전하는 이들의 감정적 상태를 가리키는 것으로 볼 수도 있지만, 보다 폭넓게는 전쟁에 동원되고 참여하는 전 사회 인민(people)의 의지와 열정까지를 포함하는 것으로 볼 수 있다.

둘째, 모든 전쟁은 가능성(chance)과 확률(probability)의 요소를 포함한다. 전쟁에는 언제나 날씨, 환경, 전염병 등과 같이 우연적이고 계산 불가능한 요소들이 존재하기에 생각했던 대로의 결과를 항상 기대할 수 없다. 또한 압도적인 병력과 뛰어난 무기를 갖고 있다 하더라도 그것은 승리를 보장하지 못하며 단지 이길 확률을 높여줄 뿐이다. 이렇게 불확정적 요소들이 존재하기에 전쟁에서는 기회를 활용하고 승리의 확률을 높이기 위한 군대의 전략과 전술, 그리고 지휘관의 리더십이 중요한 의미를 가진다.

셋째, 전쟁은 정치와 정책의 도구로서 이성의 요소 또한 포함한다. 비록 감정과 불확실성의 요소를 포함하고 있다고는 해도 전쟁을 비이성적 혼돈상태로 볼 수는 없다.

요점정리

- 전쟁은 정치적 단위체 사이에 벌어지는 지속적이고 조직화된 폭력이라고 정의할 수 있다.
- 클라우제비츠에 따르면, 전쟁은 비이성적 감정과 폭력의 요소, 가능성과 확률의 요소, 그리고 이성적 정치/정책의 요소를 가지고 있으며 이는 전쟁의 삼위일체로서 전쟁의 본질적 특징이라 할 수 있다.
- 전쟁에는 비이성적 감정과 폭력이 수반되며 이는 전쟁에 참여하는 인간의 감정과 열정에 기인한다. 여기에는 전쟁에 동원되는 전 사회 인민의 의지와 열정까지 포함된다.
- 전쟁에는 항상 불확정적 가능성과 확률의 요소가 존재하며, 이로 인해 군대의 전략과 전술, 지휘관의 리더십이 중요한 의미를 갖는다.
- 전쟁은 이성의 요소 또한 포함하며, 정치와 정책의 목표 달성을 위한 합리적 도구로서 활용된다.

전쟁을 다른 형태의 폭력과 구분해주는 것은 그것이 바로 정치와 정책의 도구라는 점이다. 전쟁에서 폭력은 무분별하게 행사되는 것이 아니라 특정한 정치적·정책적 목표의 달성을 위해 사용된다. 그것은 타국으로부터 자국을 방어하기 위한 것이 될 수도, 동맹국을 보호하고 지원하기 위한 것이 될 수도, 영토나 자원을 확보하는 것이 될 수도 있다. 이렇게 국가의 경우 정부에 의해, 국가가 아닌 정치적 단위체의 경우 그 단위체의 정책결정자들에 의해 목표가 설정되며 전쟁은 이를 위한 합리적 목표 달성 수단으로서 활용되는 것이다.

III. 전쟁의 원인

전쟁은 왜 일어나는가? 개인 간의 다툼에도 다양한 이유가 있듯이, 전쟁에도 다양한 원인이 존재한다. 여기서는 분석의 수준에 따라 개인 수준의 원인, 국가 수준의 원인, 국제체제 차원의 원인으로 나누어 전쟁의 원인에 대한 다양한 설명들을 살펴보겠다.

1. 개인 수준의 원인

인간 내면의 본성에 전쟁의 원인이 존재한다는 설명은 역사적으로 많은 공감을 얻어왔다. 그 참혹한 과정과 결과에도 불구하고 인류의 역사에서 끊임없이 전쟁이 있었다는 사실은 어쩌면 우리 내부에 전쟁을 부르는 어떤 요인이 있을지도 모른다는 생각을 가능케 한다. 실제로 정신분석학의 아버지로 불리는 심리학자 지그문트 프로이트(S. Freud)는 인간 내면에 공격적 심리성향이 존재한다고 보았다. 그가 죽음본능(thanatos)이라 부른 이 본능은 외부 대상에게로 돌려질 때 공격적이고 파괴적인 성향으로 나타나며, 사회적으로 결집될 때 전쟁으로 이어질 수 있다(Freud 2008). 이런 견해는 인간 본성에 동물과 마찬가지로 천성적인 공격 본능이 내재하며, 이것은 학습되는 것이 아니라 진화적 적응과 생존을 위해 인류가 선조로부터 물려받은 종 특유의 본능이라는 분석을 통해 뒷받침되었다(Lorentz 2002).

그러나 다음의 반박들을 살펴보면, 인간의 본성에 전쟁 친화적 성향이 존재할지도 모른다는 불안은 덜 수 있을 것 같다. 사회심리학자 에리히 프롬(E. Fromm)은 폭력성은 인간 본성에 내재해서 자동적으로 발현되는 것이 아니라 인간이 성장 과정에서 학습하는 것이라고 비판하였다(Fromm 1977). 또한 인류학 연구를 통해 전쟁은 인간 본성에 기인하는 보편적 현상이 아니라 필요에 의해 만들어진 일종의 발명품이라는 반박 또한 제시되었다. 예를 들어 알래스카 지역의 이뉴이트 족에게는 '전쟁'이라는 개념 자체가 없다. 물론 이들에게도 갈등, 싸움, 살인과 같은 개념은 존재하지만 정치 집단 간의 지속적 폭력 분쟁으로서의 전쟁이란 개념은 존재하지 않는다(Mead 2008). 또한 UN의 주도로 전 세계 저명 유전학자, 인류학자, 심리학자, 생화학자들의 공동연구 끝에 1989년 발표된 '폭력에 관한 세비야 선언(Seville Statement on Violence)'은 인간 본성과 전쟁에는 과학적으로 전혀 인과관계가 없다는 점을 밝혀냈다(〈참고 9-2〉).

전쟁이 임박한 상황에서 중대한 판단과 결정을 내려야 하는 국가지도자와 정책결정자는 전쟁을 야기할 수 있는 또 하나의 중요한 개인 수준의 변수이다. 전쟁에 대한 심리적 연구들은 전쟁 위기 상황에서 정책 결정자 개인이 가진 인지과정, 개인의 신념

〈참고 9-2〉 폭력에 관한 세비야 선언(1989)

1. 우리가 동물 조상으로부터 전쟁을 발발하는 경향을 유전 받았다고 하는 것은 과학적으로 옳지 않다.
   - 전쟁이란 생물학적으로 가능하지만 피할 수 없는 것은 아니다.
2. 전쟁이나 여타 폭력적 행위가 유전적으로 우리의 본성에 있다고 말하는 것은 과학적으로 옳지 않다.
   - 희귀한 병리현상을 제외한다면, 유전자가 개인을 반드시 폭력적 성향을 갖도록 하지는 않는다.
3. 인류의 진화과정에서 다른 종류의 행위보다 공격적 행위가 선택되어왔다는 것은 과학적으로 옳지 않다.
   - 연구된 종들의 경우 조직 내 지위는 지배능력보다 조직구조에 적합한 사회적 기능을 수행할 수 있는 능력과 협력할 수 있는 능력을 통해 얻어진다.
4. 인간이 '폭력적 두뇌'를 가졌다고 말하는 것은 과학적으로 옳지 않다.
   - 우리는 폭력적으로 행동할 수 있는 신경장치를 갖고 있지만 그것이 자동적으로 작동되는 건 아니다.
5. 전쟁이 '본능'이나 다른 어떤 단일한 동기에 의해 발생한다고 말하는 것은 과학적으로 옳지 않다.
   - 근대적 전쟁은 다양한 개인적 특성과 제도적 영향을 받아 일어난 것이다.

과 이미지, 심리적 선택 경향 등과 같은 요인들이 전쟁과 평화의 운명을 결정지을 수 있다는 점을 밝혀냈다.

심리적 모델에 따른 첫 번째 설명은 상대국의 의도나 능력, 혹은 상황에 대한 오인 (misperception)이 전쟁을 가져올 수 있다는 것이다(Jervis 1976). 무엇이 상대방의 진정한 의도인지를 잘못 판단할 경우의 대가는 크다. 2차 세계대전 직전 영국과 프랑스는 독일의 전쟁 의지를 과소평가하여 뮌헨 협정에서 히틀러에게 양보를 했다가 독일의 야욕을 오히려 부추기는 결과를 가져왔다(〈사례연구〉 참고). 또 다른 예로, 1990년 이라크의 후세인 대통령은 쿠웨이트 침공 당시 미국이 군사적 개입을 하지 않을 거라고 믿었다가 걸프전의 패배를 경험했다. 이와는 반대로 적대국의 공격적 의도를 지나치게 과대평가하게 될 경우, 상대방에게는 전쟁 의사가 없었는데도 우리측의 예방공격으로 인해 불필요한 전쟁을 치르게 될 수도 있다.

개인의 신념과 이미지도 중요한 심리적 요인이 될 수 있다. 정책결정자가 평소 국제정치와 전쟁, 혹은 상대국가에 대해 어떤 신념과 이미지를 가지고 있었느냐가 문제 상황의 판단과 전쟁 시작 여부에 결정적인 영향을 미칠 수도 있다. 사람들은 기존의 신념에 기반해서 현상을 인식하는 경향이 있다. 한 예로 뮌헨 협정에서의 양보가 2차 대전을 불러왔다는 인식은 이후 미국의 지도자들로 하여금 적대국에 유화적인 태도를 취해선 안 된다는 믿음을 갖게 했고, 유사한 상황에 대해 훨씬 위협을 크게 느끼도록 만들었다. 한국 전쟁과 베트남전, 걸프전에 이르기까지 적대국의 움직임에 대해 미국이 신속히 전쟁을 시작했던 건 이런 신념이 큰 영향을 끼쳤기 때문이었다(Khong 1992).

위협인식과 상황 판단에 영향을 미치는 심리적 편향(biases)도 전쟁의 원인이 될 수 있다. 사람들은 기본적으로 자신의 잘못된 행동은 어쩔 수 없는 상황에 의한 것이라고 보지만, 타인의 잘못된 행동은 그 사람의 고유한 속성이나 의도에 의한 것으로 판단하는 '근본적 귀인의 오류(fundamental attribution error)'를 범하는 경향이 있다. 이것이 위기상황의 국가 지도자에게 적용될 경우, 공격적 의도가 아니었던 타국의 정책을 공격적이고 적대적으로 해석하여 전쟁에 나서게 만들 수도 있다. 또한 심리적 필요와 욕망에 의한 '희망적 사고(wishful thinking)' 역시 전쟁을 가져올 수 있다. 희망적 사고는 지나친 동기에 의한 편향으로 인해, 현실을 보는 것이 아니라 보고 싶은 것을 보게 만들 수 있다. 일례로 1차 세계대전 직전 독일의 전략가들은 영국이 참전하지 않기를 바랐고, 이러한 희망적 사고가 영국은 참전하지 않을 거라는 예측으로 이들을 이끌었다. 그러나 이러한 소망과는 달리 영국의 참전과 함께 독일은 기나긴 전쟁의

〈사례 연구〉 뮌헨 협정 혹은 뮌헨의 굴욕

제1차 세계대전의 패전국이었던 독일은 히틀러의 집권 이후 국력의 급속한 성장과 함께 유럽의 강자로 재부상했다. 1933년 나치스가 공식적인 지배세력이 된 이후 독일은 국제연맹을 탈퇴했고, 1935년에는 독일의 재무장을 금지한 베르사유 조약을 일방적으로 무시한 채 군비 증강에 나섰다. 1930년대 후반에는 해당 지역에 독일인들이 많이 거주

하고 있다는 이유로 이웃한 약소국 체코슬로바키아의 주데텐란트(Sudetenland) 지역을 내놓을 것을 체코슬로바키아 측에 노골적으로 요구하기 시작했다.

전쟁 반대 여론, 군비 부담 등의 이유로 유럽에서 새로운 전쟁이 일어나는 것을 꺼렸던 영국과 프랑스는 히틀러의 요구를 들어주면 독일과의 전쟁을 피할 수 있을 거라 생각하였으며, 독일이 그 정도면 만족할 거라고 판단하였다. 그리하여 1938년 9월 29일, 영국과 프랑스의 최고지도자들은 독일 뮌헨에서 히틀러를 만나 주데텐란트를 체코슬로바키아에게서 빼앗아 독일에 할양하는 데 합의했다. 프랑스는 심지어 체코슬로바키아의 동맹국이었음에도 불구하고 체코슬로바키아를 윽박지르며 주데텐란트를 독일에 넘길 것을 요구했다. 자신의 동맹국에게조차 배신당한 체코슬로바키아는 뮌헨 협정을 '뮌헨의 배신'이라 부르며 비난했지만, 결국 무력하게 해당 지역을 독일에게 넘겨줄 수밖에 없었다.

이 협정을 통해 영국과 프랑스는 독일과의 전쟁을 피할 수 있을 거라고 믿었다. 심지어 뮌헨에서의 합의를 끝내고 귀국한 직후 발표한 성명에서 영국 수상 체임벌린은 "드디어 우리 시대의 평화가 찾아왔다"고까지 이야기하였다. 그러나 이들의 생각은 완전한 오판이었다. 독일은 곧 군대를 앞세워 체코슬로바키아의 남은 영토까지 모두 강제로 합병했고, 폴란드에 대한 야욕을 드러냈다. 프랑스와 영국은 뒤늦게 자신들의 판단이 그릇된 것이었음을 깨닫고 독일을 견제하기 위해 동분서주했다. 그러나 1939년 9월 독일의 폴란드 침공과 함께 제2차 세계대전은 시작되었고, 유럽은 참혹한 전쟁의 소용돌이 속으로 빠져들었다. 이후 뮌헨 협정은 '뮌헨의 굴욕(shame of Munich)'이라 불리며 수많은 서구 지도자들에게 잘못된 위협인식과 이로 인한 유화적 정책이 얼마나 위험한 것인지를 알려주는 교훈적 사례로 남게 되었다.

수렁 속으로 빠져들었다(Levy & Thompson 2010: 148).

끝으로 전망이론(prospect theory)은 심리적 선택의 경향이 정책결정자의 전쟁 선택

에 영향을 미칠 수 있다는 시각을 제시한다. 이 이론에 따르면 인간은 이익과 손해의 총합을 객관적이고 수리적으로 판단하는 것이 아니라, 이익의 변화에 크게 민감하다. 사람들은 앞으로 얻을 것보다는 현재 갖고 있는 것의 가치를 더 높게 평가하는 경향이 있으며 이익을 볼 때의 기쁨보다 손실을 입을 때의 상처가 훨씬 크다(Kahneman 2003). 이를 전쟁의 문제에 적용해보면, 국가지도자는 손실을 예상할 때 더욱 공격적이고 호전적인 행동을 취할 수 있다. 대표적인 예로 태평양 전쟁 개전 당시의 일본을 들 수 있다. 당시 일본은 미국에 비해 객관적 국력의 차이가 크다는 점을 알고 있었음에도 불구하고, 미국의 정치·경제 제재로 인해 자신이 타격을 입을 것으로 인식하자 진주만 공습을 통해 미국과의 전쟁을 시작했다(Levy 2003: 207-208).

2. 국가 수준의 원인

국가 수준에서의 첫 번째 요인은 지정학적 조건과 영토이다. 국가의 특정한 지리적 위치, 영토와 국경선은 그 국가가 직면하게 되는 전쟁의 가능성에 큰 영향을 미칠 수 있다. 한 연구에 따르면 1648년과 1949년 사이 일어난 177건의 전쟁 중 영토 갈등과 관련된 분쟁은 분류에 따라 최소 45%에서 85%를 차지한다(Holsti 1991). 특히 영토 문제는 전쟁으로 이어질 가능성이 매우 높은 이슈라 할 수 있다. 왜냐하면 주권의 문제와 직결되어 있고 전쟁을 위한 국내 지지를 동원하기가 훨씬 용이하기 때문이다. 또한 타협이 어렵고 분쟁 해결을 위한 가장 효과적 수단이 군사력이기에 전쟁으로 이어질 가능성이 높다(Hensel 2000). 경작지와 식수의 부족, 석유나 가스와 같은 천연 자원 부족과 같은 요인들은 해당 국가를 전쟁으로 이끄는 중요한 지리적 환경의 요인이 될 수 있다.

두 번째로는 국내정치의 요인을 들 수 있다. 한 연구에 따르면 국가의 과도한 팽창과 이로 인한 전쟁은 팽창과 전쟁을 통해 이득을 보는 소수의 엘리트와 이익집단의 연합이 국내적으로 전쟁을 부추기는 담론을 만들어내고 확산시킴으로써 일어난다. 그리고 이들이 만들어낸 '제국의 신화'가 형성하는 민족주의적이고 제국주의적 열망에 따라 대중은 이를 추종하게 된다(Snyder 1991). 또 다른 설명으로는 전쟁의 전환이론(diversionary theory)으로 혹은 희생양이론(scapegoat theory)을 들 수 있다. 이 이론은 다른 국가와의 전쟁이 국가 내부의 적대와 갈등을 중단시키거나 심지어는 종식시킬 수 있다는 점에 주목한다. 그렇기에 국가 지도자는 자신이 처한 정치적 위기나 난국을

〈참고 9-3〉 제국의 신화

국내정치가 제국주의적 팽창과 전쟁에 미치는 영향을 연구한 학자 잭 스나이더(Jack Snyder)에 따르면, 팽창과 전쟁에서 이익을 보는 소수 엘리트와 이익집단은 다음과 같은 '제국의 신화(myths of empire)'를 만들어 국내 여론을 호도한다.

1. **공격의 우세**: 공격이 더욱 유리하며, 공격을 할 수 있을 때 먼저 공격하는 것이 도움이 된다는 신화
2. **세력의 전이**: 세력 전이가 자국에 불리하게 전개되고 있으므로, 아직 힘의 균형이 우리에게 유리할 때 상대를 공격해야 한다는 신화
3. **종이호랑이 적**: 적의 군사력이 사실은 별 것 아니며 공격을 하면 쉽게 이길 수 있다는 착각
4. **편승**: 강한 힘을 보여주면 다른 국가들이 우리에게 편승할 거라는 신화
5. **강경외교**: 강경책과 위협을 통해 우방을 만들 수 있다는 신화
6. **도미노 이론**: 작은 양보라도 일단 양보하기 시작하면 핵심적 이익까지 모두 양보해야 할 거라는 신화
7. **엘도라도(El Dorado)와 명백한 숙명**: 제국 확장의 이익을 지나치게 과장하거나 미화
8. **대가 없는 확장**: 제국 확장에 대한 대가(代價)가 없을 것이라는 신화

타파하기 위해 외부의 국가나 집단을 희생양으로 삼아 전쟁을 일으킬 수 있다. 그 대표적 예가 1982년 있었던 아르헨티나와 영국의 포클랜드 전쟁이다. 당시 열악한 경제 상황과 점증하는 국내 불만에 위기의식을 느낀 아르헨티나의 집권 군부독재세력은 국민의 불만을 외부로 돌리기 위해 전력의 열세에도 불구하고 기습 침공을 통해 영국과의 전쟁을 시작하였다(Levy & Vakili 1992).

세 번째로는 배타적이고 호전적인 이데올로기를 들 수 있다. 대표적인 것이 민족주의이다. 민족국가에 대한 맹목적 충성은 전쟁의 중요한 촉매제 역할을 할 수 있다. 특히 특정한 민족이 타민족에 대한 다원적 관용주의를 버리고 독단적이고 패권적인 목표를 추구할수록 전쟁의 가능성은 더욱 높아진다(van Evera 1994). 2차 세계대전을 야기한 독일의 나치즘, 이탈리아의 파시즘, 그리고 일본의 군국주의는 그 자체로도 전쟁친화적인 이데올로기였던 동시에 패권적 민족주의가 결합되어 전쟁을 추동했던 주요한 사례라 할 수 있겠다. 또한 20세기의 국제 공산혁명 확산과 같이 폭력적인 방식으로 이데올로기를 수출하려는 시도 역시 전쟁을 야기하는 중요한 원인이 될 수 있다.

끝으로, 국가 내부의 분리주의적 독립 시도가 전쟁을 야기할 수 있다. 국가 내부에서 해당 국가에 귀속되기를 거부하거나 정부의 지배를 거부하는 국가로부터의 분리 독립을 시도할 경우 정부로부터 정치적·군사적 탄압을 받게 된다. 대개의 경우 민족적 차이에 의해 이런 분쟁이 일어나게 되는데, 만일 분리 독립을 시도하는 집단이 유효한 수준의 무력을 갖추고 정부와 무력 투쟁을 지속하게 된다면 그것은 전쟁으로 발전할 수 있다. 90년대 중반에 있었던 유고슬라비아 내전, 팔레스타인 무장단체 하마스와 헤즈볼라의 대(對) 이스라엘 투쟁을 그 예로 들 수 있다. 지난 2008년 있었던 러시아-그루지야 전쟁은 남오세티아 지역의 분리독립 시도를 그루지야 정부가 무력으로 탄압하자 러시아가 군사개입을 시도하면서 국제 전쟁으로 비화된 사례라 할 수 있다.

3. 국제체제 수준의 원인

국제체제 차원에서의 전쟁 원인 설명으로는 먼저 세력균형(balance of power) 이론을 들 수 있다. 세력균형 이론은 현실주의 국제정치이론(제2장 참조)의 대표적인 주장 중 하나이다. 위협적인 힘을 갖춘 강대국이 등장했을 때 그 국가로부터 침략을 당하지 않으려면 다른 국가들이 대항 동맹을 형성해 힘의 균형을 맞춰야 한다는 것이다. 그러나 세력균형이란 동맹을 형성하는 일종의 집단행동(collective action)이기 때문에 각국이 서로에게 부담을 떠넘기려 하거나 대가 없이 이익만 보려 하는 무임승차(free ride) 국가가 나타날 수 있다. 이와 같은 이유로 제대로 된 대항동맹을 만들지 못해 세력균형이 이뤄지지 않으면 힘의 균형이 깨어져 위협적인 강대국의 침략을 막지 못하고 전쟁이 벌어질 수 있다. 세력균형론의 시각에서는 제2차 세계대전은 점증하는 강대국 독일의 위협에 대해 영국이나 프랑스가 동맹을 맺고 대응하지 않아 세력균형이 실패하여 일어난 것으로 본다(Christensen & Snyder 1990; Schweller 2006). 이처럼 세력균형 이론은 강대국과 다른 국가 간의 힘의 차이가 커지면 전쟁의 가능성이 높아지며, 세력균형을 통해 힘의 균형이 이루어질 때 전쟁의 가능성을 낮출 수 있다고 주장한다.

한편 체제 수준의 또 다른 설명이론인 세력전이(power transition) 이론은 세력균형론과는 상반된 견해를 제시한다. 강대국과 다른 국가의 힘의 차이가 작아질수록 전쟁의 위험이 높아진다는 것이다. 세력전이 이론은 국제질서가 가장 강력한 지배국과 그 연합세력에 의해 유지되며, 이에 대해 불만을 품고 있는 직접적/잠재적 도전국의 역량이 지배국가 세력에 크게 미치지 못할 때 국제 평화가 유지된다고 본다.

　문제는 현 질서에 불만족하는 국가의 국력이 빠른 속도로 성장할 때이다. 이 성장하는 불만족 국가가 현재의 세계질서에 불만을 품고 이를 바꾸고 싶어한다면, 이 국가는 자신의 힘이 지배국의 역량 수준에 가까워질수록 지배국에 군사적으로 도전할 마음을 먹을 수 있다. 다른 한편, 지배국의 국가지도자들은 다음과 같은 우려에 사로잡히게 된다. 현재 도전국은 무서운 속도로 성장하고 있으며 곧 자신들의 국가의 힘을 추월할 것이다. 이러한 경향과 함께 도전국은 현재의 국제질서에 순응하기보다는 점차 더 많은 저항을 보일 것이고, 마침내는 지배국의 주도적인 위치와 현재의 국제질서에 도전하여 이를 뜯어고치려 들 것이다.

　서로의 국력이 교차하는 시점, 그리고 이와 동시에 이렇게 서로의 복잡한 계산이 교차하는 시점에서 전쟁의 위기는 매우 높아진다고 세력전이론은 주장한다. 양국의 힘이 교차하는 시점 직전, 즉 지배국의 힘이 아직 강한 시점에서 지배국은 예방전(preventive war)을 감행할 수 있다. 아직 자신의 세력이 강할 때 도전국을 저지하기 위해 전쟁을 벌일 수 있다는 것이다. 다른 한편으로, 도전국이 지배국을 추월한 직후 시점 역시 전쟁의 가능성이 높다. 도전국이 이제 충분한 힘을 갖췄다고 생각하고 현재의 지배국에 도전할 유혹을 느끼게 되기 때문이다(Organski & Kugler 1996). 세력전이 이론의 관점에서 보면 제1차 세계대전과 2차 세계대전은 급격히 성장한 독일이 당대의 지배국이었던 영국 중심의 세계 질서에 도전했다가 패배한 전쟁으로 볼 수 있다.

요점정리

- 전쟁에는 개인 수준, 국가 수준, 국제 체제 수준에서 다양한 원인들이 존재한다.
- 개인 수준의 전쟁 원인 이론으로는 인간의 본성이 전쟁을 일으킨다는 이론과 정책결정자의 심리적 모델 이론이 있다.
- 국가 수준의 전쟁 원인으로는 지정학적 조건과 영토, 국내정치의 역동성, 배타적이고 호전적인 이데올로기, 국가 내부의 분리독립 시도 등을 들 수 있다.
- 국제 체제 수준의 전쟁 원인 설명으로는 세력균형 이론과 세력전이 이론이 존재하며, 두 이론은 지배적 강대국과 타 국가 간 세력격차와 전쟁의 관계에 대해 상반된 견해를 제시한다.

IV. 전쟁의 유형

전쟁유형은 학자들마다 관점의 차이에 따라 다양하게 분류하고 있다. 그러나 전쟁은 어느 특정 용어로 표현하기 어려운 다양한 특징들이 복합되어 있다. 따라서 여러 요소를 적용하여 설명하는 것이 필요하다. 여기서는 몇 가지 원칙을 적용하여 유형화하고자 한다. 첫째, 전쟁과정의 흐름에 따라 분류한다. 즉, 전쟁원인, 전쟁특성, 전쟁강

〈참고 9-4〉 전쟁의 유형 분류

분류		유형			
원인별		식민전쟁, 종교전쟁, 이념전쟁, 민족전쟁, 지도자 영향력 확장전쟁, 영토전쟁			
특성별	주체	2국과의 전쟁, 대리전쟁, 내전	수단 방법	재래전, 비재래전	
	목적	침략전, 방위전		유인전, 무인로봇전	
	교전상대	국가 간, 국가내, 혼합된 전쟁		인간중심전, 네트워크중심전	
	이슈	국가, 사회, 복합적 목적 전쟁		정규전, 비정규전	
	국제법상	합법적 전쟁, 위법적인 전쟁		기동전, 화력전	
	국력관계	총력전, 전면전, 제한전		대칭전, 비대칭전	
	성 격	냉전, 열전		단순전, 복합(Hybrid)전	
	행동목표	섬멸전, 소모전, 마비전		선형전, 비선형전	
		살상전, 비살상전		분산전, 동시통합전	
	기간	장기전, 단기전		1, 2, 3, 4 영역전쟁	
	공간	전면전, 국지전	세대별	과거전, 현대전, 미래전	
		지·해·우주·사이버전		1, 2, 3, 4, 5 세대전	
	과학기술 발달	제1물결전쟁, 제2물결전쟁, 제3물결전쟁	차원	1, 2, 3, 4, 5 차원전	
강도별		고강도분쟁-중강도분쟁-저강도분쟁			
		전략·전구핵전, 전면전쟁, 제한전쟁, 혁명전쟁, 비정규전, 테러			
군사작전 범위별		전쟁(예: 공격, 방어), 분쟁(예: 대테러, 평화유지활동 등), 평시(예: 재난구호, 민간지원 등)			

도, 군사작전 범위 순 등으로 나열하는 것이다. 둘째, 군사과학기술의 발달과 함께 전쟁수행방식이 수단과 방법 면에서 계속 확장되고 있으므로 이를 반영한다. 예를 들면 디지털 전쟁, 사이버 전쟁, 무인 로봇전, 우주전, 비대칭전, 복합전 등이 해당된다. 셋째, 전쟁은 어떠한 관점에서 바라보느냐에 따라 전쟁유형이 다르다. 이를 위해서는 상대적 관점이 필요하다. 예를 들면 정규전과 비정규전을 들 수 있다. 이를 기초로 제시하고자 하는 전쟁유형은 〈참고 9-4〉와 같다. 여기에서 전쟁원인과 강도수준, 군사작전범위별 유형은 크게 가변적인 것이 아니나 특성 면은 계속 발전하고 있는 분야이기 때문에 현대 및 미래전 양상에서 거론되는 전쟁수행방식을 최대한 반영하고 있다. 향후에도 이 분야는 과학기술의 발전추세와 함께 계속 변동이 있을 것으로 예상한다.

V. 전쟁과 도덕

1. 정의로운 전쟁은 가능한가

전쟁이 좋은 것이라는 생각에 동의할 사람은 거의 없을 것이다. 전쟁은 수많은 사람의 목숨을 빼앗고 삶의 터전을 송두리째 파괴하며, 오래도록 지속되는 고통과 증오를 낳는다. 그렇기에 국제정치학자 케네스 왈츠(Kenneth Waltz)는 "전쟁에서 누가 이겼느냐고 묻는 것은 샌프란시스코 지진에서 누가 이겼느냐고 묻는 것과 같이 어리석은 질문이다"라고 지적했다. 그러나 전쟁이 나쁜 것이라고 해서 이를 외면하거나 부정할 수는 없다. 인류의 역사는 지속적인 전쟁으로 점철되어 왔으며 전쟁을 피할 수 없는 상황도 있다. 이런 측면에서, 만일 전쟁이 피할 수 없는 것이라면 보다 덜 나쁘고 덜 악한 방식의 전쟁을 찾아야 한다는 고민을 해볼 수 있다.

정의로운 전쟁의 가능성에 대해 정치철학자 마이클 왈쩌(Michael Walzer)는 다음의 여섯 가지 조건을 제시하였다(Walzer 2000). 첫째, 전쟁은 정당한 이유에 의한 것이어야 한다. 타국으로부터의 침략을 방어하기위해서나 무고한 민간인의 학살을 막기 위한 전쟁은 정당한 이유에 의한 전쟁이 될 수 있다. 둘째, 전쟁은 반드시 합법적인 권위에 의해 합법적인 방식으로 선포되어야 한다. 정통성 있는 정부가 국민의 동의 하에 선포하는 전쟁이 아니라면 그것은 부당하게 국민을 사지로 내모는 것일 수밖에 없다. 셋째, 전쟁의 의도가 정당한 것이어야 한다. 그럴듯한 이유와 명분을 내세운다 하더라도 실제로는 다른 의도를 갖고 있다면 정당한 전쟁이 될 수 없다. 넷째, 전쟁은 최후의 수단이어야 한다. 다른 모든 평화적 해결책이 시도된 이후에 선택된 대안이 전쟁일 때만 정당한 전쟁이 될 수 있다. 다섯째, 충분한 성공 가능성을 갖추고 있어야 한다. 성공 가능성 없이 뛰어드는 전쟁은 무고한 인명만 희생시킬 수 있기 때문이다. 여섯째, 전쟁의 수단은 필요한 만큼만 사용되어야 한다. 비록 앞서의 조건들이 만족된다 하더라도 목적 달성을 위한 필요 이상의 지나친 폭력은 도덕적으로 정당화될 수 없다.

그러나 이상의 조건들을 실제로 벌어지는 복잡한 전쟁의 현실 상황에 적용하기가 쉽지만은 않다. 한 예로 인도적 개입(humanitarian intervention)을 생각해보자. 인도적 개입이란 한 국가 혹은 지역에서 대량학살과 같은 심각한 인도주의적 위기가 발생했을 때, 이를 막기 위해 타국이 군사적으로 개입하는 것을 말한다. 인도적 개입의 옹호론자들은 생명과 인권의 보호가 군사적 개입의 정당한 이유가 될 수 있으며, 다른 수단을 찾는 동안 무고한 인명의 살상이 늘어날 수 있다고 주장한다. 그러나 반대론자들은 개입하는 국가의 진정한 의도를 의심할 수밖에 없으며, 설령 순수한 의도에서 개입한다 하더라도 무분별한 군사적 개입은 불투명한 성공 가능성과 불필요한 폭력의 사용으로 인해 본래의 선한 의도와는 달리 더 나쁜 결과를 낳을 수도 있다고 지적한다.

2. 전쟁 중의 도덕

전쟁의 공간은 격렬한 폭력과 증오가 소용돌이치는 곳이다. 이러한 전쟁의 와중에서도 도덕이 존재할 수 있을까? 전쟁 중의 윤리적 문제로 먼저 살펴볼 것은 비전투원의 보호 준칙이다. 1949년 적십자의 주도로 체결된 제네바 협약(Geneva Conventions)은 다음과 같은 국제법적 준칙을 제시하고 있다. 첫째, 질병이나 부상으로 전투에서 제외된 병사에게는 인도적 대우와 치료를 제공해주어야 하며 조난당한 사람은 적군과 아군을 불문하고 구조하여야 한다. 둘째, 항복하거나 생포된 전쟁 포로를 고문하거나 살해해서는 안 되며 그의 인도적으로 대우하여야 한다. 셋째, 전쟁 중이라 하더라도 무고한 민간인을 체포, 구금, 고문하거나 살해해서는 안 된다.

보편타당한 원칙으로 보이지만, 이 역시 현실에서는 쉬운 문제가 아니다. 실제 전장에서는 적군을 살려주었다가 오히려 아군에 큰 위기를 가져올 수도 있다. 민간인으로 판단했던 이가 사실은 위장한 게릴라일 수도 있으며, 특히 전투원과 비전투원의 구분이 어려운 제4세대 전쟁과 비정규전 상황에선 이 문제가 심각하게 대두된다.

두 번째 윤리적 문제로는 무력의 사용 정도와 방식을 들 수 있다. 정의로운 전쟁의 조건에서도 제시되었듯이, 무력은 적절하고 필요한 수준에서만 사용되어야 한다. 만일 나무 작대기를 들고 있는 적에게 기관총을 난사한다면 그것은 분명 부적절한 정도의 폭력이라 할 수 있을 것이다. 특정한 무기의 사용 또한 국제법적·도덕적 비난의 대상이 된다. 1925년 체결된 제네바 의정서(Geneva Protocol)는 생화학 무기의 사용금지 원칙을 제시했으며, 핵무기 역시 필요 이상의 지나친 피해를 초래하는 무기로서 지양의 대상이다. 또한 전쟁 중이라 하더라도 학살, 집단적 강간, 고문은 전쟁범죄로 취급된다.

그러나 복잡하고 혼란스런 전쟁 상황 속에서 어느 정도의 수단이 적절하고 필요한 수준의 무력 수단이라고 판단할 수 있을까? 그리고 국제법적으로 사용이 금지된 무기를 아군이 사용하지 않는다고 해서 적군도 그렇게 행동할까? 아군의 도덕적 태도가 오히려 적군에 이용당할 수도 있지 않을까? 이렇게 전쟁을 치르는 이들은 적과 싸우는 동시에, 도덕적 딜레마와도 싸워야 한다.

요점정리

- 전쟁은 우리에게 다양한 도덕적 도전들을 제기하며, 전쟁 자체의 성격과 전쟁의 수행 방식과 관련하여 여러 가지 윤리적 문제들이 존재한다.
- 정의로운 전쟁(just war)이 되기 위해서는 정당한 이유, 합법적 권위에 의한 선포, 정당한 의도, 최후의 수단으로서의 선택, 충분한 성공 가능성, 적절한 정도와 수준의 수단 사용의 조건이 만족되어야 한다.
- 국제법과 도덕은 비전투원의 보호와 무력 수단의 윤리적 사용을 윤리적 준칙으로 제시한다.

〈참고 9-5〉 전쟁 중의 성폭력

2006년 베를린 영화제에서 최고의 영예인 황금곰상을 수상한 영화 '그르바비차(Grbavica)'는 전쟁 중의 성폭력이 얼마나 인간의 삶을 파괴하는지를 보여준다. 사춘기 소녀 사라는 끔찍했던 유고슬라비아 내전의 생존자인 어머니 에스마와 아버지 없이 둘이 살고 있다. 자신의 아버지를 궁금해 하는 사라에게 어머니 에스마는 그가 내전 중에 전사했다고 이야기해주지만, 뒤늦게 밝혀지는 진실은 충격적인 것이다. 사실 에스마는 전쟁 중 집단수용소에서 조직적인 강간을 당했으며, 딸 사라는 그 결과 갖게 된 아기였던 것이다. 영화는 전쟁의 성폭력이 얼마나 잔인하게 사람의 인생을 파괴하는지를 보여주는 동시에, 이를 극복해가는 모녀의 모습을 잔잔히 그린다. 90년대 중반 있었던 유고슬라비아 내전에서 세르비아군은 이슬람계를 비롯한 타 민족 여성 2만여 명을 집단 감금하고 소위 '강간캠프'를 조성하여 대대적이고 조직적인 성폭력을 자행하였다. 이것은 그들이 택한 '또 다른 방식의 인종청소'였다. 이것은 그 곳만의 특수한 현상이 아니었다.

90년대 후반부터 2003년까지 500만 명 이상의 사상자를 내며 '아프리카의 2차대전'으로 불린 콩고 내전에서는 반군뿐 아니라 정부군까지 민간인 여성들을 집단 성폭행하였다. 여성만 성폭력의 희생자가 되지는 않는다. 많은 전쟁에서는 여성 외에도 강제 징집된 소년병을 비롯해 수많은 어린 소년들에 대한 성폭력도 자행되었다. 이와 같은 집단적 성폭력은 가장 악랄한 방식의 전술 중 하나로 활용되고 있다. 조직적이고 집단적인 성폭력은 적군의 사기를 크게 저하시킬 뿐 아니라, 피해를 입은 마을과 지역 공동체를 붕괴시켜 적의 배후 지역을 괴멸시키는 데 크게 기여할 수 있다. 이러한 비극이 계속되는 것을 막기 위해 2008년 6월 UN 안전보장이사회는 전쟁 중의 성폭력을 중단할 것을 주요 내용으로 하는 결의안을 만장일치로 통과시켰다. 이 결의안은 전쟁의 전술로서 성폭력이 사용되는 것을 강력하게 비난하고, 성범죄의 경우 국제법적 사면의 대상에서 제외해야 한다는 의견을 담았다. 그러나 지금도 내전이 벌어지고 있는 수많은 나라에서는 하루에도 수십 명의 여성과 어린이가 잔혹한 성폭력의 희생자가 되고 있다.

VI. 맺음말

정치적 단위체 사이에서 지속적으로 벌어지는 조직화된 폭력으로서의 전쟁은, 비이성적 폭력과 증오의 감정이 소용돌이치고 가능성과 확률이 교차하는 사건인 동시에, 합리적 목표 달성 수단으로서 활용되는 정치와 정책의 도구이기도 하다.

전쟁은 다양한 원인에 의해 일어난다. 개인적 수준에서는 개인의 본성에 내재한 폭력성과 공격성에 그 원인이 있다고 보는 시각도 있는 한편 정책 결정자의 인식과 신념, 혹은 심리적 선택 경향에 따라 전쟁이 벌어질 수 있다는 설명도 존재한다. 국가 수준에서는 영토와 지정학적 요인, 국내정치의 역동성, 배타적이고 호전적인 이데올로기, 국가 내부의 분리 독립 시도와 같은 다양한 요인들이 전쟁을 가져올 수 있다. 한편 국제 체제 수준에서는 강대국 간의 힘의 균형이 어떻게 변화하느냐에 따라 전쟁이 벌어질 수 있다는 분석도 존재한다.

전쟁이 인류와 떼어놓을 수 없다고는 해도 그것이 단지 무분별하고 비인간적인 폭력의 분출로 끝나는 것을 막기 위해 우리는 여러 도덕적 고민과 마주해야 한다. 정당한 전쟁이 되기 위해서는 다양한 도덕적 조건이 만족되어야 한다. 또한 전쟁 중의 인권과 생명 보호, 적절한 무력 수단 사용의 문제와 같이 현실적인 딜레마가 전쟁과 관련하여 다양한 윤리적 도전들을 제기한다.

지금도 세계 어딘가에서는 전쟁이 벌어지고 있으며, 앞서 살펴본 다양한 문제들이 현실이 되어 수많은 사람들의 삶과 죽음에 영향을 미치고 있다. 마이클 왈쩌는 "당신은 전쟁에 무관심할 수 있어도 전쟁은 당신에게 관심이 있다"라고 이야기하였다. 우리 역시 전쟁으로부터 자유롭지 못하다. 남과 북은 분단 상태에서 군사적으로 대치하고 있으며, 앞으로 계속될 동아시아 국제정치의 역동적 변화과정에서 언제 어떻게 전쟁의 위기가 닥쳐올 지 알 수 없는 상황이다. 한반도의 평화와 안정을 꿈꾸는 사람이라면, 나아가 지역과 세계의 평화를 원하는 이라면 그 역시 지속적으로 전쟁에 관심을 갖고 이를 연구해야 할 것이다.

핵심개념

- 전쟁(war)
- 전쟁의 삼위일체(trinity of war)
- 오인(misperception)
- 전망이론(prospect theory)
- 희생양 이론(scapegoat theory)
- 제국의 신화(myths of empire)
- 분리주의
- 세력균형 이론(balance of power theory)
- 세력전이 이론(power transition theory)
- 정의로운 전쟁(just war)
- 제네바 협약(Geneva Conventions)
- 전쟁의 유형

토론주제

1. 전쟁은 어떻게 정의내리는 것이 가장 적절하다고 생각되는가?
2. 클라우제비츠가 이야기한 전쟁의 본질에 대해 동의하는가? 클라우제비츠 시대 이후의 전쟁에도 그의 설명은 적용될 수 있는가?
3. 앞으로의 전쟁이 4세대 전쟁이 주를 이룰 거라는 생각에 동의하는가?
4. 한반도의 상황에서도 4세대 전쟁이 일어날 수 있다고 보는가?
5. 개인의 본성 내부에 전쟁 진화적 요소가 있다는 데 동의할 수 있는가?
6. 심리적 요인으로 인해 잘못된 전쟁을 시작하지 않기 위해서는 어떤 노력이 필요할까?
7. 국가 수준의 전쟁 원인 중에선 어떤 요인에 대한 설명이 현재 우리나라가 처한 전쟁의 위협을 잘 설명해줄 수 있다고 보는가?
8. 세력균형 이론과 세력전이 이론 중 어느 쪽의 설명이 더 타당하다고 보는가?
9. 정의로운 전쟁이 가능하다고 보는가? 그리고 책에서 제시된 정의로운 전쟁의 조건들에 동의할 수 있는가?
10. 전쟁 중에도 항상 윤리적인 준칙들을 지킬 수 있을까?

추가문헌

- Geoffrey Blainey(1973), *The Causes of War*, New York: Free Press. [국역: 이웅현 역 (2004), 『평화와 전쟁』, 서울: 리북.]
  전쟁을 야기할 수 있는 다양한 원인에 대해 서술한 책으로, 쉽고 재미있지만 통찰의 깊이가 얕지 않다.

- Niall Ferguson(2007), *The War of the World*, New York: Penguin Books. [국역: 이현주 역(2010), 『증오의 세기: 20세기는 왜 피로 물들었는가』, 서울: 민음사.]
  20세기 전쟁의 원인과 과정을 서술한 역사서적. 비록 저자의 주관이 강하게 드러나고는 있지만, 20세기의 주요한 전쟁들을 이해하는 데 유용한 책.

10

군사혁신과 미래전쟁

학습내용

군혁신과 관련하여 Innovation, Revolution, Transformation 등의 비슷한 용어들이 혼용되고 있다. 현재 군에서는 이러한 용어들의 사용을 통해 무언가 과거와는 근본적으로 다른 변화들을 설명하려고 하고 있다. 한편, 이러한 군혁신을 통해 전장양상도 크게 바뀌고 있음을 알 수 있다. 우리는 미래 우리 앞에 전개되는 수많은 전장들을 상상해 볼 수 있다. 이에는 전통적 전쟁과 함께 비국가행위자들에 의한 비전통적 전쟁도 포함될 것이다. 이 글에서는 혁신개념들을 체계화하고 혁신을 통해 크게 부각되고 있는 미래전쟁 양상을 그려본다.

I. 머리말

오늘날 혁신하지 않으면 기업경영도 정치도 살아남지 못한다는 강박관념이 열병처럼 번지고 있다. 변화는 인간사회의 자연적이고 불가피한 현상이다. 전통적인 변화개념에 의하면 개인과 집단 그리고 사회전체를 포함한 모든 유기체는 항상 환경변화에 적응하면서 서서히 그리고 점진적으로 변화해 나가고 있다. 그러나 이와 같은 장기간에 걸친 진화과정은 때때로 단속적이고 급진적인 변화에 의해 큰 혼란을 겪게 되고, 이에 적응하기 위하여 개인과 집단, 그리고 사회전체에 획기적이고 근본적인 변화와 더불어 모든 시스템의 재정돈이 필요하게 된다. 이러한 시스템의 재정돈을 혁신이라고 할 수 있다.

혁신(innovation)의 의미는 사전적으로는 "묵은 풍속, 관습, 조직, 방법 따위를 바꾸어서 새롭게 함"을 뜻한다. 그러나 혁신의 정의는 다양하며 오랜 역사를 가지고 있다. 특히 경제학에서 혁신이론의 창시자인 슘페터(Schumpeter)의 "이윤은 노동착취가 아니라 혁신에서 나온다"고 주장한 이래 기업경영에서 혁신은 기업의 생존과 관련된 문제가 되어 왔다. 기업경영에서 말하는 조직 혹은 경영혁신이란 "조직의 목적을 달성하기 위하여 새로운 생각(idea)이나 방법(method)으로 기존업무를 다시 계획(plan)하고 실천(do)하고 평가(see)하는 것"으로 본다(조동성·신철호 1996: 16).

윌슨(James Wilson)은 혁신을 새로운 과업의 수행이나 현 과업의 수행 방식에서 중대한 변화가 있는 새로운 프로그램이나 기술로 본다(Wilson 1989: 222). 군사교리 연구가인 포슨(Barry Posen)은 혁신을 조직의 붕괴나 조직에 대한 외부의 압력 등에서 비롯된 대변화로 보고 있다(Posen 1984: 47). 따라서 군사에 있어 혁신은 시간을 넘어서서 군사적 효과성(전투력의 효과성과 효율성)을 변화시킬 수 있을 정도로 범위가 크고 역사적으로 매우 뚜렷한 변화를 말한다.

이러한 군혁신은 전쟁양상 자체에 큰 변화를 불러일으키고 있는데, 특히 미래에 전개되어질 전장은 무기체계의 능력이 획기적으로 광역화, 장사정(長射程)화, 정밀화, 고위력(高威力)화, 고기동화, 네트워크화될 것이기 때문에 전장의 공간(범위)과 성격(기능)이 근본적으로 변화될 수밖에 없다(국방부 2003: 67-30).

혁신과 관련해서 개선, 개혁, 쇄신, 유신, 혁명, 개선, 변혁 등 우리를 혼란스럽게 하는 비슷한 용어들이 많이 사용되고 있다. 본 장에서는 우선 군에서 사용하고 있는 혁신관련 개념들을 살펴보기로 한다. 이를 위해 군에서의 혁신관련 포괄적인 개념으로 군혁신(military innovation)이란 용어를 혁신관련 개념의 중심에 두고 논의를 진행한다. 다음으로 혁신이 가져오게 되는 미래전장 양상을 크게 대별하여 설명하고자 한다. 이는 현대전쟁 양상의 변화추이를 고려하여 분류한 것이다. 이와 같이 군혁신과 함께 전쟁양상의 변화를 다루게 되면, 향후 전쟁에 대비한 전략수립과 전력보유를 위한 방향성을 제공할 수 있을 것이다.

〈참고 10-1〉 Innovation, Revolution, Transformation

Innovation, Revolution, Transformation이라는 용어를 번역하면 모두 혁신이라고 하기도 하나, 엄격한 의미로는 Innovation은 혁신, Revolution은 혁명, Transformation은 변혁 또는 변환이라고 해야 할 것이다. Innovation의 사전적 의미로는 지금까지의 기구/구조, 관습, 방법 등 구습을 버리고 새롭게 한다는 뜻으로 지금까지의 과정을 근본적으로 부정하여 잘못된 과거를 청산하고 새로운 방향으로 시작한다는 의미다. 군사적으로 볼 때는 지금까지의 작전개념 또는 방법(교리, 전술, 훈련, 지원 등)을 새롭게 대체하는 것으로 볼 수 있다. 여기서 military innovation은 군혁신으로 번역하여 revolution in military affairs 또는 military revolution의 '군사분야 혁명' 또는 '군사혁신'과는 구별하여 사용하도록 한다.

II. 군혁신의 시작: 군사기술혁신(MTR)

군혁신(military innovation)을 연구한다는 것은 군사적 효과의 질적 개선을 통해 상대군에 비해 상대적 우위를 점하고 있음을 인식하고 기술하는 것이다. 따라서 전략·전술에 대한 크고 작은 도전들에서 시작하여 전쟁에서 싸워 이기기 위해 군사적 능력을 크게 변화시키는 방식들을 통해 조직들이 어떻게 그 도전들을 극복했는지를 논의한다.

결국 군혁신은 후술할 군사기술혁신(MTR)이나 군사분야 혁명(RMA) 그리고 군사변혁(Military Transformation)의 모든 내용을 포용하는 포괄적 개념이 되는 것이다. 따라서 현대의 군혁신 진행은 1980년대와 1990년대 초 MTR과 함께 시작되어 1990년대 중·후반기에 RMA로 갔었고, 마지막으로는 세기의 전환 시점 특히 럼스펠드가 2001년 초 국방장관이 된 후에 군사변혁으로의 화려한 전환을 하게 되었다고 볼 수 있다. 이와 같이 군혁신은 군사분야에서의 변화전체를 관통하는 의미를 가지고 있다고 볼 수 있다. 그러나 모든 경우를 설명하는 어떤 단일의 혁신이론을 획득하기는 어렵다.

군사적 능력에 있어서 미국주도의 혁신에 대한 논의가 1980년대 후반에 갑자기 두드러지게 나타났다. 이러한 변화는 "군사기술혁신(MTR)"이라고 명명되었다. 현대의 군혁신으로서 언급되는 군사변혁에 대한 기술적 요소들의 많은 부분도 1970년대 후반과 1980년대 미국의 군사기술의 진보에 기원하고 있다.

냉전을 통해 미국과 서구동맹 국가들은 NATO와 비교하여 2~3배 정도로 수적 우위를 가졌던 구소련의 재래식전력에 대항하여 미국의 전략핵억제에 의존했다. 이것은 핵의 제1격을 무력화하기 위한 나토와 미국의 거부정책의 기초를 이루었으며 이러한 정책은 1980년대 이후 미국의 재래식 전력의 극적인 변화에도 불구하고 제자리를 지키고 있었다. 변화는 미 카터 대통령의 국방장관이었던 해럴드 브라운의 결심에서 시작되었다. 그에 따르면 나토가 이제는 소련과 같이 많은 군인들로서 전쟁에 나서기를 원하지 않기 때문에 질적이고 기술적인 진보를 통해 소련의 양적인 우위를 상쇄하기 위해 노력해야 한다는 것이다. 따라서 새롭고 더 좋은 탱크와 함정과 항공기를 구입하고 군사력의 규모를 증가시키는 것보다 현 플랫폼과 인원이 새로운 기술의 적용을 통해 소련의 것보다 상당한 경쟁적 우위를 제공할 수 있다는 개념으로 전자공학(microelectronics) 분야와 컴퓨터를 통해 그러한 능력들을 추구할 수 있었다.

미군은 1980년대에 앞선 군사기술을 통해 연구와 개발을 진행했고 실험은 워게임과 시뮬레이션을 통해 이루어졌으며 실제 전장에 시험된 것은 1991년 걸프전에서였다. 그러한 기술들은 지휘·통제·통신·정보·감시 센서와 정밀공격 무기 및 적의 대공방위 제압 분야에서의 발전을 보여주었으며 특히 걸프전에서 연합군 승리에 결정적으로 작용했던 것이다(Perry 1991). 1991년 걸프전이 보여주었던 결정적인 군사기술 진보는 일반대중과 미국의 동맹국들과 함께 미군들 스스로에게도 거의 기습과 같은 것이었다. 미군의 발전 잠재력을 가장 잘 파악한 나라는 아마도 냉전시 미국의 적국인 구소련이었다. 1970년대 말에 구소련의 군사이론가들은 재래식 군사력에서 컴퓨터, 우주감시, 장거리 정밀미사일의 응용은 서구가 동구보다 경쟁적일 수 있음을 표현하기 시작했다. 이러한 생각들이 힘을 받으면서 1980년대 초 소련군 총참모총장인 니콜라이 오가르꼬프(N. V. Ogarkov)는 미국이 군사기술혁신(MTR) 분야의 시작단계에 있음을 확신하게 되었다(FitzGerald 1994: 1). 그리하여 그는 소련이 이와 보조를 맞출 수 있도록 소련의 방위예산을 증가시킬 것과 기술적으로 앞선 장비를 구입할 것을 주장했으나 가중되는 경제적 어려움과 이에 따른 소련의 붕괴는 그러한 조치들을 불가능하게 했다.

그러나 MTR이라는 용어가 짧게 생존했는데 그 주된 이유는 미군의 효과성 변화와 결합된 광범위한 기술적, 교리적, 조직적, 작전적 혁신들(innovations)을 다루기보다는 기술(technology)에 대해 초점을 두었기 때문이다. 미국의 전 합참의장인 오웬스(William Owens) 제독은 1970년대에 기원하는 새로운 기술과 개념들 중 많은 것들이 미국 RMA의 중심이 되었으며, 유럽에서 억제의 신뢰성을 유지하기 위해 핵 및 재래식 무기들 관련 새로운 세대가 나타났다고 했다(Owens 2002: 56). 이리하여 MTR은

요점정리

- 군혁신(military innovation)은 시간을 초월하여 군사적 효율성, 효과성을 변화시킬 수 있을 정도의 대규모의 중대한 변화를 의미한다.
- 군혁신은 MTR, RMA, Military Transformation을 포괄하는 광의의 개념이다.
- MTR은 1980년대 후반에 점진적인 군의 현대화를 넘어서 불연속적인 변화의 모습을 보여주기 시작했는데 이는 전자공학과 컴퓨터를 통해서 미국의 재래식 전력의 극적인 변화를 경험하면서 이루어진 것이다.

RMA에게 자리를 내주게 되었으며 군혁신이 RMA이라는 발전된 개념을 사용하면서 본격적인 진화를 겪게 된다고 볼 수 있다.

III. 군사혁신(RMA)

1993년에 큰 영향력을 가진 워싱턴의 싱크탱크는 "MTR이 기술외의 군사력의 많은 부분과 관련이 되어 있으며, 혁신적(innovative) 기술, 교리, 군사조직과의 적절한 결합과 함께 전쟁수행방식을 재조형하는 것(reshaping)"으로 주장했다(Mazarr, Shaffer and Ederington 1993: 1). 마자르(Michael J. Mazarr)는 이러한 점을 강조하면서 MTR의 용어를 RMA의 용어로 바꾸었다. 그는 RMA를 기술의 혁신적인 응용에 의해 야기된 전쟁속성의 중대한 변화로 정의했으며, 기술의 혁신적인 응용은 군사교리, 작전 및 조직 개념들의 극적인 변화와 결합하여 군사작전의 특성과 행위를 근본적으로 변경시키고 있다고 했다(Szafranski 1996: 118). 그래서 진행 중인 변화는 MTR로 부르든 RMA로 부르든 관계없이 군사기술 이상을 포괄하고 있음을 강조했다. 한국군에서도 이러한 의미의 개념을 도입하여 "군사과학기술을 이용하여 새로운 전력시스템을 개발하고 작전운용개념 및 조직편성 혁신을 조화롭게 추구함으로써 전투효과가 극적으로 증폭되는 현상"이라고 소개했다(국방부 2007: 11-14).

RMA에서 중요한 것은 변화의 속도가 아니라 변화의 크기(magnitude)이다. 즉, 군사발전이 과거 연장선상에서 진화적으로(evolutionary) 발전하는 것이 아니라 혁명적으로(revolutionary) 변화하는 것을 말한다. 진화적 발전이란 기존의 체계 또는 구조에 대한 논리적인 진보를 뜻하며 군사적으로는 전투발전(combat development)을 의미할

〈참고 10-2〉 RMA(Revolution in Military Affairs)

RMA를 직역하면 "군사분야 혁명"으로 표현된다. 그러나 군사혁신이란 용어가 이미 우리사회에서 널리 알려져 있으므로 이 표현을 그대로 사용하지만 단독으로 표현되는 Revolution 용어는 혁명으로 사용한다.

수 있으며 후술할 군현대화(military modernization)의 의미와 유사하다고 볼 수 있다. 하지만 혁명적 발전이란 기존의 체계 및 구조를 근본적으로 파괴하고 다시 창조하는 것을 의미한다(권태영·노훈 2008: 51). RMA 의미를 언급할 때 아주 자주 결합되어 있는 것으로 기술적, 교리적, 조직적 개념들을 명확히 할 필요가 있다.

1. 기술적 혁신

RMA 군사기술이 군사행동의 첫발을 내디뎠던 것은 1991년 걸프전에서이다. 이어서 이러한 군사적 능력의 범주들이 크게 발전되어, 1999년 코소보전, 2001~2002년의 아프간전, 2003년 이라크전 동안에 뚜렷해졌다. 이들은 정밀유도무기(PGMs), 정보수집·감시·정찰(ISR), 지휘·통제·통신·컴퓨터·정보처리(C4I)(후자의 2개 부분은 종종 C4ISR로 결합된다)에서의 진보를 통해 알 수 있다.

정밀유도무기들은 인공위성항법장치로부터 레이저나 인공위성 좌표를 이용해서 표적으로 유도되는 것이다. 예로서 함정이나 항공모함으로부터 멀리 떨어진 내륙의 목표들을 향해 발사될 수 있는 미국의 위성유도 토마호크(Tomahawk) 순항미사일과 전략폭격기에서 낙하될 수 있는 위성유도 합동직격탄(JDM)을 들 수 있다. 스탠드오프(Standoff) 정밀전력은 정밀유도 포탄처럼 점점 지상전력의 플랫폼에 적용되고 있다. 1991년 걸프전 이후부터 PGMs이 널리 보급되어 정확하게 점점 더 먼 곳에서 발사될 수 있었다. 정밀전력은 전쟁에서 가능한 민간인 사상자들을 줄여주고, 스탠드오프 요소는 전쟁에서 우군의 사상자들을 줄이게 되어 더 큰 차별성을 가지고 사용되었다.

첨단 ISR 능력은 유인항공기, 무인항공기, 위성의 모든 범위를 포함하며, 전쟁공간인지 또는 적 위치 파악능력의 확대와 함께 우군 위치를 잘 파악하여 우군을 공격하는 사고를 피할 수 있게 한다. 합동감시표적공격레이더시스템(JSTARS)은 어떤 기후에서도 150마일까지 떨어진 차량들과 지상의 움직임들을 찾아내어 추적할 수 있는 공중에서의 지상감시체제다. 프레데터(Predator)는 JSTARS와 같이 전장에서 새의 눈과 같은 조망을 가지고 임무지역 위로 날 수 있으며, 비행고도와 체류시간 면에서 작전적인 무인항공기다. 반면에 글로벌호크(Global Hawk)는 전략적인 무인항공기로서 더 높이 날면서 체공시간을 최대로 할 수 있다. 또한 수많은 전술 무인항공기들(더 낮은 고도, 짧은 체공시간)이 전 세계 다양한 군에 의해 사용되면서 전장을 볼 수 있도록 도와준다. 마지막으로 종종 첩보위성으로 일컫는 위성기반의 군사감지시스템은 전장에서 일어나고 있는 상황에 대해 가장 전략적인 모습을 보여준다. 미래에는 인도주의적 위기에 대한 군사적 대응과 같은 상업적 영상위성들이 점점 더 군사작전에 일정한 역할을 하게 될 것이다.

더 좋은 상세 정보라도 사람이 이러한 정보에 따라 행동하지 않으면 그 유용성이 줄어들게 되는데 이것은 첨단 C4I와 전쟁공간통제와 관련되는 곳이다. 방대한 정보를 아주 빠르게 처리하고 이해하는 기술이 발전되어 왔는데, 이러한 정보는 거의 실시간에 이를 필요로하는 지휘관이나 플랫폼에 전달된다. 예를 들어 2001년과 2002년의 아프간전 동안에 첨단 지휘통제 기술은 탈레반의 좌표를 정확하게 찍었던 지상의 특수부대로 하여금 수백 마일 떨어진 항공모함에 거의 실시간에 정보중계가 가능토록 하였던 것이다. 항공모함은 곧 그러한 위치들에 대해 정밀유도무기(PGMs)를 발사시켰다. 이와 유사하게 아프간에서 운용하고 있는 프레데터 무인항공기의 센서정보는 스탠드오프 거리에 있는 지휘관들에게 거의 실시간에 전달되었으며, 곧바로 지휘관들은 UAV에게 정밀유도 헬파이어 미사일들의 발사를 결심하였던 것이다. 신속한 정보처리와 전달의 목표는 관찰-판단-결심-행동(OODA) 고리 내에서 시간을 가능한 한 단축시키는 것이다.

그리하여 지휘관들에게 한순간에서 다른 순간으로 전쟁통제의 능력을 부여해준다. 걸프전과 아프간 분쟁 몇 년간 기술적인 진보는 지대하여 어떤 행동계획에서는 OODA고리가 2~3일에서 30분 이내로 단축될 정도가 되었다.

〈참고 10-3〉 존 보이드의 OODA 순환고리(loop)

미 공군대령 보이드(John Boyd)는 전투행위는 Observation → Orientation → Decision → Action으로 연결된 하나의 순환고리(loop)를 형성하여 이뤄진다고 보았다. 보이드가 주목한 점은 OODA로 이뤄지는 전투행위 사이클의 순서가 아니라 이 Loop를 빠르게 순환회전시킴으로써 적의 의사결정을 혼동 및 마비시킬 수 있다는 것이다.

2. 교리적 혁신

1990년대를 통해 수많은 군사교리들이 RMA의 분야에서 나왔다. 지배적인 주제는 변화의 필요성인데, 제자리에서 싸우려는 군대, 즉 유럽에 머물러 유럽 내에서 싸우려는 대량의 육중한 냉전시기의 군대로부터, 유럽과 북아메리카에서 전 세계의 작전 전구로 전개할 수 있는 가볍고 좀 더 기동적인 군대로의 변화다. 이러한 필요성은 국제 안보환경의 변화 속성에 의해 나타난 것이다. 동맹국들이 유럽에서 큰 위협에 대항하는 것 못지않게 세계의 많은 나라에서 발생되는 일련의 조그마한 위험과 위협에 직면하게 되었다. 1990년대에 이러한 것들은 주로 인도주의적인 위기들이었다. 9·11 테러 후기 환경에서 더 큰 우려는 이전에 유효했던 억제와 봉쇄 등의 전략들이 비국가행위자들의 위협을 다루는 데는 적합지 않다는 것이었다. 따라서 본토에서 가능한 한 멀리 이격하여 다루면서 그 위협으로 다가가야 했다. 그리하여 신속기동군 또는 원정군이 RMA의 핵심되는 교리가 되어왔다. 이것은 일부 군 플랫폼을 경량화할 수 있는 새로운 기술의 적용을 통해서 손쉽게 이루어질 수 있다. 예를 들면, 미국은 20톤의 무게로서 70톤의 아브라함탱크와 똑같은 방호수준을 가진 장비를 개발하기 위해 새로운 기술의 미래전투장비시스템을 발전시키고 있다. 또한 미국과 동맹국들은 방어력도 미흡한 무한궤도차량보다 가벼운 차륜차량, 즉 스트라이커 기동 포시스템과 경장갑차량에 역점을 두기 시작했다. 대포 대신에 PGMs의 사용은 그 부하를 줄였으며 효과도 더 커짐에 따라 군사력이 이전처럼 많은 탄약에 의존하지 않게 되었다는 것을 의미한다. 또한 신속전개력은 전략공수의 도움을 받거나 의존하게 될 것이다.

전장에서의 기동은 RMA의 두 번째 핵심 교리가 되었다. 군사작전은 전선 없는 적 전투원에 직면하여 고공투하전력의 작전들로 특징된다. 군인들은 빠르게 변하는 상황에 대응하기 위해 신속하게 움직일 수 있어야 할 것이다. 전장에서의 기동은 중(中) 또는 중(重)공수 헬기와 공격헬기의 사용 등으로 용이해질 것이다. 이는 더 가벼워진 지상군 플랫폼들이 일찍이 주목했던 것으로 냉전시의 전차보다 전장을 더 빠르게 누빌 수 있기 때문이다.

RMA는 또한 정밀전력과 스탠드오프전력의 투사와 관련된 항공력교리 개념을 가지고 있다. 이는 정밀유도무기, 전략폭격기와 유무인항공기들의 결합을 통해 수행될 것이다. 군 플랫폼에서 스텔스나 저고도 정찰기술은 또한 스탠드오프 전략투사 달성에 중요하다. 특히 정밀무기와 무인항공기의 결합은 무인전투기관련 새로운 항공력교리의 출현을 예고했다.

RMA의 가장 중요한 교리 중 하나는 합동성 강화 또는 지·해·공 전력의 합동작전 능력에 대한 강조였다. RMA는 3~4개의 군종이 군사적 목적 달성에 기여하는 매끄러 운 전장을 예견했다. 지상전력이 목표를 찍어주고 항공전력인 프레데터 무인항공기에 좌표를 연계시키면 무인항공기는 목표 타격을 위한 항모발진 항공기에 정보를 제공 해 준다.

여기에서 극복해야 할 과제는 여러 시스템들이 함께 운용될 시 발생되는 기술적 장애물들이다. 1990년대 중반에 미국 해군의 오웬스(Owens) 제독은 미국의 각 군종 이 더 정확하고 덜 위험하고 좀 더 효과적인 군사력 사용 능력의 증대를 위해 노력하 고 있다고 말했다. 군사기술의 3개의 "연통들(stovepipes)"인 ISR, C4I, PGMs는 독립 적으로는 발전했으나 전장에서 상호운용적이지 못할 때는 오히려 방해물이 될 수 있 다. 따라서 복합시스템(system of systems)의 구성이 요구되는데, 이는 복합시스템을 통해 전장공간 인지, 전장공간 통제, 정밀전력을 위해 제공되는 능력들이 좀 더 조화로 운 소프트웨어와 하드웨어를 사용하여 상호운용능력을 증대시킨다는 것이다(Owens 1995: 16).

이 기간 동안에 미 해군은 플랫폼중심에서 네트워크중심 전투로 주요 교리적인 변 화를 추구하였다. 네트워크 중심전의 배경이 되는 원래의 개념은 특수한 플랫폼들의 개별적인 특성보다는 함께 움직이고 의사소통할 수 있는 플랫폼들의 능력에 더 큰 역점을 두었다. 네트워크중심전 개념 하에 해군은 적합한 기술을 사용하여 수많은

〈참고 10-4〉 네트워크 중심전(NCW: Network Centric Warfare)

- 네트워크 중심전은 센서와 정책결정자 그리고 전투원(shooters) 들을 네트워크로 연결하여 전투력을 증가시키는 개념이다. 네트워크화의 목적은 지식을 공유하고 지휘속도를 증가하며 작전템포를 빠르게 하고 살상력과 생존성을 높이며 자체동시 통합(self-synchronization)을 실현하는 데 있다(U.S. Department of Defense 2005).
- 최근 NCW는 NCE(Network-Centric Environment)로 대체하고 있는데 이는 기존 의 NCW가 네트워크 연결에 의한 정보공유가 전쟁수행개념이 될 수 없다는 비판과 함께 NCE가 네트워크로 연결된 환경을 조성함으로써 분산 비선형전 수행에 필요 한 기반을 제공한다는 차원에서 비롯되었다(U.S. Department of Defense 2005).

여러 종류의 분산된 센서들, 사수(shooters)들, 정책결정자들을 네트워킹하기 위해 노력했다. 9·11 이후 기간에서 네트워크 중심전의 개념은 지상과 공군교리의 중심이 되었다.

3. 조직 혁신

조직은 무기체계 등 군사수단과 더불어 군사교리와 군운용 개념을 표현하는 형태 중의 하나이다. 군사적인 제반 개념의 변화는 불가피하게 조직의 변화를 수반하지 않을 수 없으며 조직의 변화 방향 역시 혁신의 관점에서 논의되고 있는 제반 개념들과 밀접한 연관성을 지니고 있다. 일반적인 조직의 발전개념인 '조직 효율화'의 방법이 군사혁신의 개념과 연계될 때 대략 크게 두 가지 방향으로 형성된다. 즉, 무기체계, 정보화, 자동화 등 군사기술의 혁신에 따르는 인력의 감축 가능성으로부터 전반적인 조직 규모의 축소를 지향하게 된다. 이렇게 축소된 조직에 혁신적인 운용방법을 적용하여 전투효과성이나 운영생산성을 높일 수 있는 방안을 창출한다. 규모대비 생산성의 혁신적인 증폭을 유도하는 방법으로 조직의 효율성 증진을 추구한다.

RMA 조직 변화는 좀 더 질적으로 높고 잘 훈련되고 교육이 잘된 병사들, 수병들, 항공인들로 구성된 조그마한 부대들ㅡ그렇다고 전체적으로 반드시 축소된 전력규모는 아닌ㅡ의 창설에 초점을 두었다. 전력은 특수임무에 맞게 좀 더 기동성 있고 민첩한 부대로 나뉘어졌다. 병사들은 그들이 다루고 있는 첨단기술 장비에 정통한 자가 되어야 하며 국가 간의 경계를 넘어서 전개할 수 있어야 한다. 따라서 징집병들로서는 한계가 있기 때문에 RMA와 연합된 중심적인 조직변화는 징집병으로부터 완전지원병들 또는 직업군인들로의 변화로 볼 수 있다.

요점정리

- RMA의 3가지 영역에서의 혁신은 기술, 교리, 조직 혁신이다.
- RMA의 기술적 혁신은 상쇄전략에서 발전된 기술에 그 중심을 두고 있다.
- RMA의 핵심적 교리는 신속기동군, 원정군, 합동군에 있다.

IV. 군사변혁

변혁이라는 용어는 1990년대 방위정책논의에서 이미 사용되었지만 중요하게 다루어지지는 못하였다. 변혁을 다루는 초기의 가장 유명한 저서로 마틴 크레펠트(Martin V. Creveld)의 「전쟁의 변혁」이 있는데 이에 따르면 전쟁의 변화속성과 향후 군사력이 어떻게 발전해야 할 것인가를 암시하고 있다. 크레펠트는 이 책에서 클라우제비츠의 이론들은 더 이상 적용되지 않는다고 하면서, 국가 간의 전쟁을 위해 계획된 냉전식 군대는 테러리즘과 시민전쟁이 등장하는 시대에는 불필요하다는 선견지명이 있는 주장을 하고 있다(Creveld 1991).

1990년대 후반에 이르러 미국 방위계 논자들은 RMA보다는 군사변혁 또는 단순하게 변혁에 대해 더 언급하기 시작했다. 그러나 일찍이 RMA 표현이 새로운 '변혁'이라는 용어로 쓰여지기 시작한 것은 1997년 후반의 의회보고서로서 이는 "변혁하는 국방: 21세기 국가안보"라는 제하로 채택된 국가방위를 위한 패널보고서였다. 또한 1999년 9월에 조지 부시 대통령은 ROTC 학교(The Citadel)에서의 연설에서 전쟁기술의 혁신과 군의 변혁 모두에 대해 언급하였고, 2001년 "4년주기 국방정책검토서(QDR)"는 진행 중의 RMA와 미군의 변혁이 함께 기술되었다. 2006년의 QDR은 RMA에 대해 언급하고 있지 않고 있으나 변혁에 대해서는 20여 번 이상이나 기술하고 있다.

1. 변혁개념

군사변혁(military transformation)이란 여러 가지 의미로 사용되고 있는데 어느 정도 공감을 갖고 있는 의미는 다음과 같다. 즉 "과학정보기술을 토대로 군사부문에서 혁신

〈참고 10-5〉 국방개혁(Defense Reform)

최근 한국에서는 국방개혁(Defense Reform)이란 용어를 자주 사용하는데, 이는 "정보과학기술을 토대로 국군조직의 능률성·경제성·미래지향성을 강화해 나가는 지속적인 과정으로 전반적인 국방운영체제를 개선·발전시켜 나가는 것"으로서 이는 국방부문의 정부개혁의 개념이다.

과 개선을 아우르면서 미래에 효과적인 군사력을 만들기 위해 본질적으로 변화를 조성해 나가는 활동"으로 표현되고 있다. 이러한 표현에 의하면 점진적인 개선과 혁신적인 도약의 두 의미를 모두 포함하고 있음을 알 수 있다(배달형 2004). 한국군에서는 군사변혁을 "궁극적인 목표달성을 위한 절차로서 유형의 무기체계와 함께 조직, 조직원의 사고와 업무수행, 작전수행 방식 등 무형적인 요소 등을 내포함은 물론 지속적으로 추진하는 과정"으로 정의하고 있는데, 이는 하나의 절차로서 유·무형적인 요소를 포함하는 지속적 추진과정임을 밝히고 있다(국방부 2007: 11-14).

변혁이라는 이름을 사용한 것은 부분적으로 혁신(revolution)이라는 단어에 따라오는 기대와 염려를 완화시키려는 시도를 반영한 것으로 볼 수 있다. 미국방성의 전력변환실의 퍼다스(T. Pudas)는 2006년에 RMA는 많은 군사전문가들에게는 신속하며 과격하되 통제되지 않은 변화를 의미한다고 주장했다(Pudas 2006: 47). 변혁이라는 새로운 이름은 현재 진전되고 있는 것들의 성격을 더 정확하게 포착하기 위한 열망을 반영한 것이다.

그러나 혁명적 변화의 개념은 변화가 완성된 어떤 점, 명확한 종말상태를 나타낸다. 이에 반해 군사변혁은 진행 중인 변화의 개념을 포착한다. 2001년의 미국의 4년주기 국방정책검토서는 변혁은 최종점이 아니라고 언급하고 있는 첫 공식적인 정책문서로 볼 수 있다. 그 이후로 목적이나 결과보다는 계속되는 과정으로서 변혁개념은 서구의 국방정책관련 사고의 유용한 도구(mantra)가 되었던 것이다. 나토 군사변혁사령부(NATO ACT)의 고위관리가 말하기를 1990년대의 변화관리는 우리를 최종상태로 인도하고 있었으나, 오늘날 변혁은 최종상태는 보지 못하고 단지 장래가 더 유망한 일정한 나선형임을 얘기했다(U.S. DOD, Office of Force Transformation 2003: 57).

변혁은 또한 현대화 그 이상이다. 현대화는 점진적인 변화의 영역에 있으며 계속적인 향상을 내포하는 개념인데 이를 통해 조직은 현 업무능력의 개선을 시도하는 것이다. 반면, 변혁은 이전에 RMA와 결합된 군사적 효율성에서 불연속적인 도약의 개념을 포함한다(National Defense Panel 1997: 57). 현대화가 현 기준 내에서 임무를 수행하기 위한 능력을 개선하는 것임에 반해 군사변혁능력은 그 기준 자체를 세련화시킨다. 따라서 변혁은 똑 같은 일을 더 낫게 하는 것이 아니며, 더 나은 일을 하는 것이다. 좋은 예는 야간에 야시(night-vision) 장비를 사용할 수 있는 미 육군 능력의 변혁이었다. 이것은 다른 군종으로 하여금 야간에도 주간처럼 전투할 수 있는 새로운 성공기준을 충족토록 강제했던 것이다.

럼스펠드 전 국방장관은 변혁은 적을 신속하게 공격하여 황폐시키기 위해 해·공군
력과 함께 신속하게 전개할 수 있는 충분히 통합된 합동군의 발전을 포함하고 있으며,
또한 새로운 사고방식과 새로운 기술을 결합시킨 독일의 전격전 교리만큼이나 새로운
사고방식과 전투방식을 포함하고 있음을 주장했다(Rumsfeld 2002: 21, 27). 이러한 모
든 아이디어들은 RMA의 개념들과 일치하고 있다. 이와 같이 당시 군사력변혁실에서
는 변혁이 새로운 기술을 포함하고 있으나 이것 이상으로 새로운 작전개념과 조직구
조를 포함하게 된다고 했다. 이는 1990년대에 RMA라고 언급한 것에 대한 정확한
진단이다.

이러한 개념이해에 따라 군사변혁을 추진한다면 우선 점진적인 능력 향상을 추구하
되 고도의 유연성과 적응력을 구비하게 된다면 신기술, 무기체계, 교리 등을 소화할
수 있는 혁신적인 도약을 추구할 수 있을 것으로 본다.

2. 전략/작전 기획

2002년 부시 대통령은 웨스트포인트의 신임 소위들 앞에서 "우리의 안보는 모든
미국인들이 전향적이고 결연해야 함을 요구한다"고 연설했다. 그리고 국가는 필요 시
선제행위에 대비하고 국가는 그렇게 행동할 것임을 선언했다(Barnes 2002). 이것은
강력한 표현이었으며 2001년 9·11 테러공격 9개월 후, 북한, 이란, 이라크를 악의
축으로 분류하여 발표한 2002년 1월 29일 4개월 후에 있었다. 부시가 생각했던 것은
한 국가가 직접적이고 엄연한 위협이 되기 전에 공격에 가담하는 것으로 바로 선제공
격 개념인 것이다. 이러한 선언적인 선제전략의 의미는 2002년 "국가안보전략서
(National Security Strategy)"에서 보강되었다.

이러한 미국의 대외정책 기조는 미국과 동맹국들로 하여금 위협기반으로부터 능력
기반의 군사기획으로의 전환을 통해 복잡하고 변화하는 국제안보환경의 속성에 대응
토록 했다. 능력기반의 군사기획은 어떤 특별한 위협이나 적이 나타날지 예측하기가
힘들지만, 적이 사용가능한 형태의 능력을 예상하여 여기에 대비하기 위해 필요한 활
동의 범위를 발전시키는 것이 가능하다는 것이다. 따라서 능력기반의 접근은 "적이
누구이며 어디서 전쟁이 일어날 것인가에 대해서보다는 어떻게 적이 싸울 것인가"에
더 초점을 둔다(Lamb et al. 2005: 13). 비군사적인 수단의 중요성은 효과중심작전
(EBO)으로 알려진 군사작전에 대한 새로운 사고방식에서 두드러진다.

〈참고 10-6〉 미 국가안보전략서(NSS)

미 국가안보전략서(NSS)는 '86년 미 국방부 재조직법에 의거 대통령이 의회에 연례적으로 제출하며, 미국의 대외정책 및 미국 내 정치·경제·군사적 장·단기 운용계획을 포함하고 있다.

이라크전의 교훈에서 가장 부각된 새로운 전쟁수행 개념이 "효과중심작전"이라고 할 수 있다. 효과중심의 접근은 기존의 목표중심접근(object-based approach) 또는 의도중심접근(intent-based approach)보다 진일보한 전쟁수행개념이다. 이와 같이 EBO 전법이 구체화되면서 전장운영개념이 크게 바뀌고 있다. 즉 ① 파괴 중심에서 효과중심으로, ② 영토 점령에서 시스템의 통제로, ③ 군사력의 현시(顯示)에서 군사적 영향력 과시로, ④ 개별 순차적 공격에서 동시병행공격으로, ⑤ 군사력 크기에 의한 투입(input) 중심에서 효과를 기초로 파괴하는 산출(output) 중심으로 급속히 전환되고 있다(권태영·노훈 2008: 192).

3. 제4세대 전투기획과 변형하는 변혁

변혁은 또 다른 이해의 측면에서 살펴볼 수 있다. 이는 이라크와 아프간에서의 진행되었던 분란의 결과로서 서구군대가 직면하고 있는 도전의 형태를 다루기 위한 다음단계의 변혁을 말하는 것이다(Boot 2005). "어떻게 싸우는가"의 변혁요소의 변화인자는 많은 주요 분야들을 포함하고 있다. 하나는 2001~2002의 아프간 전쟁에서 성년이 된 특수작전부대(SOFs)에 대한 강조다. 특수부대는 특별히 훈련된 무장 조직들로서 일반적으로 비전통적인 수단을 가지고 특수한 군사 또는 정치적 목표 달성을 위한 임무수행을 한다. 한때 드물게 사용했으나 2001년 이후부터는 이들은 군사적 임무의 주요요소가 되었으며 어떤 경우에는 이들은 정규 지상군의 최소지원 또는 아예 지원 없이 임무전체를 수행하게 되었다. 최근 지상군은 종종 특수작전부대로부터 기술상의 상당한 훈련을 받기도 하고 특수작전부대를 지원하기 위한 부대들도 창설되고 있다.

점점 커지고 있는 특수작전부대의 역할은 현대안보환경에서 서구군대가 직면하고 있는 위협의 형태들에 맞서기 위한 것이다. 현존 적의 전술은 서구군대로 하여금 파괴

활동, 게릴라전, 은밀작전에 훈련된 전투타격부대를 필요로 하고 있다. 따라서 특수작전부대는 주요 분쟁과 아울러 평화시 테러리스트 조직의 개개인을 추적·살해하는 일 모두에 결정적인 역할을 하고 있다.

변혁의 변화인자 중 또 다른 핵심요소들은 대분란전 능력과 안정화 및 재건작전 수행능력을 포함한다. 오늘날 연도폭탄(roadside bombs)과 자살폭탄 형태의 비대칭위협과 비재래적인 적에 직면하여 아프간과 이라크의 연합군과 함께 변혁은 완전히 새로운 일련의 군사적 도전들을 설명해야 한다는 것이다. 진정한 군사변혁이 비정규전 속에서 나타나고 있는데, 이러한 형태의 전쟁은 RMA에서 논의된 고도첨단(hi-tec) 기술에는 잘 맞지 않고 있다. 이는 대분란전 임무, 도시작전, 자살폭탄에 대해 탐지하고 방호할 수 있는 새로운 군사개념의 발전을 요구하고 있다. 이라크와 아프간 작전에서 성공적인 군사전역을 위해서는 지역주민의 지지를 공고히 하기 위한 신속한 민간부문의 재건이 수반되어야 함을 나타내고 있다.

한편, 이러한 특수군과 비재래/비정규 전투는 4세대 전투(4GW: Fourth Generation Warfare) 개념에 링크되어 있다. 이러한 개념은 린드(Bill Lind)를 비롯한 동료들의 독창적인 1989년 논문에 그 기원을 가지고 있다. 현대전쟁에 대해 언급한 그의 동료들은 전쟁의 3개 세대(three generations) 모두를 겪었으며, 전장이 점점 더 분산되어 이제는 전장과 민간과 정치적인 영역사이에 한정된 경계가 없는 제4세대에 진입하고 있다는 것이다(1, 2, 3세대 전쟁에 대해서는 후술할 미래전쟁 부분의 제4세대전·하이브리드전에서 설명된다). 이는 제4세대 전쟁을 설명하는 햄스(Thomas Hammes)의 역저『21세기 제4세대 전쟁』에 잘 나타나 있다(Hammes 2004: x). 4세대 전쟁은 전장이 적사회의 모두가 되는 현대 분란전 형태가 되며, 그 목표는 물리적으로 적을 파괴하기보다는 적을 내부적으로 붕괴시키는 것이다.

그들이 사용하는 폭력적인 전술은 복잡한 저강도분쟁으로부터 참수와 UN사무실 또는 오일인프라를 폭탄으로 공격하는 비디오영상에 이르는 포괄적인 활동범위를 가지고 있다. 반면에 비폭력적인 전술은 예를 들면 의회의원들에게 호소하여 군사자금 조달의 자금줄을 차단하기 위해 인터넷과 미디어를 활용하는 것들이다. 동시에 미국과 그 동맹국들은 기껏해야 몇 달 혹은 몇 년 동안의 전쟁일정을 구상하게 되는 반면에 4GW 실천가들은 수십 년 후의 투쟁까지 바라본다. 제4세대 적들은 보이지 않는다. 그들을 격퇴하기 위해서는 모든 정부기관과 민간분야의 요소들을 포함하는 시종일관 끈기있는 행동들을 통해서다. 이러한 4세대 전쟁에 대해서는 미래전쟁의 한 형태로 다음 장에서 거듭 소개된다.

군사변혁의 측면이 점점 광범위하게 이루어지자 그 취약성이 점점 감지되기 시작했다. 미국의 적들은 미국의 결점과 취약성을 공격하기 위한 비대칭 수단을 발전시켰다. 미국의 취약성 중 두 가지는 식별되었는데 열린 본토(open homeland)와 일반인의 생활 및 군사작전을 위해서 점점 우주자산에 의존하는 것이었다. 전 국방장관 럼스펠드는 2001의 4년주기 국방정책검토서에서 이러한 관심을 반영시켰다. 그가 식별한 특별한 변혁의 목표는 친숙한 RMA 개념을 포함하는 것이었다. 이는 정보기술을 사용하여 합동으로 싸울 수 있도록 전력을 연계시키고 멀리 떨어진 전장에 전력을 투사하고 지원하는 것 등이다. 그러나 그는 또한 미본토와 같이 주요작전기반을 보호할 수 있고 우주로의 방해받지 않는 접근을 유지할 필요성을 상술했다. 이외에 2001년 보고서는 미군을 변혁하는 것은 재래식 원정군과 탄도미사일 방어와 같이 분쟁을 억제할 수 있는 새로운 방법의 발전을 포함하는 것임을 지적했다.

모든 차원에서 군사변혁을 강조하고 있는 근본적인 특성을 보면 변혁이 그 핵심에서는 융통성과 정교함에 의해 특징지어진다는 개념이며 이 속에서 전력이 전쟁을 위해 어떻게 조직되고 갖추어져서 작전을 수행하느냐 하는 것이다. 2006년 4년주기 국방정책검토서의 말미에 등장하고 있는 평가부문에서 합참의장은 "변혁은 기술이나 플랫폼처럼 하나의 사고방식"이라고 주장하고 있다. 미국의 특수작전부대가 PGMs을 요구하는 대신에 말을 타고 수행한 2002년 겨울 아프간 마쟈리샤프 전투에서의 승리, 적은 규모의 여단 전투팀을 위해 장기주둔사단을 분해하려는 육군의 결심, 범세계방위태세검토(GPR)로써 미군통합사령부계획과 전 세계적 전력배분의 변화, 방위와 억제를 위한 새로운 3축체계(New Triad)의 배경하에 미국의 핵전력태세의 재조형 등을 포함한다.

특히 새로운 3축체계는 미국의 2001년 6월 핵태세 검토보고서(NPR)에서 나온 개념으로서, 이에 따르면 냉전시대의 핵 Triad인 ICBM, SLBM, 전략폭격기는 새로운 Triad인 ① 기존 3축체제와 비핵타격력(재래식 첨단전력)을 결합한 '공격체계' 축과 ② 미사일 및 방공수단(MD)을 포함한 '방어체계 축' ③ 연구개발 및 방산능력을 포함한 잠재능력 개발 '인프라 축'으로서 이를 상호 연계·결합하여 핵보유국의 위협뿐만 아니라 비핵·테러리스트의 위협(불량국가 및 테러집단)에도 선제적으로 대처한다는 개념이다. 이는 엄청난 변혁으로서 신·구 3축체계는 'Triad' 용어만 같지 실제내용은 근본적으로 다른 것임을 알 수 있다. 이와 같이 하나의 사고방식으로서의 변혁은 더 융통

요점정리

- 변혁: 1990년대 후반에 등장, 혁신과 개선을 포함, 본질적 변화조성
- 변혁의 중점
  - 전략/작전 기획
  - 제4세대 전투기획
  - 변형하는 변혁

성 있고 적응력 있는 군혁신개념이 되기 위해 부단하게 사고를 넓혀나가야 할 것이다.

V. 미래전 양상

최근 정보기술(IT) 및 군사과학기술의 획기적 발전을 통해 이뤄진 군혁신은 전쟁수행개념 자체를 크게 변화시키고 있다. 미래에 전개될 전장양상은 무기체계의 능력이 획기적으로 광역화, 장사정화, 고위력화, 고기동화, 네트워크화됨에 따라 전장의 공간(범위)과 성격(기능)이 근본적으로 변화되고 있다(국방부 2003: 67-70). 따라서 ① 근접전장보다 적지 '종심전장', ② 전술적 차원보다 '작전적·전략적' 차원의 전장, ③ 병력집중의 선형전장보다 효과집중의 '비선형'전장, ④ 밀집·대량파괴의 전장보다 분산·정밀파괴의 전장이 강조되고, ⑤ 시간요소(템포, 속도, 동시성, 동기화 등)와 ⑥ 인간요소(신체적, 심리적)에 대한 충격·마비효과가 중시되는 전장이 될 것이다. 특히 전장이 수평적 및 수직적으로 크게 확대됨에 따라 지, 행, 공군 간의 전통적인 전장 구획이 점점 불명확해지고 있다. 과거에는 적의 종심 깊이 위치한 전략적 표적은 공군만이 타격할 수 있었다. 그러나 현재 및 미래에는 해군 및 지상군의 플랫폼에 장착된 장사정(長射程) 정밀 유도무기로도 타격이 가능하다. 앞으로 공군은 현재의 작전공간을 지상군과 해군에게 많이 할애해주고, 그 대신 우주공간으로 더욱 확대해 나갈 가능성이 크다. 우주공간을 지배하지 못하면 정보지배와 공중지배가 불가능하고, 정보와 공중을 지배하지 못하면 해양과 지상을 지배할 수 없기 때문이다.

뿐만 아니라 미래전장은 합동전장이다. 전장의 디지털 네트워크화로 지·해·공의

전력이 용이하게 '합동'될 수 있고, 전쟁과 관련된 국내의 유관기관들은 물론이고 국제 기관과의 '협력' 및 '연합'도 촉진되며, 전·후방의 전장이 통합되고, 가용한 모든 전쟁 수단들을 효과적으로 '통합'해서 운영할 수 있다. 유인체계와 무인체계, 하드전력과 소프트 전력, 살상무기와 비살상무기 등을 목표 지향적으로, 조직적으로 결합, 통합할 수 있는 전장이 된다. 한편 미래전장은 과거전쟁의 연장선상에서 고도로 발전된 새로운 형태의 비정규전 양상이 치러질 것이다.

위와 같은 미래 전장환경의 변화 트렌드를 고려할 때, 미래전 양상은 전장공간, 전투수행방식에 따라, 그리고 감시정찰·지휘통제·타격 차원에서 크게 '네트워크 기반 신속결정전', '효과중심 정밀 타격전', '우주·정보·사이버전', '비살상·무인·로봇전', '제4세대전·하이브리드전', '3·4영역 전쟁' 등으로 구분하여 설명할 수 있겠다. 다음은 이에 대해 핵심적인 내용을 중심으로 간략하게 논의해 보기로 한다.

1. 네트워크기반 신속결정전

장기전을 하게 되면 대량파괴와 대량손실, 재정황폐화로 결국 피아 모두 패자가 된다. 따라서 장기전을 피하기 위해서는 기습공격과 초전 주도권 장악과 모든 전투역량을 통합·결집하여 순간적 절대우세 전력을 형성해야 할 것이다. 또한 '고속충격마비' 전략을 구사하여 초단시간내 승리를 획득하려고 노력해야 될 것이다. 이러한 목표를 달성하기 위해서는 우선 지휘계선의 단순화, C4I 통합적 지휘통제수단을 더욱 고도화·첨단화·자동화해야하고 화력의 장사정, 정밀타격, 고위력화와 함께 이를 통합 자동운영할 수 있는 체제를 발전시켜야 할 것이다. 또한 기동의 고속화 및 장거리화 등 복합적 발전이 이루어져야 할 것이다. 이러한 모든 것을 달성하기 위한 가장 기본적인 사항은 NCE(네트워크 중심 환경)가 구축되어야 할 것이며, 구축된 NCE를 통해 이루어지는 전쟁이 네트워크 중심전(NCW: Network Centric Warfare)이다. NCW는 지리적으로 분산배치된 전투조직들을 네트워크를 통해 효율적으로 연결·결합시켜 전투력을 향상시키는 것으로 네트워크 중심의 사고를 군사작전에 적용, 전투원과 조직행태를 혁신시키는 개념이다(Wilson 2004; U.S. DoD Office of Force Transformation 2005).

NCW에서 모든 전력요소(부대)들은 지리적 구속에서 해방될 수 있다. 전력요소(부대)들이 전장 공간 내 어느 곳에 위치되든지 간에 네트워크 상에 존재하기만 하면 신속하게 집중공격에 참가할 수 있다. 특히 전장의 분산 배치된 전력요소들이 상황변화에 빠르게 적응하여 속도지휘의 효과를 창출할 수 있는데, 보이드(Boyd)의 OODA Loop(〈참고 10-3〉)를 신속히 회전시켜 매우 빠른 템포의 작전을 수행할 수 있으며, 동적인 전투지휘가 가능하다. 그리고 장병들은 스스로 자신의 능력을 전체와 조화있게 자발적으로 동조, 통합하게 된다.

미 합참의 합동비전에 의하면, 합동군이 주어진 임무/과업을 달성하기 위해서 결정적 속도와 압도적인 작전템포로 적보다 유리한 위치적 이익을 확보할 수 있는 능력을 '압도적 기동(Dominant Maneuver)'이라고 부르고 있다(US DoD 2000: 20). 합동군은 넓은 지역에 광범위하게 분산해서 위치한 전력 및 부대와 화력의 효과를 네트워크를 통해 합동 및 집중으로 운용하며, 작전목적을 '신속히', '결정적으로' 달성하기 위해서 상대 적과 비교될 수 없는 속도와 기민성을 보유해야 한다.

2. 효과중심 정밀타격전

이라크전의 교훈에서 가장 부각된 새로운 전쟁수행 개념이 "효과중심 정밀타격전"이라고 할 수 있다. 효과중심작전(EBO: Effects-Based Operation)는 과거의 거칠고, 넓고, 포괄적인 타격방식에서 탈피하여, 적의 복잡한 시스템 속에서 치명적인 급소(적의 핵심 노드)들을 찾아내어 무력화시키는 효율적 작전개념이다.

EBO에 대한 연구는 1987년 미 공군에서 처음으로 시작되었으며, 그 정의에 대해서는 논자에 따라 약간의 견해차이가 있으나 미 합동전력사령부(USJFCOM, 2011.8.4. 해체)에서는 EBO를 "부여된 정책목표를 달성하기 위해, 작전환경에 대한 전반적인 이해를 바탕으로 국력의 제요소를 통합 사용하여 적의 행동 또는 능력에 영향을 미치거나 변화시키는데 중점을 두고, 계획, 시행, 평가, 조정하는 작전"으로 정의했다(Crowder 2003).

이러한 EBO개념의 적용에 있어 사실은 PGM 무기체계와 스텔스 기술이 최소의 노력 및 자원으로 적의 종심지역까지 정밀타격을 가능케 하여 전략적 목표 달성에 결정적 수단으로 작용하게 되었다.

또한 EBO는 각 군 간의 합동작전을 촉진시키는 촉매가 될 수 있다. 어떤 표적을 파괴하는 것 보다는 어떤 효과를 달성하느냐가 중점이 되기 때문에 특정부대와 무기체계가 어느 군종에 소속되어 있느냐보다는 어떠한 부대와 무기체계가 요망되는 효과

> ### 〈참고 10-7〉 PGM
>
> ....
>
> PGM이란 Precision Guided Munitions(정밀 유도탄)의 약자로, GPS탄(JDAM), GBU계열(GBU-28 벙커파괴폭탄 등), AGM(공대지미사일)계열 등 표적으로 유도되는 공대지 탄약을 총칭한다.

를 가장 탁월하게 달성할 수 있느냐가 판단의 초점이 되기 때문이다.

EBO에 대한 비평들은 대개 EBO관련 용어들이 생소하고 너무 복잡하여 명확히 이해하는데 많은 어려움이 있다는 것이다. 이에 대해 EBO구상의 핵심인물인 뎁튤라(David A. Deptula) 장군은 EBO가 "아주 단순한" 것이라고 말하고 있으며, 이 개념이 복잡한 이유는 몇몇의 사람들이 이 개념을 필요 이상으로 복잡하게 만들었기 때문"이라고 했다(Dunny 2008). 또한 EBO가 비록 공군력의 특성인 속도, 거리, 정밀성 그리고 융통성에 적합하도록 구상되었다고 하더라도 EBO의 접근방식이 미래의 전쟁수행 방식에 부합되는 개념이기 때문에 지상군 비평가들의 요구들을 수용할 수 있는 개념으로 발전시켜나가면 훌륭한 작전수행개념이 될 것으로 본다.

3. 우주·정보·사이버전

통상 지표면으로부터 약 100km 이상 되는 고도의 공간을 '우주(space)'라고 하는데 이 공간에 1957년 10월 4일 구소련의 스푸트니크(sputnik)발사 이후 그 숫자를 정확히 헤아릴 수 없을 만큼 인공위성과 각종 장비들이 지상에서 우주로 발사되고 있다. 냉전시대의 미소 간 군사적 경쟁과 국력과시용 우주개발이 최근 중국, 인도, 일본 등 아시아 국가들의 적극적인 진입으로 우주경쟁이 다원화되면서 더 치열해지는 양상을 보이고 있다. 우주안보가 국가안보에 직결되고 있음을 반증해주는 것이다. 우주작전은 우주전력을 사용하여 수행하는 제반 군사작전으로서 우주 감시 및 통제, 제우주작전, 공·지·해 지원 작전 등이 있다(공군본부 2009: 30-32). 향후에는 우주전력을 통한 우주우세 없이는 제반 군사작전의 성공이 어려워질 것이다. 특히 현대전에서 긴요하게 사용되는 각종 감시·정찰위성들에 대한 보호능력이 없이는 전쟁수행 자체가 불가능할 것으로 보인다. 특히 정보·감시·정찰, 정밀항법/위치정보, 기상정보 등은 우주에 떠 있는 관련 위성에 전적으로 의존될 것이다.

정보전과 관련해 흔히 이라크전을 들면서, 눈·귀 없는 이라크군이 천리안의 미군과 전쟁을 수행했다고 비유하곤 한다. 이러한 우주전·정보전에 대비하기 위해서는 우선 시간과의 싸움에서 전장주도권 확보 노력이 필요한데, 정보능력을 통해 먼저 보고, 표적을 식별해서 가장 적절한 타격수단과 방법을 선정하되 상대편의 전략적 중추신경의 급소 즉 정보시설을 먼저 타격해야 할 것이다.

사이버전(Cyber Warfare)은 21세기 정보·지식 사회에서 가장 특징 있는 새로운 전쟁양상이다. 사이버전은 '컴퓨터와 네트워크를 통해 구현되는 전자적 가상 현실세계(사이버 공간)에서 상대측의 정보 및 자산을 교란, 거부, 통제, 파괴시키고 적의 이와 같은 행위로부터 아측을 방어·보호하는 모든 행동, 즉 사이버 공간을 통제·지배하기 위한 무형의 공방전이다'라고 정의될 수 있다. 그리하여 최근 미 합참은 사이버전을 정보작전과 밀접히 연계시켰다. 즉 정보작전에 컴퓨터 네트워크 작전을 포함시킨 것이다. 사이버 공격수단으로서는 해킹, 컴퓨터 바이러스, 웜(worm), 논리폭탄(logic bomb), 치핑(chipping) 등이 계속 개발·활용될 것이며, 이를 방어하기 위해서 바이러스 백신, 침입차단, 암호 및 인증, 보안관제, CERT(Computer Emergency Response Team, 컴퓨터 긴급 대응팀) 등의 방책이 경쟁적으로 발전·활용될 것이다.

사이버전의 무기기술은 소수의 숙련된 개인이나 집단이 장소에 구애받지 않고 저비용으로 개발하여 지구촌 어디든지 전·평시 구분 없이 적용할 수 있기에 향후 힘이 약한 국가 또는 집단이 강대국에 대해 대응할 수 있는 좋은 수단이 될 것이다.

4. 비살상·무인로봇전

비살상 무기체계는 인명중시 사상에 입각한 전쟁양상에 가장 중심이 되는 무기들로서 전통적인 살상·파괴 전력을 보완해 주는 역할을 한다. 비살상무기는 고강도, 중강도, 저강도 모든 군사작전에 사용할 수 있고 특히 최근의 비정규전(irregular warfare)에 유용한 무기가 될 수 있다. 이는 많은 민간인이 적의 전투원과 뒤섞여 있는 특성을 지니고 있기 때문이다. 이러한 비살상무기에는 비핵전자펄스(EMP), 고출력 마이크로웨이브(HPM), 초저주파 음향무기, 금속연화제, 초강력부식제, 병사 무능화 화학작용제 등이 있겠다.

이와 같은 생명 중시 전쟁에서는 비살상무기체계와 함께 "무인로봇전"이 점차 증대될 것으로 보인다. 21세기 정보·지식사회의 전장에서는 다양한 유형의 수많은 로봇이 전투원을 대신하여 정보수집, 표적식별 및 추적, 레이더 교란, 불발탄 제거, 지뢰 및 기뢰 제거, 화생방 오염제독 등을 수행함은 물론, 적의 표적을 공격파괴하는 전투임무까지도 담당하는 전쟁양상이 펼쳐질 것이다. 이러한 무인로봇체계에서 미공군이 가장 오래된 역사를 가지고 있으나 현재는 육군이 무인지상체(UGV), 해군이 무인잠수체(UUV) 등 각 군이 경쟁적으로 무인체계 개발에 박차를 가하고 있다. 미 공군은 특히 걸프전 이후 경험을 토대로 전술 무인 비행체(TUAV)를 본격 개발하기 시작하였다. 즉 고고도·장기 체공 UAV들을 하나의 계열 개념으로 개발하는 프로그램을 착수하기 시작하여 프레데터(Predator), 글로벌 호크(Global Hawk), 다크스타(Darkstar)의 3가지 장기체공 무인기를 선정·개발하였다. 미해군은 장기체공·스텔스·전투 다목적 UAV인 'X-47B'의 개발을 추진하여 2013년 항모이착륙 시험에 성공, 2019년쯤 실전 배치할 전망이다. X-47B는 공대공·공대지 미사일(최대 2,045kg)을 장착, 다양한 방법으로 적을 공격할 수 있다. 또한 정찰기로서 기능도 수행할 수 있다. 비행속도가 초음속이며 차세대 스텔스 기술을 채용, 공중급유를 통한 4일간 연속작전이 가능하고 작전반경도 2,400km에 달한다(KIDA 2008: 216).

무인기는 기동성이 좋고, 획득 및 유지비가 저렴하며, 인명손실에 대한 우려 제거, 고위협·고위험 임무의 과감한 수행 등 유리한 점이 많다. 무인기의 이러한 점과 기술적인 실현가능성이 서로 결합되어 무인기는 매우 빠른 속도로 발전되고 있으며, 미래전에서 매우 다양한 임무를 담당하게 될 것이다.

5. 제4세대전·하이브리드전

알 카에다 조직은 세계무역센터에 대한 9·11 공격을 통해 새로운 비정규전 양태를 보여주게 되었다. 그는 이전 세대의 전쟁과는 다르게 적의 군대를 패배시킴으로써 승리하려고 하지 않고, 대신에 네트워크를 통해 적의 정책결정자들의 정치적 의지를 직접적으로 파괴시키기 위한 공격을 수행하였다. 이른바 '제4세대 전쟁(fourth-generation warfare, 이하 4GW)'을 시도했던 것이다.

이스라엘의 유명한 군사이론가인 마틴 반 크레펠트(Martin van Crevald)는 비재래전이 재래식 적을 상대로 상대적인 승리를 거두게 되는 점을 지적하면서, 정규군이 진화하는 위협을 잘 다루지 못하고 있음을 강조했다(Crevald 1991). 그는 새로운 전쟁방식에는 오히려 정규군과 첨단무기가 부적절할 수 있다는 도발적인 견해를 제시하고 있다. 다시 말해 미국은 첨단(high-tech)의 재래식 전쟁을 시작했으나 반군세력은 저기술(low-tech)의 4GW로 대응했다는 것이다.

빌 린드(Lind, Bill)와 게리 윌슨(Wilson, Gary) 등은 지난 약 수백 년 동안 진화해 온 현대전쟁의 세 가지 세대를 식별해 냈다. 그들에 따르면, 1세대 전쟁은 오와 열을 중시한 병력집중전, 2세대 전쟁은 화력집중전, 3세대 전쟁은 기동전으로 표현하고 있다(Lind et al. 1989: 22-26). 여기에 더하여 토마스 햄즈(Thomas X. Hammes)는 각 세대 간 전쟁목표의 변천을 언급하면서, 1, 2세대 전쟁은 적의 전쟁수행능력(병력과 화력) 파괴로, 3세대 전쟁은 군사적 의지의 파괴로, 제4세대 전쟁은 정치적 의지의 파괴로 진보했다고 했다. 이러한 정치적 의지의 파괴는 재래식 전쟁(정규전)을 통해서는 달성될 수 없다는 것이다(Hammes 2006: 30-31). 이와 같이 4GW의 근본사상은 분란자들의 편에서 볼 때 우세한 정치적 의지가 더 큰 경제력과 군사력을 이길 수 있다는 것이다. 따라서 자살폭탄자들은 아프간에서 연합군의 군사력을 격멸할 수는 없으나 거기에서 힘을 유지하고자하는 국가들의 정치적 의지를 꺾을 수 있다는 것이다. 그들 분란자들의 특징은 전투에서 승리할 가능성이 거의 없는데도 투쟁을 지속하려는 강인한 의지(전투의지)가 있으며, 죽음의 공포도 두려워하지 않는다는 것이다. 그들이 싸워서 지켜야 할 이념(idea)이 곧 저항력의 원천인 것이다. 두 번째 특징은 문제를 극복하는 과정에서 보여준 뛰어난 재능이다. 그들은 문제해결을 위해 재래식 군사력을 존중

〈참고 10-8〉 린드(Lind)의 현대전쟁의 세대 구분

린드는 현대전쟁에서 제1세대 전쟁을 오와 열의 전술을 반영한 것으로 주공지점에 병력을 집중시키는 것이며 이전의 중세전쟁에서 진화하여 기술의 발전과 프랑스 혁명 동안 일어난 사회적 변화에 기초하고 있으며, 2세대 전쟁은 무기의 양과 질적인 개선에 의해 진화했으며 그리고 화력의 집중에 의존하는 전쟁으로서 제1차 대전의 전술(철조망, 기관총, 참호전 등의 특성)에서 절정에 달했다. 제3세대 전쟁은 기동전으로서 1939년 독일군의 전차 자주포, 기계화 보병, 근접항공지원 등을 통한 기동의 우위를 보여준 전쟁이며, 그는 제3세대 전쟁이 시작된 지 70여 년 이상의 시간이 흘렀으며 4세대 전쟁이 어떻게 정의되어야 할 것인가는 독자의 몫으로 남겨 놓았다(Lind, eds. 1989: 5, 8).

하지만 이에 연연하지 않고 다른 방법을 추구한다는 것이다. 그리하여 그들은 정부군이 훈련하거나 경험하지 못한 전술과 기술을 사용하는 등 끊임없이 그들만의 방법을 찾아내는데 성공한다는 것이다.

그러나 이러한 4세대 전쟁수행 방식은 이전의 비재래전(Unconventional Warfare)이나 분란전과 확연히 다른 새로운 개념의 전쟁방식은 아니다. 오히려 분란전의 일종으로 평가할 수 있으며 분란전이 좀 더 발전된 새로운 관점의 개념이라고 할 수 있다. 이러한 관점에서 '4세대 전쟁'을 미래의 보편적 전쟁양상 또는 미래전을 설명할 수 있는 이론으로 평가하기 보다는 하나의 학문적 견해로 보기도 한다(조한승 2010: 228).

한편, 최근에 '하이브리드 전쟁(Hybrid War)'이라는 새로운 개념이 부각되고 있다. 하이브리드 전쟁의 개념은 호프만(Frank G. Hoffman) 등에 의해 제기된 이론으로서 용어 그 자체가 의미하듯이 혼합전쟁이라는 뜻이다. 이러한 전쟁은 비정규전쟁(Irregular Warfare)의 일종으로서 볼 수 있으나 크게 다른 점은 수행주체와 방법 및 수행시기에 있다. 하이브리드 전쟁의 수행주체는 국가와 비국가적 집단 모두가 수행할 수 있으며, 수행 방법 및 시기도 재래전, 비정규전, 테러, 사이버전 등 다양하고 상이한 형태의 전쟁이 동일한 전투공간에서 동시에 발생한다는 것이다(Hoffman 2009: 35-36). 이러한 전쟁의 조직면에서 보면 네트워크를 통해 광범위하게 분산된 세포조직으로부터 전통적인 계층구조를 가진 조직일 수도 있고, 수단 면에서는 매복, 급조폭발물(IEDs)뿐만 아니라 네트워크화된 지휘체계, 미사일 및 기타 현대적이고 치명적인 시스템을 운용할 수도 있다. 또한 하이브리드 전쟁은 사이버테러나 위성무기와 같은 하이테크 능력까지를 망라한다. 따라서 어느 한 용어로 하이브리드 전쟁을 설명하기는 어렵다. 다시 말해서 인간이 인위적으로 분리한 전쟁의 개념과 형태가 불분명하다는 것이다.

〈참고 10-9〉 급조폭발물(IED)

급조폭발물(IEDs: Improvised Explosive Devices)은 테러조직들이 살상, 파괴, 타격 등을 목적으로 인위적으로 급조한 모든 폭발성 장치를 말한다. 미군은 이라크와 아프가니스탄에 파견된 장병들을 IEDs로부터 보호하기 위해 탐지기, 정찰용 열기구 등 첨단기술의 각종 최신 장비도입을 통해 이에 대응하고 있다(Brook 2010).

이와 같이 전쟁개념이 수행주체, 수행방법, 시기 등에서 조금씩 차이를 보이며 진화하고 있다고 볼 수 있기에 비정규전의 작전형태도 시대의 변화와 함께 그 개념의 발전, 보완이 계속되는 것이다. 이처럼 비정규전도 미래전쟁의 한 형태로서 꾸준히 진보하며 발전하며 전쟁의 주요한 한 형태로서 그 위치를 점하고 있을 것임에 틀림없다.

6. 3영역 전쟁(Three Block War)과 4영역 전쟁(Four Block War)

3영역 전쟁은 1990년대 말 찰스 크루락(Charles Krulak)이 처음 제시한 전쟁양상 개념으로서, 글로벌 교역의 증가에 따라 미래의 전투는 해안에서 가까운 대도시에서 주로 전개될 것이며, 미래의 도시전투에서 군은 전투, 인도적 지원, 평화임무 등 다차원적 임무를 동시에 수행할 수 있어야 함을 강조하는 내용이다(Krulak 1999: 28-34). 이러한 사례가 최근 이라크와 아프가니스탄에서의 미국과 반군세력 사이의 전쟁에 비유됨으로써 3영역 전쟁 개념이 주목받게 되었다. 오늘날 도시화가 전개되고 글로벌 교역이 확대되면서 바다와 가까운 지역에 대도시가 형성되어 인구가 밀집되는 현상이 더욱 증가하고 있다. 이미 전 세계적으로 도시인구는 지방 인구를 압도하기 시작했으며, 이러한 추세는 더욱 심화될 전망이다. 도시화는 전쟁수행의 방식에도 영향을 준다. 도시에서의 전쟁은 빌딩, 도로 등 인공 시설물과 TV, 전화, 인터넷 등 미디어 시설, 그리고 지하철과 복잡한 상하수도, 가스관 등 인프라 시설로 둘러싸인 인구밀집 지역에서 전개된다는 점에서 기존의 개활지 혹은 산악 전투와 비교하여 큰 차이를 보인다. 따라서 이러한 도시에서의 군사작전(Military Operations in Urban Terrain, MOUT)은 민간인들과의 접촉이 많아지고 그만큼 인명피해가 커진다. 또한 도시 인구 구성원의 종교적, 정치적, 민족적, 경제적 특징이 매우 복잡하고 다양하기 때문에 이들 사회문화적 요인의 상호관계를 파악하고 이들 요인이 전쟁수행에 미치는 영향을 충분히 이해하고 대비해야만 MOUT를 효과적으로 수행할 수 있다.

3구역 전쟁론자들은 미래전쟁이 주로 도시지역에서 발생하게 되기 때문에 미래군은 도시지역에서의 3개 영역(blocks) 내에서의 다양한 스펙트럼의 임무를 동시에 수행할 수 있어야 한다고 주장한다. 즉, 군은 제1영역에서 '전면적 전투(war-fighting)'를 전개하는 동시에 제2영역에서 민간인 피해자와 난민에 대한 '인도적 지원(humanitarian assistance)'을 제공하고 제3영역에서 평화유지와 평화강제를 포함하는 '평화임무(peace operations)'를 수행해야 한다는 것이다(조한승 2010: 31-164). 이러한 다양한 임무를 동시에 효과적으로 수행하기 위해서 군은 철저한 준비와 훈련 및 교육을 필요로 한다. 크루락은 민간인들의 도시생활공간에서 적과 매우 근접해서 전투를 치루면서 인도적 지원 및 평화임무를 성공적으로 수행하기 위한 '전략적 전사(strategic corporal)'의 교육과 훈련을 강조하였다(Krulak 1999: 28-34). 이는 복잡하고 신속한 임무환경의 도시작전에서 지휘 리더십이 명령계통의 가장 하단부에 위치한 초급장교와 부사관에 이르기까지 부여될 수 있어야 한다는 것을 의미한다. 즉, 전투 현장의 소규모 부대를 이끄는 팀 리더에게 책임을 부여하고 상황에 맞는 작전을 유연하게 전개할 수 있도록 만들어야 하며, 이를 위해서는 소규모 부대의 팀 리더에 대해 종합적이고 신속한 상황판단과 대응이 가능하게끔 교육과 훈련을 제공해야 한다는 것이다.

이처럼 3구역 전쟁 개념이 도시중심의 전쟁환경에 필요한 다양한 임무수행과 이에 대한 인적자원의 육성을 강조하는 것이지만, 이에 대해 일부 군사 전문가들은 이라크와 아프가니스탄에서의 경험을 토대로 현대전쟁환경에 필수적인 정보능력이 추가되어야 한다고 주장한다. 미국의 제임스 매티스(James Mattis)와 프랑크 호프만(Frank G. Hoffman) 등은 크루락의 3개 영역 이외에 심리와 정보 작전(psychological and information operations)이라는 4번째 영역을 추가한 개념을 제시하였다(Mattis and Hoffman 2005). 이러한 임무는 이라크 등에서 전개되는 COIN(Counterinsurgency)에서 매우 중요하다. 이들 지역에서 미군과 다국적군은 주민들의 마음을 얻는 전쟁에서 적들과 경쟁하고 있다. 따라서 주민들의 문화와 정서를 이해하고 이를 군사적으로 활용할 수 있는 능력을 갖추는 것이 필수적이다. 제임스와 호프만이 제시한 추가적 4번째 영역은 지리적, 물리적 공간이 아니라 커뮤니케이션과 메시지의 전달, 더 나아가 매스미디어와 방송 등과 관련된 '소통'의 공간이다. 즉, 미래의 군은 크루락의 3개

요점정리

- 미래전 양상은 다음과 같은 특징을 가지고 있다.
  - 네트워크 기반 신속결정전   - 효과중심 정밀 타격전
  - 우주·정보·사이버전   - 비살상·무인·로봇전
  - 제4세대전·하이브리드전   - 3, 4영역 전쟁

영역 각각에서 정보를 수집하고 공유하며 분석할 수 있는 4번째 능력을 추가적으로 갖추어야 한다는 것이다.

VI. 맺음말

수십 년 동안의 미국의 군사능력, 교리와 사고방식의 발전은 군혁신(military innovation)이라는 용어로 용해시킬 수 있다. 따라서 군혁신이 혁신관련 용어들을 설명하는 단초를 제공하고 있다. 또한 한 단계 나아가 오늘날 상황(context)의 혁명적 변화와 진전에 따라 적절하게 대변할 수 있는 최근의 혁신개념으로서 군사변혁 개념을 제시하고 있다. 또한 이 개념은 현재까지 발전된 개념으로서 앞에서 언급된 변혁이해의 범위를 포괄한다는 전제로부터 시작한다.

우리가 현재까지 너무 익숙한 용어인 군사혁신(군사분야에서의 혁명)까지의 논의는 사실상 전쟁의 기술적 측면에 중점을 두고 있다고 하겠다. 즉, 미래전에 대비하는 유일한 원동력은 한마디로 기술력이라는 것이다. 부분적으로 군사변혁은 냉전시에 부담스런 주둔형군에서 탈냉전과 9·11 시대에 보다 더 민첩하게 전개할 수 있는 원정군으로의 변화이다. 또한 그것은 RMA라고 일컬어 왔던 모든 측면들을 포함한다.

군사변혁은 또한 "어떻게 싸울 것인가?"에 대해 더 많은 변화를 설명하고 있으며, 9·11 테러 후 반복적으로 강조되었던 요구사항들이다. 안정화 및 재건작전, 대분란전 임무와 특수작전부대는 군사변혁의 중심이 되었고, 일반적으로 "변형하는 변혁(transforming transformation)"이라는 문구로 나타나고 있다. 한 명의 지적이고 창조적인 분란자가 기술력을 무효화시킬 수 있다는 사실이 점점 증명되고 있는 시점에서 새로운 군사변혁 개념이 이를 설명할 수 있어야 한다는 것이다.

또한 군사변혁은 본토방위, 우주로의 자유로운 접근유지, 방위와 억제에 대한 새로운 접근 같은 아직 더 광범위한 변혁에 대한 이해를 포함하고 있다. 따라서 군사변혁의 변형은 단기적으로는 점진적인 능력의 향상을 추구하고 중·장기적으로는 고도의 유연성과 적응력을 구비하여 신기술, 무기체계, 교리 등을 소화할 수 있는 변혁을 동시에 균형적으로 추구하여 개념의 진화를 거듭해 나가야 할 것으로 본다.

한편, 미래의 전쟁양상은 기존의 전쟁양상과 다를 것이며, 특히 비국가 행위자가 전쟁의 중요 행위자로 등장할 것이라는 예측은 매우 적실성 있다. 국가의 무력독점

원칙이 약해지고 비국가 행위자가 중요해짐으로써 비정규전을 포함한 비전통적 전쟁 양상이 더욱 확산된다는 것이다. 그러나 기술력 중심의 전쟁양상도 동시에 간과될 수 없는 부분들이다. 특히 군사부문에서 기술적 측면이 강조될 수밖에 없는 항공력, 우주력 등의 활용을 위해서는 더욱 그렇다는 것이다. 전쟁의 승리를 달성하기 위한 다양한 수단과 방법은 계속 발전할 것이며, 따라서 전통적 방식과 비전통적 방식 모두 중요하다.

핵심개념

- 군혁신(Military Innovation)
- 군사기술혁신(Military Technical Revolution)
- 군사혁신(Revolution in Military Affairs)
- 군사변혁(Military Transformation)
- 변형하는 변혁(Transforming Transformation)
- 제4세대 전쟁(The Fourth Generation Warfare)
- 네트워크 기반 신속결정전
- 효과중심 정밀 타격전
- 우주·정보·사이버전
- 비살상·무인·로봇전
- 제4세대전·하이브리드전
- 3영역전·4영역전

토론주제

1. 혁신개념틀을 이루고 있는 요소들은 무엇이며 이들을 통해 이루어지는 혁신환경(innovation milieu)을 설명하시오.
2. MTR의 개념이 단명하게 된 이유는 무엇인가?
3. RMA의 3가지 영역에서의 혁신은 무엇인가?
4. 군사변혁의 중점은 무엇인가?
5. 미래전 양상의 구분 기준은 무엇인가?
6. 비국가 행위자가 중요시되는 전쟁양상은 어떤 것들이 있는가?

11

국가정보

학습내용

이 장은 국가정보에 대해 다룬다. 국가안보와 이익에 대한 내/외부의 위협, 안보정책 결정자의 중요한 판단과 결정의 준거가 되는 지식, 직접적/잠재적 적대국의 정보활동의 파악에 이르기까지 국가안보의 핵심적 요소마다 국가정보는 중요한 역할을 담당한다. 이 장에서는 국가정보의 개념과 수행방식을 이해할 수 있도록 먼저 정보의 개념과 국가정보의 순환단계에 대해 살펴본다. 다음으로는 정보활동의 핵심이라 할 수 있는 첩보의 수집, 그리고 국가정보기관의 또 다른 중요한 임무인 방첩과 비밀공작에 대해 차례대로 다룰 것이다.

I. 머리말

1590년 일본의 긴 전란이 끝나고 도요토미 히데요시(豊臣秀吉)에 의해 통일정권이 수립되었다는 소식을 듣자, 조선 조정은 사절을 파견하여 일본 정세를 파악하도록 했다. 이듬해 일본에서 돌아온 두 명의 통신사는 상반된 상소를 올렸다. 정사(正使) 황윤길은 도요토미 히데요시가 범상치 않은 인물이며 반드시 일본으로부터의 침략이 있을 것이라 보고한 반면, 부사(副使) 김성일은 침략의 징후를 전혀 발견하지 못했다고 상소했다. 받아들여진 것은 김성일의 보고였다. 그리고 1592년 4월, 부산 앞바다에 나타난 20만의 왜군이 대대적인 조선 침공을 개시하였다. 조선 조정은 잘못된 정보의 책임을 물어 김성일을 파직하고 대응책 마련에 서둘렀지만, 파죽지세로 한양과 평양을 함락한 왜군의 위협으로 인해 선조 임금은 신의주까지 도피해야만 했으며 조선의 운명은 바람 앞의 등불 신세가 되었다.

비록 오래전의 사건이지만 임진왜란을 앞두고 있었던 조선의 정보실패 사례는 국가정보가 국가이익은 물론 나라의 운명까지도 결정할 수 있는 중대한 문제임을 보여준다. 국가의 내부와 외부로부터 어떤 위협이 닥쳐오고 있는지, 급박한 위기 상황에서 어떤 정보를 바탕으로 중요한 판단과 결정을 내려야 할 지, 우리의 직접적/잠재적 적대국이 어떻게 암약하고 있는지의 문제까지 국가안보의 핵심적 요소마다 국가정보는 중요한 역할을 담당한다.

이렇게 중요한 국가정보의 수집과 분석, 생산 업무를 담당하는 것이 국가정보기관이다. 국가정보기관은 다음과 같이 국가안보를 위해 필수적인 역할을 담당한다. 첫째, 국가안보를 심각하게 저해할 수 있는 위협을 파악하여 이를 미리 경고하는 역할을 한다. 둘째, 정보를 제공함으로써 정책결정자들이 중요한 결정을 내릴 때 보다 정확하고 효과적인 정책을 선택할 수 있도록 돕는다. 셋째, 외부로 알려져서는 안 될 국가의 중요한 정보를 보호하고 비밀성을 유지하는 역할을 수행한다. 넷째, 정보전문가를 양성함으로써 국가안보에 필요한 장기적인 전문성을 제공한다(Lowenthal 2008).

이 장은 국가정보의 개념과 수행 방식에 대해 소개한다. 국가정보란 무엇이며 어떤 과정을 통해 만들어지고 처리되는가? 국가정보기관은 어떤 역할을 수행하는가? 내용의 순서는 다음과 같다. 먼저 국가정보의 기본적 이해를 위해 정보의 개념과 국가정보의 순환단계에 대해 살펴본다. 다음으로는 정보활동의 핵심이라 할 수 있는 첩보의 수집에 대해 다룰 것이다. 그리고 끝으로 국가정보기관의 또 다른 중요한 임무인 방첩과 비밀공작에 대해 차례대로 살펴보겠다.

II. 정보의 개념과 과정

1. 정보의 개념과 유형

정보(intelligence)의 개념은 좁은 의미에서의 정보와 넓은 의미에서의 정보로 구분할 수 있다. 먼저 좁은 의미에서 정보란 정부가 국가의 안보 이익을 증진시키기 위해, 그리고 실질적이거나 잠재적인 적의 위협을 다루기 위한 정책을 입안하고 실행하는 데 적합하게 활용될 수 있는 첩보를 말한다(Shulsky & Schmitt 2007: 1). 한 가지 주의해야 할 점은 여기서 말하는 정보란 'intelligence'의 번역어라는 점이다. 우리가 일반적으로 '정보'로 번역하는 'information'은 국가정보를 이야기할 때 '첩보'로 번역된다. 첩보가 특정한 목적에 따라 수집된 단순 사실들만을 가리키는 데 반해, 정보는 정책적 목적에 의해 수집과 분석·평가의 단계를 거쳐 가공된 지식이다(〈참고 11-1〉 참조).

한편 보다 넓은 의미에서 정보는 국가안보에 중요한 특정 유형의 첩보들이 요구·수집·분석되어 정책결정자에게 제공되는 과정과 이 과정을 통해 나온 생산물, 그리고 정보의 보호활동 및 특수 공작과 이를 담당하는 기관까지를 일컫는 포괄적인 개념이

다. 이처럼 넓은 의미에서의 정보는 정보활동의 최종결과물만을 정보로 보는 좁은
의미에서의 정의에 더해 전체 정보가 처리되는 과정과 결과물, 그리고 정보활동을 수
행하는 조직 및 단위체까지를 포함한다(Shulsky & Schmitt 2007: 2-5).

  정보의 유형은 여러 기준에 따라 분류할 수 있다. 정보는 먼저 지리적 범주에 따라
국내정보와 국외정보로 구분된다. 국내정보란 자국의 정치, 군사, 경제, 사회 등에 대
한 정보와 함께 국내에서 타국 및 타세력의 정보활동을 막는 방첩 및 보안활동을 말한
다. 국외정보란 타국의 정치, 군사, 경제, 사회 분야에 걸친 정보와 이를 수집·분석·
평가하는 작업, 그리고 영토 밖에서의 방첩 및 비밀공작과 같은 정보활동을 가리킨다.

  한편 내용에 따라 정보는 정치정보, 군사정보, 경제정보, 사회정보, 과학기술정보로
나눌 수도 있다. 정치정보란 특정 국가나 세력의 정치체제와 권력 구조, 주요 정치인
과 정치 세력의 현황 및 정치적 관계, 주요 정책 등에 대한 정보를 말한다. 군사정보
는 특정국가 혹은 세력이 보유한 병력 및 무기의 현황, 주요 인사 및 인명, 주요 군사
정책 및 전략·전술 등에 대한 정보를 말한다. 한편 경제정보란 경제 현황, 정부의
재정·경제 정책부터 기업의 주요 영업 현황 및 기술 등과 관련한 정보를 그 내용으로

〈참고 11-1〉 정보와 첩보

∙∙

  국가정보를 공부할 때 쉽게 혼동할 수 있는 것이 바로 정보와 첩보의 개념이다. 이것
  은 우리가 일반적으로 정보를 'information'의 번역어로 사용하기 때문인데, 국가정보
  를 이야기할 때 사용되는 정보란 'intelligence'의 번역어이다. 뿐만 아니라 넓은 의미
  에서 정의할 때 정보는 단순히 정보활동을 통해 생산된 지식만을 이야기하는 것이
  아니라, 이 지식을 수집·분석·생산하는 과정과 함께 방첩·비밀 공작 등의 정보활동
  과 이를 수행하는 정보기관까지를 포함하는 개념이다.

  ▪ 첩보(information)
    - 특정한 목적에 따라 정보기관에 의해 수집된 사실(fact)과 자료(data)

  ▪ 정보(intelligence)
    - 첩보를 수집하고 처리·분석하여 생산하고 배포하는 일련의 활동
    - 정보활동의 결과물로서 수집·처리·분석 단계를 거쳐 생산된 지식
    - 정보활동의 일환으로서 수행되는 방첩·보안·비밀공작과 이를 수행하는 정보
      기관

한다. 사회정보는 특정 국가의 사회 구조나 인구 변동, 사회 세력 및 사회현상 등에 대한 정보이다. 과학기술정보는 특정한 과학 기술 분야의 발전 및 보유, 기술 이전 및 이용 현황 등에 대한 정보를 주 내용으로 한다.

2. 정보과정

정보활동은 정보과정(intelligence process), 혹은 정보순환단계(intelligence cycle)라 불리는 업무수행 방식에 따라 이루어진다. 정보과정이란 정책결정자들이 정보의 수요를 느끼는 데서부터 시작하여 정보기관들의 정보활동에 의해 최종적인 결과물이 보고되는 데까지의 과정을 가리킨다. 정보과정은 요구, 수집, 처리와 개발, 분석과 생산, 배포와 소비, 피드백의 6단계로 구분할 수 있다(Lowenthal 2008; DNI 2009; 민진규 2010).

1) 요구(requirement)

정보과정의 첫 단계는 특정한 목적에 따른 정보의 필요성을 느끼고 정보의 요구가 주어지는 것이다. 지리적 위치, 다른 국가와의 관계, 주요 정책 목표 및 방향 등 특정 국가가 처한 상황에 따라 정보의 수요는 달라진다. 정보의 요구는 대개 정책결정자들의 명령에 의해 발생되지만, 언제나 하향식의 일방적 과정만은 아니다. 정책결정자들이 정보의 필요성과 우선순위를 매기는 데에는 정보기관이 제공하는 정보가 중요한 영향을 미칠 수 있다. 이처럼 요구 단계는 정보과정의 단선적 끝에 있는 것이 아니라 순환적 과정의 한 단계로서 존재한다.

2) 수집(collection)

특정한 정보의 요구가 발생하면 정보기관은 첩보의 수집에 나서게 된다. 수집은 요구되는 정보의 특성과 목적에 따라 다양한 방식으로 수행될 수 있다. 예를 들어 폐쇄적인 테러리스트 집단의 내부 상황을 알고자 한다면 잠입을 통한 인적 정보 활용이 효과적일 것이다. 반면 특정 국가의 미사일 개발 상황에 대한 정보가 필요하다면 첩보위성이나 기계신호 감청과 같은 기술적 수단이 유용할 수 있다. 주지할 것은 수집 단계에서 얻어지는 것은 정보가 아니라 첩보라는 점이다. 수집단계에서는 정보 요구에 따른 목적과 관련하여 다양한 사실관계(fact)가 입수되지만 그것의 중요도나 정확성·신뢰성에 대한 판단은 이루어지지 않는다. 수집에 대해서는 다음 섹션에서 보다 자세히 다루도록 하겠다.

3) 처리와 개발(processing & exploitation)

수집단계에서 입수된 첩보를 분석할 수 있도록 가공하는 것이 처리와 개발 단계이다. 대개 영상이나 신호, 시험 데이터와 같은 기술정보들이 이 과정을 거치는데, 이와 같은 기술정보들은 인간이 바로 분석하기에는 부적절한 기계적 자료의 형태를 띠고 있기 때문에 분석과 생산 단계에 앞서 이를 처리 및 가공할 필요가 있다. 인공위성을 통해 촬영된 사진을 인화하고 분류하는 작업, 정찰기를 통해 입수된 신호 및 감청 정보를 식별 및 해독하는 작업 등이 여기에 해당된다.

4) 분석과 생산(analysis & production)

분석과 생산 단계에서는 입수된 첩보를 실제 정책결정자들이 사용할 수 있도록 만드는 작업이 이루어진다. 입수된 첩보들은 분석 단계에서 정확성과 신뢰도, 그리고 사안의 경중이 가려지며 이 단계를 거침으로써 첩보에서 정보로의 변환이 이루어진다. 정보기관은 입수된 첩보가 국가이익 및 안보에 얼마나 큰 영향을 미칠 수 있는지 분석 단계에서 판단한다. 또한 정보의 소비자인 정책결정자의 지침과 선호, 그리고 정보의 적합성과 적시성 역시 분석시 중요한 고려사항이 된다. 이렇게 분석된 정보는 정책결정자나 정부기관을 위한 보고서, 혹은 대중을 대상으로 한 교육 자료 등 다양한 형태로 생산된다.

5) 배포와 소비(dissemination & consumption)

생산된 정보는 정보의 성격과 활용 목적 등에 따라 다양한 곳에 배포되고 소비된다. 대개의 경우 가장 중요한 배포처는 바로 정보의 요구처로, 대통령·장관과 같은 주요 정책결정자나 외교부·국방부와 같이 해당 사안과 관련된 정부기관이 여기에 해당된다. 정보기관에서 생산된 정보가 정책결정자나 정부기관에만 배포되고 소비되는 것은 아니다. 비밀유지가 필요하지 않은 정보의 경우 공익을 위해 일반 국민에게 공개되는 경우도 있는데, 예를 들어 미국 CIA가 World Fact Book 서비스를 통해 세계 각국의 기본 정보를 웹상에서 제공하는 것이나 우리나라 국가정보원 홈페이지에서 국제범죄정보를 제공하는 것 등이 이에 해당된다.

6) 피드백(feedback)

정보의 소비자들은 배포되고 소비된 정보에 대해 어떤 정보가 유용했고 혹은 쓸모가 없었는지, 혹은 어떤 정보가 더욱 필요하고 조사되어야 하는지에 대한 의견을 정보기관에 제시할 수 있다. 이것이 피드백 단계이다. 예를 들어 테러조직에 대한 첩보수집을 통해 테러 징후가 감지된다면, 정책결정자는 이에 대해 보다 자세한 정보를 파악하여 보고할 것을 정보기관에 요구하게 될 것이다. 정보활동의 개선과 정보기관

〈사례 연구〉 9·11 테러와 정보실패(intelligence failure)

2001년 9월 11일, 테러리스트에 의해 네 대의 미국 여객기가 납치되었다. 이 중 두 대의 항공기는 뉴욕 맨해튼의 세계무역센터 빌딩에 충돌하였고 한 대는 미국 국방부 건물을 덮쳤다. 나머지 한 대는 승객의 저항으로 피츠버그 동남부 지역에 추락하여 폭발하였다. 테러조직 알 카에다에 의해 자행된 이 동시다발적 공격은 미국은 물론 전 세계에 충격을 안겨주었으며, 이후 이어진 아프가니스탄 전쟁과 이라크 전쟁의 시발점이 되었다. 미국의 정보기관은 이미 다양한 첩보를 통해 테러의 징후를 입수하였으나 이날의 공격을 예견하는 데에는 실패하였고, 9·11 테러는 미국 정보기구의 대대적 조직 개편의 시발점이 되었다.

이처럼 정보기관이 중요한 첩보 입수에 실패하거나 정보의 분석 및 판단에서의 오류로 인해 국가가 중대한 위기를 맞이하는 경우를 정보실패(intelligence failure)라고 부른다. 정보실패는 9·11 테러와 같이 국가가 예상치 못했던 기습을 당하여 심각한 타격을 받도록 하거나, 혹은 예상치 못했던 정치적·경제적 손실을 입도록 만들 수 있다. 또 하나의 예로 미국과 영국의 정보기관들은 2003년 이라크전이 개시되기 전 후세인 정권이 대량살상무기(WMD)를 개발하고 있다는 증거가 있다는 정보를 보고했고 이에 따라 이라크 침공이 이루어졌다. 그러나 전쟁이 끝나고 이루어진 사찰에서 WMD의 존재 증거는 찾을 수 없었으며, 미국과 영국 정부는 국제 여론은 물론 국내적으로도 큰 비난에 직면해야 했다.

이와 같은 정보실패가 일어나는 이유에 대해서는 다양한 원인이 제시되고 있다. 복잡하고 관료적인 정보기관의 정보 처리 및 보고 구조가 정보의 정확한 분석과 판단을 저해할 수도 있다(Zegart 2007). 다른 한편으로 다양한 방면에서 입수되는 방대한 첩보의 양으로 인해 무엇이 정확한 정보이고 무엇이 무시해도 좋은 사안인지 판단을 흐리게 할 수도 있다(Wohlstetter 1965). 또한 과도한 부담감이나 자신감, 희망적 사고, 인지적 오류와 같은 심리적 요인으로 인해 잘못된 분석과 판단에 이르게 될 수도 있다(Parker & Stern 2002). 어쨌든 분명한 것은 정보실패는 국가에 중대한 위기를 가져올 수 있으며, 이를 막기 위해 각국 정부와 정보기관은 각고의 노력을 기울이고 있다는 것이다.

요점정리

- 정보(intelligence)란 좁은 의미에서 정부가 국가의 안보 이익을 증진시키기 위해, 그리고 실질적이거나 잠재적인 적의 위협을 다루기 위한 정책을 입안하고 실행하는 데 적합하게 활용될 수 있는 첩보를 말한다.
- 넓은 의미에서 정보는 국가안보에 중요한 특정 유형의 첩보들이 요구·수집·분석되어 정책결정자에게 제공되는 과정과 이 과정을 통해 나온 생산물, 그리고 정보의 보호활동 및 특수 공작과 이를 담당하는 기관까지를 일컫는 포괄적인 개념이다.
- 정보활동은 정보과정(intelligence process)이라 불리는 업무수행 방식에 따라 이루어지며 정보과정은 1) 요구, 2) 수집, 3) 처리와 개발, 4) 분석과 생산, 5) 배포와 소비, 6) 피드백의 6단계로 구분된다.

의 업무 효율성 증대를 위해 피드백은 필수적인 과정이라 할 수 있다.

III. 첩보의 수집

다양한 정보활동 중에서도 가장 기본적인 활동이라 할 수 있는 것이 바로 수집이다. 수집은 다양한 방식을 통해 정보의 원자료(raw data), 즉 첩보를 모으는 것을 말한다. 첩보 수집은 다양한 방식으로 이뤄지는데, 그 방식에 따라 크게 인간정보, 기술정보, 공개출처정보의 세 범주로 나눌 수 있다.

1. 인간정보

인간정보(HUMINT: human intelligence)는 인간을 통한 정보활동, 즉 대인접촉을 통해 수집되는 첩보를 수집하는 것과 이를 통해 얻어지는 정보를 일컫는 개념이다. 물론 기술정보나 공개출처정보 모두 인간에 의해 정보활동이 수행되지만, 인간정보의 핵심은 사람과 사람의 접촉에 의해 정보활동이 이뤄진다는 점이다. 우리가 007 시리즈와 같은 스파이 영화에서 보는 첩보 활동은 인간정보라 할 수 있다.

인간정보의 가장 기본적인 수단은 정보기관에 소속된 정보요원인 정보관(I/O:

intelligence officer)의 활동이다. 정보관은 첩보수집 업무가 아닌 비밀공작을 담당하는 경우 공작관(C/O: case officer)으로도 불린다. 정보관은 그 자신이 직접 첩보를 얻기도 하지만, 많은 경우 정보대리인으로서 첩보원을 고용하여 첩보를 수집하며 이런 업무 성격으로 인해 조종관(handler), 통제관(controllers), 접촉관(contacts)으로도 불린다.

외국에서 활동하는 정보관은 공식가장의 형태와 비공식가장의 형태로 위장할 수 있다. 공식가장(OC: official cover)은 외교관이나 정부대표와 같은 대사관 직원 신분으로 위장시키는 것을 말하는데, 외교관으로서 위장하기에 면책특권을 누리고 오래 체류할 수 있다. 또한 일상적 활동을 통해 정보원이나 주재국 사람, 혹은 제3국 인사에 접근하기 용이하다. 그러나 신분이 알려져 있어 집중적 감시대상이 될 수 있으며 주재국 사람들이 접촉을 꺼릴 수도 있고, 외교관계가 악화되거나 단절될 경우 추방의 대상이 될 수 있다는 단점을 갖고 있다. 실례로 지난 2010년 12월 영국과 러시아는 과도한 첩보수집활동을 이유로 서로의 외교관을 맞추방하기도 했다.

한편 비공식가장(NOC: nonofficial cover)은 정보관이 언론인, 사업가, 유학생, 여행자와 같은 민간인 신분으로 위장하는 것을 가리킨다. 이러한 방식은 공식가장에 비해 신분을 은폐하기가 쉽고, 보다 넓은 범위의 사람들과 비교적 적은 의심을 받으며 접촉할 수 있다는 장점을 갖고 있다. 그러나 가장 신분의 확보와 정착에 오랜 시간과 큰 비용이 소요되며, 법적 보호를 받지 못해 신분상 위험을 수반한다는 단점을 가진다.

정보기관에 소속된 정보요원 외에도 정보관이 활용하는 첩보원(source)과 자발적으로 정보관에게 첩보를 제공하는 협조자(walk-in) 역시 중요한 인간정보의 수단이다. 첩보원은 정보관이 입수하는 첩보의 원천이다. 외국에 파견되는 정보관은 해당 국가에 대한 지식을 갖추고 있다고는 해도 현지인만큼은 알지 못하기에, 대개 현지인을 물색하고 포섭하여 각종 첩보를 입수하는 첩보원으로 고용한다. 협조자는 자발적으로 첩보를 제공하겠다는 의사를 밝히는 첩보원을 말한다. 정부에 원한이나 불만을 가져서일 수도 있고 단순한 금전적 이득을 바라는 경우, 이념에 따라 협조자가 되는 경우도 있다. 이념에 따른 협조자로는 냉전 초기 소련 KGB의 이중간첩으로 영국 정보기관에서 20여 년간 암약한 '케임브리지 5인조'의 사례가 유명한데, 이들은 케임브리지 대학 출신들로 대학시절 접한 공산주의 이념에 사로잡혀 자발적으로 소련에 첩보를 제공했다.

인간정보의 장점은 다음과 같다. 첫째, 인간정보는 상대국이나 세력의 의도와 심리 상태를 파악하는 데 가장 유용한 첩보수집 방식이라 할 수 있다. 실제 인적 접촉을 통해 얻어지는 인간정보의 첩보는 의도 파악의 측면에서 인공위성이나 신호감청과 같은 기술정보에 비해 훨씬 효과적이다. 둘째, 폐쇄적인 조직이나 집단의 정보를 얻는 데 효과적이다. 테러집단이나 범죄조직의 경우 매우 폐쇄적인 조직구조와 문화를 갖는데, 내부정보원이나 잠입을 통한 인간정보는 이러한 폐쇄적 집단의 정보를 얻는 유용한 수단이 될 수 있다. 셋째, 이중간첩의 활용이나 역정보를 흘림으로써 상대의 정보활동을 방해하고 기만하는 수단으로도 활용될 수 있다. 넷째, 초고가의 개발비용과 유지비용이 소요되는 기술정보에 비해 비교적 적은 비용으로 활용이 가능하다는 장점이 있다.

그러나 인간정보에는 다음과 같은 단점 또한 존재한다. 첫째, 첩보원이 제공하는 첩보가 진짜인지 확인이 필요하다. 객관적 성격을 띤 기술정보와는 달리 첩보원으로부터 제공되는 첩보는 주관적이거나 사실관계와 틀린 것일 수도 있고, 첩보를 꾸며내거나 과대포장하는 경우도 존재할 수 있다. 둘째, 첩보원이 이중간첩이거나 기만을 위해 일부러 잘못된 정보를 흘릴 수도 있다. 셋째, 보안기관의 감시가 엄중한 나라의 경우 인간정보의 활용이 매우 어렵다. 넷째, 정보관과 첩보원이 노출되었을 때 해당 정보요원은 물론 정부까지 심각한 곤란에 처할 수 있다. 다섯째, 임무가 완료된 정보관과 첩보원에 대해 언제까지고 통제할 수는 없기에, 이들이 자신의 활동 내용을 폭로하거나 공개하는 등 정보활동에 지장을 초래하는 문제가 발생할 수도 있다.

2. 기술정보

기술정보(TECHINT: technical intelligence)는 인적 자원이 아닌, 첨단기술을 통한 기술적 자원을 통해 첩보를 수집하는 활동을 가리키는 개념이다. 수집 방식에 따라 기술정보는 다양한 유형으로 분류할 수 있는데 크게는 영상정보와 신호정보, 계측징후정보의 세 가지 범주로 나눌 수 있다.

1) 영상정보(IMINT: imagery intelligence)

영상정보는 시각적 형태의 첩보를 수집하는 기술정보 활동을 말하며, 주로 인공위성과 항공기의 정찰활동을 통해 수집된다. 과거 기구나 항공기를 통한 실제 관측으로부터 시작된 영상정보활동은 20세기 들어 비약적으로 발전한 항공우주기술을 통해 인공위성과 정찰기를 통한 사진촬영이 주를 이루게 되었다. 최근에는 이라크와 아프가니스탄에서 무인항공기(UAV: Unmanned Areal Vehicle)을 통한 실시간 영상전송이 군사작전 수행에 큰 기여를 하고 있다.

2) 신호정보(SIGINT: signal intelligence)

신호정보는 신호(signal)라고 불리는 전자파를 감청하여 이로부터 첩보를 얻는 활동을 말한다. 감청하는 신호의 종류에 따라 신호정보는 다시 통신정보, 원격측정정보, 전자정보로 나뉜다.

- **통신정보(COMINT: communications intelligence)**는 첩보대상의 통신을 위한 교신과정에서 발생하는 신호를 가로채는 것이다. 통신정보의 고전적인 예로는 태평양 전쟁시 미국의 사례를 들 수 있다. 당시 미국 해군은 일본의 암호통신을 가로채 해독하는 데 성공하여 일본의 미드웨이 공격계획을 미리 파악할 수 있었고, 일본 연합함대 사령관 야마모토 이소로쿠의 이동계획을 입수해 그가 탄 항공기를 격추하는 데 성공했다. 현대 통신정보활동은 전신과 전화, 무선통신과 컴퓨터통신에 이르기까지 광범위해졌다. 통신정보는 적 조직의 교신내용을 가로챔으로써 상대방이 무엇을 논의하고 계획하고 있는지를 파악할 수 있다는 장점을 갖고 있으나, 가로챌 수 있는 통신이 존재해야만 첩보입수가 가능하다. 일례로 테러집단 알 카에다(Al Qaeda)는 미국의 통신감청으로 큰 타격을 입은 이후, 주요 메시지를 인편으로 전달하는 방식을 활용하여 이를 회피하였다.

- **원격측정정보(TELINT: telemetry intelligence)**는 미사일 같은 실험 장비와 기지국 간에 이뤄지는 원격측정전파(telemetry) 신호를 가로채 입수하는 정보활동이다. 원격측정정보는 인간에 의한 통신이 아니라 기계 장치를 구성하는 센서 및 탑재 장비들 간의 교신을 감청하는 활동으로 장비의 작동 상태, 장비 내 부품의 상태와 온도, 연료 유입 및 유출 속도 등의 다양한 세부 사항을 파악하여 특정 기계장비에의 상태와 작동 상황을 파악할 수 있다. 원격측정정보는 인공위성이나 항공기, 지상신호관측기지, 선박, 잠수함 등과 같은 다양한 형태의 신호정찰활동을 통해 이루어지며 대개 미사일과 같은 적 무기체계에 대한 첩보 입수에 유용하게 활용될 수 있다.

■ 전자정보(ELINT: electronics intelligence)는 상대방 시설로부터 방출되는 전자기적 방사물을 감지하고 분석하는 활동을 말한다. 전자정보가 통신정보나 원격측정정보와 다른 점은, 위의 두 가지 정보활동은 인간이나 기계 간의 교신내용을 감청함으로써 첩보를 입수하는 반면 전자정보는 통신신호가 아니라 전자장치로부터 방출되는 전자기파를 입수하는 활동이라는 점이다. 대표적으로 레이더와 같은 군사장비는 작동시 전자파를 발생시키는데, 이러한 데이터를 입수함으로써 적 활동과 의도를 파악하는 데 이용할 수 있다.

3) 계측징후정보(MASINT: measurement and signature intelligence)

계측징후정보는 기존의 영상정보와 신호정보 이외의 방식으로 이뤄지는 기술적 첩보수집기법으로, 데이터의 측정 및 징후를 파악함으로써 목표 대상의 특성과 상태를 파악하는 정보활동이다. 계측징후정보는 군사기술이나 산업활동에 대한 첩보 입수를 위해 사용되는 경우가 많은데, 대표적인 것이 핵실험 징후 파악이다. 실례로 북한이 2006년 핵실험을 실시했을 때 각국 정보기관은 핵실험으로 인한 지진파의 계측, 대기 중 방사성 물질의 농도 등의 측정을 통해 실제로 소규모 핵실험이 있었음을 확인하였다.

계측징후정보를 위한 측정 대상은 다음과 같다. 먼저 적외선이나 편광, 분광, 가시광선과 같은 전자광학적 데이터와 중력과 자기장, 지진파와 같은 지표상의 지구물리학적(geophysical) 자료는 계측징후정보 활동의 중요한 입수 대상이다. 또한 감마선이나 중성자와 같은 핵방사선 및 핵물질, 해저에서 잠수함이 발생시키는 수중음파 등의 데이터 또한 계측징후정보의 입수 및 분석 대상이 된다.

이상에서 살펴본 기술정보의 장점과 단점은 다음과 같이 정리할 수 있다. 먼저 첫 번째 장점은 직접 접근이 어려운 목표나 대상에 대한 첩보를 얻기에 용이하다는 점이다. 예를 들어 북한 영변의 핵시설이 어느 정도 공정 단계에 와있는지를 파악하려면 정보요원을 침투시키는 것보다 위성사진을 통한 촬영이 위험부담도 낮고 성공률도 높을 것이다. 두 번째 장점은 인간의 능력으로 파악할 수 없는 전자적·기계적 데이터들을 입수하여 분석함으로써 기술적 문제에서 중요한 첩보 입수가 가능하게 해준다는 점이다. 예를 들어 적국이 운용하는 미사일 장비의 현황을 파악하는 데 있어서는 인간정보보다 신호정보가 큰 역할을 할 수 있다. 세 번째로 인간정보에 비해 비교적 더 높은 객관성과 진실성이 확보된다는 점 또한 기술정보의 장점이라 할 수 있다.

그러나 단점 또한 존재하는데, 그 첫 번째가 바로 기술정보에는 엄청난 기술과 비용이 필요하다는 점이다. 자국의 능력으로 인공위성을 운용할 수 있는 국가는 아직도 그리 많지 않으며, 각종 감청 및 계측에 필요한 장비의 구입 및 유지비용 또한 상당하다. 두 번째 단점은 통신정보를 제외한 기술정보들은 대상 목표의 전후 상황이나 맥락에 대한 정보는 제공하지 못한다는 점이다. 일례로 1991년의 걸프전 직전 미국의 정찰위성은 이라크의 대규모 병력이 쿠웨이트 국경 쪽으로 이동한 것을 포착하였으나, 당시 미국의 정보관계자들은 이것을 침공을 위한 움직임이 아니라 국경지대에서의 훈련을 통한 무력시위로 판단하였다. 세 번째 단점은 방대한 양의 데이터가 입수되는 만큼 처리와 분석에 필요한 노력과 시간이 크다는 점이다. 특히 통신정보의 경우가 그러한데, 통신기술과 감청기술의 발달로 인해 통신데이터의 양이 증가하고 감청 가능한 첩보의 양 또한 늘어남에 따라 통신정보 활동을 통해 입수되는 첩보의 양이 지나치게 커졌고, 이에 따라 처리 및 분석 또한 어려워졌다.

3. 공개출처정보

첩보 입수를 위한 정보활동은 도서관에서 이루어질 수도 있다. 공개출처정보(OSINT: open-source intelligence)는 공개된 자료들로부터 첩보를 입수하는 활동이다. 공개출처정보에 활용되는 공개 자료들로는 방송과 신문 등 언론 매체, 주요 공공기관의 웹사이트와 공식발간 보고서 같은 공공자료, 민간 학계의 연구 및 출판물 등을 들 수 있다. 공개출처정보는 본격적인 비밀정보활동을 시작하기에 앞서 기본적인 지식을 확보하는 데 활용될 수 있으며 특히 신뢰할 만한 정부기관의 공식 통계나 보고서, 해당 분야 전문가의 연구 및 분석 자료는 유용한 정보원이 될 수 있다. 공개출처정보의 대표적 예로 들 수 있는 것이 미국의 FBIS(Foreign Broadcast Information Service)이다. CIA에 의해 운영되는 FBIS는 전 세계 각국의 주요 언론 보도를 영어로 번역하여 미국 정부기관에 제공하는 서비스를 실시하고 있다. 영국에서는 BBC Monitoring, 중국에서는 신화통신(新華通信)이 유사한 정보서비스를 제공한다.

공개출처정보의 장점은 다음과 같다. 첫째, 다른 정보활동에 비해서 접근이 쉽고 안전하다. 공개출처정보에 활용되는 자료들은 모두 신문이나 방송, 웹사이트 등을 통해 일반 대중에게 공개된 것이기에 이를 입수하기 위해 위험을 감수해야 할 필요가 없으며, 쉽게 입수할 수 있다. 둘째, 비용이 저렴하다. 공개출처정보를 위해서는 비밀 데이터를 입수하기 위해 고가의 장비를 이용해야 할 필요도 없고, 고도로 훈련된 요원을 길러내기 위해 비용을 투입해야 할 필요도 없다. 공개된 자료들을 입수하고 분석하는 것이기 때문에 일반적 지적 수준을 갖춘 사람이라면 약간의 교육과 훈련만 받고서

〈참고 11-2〉 첩보 수집의 유형과 특징

종류		수집 방식	장점	단점
인간정보 (HUMINT)		정보관, 첩보원을 활용한 인적 접촉	▪ 의도·심리상태 파악 용이 ▪ 폐쇄적 조직 및 집단 첩보 수집 용이 ▪ 역정보 및 기만 수단 활용 가능 ▪ 기술정보에 비해 적은 비용 소요	▪ 첩보의 신뢰성 확인 필요 ▪ 이중간첩·기만의 가능성 존재 ▪ 감시가 엄중한 곳은 활용이 어려움 ▪ 노출시 위험 ▪ 임무 종료 요원의 관리 문제
기술정보 (TECHINT)	영상정보 (IMINT)	인공위성, 정찰기 등을 활용한 영상 촬영	▪ 직접 접근이 어려운 대상의 첩보 입수 용이 ▪ 인간 능력으로 파악이 어려운 기술적 첩보 입수 ▪ 비교적 높은 객관성과 진실성 확보	▪ 높은 수준의 기술과 비용이 요구됨 ▪ 전후 상황이나 맥락에 대한 정보는 제공하지 못함 ▪ 방대한 양의 데이터 입수로 인해 처리 및 분석에 노력과 시간 소요
	신호정보 (SIGINT)	감청 장치를 통한 인간 간, 기계 간 신호 감청		
	계측징후정보 (MASINT)	기계 장비를 통한 각종 데이터 수집 및 계측		
공개출처정보 (OSINT)		언론, 웹사이트 등 공개자료 입수	▪ 접근이 쉽고 안전함 ▪ 저렴한 비용	▪ 입수할 수 있는 첩보의 질이 낮음 ▪ 첩보의 신뢰성이 낮음 ▪ 가치 있는 정보의 분류 및 분석에 노력과 시간 소요

요점정리

- 첩보의 수집방식은 크게 인간정보, 기술정보, 공개출처정보로 나눌 수 있다.
- 인간정보는 정보관과 첩보원의 인적 접촉에 의해 첩보를 수집하는 활동과 이를 통해 입수된 첩보를 말한다.
- 기술정보는 기술적 자원을 통해 첩보를 수집하는 활동을 가리키며 영상정보와 신호정보, 계측징후정보의 세 가지 범주로 나뉜다.
- 공개출처정보는 언론 매체, 웹사이트와 공공자료, 민간 출판물 등을 통해 첩보를 입수하는 활동이다.

도 공개출처정보 활동에 투입될 수 있다.

그러나 공개출처정보는 다음과 같은 단점 또한 가지고 있다. 첫째, 일반 대중에게 공개되는 자료인 만큼, 입수할 수 있는 첩보의 질이 그리 높지 않다. 예를 들어 많은 국가들이 국방백서를 통해 자국의 군사정보를 개괄적으로 공개하지만, 부대 배치 상황이나 작전 계획과 같은 중요한 내용은 비밀로 둔다. 둘째, 공개출처자료의 신뢰성이 떨어지는 경우가 많다. 특히 언론 보도나 웹사이트의 내용이 그러한데, 어느 것을 신뢰할 수 있으며 얼마나 신빙성 있는 내용인지 판단하는 것이 쉽지 않다. 셋째, 워낙 방대한 양을 자랑하기에 분류 및 분석에 많은 노력과 시간이 소요되며 쓸데없는 정보와 가치 있는 정보를 가려내는 것 또한 쉽지 않다.

IV. 방첩과 비밀공작

정보기관의 활동이 단지 첩보 입수와 정보 분석에만 국한되지는 않는다. 정보기관은 자국에 해가 될 수 있는 타국 및 타 세력의 정보활동을 저지하는 동시에, 국가안보와 국익의 보전을 위해 외부로 알려져서는 안 되는 중요한 비밀들을 지켜내야 한다. 또한 필요에 따라 비밀리에 특정한 공작활동을 수행해야 할 수도 있다. 지금부터는 정보기관의 또 다른 주요 활동이라 할 수 있는 방첩과 비밀공작에 대해서 살펴보겠다.

1. 방첩

방첩(counterintelligence)이란 적대적인 정보기구의 활동으로부터 자국의 이익과 정보활동을 보호하기 위해 취하는 조치 전반을 일컫는 개념이다(Shulsky & Schmitt 2007: 203). 정보의 세계에서는 각국 정보기관 간에 끊임없는 경쟁과 투쟁이 존재하며, 타국의 정보기관에 의해 우리측의 중요한 첩보가 새어나가거나 정보활동이 방해받지 않도록 하는 활동이 필요하다. 방첩은 크게 능동적 방첩과 소극적 방첩으로 구분할 수 있는데, 능동적 방첩이 타국 정보기관에 대한 정보 입수, 공격 및 방어 활동에 집중한다면 소극적 방첩은 지켜져야 하는 사안에 대한 보안을 주 내용으로 한다(민진규 2010: 150).

1) 능동적 방첩

능동적 방첩은 대간첩활동(counterespionage)으로도 불리는데, 자국의 정보활동을 보장하고 타국 정보기관의 정보활동을 제약하기 위해 이루어지는 능동적 조치를 말한다. 첫 번째로, 정보기관은 자국에 대한 타국 정보기관의 수집 및 분석 능력에 대한 첩보를 수집하는 활동을 수행할 수 있다. 두 번째로, 적대적 정보기관이 우리측 정보기관의 정보활동을 방해하거나 비밀공작을 펼치는 것, 혹은 우리의 중요한 정보를 빼내어 가는 것을 막기 위한 방어 활동 또한 수행한다. 세 번째로, 필요에 따라 적대적 정보기관에 거짓 정보를 제공하거나 적대 세력의 정보관이나 첩보원을 포섭하여 이중간첩으로 활용하는 공격 활동 또한 수행할 수 있다.

타국 정보기관에 대한 첩보 수집은 방첩활동의 기초라 할 수 있다. 정보기관은 방첩활동의 일환으로서 타국의 정보기관의 기본 조직 및 현황에 대한 첩보를 입수하는 것으로, 상대 정보기관의 인간정보 역량과 대상 목표, 관심분야와 정보, 침투 가능성 및 인간정보 활동의 변화 등이 주를 이룬다. 이러한 방첩활동은 적국이나 적대세력의 정보기관 뿐 아니라 우방국의 정보기관에 대해서도 수행되는 경우가 있는데, 실례로 1980년대 이스라엘 정보부가 미 해군의 정보부대요원을 이용하여 미국 정보기관에 대한 첩보를 입수한 사실이 밝혀진 바 있다.

방어를 위한 방첩활동 또한 필수적이다. 타국 정보요원에 대한 감시 활동은 공식가장을 통해 활동하는 외국 외교관뿐 아니라 국내에 주재하는 외국인 기업 주재원, 언론인, 이민자 등에 대해 수행된다. 언론에서 종종 보도되는 외교관 추방은 외교 분쟁이나 과도한 정보활동에 대한 항의 표시로 평소 감시하던 상대 정보관을 추방하는 경우가 많다. 또한 재외공관에 대한 감시·감청을 막기 위한 활동 역시 방어 활동에 포함된다. 대사관을 옮기거나 신축하게 될 경우 혹시 모를 감시 및 감청장치에 대한 면밀한 조사가 이뤄지는데, 일례로 중국은 2004년 주미대사관을 신축하면서 철저한 보안을 위해 주요 자재는 물론 건축 작업에 투입될 수백 명의 인부까지 본국에서 공수하여 화제를 모았다.

방첩활동에는 상대 정보기관의 활동을 방해하기 위한 공격 활동 또한 포함된다. 대표적인 공격적 방첩활동이 이중간첩과 기만의 활용이다. 이중공작원은 상대 정보기관에 대한 첩보를 입수할 수 있을 뿐 아니라 잘못된 정보를 흘림으로써 상대를 기만할 수 있다는 점에서 큰 유용성을 가진다. 실례로 냉전기 미국 육군 상사 조셉 캐시디(Joseph Cassidy)는 소련에 이중간첩으로 잠입하여 20여 년간 활동했으며, 이를 통해 미국 내에서 활동하던 소련의 공작관과 첩보원의 신원을 확보하는 것은 물론 미국의 화학무기 개발에 대해 의도적으로 잘못된 정보를 소련 측에 공급하는 기만책을 사용했다.

2) 수동적 방첩

수동적 방첩은 보안(security)으로도 불리며, 외부로 알려져서는 안 되는 중요한 사안에 대해 취하는 보호 조치 일반을 가리킨다. 보안의 영역은 크게 문서로 된 비밀을 취급하는 문서보안과 정보 활동 담당자와 관련된 인원보안, 주요 시설 및 장비를 보호하는 것과 관련된 시설보안과 정보통신기기와 관련된 보호조치인 정보통신보안의 네 가지 영역으로 구분된다.

먼저 문서보안은 비밀이 담긴 문서의 생산과 수발, 보관 과정에서 보안을 유지하기 위해 취해지는 일체의 수단과 방법을 가리킨다. 여기서 말하는 문서에는 종이 형태로 인쇄된 서류뿐 아니라 지도, 사진, 카세트테이프, 디스크, USB 메모리 등의 기록물 역시 포함된다. 담겨진 내용의 민감성에 따라 각 문서에는 비밀의 등급이 매겨지는데, 비밀의 등급에 따라 어떤 사람이 어느 수준까지를 볼 수 있는지가 결정되고 접근이 제한된다. 단순히 접근뿐 아니라 문서보안에는 비밀문서의 작성과 이동, 열람, 보관과 폐기에 대한 지침이 존재하여 비밀이 만들어질 때부터 폐기될 때까지 엄격한 보안 조치가 취해진다.

인원보안은 정보활동에 직·간접적으로 관여하는 담당자들에 대한 보안 조치를 말한다. 내부 요원에 대한 감시 및 감찰은 중요한 방첩활동의 일환으로, 정보기관에 선발되는 요원들은 선발 단계에서부터 자세한 신원 조사 과정을 거치며 선발된 이후에도 수시로 거짓말 탐지기 테스트는 물론 재산 변동 등의 사생활에 이르기까지 각종 감시·감찰의 대상이 되는 것으로 알려져 있다. 이뿐 아니라 정보를 취급하는 담당자들에게 대한 보안 의식을 고취시키고 보안 규정을 숙지시키는 것 또한 인원 보안의 한 영역이라 할 수 있다.

시설보안은 외부인에게 노출되어서는 안 되거나 혹은 접근이 제한되어야 하는 주요 시설 및 장소에 대해 보호 조치를 취하는 것이다. 시설보안 역시 문서보안과 마찬가지로 민감성에 따라 각 시설의 보안등급을 매기는데, 이에 따라 각종 통제구역과 제한구역이 설정된다. 예를 들어 대통령 집무실이나 주요 정부부처, 정보기관, 군 기지 및 군사시설과 같은 곳은 필수적으로 접근이 제한되어야 하며, 출입을 허가받은 이들만이 접근 가능하다. 해당 장소를 출입할 때의 소지품, 사진 촬영, 접근 가능 구역 등에 대한 제한 역시 시설보안의 영역이다.

끝으로, 정보통신보안은 최근 들어 특히 그 중요성이 강조되고 있는 정보통신 기술과 관련한 보안조치를 말한다. 이것은 타국 정보기관의 기술정보를 통한 첩보 수집을

〈참고 11-3〉 방첩활동의 유형과 특징

구분		내용
능동적 방첩	정보수집	타국의 정보수집 능력에 대한 첩보 및 평가
	방어활동	타국 정보요원에 대한 감시와 역감시
	공격활동	타국 정보요원에 대한 침투, 기만, 역이용 공작
수동적 방첩	문서보안	문서로 된 비밀의 생산과 분류, 보관, 배포, 파기 등
	인원보안	신원 조사, 동향 파악, 보안 교육
	시설보안	중요 시설 보호를 위한 보호구역 설정과 관리
	정보통신보안	유무선 통신, 전신, 팩스, 전자기파 수집 및 해석 방지

출처: 민진규(2010), 150

요점정리

- 방첩이란 적대적인 정보기구의 활동으로부터 자국의 이익과 정보활동을 보호하기 위해 취하는 조치 전반을 말하며 능동적 방첩과 수동적 방첩으로 나눌 수 있다.
- 능동적 방첩은 대간첩활동으로도 불리며, 자국의 정보활동을 보장하고 타국 정보기관의 정보활동을 제약하기 위해 이루어지는 능동적 조치로서 정보수집, 방어, 공격의 활동을 수반한다.
- 수동적 방첩은 보안으로도 불리며, 외부로 알려져서는 안 되는 중요한 사안에 대해 취하는 보호 조치 일반을 말한다.
- 보안의 영역에는 문서보안, 인원보안, 시설보안, 정보통신보안이 있다.

막기 위한 조치로, 유·무선통신과 전신, 전자기파의 감청 및 수집을 방지하기 위한 노력이 주를 이룬다. 정보통신기술의 비약적인 발전과 함께 수많은 분야에 컴퓨터의 활용도가 높아지면서 정보통신보안은 더욱 그 중요성이 높아지고 있다.

2. 비밀공작

정보기관은 첩보를 수집하여 정보를 생산하는 것 이외에 직접 행동을 통해 다른 나라에 정치적·군사적으로 개입할 수도 있다. 비밀공작(covert action)은 이처럼 정부의 역할이 공개적으로 드러나지 않도록 하면서 다른 국가의 정치, 경제, 군사 상황에 대해 영향력을 행사하려는 정보활동을 말한다. 정보기관이 수행하는 많은 정치적·군사적 공작이 대개 타국의 주권을 침해하고 도덕적 정당성도 부족하며 드러날 경우 정치적·군사적 갈등을 불러올 수 있기 때문에 비밀공작은 극도의 비밀과 보안을 유지하여 수행된다. 목적과 수행방식에 따라 다양한 형태의 공작이 수행될 수 있는데, 좀 더 구체적으로 살펴보면 다음과 같다.

1) 우호국에 대한 비밀 지원

정보기관은 필요에 따라 우호적인 국가에 비밀리에 지원 공작을 펼 수 있다. 비밀 지원의 방식은 군사적·경제적 원조와 같은 비정보적 지원과 첩보·정보의 공유와 같은 정보적 지원으로 나뉜다. 우호국에 대한 지원임에도 불구하고 비밀리에 이뤄지는 이유는 이러한 지원에 대한 국내정치적 반발이 우려되기 때문이다. 비정보적 지원의 대표적인 예는 1960년대 남미의 친미국가들이 좌익게릴라들을 진압하는 데 도움을 주기 위해 CIA가 운영한 군사학교와 경찰 훈련 프로그램을 들 수 있다. 해당 국가들이 정당성을 결여한 독재국가였기에 국민들의 반발을 우려한 CIA는 비밀리에 이를 운영했고, 사실 발각 후 지원 프로그램은 미 의회에 의해 중단되었다. 정보적 지원의 예로는 2003년 미국의 이라크 침공 시 독일 정보기관이 사담 후세인 정권의 바그다드 방위 계획을 입수하여 미국에 전달한 것을 들 수 있다. 당시 독일 정부는 높은 반전 여론으로 인해 전쟁에 참전하지 않았는데, 비공식적으로 미국의 이라크전을 지원한 사실이 미국 언론에 보도되면서 큰 곤욕을 치러야 했다.

2) 우호적 정치세력 지원

타국 정부가 아닌 특정 정치세력에 대한 지원 역시 비밀 공작의 일환으로 수행될 수 있다. 이와 관련해서는 여러 가지 사례가 존재하는데, 냉전기 소련이 전 세계 공산주의 운동을 지원했던 것은 이미 공공연한 사실이며 1950~60년대 미국 CIA는 일본의 자민당이 사회당을 누르고 제1당이 될 수 있도록 막대한 선거자금을 지원한 것으로 알려지고 있다. 또한 1980년대 폴란드 공산정권에 대항해 싸운 폴란드 연대노조(solidarity)를 지원하기 위해 미국 정보기관은 조직 자금과 인쇄 및 통신보안 장비 등을 제공한 바 있다(MacEachin 2001).

우호적 정치세력 지원의 부정적인 방식으로는 반정부세력의 활동을 지원하거나 쿠데타 세력의 정권 전복 시도를 지원하는 것을 들 수 있다. 1986년 레이건 대통령 당시 있었던 미국의 이란-콘트라 사건은 이러한 비밀공작이 드러난 예라고 할 수 있는데, 의회조사를 통해 당시 미국 정부가 이란에 무기를 판매한 대금을 사회주의 국가인 니카라과의 반정부군 활동에 지원한 사실이 드러났다. 쿠데타 지원 공작이 드러난 또 다른 예로는 1953년의 이란 쿠데타를 들 수 있다(Daugherty 2004). 당시 미국과 영국 정보기관은 반서방성향의 정치인 무하마드 모사데크(Mohammad Mosaddegh)가 총리로 선출되어 석유를 국유화하려는 움직임을 보이자 그를 축출하고 친미성향의 팔레비(Mohammad-Rezā Shāh Pahlavi) 국왕이 집권할 수 있도록 군부 쿠데타를 지원하였다(Kinzer 2006). 이 사실은 2000년대 들어 당시 기밀문서가 해제되면서 드러났으며, 미국의 오바마 대통령은 2009년 중동을 방문했을 때 미국의 쿠데타 지원 사실을 공식적으로 인정하였다.

3) 외국 정부와 사회 인식에 대한 영향력 행사

외국 정부나 외국 사회의 인식에 영향을 미치는 것 역시 정보기관이 수행하는 비밀공작 중 하나이다. 외국 정부의 인식에 영향을 미치는 방법으로서 흔히 이용되는 것이 '영향력 있는 공작원(agents of influence)'이다. 이 공작원은 첩보 입수의 임무가 아니라 상대 정부의 인식에 영향력을 행사하는 것을 목적으로 활동한다. 이를 위해서는 자국 요원을 상대국 정부의 고위직에 직접 침투시킬 수도 있고, 혹은 정부 집단에 쉽게 영향을 미칠 수 있는 정·재계인사로 위장시켜 정부 주요 인사들에게 접근시킬 수도 있다. 가장 유명한 것이 1940년대 미국 재무부 고위관료였던 해리 화이트(Harry D. White)의 사례이다. 그는 소련의 비밀 공작원으로 포섭되어 2차 대전 이후 전후복구과정에서 소련에 대한 미국의 재정지원에 큰 영향력을 행사하였으며, 발각되기 이전까지 승진을 거듭해 재무부 차관까지 역임하였다.

외국 정부가 아닌 해당 국가의 사회 여론과 인식에 대한 영향력을 행사하는 것 또한 공작의 한 방식이 될 수 있다. 이를 위해서는 해당 국가의 언론이 특정한 보도를 내도록 만들 수도 있고, 직접 선전(propaganda)활동에 나설 수도 있다. 이같은 공작의 대표적 예로 들 수 있는 것이 제1차 세계대전 시기에 있었던 침머만 전보(Zimmermann Telegram) 사건이다. 1917년 1월, 아직 미국이 중립을 유지하고 있던 당시 독일 외무장관 아르투어 침머만(Arthur Zimmermann)은 주미독일대사관에 전보를 보냈다. 전문의 내용은 미국의 참전 시 멕시코가 독일을 도와주면 멕시코가 미국에 빼앗긴 텍사스와 뉴멕시코, 애리조나를 되찾을 수 있게 도와주겠다는 제안을 멕시코 정부 측에 전달하라는 것이었다. 이것은 미국의 참전 가능성을 우려한 조치였는데, 당시 독일의 전신을 감청하던 영국정보부가 이를 입수하는 데 성공하였다. 영국 정보부는 이 전문을 즉시 미국 언론에 제공하였고 이것이 대대적으로 보도되면서 미국 내에서는 엄청난 참전 여론이 형성되어 영국은 미국의 참전을 이끌어낼 수 있었다.

4) 비밀 협상 및 중재

정보기관이 활약하는 또 한 가지 영역은 비밀스런 국제적 협상 및 중재 역할이다. 정보기관은 공식적 외교관계가 수립되지 않은 국가와의 대화나 협상에 기초를 다지는 역할을 수행할 수 있으며, 국가뿐 아니라 테러조직이나 탈레반과 같은 준군사조직과의 대화도 매개할 수 있다. 원래 모든 국가의 정부는 테러조직과는 결코 협상이나 대화가 없다고 공식적으로 천명하지만, 특정 목적이나 필요에 따라 이들과 비공식적으로 접촉하고 협상을 해야 할 때가 존재한다. 실제로 영국의 마거릿 대처(Margaret Thatcher) 총리는 영국 정보기관 SIS(Secret Intelligence Service)의 매개로 북아일랜드의 무장독립단체 IRA(Ireland Republic Army)와 비공식 대화 및 협상을 지속했던 것으로 드러났다. 또한 2003년 리비아가 미국과의 협상을 통해 자신의 핵프로그램을 포기하기로 한 데에는 영국 정보기관 SIS가 리비아 정부와 미국 정부 간의 협상을 중재한 것이 큰 영향을 미쳤다고 알려지고 있다(Macleod 2006).

5) 준군사공작(paramilitary operation)

준군사공작은 적에게 타격을 입히기 위해 대규모 무장단체에 물자와 무기를 지원하고 훈련시키는 것을 말한다. 이것은 비밀공작 중에서도 매우 규모가 크고 폭력적이며, 위험 수준 또한 높은 공작 중 하나라고 할 수 있다. 준군사공작은 특수부대를 통한 군사작전과는 구별되어야 하는 개념이다. 특수 파괴 공작이나 인질 구출에 투입되는 특수부대는 정규병력이며, 이러한 작전은 준군사공작이 아니라 군사작전의 영역에 포함된다.

준군사공작은 실제 병력을 보내어 전투를 치르는 것이 아니라 해당 국가 내의 군사 집단과 결합하여 이들의 군사 활동을 지원하는 활동이다. 준군사공작의 대표적인 사례로 1979년 소련이 아프가니스탄을 침공했을 때 CIA가 아프가니스탄의 반소투쟁을 지원했던 것을 들 수 있다. CIA 비밀요원들은 아프가니스탄에 잠입하여 이슬람 의용군 무자헤딘(mujaheddin)을 전문적으로 훈련시키는 한편, 막대한 양의 무기와 자금을 제공함으로써 소련이 아프가니스탄에서 패퇴하는 데 결정적인 역할을 하였다.

6) 암살·납치 및 파괴 행위

정보기관이 수행하는 비밀공작 중에서 가장 도덕적 비난을 받는 것이 암살이나 납치, 파괴 행위이다. 정보기관은 적대국의 주요 인사를 살해하거나 주요 시설에 대한 파괴활동을 수행함으로써 해당 국가에 직접적인 타격을 가할 수 있다. 이 부문에서 특히 악명 높은 국가가 바로 북한이다. 북한 정보기관의 암살 및 파괴행위에 대해서는 무수히 많은 사례가 존재하는데, 1968년 박정희 대통령을 암살하기 위해 남파된 북한 특수병력이 청와대 뒤편 세검정 고개까지 진출했다가 제압당한 적이 있고 1983년에는 북한 총참모부 산하 정찰국이 전두환 대통령 암살을 위해 미얀마 아웅산에서 폭탄 테러를 기도하였다. 또한 현재 정찰총국으로 통합된 노동당 작전부는 1978년 신상

> **요점정리**
>
> ··
>
> - 비밀공작은 정부의 역할이 공개적으로 드러나지 않도록 하면서 다른 국가의 정치, 경제, 군사 상황에 대해 영향력을 행사하려는 정보활동을 말한다.
> - 타국의 주권을 침해하고 도덕적 정당성도 부족하며 드러날 경우 정치적·군사적 갈등을 불러올 수 있기 때문에, 비밀공작은 극도의 비밀과 보안을 유지하여 수행된다.
> - 비밀공작의 방식으로는 우호국에 대한 비밀 지원, 우호적 정치세력 지원, 외국 정부와 사회 인식에 대한 영향력 행사, 비밀 협상 및 중재, 준군사공작, 암살·납치 및 파괴 행위 등이 수행된다.

옥·최은희 부부 납치사건을 일으켰으며, 노동당 35호실은 1987년 KAL기 폭파사건을 주도한 것으로 알려지고 있다. 한편 해외 사례로 많이 언급되는 것은 이스라엘 정보기관 모사드(Mossad)의 활동으로, 유태인 대학살에 가담한 독일인 아돌프 아이히만(Adolf Otto Eichmann)을 15년간의 추적 끝에 아르헨티나에서 이스라엘로 납치해 재판을 받게 한 것이나 뮌헨올림픽에서 자국 선수단을 살해한 테러조직 '검은 9월단'에 대한 암살조직을 결성하여 20여 년에 걸쳐 테러 관련자들을 차례로 암살한 것이 유명하다.

V. 맺음말

손자병법의 모공(謀攻)편에는 "적을 알고 나를 알면 백 번 싸워도 위태롭지 않다(知彼知己 百戰不殆)"라는 구절이 등장한다. 손자병법을 읽어본 적이 없는 사람도 아마도 한 번쯤은 들어보았을 이 말은, 전쟁을 치르는 데 있어 정보가 얼마나 큰 중요성을 갖는지를 보여준다. 비단 전쟁뿐 아니라 국가안보 전반에 걸쳐 정보의 중요성은 아무리 강조해도 지나치지 않다. 정보활동은 국가안보와 이익에 대한 위협을 파악하여 미리 경고하는 동시에, 정보를 제공함으로써 정책결정자들의 정확하고 효과적인 정책결정을 도울 수 있으며 국가의 중요한 비밀을 지키는 역할까지를 담당한다.

정보는 국가안보와 이익을 지키기 위해 필요한 첩보의 수집과 분석, 생산을 통해 가공된 정보와 이를 수행하는 과정, 그리고 이를 담당하는 정보기관까지를 포함하는 개념이다. 이를 위한 정보활동은 요구, 수집, 처리와 개발, 분석과 생산, 배포와 소비, 피드백의 정보과정을 통해 이루어진다. 정보활동의 핵심 과정이라 할 있는 첩보의 수집에는 인적 접촉을 활용한 인간정보, 과학기술을 활용한 기술정보, 대중에 공개된 자료를 활용한 공개출처정보가 활용된다. 정보기관은 첩보를 입수하고 이를 분석·가공하는 것 뿐 아니라 방첩과 비밀공작과 같이 능동적인 임무도 수행한다. 적대적 정보기구의 활동을 방지하고 자국의 정보와 이익이 침해당하지 않기 위한 방첩 업무의 수행과 함께, 정보기관은 필요할 경우 비밀리에 타국의 정치, 경제, 군사 영역에 직·간접적 개입을 시도할 수도 있다.

국가안보와 관련된 다른 많은 영역과 마찬가지로 국가정보에 대해서는 책 한 권으로도 부족할 만큼 방대한 관련 지식과 정보가 존재한다. 이 장에서는 분량상 자세히 다뤄지지 않았지만 정보의 분석과 생산, 배포와 소비, 정보기관과 정책결정자 간의 관계와 같은 문제는 중요하게 다뤄져야 할 이슈이며 참고 서적들을 통해 더욱 공부해 보면 좋을 주제들이다.

한때 국가정보원의 원훈(院訓)이기도 했던 "정보는 국력이다"라는 말은 국가안보를 고민하는 이들 모두가 깊이 새겨두어야 할 교훈이라 할 수 있다. 이제 우리나라가 확고한 중견국가로서의 기반을 다지려는 시점에서 정보력은 더욱 그 중요성이 커지고 있으며, 보다 견고한 정보력이 확보될 때 우리의 평화와 번영은 더욱 안전하게 보장될 수 있을 것이다.

핵심개념

- 정보(intelligence)
- 첩보(information)
- 정보과정(intelligence process)
- 정보실패(intelligence failure)
- 인간정보(HUMINT)
- 기술정보(TECHINT)
- 영상정보(IMINT)
- 신호정보(SIGINT)
- 계측징후정보(MASINT)

- 공개출처정보(OSINT)
- 방첩(counterintelligence)
- 대간첩활동(counterespionage)
- 보안(security)
- 문서보안
- 인원보안
- 시설보안
- 정보통신보안
- 비밀공작(covert action)

토론주제

1. 정보는 어떻게 정의하는 것이 가장 적절하다고 생각하는가?
2. 정보와 첩보의 차이점은 무엇이며, 둘은 어떻게 다른가?
3. 정보과정에서 어떤 단계에서의 문제점으로 인해 정보실패가 일어나는 것일까?
4. 인적정보를 통한 첩보수집은 어떤 문제점을 가지고 있을까?
5. 기술정보는 어떤 분야의 첩보 입수에 특히 강점을 가지고 있는가?
6. 국가이익을 이유로 파괴적 비밀공작을 행하는 것에 대해 동의할 수 있는가?
7. 정보기관에 대한 민주적 통제를 위해서는 어떤 노력이 필요할까?

추가문헌

▪ 마크 로웬탈, 김계동 역(2008), 『국가정보: 비밀에서 정책까지』, 서울: 명인문화사.
　실제로 오랫동안 미국 CIA에서 일했던 정보전문가가 쓴 탁월한 국가정보 입문서.

▪ 아브람 술스키·게리 슈미트, 신유섭 역(2007), 『국가정보의 이해: 소리없는 전쟁』, 서울: 명인문화사.
　국가정보에 대한 이해를 도울 수 있는 또 하나의 유용한 교과서. 특히 냉전기부터 21세기까지 세계 각국에서 수행된 정보활동에 대한 풍부한 실제 사례를 담고 있어 재미있게 읽을 수 있다.

▪ 민진규(2010), 『국가정보학: 역사와 혁신』, 서울: 배움.
　국가정보의 주요 개념과 수행방식에 대해 쉽고 명쾌하게 설명하고 있는 국내서로, 한국의 정보 환경 및 정보기관에 대해서도 풍부한 설명을 제공하는 것이 장점.

12

위기관리

학습내용

이 장에서는 위기와 위기관리에 대해 다룬다. 위기는 전쟁과 평화 사이의 상태로, 국가안보에 중대한 위협이 가해지며 대응을 위한 시간 여유도 부족해 언제든 전쟁으로 이어질 수 있는 상황을 말한다. 위기 상황에서 정책결정자가 어떤 판단과 결정을 내리느냐에 따라 위기는 진정되어 평화 상태로 돌아갈 수도 있고, 전쟁이 벌어질 수도 있다. 위기란 무엇이며, 어떤 유형의 위기가 발생할 수 있는가? 위기란 어떠한 원인에 의해 발생되며 어떠한 과정을 거쳐 확대 혹은 종식되는가? 위기관리란 무엇이며, 어떻게 이루어져야 하는가? 이 장에서는 이상의 질문들에 대한 대답을 차례로 살펴보며 위기관리에 대해 알아보도록 하겠다.

I. 머리말

우리는 흔히 삶의 다양한 문제들을 설명할 때 여기에 영향을 미치는 구조적 환경의 중요성을 강조하곤 한다. 흉악한 범죄가 일어났을 때 많은 매체가 범죄자를 둘러싼 사회구조와 교육 환경의 문제를 지적하는 것처럼 말이다. 그러나 구조만으로 모든 현상이 설명되는 건 아니다. 불우한 환경에서 자라 불합리한 사회 및 교육 환경을 배경으로 가진 사람이라도 범죄의 충동을 느끼는 순간 그는 범죄 행위를 할지 말지 선택의 여지를 갖게 되며, 설령 범죄를 저지르려 마음을 먹었더라도 특정한 상황적 조건에 의해 그 시도가 실패할 수도 있다. 이 중요한 순간의 선택과 상황이 어떻게 만들어지느냐에 따라 범죄는 일어날 수도 있고 일어나지 않을 수도 있는 것이다.

전쟁과 평화의 문제 역시 마찬가지이다. 각각의 전쟁들, 그리고 전쟁이 될 뻔했으나 전쟁으로까지 이어지지 않은 사건에는 모두 전쟁이 일어나느냐 마느냐의 결정적 순간이 존재한다. 이 순간이 바로 위기상황이며, 이때 필요한 것이 위기관리이다. 적대국이 우리 국경에 위협적 병력을 집중시키고 있다거나, 분쟁 중인 영토로 적이 상륙을 시도하려 하고 있다거나, 국경 지대의 초병 간에 우발적 총격 교환이 벌어졌다고 생각해보자. 군은 긴급히 대비태세를 취함과 동시에 상부로 보고를 할 것이고 정부에서는 비상 대책회의가 열릴 것이며 온 국민들은 최고지도자의 결정에 이목을 집중할 것이다. 이 상황은 전쟁으로 이어질 것인가?

이 장의 주제는 바로 이러한 순간, 즉 위기상황에서 국가안보와 이익을 지키기 위해 어떠한 고민과 노력이 이루어지며, 또 이루어져야 하는지에 대한 것이다. 위기란 무엇이며, 어떤 유형의 위기가 발생할 수 있는가? 위기란 어떠한 원인에 의해 발생되며 어떠한 과정을 거쳐 확대 혹은 종식되는가? 위기관리란 무엇이며, 어떻게 이루어져야 하는가? 이 장에서는 이상의 질문들에 대한 대답을 차례로 살펴보며 위기관리에 대해 알아보도록 하겠다.

II. 위기의 개념과 유형

1. 위기의 개념

위기란 무엇인가? 우리는 흔히 위기라는 말을 쉽게 사용하지만 그 정확한 정의를 내리는 것은 쉬운 일이 아니다. 위기라는 말과 함께 비상사태(emergency), 재난, 재해, 위험, 재앙, 우발상황(contingency), 사건, 사고 등의 유사한 용어들도 사용된다. 특히 최근에는 위기와 위기관리의 정의에 있어서 군사·안보적 측면에서의 위기뿐 아니라 대규모 자연재해나 전염병의 발생, 에너지 부족과 같은 다양한 측면에서의 사회적·환경적 재난까지를 위기에 포함시키기도 한다(김갑식 2008). 이와 같은 포괄적 위기상황에 대한 대처까지를 다루기에는 국가안보의 범주를 벗어나는 영역까지를 다루어야 하기에, 이 장에서는 전통적 안보위협으로서 군사적·외교적 위기 상황에 초점을 맞추어 내용을 전개하도록 하겠다.

위기(crisis)는 (1) 국가의 핵심적인 가치에 중대한 위협이 가해지는 동시에 (2) 대응을 위한 시간 여유는 촉박하며 (3) 군사적 충돌의 가능성이 높은 상황을 말한다(Brecher & Wilkenfeld 1998: 2-3). 좀 복잡한 정의이지만 풀어서 설명하면 다음과 같다. 먼저 위기는 국가의 주권이나 영토, 국민의 생명과 같은 핵심적인 가치에 중대한 위협이 가해지는 상황으로, 대개는 타국과의 경쟁이나 갈등이 심화되어 발생하는 경우가 많다. 또한 위기는 점차적으로 문제가 심화되는 상황이라기보다는 급격하게 상황 변화가 이루어지며 이에 대응하기 위해 요구되는 시간 또한 크게 제약되어 긴박한 대응이 필요하다. 끝으로 위기 상황은 자칫하면 전쟁 발발로 이어질 수 있는 상황으로, 전쟁과 평화의 중간 지점이라 할 수 있다.

위기상황은 다음과 같은 특징을 갖고 있다. 첫째, 전쟁 위험이 상당히 높은 상황이나 사태이다. 둘째, 정책결정자들로 하여금 국가의 중요한 이익이나 가치가 명백하게 위협받고 있음을 인식시키는 상황 변화를 수반한다. 셋째, 위기 상황에 어떻게 대처하느냐에 따라 직접적인 위협의 대상뿐 아니라 국가의 지위와 위신, 협상력, 국력에 대한 다른 나라의 평가 등까지 달라질 수 있다. 넷째, 대개의 경우 미리 예견하지 못한 돌발적인 사태이며 대응할 수 있는 시간 여유도 촉박하여 정책결정자들에게 극도의 스트레스와 긴장, 공포, 경악의 감정을 불러일으킨다. 다섯째, 위기 상황은 앞으로의 사태 전개를 예측할 수 없으며 정책결정의 대안과 결과 또한 불투명한, 고도의 불확실성을 특징으로 한다.

2. 위기의 유형

1) 위기 촉발의 의도에 따른 분류

위기의 유형은 위기 촉발의 의도성에 따라 위협위기(threat crisis)와 기회위기(opportunity crisis)로 나눌 수 있다. 위협위기는 우발적 군사 충돌의 위험에 직면해 서로에 대해 위협을 느끼는 위기 상황을 말한다. 대표적 예가 1938년 독일의 침략을 우려해 체코슬로바키아가 전군에 동원령을 내리자 독일이 이에 군사적으로 반응했던 '5월 위기(May crisis)'이다.

한편 기회위기는 한 국가가 다른 국가에 대해 의도적이고 계산적 행동에 의해 위기를 촉발시키는 경우를 말한다(Maoz 1982; Ben-Yehuda 1999: 72). 기회위기의 예로는 1870년 프랑스-프로이센 전쟁을 촉발한 엠스(Eems) 전보사건을 들 수 있는데, 당시 프로이센의 재상 비스마르크는 프랑스와의 전쟁을 일으키기 위해 프랑스 대사의 전보 내용을 교묘히 조작하여 프랑스가 프로이센 국왕을 모욕하였다는 내용을 자국 언론에 은밀히 제공하였다. 이 결과 프로이센 내에는 프랑스에 대한 강경론이 높아졌고, 이에 대한 반응으로서 프랑스 내에서도 프로이센에 대한 주전론(主戰論)이 득세하면서 비스마르크는 위기 상황을 조장할 수 있었다.

이 두 유형에서 발견되는 가장 큰 차이점은 스트레스이다. 위협위기에서는 위기 상황에 직면한 양측이 모두 극도의 혼란과 스트레스에 직면하게 된다. 이와는 반대로 기회위기에서 일부러 위기 상황을 조장한 쪽은 계산된 행동에 따라 행동한 것이기에 비교적 적은 스트레스를 느끼는 반면 상대측은 위기 상황에서 큰 스트레스를 느끼게 된다.

2) 위기 촉발의 원인에 따른 분류

한편 위기 발생의 원인에 따라 분류할 수도 있다. 이 분류에 따를 때 위기는 (1) 적대의 정당화를 위한 위기와 (2) 부산물로서의 위기, (3) 벼랑 끝 전술 위기의 세 유형으로 나눌 수 있다(Lebow 1981: 23-100). 먼저 첫 번째 유형은 적대의 정당화를 위한 위기(justification of hostility crisis)이다. 이 유형의 위기의 특징은 위기가 발생하기 이전부터 이미 전쟁이 일어날 것이 결정되어 있다는 점인데, 바로 전쟁을 일으키기 위한 목적으로 조성된 위기이기 때문이다. 특정한 국가가 다른 나라를 침략하기로 마음먹었을 때, 이 국가는 위기를 조성함으로써 전쟁의 명분을 만드는 동시에 전쟁에 대한 국내적 지지와 동원을 확보할 수 있다. 그 대표적 예가 1931년의 만주사변이다. 일본 관동군은 만주 류탸오거우(柳條溝)의 만철(滿鐵) 선로를 계획적으로 폭파하고서 이를 중국의 소행이라고 트집 잡아 위기를 조성하고, 본격적인 만주 침공의 계기로 삼았다.

두 번째 유형은 파생물로서의 위기(spin-off crisis)이다. 이 유형은 이미 벌어진 전쟁이나 위기 상황에서 또 다른 위기가 파생되는 상황이다. 예를 들어 두 나라가 전쟁을 벌이거나 전쟁 직전의 위기 상황에 있을 때 국경을 함께 접하고 있거나 혹은 밀접한 이해관계를 가진 제3국이 위기 상황에 휘말려들 수 있다. 파생물로서의 위기는 우발적인 것일 수도 있고, 특정 국가의 의도에 의해 발생될 수도 있다. 우발적인 발생의 예로 들 수 있는 것이 1차 세계대전 당시 있었던 독일의 무제한 잠수함 작전이다. 당시 독일은 영국을 봉쇄하기 위해 대서양 지역에서 잠수함을 이용해 영국을 향하는 선박을 무제한적으로 격침시켰고, 그러던 중 미국인이 승선한 영국 선박 루시타니아(Lusitania)호가 격침되면서 중립국이었던 미국과 독일 간에 극심한 군사적 긴장이 조성되었다. 한편 의도적인 예로는 1991년 걸프전에서 이라크가 이스라엘과의 위기를 조성했던 것을 들 수 있다. 쿠웨이트를 침공했던 이라크의 후세인 대통령은 미국과 서방, 그리고 중동 국가들이 형성한 다국적군 연합에 의해 수세에 몰리자, 이스라엘에 스커드 미사일 공격을 가했다. 이것은 다수 중동 국가들과 불편한 관계에 있는 이스라엘을 참전시킴으로써 다국적군 내부의 혼란과 분열을 노린 위기 전략이었다. 당시 이스라엘의 공식 참전은 없었으나 위기 상황 속에서 이스라엘의 개입을 막기 위해 미국과 영국은 큰 외교적·군사적 노력을 기울여야 했다.

세 번째 유형은 벼랑 끝 전술 위기(brinkmanship crisis)으로, 가장 흔하게 발견되는 유형의 위기라 할 수 있다. 특정한 국가는 위기를 일으키고 이를 벼랑 끝과 같은 위험한 상황으로 몰고 감으로써 상대 국가에게 자신이 원하는 것을 강제하려고 시도할

> **요점정리**
>
> ···
>
> - 위기는 국가의 핵심적인 가치에 중대한 위협이 가해지는 동시에 대응을 위한 시간 여유는 촉박하며, 군사적 충돌의 가능성이 높은 상황을 말한다.
> - 위기 촉발의 의도성에 따라 위기는 위협위기와 기회위기로 나눌 수 있다.
> - 위기 발생의 원인에 따라서는 적대의 정당화를 위한 위기, 파생물로서의 위기, 벼랑 끝 전술 위기의 세 유형으로 분류할 수 있다.

수 있다. 여기에는 물론 상대국이 자신에 맞서 강경히 대치하거나 군사적으로 대응하지 않고 결국엔 물러날 거라는 계산이 깔려 있다. 벼랑 끝 전술 위기의 가장 대표적인 예가 1994년 있었던 제1차 북핵 위기이다. 당시 북한은 영변에 원자로를 건설하고 핵확산금지조약(NPT: Non-Proliferation Treaty)에서 탈퇴함으로써 위기를 조성했다. 북한은 남북실무접촉에서 "서울을 불바다로 만들겠다"는 협박을 서슴지 않았으며, 미국에 대해서도 자신의 핵개발을 방해하면 언제든 무력으로 보복하겠다고 공언하였다. 결국 오랜 협상 끝에 1994년 10월 북한과 미국 간의 제네바 합의를 통해 북한은 핵활동을 동결하는 대신 경수로 건설과 중유 제공이라는 대가를 얻어낼 수 있었다.

III. 위기의 발생과 전개

1. 위기의 발생과 전개과정

위기는 왜, 그리고 어떻게 일어나는가? 위기는 특정 국가의 도전(challenge)으로부터 시작된다. 도전이란 전쟁의 가능성을 고조시키는 정치적·군사적 행동을 취하는 것을 말한다. 도전은 전면전으로 번지지 않을 만큼의 제한적 공격을 가하거나 군사훈련을 통한 무력시위를 벌이는 등의 군사력을 통한 방식이 될 수도 있고, 분쟁 영토를 자신의 땅으로 선언한다거나 최후통첩을 보내어 상대방이 도저히 받아들일 수 없는 양보를 요구하는 것과 같이 외교를 통한 방식이 될 수도 있다.

그렇다면 이와 같은 도전은 어떤 이유로 발생하는가? 도전 행위를 야기하는 촉발요인으로는 다음과 같은 요인들이 존재한다. 우선 첫 번째로, 영토 분쟁을 들 수 있다. 국가 간 갈등의 다양한 원인 중에서도 영토 문제는 특히 타협이나 양보가 어려운 문제이다. 이것은 영토의 높은 상징성과 국민 여론, 그리고 해당 영토에 걸린 지정학적·경제적 이익 때문인데, 대개 양측 모두가 해당 영토를 보유해야 할 나름의 정당성과 논리를 갖추고 있어 쉽게 물러서지 않아 분쟁이 장기화되는 경우가 많다. 평소 정치적·외교적 분쟁에 머물던 영토 분쟁이 심각해지면 위기 상황에 본격적으로 접어들 수 있다.

두 번째로, 국가 간 세력균형의 변화 또한 위기의 배경을 형성할 수 있다. 특정한 국가의 국력이 급격히 성장할 때 그 국가의 지도자들은 보다 공세적이고 팽창적인 대외정책을 펼치게 될 수 있으며, 그에 따라 주변국과 갈등이 생길 수 있다. 다른 한편으로, 특정 국가의 국력이 급속히 약해지는 경우 역시 주변국의 야욕이나 야심을 자극하여 위기의 전조를 만들 수 있다.

세 번째로, 정권 교체나 쿠데타 등으로 인해 특정 국가 내에서 지배 세력이 바뀌는

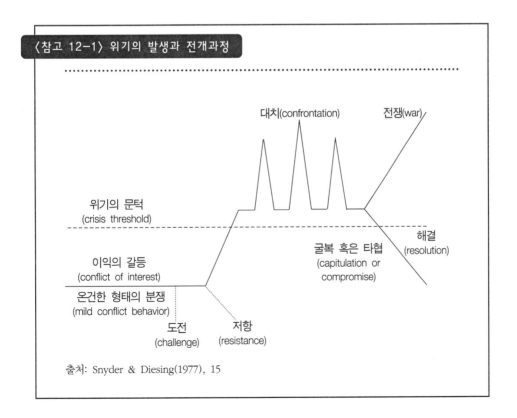

〈참고 12-1〉 위기의 발생과 전개과정

출처: Snyder & Diesing(1977), 15

것 또한 위기의 촉발요인이 될 있다. 선거를 통해서나 혹은 내부의 군사 쿠데타 등을 통해 주변국에 대해 공세적이고 강경한 정책을 선호하는 집단이 정권을 장악했을 때, 그 국가의 대외정책은 공격적으로 변화할 가능성이 높아지며 이에 따라 주변국과의 관계는 악화될 수 있다.

넷째, '숙적관계(rivalry)'라 불리는 특별한 적대관계 역시 위기의 촉발요인이 될 수 있다. 숙적관계란 이미 서로 여러 차례 전쟁을 치른 경험이 있거나, 전쟁은 아니어도 지속적인 정치적·경제적 분쟁을 겪어왔거나, 혹은 역사적·민족적으로 서로에게 적대적 감정을 품고 있는 국가 간의 관계를 지칭하는 개념이다. 이처럼 '특별히 나쁜' 관계의 국가들 간에는 더욱 쉽게 위기가 발생할 수 있다.

다섯째, 국제 질서나 규범에 대한 불만 역시 위기의 촉발요인이 될 수 있다. 주권의 존중, 자유 시장경제 체제의 유지, 핵확산의 방지와 같이 국제사회에는 다수의 국가들, 특히 기득권을 장악한 강대국들이 만들어낸 여러 가지 국제적 질서와 규범이 존재한다. 이러한 기존의 질서와 규범으로부터 소외되거나 피해를 입는다고 생각하는 국가가 생길 때, 이 국가는 기존의 질서와 규범을 타파하거나 혹은 새로운 질서와 규범을 만들어내기 위해 위기를 일으킬 수 있다.

이상과 같은 촉발요인 중 하나 혹은 둘 이상의 영향으로 한 국가가 도전을 했을 때, 도전을 받은 국가가 저항을 해야 비로소 위기 상황은 성립된다. 상대국으로부터의 도전에 저항하지 않고 그대로 이를 받아들인다면 상황은 위기가 되는 것이 아니라, 일방적인 외교적·군사적 양보로 끝나게 된다. 상대의 도전에 대한 저항의 방식은 즉각적이고 명시적인 방식의 거절과 대립이 될 수도 있지만, 좀 더 복잡하고 미묘한 방식이 될 수도 있다. 이것은 상대를 자극하지 않으려 하거나 혹은 우리측 의도에 대한 상대의 판단에 혼란을 주기 위해서 택해지는 방식인데, 예를 들어 정부의 공식 입장 발표는 미룬 채 언론을 통해 입장을 흘릴 수도 있고, 상대로부터의 응답 요구를 무시한 채 비밀리에 군사적 대비 태세를 강화할 수도 있다.

이렇게 도전과 저항이 이뤄지게 되면 양국은 대치(confrontation) 상태로 접어들게 된다. 위기 속 대치 상황은 짧게는 몇 시간에서 며칠이 될 수도 있고, 길게는 몇 달이 될 수도 있다. 대치 관계에서는 전쟁 직전의 정치적·군사적 긴장 상태가 조성된다. 대치 상황 속에서 정책결정자들은 혹시 모를 전쟁의 가능성에 대비하여 군사적 대비 태세를 강화하는 동시에, 상대를 압박하거나 설득함으로써 자신의 협상력을 높이고 자국에 최선의 결과가 나올 수 있도록 노력한다.

위기가 종식되는 방식에는 다음과 같이 여러 가지가 존재한다. 첫 번째로, 위기 상황에 직면한 쌍방 중 한 쪽이 뒤로 한 발 물러나거나 상대의 요구를 받아들이는 경우 위기는 종식된다. 이것은 보다 약한 협상력을 가진 쪽이 양보 내지 항복을 하면서 위기가 종식되는 상황인데, 다음과 같이 여러 가지 이유 때문일 수 있다. 먼저 기본적인 군사력의 측면에서 현저히 불리할 수도 있고, 군사력은 앞서거나 대등하다고 해도 조건과 상황상 운용 가능한 군사적 옵션이 제한되어 있거나 전쟁이 발생하면 치러야 할 인명과 비용을 감당할 수 없는 상태라면 협상력은 약화될 수 있다. 뿐만 아니라 이슈의 연계(issue linkage)를 통해 취약성이 생길 수도 있다. 예를 들어 우리나라가 산업에 필수적인 자원이나 물자를 상대국으로부터의 수입에 의존하고 있다면, 상대측은 이를 연계해서 활용할 것이고 우리의 협상력은 취약해질 것이다. 위기 상황이 전쟁으로 번지는 것을 막고자 하는 제3국이 간섭하여 한쪽 국가의 일방적인 양보를 강요하게 되는 경우도 있을 수 있다. 그 대표적인 예가 1938년의 체코슬로바키아 위기이다. 당시 독일의 영토 강탈 요구에 체코슬로바키아는 저항했지만, 프랑스와 영국이 나서 체코슬로바키아를 윽박지르고 뮌헨 회담을 통해 히틀러의 요구를 들어줌으로써 체코슬로바키아는 해당 영토를 빼앗길 수밖에 없었다.

두 번째는 양측의 힘이 서로를 쉽게 압도하지 못하는 동시에 대결을 지속하는 것이 너무나 위험하다는 것을 깨닫는 경우이다. 이러한 결과가 도출되는 데에는 상호 억지(mutual deterrence)가 핵심 논리로 작동한다. 억지란 충분한 방어 능력이나 가혹한 보복 능력을 상대에게 인식시킴으로써 상대가 자신을 함부로 공격하지 못하게 만드는 것으로, 상호억지란 억지가 쌍방 간에 이루어지는 것을 말한다. 상대를 공격했을 때 자신이 입을 손해와 피해가 크다는 것을 알 때 정책결정자는 쉽게 군사력을 사용할 수 없으며, 양측 지도자 모두가 이러한 판단에 이를 때 위기 상황은 무력 충돌로 이어지지 않을 가능성이 높아진다. 이러한 위기 해결의 대표적인 예가 1962년 있었던 미국과 소련의 쿠바 미사일 위기이다. 소련이 미국 바로 밑의 쿠바에 미사일 기지를 건설하면서 시작된 이 위기는 양측 간의 군사적 충돌 직전까지 갔었지만, 핵전쟁을 우려한 미국과 소련 양측 지도자의 결단으로 인해 전쟁으로 확대되지 않고 협상을 통해 마무리될 수 있었다(Allison & Zelikow 1999).

끝으로, 끝내 위기 확대를 막지 못하고 전쟁이 일어날 수도 있다. 두 가지 이유에서 이러한 최악의 상황이 도래할 수 있는데 그 첫 번째는 양측 혹은 한쪽에서 미리 취해 놓은 외교적·군사적 조치로 인한 사태 확대를 막기에는 너무 늦어버린 경우이다. 두

요점정리

· ·

- 전쟁의 가능성을 고조시키는 정치적·군사적 행동을 취하는 도전 행위로부터 위기는 시작된다.
- 영토 분쟁, 세력균형 변화, 국내 집권세력 교체, 숙적관계, 국제질서와 규범에 대한 불만 등 다양한 촉발요인이 도전을 야기할 수 있다.
- 도전을 받은 국가가 이를 받아들이지 않고 저항을 하게 되면 위기 상황이 조성되며, 양측은 대치상태로 들어가게 된다.
- 위기는 한쪽의 양보나 굴복, 양측의 균형과 협상, 전쟁의 방식으로 종식될 수 있다.

번째는 위기에 직면한 양측의 이해관계가 절대로 양립불가능하며 이를 평화적으로 해결할 가능성조차 존재하지 않는 경우이다. 전자의 예로 들 수 있는 것이 제1차 세계대전 이전에 있었던 '7월 위기(July crisis)'이다. 세르비아 극우주의자에 의해 황태자 페르디난트 대공이 암살당하자 오스트리아-헝가리 제국은 1914년 7월 세르비아에 단 이틀의 응답기한만을 허락한 최후통첩을 보냈다. 세르비아의 응답은 곧 묵살 당했고 오스트리아-헝가리 제국의 세르비아 침공과 함께 1차 대전은 시작되었다. 한편 후자의 대표적 사례로는 태평양 전쟁 직전 미국과 일본 간의 상황을 들 수 있다. 1937년 중일 전쟁이 벌어지자 미국은 일본의 중국 침략을 좌시할 수 없었기에 중국에서 일본이 완전한 철군할 것을 요구하며 석유·철강 등 전략 물자의 금수조치를 취했다. 일본에게 이것은 도저히 받아들일 수 없는 조건이었으며, 일본 지도부는 아시아-태평양 지역의 패권을 놓고 결국은 미국과의 숙명적 대결을 벌일 수밖에 없다는 판단에 이르러 진주만 기습을 감행하였다.

2. 위기의 확대

위기 상황은 평화와 전쟁 사이에 있는 매우 불안정한 상태라 할 수 있다. 위기에 직면한 국가들이 상황을 진정시키거나 통제하지 못하고 군사력을 사용할 때, 위기가 전쟁으로 이어질 가능성은 한층 더 높아진다. 이처럼 위기에서 전쟁으로 한 걸음 더 나아가는 상황이 벌어지는 것을 위기의 확대(escalation)라고 부른다. '확대'라고 번역하기는 하지만 원어에서도 알 수 있듯이 위기의 확대는 무력이 사용됨으로써 긴장의 수위가 높아지고 전쟁의 가능성이 커지는 상황을 가리킨다.

그렇다면 어떠한 조건들에 의해 위기는 확대되는가? 우선 첫 번째로, 영토를 놓고 벌어지는 위기 상황은 확대될 가능성이 높다. 역사적으로 벌어졌던 다양한 위기 사례에 대한 통계적 연구들은 영토 분쟁에 따른 위기가 무력 충돌로 이어질 가능성이 높다는 것을 보여주었다(Huth 1996; Chiozza and Choi 2003; Hensel and Mitchell 2005). 영토는 전략적 요충지와 같은 중요한 지정학적 위치나 부존 자원, 경제적 이익과 높은 관련을 가지고 있는 문제일 뿐 아니라 주권과 안보를 상징하는 요소로서 큰 상징성을 갖고 있다. 또한 영토와 관련된 외교적 대결에서 패배하거나 지나치게 유화적인 모습을 보일 경우 지도자는 엄청난 대중 여론의 비난에 직면할 수밖에 없다. 이와 같은 이유로 정책결정자들은 영토와 관련된 위기 상황이 발생할 경우 다른 문제에 비해 보다 쉽게 군사력 사용의 결정을 내리게 된다.

두 번째로, 위기 상황에서 정책결정자가 자신의 협상력이 줄어들고 있다고 느낄 때 위기의 확대 가능성은 높아진다. 위기 상황 속의 정치적·외교적 분쟁에서 상대방의 협상력은 점차 높아지는 반면 자신의 협상력은 점차 줄어들고 있다고 느낄 때, 정책결정자는 이러한 경향을 중단시키거나 혹은 힘의 관계를 역전시키기 위한 수단으로서 무력 사용의 유혹을 느끼게 된다. 예를 들어 분쟁 중인 영토를 놓고서 군사적 대치 상황이 벌어질 때 분쟁 지역으로 상대방의 병력이 증원되려는 움직임이 보인다고 생각해보자. 상대측 병력이 증원되고 나면 우리측의 협상력은 줄어들 것이고, 그 이후 위기 상황은 우리측에 불리하게 전개될 것이다. 이때 정책결정자는 상황이 불리해지는 것을 우려해 선제적으로 해당 영토를 점령하거나 공격하는 선택을 내리게 될 수 있다.

세 번째로, 상대측의 약점이나 혹은 예상치 못한 기회를 발견하여 "기회의 창(windows of opportunity)"이 열렸을 때 정책결정자가 무력을 사용할 가능성이 높아질 수도 있다. 위기 상황에서 정책결정자는 전쟁을 방지하는 것뿐 아니라 위기 상황의 해결 과정에서 자국의 이익을 최대한 증진시키는 것을 목표로 둔다. 위기의 전개과정 속에서 쉽게 잡기 어려운 군사적 기회를 포착하였을 때 정책결정자는 무력 사용의 지시를 내릴 수 있다.

네 번째로, 앞으로의 외교안보적 평판(reputation)과 신뢰성(credibility)을 유지하기 위해 무력을 사용하게 될 수도 있다. 여기서 평판과 신뢰성이란 "우리는 필요할 경우 언제든 강경책으로서 무력을 사용할 수 있다"는 것을 다른 나라에 인식시키고, 앞으로의 분쟁이나 위기 상황에서도 그럴 것이라는 믿음을 갖게 하는 것을 말한다. 위기 상황에서 유약하게 대처한다는 인상을 상대에게 주었을 경우, 지금의 위기뿐 아니라 앞으로도 상대국은 우리의 이익을 침해하려는 시도를 쉽게 벌일 수 있다. 뿐만 아니라 위기 상황에는 대결을 벌이는 상대방 외에도 주변의 다른 국가들이라는 관중이 존재 한다. 위기에서 지나치게 유화적인 모습을 보이게 되면, 상대국뿐 아니라 다른 국가의 관계에서도 향후 문제가 생길 수 있다. 이와 같은 고려에 직면하게 될 때, 정책결정자 들은 군사력 사용의 결정을 내릴 수 있다.

다섯 번째로, 군사적 동맹국이 존재하고 이 동맹 파트너로부터 군사적 지원을 받을 수 있다는 확신이 존재할 때 정책결정자는 보다 쉽게 군사력의 사용을 선택할 수 있다 (Leeds 2003). 위기 상황이 전쟁으로 이어진다 하더라도 동맹국으로부터 충분한 지원 을 얻을 수 있다는 판단에 이르렀을 때, 정책결정자는 보다 공격적이고 모험적인 판단 과 결정에 이를 수 있다. 참고로 이러한 결단은 동맹국을 연루(entrapment)의 위험에 빠뜨린다(제6장 참조).

여섯 번째로, 위기 상황에 직면한 국가 지도자가 국내정치적으로 위기에 빠져 있거 나 낮은 지지도를 기록하고 있을 때 군사력 사용의 가능성은 높아진다. 소위 "희생양 이론(scapegoat theory)"이라 불리는 설명에 따르면, 국정운영의 실패나 스캔들 등으로 인해 국내정치적으로 수세에 몰린 국가지도자는 나라 안의 혼란과 자신에 대한 불만을 외부로 돌리기 위해 외부의 적을 희생양으로 삼아 분쟁을 일으킬 수 있다(Levy 1989). 특히 이러한 상황에 있는 지도자는 위기 상황에서 유약한 모습을 보일 경우 여론이 더욱 악화될 것을 크게 우려하기에 호전적인 결정을 내릴 수 있다(Tomz 2007).

일곱 번째로, 위기 상황에 직면한 국가의 정치문화가 군국주의(militarism)이나 초민 족주의(hypernationalism)과 같이 호전적인 것일 경우, 위기는 확대될 가능성이 높다. 이러한 정치문화와 국내 이념은 외부 국가에 대해 적대적이고 무력 사용을 대외 정책 의 수단으로 선호하며, 특히 위기 상황과 같은 극도의 외교적·군사적 긴장 상황을 돌파하는 수단으로서 군사력을 사용할 가능성이 높다. 또한 이러한 정치문화가 지배 하는 국가의 정책결정자는 자국 내에서의 압력으로 인해 위기 상황에서 쉽게 물러서 거나 유화적 정책을 취하기가 어렵다.

끝으로, 위기 상황을 다루는 정책결정자의 인지적 오류나 편견, 세계관 등의 심리적 요소에 의해 위기가 전쟁으로 이어질 가능성이 높아질 수도 있다. 정책결정자의 개인 적 심리 성향이나 심리적 상호작용으로 인해 상황에 대한 오판, 상대에 대한 오해,

모험적 결정 등이 이뤄질 수 있는데, 정책 결정자의 심리 상황과 위기의 관계에 대해서는 다뤄야 할 내용이 상당히 많기에 다음 부분에서 보다 자세히 살펴보겠다.

3. 심리적 요소와 위기

위기의 전개과정과 관련하여 좀 더 살펴볼 것은 정책결정자의 심리 상황과 위기의 관계이다. 위기 상황에 직면한 정책결정자는 전쟁과 평화의 갈림길에서 상황의 전개에 따라 각각의 대안들을 세심히 탐색하고 선택을 내리게 된다. 이때 신념 체계, 정보를 얻고 결정을 내리는 동안 작동하는 심리적 과정, 성격과 감정 상태 등 정책결정자 개개인의 심리적 요소는 위기 상황의 과정과 결과에 큰 영향을 미칠 수 있다. 이와 같은 심리적 요소의 중요성은 어떻게 정책결정이 이루어지느냐와 함께, 누가 지도자로서 정책결정을 하는가가 결과를 다르게 만들 수 있다는 함의를 내포한다(Hermann et al. 2001).

1) 오인(misperception)

이와 같이 위기 상황에서의 정책결정에 영향을 미치는 심리적 요소로서 가장 많은 연구가 이루어진 것이 오인이다. 오인이란 특정한 내적 혹은 외적 요인으로 인해 지각과 인지에 오류가 생기는 것으로 쉽게 말해 상대방에 대해, 그리고 상황에 대해 잘못 인식하고 잘못된 판단을 내리는 것을 말한다. 오인으로 인한 전쟁은 대개 정책결정자가 상대 국가의 능력과 의도를 잘못 인식하거나 해석하는 데서 초래되는 경우가 많다 (Jervis 1976; Levy 1983). 적대국의 공격성을 과장하는 것은 전쟁으로 연결되는 가장 흔한 오인의 경우로, 이런 오인을 하게 될 때 적대국에 대해 예방적 공격(preventive strike)을 하거나, 불필요한 자극을 하게 될 수 있다. 반대로 적대국의 공격성을 과소평가하게 될 경우 초기 대처를 잘못하여 억지(deterrence)에 실패할 수도 있다. 한편 제3자에 대한 오인으로서 한국 전쟁 당시 미국이 중국의 개입 여부를 오판했던 것처럼 자신의 동맹국과 적대국의 동맹의 능력과 의도에 대한 오인까지 위기 상황에 큰 영향을 미칠 수 있다.

오인을 종류별로 살펴보자면, 먼저 첫 번째로 의도에 대한 오인이 존재한다. 이것은 적국의 가치 체계, 이익에 대한 규정 방식, 상황에 대한 이해방식, 결과에 대한 기대, 국내적·관료적 장애물 등에 대한 잘못된 인식으로부터 비롯된다. 위기 상황에서 상대측의 전쟁의지를 실제 이상으로 과소평가할 경우 억지를 해야 할 때 타협이나 유화에 나섬으로써 전쟁 방지에 실패할 수 있다. 반대로, 서로의 적대감을 과장하거나 과도하게 해석함으로써 전쟁이 일어날 수도 있다. 이것은 전쟁의 나선 이론(spiral theory)라고도 불리는 설명으로, 위기 상황에서 서로 상대가 자국에게 위협이 된다고 잘못 판단하는 경우이다. 이때 양측은 전쟁을 막기 위한 수단으로서 합의와 회유보다는 주로 협박에 의존하게 되고, 이에 따라 서로에 대한 오해와 불신은 더욱 깊어져 전쟁의 가능성은 더욱 높아질 수 있다.

두 번째로 능력에 대한 오인 역시 위기 상황의 전개에 큰 영향을 줄 수 있다. 이것은 상대측의 능력에 대한 오인뿐 아니라, 자신의 능력에 대한 오판까지 포함한다. 능력에 대한 오인의 대표적 사례가 비현실적인 군사적 낙관론인데, 정책결정자가 선제공격을 하면 승리할 가능성이 높다고 착각할 때 전쟁이 일어날 가능성은 높아진다. 특히 군사적 낙관론은 정치적·외교적 해결책으로는 위기 상황을 돌파할 수 없다고 생각하는 정치적·외교적 비관론과 결합될 때 더욱 전쟁의 위험을 높인다. 그 대표적인 예가 제1차 세계대전의 사례이다. 1914년 7월 위기 당시 독일은 슐리펜 계획에 따라 단기간 내에 전쟁을 끝낼 수 있을 거라고 착각했다. 만일 전쟁이 4년간 지속되며 참전국 모두에 어마어마한 피해를 가져올 것을 알았다면 독일 지도부는 아마 전쟁을 시작하지 않았을 것이다.

세 번째로 결과에 대한 기대가 그릇된 상황 판단을 가져올 수 있다. 정책결정자는 상황이 호전되기보다는 악화될 거라고 믿을 때, 즉 비교적 작은 손실이나 이득이라도 그것이 악순환, 혹은 선순환을 이루어 증폭된다고 믿을 때 전쟁을 택하는 경향이 존재한다. 그 대표적인 사례가 미국의 베트남전 참전으로, 당시 미국의 정책결정자들은 단지 남베트남을 구하기 위한 목적보다는 남베트남의 공산화 이후 우려되는 '도미노 효과(domino effect)'에 대한 염려에서 전쟁을 시작했다.

2) 신념과 이미지

또한 정책결정자가 어떤 신념을 가지고 있으며 상대방에 대해 어떤 이미지를 갖고 있느냐 또한 위기 상황의 중대한 정책 결정 순간에 큰 영향을 미칠 수 있다. 각 개인의 신념은 그가 외부 세계에 대해 얻은 정보를 어떻게 인식하고 해석하는가에 대해 지대한 영향을 미친다. 위기 상황에 직면한 정책결정자가 평소 상대국과 국제정치 일반에 대해 어떤 신념을 가지고 있었는가의 문제는 현재 상황에서 접하는 정보를 어떻게 판단하는가 만큼이나 정책결정에 큰 영향을 미치는 요소라 할 수 있다(George 1969).

먼저 추상적 차원에서 정책결정자가 평소 정치와 정치적 갈등에 대해, 그리고 전략과 전술에 대해 어떤 신념을 가지고 있었는가에 따라 위기 상황에서 선택은 달라질 수 있다. 먼저 정치적 신념 차원에서 정치의 본질이 갈등이라고 보는지 협력이라고 보는지, 상대국과 자국의 관계가 기본적으로 갈등적인지 협력적이라고 보는지, 리더로서의 정치지도자의 역할이 어디까지라고 보는지 등의 문제에 있어서 어떤 생각을 갖느냐에 따라 지도자의 상황 판단은 달라질 수 있다. 또한 도구적 신념의 차원에서 목표 실현을 위한 전략과 전술에 대해 평소 어떤 생각을 갖고 있었는지도 큰 변수가 될 수 있다. 정치적 행동에 있어서 최선의 전략과 전술이란 무엇이라고 생각하는지, 어떤 수단이 유용하며 효과적이라고 생각하고 있었는지에 따라 정책결정자는 과감히 공격적 정책을 취할 수도, 망설임 끝에 충돌 회피적 정책을 택할 수도 있다.

보다 구체적으로 위기 상황에 영향을 미치는 이미지의 차원을 살펴보자면 다음과 같다(Rogers 1991). 첫 번째로, 적대국에 대해 정책결정자가 갖고 있는 이미지가 중대한 변수가 된다. 예를 들어 위기 상황에서 적의 의도를 파악해야 한다고 생각해보자. 적은 치밀하고 의도적으로 위기를 초래시켰는가? 아니면 적도 원치 않는 분쟁에 휩말려 든 것인가? 평소 적대국이 어떤 목적을 갖고 있다고 생각했는지, 적대국의 정책결정 스타일과 위기 협상 전략은 무엇이라고 생각해왔는지에 따라 정책결정자의 판단은 달라질 수 있다.

두 번째로, 위기의 동학(crisis dynamics)에 대해 어떤 이미지를 가지고 있는가도 중요하다. 이것은 위기로부터 전쟁으로 이어지는 과정에 대해 정책결정자가 가지고 있는 신념의 영역이다. 전쟁이란 의도와 계산의 결과이며 숙명적으로 피할 수 없다고 생각하는 정책결정자보다, 전쟁은 지속적 상승작용의 결과 우발적으로 벌어질 수 있는 것이라고 믿는 정책결정자가 보다 위험회피적인 정책을 취할 것이다. 실제로 1962년 있었던 미국과 소련 간의 쿠바 미사일 위기에서 미국의 케네디 대통령은 자신의 참모들에게 언제든 우발적으로 핵전쟁이 일어날 수 있음을 강조하며 상황을 세심히 통제하는 동시에, 가능한 전쟁의 위험을 회피하는 대안을 찾고자 노력하였다.

세 번째로, 무엇이 최선의 협상전략(optimal bargaining strategy)이라고 평소 생각해 왔는가에 따라 정책결정자의 결정은 달라질 수 있다. 위기 상황을 잘 관리하고 극복하려면 강압적으로 몰아붙이는 게 효과적인가? 아니면 최대한 조심하면서 양보가 필요할 땐 물러날 줄도 알아야 하는 것인가? 이처럼 특정 전략에 대한 선호와 신념은 정책결정자의 개인적 경험에서 만들어질 수도 있고, 혹은 해당 국가가 역사적으로 경험했던 일이나 유명한 역사적 사례로부터 교훈을 얻어 형성된 것일 수도 있다(Khong 1992).

3) 심리적 편향(psychological biases)

인간의 인식에 영향을 미치는 특정한 심리적 편향들은 의미 있는 외교적 '신호(signal)'와 '잡음(noise)'을 구별하기 어렵게 만들어, 정책결정자들을 잘못된 결정에 이르게 만들 수 있다. 이처럼 잘못된 판단에 영향을 미치는 심리적 편향으로는 인지적 편향과 동기에 의한 편향을 들 수 있다.

먼저 인지적 편향(cognitive biases)에 대해 살펴보자. 인간의 두뇌는 복잡한 외부 세계 정보를 완벽히 처리해내는 것이 불가능하기에 이를 단순화시키게 되는데, 이렇게 두뇌 작용 자체의 한계로 인해 인지적 편향은 발생한다(Tversky & Kahneman 1974; Nisbett & Ross 1980). 인지적 편향의 첫 번째 유형은 선택적 집중(selective attention) 현상이다. 모든 인간은 기존에 자신이 갖고 있던 믿음과 일관되는 방향의 정보를 더욱 잘 받아들이는 경향이 있는데, 위기 상황의 정책 결정자 역시 기존의 신념에 기반을 두어 현상을 인식하게 되는 경우가 많다. 예를 들어 위기 상황의 상대국이 기회주의적인 국가라고 생각해왔다면, 이러한 신념을 강화시켜주는 정보들만 머리에 쏙쏙 더 잘 들어온다는 이야기이다.

인지적 편향의 두 번째 유형은 조급한 인지적 폐쇄(premature cognitive closure) 현상이다. 이것은 판단을 내리는 데 있어서 완벽한 정보를 얻으려고 하는 게 아니라, 자신이 평소 가지고 있던 관점을 지지하는 정보를 얻고 나면 더 이상의 정보 습득에는 게을러지는 경향을 말한다. 앞의 예에 이어서 설명하자면, 상대국이 기회주의적인 국가라고 생각하는 정책결정자는 자신의 이러한 고정관념을 강화시켜주는 정보들을 몇 가지 받아들인 이후에는 이를 수정하게 만들 수도 있는 새로운 정보를 군이 더욱 알려고 하지 않는 경향을 보인다. 이 현상은 선택적 집중 현상과 함께 기존의 신념과 고정관념을 더욱 견고하게 유지하고 강화하도록 만든다.

세 번째 유형은 근본적 귀인 오류(fundamental attribution error)이다. 심리학 연구에 따르면, 모든 사람에게는 대체로 다른 이의 잘못된 행동은 상황의 산물이 아닌 그 사람의 고유한 속성 때문에 일어난 것으로 해석하는 반면 자신의 경우는 그 반대로 이해하는 경향이 존재한다. 위기 상황 속에서 정책결정자는 타국의 군사력 운용은 적대적 의도로 해석하면서 상대에게 오해를 살 수 있는 자신의 군사력 운용은 상황에 따른 결과, 즉 방어 의도로 생각할 수 있다.

인지적 편향이 인간 두뇌의 기능 방식 때문에 일어나는 것이라면, 동기로 인한 편향 (motivated biases)은 심리적 필요, 공포, 죄의식, 욕망 등의 다양한 감정적 요인으로부 터 영향을 받아 일어나는 편향을 말한다(Janis & Mann 1977). 동기로 인한 편향의 대표적인 예가 '희망적 사고(wishful thinking)'이다. 지나친 동기는 인간으로 하여금 현실을 보게 하는 것이 아니라 "보고 싶은 것을 보게" 만들 수 있는데, 희망적 사고는 특정한 목표 달성을 위한 정책이나 전략의 성공 가능성을 실제보다 높게 평가하게 만듦으로써 정책 결정자들을 잘못된 판단에 이르게 할 수 있다. 실례로 제1차 세계대 전 당시 독일의 전략가들은 벨기에와 프랑스를 침공하면서 영국이 참전하지 않기를 바 랐고, 이러한 희망적 사고가 영국이 참전하지 않을 거라는 예측으로 이들을 이끌었다.

요점정리

....

- 신념 체계, 정보 판단 및 결정시 작동하는 심리적 과정, 성격과 감정 상태 등 정책 결정자 개인의 심리적 요소는 위기의 전개 과정과 결과에 큰 영향을 미칠 수 있다.
- 특정한 내적 혹은 외적 요인으로 인해 발생하는 오인은 상대방과 상황에 대한 정책 결정자의 오판을 불러 위기 확대와 전쟁을 가져올 수 있다.
- 정책결정자가 어떤 신념을 가지고 있으며 상대방에 대해 어떤 이미지를 갖고 있느 냐 또한 위기 상황의 중대한 정책 결정 순간에 큰 영향을 미칠 수 있다.
- 특정한 심리적 편향들은 정확한 정보 인식과 상황판단을 어렵게 하여 정책결정자 들을 잘못된 결정에 이르게 만들 수 있다.

〈참고 12-2〉 위기상황과 집단사고(group think)

··

안보정책결정과정 중 집단의사결정 수준에서 일어나는 '집단사고'의 위험성에 대해서 논의한 바 있다. 집단사고는 특히 위기상황에서 그 가능성이 매우 높아진다. 위기상황에서는 상황 판단과 정책 결정에 여러 사람들이 참여한다. 대통령이나 총리와 같은 최고지도자 외에도 국방부나 외교부 등의 주요 부처 장관, 외교안보 분야 비서관과 보좌관, 합동참모본부의 군부 인사 등 다양한 이들의 분석과 의견이 종합되어 정책결정이 이뤄지는 것이다. 이렇게 위기상황에서의 집단적 정책결정과정은 언제나 집단사고의 위험성을 내포하고 있다. 집단사고 속에서 구성원들은 무엇이 현실에 부합하는가보다 무엇이 가능한 집단의 견해와 가까운지를 더욱 신경 쓰게 되며, 자기도 모르게 집단의 의견과 가까운 사실이 더욱 진실에 가깝다고 착각하게 된다. 또한 다른 이들과의 갈등이나 차이를 최소화하기 위해 현재의 집단의 지배적 견해나 생각을 반박하지 않으려 하거나, 하기 어려운 상황에 처한다. 집단사고를 유발하는 요소는 다양하다. 최고지도자의 권위주의적 리더십, 집단의 강고한 단결력과 결속력, 외부로부터의 위협에 의한 극도의 위기의식과 같은 요인으로 인해 집단사고는 발생할 수 있다. 그 대표적 예로서 앞에서도 언급한 바 처참한 실패로 끝난 미국의 피그스만 침공사건을 들 수 있다.

IV. 위기의 관리

1. 위기관리의 개념과 원칙

이상에서 살펴본 위기의 발생과 확대를 막고, 피해를 최소화하기 위해 위기관리가 필요하다. 위기관리(crisis management)란 위기상황이 통제를 벗어나 전쟁으로 확대되지 않도록 위기를 통제하고 조절하는 과정인 동시에, 자국에 유리하도록 위기를 해결하여 사활적 국가 이익을 보호 및 유지하고자 하는 모든 노력을 가리키는 개념이다 (Williams 1976: 29). 위기라는 현상 자체가 상황과 조건에 큰 영향을 받는 사안인 만큼 보편적이고 일반적인 위기관리의 해법이란 존재하지 않지만 그래도 수많은 역사적 위기 사례로부터 도출된 위기 관리시의 원칙은 다음과 같다(Roberts 1988; 조영갑 2005).

첫째, 최고 정책결정자는 정확한 판단과 결정을 위해 특정한 부서나 개인의 견해뿐 아니라 다양한 부서와 개인으로부터의 견해와 정보를 청취하여야 한다. 편향된 정보나 견해만을 듣고서 판단과 결정을 내릴 때 그것이 잘못된 결단이 될 가능성은 높아질 수 있으며, 가능한 최대한의 정보를 입수하여 판단할 필요가 있다.

둘째, 최고 정책결정자는 위기 상황이 잘못 확대되거나 전쟁으로 이어지지 않도록 하기 위해 위기에 대처하는 각 정부기관 및 군에 대해 평소보다 더욱 강화된 정치적 통제를 시행해야 한다. 그렇게 해야만 위기 상황에서 최고지도자의 지시가 기민하게 이행될 수 있고, 조직적 실수나 우발적 사고로 인해 상대측에 잘못된 신호가 가거나 전쟁 위험이 높아지는 것을 막을 수 있다.

셋째, 위기관리의 목표와 수단은 제한적으로 설정해야 한다. 위기 타파를 위해 너무 큰 목표를 설정하게 되면 위기를 관리하고 종식시키는 게 아니라 오히려 확대하고 전쟁의 가능성을 높이게 될 수 있다. 목표를 제한할수록 달성 가능성은 높아지며 상대의 목표와의 양립 가능성 또한 높아진다. 수단 역시 마찬가지이다. 위기가 전쟁으로 번지지 않도록 상대를 크게 자극하거나 곧바로 전쟁이 벌어질 수 있는 수단의 사용은 신중하고 조심스러워야 한다. 특히 군사력을 사용한다면 무력의 사용이 전면전으로 확대되지 않도록 각별한 주의가 필요하다.

넷째, 가능한 유연한 정책적 옵션을 취할 수 있는 자세를 견지하는 동시에, 상대의 입장과 체면도 생각해야 한다. 지나치게 경직된 정책만을 선택하게 되면 타협의 여지는 줄어들고 상황은 악화될 수밖에 없다. 상대국 역시 마찬가지이다. 우리의 요구와 협상 방식이 상대의 굴욕적인 양보 아니면 전쟁이라는 극단적인 형태가 되어버리면, 우리가 원하는 것을 얻어내기는커녕 상대를 더욱 자극하거나 전쟁에 나서게 만들 수 있다.

다섯째, 상대국과의 의사소통을 유지해야 한다. 위기 상황은 전쟁 직전 일촉즉발의 상황으로서 상대측과의 관계 또한 심각하게 악화되어 있는 상태라 할 수 있다. 그러나 그렇기 때문에 더욱 의사소통은 중요하다. 서로의 요구와 의도에 대한 잘못된 해석으로 인해 불필요한 전쟁이 벌어질 수 있기 때문이다. 또한 자국이 무엇을 원하고 원하지 않는지가 상대에게 명확히 전달되어야 협상을 통한 위기 타결이 가능하다.

여섯째, 지금의 위기관리가 앞으로 있을지 모를 또 다른 위기의 중요한 선례가 될 수 있음을 항상 생각해야 한다. 그렇기 때문에 중대한 위기라 할지라도 현 상황의 해결 뿐 아니라 위기 이후의 상황까지 생각해야 하며, 특히 위기관리의 수단과 방안의 선택에 있어 국제법적 검토가 필요할 수 있다. 뿐만 아니라 현재 자국이 취하는 정책적 대안이 다른 국가들에게 어떤 정치적 신호와 메시지를 보내게 될 것인지에 대해서도 신중히 고려해야 한다. 지나치게 유약한 위기대처는 향후 자국을 또 다른 위기로 몰고 갈 수도 있고, 지나치게 강경한 대처는 주변국의 우려와 비난을 살 수도 있다.

2. 위기관리 전략

위기관리의 목표는 두 가지라 할 수 있다. 첫 번째는 소극적 목표로서 현재 발생한 위기가 전쟁으로 확대되는 것을 막는 것이고, 두 번째는 적극적 목표로서 위기 상황을 극복하는 것은 물론 위기를 기회로 삼아 국가 이익을 최대한 확보하는 것이다. 위기 상황에서 이 두 가지 목표를 가장 효과적으로 달성할 수 있는 방안을 모색하고 이를 실행하는 것이 위기관리 전략이다.

위기관리 전략은 다음과 같은 특징을 가지고 있다. 첫째, 위기관리전략에서는 한 국가가 보유한 외교적 수단과 군사적 수단 모두가 고려되고 활용될 수 있다. 둘째, 군사력의 활용은 외교의 대체 수단이 아닌 외교의 도구로서 이용된다. 셋째, 모든 위기에 다 통용되는 보편적 전략이란 존재하지 않으며 부닥친 위기가 무엇이며 어떤 상황이냐 위기관리전략은 달라질 수 있다. 넷째, 위기관리전략이 실패할 경우 위기의 확대와 전쟁 발발의 가능성이 상존한다. 위기관리 전략은 다음과 같이 공세적 위기관리 전략과 수세적 위기관리 전략으로 구분할 수 있으며, 하나만 선택되어지는 것이 아니라 상황에 따라 복합적으로 사용될 수 있다(George 1991; 조영갑 2005).

1) 공세적 위기관리 전략

위기 상황에서 보다 유리한 상황에 있거나 우세를 점하는 쪽은 다양한 전략을 통해 위기관리는 물론, 상대로부터 양보와 순응을 이끌어냄으로써 자신의 이익을 극대화하고자 하는 전략을 취할 수 있다. 공세적 위기관리 전략의 가장 큰 특징은 군사적으로 자신감이 확보되어 있기 때문에 비교적 높은 수준까지의 위기 고조와 확대까지 전략의 일환으로서 활용된다는 것이다.

첫 번째 유형은 공갈 전략이다. 이것은 상대가 우리측의 요구를 받아들이지 않았을 때 가혹한 응징이나 심각한 불이익을 받게 될 것이라는 협박을 가함으로써 위기 상황에서 양보와 굴복을 이끌어내는 전략이다. 이것이 성공할 수만 있다면 군이 실제 무력을 사용하지 않아도 원하는 것을 얻어낼 수 있다. 그러나 상대가 순응하지 않을 때 위기의 지속 및 확대 가능성은 높아지며, 상대의 양보를 얻어내는 방식에서도 체면과 입장을 고려한 요구가 필요할 수 있다.

두 번째는 제한적이고 전환 가능한 탐색 전략이다. 이것은 위기 상황 초기에 적의도 파악을 위해 흔히 이용되는 전략으로, 세 가지 목적을 둔다. 첫째로는 위기 확대와 전쟁은 회피하는 동시에 둘째로 우리측에 유리한 상황으로 상태를 전환시키며, 셋째로는 상대의 의도와 역량, 의지를 시험하고 탐색하는 것이다. 그 방식은 외교적 메시지를 전달하고 반응을 보는 식이 될 수도, 제한적인 군사력의 이용을 통해 상대측의 대응을 볼 수도 있다.

세 번째는 통제된 압박 전략이다. 이것은 점차적인 압박을 통해 상대의 목을 조여 들어가는 전략으로, 전쟁으로 바로 확대될 만큼의 군사적·정치적 압박은 통제하는 대신 점진적으로 상대의 역량과 의지를 잠식해가는 식으로 활용된다. 예를 들어 분쟁 중인 영토에 대한 통제된 압박 전략은 상대국의 접근 봉쇄, 간섭, 우리측 시설 건설 등 점진적이고 순차적인 방식으로 이뤄질 수 있다.

네 번째는 기정사실화 전략으로, 위기 상황 초기에 확보된 이익을 기정사실화함으로써 상대의 인정과 양보를 얻어내는 전략이다. 예를 들어 위기 상황 초기 우리가 분쟁 영토를 점유했다면, 상대와 동등한 입장에서 이를 놓고 협상하는 게 아니라, 이미 우리 것이 되었다고 전제를 하고 협상을 하는 것이다. 이렇게 되면 최종적으로 일정 부분 양보와 타협이 이뤄지더라도, 보다 우리측에 이익이 되는 결과를 이끌어낼 수 있다.

2) 수세적 위기관리 전략

위기를 조장하는 국가가 자신이 보유한 상대적 우위를 바탕으로 높은 수준까지 위기를 고조시키고 확대시킴으로써 공세적 위기전략을 사용한다면, 이에 대응하는 국가는 수세적 위기전략을 통해 위기를 가능한 확대시키지 않고 진정시키면서도 자국의 이익을 보전하고자 하는 전략을 사용하게 된다. 수세적 위기관리 전략에 대해 좀 더 구체적으로 살펴보면 다음과 같다.

첫 번째 유형은 수세적 강압외교(coercive diplomacy) 전략이다. 원래 강압외교란 자신의 힘을 바탕으로 상대에게 특정한 행동 혹은 행동의 중단을 외교적으로 강요하는 것을 말한다. 수세적 강압외교는 적의 도발과 위기 조장 행위에 대한 대응책으로서 이와 같은 시도를 중단하고 위기 이전 상황으로 돌아갈 것을 강요하는 것을 가리킨다. 공세적 위기관리 전략의 공갈전략과 구별되는 점은 공갈전략은 자신이 갖지 않은 상태의 것을 상대로부터 얻어내는 것을 목표로 하는 공격적 전략인 반면, 수세적 강압외교전략은 적의 행동을 중지시키고 행동을 포기시키는 방어적 성격의 전략이라는 점이다.

두 번째는 확대저지를 동반한 제한적 확대전략이다. 이것은 상대측이 조성한 위기가 전쟁으로 확대되는 것은 막으면서도, 자신에게 상황이 유리하게 조성될 수 있도록 제한적으로 위기를 확대시키는 것이다. 예를 들어 상대국이 분쟁 중인 영토에 대한 낮은 수준의 도발을 시도했을 때 상대국의 다른 지역에 대한 군사적 행동을 취함으로써 상대를 당황시키고 주도권 전환을 꾀할 수 있다. 비록 제한적 목표를 둔다고는 해도 이것은 위기를 확대시키는 전략이기에 전쟁으로 이어질 위험성이 높아 활용 시 세심한 주의가 필요하다.

세 번째는 확대저지를 동반한 동일보복전략이다. 이것은 "눈에는 눈, 이에는 이 (tit-for-tat)"이라 불리는 전략을 활용하는 것이다. 번역 표현상 가혹한 복수를 의미하는 것처럼 오해할 수 있지만, 그것이 아니라 상대방의 협력적 행동에는 협력적 행동으로 대응하고 상대측의 공세적 행동에는 그에 상응하는 부정적 행동으로 대응하는 것을 의미한다. 이렇게 함으로써 우리는 상대측에 우리가 가만히 당하고 있지만은 않을 것이라는 명확한 의지를 표시할 수 있고, 긍정적 행동에 대한 보상과 부정적 행동에 대한 처벌을 통해 적에게 우리의 행동패턴을 학습시킴으로써 위기의 확대를 방지할 수 있다.

네 번째는 적의 확대저지를 동반한 능력시험전략이다. 이것은 제한적 확대전략이나 동일보복전략을 사용하기엔 너무 위험하거나 정치적으로 어려운 상황일 때, 제한된 틀 안에서 상대의 능력을 시험하는 방식이다. 이 전략이 사용된 예로 1948년 소련의 베를린 봉쇄 위기를 들 수 있다. 당시 소련에 의해 서베를린이 봉쇄되자 서방국가들은 동유럽의 모든 수출품에 대한 경제봉쇄에 들어갔으며, 미국은 공수작전을 통해 고립된 베를린에 식량과 물자를 조달함으로써 소련의 봉쇄 지속 능력을 시험하는 동시에 자국의 의지와 능력을 과시했다.

다섯 번째는 한계 설정전략으로, 상대측이 결코 넘어서는 안 될 한계선(red line)을 설정하고 이 선을 넘지 못하도록 하는 것이다. 이 전략이 성공하기 위해서는 두 가지 조건이 만족되어야 한다. 우선 첫째로 우리가 설정한 한계선이 어디까지인지를 상대방에게 명확하게 인식시켜야 한다. 두 번째로는 한계선을 넘는 행동을 상대가 했을 때 반드시 이에 대해 분명하고도 강력한 대응을 취함으로써 한계선을 넘는 행동은 응징당할 것임을 상대측에 학습시켜야 한다.

끝으로, 협상 타결을 위한 시간 벌기 전략 또한 활용될 수 있다. 이것은 위기 상황

요점정리

- 위기관리란 위기상황이 통제를 벗어나 전쟁으로 확대되지 않도록 위기를 통제하고 조절하는 과정인 동시에, 자국에 유리하도록 위기를 해결하여 사활적 국가 이익을 보호 및 유지하고자 하는 모든 노력을 가리키는 개념이다.
- 위기관리의 목표는 현재 발생한 위기가 전쟁으로 확대되는 것을 막는 소극적 목표와 위기를 기회로 삼아 국가 이익을 최대한 확보하는 적극적 목표로 나눌 수 있다.
- 위기관리의 전략에는 상대로부터 양보와 순응을 이끌어냄으로서 자신의 이익을 극대화하고자 하는 공세적 위기관리 전략과 위기를 가능한 확대시키지 않고 진정시키면서도 자국의 이익을 보전하고자 하는 수세적 위기관리 전략이 있다.

〈참고 12-3〉 위기관리와 군사력의 통제

군사력은 위기관리에서 운용되는 핵심적 수단의 하나이다. 정책결정자는 위기상황으로 인해 촉발된 군사적 위협에 대처하는 동시에, 위기 속에서 달성되어야 하는 목표를 수행하기 위해 군사력을 활용할 수 있다. 이때 중요한 것이 교전규칙(ROE: Rules of Engagement)으로, 교전규칙은 평시와 전시에 야전지휘관들이 언제, 어디서, 누구에게, 어떻게 군사력을 사용해야 하는가에 대한 지침을 말한다(Sagan 1991). 정책결정자는 크게 두 가지 방식에 따라 교전규칙을 운용할 수 있다. 그 첫 번째는 위임통제(delegated control)로, 특정 상황 하에서 최고정책결정자나 상급 사령부의 특별한 명령이나 수정지시가 없는 한 각급 부대 지휘관의 재량에 따라 군사행동을 취할 수 있도록 하는 것이다. 두 번째는 직접통제(direct control)이다. 이것은 위기상황이 전개되는 동안 최고정책결정자 혹은 상급 사령부의 명시적인 명령이나 권한 발동에 의해서만 군사 행동이 이루어진다(George 1991). 교전규칙의 활용 방식으로서의 위임통제와 직접통제 간에는 딜레마가 존재한다. 위임통제를 통해 야전지휘관의 재량에 맡겨둘 경우, 지휘관 판단에 따른 군사력 운용이 지도부의 의지와는 달리 불필요한 무력 충돌로 이어져 위기 상황이 전쟁으로 확대될 수 있다. 다른 한 편으로 직접통제를 통해 현장 상황을 최고지도부가 세세히 통제하게 되면 전장의 주도적 통제를 어렵게 함으로써 아군을 공격에 취약하게 만들 수 있으며 임무수행 능력을 제한하는 상황을 초래할 수도 있다(Sagan 1991).

에 대한 준비와 대처가 미흡했거나 다른 전략을 활용하기 위해서 시간이 필요할 때, 그리고 외교적·군사적으로 불리한 상황에 처했을 때 선호될 수 있는 전략이다. 이 전략은 위기가 전쟁으로 번지는 것을 방지하고 상대의 요구에 완전히 굴복하는 것은 회피하지만, 상대의 요구를 부분적으로 들어주고 협상하면서 정치적·군사적 대응책 마련의 시간을 버는 것을 골자로 한다.

V. 맺음말

위기는 전쟁과 평화 사이의 회색지대와도 같다. 국가안보에 중대한 위협이 가해지 며 군사적 충돌의 가능성은 높은데 대응을 위한 시간 여유도 부족한 위기 상황에서 정책결정자가 어떤 판단과 결정을 내리느냐에 따라 위기는 진정되어 평화 상태로 돌 아갈 수도 있고, 전쟁이 벌어질 수도 있다.

위기는 전쟁 가능성을 고조시키는 특정 국가의 정치적·군사적 도전 행위로부터 시 작되어 도전을 받은 국가가 저항을 하게 될 때 조성되며, 영토 분쟁, 세력균형 변화, 국내 집권세력 교체, 숙적관계, 국제질서와 규범에 대한 불만 등 다양한 촉발요인으로 인해 위기는 발생할 수 있다. 한쪽이 양보해서 물러나거나 양측이 팽팽한 균형을 이뤄 서 협상을 선택하게 될 때 위기는 전쟁으로 이어지지 않고 평화적으로 종식될 수 있 다. 그러나 긴장이 수위가 높아짐으로써 위기는 확대될 수 있으며, 이는 영토 문제, 협상력에 대한 인식, 기회에 대한 판단, 평판과 신뢰성, 동맹, 지도자의 국내정치적 상황, 정치 문화, 심리적 요소 등 다양한 요인에 의해 야기될 수 있다.

위기관리란 이처럼 위기상황이 통제를 벗어나 전쟁으로 확대되지 않도록 위기를 통제하고 조절하는 동시에 자국에 유리하도록 위기 상황을 극복하여 국익을 보전하려 는 노력이다. 정책결정자는 극도의 스트레스와 심리적 압박을 견디며 다양한 전략과 협상 전술을 통해 국가안보와 이익을 지켜내기 위해 노력해야 한다.

북한과의 군사적으로 대치하고 있으며 동북아의 지정학적 요충지에 위치해 있는 우리나라의 특성상, 이 장에서 다룬 위기는 언제라도 우리에게 닥칠 수 있는 상황이라 할 수 있다. 우리에게는 어떤 위기가 닥칠 수 있으며, 우리는 이에 어떻게 대처해야 할까? 위기는 분명히 위험한 상황이지만 동시에 기회가 될 수도 있다. 우리는 이 점을 항상 유념하고 고민하며 준비해야 할 것이다.

핵심개념

- 위기(crisis)
- 위협위기(threat crisis)
- 기회위기(opportunity crisis)
- 적대의 정당화를 위한 위기
  (justification of hostility crisis)
- 파생물로서의 위기(spin-off crisis)
- 벼랑 끝 전술 위기(brinkmanship crisis)
- 확대(escalation)
- 희생양 이론(scapegoat theory)
- 오인(misperception)
- 전쟁의 나선 이론(spiral theory)
- 집단사고(group think)
- 위기관리(crisis management)
- 공세적 위기관리 전략
- 수세적 위기관리 전략

토론주제

1. 위기를 평시 상황이나 전시 상황과 구별하게 해주는 차이점은 무엇인가?
2. 지진, 홍수 같은 자연재해나 에너지 문제, 대규모 난민 유입 등과 같은 사회적 문제도 위기의 범주에 포함되어야 한다고 보는가?
3. 전쟁으로 이어지는 것을 막을 수 없는 위기도 있을까? 있다면 어떤 형태의 위기일까?
4. 위기의 확대는 무엇 때문에 일어나며, 확대를 막기 위해서는 어떻게 해야 하는가?
5. 잘못된 정책결정에 이르도록 영향을 줄 수 있는 심리적 오인과 편향, 그룹사고를 막기 위해서는 어떻게 해야 할까?
6. 위기관리에서는 전쟁을 방지하는 것이 우선일까? 아니면 위기를 통해 국익을 최대한 확보하고 증진하는 것이 우선일까?
7. 한국의 상황에서는 어떤 위기가 발생한 적이 있으며, 앞으로 또 발생할 수 있는가?

추가문헌

- 조영갑(2006), 『국가위기관리론』, 서울: 선학사.
  위기관리의 주요 이론과 실제에 대해 잘 정리하고 있는 책이며, 특히 한국의 위기관리 사례에 대한 분석과 설명이 있어 유용하다.

- Thomas Schelling(1960), Strategy of Conflict, Cambridge: Harvard University Press. [최동철 역(1992), 『갈등의 전략』, 서울: 나남출판.]
  오래 전에 나온 책임에도 불구하고 위기 상황에서의 전략에 대해 잘 다루고 있는 책.

13

한국의 안보환경과 안보·통일정책

학습내용

세계안보환경은 유동적인 국제안보체제와 함께 실리주의 국제관계가 이루어지고 있다. 한국은 지역안보질서의 불안정과 북한 핵위협에 직면해 있다. 한국안보에서 가장 중요한 직접적인 안보문제는 북한위협이다. 특히 핵과 미사일을 통한 위협은 지역안보의 커다란 불안요인이자 남북통일의 걸림돌이 될 것이다. 이 장에서는 급변하는 국내외 안보정세 하에서 통일의 걸림돌들을 제거하기 위한 우리의 안보정책들은 무엇이며 우리가 통일국가를 염원하는 이유와 통일을 위한 실천방안들은 무엇인지, 또한 통일을 위한 준비과제와 통일 후에 예상되는 문제들과 그 대책은 무엇인가에 대한 논의를 진행한다.

I. 머리말

　세계적 차원에서 볼 때는 냉전의 종식은 한편으로는 군사적 대결과 위협을 감소시켰지만, 불안전과 불확실성을 증가시켰다. 냉전시대에는 갈등과 대립의 시기이지만 비교적 확실성과 각 나라가 분명한 역할을 가지고 있는 시기였다. 따라서 역설적이지만 냉전시대에는 안정감과 예측성이 있던 시기였으나, 탈냉전의 시대는 오히려 불확실성이 증가하고 각국의 국제질서에서의 역할이 불분명한 시대로 변모하게 된 것이다. 게다가 동북아 안보환경은 더욱 그 복잡성이 더해져서 탈냉전의 시대가 무색할 만큼 신냉전의 기류를 보는 것 같다. 미국이 정치군사적 헤게모니를 바탕으로 영향력을 유지하고 있으며 향후에도 정치군사적으로 이러한 우위는 상당 기간 지속될 것으로 전망되나 경제적 측면에서는 영향력이 상대적으로 감소하고 중국과 일본의 영향력이 상대적으로 증가될 것이다. 특히 중국은 계층 간의 불평등과 지역 간 불균등 발전, 그리고 민주화의 압력 등 여러 난제를 안고 있는 것이 사실이지만 중국이 거대한 국내시장과 풍부한 자연자원을 가지고 역동적인 경제성장을 계속하게 되면 야심찬 군사력 증강 및 현대화와 함께 중국이 21세기에 초강대국이 될 것으로 전망된다. 군사적 측면에서 볼 때 중국의 대외 군사투사능력의 획기적 신장과 일본의 군사대국화 등 동북아는 세계 어느 지역보다도 군사력 강화를 통한 힘의 과시와 경쟁의 각축장처럼 되어가고 있다.

이러한 역내 불확실성의 증대와 함께 한국은 지구상에 남아 있는 유일한 분단국이며, 냉전이 종식된 현재에도 남북한 사이에는 여전히 첨예한 군사적 대결구도가 유지되고 있다. 30세 초반의 김정은 정권은 2012년 세습 이후만 4차례의 핵실험과 끊임없는 미사일실험으로 한반도 정세를 더욱 어지럽게 하고 있다. 특히 미국본토를 위협할 수 있는 대륙간 탄도미사일 실험으로 유엔을 통한 대북제재가 강력하게 시행되고 있는 가운데 심각한 경제난을 겪고 있는 북한정권 앞날은 풍전등화와 같은 모습으로 치닫고 있다.

한국은 이러한 주변 환경이 주는 긴장의 연속선상에서 그 도전에 응전해야 할 것이다. 현재 한국이 직면하고 있는 큰 과제는 바로 안보와 통일문제일 것이다. 안보개념은 안정지향적 개념이며 통일추구는 불안정 과정의 개념이다. 튼튼한 안보바탕 위에 우리의 염원인 통일을 추구하는 방법모색이 필요할 것이다. 본 장에서는 동북아의 안보정세를 개관하고 이러한 안보정세 하에 한반도의 안보 및 통일정책을 모색한다.

II. 동북아 안보정세

현재 동북아 지역의 역학관계는 미국이 패권적인 세력을 유지하는 가운데 중국의 영향력이 지속적인 경제발전과 함께 신장되고 있으며, 러시아는 미국의 일극주의를 견제하기 위해 중국과 협력을 하고 있는 것으로 요약된다. 일본은 중국의 급부상이 자국안보에 위협요인이 될 수 있다고 인식하고, 이에 대응하기 위해 미국과의 협력을 유지하면서 일본의 집단자위권행사를 용인하고 필요시 자위대가 해외분쟁지역에서 무력행사를 가능케 하는 안보법안을 통과시켜(2016.3.29. 발효), 소위 전쟁할 수 있는 나라, '정상국가'로 발돋음하게 되었다.

향후에도 동북아 안보의 역학구도는 현재와 같이 미국이 주도하는 가운데 중·러가 견제하는 구도로 당분간 지속될 것으로 판단된다. 동북아에서는 상당히 강력한 세력들이 좁은 공간에 운집하여 있으나, 어느 일방국가도 미국과 같은 압도적인 군사력과 경제력을 보유할 수 있는 가능성은 매우 낮다고 분석되기 때문이다. 따라서 미국의 영향력이 쇠퇴한다 하더라도 미국과 같은 패권국가가 동북아에서 새로이 탄생하는 일은 여의치 않을 것으로 평가된다.

중국은 경제규모 측면에서 2010년부터 일본의 GDP를 넘어서 전 세계 두 번째로 큰 경제규모를 가지게 되었다. 이 속도로 간다면 곧 미국을 넘어서 세계에서 가장 큰 경제규모를 가지고 있는 국가가 될 것으로 예상할 수 있다. 그러나 경제규모 이외의 국민소득, 군사력, 과학기술능력 등의 분야에서 아직 중국이 미국에 비해 현저한 차이를 보이고 있으며 그 차이를 단기간에 극복할 것인가에 대한 논쟁이 제기되고 있다. 1인당 국민소득 분야에서 중국은 미국의 1/7 수준(2017년 기준)에 불과하다. 미래 국력 경쟁에서 중요한 지표인 과학·기술력 비교에서도 중국은 미국과 격차가 큰 것으로 평가된다. 특히 트럼프 행정부의 '위대한 미국의 재건'과 '미국우선주의' 선언과 같은 공격적 정책(힘을 통한 평화유지·강화)으로 금융위기 등으로 약해진 미국의 지위를 다시 회복시키고 있으며, 아직까지 세계적 차원에서 유지하고 있는 정치·군사적 우월적 지위를 동북아에서도 계속 확보, 유지하려 할 것이다. 미국은 일본, 한국과 강력한 쌍무동맹관계를 유지하고, 아태 주둔 미군의 전략적 유연성을 확보하고 있다. 미사일 방어계획(MD)을 추진하여 북한, 중국을 포함한 동북아의 어떤 국가나 세력도 미국의 안전을 위협할 수 없는 전략조건을 완비해 나가고 있다. 특히 미국은 중국의 급격한 부상을 견제하는 차원에서 호주-인도-일본을 연결하는 새로운 정치군사적 협력 축을 구축(Free and Open Indo-Pacific Strategy)하고 있으며, 북한의 비핵화를 위해 국제사회와 함께 강도 높은 '압박'을 가하고 있다. 중국의 시진핑 주석은 새로운 강대국 관계 형성을 역설하면서 이에 준(準)한 보다 적극적 역할을 시현하기 위해 일대일로(一帶一路) 정책과 반접근지역거부(A2/AD) 전략을 통해 미국의 대중국 봉쇄전략에 대응하고 있다.

미국을 제외한 주변국들이 동북아 지역에 대한 국제영향력을 확대하기 위한 경쟁도 가속화되고 있다. 일본은 경제력에 상응한 정치·군사적 역할 확대를 확보하기 위하여 공개적으로 유엔 안보리 상임이사국 진출을 지속 추진하고 있다. 베이징 올림픽(2008.8)을 성공적으로 치룬 중국은 일본의 국제적 영향력 확대를 억제하는 차원에서 일본의 유엔 진출을 반대하면서 한국 등 역내국가의 '일본 거부정서'를 활용하여 거대한 자본을 투입하는 등 '반일본 심리적 동맹'을 구축하는 데 정성을 들이고 있다. 러시아의 동북아시아에서의 입지는 세력기반부실로 3개 열강에 비해 약하나 어느 한 열강의 패권적 영향력 하에 놓이는 것을 방지하고자 필요시 세력균형자 역할을 자임하면서, 풍부한 에너지 자원의 전략화를 통해 극동지방 개발에 박차를 가하여 동북아 지역에서 보유하였던 영향력을 복원하는 적극적 조치를 취하고 있다.

군사적 측면에서 볼 때 동북아는 세계 어느 지역보다도 군사력이 급속하게 강화되어 가고 있는 지역이다. 일본은 종전의 전수방어 개념에서 탈피, 통합기동방위력 개념을 도입하여 자위대의 역할을 유연하고 폭넓게 운용할 것을 천명하면서 육·해·공 자위대의 전력을 증강하고 있다. 이다 수기의 조기경보기와 수척의 이지스함을 실전 배치하는 등 첨단전력 확보와 함께 전구유도탄방어(TMD: Theater Missile Defense) 능력을 보유한 신형 이지스함, 공중급유기, 그리고 군사용 정찰위성 등의 확보를 추진함으로써 사실상 군사대국화의 경향성을 보이고 있다. 한편 중국은 핵잠수함과 대륙간 탄도탄을 보유한 가운데 추가로 스텔스 전투기(J-20), 조기경보기, 공중급유기, 그리고 항공모함 등 해·공군 위주의 전력을 확보함으로써 대외 군사투사능력을 획기적으로 신장시키고 있다. 이와 같은 군사력 증강은 전쟁억지의 역할과 함께 분쟁과 전쟁가능성을 더욱 높일 수 있는 요인이 되기도 하는 것이다.

장기적으로 볼 때 우리가 주목하여야 할 점은 동북아에서 '다자안보협력체'의 출현 가능성이다. 동북아에서 '다자안보협력체'의 출현은 그간 많은 전문가들에 의해 역사적 배경 및 역내 국가들의 이해관계가 맞물려 사실상 실행 불가능한 것으로 평가되었으며, 현재까지도 구체적 진전을 보이지 못하고 있다. 북한 핵문제를 해결하기 위한 6자회담을 '동북아 다자안보구조'로 진전시키려는 주장을 중국, 한국이 적극적으로 제기하고 있지만 '북핵 미해결 상황'에서 진전을 보이지 않고 있다.

그러나 미국의 일극체제가 여러 요인으로 인해 약화될 가능성과 중국의 부상이 현실화되고, 동북아에서 미국의 양해 아래 중국의 발언권이 강화되는 상황이 전개되는 전제가 이루어진다면 동북아에서 다자안보협의체(multilateral security consultative mechanism)의 출현예상도 가능하리라 본다. 즉, 이 같은 상황이 도래할 경우 일본은 미일동맹과 함께 새로운 안보대안에 대해 관심을 가질 수밖에 없으며, 러시아는 1970년 이래 상당한 관심을 가져온 '동북아 다자안보협력체'의 발족에 적극 노력할 것이라고 판단되기 때문이다. 미국 역시 동북아에서 쌍무관계가 현재보다 느슨해질 경우 '동북아 다자안보협력체'의 창설에 반대할 이유가 없을 것이다.

동북아에는 분단국가의 문제도 여전히 미해결 상태에 있다. '대만의 독립문제'를 둘러싼 중국과 대만의 갈등은 잠복되어 있지만 본질적으로 '대만안전을 직간접적으로 보장하려는 미국과 이를 불용하려는 중국'의 대결로 비화될 가능성이 상존한다. 동북아 지역의 가장 중요한 안보현안은 북핵문제이다. 북한의 잇따른 핵실험 이후 국제사회의 평화적 해결노력이 사실상 좌절 국면에 있다.

북한정권의 변화없이 이루어지는 협상과 지원은 빈곤과 압제의 사회구조를 연장시켜주는 딜레마에 놓이게 될 것인 바 모든 옵션을 테이블에 놓고 한국을 비롯하여 국제사회의 일관성 있는 대북정책을 추진해야 될 것이다. 이를 통해 북한이 책임있는 국제사회의 일원이 되어 통일로 한걸음 나갈 수 있는 날이 올 것을 희망해본다.

III. 안보정책

1. 한국의 안보정책

국가안보정책은 국가목표에서 명시한 국가의 이익과 가치를 달성하기 위한 정책으로서 안보환경에 따라 변화·수정될 수 있다. 국가목표는 정부의 변화와 관계없이 민족의 생존과 번영을 보장하기 위해 추구하여야 할 기본적인 가치로서 우리는 다음과 같이 정립하고 있다. "첫째, 자유민주주의 이념 하에 국가를 보위하고 조국을 평화적으로 통일하며, 영구적 독립을 보장한다. 둘째, 국민의 자유와 권리를 보장하고 국민생활의 균등한 향상을 기하고 사회복지를 실현한다. 셋째, 국제적인 지위를 향상시켜 국위를 선양하고 항구적인 세계평화에 기여한다(국방부 2000: 51)."

이와 같이 우리가 설정하고 있는 국가목표는 생존을 유지하기 위해 국가를 방위할 뿐만 아니라 자유민주주의 체제 하에서 한반도의 통일을 상정하고 있다. 즉, 남북통일은 한국주도 하에 전쟁이 아닌 평화적인 방법에 의해 달성되어야 함을 강조하고 있다. 또한 정부는 개인의 권익을 최대한 존중하고 빈부격차 등에 의해 발생할 수 있는 갈등을 최소화하여 사회통합을 달성할 것을 요구하고 있다. 이는 포괄적 의미의 안보로서 경제적, 사회적 제반문제를 포함하는 전 영역으로 안보의 역할을 확대할 것을 요구하고 있다. 나아가 국가의 위상을 높이기 위한 군의 국제적 역할을 강조하고 있다.

국가목표를 달성하기 위한 우리의 국가안보정책은 정권에 따라 약간의 차이를 갖고 있으나 대부분 다음과 같은 사항을 포함하고 있다. 첫째, 한·미동맹을 강화하고 자주 국방력을 확보하는 것이다. 한·미동맹은 그동안 북한의 전쟁도발 위협을 억제하기 위한 핵심적인 안보지주였으며 미래에도 북한 위협뿐만 아니라 불특정 위협에 대응하기 위한 중요한 역할을 수행할 것이다. 자주 국방력의 강화는 우리의 안보를 대미 의존적인 형태에서 독자적인 능력을 향상시키고 한·미동맹의 성격을 미래 발전적으로 새롭게 변화시키기 위한 정책적 의지를 반영한다.

둘째, 한국주도의 평화통일 여건을 조성하는 것이다. 이를 위해 우리는 대북 화해·협력 정책을 추진하고, 북한의 국제사회 참여를 지원하며, 북한의 핵 및 미사일 문제를 해결하고, 주변국과의 우호적 협력관계를 발전시키는 정책을 중요시하고 있다. 대북 화해·협력정책은 그동안 지속적으로 추진되어 왔으나 햇볕정책을 통해 보다 적극적인 방향으로 전환하기도 하였다. 대북화해협력 정책은 중·장기적으로 남북 간 군사적 긴장을 완화하고 민족의 동질성을 회복하는 데 기여할 것으로 전망된다. 북한의 국제사회 참여는 핵 및 미사일 문제의 해결과 연계되어 발전될 것으로 보인다. 북한은 핵과 미사일 개발을 통해 생존을 보장받고자 할 뿐만 아니라 경제적인 수단으로 활용하고자 하고 있다. 그러나 미·일 등 선진국들은 북한의 핵 및 미사일 문제의 해결 없이 북한의 국제사회 참여를 지원하지 않으려 하고 있다. 주변국과의 우호협력관계 발전은 북한의 전쟁도발 의지를 차단하고 한반도의 평화통일을 지원하기 위한 지원세력을 확보하기 위해 필요하다.

셋째, 국위선양 및 세계평화에 대한 기여이다. 국가 경제력과 국가위상의 증대에 따라 우리는 1993년 이후 평화유지활동에 적극 참여하여 왔다. 앞으로도 우리는 국제분쟁을 해결하기 위한 각종 군사활동에 보다 많은 참여를 요구받게 될 것이다.

이상과 같은 우리의 안보정책은 남북관계가 평화공존기 및 통일기로 발전됨에 따라 다음과 같은 사항들을 포함해야 할 것이다. 무엇보다 안보정책은 북한위협에서 불특정 위협에 대한 대응개념으로 정책이 전환될 것이다. 평화공존기의 경우에는 통일여건을 조성하기 위한 군비통제정책 등이 필요할 것으로 전망되며, 현존하는 주요위협이 감소함에 따라 국위선양 및 세계질서에 기여하기 위한 군사적 활동이 보다 중시될

것이다. 또한, 한·미동맹관계의 변화와 독자적인 안보정책의 발전이 요구될 것이다
(박창권 2009: 126).

2. 한국의 대북정책

한국의 역대정부는 북한 정부의 성격을 어떻게 인식하느냐에 따라 조금씩 다른 대
북정책을 내놓았다. 김대중 정부는 '대북화해협력정책,' 노무현 정부는 한반도 평화증
진과 남북한 공동번영 실현 및 동북아 공동번영 추구를 목표로 하는 '평화번영정책'을,
이명박 정부는 '실용과 생산성에 기초한 상생공영의 남북관계 발전'을 추구하는 '상생
과 공영의 대북정책,' 박근혜 정부는 튼튼한 안보를 바탕으로 남북 간 신뢰를 형성함
으로써 남북관계를 발전시키고, 한반도에 평화를 정착시키며, 나아가서 통일기반을
구축하려는 정책, 즉 남북 간 신뢰형성을 핵심으로 하는 '한반도 신뢰프로세스'를 제시
하였다.

북한의 핵문제가 불거진 후 역대 정부는 북한 비핵화를, 특히 이명박 대통령은 비핵
개방 3,000원칙을 천명하고, 북한이 비핵화를 실천할 경우 한국과 국제사회의 지원에
의해 북한이 국민소득 3,000달러를 달성할 수 있는 발전을 이룩할 수 있도록 지원하
겠다는 비전을 제시하였다. 박근혜 정부도 북핵문제 해결의 진전에 따라 '비전코리아
프로젝트'를 추진할 것을 언급했다. 이는 북한의 자생력 제고를 위한 전력·교통·통
신 등 인프라 확충, 북한의 국제금융기구 가입지원, 북한 경제특구 진출모색, 서울·
평양 남북교류협력사무소 설치 등을 추진해 나가는 것이다(통일교육원, 2014: 98). 이
처럼 역대 정부의 북한 핵문제에 대한 기본인식은 핵문제가 한반도의 평화를 위협하
고 통일을 가로 막는 가장 근본적인 위협요소로 판단하고 있다. 북한이 핵무기를 보유
하는 한 국제사회는 한반도의 통일을 지원하지 않을 것이며, 북한은 핵무기를 이용하
여 한국을 위협하고 협박하고자 할 가능성이 보다 크다. 남북한 간에 신뢰를 구축하고
평화와 안정을 발전시키기 위해서는 군사적 긴장완화의 노력이 급선무이며, 이를 위
해서는 북한 핵능력의 폐기가 무엇보다 우선되어야 한다. 한국은 북한 핵위협 하에서
북한과 교류협력을 촉진시키기가 매우 어렵다. 특히, 국제사회는 인류전체의 안전과
평화를 위협하는 핵확산을 차단하기 위해 반확산 노력을 적극 전개하고 있으며, 한국
은 평화 지향국가로서 이에 참여하고 역할을 담당하고자 하고 있다.

한국의 향후 북핵 정책 및 전략은 다음과 같은 네 가지 사항을 고려하여 추진되어

야 할 것이다. 첫째, 북한의 핵 위협 및 도발 가능성에 대해 한미연합방위태세를 기반으로 북한 위협을 억제하고 대응할 수 있도록 능력을 강화해야 한다. 북한은 자신의 어려움을 극복하기 위해 한국을 인질로 한 전통적인 위협전략을 구사할 가능성이 매우 높다. 이에 대응하기 위해 한국은 무엇보다 미국의 반복적인 공약 및 군사적 시위 등을 통해 확장억제 능력과 의지에 대한 신뢰성을 제고할 수 있어야 한다. 억제는 주로 공격에 대한 이점보다 비용을 보다 강요할 수 있는 능력과 이를 사용할 수 있는 의지로 달성될 수 있다. 또한 한국은 북한의 다양한 국지도발 위협에 대해 확고한 경계 및 방위태세를 유지하고, 북한의 도발에 효과적으로 대응하고 신속하게 응징할 수 있어야 한다. 북한의 서해 북방한계선 근해 등에서의 국지도발은 대부분 한국군의 주도적인 독자적 대응을 요구한다. 나아가 한국은 북한의 위협에 대응할 수 있는 독자적 억제능력을 장기적인 관점에서 발전시켜야 한다. 예를 들면, 한국은 한미 미사일 협정 등에 의해 미사일 능력의 발전을 제한받고 있다. 북한이 한반도 전역을 공격할 수 있는 전략적 전력의 확보는 한국의 억제력 향상에 필수적인 사항이다. 한국은 미국과 협력하여 한국의 독자적 억제력을 향상시킬 수 있도록 기존의 미사일 협정을 더 보완할 수 있는 방안을 강구해야 한다.

둘째, 한미 간 긴밀한 협조체제 아래 국제적 공조체제를 강화하고 대북제재와 압박, 핵문제 해결을 위한 협상을 실시하며, 한국의 역할을 확대할 수 있어야 한다. 한국은 북한 핵문제에 대해 제3자가 아닌 직접적 이해 당사자로서 역할을 할 수 있어야 한다. 이명박 대통령의 '그랜드 바겐'이나 박근혜 대통령의 한반도 신뢰프로세스는 이러한 한국의 정책을 잘 반영하고 있다. 북한은 끊임없이 미국과의 양자협상을 주장하면서 한국을 핵문제 협상의 주요 당사자로서 배제하고자 하나 한국은 북한 비핵화를 위한

〈참고 13-1〉 그랜드 바겐(Grand Bargain)

이명박 대통령은 2009년 6월 21일 미 외교협회(CFR) 등이 공동주최한 오찬 간담회에서 '북핵 그랜드 바겐(Grand Bargain)'을 북핵정책으로 제시하였다. 그랜드 바겐은 과거의 타협과 파행을 반복해 온 북핵문제를 근본적으로 해결하기 위해 북한은 핵 프로그램의 핵심부분을 폐기하고 한국과 국제사회는 북한에 대한 안전보장과 대규모 지원을 본격적으로 실시하는 것이다.

미북협상을 지지하면서도 미북협상에서 한국의 입장과 정책이 정확히 반영될 수 있도록 한미협조체제를 유지해야 한다. 또한 북핵문제 해결을 위한 노력이 6자회담의 틀을 중심으로 이루어질 수 있도록 하여 한국의 입장을 반영하고 역할을 할 수 있어야 한다. 특히, 한국은 중국, 일본 등 북한 핵문제 및 한반도의 미래와 관련된 직간접적인 이해를 갖고 있는 국가들을 설득하여 북한을 압박하고 설득하며 북한 비핵화를 위한 가시적 성과를 도출할 수 있도록 해야 한다.

셋째, 한국은 북한의 평화공세와 대남심리전에 대해 적극적 대응태세를 갖추고 이행할 수 있어야 한다. 북한은 국제사회의 대북제재를 완화하고 무력화하기 위해 한국에 대한 평화공세를 보다 적극적으로 전개할 것으로 보인다. 북한은 평화공세를 통해 한국의 협상에 대한 관심을 유도하고 국내여론을 분열시키고 한국의 대북제재 정책 추진을 어렵게 하고자 대담하고 적극적인 제안을 실시할 수 있다. 이에 대해 한국은 남북 간 군사적 긴장을 완화하고 평화를 촉진시키기 위해 북한의 평화공세에 일정 수준 긍정적으로 대응해야 한다는 정치적 부담을 안고 있다. 북한의 이와 같은 평화공세는 한국의 북핵정책 및 대북정책에 대한 국내적 정쟁을 야기하고 여론을 분열시킬 수 있는 가능성이 크다. 따라서 한국은 북한의 평화공세에 대응할 수 있도록 북핵정책에 대해 국민적 공감대를 형성할 수 있도록 노력하고, 대북정책에 대해서 보다 공세적인 전략적 개입전략을 추진해야 한다. 전략적 개입전략은 북한의 평화공세를 북한의 변화를 촉진시킬 수 있도록 역으로 활용할 수 있는 방안을 강구하는 것이다. 북한은 극도로 폐쇄적인 사회로서 외부세계로부터의 정보유입과 주민들의 대외적 접촉을 극히 우려하고 있다. 한국은 북한체제의 취약성을 활용한 전략적 개입전략을 적극 전개하여 북한의 변화를 유도하고 평화공세에 대응할 수 있어야 한다.

넷째, 핵협상의 진전 및 급변사태 등을 대비한 계획을 준비하여 향후 전개될 수 있는 다양한 상황에 대응하고 이를 한반도의 통일 및 평화정착의 기회로 활용할 수 있도록 해야 한다. 북한체제의 취약성을 고려할 경우 국제적 대북제재는 북한의 경제난을 심화시켜 인도적 재난을 야기할 수 있으며, 상황에 따라서는 급변사태가 발생할 가능성도 배제할 수 없다. 또한 김일성·김정일에 비해 상대적으로 권력의 정통성이 약하고 어리고 미숙한 나머지 돌출행동으로 인한 정치적 혼란과 위험이 야기될 수 있다. 한국은 핵협상의 진전과 북한체제의 취약성에 따른 제반 안보적 도전과 위험요소들을 식별하고 이에 대한 대응책을 준비하고 이러한 상황이 발생할 경우 효과적으로 대응해야 한다. 특히, 북한 핵문제는 한국 단독으로 대응이 어렵다는 현실을 고려하여

요점정리

- 개념의 포괄성: 안보정책 〉 국방정책 〉 군사정책
- 한국의 안보정책
  - 한·미동맹강화
  - 한국주도 평화통일 여건조성
  - 국위선양 및 세계평화 기여
- 한국의 대북정책 추진시 고려사항
  - 한·미연합방위체제 기반 북한 위협 억제
  - 국제공조체제 강화를 통한 북핵해결 주도
  - 북한의 평화적 공세와 대남심리전에 대한 적극 대응태세 구비
  - 북한 급변사태 대비계획 준비

한미 간 대응체제를 준비하고 필요 시 국제사회의 지원을 얻을 수 있도록 해야 한다.

IV. 남북한의 통일방안 비교

남북 간 긴장 완화와 남북 정상회담을 전후하여 교류와 협력이 활발히 진행되었으나 통일방안에 관한 한 아직도 이념과 방법에 있어 여전히 차이가 많다. 물론 남북의 통일방안도 시대와 통일환경에 따라 변화될 수 있지만, 양측이 공식적으로 제시된 통일방안에는 아직도 합의하기 힘든 내용이 많다. 양측은 한민족으로서 민족의 재통일을 이룩해야 한다는 원칙에 있어서는 동의하지만 그 방법과 과정에 있어서는 아직도 많은 부문에서 차이가 있다. 우선 남북한 간에 제시된 그동안의 통일을 위한 제안을 살펴보고, 나아가 남과 북의 공식적인 통일방안을 비교하기로 한다.

1. 통일을 위한 남북의 제안

해방직후 우리민족의 지도자들은 한반도의 통일된 국가건설을 위해 많은 노력을 기울였다. 민족의 분단을 막기 위해 김구, 김규식 등의 지도자들이 방북했던 1948년

봄의 '남북 4자회담'은 이러한 노력의 대표적인 예이다(북한에서는 김일성과 김두봉이, 남한에서는 김구와 김규식이 참여한 4자회담으로서 상호간 입장 차이를 극복하지 못하고 결렬됨). 그러나 남과 북은 각기 다른 체제의 정부를 수립하고 한국전쟁의 발발로까지 이어지는 반목을 거듭하였으며, 이후에도 반세기 동안이나 적대적 대결상태를 지속해 왔다.

분단초기의 갈등 상황에서부터 오늘의 남북한의 대화에 이르기까지 남과 북이 제시한 통일을 위한 노력을 다음과 같다(통일교육원 2001: 64-67). 1950년대 전쟁 직후의 불안한 상황에서 자유당 정부의 통일정책은 명분상의 북진통일론으로 제시되었다. 이와 같은 방안은 당시 전쟁을 경험한 국민 정서상 그 실현가능성과는 관계없이 대국민 호소력이 높았다고 할 수 있다. 1960년에 발생한 4·19혁명을 계기로 남한사회에서는 청년·학생들을 중심으로 통일열기가 고조되었다. 자유당 정부의 몰락과 함께 북진통일론의 목소리가 자취를 감추고, 우리 사회의 진보적 세력들에 의해 다양한 통일논의들이 개진되었다. 그러나 당시 집권 민주당 정부는 유엔감시 하의 남북한 총선거에 의한 통일방안만을 고수하였다.

반면에 북한에서는 당시 조선노동당 중앙위원회 위원장 겸 내각수상이었던 김일성이 1960년의 8·15 경축연설을 통해 '남북 연방제'라는 통일방안을 남측에 제의하였다. 이 연설에서 김일성은 과도기적으로 남북한이 현재의 정치제도를 그대로 두고 점차 남북한의 경제, 문화, 제도를 통일적으로 조절하여 완전한 통일로 나아가는 연방제 통일방안을 내놓았던 것이다.

한편, 1961년 5·16 군사쿠데타로 집권한 박정희 정부는 뒤떨어진 경제를 시급히 발전시키기 위해서는 통일논의를 뒤로 미루어야 한다는 이른바 '선 건설 후 통일론'을 내세웠다. 북한은 이 시기에도 계속 연방제 통일방안을 주장하면서 실제로는 남한에서의 지하당 건설에 몰두하였다. 따라서 1960년대에는 남북 당국 간의 직접적인 대화는 진행될 수 없었다.

1970년대에 들어서면서 국제적으로 조성된 동서 양진영 간의 화해무드가 남북관계에도 영향을 미쳤다. 1971년 8월 분단 이후 남북의 공식적인 최초의 만남인 남북적십자회담이 판문점에서 개최되었다. 이를 계기로 남북한 양측의 고위 당국자들도 비밀리에 접촉을 시작하였으며, 그 결과 1972년 7월 4일 남북한 당국은 서울과 평양에서 각각 역사적인 '7·4 남북공동성명'을 발표하였다. 동 성명에서 남북은 '자주', '평화', '민족대단결'이라는 통일 3대 원칙에 합의하였다.

그러나 그 이후 남북대화는 다시 평행선을 달리게 되었다. 그런데 1973년 6월 23일 박정희 대통령은 '평화통일 외교정책에 관한 특별성명(6·23 선언)'을 발표하면서 "통일에 장애가 되지 않는다는 전제 하에 북한과 함께 유엔에 가입하는 것을 반대하지 않는다"는 입장을 천명하였고, 같은 날 오후 북한은 유엔에 동시 가입하는 것은 '두 개 조선 책동'이라고 비난하고 '고려연방공화국'이라는 단일국호에 의한 유엔가입을 주장하였다.

북한은 1980년 10월에 열린 조선노동당 제6차 대회에서 '고려민주연방공화국 통일 방안'이라는 기존의 연방제 안을 일부 수정한 통일방안을 제시하였다. 이 방안은 연방제가 통일로 가는 과도기적 행태였던 기존의 안과는 달리 연방제를 완성된 통일국가 형태로 제시하였다. 즉 고려민주연방공화국이라는 하나의 통일국가를 구성하되, 남북한에는 두 개의 지역 자치정부를 두자는 것이었다.

한편, 1982년 1월 제5공화국 정부는 '민족 화합 민주통일방안'이라는 통일방안을 내놓았다. 이 방안은 남한당국에 의해서 제시된 최초의 체계적인 통일방안이라고 할 수 있다. 이 방안의 핵심은 남북한 당국의 최고 책임자 회담을 실현시켜 남북한 간에 '기본관계 협정'을 체결한 후 남북대표로 '민족 통일협의회'를 구성하고, 여기서 통일 민주공화국을 실현하기 위한 통일헌법을 기초하여 자유 총선거로 통일을 이룩하자는 것이었다.

1988년 2월 통일에 대한 국민적 열망이 표출되는 가운데 출범한 노태우 정부는 새로운 통일정책을 내놓게 되었다. 노태우 대통령은 1988년 7월 '7·7선언'을 발표하여 적극적인 남북대화추진의 의사를 천명하였다. 이와 함께 1989년 9월에는 국회 공청회와 폭넓은 국민의견 수렴과정을 거쳐 '남북연합'이라는 중간단계를 설정한 '한민족 공동체 통일방안'을 발표하였다. 이 방안은 통일의 원칙으로서 자주, 평화, 민주의 3원칙을 제시하였으며, 남북한 간의 사상·제도·문화 등에서의 이질성을 고려하여 평화정착과 교류·협력을 제도적으로 실현하기 위해 통일전의 과도기적 단계로서 '남북연합'의 구성을 제안하였다.

1980년대 후반 우리 사회 내에 통일열기가 고조되고 소련, 동구 등 사회주의권의 붕괴를 계기로 탈냉전이 가속화되자 남북한 당국은 여기에 영향을 받으면서 적극적인 대화를 모색하였다. 그 결과 1990년 9월 분단 역사상 최초로 남북한의 총리를 수석대표로 하는 남북 고위급회담이 열렸으며, 그 후 여러 차례 회의를 거듭하여 1991년 12월에 남북 총리 간의 역사적인 '남북 사이의 화해와 불가침 및 교류·협력에 관한 합의서

(남북기본합의서)'를 발표하였다. 그러나 남북한 간에 급속히 진행된 국면은 북한의 핵사찰 문제를 놓고 남북한이 팽팽히 맞섬으로써 다시 냉각 국면으로 복귀하였다.

 그 뒤 남북이 다시 진지하게 협상 테이블에 앉기 시작한 것은 김대중 대통령의 '국민의 정부'가 출범한 뒤부터였다. 정부는 당시 남북한 간의 시급한 과제는 통일이 아니라 전쟁을 방지하고 공동 번영하는 평화공존의 길을 모색하는 것이라는 입장을 일관되게 북측에 제안하였다. 남한의 지속적인 포용정책인 대북 화해·협력 정책은 북한의 대남접근의 필요성을 인식케하여 남북한은 2000년 6월 분단 이후 최초의 역사적인 남북정상회담을 개최하고 6·15 공동선언을 채택하게 되었다. 1차 정상회담 이후 최초의 6여 년 동안 여러 차례의 장관급 회담과 경제 실무회담, 적십자 회담 등이

〈참고 13-2〉 6·15 남북공동선언 / 10·4 선언 / 비핵·개방·3000 / 드레스덴 선언

2000년 6월 처음으로 김대중 대통령과 김정일 국방위원장 간의 정상회담 개최를 통해 남북관계 개선방향과 당면 실천과제 5개 항을 담은 '6·15 남북공동선언'을 채택하였다. 이는 성급한 통일의 추진이 아니라 평화통일 기반조성을 위해 안보와 화해협력을 병행 추진하면서 남북관계를 통일지향적으로 발전시켜 나가려는 정책이었다. 2002년 10월에 제기된 제2차 북핵위기의 발발로 인해 남북관계의 실질적인 진전은 심각한 도전에 직면하게 되었다.
이후 2003년 출범한 노무현 정부는 남북한 상이한 체제에 대한 상호존중을 토대로 정치, 군사, 경제, 사회문화, 인도주의, 외교 등의 영역에서 통일을 위한 공동사업을 추진할 것에 합의하였다(10·4 선언). 이 또한 북핵문제가 여전히 해결되지 않고 북한의 변화도 우리 국민의 기대수준에 미치지 못한 상황에서 큰 진전을 보지 못하였다.
한편, 비핵·개방·3000은 북한 핵문제의 해결과 남북한 상생과 공영을 실현하기 위한 이명박 정부의 대북정책으로서, 북한이 핵폐기의 결단을 내린다면 한국은 국제사회와 함께 북한의 1인당 국민소득을 3,000달러 수준으로 도약할 수 있도록 적극 지원한다는 구도이다.
한편, 드레스덴 선언은 박근혜 대통령이 방독 중 2014년 3월 28일 독일의 드레스덴 공과대학에서 '한반도 통일을 위한 구상'이라는 제목의 연설에서 발표한 평화통일 3대 원칙이다. 그 내용은 ① 남북한 주민의 인도적 문제 우선적 해결, ② 남북공동번영을 위한 민생 인프라 구축, ③ 남북주민 간 동질성 회복으로서 이를 실현하기 위한 '남북교류협력사무소' 설치 등 9가지 과제를 포함하고 있다. 위와 같은 제안은 박근혜 정부의 대표적인 대북 정책인 '한반도 신뢰 프로세스' 실행의 연장선상에 있다고 할 수 있다. 박대통령은 이러한 드레스덴 선언을 구체화하기 위해 대통령 직속 '통일준비위원회' 기구를 두어 다가올 한반도의 평화통일을 체계적으로 대비하도록 했다.

이루어져 남북한 간의 교류와 협력은 증진되었다. 노무현 정부의 2007년 10월 2차 남북 정상회담은 반세기 동안의 적대와 반목의 시대를 종식하고 평화와 화해·협력의 시대를 열기 위한 새로운 '남북관계 발전과 평화 번영을 위한 선언(10·4 선언)'에 합의하기에 이르렀던 것이다.

2008년 2월 이명박 정부 출범 이후 남측의 '비핵·개방·3000'을 통한 상생·번영 정책에 대하여 북한은 '6·15와 10·4 선언의 이행준수'를 전제로 하면서 협상·대화를 거부하였다. 오히려 천안함 폭침 사건과 연평도 포격도발 사건을 일으킨 것이다. 2013년 2월 취임한 박근혜 대통령은 취임 1년 후 '드레스덴 선언(2014.03.28)'을 통해 남북 평화통일 조성을 위한 대북 3대 제안을 발표하면서, 통일에 대한 북한의 진정성 있는 접근을 촉구하였다. 하지만 북한은 이를 흡수통일의 논리로 비방하면서, 오히려 NLL침범 북경비정의 함포발사, 민간단체의 대북전단 살포지역에 대한 기관총 발사 등으로 남북 간의 대화노력에 찬물을 끼얹었다.

2. 한국의 민족공동체 통일방안

1988년 2월 25일 출범한 제6공화국은 새로운 남북관계의 정립과 통일을 위한 노력을 전개하였으나 별다른 성과는 없었다. 1989년 9월 11일 노태우 대통령은 국회에서의 특별선언을 통해 '한민족공동체 통일방안'을 발표하였다. 그 후 이를 보완하기 위하여 1994년 8월 15일 김영삼 정부는 광복절 경축사를 통해 한민족공동체 건설을 위한 3단계 통일방안인 '민족공동체 통일방안'을 선포하였다(통일교육원 2006: 59-61). 이 민족공동체 통일방안이 현재까지 계승되고 있다.

우리의 민족공동체 통일방안을 통일의 이념과 원칙, 통일의 과정을 중심으로 살펴보면 다음과 같다. 우선 통일의 철학과 이념은 인간중심의 '자유민주주의'의 구현이며, 그 원칙으로 '자주·평화·민주통일'의 3대원칙을 제시하였다. 자주통일은 민족의 뜻에 따른 우리 민족의 자주 역량에 의한 통일을 말하며, 평화통일은 전쟁이나 전복을 통한 통일이 아닌 대화와 타협에 의한 통일, 민주통일은 민족 구성원의 자유와 권리를 바탕으로 한 민주적 방식에 의한 통일을 의미한다. 한편, 민족공동체 통일방안은 통일은 하루아침에 이룰 수 없기 때문에 하나의 민족공동체를 건설하는 방향에서 점진적이고 단계적으로 이루어 나가야 한다는 기조 하에 통일의 과정을 3단계로 설정하고 있다. 즉, 화해협력단계와 남북연합단계를 거쳐 궁극적으로 1민족 1국가 1체제 1정부

<참고 13-3> 남북한 통일방안 변천(1948~현재)

구분	남한		북한	
1948~ 1960	제1공화국 (이승만 정부)	유엔감시하 남북한 자유 총선거에 의한 통일론	김일성 정권	민주기지론(민족해방론)에 의한 무력적화 통일론
1960년대	제2공화국 (장면 정부)	선 건설 후 통일론(1966)	〃	남북연방제(1960)
	제3공화국 (박정희 정부)	선 건설 후 통일론		
1970년대	제4공화국 (〃)	평화통일외교정책선언 (1973.6.23) 선 건설 후 통일론(1974)	〃	고려연방제(1973) 조국통일 5대강령
1980년대	제5공화국 (전두환 정부)	민족화합 민주통일방안 (1982)	〃	고려민주연방공화국 창립방안(1980) (고려민주 연방제통일방안)
	제6공화국 (노태우 정부)	한민족공동체통일방안 (1989)	〃	'1민족 1국가 2제도 2정부' 에 기초한 연방제(1991) 민족대단결론
1990년대	김영삼 정부	민족공동체통일방안 (1민족 1국가 1체제 1정부)(1994)		
	김대중 정부	민족공동체통일방안 계승(1998)	김정일 정권	낮은 단계의 연방제(2000) 민족공조론
	노무현 정부	민족공동체통일방안 계승(2003)		
2000년대	이명박 정부	민족공동체통일방안 계승(2008)		
	박근혜 정부	민족공동체통일방안 계승(2014), 평화통일조성 3대 원칙 (드레스덴 구상)	김정은 정권	-

〈참고 13-4〉 남북한 통일방안 비교

구분	민족공동체 통일방안	고려연방제 통일방안
통일철학	자유민주주의	주체사상
통일원칙	자주, 평화, 민주	자주, 평화, 민족대단결 (남조선혁명, 연공합작, 통일후 교류협력)
통일주체	민족 구성원 모두	프롤레타리아 계급
전제조건	-	국가보안법 폐지, 공산주의 활동 합법화, 주한미군철수
통일과정	화해·협력 → 남북연합 → 통일국가 완성(3단계) ※ 민족사회 건설 우선 (민족통일 → 국가통일)	연방국가의 점차적 완성 (제도통일은 후대에) ※ 국가체제 존립우선 (국가통일 → 민족통일)
과도통일체제	남북연합: 정상회담에서 「남북연합 헌장」을 채택, 남북연합 기구 구성·운영 ※ 남북합의로 통일헌법 초안 → 국민투표로 확정	-
통일국가 실현절차	통일헌법에 의한 민주적 남북한 총선거	연석회의 방식에 의한 정치협상
통일국가의 형태	1민족 1국가 1체제 1정부의 통일국가	1민족 1국가 2제도 2정부의 연방국가
통일국가의 기구	통일정부, 통일국회(양원제)	최고민족연방회의, 연방상설위원회
통일국가의 미래상	자유·복지·인간존엄성이 보장되는 선진 민주국가	-

의 통일국가를 완성해 나가야 한다는 것이다. 화해·협력 단계는 남북 간의 적대·대립 관계를 화해·협력관계로 개선하기 위하여 남북의 분야별 교류·협력을 활성화하는 단계이다. 남북연합 단계는 화해협력 단계에서 구축된 상호신뢰를 바탕으로 남북

간의 교류와 협력이 더욱 활발해지고 제도화되는 단계이다. 한마디로 남북연합을 통한 민족공동체를 형성하는 단계로서 이 단계에서는 남북은 상호신뢰를 더욱 다지면서 평화정착과 민족의 동질화를 촉진시켜 나가게 될 것이다. 1민족 1국가의 통일국가 완성단계에서는 남북 연합단계에서 제정한 통일헌법에 따라 남북은 자유총선거를 실시하여 통일국회를 구성하고 통일국가를 완성한다는 것이다(통일교육원 2006: 62).

3. 북한의 '고려민주연방공화국' 통일방안

북한은 1980년 10월 10일 노동당 제6차 대회에서 김일성의 사업총화 보고를 통해 기존의 통일방안과 제안들을 다시 정리한 '고려민주연방공화국 창립방안'을 제시하였다. 이 방안은 남북한에는 서로 다른 제도가 존재해 왔기 때문에 "어느 한 쪽의 사상과 제도를 절대화해서는 안 된다"고 보고, "한 나라 안에서도 서로 다른 사상을 가진 사람들이 같이 살 수 있으며, 또 하나의 통일된 국가 안에서도 서로 다른 제도가 함께 존재할 수 있다"는 것이다(박명서 1999: 281).

통일국가의 구성방식은 ① 자주적 평화통일을 위한 선결조건, ② 연방제의 구성원칙과 운영원칙, ③ 조국통일 10대 강령 등에 잘 나타나 있다. 이 방안은 상대방의 사상과 체제를 그대로 인정하면서 남북한이 동등하게 참여하는 연방 형태의 통일정부를 세우고, 그 밑에서 남북한이 같은 의무와 권한을 지니는 지역 자치제를 실시할 것을 제안하고 있다.

북한의 통일의 이념은 노동당 6차 대회에서 채택한 노동당 규약이나 북한 헌법에 명시된 것처럼 북한의 주체사상과 공산주의를 내세우고 있다. 통일의 원칙으로서는 자주, 평화, 민족대단결이라는 7·4 공동성명의 통일 3원칙을 제시하고 있다. 그러나 이러한 3원칙도 그 개념을 해석하는 데 있어서 남북 간에는 상당한 차이가 있다.

북한은 3대 혁명역량의 강화론을 통일전략의 기초로 삼고 있다. 그들은 공화국 북반부를 정치, 경제, 군사적으로 혁명 기지화하고, 남조선의 혁명역량을 강화하고 '조선인민과 국제혁명 역량'을 강화하여 민족해방과 인민민주주의 혁명과업을 완수하여 온 사회의 주체사상화와 공산주의 사회를 건설하자는 남조선 혁명통일론을 제시하고 있다(이 '3대 혁명 강화론'은 1964년 2월 27일 조선 노동당 중앙 위원회 제4기 8차 전원 회의에서 결정).

이 남조선 혁명론은 '하나의 조선론'으로서 남과 북이 각기 하나가 아니라 통일된

〈참고 13-5〉 연방(federation) / 국가연합(confederation)

연방(聯邦, federation)국가는 2개 이상의 주권국이 결합하여 하나의 국가를 구성한 다음, 연방국가에 주권을 양도하고 각각의 주권국은 지역정부로 남는 형태의 국가이다. 반면에 국가연합(confederation)은 조약으로 맺어진 독립국가들의 관계로서 각 나라가 독립적으로 행동하면서도, 조약에 명시된 특정범위 내에서는 두 나라가 공동으로 일을 처리한다.

하나가 되기 위하여 주한 미군의 철수로 남한을 '미 제국주의'로부터 해방시켜야 한다는 '민족해방론'을 근거로 하고 있다. 그들은 남한의 자유 민주 정권을 봉건적, 반동적 정권으로 규정하고 용공 또는 연공정권 수립을 위한 '인민민주주의 혁명론'에 입각한 남조선 혁명론을 주창하고 있다.

북한은 통일의 전제조건으로써 '자주적 평화통일을 위한 선결 조건'을 내세워 국가 보안법 폐지, 공산주의 활동의 합법화, 주한 미군철수를 제시하고 있다(통일부 통일교육원 2006: 77). 이러한 주장은 상황에 따라 연방제 실현의 선결조건으로 바뀌지만 남한에서의 모든 정당 사회단체들의 합법화 및 자유로운 정치활동 보장, 민주 애국 인사들의 석방, '군사파쇼정권'의 '민주정권'으로의 교체 등을 주장하였다. 나아가 긴장 상태의 완화와 전쟁위험의 제거 명분으로 정전협정을 평화협정으로 바꾸기 위한 미국과의 직접 협상, 주한미군의 조속한 철수, 조선의 내정에 관한 미국의 불간섭 및 '두 개의 조선' 조작 책동의 중지를 요구하기도 하였다. 북한 당국은 1993년 '조국의 자주적 평화통일을 위한 전 민족 대단결 10대 강령'을 발표하여 연방제 통일의 기본지침으

〈참고 13-6〉 조선노동당 규약에 명시된 통일이념

조선 노동당 규약에는 "조선로동당의 당면목적은 공화국 북반부에서 사회주의의 완전한 승리를 이룩하여 전국적 범위에서 민족해방과 인민민주주의 혁명과업을 완수하는 데 있으며 최종목적은 온 사회의 주체사상화와 공산주의사회를 건설하는 데 있다"고 밝히고 있다.

〈참고 13-7〉 북한의 '민족 대단결 10대 강령'

···

1993년 4월 6일 김일성은 '조국의 자주적 평화통일을 위한 전민족 대단결 10대 강령'을 발표하여 1991년의 '1민족 1국가 2제도 2정부'에 기초한 연방제 통일방안이 유효함을 재확인하였다. 그 내용은 다음과 같다.

1. 전민족의 대단결로 자주적이고 평화적이며 중립적인 통일국가를 창립하여야 한다.
2. 민족애와 민족자주정신에 기초하여 단결하여야 한다.
3. 공존, 공영, 공리를 도모하고 조국통일 위업에 모든 것을 복종시키는 원칙에서 단결하여야 한다.
4. 동족 사이의 분열과 대결을 조장하는 일체정쟁을 중지하고 단결하여야 한다.
5. 북침과 남침, 승공과 적화의 위구를 다 같이 가시고 서로 신뢰하고 단합하여야 한다.
6. 민주주의를 귀중히 여기며 주의주장이 다르다고 하여 배척하지 말고 조국통일의 길에서 함께 손잡고 나가야 한다.
7. 개인과 단체가 소유한 물질적·정신적 재부를 보호하여야 하며 그것을 민족대단결을 도모하는데 이롭게 리용하는 것을 장려하여야 한다.
8. 접촉, 래왕, 대화를 통하여 전민족이 서로 이해하고 신뢰하며 단합하여야 한다.
9. 조국통일을 위한 길에서 북과 남, 해외의 전민족이 서로 연대성을 강화하여야 한다.
10. 민족대단결과 조국통일 위업에 공헌한 사람들을 높이 평가하여야 한다.

로 제시하였다(〈참고 13-7〉).

북한은 연방제 통일론에서 통일국가의 최고기구인 '최고 민족 연방회의'와 '연방 상설위원회'의 설치를 위해 '민족통일 정치협상회의'를 개최하며, 연방회의에서 통일방안을 협의하여 결정하되, 국호를 '고려민주 연방공화국'으로 선포할 것을 제안하고 있다.

연방국가의 형태는 1991년 김일성이 신년사에서 밝힌 것처럼 1민족, 1국가, 2제도, 2정부이며, 제도통일은 후대에 일임한다는 입장을 취하고 있다. 북한이 제도통일의 위험성을 강조하면서 제도통일을 흡수통일로 보고 '제도통일 후대론', '지역 자치정부 권한강화론(외교권, 군사권, 내치권)'을 위해 '느슨한 연방제'를 들고 나온 것은 독일의 흡수통일 방식에 충격을 받았기 때문이다. 북한은 통일국가의 성격을 그들 헌법에 명시돼 것처럼 자주·평화·비동맹의 독립국가를 지향한다고 규정한다(북한사회주의

헌법 17조 '국가의 성격' 조항 참조).

연방국가의 운영원칙은 "련방국가의 통일정부인 최고 민족 련방회의와 련방 상설위원회의 공동의장과 공동 위원장은 북남이 윤번제로 한다"고 규정하고, 대외정책 노선은 "어떠한 정치, 군사적 동맹이나 뿔럭에도 가담하지 않는 중립국가로 한다"고 선언하고 있다. 또한 그들은 민족의 통일적 발전을 위한 사업추진 계획인 10대 시정 방침을 제시하였다.

4. 남북한 통일방안의 평가

현실적으로 남북한의 통일방안이 완전한 합의에 이르기는 거의 불가능하다. 지금까지 남북 간에는 통일방안으로 남의 '남북연합' 안과 북의 '연방제'라는 두 가지 방안이 주로 논의되어 왔다 이론적인 측면에서 볼 때 연합과 연방은 명백히 성격이 다르며 정치적으로도 대립하는 쟁점이 많다. 한국의 민족공동체 통일방안에는 '상설협력·통합기구'가 결여되어 있어 이의 보완을 통해 좀 더 구체화 현실화할 필요가 있다. 그러나 북한의 '고려연방제'는 매우 허구적이다. 첫째로는 비현실적 접근방식이다. 자유민주국가와 공산국가는 연방을 구성한 선례가 없고, '남북이 서로 상대방에 존재하는 사상과 제도를 인정하는 연방제'는 현실적으로 불가능하기 때문이다. 둘째, 불안정한 접근방식이다. 연방의 결합형태가 모호하며(federation or confederation) 연방헌법, 연방사법기구 등 연방형성에 따르는 구체적인 절차의 부재는 이념이 다르고 기득권을 포기하지 않는 상태에서의 내분만 야기할 가능성이 크기 때문이다. 셋째, 지방자치능력을 고려하지 않은 방식이다. 일국양제의 전제는 중앙정부가 충분한 능력과 자신감이 있어, 자방에서 높은 차원의 자치를 실현할 수 있어야 한다(중국 인민일보 해외판, 2014.10.14).

그러나 2000년 6월 남북정상회담에서 남측의 과도기적 '남북연합제안'과 북측의 새로 설정한 '낮은 단계의 연방제안'의 공통성을 인정하였다. 남북정상회담에서 남과 북의 통일관의 차이에도 불구하고 통일방안으로써 남의 기능주의와 북의 연방주의의 접합을 모색한 것은 중요한 의미를 지닌다(통일교육원 2004a: 12).

그동안 북한이 주장해 온 연방제는 군대와 외교 등을 통합하여 연방국가의 중앙정부를 구성하되, 지역정부는 각기 자치를 하자는 것이다. 즉, 1민족 1국가 2제도 2정부의 완성된 형태의 통일국가를 당장 이루기 어려운 과제인 만큼, 과도기적 중간단계로 남북연합을 구성할 것을 제안해 왔다. 이는 현재의 적대적인 대결상태를 고려하여 상호 주권을 인정하고, 국방권과 외교권을 따로 보유하는 '사실상 두 개의 주권국가를 인정하는 연합체'를 구성한 후 완전한 통일로 나아가자는 방안이다.

이러한 북한의 통일방식은 일각에서 '수세적 영구분단' 전략으로 보고 있는데, 그 중요한 이유로서 두 가지를 들고 있다. 첫째는, 자유민주주의체제의 남한과 통일이 되면 세습체제의 정통성 유지가 불가능하여 공고한 수령권력체제가 붕괴될 것이라는 우려이다. 다음으로는, 최고권력자 1인의 소유권, 결정권(국가적 소유권)이 남한의 개인 소유권과 충돌되어 권력자의 기존 소유권이 박탈될 우려가 있다는 것이다(최경희 2016: 142). 그러나 한편으로는 2000년 6·15 남북공동선언서에서 남과 북은 우선 한반도의 평화를 정착한 후 완전한 통일로 나아가는 길은 상대적으로 통합력이 낮은 단계로부터 시작해야 한다는 데 공통인식을 하게 된 것이다. '남북연합'과 '낮은 단계의 연방제' 통일방안의 공통점을 구체화하면 다음과 같다. 첫째, '평화적 통일'과 '자주적 통일'을 전제로 하고 있다는 것이다. 둘째, 통일의 완성형태가 아니라 통일을 위한 '과도기적 성격'임을 상호 인정하고 있다. 셋째, 과도기적으로 독립국가연합과 같은 '국가연합'의 형태를 상정하고 있다. 넷째, 남북 각 지역정부가 정치, 외교, 군사권을 보유하고 동등한 자격으로 중앙정부에 참여한다는 점이다.

그러나 통일방안의 공통점 인식은 선언에 불과하며 현재의 남북관계를 고려해 볼 때 미래의 일이며, 당면한 과제는 그것을 가능케 하는 신뢰구축과 평화정착이라고 할 수 있다. 사실 서로 적대적인 정치·군사·문화적 상황을 그대로 둔 채 남북이 어떠한 결합을 약속한다 해도 실현가능성은 의문시될 수밖에 없으며, 설령 성사된다 하더라

요점정리

- 한국의 통일방안은 '민족공동체 통일방안'이다.
- 북한의 통일방안은 '고려민주연방공화국'이다.
- 남북한 통일방안의 공통점은
  - 평화·자주적 통일
  - 통일의 완성형태가 아니라 과도기적 성격의 '국가연합'의 형태 상정
  - 남북 각 지역정부가 정치·외교·군사권 보유
- 남북한 통일을 위한 당면과제는 신뢰구축과 평화정착이다.

도 오히려 대결과 반목을 재생산하는 장(場)이 될 가능성이 높다. 따라서 현재 필요한 것은 '국가연합'으로서 진입이 아니라 그 준비작업이라 할 수 있다. 이러한 의미에서 '드레스덴 구상'은 의미있는 접근이라 할 수 있다. 이처럼 남북한 관계에서 기존의 적대적 성격을 해소시키고 신뢰를 구축할 수 있는 새로운 질서를 수립하는 것이 무엇보다도 긴요한 과제이다.

V. 통일의 준비

분단의 기간이 길어짐에 따라 분단질서를 당연하게 받아들이고 통일에 대한 의지가 약화되는 경향이 나타나고 있다. 우리는 분단국가의 국민으로서 통일을 달성해야할 역사적 책무를 가지고 있음을 잊어서는 안 된다. 더불어 우리는 통일을 할 수 있다는 자신감을 가지고 통일의 실질적 기반을 구축해 나가야 할 것이다.

2010년 2월 방한한 호르스트 쾰러(Horst Koehler) 독일 대통령은 "생각보다 빨리 통일이 올 수 있다는 사실을 염두에 두고 미리 계획을 세우고 준비하는 게 필요하다"고 말한 바 있다. 이제 우리 모두가 "통일은 반드시 온다"는 믿음을 갖고 통일을 현실의 문제로 진지하게 고민해야 할 시점이다. 이런 의미에서 우리는 통일을 대비하여 내부적으로 다양한 생각들을 정리해 봐야 할 것이다.

우선 통일의 필요성과 당위성에 대한 인식이다. 둘째는 통일을 대비하여 먼저 갖추어야 할 요건들이다.

1. 통일의 필요성

통일은 두 개의 남북한 체제가 하나로 되는 것을 의미하지만 진정한 의미의 통일은 남북한 주민들이 민족적 일체감을 가지고 하나의 국가 테두리 안에 소속감을 공유하는 상태를 의미한다. 즉 통일은 분단된 국토가 하나가 되는 것은 물론 정치적으로 대립되었던 체제를 하나로 만드는 것이고, 경제적으로 서로 다른 제도를 하나로 통합되는 것이며, 남북 주민사이에 내면화된 이질적인 문화를 하나로 다시 탄생시키는 것이다.

그러면 우리에게 통일은 왜 필요할까? 통일을 해야 하는 이유는 민족사적 당위성에서부터 공리(公利)적인 이유에 이르기까지 여러 가지가 있으나 지금보다 더 평화롭고

풍요로운 환경 속에 인간다운 삶을 보장받을 수 있다는 데 주된 이유가 있다. 그러나 적지 않은 국민들이 통일에 대한 기대보다는 통일과정에서 예상되는 경제적 부담과 사회혼란 등을 우려하고 있으며, 이에 따라 통일에 대한 회의감이 확산되고 있는 것도 사실이다. 따라서 통일은 사회·경제적 혼란으로 야기되는 비용보다 훨씬 큰 이득을 가져준다는 확신과 함께 21세기 민족의 번영과 발전, 개인의 삶의 질 향상과 행복 등을 위해 통일이 반드시 필요하다는 인식이 요구된다. 통일의 필요성을 정리해 보면 다음과 같다.

우선 통일을 통해 다양한 편익을 누릴 수 있다. 통일은 전쟁위협을 해소하여 항구적인 평화를 보장할 뿐 아니라 내부의 소모적인 이념적 대립을 종결함으로써 사회통합과 국론결집을 가능하게 한다. 또한 통일로 말미암은 안보위협의 해소는 국가신용등급과 국가브랜드 가치를 높여 줄 것이다. 통일은 국토면적의 확장과 인구증가(8,000만)로 인한 내수시장 확대를 가져온다. 이와 더불어 남한의 자본과 기술이 북한의 노동력과 지하자원(광물자원 잠재가치는 약 1경조원 추산)과 결합하여 시너지 효과를 창출함으로써 새로운 성장동력을 확보하게 된다. 또한 통일은 해양과 대륙으로 진출할 수 있는 요충지에 위치하고 있는 한반도의 지정학적 특성을 살려 태평양, 중국, 시베리아, 유럽, 아시아를 연결하는 물류와 교통의 중심지역으로 부상할 것이다. 즉 통일은 내수시장의 확대와 유라시아 대륙으로의 진출 등을 통해 기업에게는 새로운 성장 활로의 개척을, 개인에게는 다양한 직업선택과 취업의 기회를 제공하게 될 것이다. 이처럼 통일을 통해 단일 경제권이 형성되면 인적·물적 자원이 확대되고 활동무대가 한반도 전역으로 확장되고, 나아가 유라시아지역까지 연결함으로써 경제규모를 키워 강대국으로 나아갈 기초를 마련해 줄 것이다.

다음으로 훼손된 민족정체성과 민족동질성을 회복하기 위해 필요하며, 단일민족의 통일국가를 이룬다는 민족의 긍지와 자존심을 가지게 된다. 또한 남북 구성원 모두에게 자유와 인권과 행복한 삶을 보장하기 위해 필요하다.

이상에서 볼 때 통일은 21세기 한민족의 새로운 비상과 행복한 통일국가로의 도약을 위해 반드시 필요하다.

2. 통일대비 구비요건

통일은 그냥 갑자기 주어질 수 있으나 치밀하게 준비할수록 혼란을 최소화화 할

요점정리

··

■ 통일준비
  - 통일의 필요성: 민족의 동질감 회복 및 긍지심 제고, 분단고통과 안보위협 해소,
    인적·물적 자원 확대, 통합경제의 산업구조 고도화, 대륙·해양경제의 접목국가
    (hub state)
  - 통일대비 구비요건: 올바른 통일관, 정확한 북한실체 파악, 통일역량 구축

수 있다.

우선 국민들의 올바른 통일관을 형성하고 국민적 합의기반을 구축해 나가야 한다.
올바른 통일관이란 인류 보편적 가치로서 자유민주주의와 시장경제에 대한 확고한
신념과 건전한 안보관, 그리고 민족공동체 의식을 바탕으로 통일을 이룩하는데 필요
한 태도와 가치관을 의미한다. 북한은 포용의 대상인 동시에 우리의 안보를 위협하는
핵심 주체라는 사실을 직시할 필요가 있다. 남북관계에서 국민의 안전과 국가안보가
최우선 되어야 한다는 기본 원칙에서는 흔들릴 수 없으나 국가안보의 가치와 대북포
용의 가치를 동시에 고려해야하는 남북관계는 변화하는 여건과 환경에 의해서 지속적
으로 조율되어야 할 것이다.

다음으로 북한실체에 대해 정확히 인식해야 한다. 북한이 미국의 위협도, 한국의
끈질긴 협상요구에도 중국의 압력에도 동요됨이 없이 핵·경제발전 병진정책을 추구
하는 이유를 분명히 깨닫는 작업이 필요하다. 북한을 '있는 그대로' 이해해야 한다.
환상을 가지고 대하거나 공연히 폄하해서는 안 될 것이다. 실체를 외면하거나 미화해
서도 안 되는 것이다. 앞으로 남과 북은 일방적 이해의 관철이 아니라 상호 관심사에
대해 호혜적으로 협력해 나갈 때 남북 간 신뢰가 형성될 수 있을 것이다. 상대방 정체
에 대한 불투명성 가운데 통일작업은 한낱 구호에 불과한 허상일 뿐인 것이다. 특히
천안함 폭침과 연평도 포격도발을 서슴지 않는 북한정권의 호전성과 대남전략기조에
큰 변화만이 화합과 신뢰의 첫 출발이 될 것이다. 정치·군사와 경제·사회가 분리되
지 않은 나라에 대해서 분리해서 접근하기 위해서는 북한의 정체(政體)에 대한 더 많
은 연구가 있어야 할 것이다.

마지막으로 통일역량 구축문제다. 통일역량 구축은 통일을 주도적으로 안정되게 추

진할 수 있게 하는 국가의 통합적인 능력이며, 이는 정치, 외교, 군사, 경제, 사회 등 다방면에서 이루어져야 한다. 특히 경제적 역량 강화문제는 통일비용에 필요한 재원 조달을 위해서 국가의 뚜렷한 대책들을 마련하여 과감하게 추진해 나가야 할 것이다. 또한 통일과정에서 안정적이며 일관성 있는 대응과 통일대비 제반분야의 통합을 원활히 추진하기 위해서는 통일과정을 규제할 법·제도적 정비도 요구된다. 외교적 역량 구축을 위해서는 한반도 통일이 동북아시아의 항구적 평화에 크게 기여할 수 있음을 알려서 주변국들의 이해와 적극적인 협력을 구해야 할 것이다. 기타 북한이탈 주민의 성공적인 정착노력 등 삶의 질 개선을 통해 행복한 통일의 여건을 만들어가야 할 것이다.

VI. 맺음말

세계안보환경은 유동적인 국제안보체제와 함께 실리주의 국제관계가 이루어지고 있다. 한국은 북한위협 및 지역안보질서의 불안정성을 고려하여 한미동맹을 강화하여 안보의 기반을 튼튼히 해야 할 것이다. 한미동맹은 한국이 정치·경제적 안정을 유지하고 새로운 국가적 위상과 이미지를 세계적으로 발전시키며, 주변국들과 협력을 확대하기 위한 안보적 핵심요소가 될 것이다. 한국은 지역 강대국인 중국, 일본, 러시아와의 협력관계를 한층 강화할 수 있는 방안을 강구하되 미국과의 동맹관계에 악영향을 주지 않도록 투명성을 증대하고, 지역 내 안정과 평화에 기여할 수 있도록 해야 할 것이다.

한국안보에서 가장 중요한 직접적인 안보문제는 북한위협이다. 특히 핵과 미사일을 통한 위협은 지역안보의 커다란 불안요인이자 남북통일의 걸림돌이 될 것이다. 북한 핵문제의 해결은 상당한 기간이 요구되고 많은 불확실성을 내포하고 있다. 북한의 핵보유 의도가 한반도 적화통일용, 정권 및 체제유지용, 경제지원 유도용 그 어느 것이든 그 의도를 명확히 파악·대처하여 이 문제를 반드시 극복해야만 통일로 진일보할 것이다. 남북관계의 진전은 먼저 북한의 변화가 선결되어야 할 것이다. 이를 위해서는 북한의 변화를 '유인'하든지 '강제'하든지 일관성 있는 대북정책 추진이 필요할 것이다. 또한 '북한붕괴론'에 대한 냉정한 검토도 필요할 것이다. 북한 내구력이 점점 약화된다고 하여 급변사태를 의미하는 것은 아니다. 1980년대 후반 동구 사회주의권 붕괴, 1994년 김일성의 사망과 고난의 행군, 동독 붕괴 때에는 소련이 쇠락기였으나,

현재 중국은 하루가 다르게 성장하여 G2 국가입지로 미국을 견제하고 북한을 보호하고 있다는 것이다.

우리가 통일국가를 염원함은 통일된 국가에서 전 민족이 보다 나은 인간다운 삶을 영위하면서 인간적 존엄성을 고양시켜 나가기 위함이며, 이는 곧 자유와 정의 그리고 복지라는 사회적 재화를 확보한다는 목표를 갖는다. 따라서 남과 북이 통일을 위해서는 최우선적으로 수행해야 할 과제는 물리적인 통일보다는 평화공존을 위한 신뢰회복과 상호협력을 통한 경제발전과 번영이다. 다시 말하면 통일한국을 영토국가의 개념에만 집착해서는 곤란하다. 통일된 상태를 남북이 하나로 합쳐져 단일 정부, 의회, 군대, 외교권을 갖는 국가를 건설하는 것으로만 이해한다면 통일은 요원할 수 있다. 통일된 상태를 남과 북의 사람들이 자유롭게 통화, 내왕, 교통여행, 교류, 교역, 투자하는 상태로 낮추어 본다면 통일은 우리의 시계 안에 들어올 수 있다.

이를 위해서 우리가 해야 할 일은 통일의 목표와 통일국가의 미래상에 대해서 국민적 합의를 이루는 것이며, 통일의 조건을 분석, 평가하고 유리한 여건을 만들어 나가는 일이다. 그리고 통일을 추진하기 위한 주도적 역할을 기르는 등 통일을 위한 준비과제와 통일 후에 예상되는 문제들에 대한 대책을 마련하고 통일비용의 조달 등과 같은 통일 후를 위한 과제들을 식별하여 대비해 나가는 것이다.

핵심개념

- 동북아다자간 안보체
- 안보정책, 국방정책, 군사정책(전략)
- 민족공동체 통일방안
- 고려민주연방공화국

토론주제

1. 한국의 대북정책 추진시 고려사항들은 어떤 것들이 있겠는가?
2. 남북한통일방안의 공통점은 무엇이며 그 실현을 위한 당면과제는 무엇인가?
3. 통일을 가로막는 요인들은 무엇인가?
4. 통일을 위해 우리가 할 수 있는 역할은?

14

국방개혁과 합동성 강화

학습내용

한 나라의 안보상황은 시대에 따라 변화하기 마련이다. 변화하는 상황에 긴밀히 대처해 나가는 국가만이 그 생존을 보장받을 수 있다. 따라서 안보상황의 변화에 따라 국방분야의 개혁은 끊임없이 이루어져야 할 것이다. 오늘날 우리사회에 대두되고 있는 국방개혁의 핵심논점은 군의 합동성 강화 문제다. 합동성이 강화되면 전투력발휘의 시너지효과의 극대화를 기할 수 있을 뿐 아니라 최소의 자원과 노력으로 최대성과를 성취할 수 있다는 것이다. 따라서 국방개혁은 합동성 강화의 방향으로 이루어져야 할 것이다. 본 장에서는 국방개혁의 과정과 내용을 소개하면서 합동성 강화의 의미를 분석하고 이를 통해 국방개혁 내용을 들여다보고자 한다.

I. 머리말

미국은 합동성 강화를 통한 탁월한 통합전력 발휘에도 불구하고 통합능력 미흡현상이 지속적으로 발생하여 끊임없는 개선노력을 기울여 왔다. 반면에 한국은 개념적으로는 합동성의 중요성을 이해하고 있으나 추구를 위한 방법론에서는 군내합의가 부족한 것이 사실이었다. 여기에는 여러 가지 이유가 있겠지만, 이렇다 할 현대전 경험이 없는 한국으로서는 그 필요성을 미군에 비해 덜 절감했을 것으로 추측된다. 최근 한국군이 합동개념 수립을 서두르게 된 데는 전략환경의 급격한 변화가 가장 큰 요인으로 작용했다고 볼 수 있다. 정보기술(IT) 및 군사과학기술의 발전에 따른 전장영역의 확장과 전쟁수행개념의 변화 그리고 최근 전시 작전통제권 전환에 따른 한미 연합방위체제의 변화 등 한반도 전략환경의 역동적 변화는 우리 군으로 하여금 다양한 안보위협에 능동적으로 대처할 수 있는 작전수행 개념의 발전과 이를 토대로 한 합리적인 군사력 건설을 요구하고 있는 것이다.

사실, 합동성 강화를 위한 한국군의 노력은 일찍부터 있었지만 그 편협성과 폐쇄성으로 인해 여러 가지 문제점들이 드러났다. 그러나 최근 진정한 의미의 합동성 강화를 위한 실질적이고 구체적인 제도화가 이루어졌는데 그것은 바로 '국방개혁에 관한 법률 및 그 시행령' 제정과 함께 군 상부구조 개편을 주 골자로 한 '국방개혁 307계획안'이다.

이글은 우선 국방개혁과 합동성의 의미를 살펴본다. 이를 위해 한국 국방조직 개편과 합동화 노력을 소개하고 합동성의 이론적 고찰을 통해 국방개혁의 의미 분석을 위한 실마리를 제공한다. 다음으로 최근의 '국방개혁 2020' 및 '11~'30개혁안을 분석한다. 마지막으로 합동성 강화방안을 수준별로 논의하면서 전력발전방향을 제시하고자 한다.

II. 국방개혁과 합동성의 의미

1. 한국 국방조직 개편과 합동화 노력

우리 군이 군사분야 개혁에 관심을 가지기 시작한 것은 이미 오래전의 일이다. 한국의 국방조직 변화 노력은 1960년대 이후의 통합군제로의 군제개혁 노력을 들 수 있다. 국방부 주도로 통합군제로 바꾸기 위한 노력은 1960년대 말부터 1990년대 초까지 약 25년간 이루어졌다. 이 지루하던 논쟁 끝에 1990년 7월 14일 국군조직법 개정안이 국회를 통과하면서 이른바 종전의 3군 병립형체제를 합동군체제로 변화시킨 군구조 개선사업(일명 818 계획)이 일단락되었다. 그 이후 "국방개혁 2020"이 시행에 들어간 2007년 초까지 그 골격이 그대로 유지되어 왔다.

최초의 합동 개념에 의한 국방조직 개편시도는 1960년대 중반으로 거슬러 올라간다. 1961년 5·16군사혁명 이후 민·군관계에 있어서 직업장교단의 권력접근이 용이해지면서 여러 분야에서 근대화 의견이 대두되기 시작하였다. 당시 합동참모의장이었던 김종오 대장이 미국 시찰을 마치고 귀국, 박정희 대통령에게 미군의 국방조직 개편

〈참고 14-1〉 J. Lawton Collins 개혁안

강력한 국방성 하의 통합된 단일 군참모총장제로서 각 군들과 모든 작전지휘에 대한 직접적인 권한을 가지고 대통령과 국방장관에 대한 주요 군사자문관의 역할을 하는 제도.

을 보고한 바 있었다. 그 내용은 미군이 작전지휘 통합을 위한 국가 차원의 일반참모(Supreme General Staff) 구성에 관한 것으로서 1945년 콜린스(J. Lawton Collins) 안에 대한 내용이었을 것으로 추정된다.

미 국방조직 발전과정상에 대두되었던 콜린스 안은 당시 해군의 강력한 반대와 문민통제의 원칙에 부딪혀 빛을 보지 못하고 사장(死藏)되었던 군제이다. 미 육군과 마찬가지로 한국군도 통합에 의한 승수효과(시너지)에 지나친 집착으로 통합군제를 이때부터 맹목적으로 선호하기 시작하였으며, 그 결과로 일부 국방조직이 통합되었는데 1971년부터 3군의 유사 기능부대를 통·폐합하는 조치가 육군 주도로 단행되었다. 지휘체제를 일원화하고 작전 지원 능력을 제고하며, 경제적 군 운영을 도모한다는 취지 아래 의무, 통신, 정보, 군수분야 중 일부를 통·폐합하여 운영해 오고 있으나 그 결과는 근본 취지와는 다르게 나타나고 있다(문광건 2001: 58-60).

한국군은 기본적으로 미국의 군제와 유사한 3군 제도를 채택·유지하여 왔으며, 1970년대 중반 미국의 '기획, 계획, 예산제도(PPBS: Planning, Programming, and Budgeting Systeme)'를 도입하려고 준비하는 과정에서 통합군 제도가 잠시 거론되었으나 여러 가지 비판 속에 묻혀 버렸다(권태영·노훈·정춘일 1997: 30). 그 후 1980년대 후반 청와대의 관심 하에 군제개혁을 본격화하기에 이르렀다. 이른바 '818 계획'에 의거하여 합참의 소요 통제 기능과 작전 운용 기능을 강화한 합동군제를 채택하였다. 군제를 합동군제로 발전시켰음에도 불구하고, 개선이전과 마찬가지로 3군 간 소요 및 예산 경쟁이 계속 문제시되고 있으며, 국방부/합참에서 근무하는 참모장교들은 자군 또는 부서 이기주의의 틀에서 크게 벗어나지 못하고 있다는 비판도 적지 않았다.

사실 818계획 이전에 통합군제를 위한 노력이 두 번이나 있었는데 모두 연구 및 대통령 보고로만 끝났지만 당시 이를 둘러싼 논란이 군 내부에 깊은 관심을 불러 일으

〈참고 14-2〉 818계획

818계획은 한국 국방조직 개편에 있어서 획기적인 전환을 가져온 사업으로서 당시 국방부가 '장기국방태세 발전방향 연구계획'을 노태우 대통령에게 보고하여 재가를 받은 일자가 1988년 8월 18일이라는 데서 명칭이 부여되었다(윤광웅 2000: 117).

켰다. 노태우 대통령은 1988년 취임 이후 3군 병립형의 지휘구조를 근본적으로 재검토하는 것을 목표로 국방개혁을 지시했다. 1988년 818연구위원회가 연구를 실시해 1990년 7월 14일 국회에서 국군조직법 개정안이 통과되고 그해 10월 1일 이스라엘의 통합군과 독일의 합동군 제도를 혼합한 형태의 합동군제의 지휘구조로 군의 실질적 작전을 지휘통제하는 합동참모본부를 창설하면서 마무리되었다. 이때부터 합동참모본부는 작전지휘권을 통합 관할하는 기구로 격상되었다.

김영삼 대통령 시절 정부는 국방부 정책실장을 위원장으로 하는 "21세기국방개혁위원회"를 구성하여 국방개혁 연구에 착수했다. 이 연구는 1993년 시작되어 1996년까지 약 3년 동안 계속되었다. 당시 위원회는 각 군 본부를 폐지하고 각 군 총사령부를 설치하는 통합 국방부형 통합군제를 검토하였으나 이 역시 해·공군의 반발로 성사되지 못했다. 대신 각 군의 유사한 기능을 가진 예하 부대를 통합해 국군사령부를 만드는 방안을 고려하였다. 예를 들어 병기본부, 국군 군수사령부, 전술지휘통제체계(C4I) 지원사령부 등과 관련된 구상이었다. 21세기위의 활동은 일반인에게 잘 알려져 있지 않았으나, 이 기구가 마련한 방안은 이후 김대중 대통령이 추진한 군구조 개편의 근간이 되었다. 최근 완료되었거나 진행 중인 국직부대의 조직 개편은 상당 부분 21세기위에서 연구한 방향으로 진행되었다.

김대중 대통령 시절에는 가장 구체적인 국방개혁 계획이 추진되었다. 김 대통령은 1998년 4월 15일 국방개혁추진위원회를 5년간의 장관 직속 상설기관으로 발족시켜 "국방개혁 5개년 사업"을 주도하도록 했다. 이와 별도로 각 군에서도 개혁 실무추진위원회를 설치해 국방부와 각 군간에 연계성 있는 개혁이 이루어지도록 하였다. 국방개혁위원회는 바로 "국방개혁 5개년계획"을 수립하여 1998년 7월 2일 대통령의 재가를 받은 다음 본격적인 국방개혁에 착수했다. 이 개혁안은 아주 획기적인 군 감축계획을 수록하고 있었다. 당시 69만 명에 달하던 총병력에서 육군을 35만 명으로 감축하는 등 2015년까지 전체 군 규모를 40만~50만으로 감축하는 것을 목표로 설정하였다. 5년간 매년 1만 2,000명의 병력을 줄이고, 1군 사령부와 3군 사령부를 통합해 지상군작전사령부(지작사)를 만들고, 2군사령부는 후방작전사령부로 개편하며, 일부 군단 및 부대를 통폐합한다는 것 등이 주요 내용이었다. 국방획득업무를 총괄하는 획득본부 신설안도 제시되었다. 그러나 이후 IMF를 거치면서 우리 군의 총병력은 오히려 71만 5,000명으로 증가되었다. 또한 1군과 3군을 통합해 만들겠다던 지상군작전사령부 창설시기가 늦춰지고, 1999년 5월 국방장관이 교체되면서 실행안 연구가 중장기 과제로

〈참고 14-3〉 GoldWater-Nichols 법안

상원의원 B.M. Goldwater와 하원의원 B. Nichols가 1986년 공동발의한 군개혁안으로서 합참의장의 권한을 대폭 강화하여 합동성을 강화시킨 개혁안이다.

연기되었고, 결국 계획자체가 백지화되기에 이르렀다.

따라서 1970년대 70회, 1980년대 80회 정도의 개혁안이 나왔지만 현재의 "국방개혁에 관한 법률" 이전에 본격적으로 추진된 것은 노태우 대통령 때의 818계획뿐이다. 818계획의 성과나 성공 또는 실패에 대한 논란을 떠나서 한국의 국방조직 개혁과정상 가장 비중을 둘 수 있는 노력으로 평가하는 데는 이견이 없을 것이다. 하지만 미 국방조직의 성공적인 개혁 과정에 비추어 보면 한국 국방조직의 818계획은 "GoldWater-Nichols 법안(G-N법)" 이전의 한 단계에 지나지 않을 것이다.

왜냐하면 그때까지 한국군에는 미국의 『G-N법』과 같은 성공적인 개혁이 없었기 때문이다. 한국 국방조직의 의미 있는 시도였던 818계획은 통수권자인 대통령의 지침이 불확실한 가운데 국방조직 최상위 개념의 중요한 몇 가지 사항을 명확하게 정립하지 못한 채 마무리되었다. 더군다나 충분한 의견수렴과 토의과정을 거치지 못한 가운데, 폭넓은 공감대가 형성되지 않아 각 군 간의 불만이 노출되었다. 그러나 합동성 강화를 위한 개혁의 강력한 드라이브 자체에 대해서는 큰 의미를 부여할 수 있겠다.

2. 합동성 논의

합동(joint)은 단일국가의 2개 이상의 군종(military services)이 참여하는 활동, 작전, 조직 등을 의미한다. 오늘날 합동성 강화 배경의 가장 큰 요인은 현대전에 있어서 작전템포가 고속화되고, 각 군의 전장공간과 전력의 중첩현상이 더욱더 심화되고 있다는 점일 것이다. 따라서 합동성을 강화하게 되면 제반전력요소의 통합운용으로 전투력발휘의 시너지 효과를 극대화할 수 있다는 것이다.

합동성 강화를 위한 방안은 매우 다양하게 전개 될 수가 있겠다. 그러나 합동성 강화의 온전한 형태는 아마도 기획 분야와 작전 분야의 두 축이 동시 병행적으로 발전

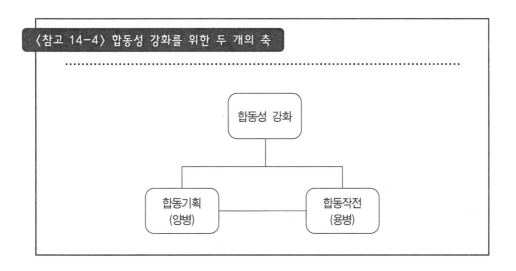

〈참고 14-4〉 합동성 강화를 위한 두 개의 축

하는 형태가 되어야 할 것으로 보인다. 즉 한 축에서는 양병에 중점을 두고 합동성 강화를 위한 법적·제도적 조치의 강화를 통해 이루어진다. 또 다른 한 축에서는 용병에 중점을 두고 군사작전이라는 검증과정을 통해 이루어진다. 합동성 구현의 결과는 곧 합동작전을 통해 나타나기 때문에 이 부분은 매우 중요하게 다루어져 왔다. 이를 위해 합참에서는 한국적 합동작전개념으로서 "합동기본개념"을 구상하여, "효과중심의 동시·통합작전", "공세적 통합작전" 등으로 설정한 바 있다. 이 합동기본개념은 합동작전 수행 시 적용해야 할 최상위개념으로 군사목표 달성을 위해 합동전력을 '어떻게 운용할 것인가'에 대한 기본적인 사고의 방향을 제시해 주고 있다.

합동성 개념은 수준별로 다르게 논의된다. 여기서 수준이라 함은 우리가 전쟁술이나 용병술에서 다루고 있는 전략적/작전적/전술적 수준을 말한다. 우선 합동기획 측면에서의 합동성을 수준별로 살펴볼 수 있겠다. 기획은 전쟁을 기획하는 측면이며 법적·제도적 조치들의 수준이라고 할 수 있다. 전략적 수준에서는 전체 전쟁지도 측면에서 전쟁의 양상을 어떻게 보며 어떻게 접근할 것인가 하는 내용이 될 것이다. 재래식전쟁, 비정규전 전쟁중심으로 접근할 것인가? 미래 첨단과학 기술전쟁으로 접근할 것인가? 이는 군사정책 및 전략과 관계가 될 것이다. 또한 의사결정 과정의 합동성 제고를 위한 법적·제도적 장치는 어떻게 되어 있는가 하는 문제가 될 것이다. 즉 누가 결정하는가? 하는 문제다. 이를 작전적 수준으로 끌어내리면 한반도 전쟁기획을 어떻게 할 것인가? 전선형성을 통해, 전선을 따라 영토점령식의 전쟁으로 기획할 것인가? 아니면 주요 핵심전력 타격 또는 마비를 통해 전쟁수행의지와 능력자체를 격멸할 것인가? 하는 문제가 될 것이다. 또한 이를 위해 합동전력을 어떻게 준비하고 발전 시킬 것인가? 하는 문제가 포함된다. 전술적 수준에서는 기능별, 각 제대별 기획수준 으로 교육·인사·군수 분야에서 합동성의 유기적 발휘를 위한 환경조성이 되어 있는 가? 합동성 강화를 위한 각 군 및 제대별 전장운영개념은 어떻게 되어 있는가 하는 문제가 될 것이다.

다음으로 합동작전 측면에서 볼 때, 우선 전략적 수준의 작전에서는 통합작전 (unified action)이라는 개념을 다룬다. 합동작전(joint operations)이라는 용어는 기본적 으로 군의 조정된 협력조치들에 대한 개념인 반면, "통합작전(unified action)"이라는 개념은 보다 넓은 범위를 지닌다. 통합작전은 그 근원적 근거를 국가전략의 방향에서 찾는데, 국가전략이 어디로 향해 있는지는 헌법(연방법), 정부정책, 국제법, 그리고 국 가이익에 의해 좌우된다. 효과적인 통합작전을 실시하여 얻게 되는 결과는 국가의 목표들을 달성하기 위한 노력의 통일(unity of effort)이다. 노력의 통일이란 일종의 "종 합적 접근방법(comprehensive approach)"으로써, 노력의 통일이 이루어지기 위해서는 작전이 수행되는 전 기간 동안 다양한 주체들, 곧 정부 각 부서와 기관들, 비정부기구,

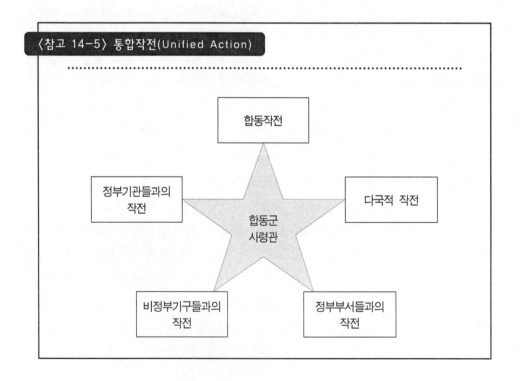

〈참고 14-5〉 통합작전(Unified Action)

국제기구, 민간영역, 동맹국, 연합국 간의 효과적인 조정과 통합이 필요하다. 통합작전(Unified Action)이란 군사작전 측면에서 노력의 통일을 달성하기 위해 정부/비정부 기관들의 각종 활동들을 일치시키고, 조정시키며, 융합시킴으로써 구현된다(Elder Jr 2010). 위의 통합작전 그림은 국가적/국제적 힘의 도구를 시너지효과라는 측면에서 최적이 되도록 적용하는 방법을 간단하게 나타내주고 있다.

위의 그림에서 비군사적 기구들과 군대의 조치들이 아울러 포함되어 있음을 알 수 있다. 이러한 통합작전의 좋은 예는 미국이 수행한 이라크 자유작전 3단계에서 찾아볼 수 있다. 미국이 수행한 통합작전은 다국적 작전과 복수 정부작전으로서 지역전력과 외교력을 핵심도구로 하여 전술공군과 특작군(특수작전군)을 투입하여 유전을 보호하고 이스라엘에 대한 공격을 예방하는 작전을 펼쳤던 것이다

또한 작전적 차원의 합동작전은 우리의 '합동기본개념'에 잘 드러나 있는 전구(戰區) 차원의 군사작전으로, 이 수준의 합동작전은 이라크전과 같이 사전에 작전전체를 대상으로 합동작전개념을 구상하는 것이다. 즉 여건조성으로 공중공격과 장거리 타격에 의해 적 전투력을 상당히 타격한(약 50% 타격) 후 지상전을 전개한다는 식의 작전이될 수 있다. 여건조성-결정적 작전 등의 순서는 바로 이러한 작전이 될 수 있다. 이는 전구 전체로 보면 합동작전이지만, 실시간 합동작전은 아니다. 물론 표적정보를 제공하고, 타격을 유도하기 위해 지상에 침투한 부대의 유도가 필요하기 하지만, 이들의 임무는 장거리 정밀화력을 유도하기 위한 것이므로, 장거리 정밀타격을 위한 부분적인 합동성의 제고라고 할 수 있다. 합동작전 수행방법으로서 이러한 작전은 상호협조에 의한 합동작전으로서 전략적·작전적 목표를 달성하기 위하여 상급제대 계획에 따라 타군과 협조된 계획을 수립하여 자군작전을 수행하는 것이다. 통상 합참이나 작전사급 이상의 제대에서 실시하며, 여기에는 전역 내의 각 군 작전과 합동후방지역 작전, 침투 및 국지도발 대비작전, 합동특수작전 등이 있다(합동참모본부 2002: 12-13).

개별전장에서의 합동작전은 예를 들자면 공군과 지상군이 당면한 적을 격멸하기 위해 합동작전을 수행하는 경우이다. 이에는 실시간의 합동성이 요구되고, 긴밀한 합동작전이 요구된다. 아프가니스탄의 경우와 같이 공군과 지상전력이 같은 시간, 장소에 타격하기 위해 각각 지상과 공중에서 대기하고 있다가 필요한 전력이 요구되는 순간 적시적인 타격을 제공함으로써 타군의 작전에 기여하는 역할을 하는 것이다. 개별전장에서의 합동작전의 종류로는 근접항공지원작전, 공수지원작전, 해상화력지원작전, 합동상륙작전, 합동공정작전 등이 있겠다(합동참모본부 2002: 12-13). 합동

작전에서 어떤 수준에서 어떤 종류의 작전을 전쟁의 핵심으로 할 것인가는 매우 중요한 결심사항이다. 이라크에서 작전을 위해서는 특수부대의 표적 식별과 장거리 정밀타격이 합동작전의 중심이 되었고, 아프가니스탄에서는 공중에서 대기하는 공군력과 지상작전을 통해 지형을 확보해 가는 지상군과의 작전이 합동작전의 중심이 되었던 것이다.

최근 합참에서 한국적 합동작전개념을 구상하여 합동성 강화를 위한 개념적 토대를 구축하려고 시도한 결과, 2010년 6월에 군사전략개념을 구현할 수 있도록 미래전에서 합동전력을 어떻게 운용하고, 어떻게 준비할 것인가에 대한 지침을 제시한 중·장기 기획문서인 합동개념서를 발간했다. 합동개념서에 의한 합동기본개념은 합동작전 수행 시 적용해야 할 최상위개념으로 군사목표 달성을 위해 합동전력을 '어떻게 운용할 것인가'에 대한 기본적인 사고의 방향이다. 그리하여 합동작전기본개념은 한반도의 작전환경 및 위협평가, 무기체계 발달과 미래전 양상 등을 고려하여 '공세적 통합작전'으로 설정하였다. 이 개념은 네트워크중심 작전환경(NCOE)하에서 선제적·능동적·주도적으로 전력을 운용하며, 지상·해상·공중·우주·사이버 등 전 영역에서 노력, 능력, 활동, 시간과 공간을 통합하여 상승효과를 극대화하고 적의 중심을 마비시킴으로써 전쟁에서 승리하는 개념이다(국방일보, 2013.10.22). 따라서 합동성의 수준에서 합동개념서의 위치를 찾는다면, 전력준비와 발전 그리고 합동기본개념을 그 내용으로 하고 있기에 전반적으로 작전적 수준에 속한 문서라고 할 수 있다. 수준별 합동성

〈참고 14-6〉 수준별 합동성 강화 내용

구분	군사기획 (전략, 전력발전, 개념기획)	군사작전 (작전운용/수행, 전력운용)
전략적 수준	전쟁지도, 전쟁수행양상, 의사결정구조, 군사정책/전략	통합작전, 유관기관
작전적 수준	전쟁/작전기획, 작전주도구성, 전력 준비/발전	전역작전, 전장운용, 전구차원, 합동군 운용개념, 합동기본개념
전술적 수준	기능별, 군·제대별 전장운용 개념 및 발전	각 군 작전, 개별전장

요점정리

- 한국군 군제는 초기의 통합군제, 3군병립제, 합동군제로 변화되어 왔다.
- 818계획의 핵심은 합참의장에게 군령권(작전권)을 부여한 합동군제로의 변경이다
- 합동성 강화의 두 축은 합동기획과 합동작전이다.
- 합동작전의 전략적 수준의 작전은 통합작전(unified action)이다.
- 합동기본개념은 군사목표 달성위해 합동전력을 어떻게 운용할 것인가에 대한 기본적인 사고의 방향이다.

강화를 위한 구체적 내용을 요약하면 〈표 14-6〉과 같다.

III. 국방개혁 2020과 2030

1. 국방개혁 2020

과거에 추진되었던 개혁안들이 대부분 성공하지 못한 요인들로서 여러 가지가 지적되고 있다. 지도자의 의지부족, 군 간의 갈등, 군 내부에서 개혁추진, 국방예산 부족, 북한의 당면위협, 미군과의 역할관계 등이 대표적으로 거론되는 요인들이다. 이러한 문제들이 복합적으로 작용하여 국방개혁의 발목을 오랫동안 잡고 있었던 것이다.

2005년 9월 윤광웅 국방부장관은 "국방개혁 2020" 비전을 발표하면서 국방개혁은 정보 과학기술을 토대로 혁신과 개선을 아우르며 군의 단결과 전투력 발전이라는 합목적성 위에 전체적인 국방시스템을 발전시켜 나가는 것이라고 정의했다. 즉, 병력위주의 양적 군체계를 2020년께 정보·기술 중심의 기술 집약형 질적 군 체계로 전환한다는 것이 주요 골자이다("국방개혁 2020"의 전반적인 내용은 이상현 2005 참조).

이에 따라 실시간 전장관리 및 지휘통제 능력 구축, 첨단무기체계 확보 등을 본격적으로 착수했다. 그러나 국방개혁은 매우 어려운 작업임에는 틀림없다. 특히 지난 50여 년 동안 견고하게 굳어버린 우리나라의 국방체제를 고려한다면 그 어려움은 배가될 수밖에 없다. 한국 전쟁 이후 반세기 동안 한국군은 거의 변함없는 편제를 유지해

왔다. 육군의 경우 동부전선을 맡는 1군사령부, 서부전선을 맡는 3군사령부, 후방의 2군사령부 체제가 그대로 유지되어 왔다. 국방부의 지휘통제가 일선부대까지 도달하는데 8~9단계를 거쳐야 했다. 이런 병력집약형 후진구조의 비효율성을 개선하고, 병력 수는 적지만 첨단기술과 장비로 화력을 키운 정예부대, 즉 작지만 강한 군대를 만들겠다는 것이 지금 우리 군이 지향하는 미래의 모습이다. 따라서 국방개혁 2020이 성공하면 우리 군은 비대화된 병력위주에서 기동 및 타격능력이 대폭 강화된 첨단 정예화군으로 다시 태어날 전망이다. 2020년까지 현재 68만 명 수준인 병력인 병력이 50만 명으로 줄어들지만, 전투효율이 높은 무기와 장비로 무장하여 실질적인 타격능력은 크게 향상될 것이라는 것이다. 헬기와 잠수함을 제외하고 상당수 장비의 보유대수는 줄어들지만, 전력지수는 현재보다 1.7~1.8배 증강된다는 것이다. 아울러 현재 일부 무인항공기(UAV)에 의존하고 있는 정보감시능력이 정찰위성의 활용으로 대폭 향상된다. 지휘통제능력도 실시간 전장관리정보 지원체계(TICN) 구축 및 감시 타격체제 연동으로 크게 향상된다. 특히 장병 개개인에게 위성통신 장비를 지급해 일선 지휘관과 장병들의 정찰위성을 통한 일대일 실시간 의사소통도 가능해질 것으로 보인다.

당시 윤광웅 국방부 장관은 개혁안을 발표하면서 국방개혁의 일관성 있는 추진을 위해 국방개혁의 목표·정의, 국방운영체제의 선진화, 군 구조 및 군 균형발전, 병영문화발전 등을 담은 국방개혁 기본법을 조속히 제정하고, 앞으로는 매 3년마다 안보상황과 개혁 추진상황에 따라 일부 내용을 수정·보완할 계획을 가지고 있다고 했다.

이러한 국방개혁안은 남북의 군사력이 첨예하게 대립하고 있는 한반도의 안보상황 하에서 우리 군이 선택할 수 있는 최상의 노력이라는 것이 일반적인 평가이다. 무엇보다 18만여 명의 병력과 20여 개 이상의 육군사단을 감축해 정보·과학기술 중심의 군 구조 및 전력체계를 구축하려는 계획은 현대전의 양상과 세계적인 군사변혁 추세에도 부합된 혁신적인 개혁안이라고 할 수 있다.

국방개혁 2020의 내용은 매우 방대하지만 핵심은 한국군을 효율적인 정예강군으로 만들기 위해 지금의 양적구조를 질적구조로 재편하겠다는 것으로 요약된다. 이는 해군기지 건설의 논리근거로 내세우는 대양해군론이나 공군의 현대전 개념에 따른 전쟁주도형 공군력 확보, 혹은 불특정위협에 대비한 항공작전영역 확대논리로 각각 수용되고 있다. 병력감축을 통한 군 구조 개편과 첨단 미래지향적 군사력 건설은 결국 합동성의 강화로 연결된다.

병력감축의 의미는 합동성 강화를 통해 약화된 부분을 보강해야 할 것이며, 이는 한 군종 중심의 작전이 아니라 이제 타군종과 협조할 수밖에 없는 구조로 가게 된다는 의미다. 또한 첨단 미래지향적 군사전력 확보는 이제 전력이 군종을 뛰어 넘어 여타 군종과 상호운용성·보완성에 뛰어난 효과를 가져오게 되어 결국 합동성 강화에 크게 기여하게 될 것이다.

 "국방개혁에 관한 법률(법률 제8097호, 2006. 12. 28. 공포, 2007. 3. 29. 시행)"이 탄생된 것은 우리의 안보를 국가적 차원에서 보겠다는 의지로 볼 수 있다. 이 법은 지속적인 국방개혁을 통하여 우리 군이 북한의 핵실험 등 안보환경 및 국내외 여건 변화와 과학기술의 발전에 따른 전쟁양상의 변화에 능동적으로 대처할 수 있도록 국방운영체제, 군구조 개편 및 병영문화의 발전 등에 관한 기본적인 사항을 정함으로써 선진 정예 강군을 육성하는 것을 목적으로 하고 있다. 개혁의 기본이념으로서 다음과 같은 내용을 추진함으로써 국민과 함께하는 국민의 군대를 육성하여 국가안보를 튼튼히 하고 국제평화에 기여하는 것으로 명시하였다.

① 국방정책을 추진함에 있어서의 문민기반의 확대
② 미래전의 양상을 고려한 합동참모본부의 기능 강화 및 육군·해군·공군의 균형 있는 발전
③ 군구조의 기술집약형으로의 개선
④ 저비용·고효율의 국방관리체제로의 혁신
⑤ 사회변화에 부합하는 새로운 병영문화의 정착

 이 중 두 번째의 내용은 합동성 강화를 위한 제도적 발전을 도모하겠다는 의미로서 획기적인 개혁법안으로 볼 수 있다. 특히 '합동성'의 의미를 "첨단 과학기술이 동원되는 미래전쟁의 양상에 따라 총체적인 전투력의 상승효과를 극대화하기 위하여 육군·해군·공군의 전력을 효과적으로 통합·발전시키는 것을 말한다"고 용어정의를 하여 합동성 강화에 큰 비중을 두고 있음을 나타내고 있다.

 국방개혁법은 총 5장 32개조로 구성되어 있으며 제1장은 총칙으로서 국방개혁법의 목적, 기본이념, 정의 등이, 제2장은 국방개혁추진을 위한 기본계획수립, 국방개혁위원회 설치, 기능, 구성 등이, 제3장에서는 국방운영체제의 선진화를 위한 문민기반의 조성, 국방부소속 공무원의 구성, 여군인력확대, 국방부/합참본부 등의 장교보직 등이, 제4장에서는 군구조·전력체계 및 각 군의 균형발전을 위한 군구조 개선, 상비병

력규모조정, 적정 간부비율의 유지, 합참본부/국방부 직할부대의 균형편성 등이, 제5장에서는 병영문화의 개선을 위해 장병 기본권 보장 등으로 구성되어 있다.

〈참고 14-7〉 합동성관련 국방개혁 법률 및 시행령 요지

	법률	시행령

장교보직
(제19조)
	① 합동성·전문성 보유 장교 보직
	② 합동직위 지정
	③ 합동직위 근무토록 합동특기 전문자격 부여
		- 합동직위 명시
		- 합동전문자격자 우선 고려하여 보직
		- 합동전문자격자
		  ·합참대학 및 국외군사과정 이수자 중 합동직위에 근무한자
		  ·합동직위에 18개월 이상 근무한자
		  ·각 군 참모총장이 위의사항에 준하는 자격이 있다고 판단한자

군구조 개선
(제23조)
	① 국방부/합참/각 군 본부: 통합전력의 최대 발휘위한 기능·조직 개선·발전
	② 국방부장관: 방위기획 및 작전수행능력 배양 및 합동성 향상위한 기능·조직 보강·발전
	③ 합참의장: 합동작전능력, 합동군사교육체계 개발·발전, 합동지원분야에 각 군 총장과 원활한 협의체계 수립, 장관에게 합동성 관련 의견제시 및 조정·건의
	④ 각 군 총장: 각 군 고유의 전문성 유지 및 발전, 합동성 강화 위한 기능조직·정비
		- 합동성위원회 운영
		  ·합동참모차장(위원장), 각 군 참모차장, 해병대 부사령관, 합참 본부장
		  ·합동전투발전, 합동작전 지원관련 협의·조정 등 심의
		- 합동전투발전업무 강화
		  (합동개념발전, 합동전투발전업무 강화)
		- 합동군사교육체계 발전
		  ·합동전무자격자 양성 및 합동성 강화 위한 교육체계 검토·발전

상비병력 규모조정 (제25조)	① 2020년 50만 명 수준 목표 ③ 합동성 극대화위한 육·해·공군의 적정 수준 구성비율 유지 ⑤ 상비병력 규모, 각 군별 구성비율 관련 사항은 대통령령으로 규정	- 총 정원 중 육군은 100분의 74.2, 해군은 100분의 8.2, 해병대는 100분의 4.6, 공군은 100분의 13 비율로 한다.

합참본부 균형편성 (제29조)	① 합참인력의 각 군 균형편성 및 순환보직 ② 합참의장과 차장은 군을 달리하여 보직, 1인은 육군 ③ 합참의 공통직위는 육·해·공군 비율 2:1:1로 구성, 장관급장교는 각 군간 순환 보직	- 합참 군인직위는 공통직위와 필수직위로 구분 - 직위 지정은 공통직위 원칙, 특정군 필수직위의 지정 최소화 - 특정직위에 동일 군 소속의 장교가 3회 이상 계속 보직 금지
국직부대 균형편성 (제30조)	① 장관급장교가 지휘하는 국직부대 지휘관은 육·해·공군 3:1:1 비율로 순환 보직	- 장관급 장교 지휘부대 지휘관 및 부지휘관(참모장)은 각각 군을 달리하여 보직, 그중 1인은 육군 - 특정군 지휘관이 3회 이상 계속 보직 금지

이와 함께 "국방개혁에 관한 법률"에서 위임된 국방개혁추진계획의 수립절차 및 군인력 개편에 관한 사항과 그 시행에 필요한 사항을 정한 "국방개혁에 관한 법률 시행령"이 2007년 3월 29일에 공포되었다. 이 시행령은 제1조 목적에서부터 "국방부 직할부대 지휘관 등의 순환보직" 등이 규정된 21조까지 총 21개조로 구성되어 있다. 국방개혁에 관한 법률 및 시행령의 내용 중에서 합동성 관련 내용을 발췌하면 위의 표와 같이 크게 다섯 분야로 나누어 살펴볼 수 있다. 이 중 상비병력 규모의 조정에 관한 사항은 2009년에 국방개혁 기본계획을 조금 수정하면서 지상군 중심으로 약간 증가·조정되었다.

이와 같이 합동성 강화와 관련하여 "국방개혁에 관한 법률" 및 "국방개혁에 관한 법률 시행령"은 한국판 GoldWater-Nichols 법안으로서, 앞으로 합동성 강화에 실질적인 지침으로 작용할 것으로 판단된다.

〈참고 14-8〉 국방개혁 기본계획 수정

2009년 7월 이상희 국방장관의 주도로 조정된 국방개혁 기본계획 보완내용에 의하면 군단 1개, 사단 4개, 여단 1개 등이 증가되어 지상군 1만 5천 명이 증가되었다.

2. 국방개혁 307 및 국방개혁 2030

'11년 3월 7일 국방부가 2030년까지의 군 개혁계획을 이명박 대통령에게 보고하여 재가를 받았는데 이른바 '국방개혁 307계획(대통령에게 보고된 날짜에서 따온 것으로, 국방개혁 '12~'30까지의 개혁안)'이다. 이 개혁안은 국방개혁 2020을 보완한 것으로 군 상부구조 개편과 육해공 3군 합동성 강화를 골자로 하고 있다. 307계획의 핵심은 이른바 '818계획(1988년 노태우 대통령에게 보고된 국방개혁안)' 이후 20여년 만에 이뤄지는 군 상부지휘구조 개편이다. 인사·군수권(군정권)이 없던 합참의장에게 일부 인사권을 주고, 작전지휘권(군령권)이 없던 육·해·공 3군 참모총장에게 군령권을 주는 등 합참의장과 3군 참모총장이 직접 지휘하도록 한 것이 특징이다. 3군 참모총장은 각 군사령관을 겸하는 등 지휘구조를 단순화하도록 했다. 이런 과정을 통해 현재 장성 440여명 중 60여 명(15%)을 2020년까지 줄일 계획이다. 이어서 2014년에는 국방개혁 307의 기조를 유지하는 가운데 국방개혁 기본계획(2014~2030)을 새로 수립했다. 북한의 비대칭 전력과 국지도발 및 전면전 위협에 동시 대비할 수 있는 능력을 우선적으로 구비하는 데 중점을 두었다. 특히 북한의 핵·미사일 위협에 대비하기 위해 Kill Chain, KAMD 등의 능력을 강화하고 예비전력을 상비군화하고 있다. 국방개혁 307과 2030의 주요 개혁내용을 합참의 기능과 편성, 각 군 본부의 기능과 편성, 합참대와 국군 군수사 등으로 나누어 소개한다.

1) 합참의 기능과 편성

합참은 합동군사령부 역할을 할 수 있도록 작전기획·계획, 해외파병부서를 보강하고, 전작권 전환 후 한미연합작전을 주도적으로 수행할 수 있도록 연합협조기구도 편성하게 된다. 또한 합참의장의 지휘부담이 과중해지지 않도록 대장급의 합참차장이 작전지휘와 군령기능을 뒷받침하도록 했다. 합참의장은 인사분야에서 합참 근무인원에 대한 진급·보직 추천권, 작전부대에 대한 작전지휘에 한정된 징계권을 갖게 된다. 군수분야에서는 군수계획 수립, 전·평시 군수 소요·능력 판단, 군수준비태세 유지 등 합동작전 지원에 필요한 일부 군수지시권을 가지게 된다. 교육분야에서는 합동군사대학의 합동교육에 대한 통제 기능, 합동교리발전 등을 맡는다. 동원분야에서도 동원·예비전력 운용·통제 지도를 할 수 있도록 했다. 각 군 본부의 지휘·통제 기능 중에서 정보화발전 소요 기획, 상호운용성 평가, 주파수 관리 등 합동성을 보장하는

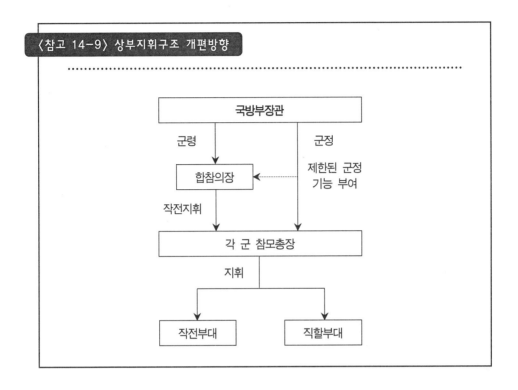

〈참고 14-9〉 상부지휘구조 개편방향

업무도 합참에서 통합 수행한다.

2) 각 군 본부의 기능과 편성

각 군 참모총장이 군령, 군정기능을 동시에 수행하게 되므로 지휘폭이 확대되어 참모총장예 하에 2명의 참모차장인 전투지휘본부장과 전투지원본부장을 두어 총장을 보좌토록 하였다. 신설되는 전투지휘본부(가칭)는 정보·작전·통신 등 용병기능 위주로 편성한다. 전투지원본부는 편성·교육·인사·군수·정책 등 양병 기능 위주로 편성한다. 신 정작참모부의 편성·동원·연습과 훈련·지휘통제 기능은 유지하게 된다. 각 군 본부의 전력기획참모부와 정책실은 통합해서 기획관리 참모부를 편성한다. 각 군 작전사령부의 작전지원 기능은 전투지원본부로 통합하고, 법무·공보·비서실·전비태세검열실 등 비(非)전투참모부는 각 군 특별참모부로 통합한다. 각 군의 전력소요제기 업무는 합참의 전력기획 기능으로 통합하고, 능력요구 업무만 각 군에서 수행한다. 이에 따라 앞으로 전력기획절차는 각 군의 능력요구, 합참의 소요제기와 결정, 국방부의 소요검증 3단계로 진행된다.

요점정리

....

▪ 국방개혁 2020의 핵심은 병력위주의 양적 군체계를 2020년계 정보·기술 중심의
  기술집약형의 질적 군체계로 전환하는 것이다.
▪ 국방개혁 307 및 2030의 핵심은 군 상부지휘구조 개편으로 합참의장에게 일부 인사
  권을 부여하고 육·해·공군 총장에게 군령권을 부여한 것임(작전지휘선상에 위치).

3) 군사대학과 군수분야 통합

영관장교에 대한 합동교육을 통해 합동성 강화에 핵심적 역할을 하게 될 합동군사
대학을 창설한다. 합동군사대학은 합참대와 육·해·공군대학을 통합해 법령개정을
거쳐 '11년 12월 1일 창설하게 된다. 합동교육은 합참의장이, 자군 교육은 각 군 참모
총장이 통제권한을 갖게 된다. 소령급 기본과정에서는 자군 교육 70%, 합동기본교육
30%를 교육하되 450명 규모의 1년 정규 과정과 3~4개월 기간의 단기과정으로 나눠
운영한다. 중령급 대상의 고급과정은 연 1개 기수에 120명 수준으로 운영할 방침이
다. 국군군수사령부도 새롭게 창설되어 장비정비와 유지 등 각 군의 고유 군수기능은
유지되며, 주·부식, 피복과 개인장구류, 유류, 건설자재, 의무장비 공통적인 물자지원
을 맡게 된다.

IV. 합동성 강화 평가와 전력발전

1. 합동성 강화 평가

국방개혁안은 창군 이래 최초로 방위전략의 근본적인 변화를 수반할 획기적인 것으
로 평가받고 있다. 이러한 개혁안은 합동성 강화가 그 핵심내용이다. 그러나 합동성
강화를 위한 국방개혁 2020과 '11~30의 내용은 다음과 몇 가지 점에서 논쟁이 제기되
고 있다.

첫째, 합동성 강화를 위한 3군 균형 보임과 전문가 보임 간의 균형적 시각문제다.
이 문제는 어떻게 보면 당분간 합동성 제고를 위해서 해결해야 할 가장 현실적인 문제

일지도 모른다. 현 전문인 양성에 대한 1차적 책임은 각 군에 있지만, 해·공군은 일정한 자격을 갖춘 전문인 양성 및 보임이 사실상 어려운 구조로 되어 있어, 3군 균형보임 원칙이 깨어질 수밖에 없을 것이다. 합동성 측면만 고려 시에는 전문인으로서 약간 미흡한 점이 있더라도 각 군을 순환시켜 본래의 취지에 맞도록 해야 할 것으로 판단된다.

둘째, 전문성 유지차원에서 고려해볼 사항으로 합참의장과 부의장의 임기와 구비요건을 명확히 하는 것이다. 현재 임기는 각각 2년을 원칙으로 하고 있으나 연임은 물론 2년 임기도 매우 유동적이다. 우리군의 특수한 전통이라고 할 수 있는 기수별 안배가 전문성이나 안정적인 지휘권 확보보다 우선시되는 것이 현실이다. 또한 보임에서 명시적인 자격요건도 없다. 미국의 『G-N』법에 의하면 합참의장과 부의장은 임기가 2년이며 3회까지 연임이 가능하다. 또한 보임요건으로 합참의장은 합참부의장, 각 군 총장, 통합군 역임자로 했는데 이는 합참회의 위원으로서 또는 통합군 지휘관으로서 경험을 우선시하는 측면이다. 또한 부의장은 장군 또는 제독으로서 최소한 1회의 합참 직위 경력 소유자에서 임명토록 하여 3군을 균형적인 시각에서 어우를 수 있는 인물을 우선시하고 있다. 합참의장과 부의장의 연임이나 보임 구비요건 명시는 전문성제고나 합동성 제고 측면에서 좀 더 고려해 볼 만한 제도임에 틀림없다.

셋째, 상부지휘구조 개선으로 합참의장에게 권한이 과도하게 집중될 수 있다는 것이다. 합참의장은 각 군을 사실상 통제할 수 있는 권한을 부여받게 될 뿐 아니라, 이전 보다 문민통제의 원칙을 더 저해할 수 있다는 주장이다. 게다가 각 군 총장이 합참의장의 작전지휘를 받게 되면 올바른 의사결정이 곤란해진다는 것이다. 이러한 문제는 합참의장 직위에 각 군 순환 또는 균형 보임이 제도화된다면 어느 정도 해소될 있는 여지가 있을 것으로 보인다.

넷째, 각 군 본부가 작전지휘 계선에 위치됨에 따라 작전지휘구조가 이전보다 더 복잡해졌다는 주장이다. 기존의 합참-작전부대 작전지휘계선이 이 후에는 합참-각 군 본부-작전부대가 되어 보고라인이 늘어났다는 것이다. 합참이 작전사를 통해 작전부대를 지휘하던 것이 각 군 총장을 통해 작전부대를 지휘한다는 것이다. 요컨대 총장이 작전사와 일체가 되어 진두지휘할 수 있어야 해소되는 문제이다. 이는 완벽한 네트워크체제의 구축과 능숙한 운영을 통해 어느 정도 보완되어야 할 것으로 보인다.

국방개혁은 현재에 익숙한 체제를 바꾸는 일이기에 넘어야 할 산이 많기 마련이다. 그러나 2015년 전시 작전통제권 전환에 대비하여 우리 군의 주도적 역할을 강화할 필요가 있고 군사력의 통합효과를 극대화하기 위해서는 지금보다 더 합동성 강화의 조치가 필수적인 것은 사실이다.

2. 합동성 강화를 위한 전력발전

합동성 강화 위한 전력발전은 앞에서 논의된 잘 구성된 합동기획과 합동작전에서 도출될 것이다. 특히 작전적 수준에서의 전쟁기획과 전역운영을 위한 그 기본틀에서 소요전력을 산출해 볼 수 있을 것이다. 다음은 합동성 강화를 위한 전력발전 방향에 대해 알아본다.

우선, 효과적인 합동작전을 구현을 위한 전력배비의 균형 문제다. 현재 한국군은 지·해·공군 간 심각한 전력 불균형을 나타내고 있다. 이는 대규모 지상군 위협에 직면하였던 과거 6·25 한국 전쟁과 주로 내륙에서의 국지적 도발행위에 따라 발생된 전력배비이나 이제는 전장환경 변화는 균형적 전력배비를 요구하고 있다. 우리가 보다 현존하는 위협을 감안한 위협기반 전력건설에 주안점을 둘 것인가? 아니면 불확실한 미래전을 대비하기 위한 능력기반의 전력건설 위주로 갈 것인가? 두 가지 측면을 모두 강조하는 복합적 모델로 가야 하는 것인가? 하는 문제는 간단한 문제가 아니나 어떤 모델을 추구하든, 방향은 병력위주가 아닌 과학기술군으로 간다는 것이다. 이러한 측면에서 과학기술군의 총아인 해·공군력을 중시하는 균형적인 전력배비가 필요한 것이다.

둘째, 미래전에서는 위성과 무인기에 의한 감시·정찰·정보(ISR)활동에 대한 의존율이 현재보다 높아질 것이며, 실시간 합동지휘통제체제에 의해 각 군 전력이 효과적으로 조합되고 지휘통제될 것이다. 특히 병력과 산악을 이용한 적 공격에 대비한 감시정찰체계는 한국적 특수적 전장상황에 요구된다. 또한 북한 특수부대의 침투를 사전에 인지할 수 있는 정보체계는 한국적 상황에서는 매우 중요한 체계이다. 최근 천안함 폭침사건에 대비해 비대칭전력을 확보한다고 하지만, 북한이 사용한 어뢰는 비대칭무기가 아니라 첨단과학기술 무기에 해당된다. 최근 아프간전에서도 항공력의 도움이 없다면 지상전을 제대로 수행할 수 없음을 알 수 있다. 이는 공군의 표적화(targeting) 능력이 크게 신장된 결과다. 물론 이를 위해서는 ISR체계, 특전사 등과 표적 획득 및 협조절차에 관한 훈련절차를 강화하고 발전시켜야 할 것이다.

셋째, 북한의 장사정포 및 미사일을 방어할 수 있는 무기체계는 해군의 방어개념과 함께 공중전력을 통해 어느 정도 해결할 수 있다. 원거리에서 다중 방어체계를 갖춘 해군의 이지스함이 크게 도움이 될 것이며 최근 개발한 크루즈 미사일과 공군의 대화력전 및 미사일 기지 공격이 한 몫 할 것이다. 그러나 500여 기에 달하는 북한의 중·단거리 미사일의 완벽한 파괴는 불가능할 것으로 보인다. 따라서 북한의 미사일 공격에 완벽하게 대비하고 향후 대주변국 위협에 대비하기 위한 미사일 방어시스템 (MD) 구축에 참여하여 이를 통한 첨단기술력 확보와 장차 우주전에 대비한 우주력 확보에도 노력해야 할 것이다. MD시스템 구축은 자연스럽게 육·해·공군 첨단전력의 조화로운 합동이 이루어지는 정점이 될 수 있다.

넷째, 개전 초 공군은 제공권 장악이라는 중요한 목표에 전념하기 위해 근접항공지원 할당을 충분히 하지 못할 가능성이 크다. 이러한 경우에 대비하기 위해서 육군은 현 전선 고착을 위한 충분한 방어력을 보유할 필요가 있는데, 앞에서도 논의된 바 현 전선고착에 지상군으로서만 감당하기는 어렵다. 따라서 공군은 근접지원 전용의 비교적 저렴한 Low급 항공기의 대량보유가 필요할 것이다. Low급 항공기는 공세이전을 통해 북한으로 진격시 잔여 북한군 또는 은폐된 지하시설을 이용하는 적 게릴라부대의 비정규전에도 충분히 대비할 수 있는 전력이 될 것이다.

다섯째, 적의 기동을 저지할 수 있는 다양한 무기체계를 개발하고 활용할 필요가 있다. 예를 들어 지뢰는 재래식 무기체계로 인식되어 미래전에서 외면받기 쉬운 무기다. 하지만 지뢰는 적의 기동을 멈출 수 있는 효율적인 무기체계이다. 한국은 산악 때문에 형성된 회랑형 지형이므로 이 통로를 봉쇄하면, 적은 통로에 갇힌 형국이 될 수 있다. 이러한 역할을 하는 것이 지뢰다. 해상에서는 적의 잠수함 침투를 저지하기

요점정리

- 국방개혁의 핵심현안은 3군 균형발전을 통한 합동성 강화다.
- 합동성 강화를 위한 전력발전 방향
  - 전력배비의 균형
  - 감시·정찰·정보전력의 강화
  - 북한 장사정포 및 미사일 방어전력 강화
  - 충분한 근접지원전력 확보
  - 적 기동저지 위한 다양한 무기체계 확보

위해 주요지점에 그물망 설치를 생각해 볼 수 있다. 이러한 비대칭 재래식 전력을 개발하여 적의 비정규전에 대비하여야 할 것이다.

V. 맺음말

한 나라의 안보상황은 시대에 따라 변화하기 마련이다. 변화하는 상황에 긴밀히 대처해 나가는 국가만이 그 생존을 보장받을 수 있다. 따라서 안보상황의 변화에 따라 국방분야의 개혁은 끊임없이 이루어져야 할 것이다. 오늘날 우리사회에 대두되고 있는 국방개혁의 핵심논점은 군의 합동성 강화 문제다.

합동성 강화는 기획과 작전의 양면에서 이루어지고 있다. 기획측면의 합동성 강화는 법적·제도적 조치의 강화를 통해 이루어진다. 우리 군은 이를 위해 일찍부터 노력을 기울여 왔으나, 실질적이고 구체적인 제도화는 2008년 3월 '국방개혁에 관한 법률 및 그 시행령'의 제정부터라고 할 수 있다. 과거에 추진되었던 개혁안들은 지도자의 의지부족, 군 간의 갈등, 북한의 당면위협 등 복합적인 요인들로 인해 성공하지 못했던 것이다. 그러나 법률로써 보장받게 된 이번 개혁안의 골자는 병력위주의 양적 군체계를 2020년쯤 정보·기술 중심의 기술 집약형 질적 군 체계로 전환한다는 것으로 창군 이래 최초로 방위전략의 근본적인 변화를 수반할 획기적인 것으로 평가받고 있다. 특히 합동성 강화를 위한 내용으로서 합동참모본부의 기능을 강화하고 육·해·공군의 균형 있는 발전을 도모하기 위한 몇 가지 법적 조치(장교보직, 군구조개선, 상비병력 규모, 합참본부 및 국직부대 균형편성 등)들은 그동안의 지난한 과정을 돌이켜 보건대 가히 혁명적이라 할 것이다. 여기서 직위별 보임문제만 더 구체화시켜 보완하면 한국판 GoldWater-Nichols 법안으로서 앞으로 합동성 강화에 실질적인 지침으로 작용할 것으로 판단된다.

합동성 강화의 또 다른 측면은 합동 군사작전 발전 측면이다. 합동성 구현의 결과는 곧 합동작전을 통해 나타나기 때문에 이 부분은 매우 중요하게 다루어져 왔다. 이를 위해 합참에서는 한국적 합동작전개념으로서 "합동기본개념"을 구상하여, "효과 중심의 동시·통합작전"으로 설정하였다. 이 합동기본개념은 합동작전 수행 시 적용해야 할 최상위개념으로 군사목표 달성을 위해 합동전력을 '어떻게 운용할 것인가'에 대한 기본적인 사고의 방향을 제시해 주고 있다.

한편, 합동성 개념은 수준별로 다르게 논의될 수 있다. 이러한 수준은 합동기획과 합동작전 양 측면에서 모두 범주화시킬 수 있다. 국가안보적 차원에서 3군이 균형적인 시각을 가지고 변화하는 전장환경에 부합한 전쟁을 기획하고 있느냐 하는 문제는 합동성 측면에서 매우 중요한 요소들이다. 그러나 현재까지 우리의 합동성 강화를 위한 노력들을 보면 전쟁지도, 전쟁과 전략목표 설정, 전쟁개념 수립, 통합작전 (unified action) 등을 다뤄야 하는 전략적 수준의 내용은 다소 간과되고 단지 3군의 전력이 유기적으로 잘 통합되어 전력의 승수효과를 기대하는 작전적 이하의 수준에서만 큰 관심과 노력이 집중되고 있는 것이다. 따라서 진정으로 합동성 강화를 위한 노력에는 전략적 수준에서 합동성 노력이 먼저 집중적으로 이루어지고 다음으로 작전적, 전술적 수준으로 하향식 검토가 이루어져야 할 것으로 본다.

최근 세계 각국이 미래전쟁 양상을 예측하며 이에 걸맞는 전략과 전력을 발전시켜 나가고 있는데, 이에 따라 우리도 변화된 그리고 변화될 한반도 전장환경을 예측하며 전쟁기획과 이에 합당한 전력을 건설해야 할 것이다. 한반도 전장양상은 대주변국과의 분쟁을 대비하고 향후 북한의 전력수준과 전략을 미루어 보건대 부분적으로는 첨단과학전이, 다른 한편으로는 재래식 비정규전(일부 첨단능력이 첨가된)이 수행될 것으로 판단된다. 따라서 전쟁을 억제하고, 전쟁시 피해를 최소화하면서 단기간에 적의 전쟁수행 의지와 능력을 격멸하여 전쟁의 목표를 달성할 수 있는 효과중심의 전력건설 및 배비가 결정적일 것이다.

합동개념은 정체적 개념이 아니고 발전적 개념이다. 합동의 개념 및 영역은 역사의 진전에 따라 계속적으로 확대되고 있으며, 특히 군사기술의 발달과 아울러 인명중시 사상은 합동의 영역 확대와 재조정을 촉진시키고 있다. 앞으로도 우리 군은 급변하는 안보상황의 제 위협에 대응하여, 균형적이고 미래지향적인 군의 전력증강추진 등 중단 없는 국방개혁의 노력과 함께 제반전력요소의 통합운용으로 전투력시너지 효과의 극대화를 기할 수 있도록 합동성 강화를 위한 노력을 끊임없이 추진해야 하겠다.

핵심개념

- 합동성
- 합동기획
- 합동작전

- 합동성의 수준
- 국방개혁 2020
- 국방개혁 '11~'30

토론주제

1. 합동성 강화를 위한 주요 두 축인 양병과 용병의 개념은?
2. 한국군의 합동기본개념은?
3. 합동성의 수준논의는 어떤 것들이 있으며 왜 중요한가?
4. 국방개혁 2020과 '11~'30의 핵심은 무엇인가?
5. 국방개혁의 핵심현안은 무엇인가?
6. 합동성 강화를 위한 전력발전 방향은 무엇인가?

15

한미동맹의 역사와 발전

학습내용

한국 전쟁 후 한미동맹은 보호·피보호의 일방적인 관계에서 시작했지만 점차적으로 상호간 이익을 얻을 수 있는 방향으로 발전해 왔다. 군사동맹으로 시작된 한미동맹은 이제 전략적 동반자관계로 발전하였고, 현재 글로벌 차원에서 다양한 협력을 모색하고 있다. 즉 정치·군사동맹에서 경제동맹이 더해져 다원적·포괄적 동맹으로 진화된 것이다. 본장에서는 한미동맹의 과거와 현재의 모습을 살펴보고, 미래지향적 발전방향을 생각해보고자 한다.

I. 머리말

국가의 생존이나 국익의 보호와 같은 국가목표를 자국의 힘으로만 달성할 수 있는 국가는 거의 없다고 하여도 무리는 아니다. 18세기와 19세기의 유럽역사를 보면 몇몇의 약소국가들이 그들의 원천적인 약점을 극복하기 위한 방편으로서 중립정책을 채택하고 그들의 영토를 강대국 간의 무력충돌과는 관계가 없는 지역(sanctuary)으로 선포한 사례를 보게 된다. 그러나 중립선포는 그것을 관련국들에게 강제할 충분한 국력이 없거나 자국의 지리 전략적 가치가 매우 높은 경우, 이를 유지하기 매우 어려워진다. 예로서 세계 제1, 2차 대전 당시 벨기에와 네덜란드의 중립선언은 프랑스와의 일전(一戰)을 통해 전 유럽을 장악하려는 독일에 의해 무참히 무시된 바 있다. 따라서 국가의 생존과 국익의 보호를 위해 앞의 6장에서 논의된 바와 같이 강대국들과 동맹관계를 수립하는 것이 하나의 대안으로 고려되곤 했다.

6·25 전쟁 직후 한국은 황폐화되고 무기력했으며, 정치·경제적으로 낙후한 국가였다. 따라서 한미동맹관계는 북한의 침략을 억제하고 평화와 안전을 보장하는 가장 효과적인 방안이며 한국의 정치·경제적 번영을 위한 안정적인 기초가 되어 왔다. 그로부터 60여 년이 지난 오늘날 한국은 강력한 산업국가이자 세계의 주요한 무역국가이고 번성하는 민주국가로 변화되었다. 한국의 정치·경제적 성장과 더불어 지난 10년 동안 한반도를 둘러싼 전략적 환경의 변화는 한미동맹의 미래지향적 변화를 위한

준비단계가 도래하였음을 시사하고 있다.

Ⅱ. 한미동맹의 역사

    한국은 휴전협정 조인(1953.7.27) 후 체결된 한미 상호방위조약(1953.10.1 체결, 1954.11월 발효)과 한미 합의의사록(1954.11)에 따라 대규모 군사 및 경제원조 제공을 통해 한국의 시급한 경제상황을 해소하고 한국군이 방위능력을 강화하는 조치를 취하였다. 6·25 전쟁 초기에 이승만 대통령의 서한을 통해 당시 맥아더 UN군사령관에게 이양된 한국군에 대한 작전통제는 계속해서 주한미군사령관을 겸임하는 UN군사령관이 행사하게 되었다. 경제원조로서 PL-480에 의한 대충자금(2차 대전 이후 미국에서 들여온 무상원조물자를 정부가 국내에서 팔아 생긴 자금)은 한때 정부지출의 2배에 해당하는 대규모로서 한국경제 회생에 결정적 기여를 한 것으로 평가된다. 한국군에 대한 미국의 군사원조는 오랫동안 계속되었으며 1950년부터 1987년까지의 미국의 대한 무상군사원조의 규모는 56억 4,700만 달러에 달했다.

    1960년대 말까지 한국이 일방적으로 미국으로부터 경제·군사원조를 제공받는 일방적인 동맹관계가 지속되는 가운데서도 1965년에 한국이 미국 정부의 요청을 심사숙고하여 월남파병을 결정하게 되고, 이를 통해 강화된 대미 협상력을 계기로 1967년에는 주한미군의 지위와 주둔 조건을 한국의 법과 제도에 순응하는 내용으로『주한미군 지위협정』을 체결하게 되고, 1968년 이후에는 한미국방장관회담이 정례화되면서 한미동맹관계는 주권국가 간의 동맹관계로서의 제도적 틀을 갖추게 되었다.

    그러나 월남전에 대한 국내외 비판을 배경으로 등장한 미국의 닉슨 행정부는 아시아 지역에 대한 미국의 안보부담을 경감하려는 정책을 추진하게 되었으며 1967년 7월 이를 구체화한 '닉슨독트린'을 발표하였다. 이러한 정책에 따라 1970년에서 1971년까지 아시아에서 32만의 병력을 철수시켰으며, 한국에서도 1971년 제7사단 병력 2만명을 철수시켰다. 또한, 미국은 한국의 경제력 신장과 국방능력 향상으로 한반도 방위에 있어서 더 많은 안보역할을 담당해야 함을 강조하면서 무상 군사원조를 대폭 삭감하는 동시에 공동방위를 위한 한국의 역할증대를 요구하였다. 공화당 행정부를 뒤이어 출범한 카터 행정부도 1977년 6,000명에 달하는 주한미군 철수계획을 발표하고 1978년 말까지 3,400명을 감축시켰으나 한국 정부의 강한 반발과 미국 내의 반대여론으로 인하여 1979년 카터 대통령의 한국방문 직후 철수계획을 취소하였다.

한편 미국 정부의 일방적인 주한미군의 철수 현실에 직면한 한국 정부는 율곡사업 (1974년 대북 전력격차를 해소하기 위해 수립한 한국군 전투력 증강계획으로 군무기, 장비의 현대화 작업을 통칭하는 암호명) 등을 통해 독자적 무기체계 개발 및 자주국방 정책을 의욕적으로 추진하게 되었다. 그러나 북한과의 체제 경쟁에서 확실한 우위를 확보하고 있지 못하였던 한국 정부는 주한미군의 철수로 야기된 대외적 도전 요인들에 대해 국내체제를 강화함으로써 대응하려 하였고, 이는 동맹국인 미국과의 또 다른 갈등요인을 조성하였으며 국제사회에서의 이미지에도 부정적인 결과를 초래하였다.

미국 정부의 연이은 주한미군 철수정책으로 인하여 한미동맹관계는 출범이래 최대의 조정위기를 맞이하였지만 그래도 한편으로는 1978년 한미연합군사령부(CFC: Combined Forces Command)가 창설되면서 한국군에 대한 작전통제권이 유엔사령관으로부터 연합사령관으로 이양됨에 따라, 한미 군사동맹관계는 제도적으로 평등한 관계로 발전하는 계기가 되었다. 한미연합군 사령부의 창설 이전 한국군은 UN군사령관의 지휘를 받는 반면, 주한미군은 별도의 미군지휘체계 하에 속하는 한미 간 연합지휘체제상의 불균형 현상이 있었다.

닉슨 공화당 행정부와 카터 민주당 행정부 기간 동안 갈등 국면에 있었던 한미동맹관계는 1981년에 출범한 레이건 행정부가 국제안보환경을 재평가하고 1970년대 미·소 긴장완화 정책에 비판적 평가와 함께 강력한 대소련 봉쇄정책을 추진하면서 새로운 발전의 전기를 맞게 된다. 레이건 대통령은 1981년 2월의 한미 정상회담에서 북한의 군사위협에 대한 공동인식을 새롭게 확인하고 주한미군 유지에 합의함으로써, 카터 행정부의 주한미군 철수계획을 백지화하였으며 한국에 대한 군사장비 판매와 방산기술 협력 강화, 연합군사훈련 확대 등의 조치를 취하게 되었다. 그러나 집권 후반기에 들어 레이건 행정부는 고르바초프에 의한 소련의 개혁·개방 추진, 재정적자로 인한 국방비 삭감 등을 고려하여 해외주둔 미군감축 등을 모색하기 시작하였다. 특히 1989년 레이건 대통령의 뒤를 이어 부시 대통령이 취임하면서 전 현직 각료들을 중심으로 주한 미지상군의 철수와 방위조약의 변경 필요성이 거론되었으며, 그 해 7월 31일 민주당의 넌 의원과 공화당의 워너 의원은 이 같은 입장을 반영하는 『넌·워너 수정안』이라는 주한미군 감축을 골자로 하는 한미 안보관계 조정 법안을 제출하기에 이르렀다.

이 법안에 따라 딕 체니 당시 국방장관은 미 행정부의 『3단계 감축안』을 발표하였는데, 1단계(1990.10~1993.12)에서는 유엔사령부를 그대로 유지하고 미2사단의 장비 현대화를 추진하면서, 육군 5천 명과 공군 2천 명 등 총 7천 명의 비전투원을 철수하며, 2단계(1994~1995)에서는 북한위협과 한국군 전력증강 성과를 재평가하여 3단계(1996년 이후)에 이르러서는 군비축소와 연계하여 소규모 미군만 잔류토록 한다는 주한미군의 사실상의 철수 구상을 제시하였다. 이 구상은 1990년 4월에 발표된 '동아시아 전략구상(EASI: East Asia Strategic Initiative)'의 3단계 감축계획으로 구체화되었다. 이 구상에 따라 미국은 1990년에서 1992년에 걸쳐 지상군 5천 명, 공군 2천 명 등 총 7천 명의 주한미군을 감축시켰으며, 군사정전위 수석대표에 한국군 장성을 임명하고 판문점 공동경비구역(JSA) 경비 책임의 일부를 한국군에 이관하였으며 한미 야전군 사령부를 해체하였고 한미연합군사령부의 지상구성군(GCC: Ground Component Command)사령관에 한국군 장성을 임명하였으며 한국군에 대한 평시 작전통제권을 한국 합참에 환원(1994.12)하는 등 한반도 방위에 있어서 주한미군의 역할을 점차 주도적(leading) 역할에서 지원적(supporting) 역할로 전환하는 일련의 조치를 추진하였다.

그러나 1993년에 출범한 클린턴의 민주당 행정부는 1989년부터 제기되기 시작하였던 북한 핵문제가 본격적으로 대두됨에 따라 1993년부터 시작될 예정이었던 2단계 감축계획을 보류시켰으며, 1995년에 발간된 『동아시아전략보고서(EASR: East Asia Strategic Report)』를 통해 주한미군을 포함한 아·태지역 주둔 미군을 최소한 20세기 말까지 10만 명 수준으로 유지할 것임을 밝힘으로써 90년대 초반부터 시작된 주한미군 철수논의는 일단 종지부를 찍게 되었다.

1980년대 후반부터 새롭게 나타난 한미동맹관계의 특징적인 현상은 한국의 경제력 신장에 따라 한미양국의 공동안보의 개념이 대두하고 이에 대한 한국의 기여 증가, 즉 책임분담이 가시화되기 시작한 것이다. 동맹국간에 안보비용을 적절히 분담하는 것은 국제사회의 일반적인 추세이며, 일본·독일 등 미군이 주둔하고 있는 모든 국가들은 일정 수준의 방위비를 분담하고 있다. 한국 정부도 주한미군의 한국방위에 대한 기여도, 한미동맹관계를 동반자적 안보협력관계로 발전시킬 필요성, 다른 우방국들의 자국 내 주둔 미군에 대한 방위비 분담 등 제반요소들을 종합적으로 고려하여 1991년부터 주한미군의 주둔비용 중 일부를 분담하게 된 것이다. 방위비 분담은 한미 정부간의 공식협정인 'SOFA특별협정(한미 행정협정, SOFA: Status-of-Forces Agreement)'에 근거하고 있다. 'SOFA특별협정'은 제4차 협정으로서 2002년부터 2004년까지 3년간 적용되었고 한미 정부는 이 협정이 만료되는 2004년 이후에 적용할 후속 협정을 다시 마련하게 되었다.

방위비 분담 외에 국제분쟁의 해결을 위한 다국적군 활동 등에 있어서 한미 간의 협력도 강화되고 있다. 한국은 1991년 1월 Gulf 전쟁에 공군수송단과 의료지원단을 파견한 바 있고 2001년 9·11 사태에 따른 아프간 대테러전쟁 국제연대에 참여하였으며 특히 미국과 영국이 주도하고 있는 이라크전에는 공병부대와 의료부대를 파견하였다.

주한미군에 대한 한국의 방위비 분담금 지원, 미국이 주도하는 다국적군 활동에 대한 한국의 참여는 한미 동맹관계가 한반도 안보는 물론 세계평화 차원에 있어서도 협력이 확대·심화되고 있는 것으로 평가할 수 있다.

III. 전시작전통제권 환수문제

1. 한국군의 작전통제권 변천 과정

한국군에 대한 "작전지휘권"이 유엔군사령관에게 이양된 것은 한국 전쟁이 한창이던 1950년의 일이다. 한국 전쟁 발발 후, 1950년 7월 14일 이승만 대통령은 맥아더 유엔군 사령관에게 보낸 공식서한(public letter)에서 한국의 육·해·공군의 작전지휘권 (operational command authority → 현재의 '작전통제'를 의미)을 맥아더 장군 또는 맥아더 장군이 위임한 기타 사령관에게 이양한다고 밝힘으로써 작전지휘권의 일부인 한국군에 대한 전시(평시) 작전통제권이 유엔사령부에 귀속되는 결과를 초래했다. 여기서 작전지휘권은 정보 및 작전의 전반사항을 관할하는 개념이고, 작전통제권은 정보를 포함한 작전분야 중에서 전투작전과 전투편성에 국한된 개념이다. 따라서 소요통제 및 훈련연습에 관한 작전지휘권은 한국군에게 있는 것이다. 이렇게 이양된 작전지휘권(Operational Command)은 1954년 11월 17일 발효된 한미상호방위조약과 그 후 개정된 한미 합의의사록에는 작전통제권(Operational Control)이라는 용어로 변경되었고, 유엔군사령부에 한국군의 작전통제권이 귀속되었다(국방부, 『한미동맹과 주한미군』 2004: 48-51).

하지만 1960년대에 들어와서 작전통제권의 일부가 유엔군으로부터 한국군으로 이양되기 시작했다. 예를 들면, 1961년 5월 16일 이후 한국군 일부 예비사단 및 공수특전사, 헌병대, 수경사 산하 경비단 등에 대한 작전통제권이 한국군에게 이양되었으며, 1968년 1월 21일 북한 무장공비에 의한 청와대 습격사건을 계기로 대간첩 작전의 통제권이 한국군에 이양되었다. 1978년 전략지시 1호에 의거, 미국의 대한국 방위공약이 보다 구체화되었다. 또한 연합작전의 효율성을 제고하기 위해 제도적 장치를 마련하는 차원에서 1978년 11월 7일 한미연합군사령부(연합사)가 창설되었다. 이후 한미연합사령관(주한미군사령관 겸임)이 한국군에 대한 작전통제권을 보유하게 되었지만, 연합사령관이 작전통제권을 행사할 때에는 한국군의 동등한 참여를 보장했다.

그리고 1994년 12월 1일 전략지시 제2호에 의해 평시(정전시)작전통제권이 한국 합참에 이양되었다. 이양사유는 1992년 12월 1일 한미연합사 부사령관(한국군대장)을 지상구성군사령관에 겸직·임명하는 등 한국군의 능력신장에 따라 한국군이 떠맡는 안보역할이 점진적으로 증대되어 온 현실이 반영된 것이다. 그러나 미국은 연합권한위임사항(CODA: Combined Delegated Authority)의 제정을 통해 평시작전권에 대한 일부 관여를 보장받았다. 즉 미군은 연합위기관리, 작전계획수립, 연합교리발전, 합동훈련 계획 및 실시, 연합정보관리, C4I 상호운용성 등에는 관여할 수 있다는 것이다.

2003년 참여정부에 들어서면서 한미 양국 국방장관은 한반도와 동북아의 안보상황을 공동으로 종합평가하고, 한미동맹의 미래비전을 공동으로 작성하며, 이에 기초하여 미래지향적인 지휘관계를 연구한다는 데 합의하였다. 이어 2005년 안보정책구상회의(SPD)에서 전작권 문제가 공식 제의되었고, 동년 10월 제37차 SCM에서는 전작권 문제에 관한 논의를 '적절히 가속화'하기로 합의하였다. 2006년 3월, 『전시 작전통제권 환수 관련 로드맵 연구 및 보고를 위한 관련약정(TOR)』을 체결하고 연합실무단을 구성하여, 긴밀한 협의 끝에 전시 작전통제권 전환 로드맵을 작성하였다. 이와 관련하여 한미 양국은 2006년 10월 안보협의회의(SCM)에서 "2009년 10월 15일 이후 그러나 2012년 3월 15일보다 늦지 않은 시기에 신속하게 한국으로의 전시 작전통제권 전환을 완료하기로 합의"하였다. 한미 양국은 전시 작전통제권 환수 추진과 관련하여 4가지 원칙을 합의하였는데, 이는 ① 『한미 상호방위조약』을 바탕으로 하고, ② 주한미군 지속주둔과 미 증원군 전개를 보장하고, ③ 정보자산 등 한국군 부족 전력은 미국 측이 지속 지원하며, ④ 연합대비태세와 억제력을 유지한다는 것이다(국방부, 『2006 국방백서』 2006: 89).

이렇게 해서 일차적으로 한미연합사는 2012년 4월 17일을 기해 양국 군 장성이 공동위원장을 맡는 작전협의기구인 '한미 군사협조본부(MCC)'에 임무를 넘기고 해체될 운명이었다. 사실상 연합사를 대체할 MCC는 앞으로 창설될 한국군 합동군사령부오 주한미통합군사령부(US·JTF-K) 간의 작전 및 업무협조 등의 임무를 수행할 예정이었으며, 한미는 MCC아래 10 여개의 기능별 상설·비상설 기구를 설치하고 양측 육·해·공군 작전사급 부대 사이에도 작전협조반을 둘 예정이었다. 그러나 한국군과 주한미군, 미태평양사령부를 상호연결하는 지휘통제체계 구축작업이 예상보다 더디게 진행되고 있는데다, 우리 육군의 작전사령부 창설과 미군 용산기지 이전 예상 시점이 2015년이라는 이유로 2015년 12월 1일부로 연기했다.

그 이후 북핵문제 해결을 위한 노력이 지지부진해지면서 그 핵능력이 점차로 고도화(2013.2월 6-7kt 위력의 3차 핵실험)되고 미사일 능력도 강화(2012.12월 위성로켓 발사)되는 등 전쟁억지에 새로운 변수들이 생기게 되었다. 이에 따라 박근혜 대통령은 2013년 국군의 날 기념식사에서 "Kill-chain과 KAMD 등 핵과 WMD 대응능력을 조기에 확보하여 북한정권이 집착하는 핵과 미사일이 더 이상 쓸모없다는 것을 스스로 인식하도록 할 것"임을 천명하기도 하였다. 군의 전작권 전환의 관건은 핵을 비롯한 WMD에 대한 한국군의 초기 대응능력에 달려있다고 볼 수 있는데, 이러한 능력은 적의 미사일을 실시간으로 탐지하고 공격하는 방위시스템 'Kill-chain'과 'KAMD'체계가 완성되어야(2020년대 중반) 가능할 것이다.

이러한 안보상황하에서 한민구 국방장관과 척 헤이글 미 국방장관은 23일 워싱턴에서 열린 제46차 한미안보협의회(SCM)에서 조건에 기초한 전작권을 전환키로 결정하고 이를 뒷받침하는 공동발표문과 양해각서를 체결했다. 양국은 또한 서울 용산의 미군기지가 2016년 경기도 평택으로 옮겨가더라도 한미연합사령부는 현 기지 안에 그대로 남기기로 했고, 경기도 동두천의 주한미군 2사단 소속 210화력여단을 2020년 무렵까지 현 위치에 잔류시키기로 하였다. 여기서 전작권 전환 조건은 ① 안정적인 전작권 전환에 부합하는 한반도 및 역내 안보환경, ② 전작권 전환 이후 한·미 연합 방위를 주도할 수 있는 한국군의 핵심 군사능력 구비, ③ 국지도발 및 전면전 시 초기 단계에서의 북한 핵·미사일 위협에 대한 한국군의 필수 대응능력 구비다. 이 3가지 조건은 패키지로서 작동된다. 그러나 대략 시기를 2020년대 중반으로 잡은 것은 전작권 전환의 기준이 되는 사업으로서 '킬 체인'과 한국형 미사일방어체계(KAMD) 구축의 완성시한이 2020년대 초이기 때문이다. 개발 과정에서 지연 및 마찰 요소가 있을 수 있어 2020년대 중반으로 표현했다는 것이다(연합뉴스, 2014.10.24).

비록 작전통제권 마지막 단계인 전시작전권 전환이 초기 계획대로 진행되지 못해 재연기가 되었지만, 한국군에 대한 전·평시 작전통제권은 한국전쟁 당시 유엔군 사령관에게 위임되었다가 점진적으로 한국군에 이양되어 온 모습을 보여 왔다.

현행편제에 의하면, 전시작전통제권은 연합사령관이 자의로 행사하는 것이 아니라 대통령을 정점으로 하는 양국의 국가통수 및 군사지휘기구로부터 위임을 받아 양국 합참의장이 참여하는 한미군사위원회(MC)의 위임을 받아 수행한다. 연합사 지휘부는 사령관인 미군 대장 1명과 부사령관인 한국군 대장 1명으로 구성되고, 주요 참모인원은 한미 양국이 균형되게 보직을 맡는 체제로 운영되어 왔다. 이는 일부의 주장, 즉 '주권침해' 및 '불평등 동맹의 전형'이라는 주장과는 달리, 한미 지휘관계 역시 한국의 국력신장과 동맹관계 변화에 따라 점진적으로 진화되고 있음을 반증하는 것이다. 따라서 전시작전통제권 '환수'라는 표현을 통상용어로 사용할 수 있어도 실제 그 의미는 한국 측 '단독행사'라는 것으로 볼 수 있다(이상현 2007: 72). 왜냐하면 부분적으로는 이미 환수되어 있기 때문이다. 물론 외견상 공평한 구조와는 달리 업무 수행과 지휘권 행사에 가장 영향력 있는 핵심부서는 미국 측 요원들이 맡아와 '자주군대로 가는 현실적 상징적 방해물'이라는 인식이 일부에서 제기되기도 했다.

참여정부는 출범 초부터 한미동맹관계의 재정립에 큰 의미를 부여하였다. 노무현 대통령은 2003년 광복절 경축사에서 "앞으로 10년 이내에 우리 군이 자주국방의 역량을 갖출 수 있는 토대를 마련하고자 한다"는 언급을 시작으로 수차례에 걸쳐 이 문제를 거론하였다. 2005년 공군사관학교 임관식에서는 "전시작전권환수에 대비해서 독자적인 작전기획능력도 확보해나가야 한다"고 지적했고, 2005년 국군의 날 기념사에서는 "우리 군이 전시작전통제권 행사를 통해 명실상부한 자주군대로 거듭날 것이다"

고 언급했다. 그리고 "전시작전권 환수는 나라의 주권을 바로 세우는 일이다. 국군통수권에 관한 헌법정신에도 맞지 않는 비정상적인 상태를 바로잡는 일이다"라고 하면서 2006년 경축사를 통해 다시 한 번 전작권 환수의지를 강조했다.

그러나 앞에서 지적한 대로, '작전통제(Operational Control)'는 특정임무를 위해 변경된 지휘계통 하에서 해당임무를 완수하기 위해 일시적으로 부여된 것으로서 '지휘권(Command)'보다 매우 제한된 권한이다. 현재 평시작전통제권은 한국군 합참의장이 갖고 있지만 한미 양국군의 방어준비태세(데프콘·DEFCON)가 평상시의 데프콘 IV에서 데프콘III로 격상되면 한미연합사령관(주한미군사령관)에게 넘어가도록 돼 있다. 데프콘 III는 '중대하고 불리한 영향을 초래할 수 있는 긴장상태가 전개되거나 군사개입 가능성이 존재하는 상태'를 말한다. 하지만 데프콘 격상도 한미연합사령관이 마음대로 할 수 있는 것이 아니다. 한미 양국 합참의장에 건의한 뒤, 양국 대통령의 승인을 받아야 한다. 어느 한 쪽 국가의 대통령이 반대하면 데프콘 격상은 이뤄지지 않는다. 따라서 한미연합지휘체제에서는 평시든 전시든 중대한 작전임무를 일방적으로 수행할 수 없는 체제라는 것이다. 따라서 작전통제권의 본질도 특정 군사임무를 원활히 수행하기 위한, 효율을 위한 협력에 지나지 않는다. 분명히 전시작전통제권은 우리 국가주권자의 군 통수권보다 아래에 있다.

그러나 전시 작전임무가 수행되면 연합사령관의 권한은 막강한 것임에는 틀림없다. 완전환수 또는 우리의 단독행사이전에는 우리의 주권을 침해할 수 있는 여지는 충분히 있다고 보겠다.

전시작전통제권(이하 전작권) 이양시기는 애초에는 2012년 4월 17일로 합의되었으나, 한국군과 주한미군, 미태평양사령부를 상호연결하는 지휘통제체계 구축작업이 예상보다 더디게 진행되고 있는데다, 우리 육군의 작전사령부 창설과 미군용산기지 이전 예상 시점이 2015년이라는 이유로 2015년 12월 1일로 연기했다. 전작권이 전환되면 한미연합사령부도 해체된다. 김장수 국방부장관과 로버트 게이츠 미국방장관은 '07년 2월 24일 워싱턴에서 진행된 한미 국방장관 회담에서 전작권 전환시 '한미연합군사령부'를 해체하고 동시에 미군과 한국군 간 새로운 주도·지원 지휘관계로 전환키로 합의했다.

전작권 전환시기가 결정됨에 따라 양국은 본격적인 전환준비 작업에 들어가게 되었다. 합참은 전작권 전환을 위한 '연합이행실무단(CIWG)'을 구성, 매주 한 차례씩 정기적으로 협의해 왔다.

〈참고 15-1〉 작전통제권 전환일지

일시	내용
1950. 7. 14	이승만 대통령, 서한으로 유엔군사령관에게 작전지휘권 이양
1954. 11. 17	한미합의 의사록, 국군을 유엔군사령관 작전 통제 하에 위치
1961. 5. 26	국가재건최고회의, 유엔군사령부 공동성명, 일부부대 작전통제 해제
1965. 9. 6	주월 한미 군사실무약정서, 파월 부대에 대한 유엔군사령관의 작전통제권 해제
1968. 4. 17	한미정상 공동성명, 대침투 작전수행 권한 한국군 단독 수행
1978. 7. 28	한미 전략지시 1호, 한미연합사령관이 한국군 작전통제권 행사
1978. 11. 7	한미연합군사령부 창설
1994. 12. 1	평시작전통제권 전환
2003. 7	미래 한미동맹 정책구상(FOTA) 3차회의, 지휘관계 연구 의제화 합의
2005. 10. 21	제37차 한미 안보협의회의 전작권 협의, '적절히 가속화' 하기로 합의
2006. 10. 20	제38차 한미 안보협의회의, '2009년 10월 15일 이후, 2012년 3월 15일 사이 이전'으로 전작권 전환시기 합의
2010. 6. 27	이명박-오바마 대통령간 한미 정상회담(G20 캐나다 토론토 회의) 시 전작권 전환 시기를 2015년 12월 1일로 연기 합의
2014. 10. 23	제46차 한·미 연례안보협의회의(SCM)에서 전작권 전환 무기한 연기 합의

2. 전작권 환수 추진배경 및 의의

비록 최종적으로 전작권 전환이 무기연기 되었으나 이전에 전환 일정이 서둘러 진행되어 합의에 이르게 된 것은 표면상 전작권 단독행사를 통한 '자주군대' 구축을 추진하는 한국 정부의 입장과 '해외주둔미군재배치계획(GPR)'에 따라 주한미군을 포함한 전 세계 미군을 필요한 곳에 재배치하는 유동군 전략을 추진하는 미국의 입장이 맞아 떨어졌기 때문이다. 특히 전작권을 한국 측으로 전환하는 것은 탈냉전기 미국의 군사전략 변화에 따른 필요를 반영한 것이다. 전작권 전환은 현재 미 군사분야의 최대 화두인 군사변혁(Military Transformation)과 밀접한 연관을 지니는 사안이다. 군사변혁은 군사혁신(RMA)을 적용하여 군대의 체질을 바꾸는 과정으로서 두 가지 의미를 지닌다. 첫째는 첨단 정보과학기술을 응용하여 산업사회 군사력을 정보시대 군사력으로 전환하는 것으로, 첨단 지휘자동화체제인 C4ISR, 원거리 정밀타격, 네트워크, 유연성, 파괴력 향상 등 구현에 중점을 둔다.

둘째는 냉전기 군사태세를 탈냉전기 군사태세로 전환하는 것으로, 탈 냉전기의 새로운 위협요인인 테러, WMD 확산 등에 대처하여 미군의 군사태세를 바꾸되, 전진배치 위주의 고정된 군사력운용에서 기동위주로 전환하며, 그 일환으로 동맹국관계와 해외주둔정책을 변화시킨다는 것이다(이근 2005; 박기련 2007 참조).

요컨대 군사변혁은 탈냉전과 21세기의 유동적 안보환경에 대응하여 미국의 글로벌 방어태세를 근본적으로 바꾸는 것이다. 글로벌 방위태세의 개편은 군사역량의 변화와 더불어 해외주둔 정책, 동맹 네트워크의 근본적 재편이 골간을 이룬다. 글로벌 방위태세 조정은 미군의 해외배치를 새로운 안보환경의 실정을 정확히 반영하도록 조정하는 것이다. 냉전기동안 미국은 적과 대치한 최전선에 요새화된 대규모 병력을 주둔시켜 적을 억지하고 동맹국 방어의 의지를 과시하며 적대행위 발생시 현장에서 즉시 대응하는 전략을 유지해왔다. 1990년대를 통해 미국의 주력부대는 냉전의 최전선이었던 서유럽과 동북아에 집중 배치되어 있었다. 이들 주력부대는 냉전의 최전선에 배치되어 배치된 장소에서 싸울 것을 전제로 주둔하는 부대였다.

그러나 냉전이 끝나면서 미군이 배치된 장소에서 싸울 가능성은 거의 없어진 반면, 새롭고 다양한 불확실성에 대처해야 할 필요성은 증대하였다. 테러와 대량살상무기 확산 등 21세기의 유동적 위협에 대처하기 위해서 미군은 변화하는 상황에 신속히 대응하여 전개가 가능해야 하고 숫자보다는 능력에 기반한 우위를 가져야 한다. 반테러 전쟁과 미래의 위협에 보다 효율적이고 유연하게 대처하기 위해서는 미군이 필요한 곳에, 그리고 미군의 주둔에 우호적인 곳에 주둔할 필요가 있다. 이러한 이유로 해외의 대규모 영구기지에 덜 의존하는 대신 소규모 시설을 순환하는 배치방식을 택하게 되었다.

새로운 군사전략 하에서는 해외주둔 미군의 전략적 유연성이 필수적 요구사항이다. 2006년 2월 3일에 발표된 미 국방부의 『4년주기 국방태세 검토(QDR)』보고서도 이러한 추세를 잘 반영하고 있다. 2006 QDR의 특징은 무엇보다도 현재 미국이 처한 상황인식과 목표에서 잘 드러난다. QDR은 향후 미국의 국익에 대한 주된 위협이 과거와 같은 국가가 아니라 극단적 테러 네트워크라고 정의하고 테러와의 전쟁을 '장기전(long war)'으로 규정하였다. 좀 더 구체적으로 QDR은 9·11 테러 이후 미국이 직면한 도전을 비정규전(irregular) 위협, 전통적(traditional) 위협, 재앙적(catastrophic) 위협, 파괴적(disruptive) 위협으로 구분하고, 전통적 위협에 중점을 두고 있는 현재의 군사태세를 재앙적 위협에 초점을 맞추기 위해 미국의 군사력을 재정향하고 국방부문 전체의 개혁을 추진할 것이라고 밝히고 있다(U.S. DOD 2006). 이처럼 탈냉전기 유동적 안보위협에 대처하기 위해 미군은 고정군이 아닌 유동군으로 지향하고, 그 일환으로 전작권을 주한미군의 전략적 유연성으로 대체한다는 계산을 한 것으로 보인다.

한국군의 전작권 단독행사는 한국 국방태세에서 매우 중요한 의의를 지닌다. 이를 통해 한국은 확대된 재량과 동시에 과거보다 훨씬 큰 책임을 떠맡게 되었다. 첫째, 전작권 단독행사는 명실상부한 '한국방위의 한국화'를 의미한다. 전작권 전환으로 한국군은 자주 군대로서의 위상을 확립할 것이며, 앞으로 더 이상 한국 국민의 자존심 손상이나 주권 침해라는 논쟁은 불필요해질 것이다. 한국방위의 한국화는 두 가지를 의미한다. 우선은 한국방위가 앞으로 한국의 독자적인 방위역량에 의존해야 함을 의미하고, 그에 따른 국방력 강화의 필요가 제기된다. 다음으로 전작권 전환은 국내 진보진영이 주장하듯 한반도 평화체제의 가장 중요한 걸림돌 제거를 의미하는 것이기 때문에 대북태세에 있어서 우리 정부의 당당한 자세변화를 기대할 수 있는 근거가 되며, 평화협정의 필요조건 하나를 확보했다는 의의를 부여할 수 있을 것이다.

그동안 한반도 평화체제 논의만 나오면 북한은 한국이 전작권을 단독행사하지 못한다는 사실을 들어 한국을 정당한 대화상대로 인정하지 않으려는 입장을 취했다. 그래서 한국을 제치고 미국과 직접 협상한다는 소위 '통미봉남' 전략을 취했던 것이다. 한국의 진보진영 또한 전작권 환수가 대북 평화협상에서 중요한 선결조건 중 하나라고 주장해왔다. 진보진영 학자들의 한 연구는 한반도 평화체제 구축 로드맵으로 '남북정상회담-평화선언-평화협정'을 주장하고 있다. 이들은 한반도 평화체제 구축의 선결 과제로 전시작전통제권 '환수', 한반도군축, 군비수입 다변화 등을 제시하고 있다. 특히 전작권 환수는 대북협상역량을 높이기 위해 필수적인 것으로 간주하고 있다. 즉 전작권이 환수되어야 북한이 남한을 자주적인 정부로 인정할 것이라는 주장이다. 더 나아가 일부에서는 한국이 전시를 포함한 작전지휘권을 완전히 환수해야 주권의 온전한 회복과 함께 전쟁과 평화의 자기 결정권을 갖는다고 지적한다. 전작권 환수는 가시권 안에 들어온 한반도 평화체제 구축에 있어서 한국이 주도적인 역할을 하는 데에도 필요한 요소라는 것이다. 전작권이 한국 측에 의해 단독으로 행사되게 되면 평화체제 논의에 대한 장애 중 하나가 없어질 것이다. 그런 만큼 한국 정부는 대북 평화협상에 있어서 과거보다 좀 더 당당하게 임할 수 있을 것이다.

둘째, 한국 측 전작권 단독행사의 대가가 주한미군의 전략적 유연성 전면 허용이 될 수 있다는 사실이다. 한미연합사가 해체되고 나면 미국은 향후 미국의 판단에 따라 더욱 재량을 가지고 북한은 물론, 동북아의 우발사태에 대해 독자적으로 행동할 여지가 더 커질 수 있다.

전작권 공동행사는 외부위협에 대한 억지책인 동시에 주한미군의 임의 출동을 제어하는 이중적 의미를 지닐 수 있으나, 전략적 유연성의 완전확보로 주한미군의 활동 폭이 아무런 제한을 받지 않게 될 가능성이 커지게 되는 것이다(이상현 2006: 167-169). 미국은 냉전 종식 이후 세계적 차원에서 미군의 배치와 규모를 조정하는 이른바 '해외주둔 미군재배치계획(GPR)'을 추진 중이다. 그 취지는 21세기형 위협인 테러와 WMD 등 유동적인 위협에 효과적으로 대비하기 위해 미군을 좀 더 가볍고 기동성이 큰 군대로 바꾸는 것으로서, 그 핵심은 전 세계 미군의 전략적 유연성을 강화하는 것이다. 이를 위해 미 국방부는 미군의 체질을 바꾸는 군사변혁(transformation)과 함께 동맹국 정책 및 해외기지정책도 조정하는 중이다. 이러한 추세에서 한국도 예외는 아니다.

전작권 반환은 주한미군의 전략적 유연성을 강화한다는 GPR계획의 취지에 맞으면서, 반미감정을 조기에 차단하는 효과가 있을 것이고, 또한 한국군의 능력강화에 필요한 무기수출효과도 있을 것이라는 다목적 카드의 성격이 강하다.

아무튼 전작권 단독행사는 연합방위체제의 공동방위체제로의 전환을 의미한다. 이러한 전환은 한미연합사라는 군건한 제도화의 긴밀성을 약화시키므로 한국은 끊임없이 미국의 의도(한국을 방위하겠다)를 재확인해야 하는 부담을 안게 됨을 의미한다. 이런 의미에서 전작권 전환의 무기연기에 대해서는 평가들이 매우 엇갈리고 있다. 우선 긍정적인 반응을 살펴보면, 전작권을 넘겨받는데 필요한 군 현대화 필요자금으로만 2020년까지 67조원이 들것으로 계산했지만 이 계획은 거의 실천되지 않았고, 수십 년간 대북억지와 국가안보의 골간을 이뤄온 한미연합사를 해체하기로 해놓고 이를 대신할 안보체제를 만드는데 필요한 준비는 제대로 하지 않았다는 것이다. 중요한 것은 전작권이 어디 있느냐가 아니라 전쟁억지와 유사시 전승(戰勝)인데, 북핵이

고도화되고 있고 북의 미사일 능력도 강화되고 있는 만큼 전쟁억지에 새로운 변수가 생겼기에 전작권 전환연기는 안보상의 불확실성을 줄이는 효과를 확실히 가져온다는 것이다. 반면, 우려사항으로는 우리의 생존을 동맹에 의존하여 자위력증강을 게을리 할 것이며 계속해서 주권국가로서 자주성을 갖지 못하게 된다는 것이다. 게다가 전작권 전환의 기준이 되는 킬체인과 KAMD의 완성을 위해서는 미국의 첨단전력 도입에 더욱 의존할 수밖에 없게 된다는 것이다. 특히 KAMD는 미국이 한반도 배치를 추진 중인 사드(THAAD, 고고도미사일방어체계)와 무관하자 않아 우리의 전작권 전환 연기요구를 수용하는 대신 자칫 과도한 방위비용을 우리가 감당할 수도 있다는 우려다. 요컨대, 전작권을 계획대로 전환해도 한미동맹은 유지되므로 우리의 부족한 전력은 동맹전력을 통해 채워 나갈 수 있다는 주장이다. 문제는 전작권 전환 이후 북한의 고도화된 핵·미사일 전력에 대한 대비(미국의 우호적이고 즉각적인 원조 보장 포함)가 충분치 않다는 것이다.

아무튼 무기체계의 수준과 규모가 거의 절대적으로 전쟁의 승패를 가르는 조건이 되어 버린 현대전쟁에서 외부의 침략위협으로부터 자유롭고 국민의 안위를 보장할 수 있는 강군이 되기 위해서는 무기체계의 발전과 개선이 필수적이다. 그러나 우리나라처럼 군사강국에 둘러싸인 조건 하에서는 전력의 상대성 측면에서 스스로를 보호하기 위해 전력증강을 위한 대규모의 투자가 요구되며, 결국 국민들이 안심하며 살아가는 국방체계를 유지하기 위해서는 막대한 재정적 부담을 감수해야 한다. 그러나 완벽한 자주국방 능력구비를 위해 그렇게 과중한 재정적 부담을 수용하는 것은 현실적으로 불가능하다. 따라서 그 부족한 부분을 부득이하게 안보적 이해관계를 같이하는 국가와의 동맹관계를 통해 보충해 나갈 수밖에 없다. 비록 전작권 전환이 완전히 이루어진다고 해도 동맹관계의 끈을 놓칠 수 없는 것이 우리의 현실이다. 또한 자주국방 능력구비를 위해 꾸준히 노력하되 전력의 유기적·통합적 운용을 통한 최대의 전력발휘를 위한 합동성 강화노력은 특히 우리의 절체절명의 과제라고 할 수 있다. 특히 독자적 작전기획능력을 위한 '합동개념' 정립 및 발전은 최우선과제가 될 것이다.

Ⅳ. 동맹의 미래발전

한미동맹이 체결된 지도 환갑으로 훨씬 뛰어넘어 햇수로 봐서는 성숙한 단계에 이르게 되었다고 볼 수 있다. 오랫동안 냉전적 개념에 갇혀 있던 군사동맹관계를 탈피하여 그 범위와 영역을 글로벌 차원의 포괄적 동맹관계로 발전시켜야 할 때가 된 것이다. 이를 위해 우리가 전략적으로 대응해야 할 과제들을 생각해 볼 수 있는데, 크게 보자면 국가적인 차원과 군사적인 차원으로 나누어 살펴볼 수 있겠다.

한미동맹과 한중수교 관계를 동시에 유지해온 탈냉전의 30여 년 동안 동북아는 냉전시대와는 달리 경쟁과 협력을 병행하는 새로운 형태의 양극체제(bipolarity)가 형성되고 있다. 이러한 현상은 미·중의 패권관계로부터 기인하고 있다고 할 수 있다. 부시행정부는 중국을 '전략적 경쟁자'로 규정하였으나, 오바마 행정부는 이와는 달리 중국과 협력관계를 추구하였다. 그러다가 트럼프 행정부에 이르러 다시 중국은 미국 중심의 세계질서에 도전하는 '수정주의세력'으로 규정하고(NSS 2017) '자유롭고 열린 인도태평양' 전략(2017년 트럼프의 한·중·일 방문 결과)을 통해 중국을 견제·봉쇄하여 미국 우선주의(America First)를 통한 패권을 유지하고자 했다. 사실 미 행정부는 세계 패권유지라는 세계전략 측면에서 모두 유사성을 유지하고 있다고 볼 수 있다. 한국은 이러한 안보상황 여건에 부합된 국가전략을 마련하기 위하여 다음 몇 가지 과제를 검토할 필요가 있겠다.

첫째, 한국이 선택해야 할 전략은 미·중관계로부터 자유로울 수 없다. 신냉전 기류 형성과 함께 미국이 중국의 위협을 견제하는 상황에서 한국은 한미동맹과 중국과의 협력관계를 어떻게 유지할 것인가는 중요한 과제이다. 이러한 이중적 상황에서 한국은 미국의 중국 견제정책에 적극 동참할 것인가, 한미동맹과 한중협력관계의 균형 유지를 추구할 것인가, 아니면 중국과의 협력관계에 치중할 것인가 여부를 결정해야 한다.

여기에 대해서 미·중 역학관계에 대한 한국의 대응전략은 현재와 같이 미국 중심의 안보협력과 중국 중심의 경제협력을 복합적으로 유지하되 한미동맹에 더 큰 비중을 두는 기존의 원칙을 유지해야 할 것이다. 이러한 기본전략 하에서 한국은 다음 몇 가지 사항을 추가적으로 고려해야 할 것이다. 미국의 아태지역 중시정책은 기존의 한미동맹과 미일동맹을 더욱 강화함은 물론 호주에 해병대를 배치하고, 베트남·필리핀과 해상 합동훈련을 실시하기로 하는 등 가시화되고 있다. 이러한 측면에서 미국의 아시아 중시 국방전략은 한국안보에 큰 도움이 될 것이다. 그러나 상황의 변동에 따라 일본과 인도, 그리고 동남아를 우선시할 경우에도 대비할 필요가 있다. 또한 미·중 갈등은 북핵문제 해결의 걸림돌로 작용할 수 있으며, 한반도 안보상황을 더욱 악화시킬 수 있다. 이러한 대립적 상황에 대비해서 중국과 군사협력 관계를 발전시키는 방법도 고려할 수 있으나 북·중관계와 한미동맹, 그리고 대만요인 등을 고려할 때, 한중 양국의 군사협력관계 증진은 한계가 있다. 다만, 경제분야에 중점을 두고 있는 한중협력관계 유지를 위해 한국은 중국을 봉쇄하는 전선에 직접 참여하는 일은 가급적 회피할 수 있어야 한다. 이러한 측면에서 한국의 THAAD배치 문제도 우리가 직접 구매·배치하는 전략을 구사하여 중국에게 안보이익의 직접 침해 우려라는 괜한 걱정을 끼칠 필요가 없을 것이다.

둘째, 한미동맹 하에서 대북관계이다. 지금까지 남북관계와 북미관계는 한미동맹에 영향을 미치는 요인으로 작용해 왔다. 향후 동북아에서 신냉전 분위기가 확산되어 갈 경우, 북한과의 대립적 관계를 지속할 것인가, 대립과 대화를 병행할 것인가, 대립보다는 포용할 것인가의 선택이다. 또한 김대중 정부처럼 한미동맹을 남북관계와 가급적 분리할 것인가, 아니면 연계시킬 것인가, 그리고 대북관계에 있어서 한미공조를 취할 것인가, 아니면 각자의 노선을 추구할 것인가도 고려해야 할 대상이다. 한미동맹과 대북정책은 한반도 안정과 평화를 유지하는 데 중요한 요소이다. 이 두 정책은 통상 상반되는 현상으로 인식하기 쉽다. 즉, 남북관계가 악화되면 한미동맹은 강화되고, 남북관계가 좋아질 경우에는 한미동맹이 해이해지는 경험을 가지고 있다. 한국의 입장에서 가장 바람직한 상태는 굳건한 한미동맹과 남북교류협력을 동시에 유지하는 것이다. 그러나 이는 과거 경험에 비추어 볼 때, 일시적으로는 가능할 수 있으나 지속성을 보장하기는 매우 어렵다고 할 수 있겠다. 또한 남북대립이 극단적으로 심화될 경우에 상호작용으로 더욱 큰 위협수단을 경쟁적으로 만들게 될 것이다. 따라서 새로운 대북정책은 다음 두 가지 사항을 고려하여 수립될 필요가 있다. 먼저, 김정은 체제가 과거 김일성·김정일 우상화 신격통치를 지속할 것인지, 아니면 개혁을 추구하는 것인지를 분석할 필요가 있다. 만일 북한이 개혁개방을 추구할 경우 한국은 대립적 관계보다는 교류협력 강화를 위한 대북정책을 적극 추진함으로써 대립적 상호작용을 최소화시키는 기회로 활용해야 할 것이다. 다음으로 북한의 전통적 협상전략을 고려할 때, 지나친 포용이나 대립보다는 '강온전략'을 선택함으로써 북한으로 하여금 책임있는 행동을 강요할 필요가 있다. 아울러 대북정책 면에서 한미 양국이 공조체제를 유지함으로써 남북관계가 한미동맹에 부정적 요인으로 작용하지 않도록 해야 할 것이다.

셋째, 미국이 요구하는 한국의 부담증가에 어떻게 대응할 것인가도 국가차원의 중요한 고려사항이 아닐 수 없다. 특히 2017년 발표된 국가안보전략(NSS)에서 트럼프는 미국 우선주의 안보와 함께 보호무역주의와 통상을 바로 연결시키고 있음을 볼 때 향후 더욱 많은 요구를 할 수 있다. 아태지역에 집중하고자 하는 미국의 국방전략이 본격적으로 가시화되어 중국과의 대립이 심화되어갈 경우, 한국은 국익에 기초를 두고 과거의 경험과 현재의 상황, 그리고 미래의 변화를 고려하여 다음과 같은 대응전략을 마련할 필요가 있다. 우선, 한미동맹의 이행과정에서 발생하기 쉬운 동맹 딜레마 현상을 사전에 차단해야 한다. 이러한 측면에서 한국은 동맹영역을 포괄적으로 확대시키면서 한국의 역할이 증가되는 '21세기 한미 전략동맹'에 긍정적으로 참여할 필요가 있다. 또한 미국의 요구사항(방위비분담, 해외파병, PKO참여 등)들은 합리적 절차에 따라 적정수준에서 이행할 수 있도록 국민적 이해와 양국 간의 긴밀한 협조가 필요하다. 아울러 전시작전통제권 전환 이후 한국군이 독자적 방위능력을 보유할 수 있도록 정부차원에서 군의 준비여건을 보장해 주어야 한다.

지금까지 국가적인 수준에서 대응방향을 몇 가지 제시해 보았다. 그러면 군사적 수준에서는 어떤 대응전략을 가져야 할 것인가? 군사전략 측면에서 한미동맹 변화를 추동하는 요인은 미국의 아시아 중시 국가전략과 전시작전통제권 전환이다. 미국의 아시아 중시전략은 한미군사동맹을 더욱 강화시키는 요인이 될 것이며, 향후 안보상황의 전개에 따라 전시작전통제권 전환 추진방향에 변동을 가할 요인으로도 작용할 수 있을 것이다. 군사전략 측면에서 한국은 전·평시 북한의 군사적 위협에 대비해야 하며, 이를 위해 전시작전통제권 전환에 대비하는 과업이 무엇보다 중요하다 하겠다. 지금까지 전시작전통제권 전환에 관해서 다수의 연구가 있었으나, '한미 공동방위체제'로 전환함에 따라 지휘의 일원화가 상실됨을 전제로 하고 있으며, 주한미군의 전략적 유연성과 한국주도-미군지원 하에서 지원·증원 수준의 문제 등을 다루고 있다.

그러나 한국은 이러한 고정된 사고에서 벗어나 새로운 방향에서 미국과 협조가 가능할 것이다.

첫째, 전시작전통제권 이후 한국전구작전사령관 지휘 하에 '연합방위체제'와 '지휘의 일원화'가 지속될 수 있도록 해야 한다. 노무현 정부에서 본격적으로 추진하기 시작한 전시작전권 전환은 연합사령관에 미국의 4성 장군이 임명됨으로써 한국의 자주권이 침해받는다는 주장에서 비롯되었다. 이러한 문제점을 해결하기 위해 한미연합사령관을 한국군 장군으로 임명하여 연합사체제를 유지하자는 주장도 있었다. 그러나 이는 미국이 전시작전통제권 전환에 찬성하는 의도가 한국과 다르다는 점과 군사강국인 미군이 한국군의 지휘를 받으려 하지 않는다는 점에서 불가능한 방책이다. 따라서 평시 국지도발 및 전시에 한국군 전구작전사령관에게 한미양국 전력에 대한 작전통제권을 부여하고, 전쟁의 규모가 확대되어 대규모의 미 증원병력이 전개되고 유엔군이 구성되어 참전하는 단계에서는 그 규모에 따라 유엔군사령관(미군장성)에게 작전통제권을 부여하는 방안을 검토할 필요가 있다. 중요한 것은 지휘의 일원화가 보장된 한미연합방위체제를 유지하는 것이다.

둘째, 전시작전통제권이 한국군에 전환될 경우, 평시 북한의 국지도발에 대해 미국의 개입명분은 제한될 수 있다. 북한은 이러한 약점을 이용하여 평시 비대칭전력을 도발의 수단으로 활용할 가능성이 높다. 따라서 전시작전통제권 전환 이후에도 평시 북한의 국지도발부터 한미 양국이 공동으로 대응할 수 있는 체제를 구축하고, 예규를 구체화할 필요가 있다. 북한의 핵·미사일 및 국지도발 등의 위기조성행위는 체제유지와 경제난 극복을 위한 전략이라는 측면에서 향후에 지속될 가능성이 높다. 이를 예방하기 위해서는 무엇보다도 신뢰성 있는 정보감시정찰(ISR) 능력을 통해 북한의 도발징후를 사전에 파악할 수 있어야 하며, 정밀타격 수단이 마련되어야 하나 이에 대한 한국군 능력 부족으로 상당 기간 미군의 도움이 필요할 것이다. 아울러 천안함·연평도 도발 이후 한국군은 북한이 또다시 군사적으로 도발할 경우, 자위권 차원에서 즉각 강력한 응징을 하도록 예하부대에 강조하고 있다. 이러한 점을 감안하여 북한은 향후 출처가 불분명한 은밀한 '테러'를 도발방법으로 선택할 가능성이 높다. 따라서 북한의 새로운 테러양상을 면밀하게 분석하여 범국가적 차원은 물론 한미연합군 차원에서도 대비가 필요하다.

셋째, 전시에 북한의 비대칭전력과 재래식무기에 동시대비하기 위해서는 세계 최첨단 전력을 구비하고 있는 미국전력과 연합성을 필수적으로 유지해야 한다. 미래전장은 네트워크 중심과 지식·정보기반작전, 그리고 인간 중시사상 등으로 효과중심 정밀타격이 보다 더 중요한 요소이다. 이를 가장 잘 구현할 수 있는 나라로서 미국의 전력을 충분히 활용할 수 있는 준비가 되어 있어야 할 것이다. 향후 전개될 작전환경에 대비하는 일은 하루아침에 이루어지는 것이 아니고 장기적이고 종합적으로 추진되는 과업이다.

〈참고 15-2〉 한미동맹 성격: 비대칭동맹과 이종이익동맹

- 비대칭동맹: 강대국과 동맹으로 미국의 일방적 지원형식 유지
- 이종이익동맹: 한국은 미국으로부터 안보를 보장받고 미국은 전진기지 확보를 통해
  동북아에서 공산세력의 팽창을 봉쇄하고 일본의 안전을 확보하기 위해 동맹을 체
  결하였음. 이와 같이 동북아의 안정을 유지하려는 미국과 북한의 침략을 억제하려
  는 한국의 이해관계는 상이하였지만 양국 모두에게 한미동맹은 커다란 국가이익을
  보장하는 동맹이라 할 수 있음.

한미동맹은 비대칭동맹과 이종이익동맹이라는 약점에도 불구하고 성공적으로 유지
되어 왔다. 지금까지 한미동맹이 점진적 변화과정을 밟으면서도 견고하게 유지해온
이유는 양국이 추구하는 목적은 다소 다를지라도 동맹관계를 유지하는 것이 현재적
국가이익에 부합되기 때문이다. 장기적으로도 미국은 동아시아 세력균형자의 역할을
수행할 것이며, 한국을 전략적으로 중요한 지역으로 간주할 가능성이 크므로 한국은
미국과의 장기적 동맹유지를 위한 기반을 공고히 해야 할 것이다.

V. 맺음말

국가가 자율성을 유지하면서 외부의 위협에 대비하기 위해서는 자력방위가 최선이
나 자력방위만으로 자국의 안보를 지킬 수 있는 나라는 드물다. 따라서 대부분 국가들
은 자력방위와 동맹 등 자국의 여건에 맞는 안보정책을 채택하고 있다. 중립을 선포하
는 경우도 관련국들에게 강제할 충분한 국력이 없거나 자국의 지리전략적 가치가 매
우 높을 경우 이를 유지하기 힘들다.

한국은 지정학적으로 대륙세력과 해양세력 사이에 존재하는 국가로서 중간자 역할
을 감당하는 것이 가장 이상적이나 중국, 일본 등에 비해 절대적인 국력의 열세로
인하여 독자능력으로 이를 감당하기는 어려울 것이다. 특히 중국의 미래는 21세기
동북아지역 안보에 가장 커다란 영향을 주게 될 것이다. 이에 따라 미·일동맹은 21세
기에도 현재와 같은 매우 긴밀한 관계를 지속·유지하게 될 것이다. 미·일동맹관계의

지속은 한·미동맹관계에도 많은 시사점을 제공한다. 무역과 인적교류를 통한 국제체제에의 참여정도가 매우 높은 나라들이기 때문이다. 특히, 한국은 인구가 많은 반면, 자원이 부족하기 때문에 대외무역을 제외하고는 국가의 생존마저도 보장하기 어려운 상황에 있다. 한국에 있어서 해상교통로의 안전이 무엇보다도 긴요하며, 자유로운 무역보장이야 말로 국가의 번영과 운명을 좌우하는 결정적인 요소이다.

한국은 대륙과 해양을 연결하는 반도국가로서 앞으로 중국, 러시아와의 교류증대를 통해 대륙적 면모도 갖추게 되겠지만, 이는 현재의 해양 국가적 면모와 조화를 이룰 때에 한국의 국익과 영향력 증대를 위한 시너지 효과를 발생하게 될 것이다. 따라서 미래에도 해양국가인 미국과의 동맹전략이 핵심적인 역할을 하지 않을 수 없다. 한국의 융성한 발전을 바라보면서 미래 한·미동맹의 발전 방향에 대해서 명확하고 불변적인 대안 제시노력은 매우 중요하다. 하지만 현 시점에서 더 중요한 것은 우리가 미래를 직시하면서 미리 준비를 하고 변화되는 상황에 부합하는 한·미동맹의 대안들을 미리 염두에 두고 찾아나가야 한다는 것이다. 이러한 의미에서 전작권 전환문제는 아주 신중하면서도 차근차근 진행해야 할 것이다. 북한은 2006년 9월, 한미 정상이 전작권 전환에 사실상 합의한 지 한 달도 안 돼 핵실험을 했다. 2009년과 2010년, 최초 계획한 전작권 전환시기를 얼마 남기지 않고 북한은 2차 핵실험을 단행했고 천안함을 폭침시켰다. 한 차례 연기된 전작권 전환시점을 2년 정도 앞둔 2013년, 북한은 3차 핵실험을 단행했다. 정책결정에 있어 일관성은 중요한 덕목이다. 그렇지만 상황변화에 따른 적응력도 중요하다. 전작권 전환과 관련해 우리 정부가 고민하고 있는 동안 북한은 핵위협을 더욱 가시화 시키고 있는 것이다. 국가의 정책은 생명체와 같아야 할 것이다. 상황이 변하면 그에 적응하는 방향으로 진화해야 생존할 것이다. 우리나라를 둘러싼 주변상황으로 볼 때 한국의 힘만으로는 감당하기 어려운 여러 가지 불안요인들이 잠재되어 있어 미국과의 동맹관계는 앞으로도 계속 긴요하며, 이는 한국의 안보와 통일 그리고 통일 후 안보 및 번영에 긍정적인 기여를 계속하게 될 것이다.

한국은 아울러 ARF, NEACD 등 아태지역의 다자안보협력체와 WTO, ASEM 등에 대한 참여와 협력을 더욱 강화해 나가야 할 것이다. 시대는 변하는 것이며 한국 주변의 안보상황 또한 변화할 것이다. 한국이 한·미동맹을 기본축으로 하여 주변국들과의 쌍무적 관계를 견실히 하고 이를 다자간 협력안보체로 보강해 나간다면 한국의 안보는 미래에도 흔들림 없이 유지될 것이며 국제사회에서의 한국의 위상도 지속적으로 강화될 것이다.

핵심개념

- 한 · 미동맹
- 닉슨독트린
- 전시작전통제권
- 넌워너 수정안

토론주제

1. 한국이 6.25 전쟁 후 대규모 군사원조 및 경제원조를 받게 된 근거는 무엇인가?
2. 닉슨 정부의 '닉슨독트린'이 한반도 안보에 미친 영향은?
3. 전작권 단독행사의 의의는 무엇인가?
4. 동맹의 미래발전을 위한 핵심 고려요소들은 무엇인가?

16

북한 핵무기의 평가와 전망

학습내용

북한의 핵무기 개발은 처음에는 에너지 확보 등 국가 프로젝트 중의 하나로 출발하였지만, 이제는 북한정권 생존의 기반이 되었으며, 한반도와 국제평화를 위협하는 심각한 문제가 되었다. 북한이 당면한 최대의 과제는 아마도 정권 유지와 경제난 해소가 될 것이다. 핵개발의 본질적이고 궁극적인 목적도 이를 위한 것이 되었다. 김정일 정권의 안정성이 경제난 가중으로 침해를 받게 되자, 주민들의 동요를 방지하고 군부의 일탈현상을 막아 보고자 김정일은 정권유지의 최후보루인 군에 모든 것을 의지하는 정책인 '선군정치'를 표방하게 되었다. 선군정치 논리의 중심에는 핵무기개발이 자리 잡고 있다. 따라서 핵무기개발 포기는 정권의 생존을 위협하는 일이 아닐 수 없다. 김정일이 사라진 지금 정권과 유착이 된 북한 핵을 풀 수 있는 해결책은 없는 것일까?

I. 머리말

1993년 3월에 북한이 핵확산금지조약(NPT) 탈퇴를 선언함으로써 북한 핵문제가 미·북 간 및 남북 간뿐만 아니라 국제적으로 심각한 현안으로 등장한지 20여 년이 되어가고 있다, 이 문제의 평화적 외교적 해결을 위한 4자회담, 6자회담 등이 개최되었으나 평화적 해결의 가능성은 더욱 희박해지고 있는 것 같다. 북한 핵문제가 처음으로 국제문제가 된 후 1994년 10월에 미·북 간 제네바합의문을 통하여 외형상 일단락되었다. 미북 간 핵합의문의 내용은 크게 네 가지로 집약될 수 있다. 즉, 북한의 핵무기개발 포기, 미국의 책임 하에 1,000MW 경수로 2기 북한에 건설·제공, 국교정상화를 포함하여 미·북 간 관계 개선, 남북관계 개선에 북한동조 등이다. 그런데 핵무기개발을 중단·포기하기로 한 여러 국제협정에도 불구하고 북한이 2002년 10월에 농축우라늄을 이용한 핵무기개발 프로그램을 추진하고 있음을 시인하고, "제네바합의는 무효화됐다"고 선언함으로써 북한 핵문제가 다시 현안으로 부각되었다. 그 이후 북한은 2006년 10월부터 최근 2017년 9월까지 총 6차례에 걸쳐 핵실험을 실시했으며, 고농축 우라늄 프로그램을 비롯하여 미사일탑재가 가능한 핵무기 소형화능력도 상당한 수준에 이른 것으로 보인다. 북한의 핵문제를 해결하기 위해서는 우선 북한이 어떤 의도로 핵무기를 개발하는지를 분석하는 것이 필요하다. 북한에 대한 정보가 제한된 상황에서 북한의 의도를 정확히 파악하는 것은 어렵지만, 북한의 핵능력을 추정하고,

북한의 현 체제의 특성을 분석해봄으로써 어느 정도 판단할 수도 있을 것이다. 북한이 핵 포기를 조건으로 국제사회의 지원을 받는 데 있는 것인가? 핵무기 개발을 지속하여 궁극적으로 핵보유국이 되려는 것일까?

북핵문제의 해결은 북한정권의 향방과 밀접한 관계가 있다. 사실 제네바합의에 의한 북한 핵문제의 해결도 북한이 합의사항을 성실히 이행한다는 전제 하에 가능한 것이었는데 북한이 "공산체제의 유지와 공산화통일"이라는 기본 목표를 포기하지 않는 한 그것은 불가능한 기대였다. 김일성이 사망한 이후 김정일은 선군정치와 강성대국을 더욱 강조하고 병영국가체제를 강화하였다. 이 장에서는 핵이론 전개와 함께 북한의 핵개발 경과와 현황을 개괄하면서 북한의 핵능력을 평가하고 핵해결의 전망과 그 대응책을 살펴본다.

II. 북한의 핵개발 현황과 능력

1. 핵개발의 역사와 현황

북한은 풍부한 광물자원을 보유하고 있지만 석유자원은 전무하여 에너지원으로는 수력, 석탄이 있으며 석유는 전량 수입에 의존하고 있다. 구소련의 붕괴이전 연간 원유 수요 약 250만 톤 중에서 100만 톤을 구소련과 중국에서 수입했는데 구소련의 붕괴 후 러시아에서의 원유수입은 거의 전무했다고 추정된다.

이러한 에너지 사정과 함께 풍부한 양질의 우라늄광을 국내에 보유하고 있는 북한으로서는 자연히 원자력 이용에 관심을 갖게 된 것이다. 북한의 핵개발의 역사는 50년이 넘는데, 그 주된 흐름은 다음과 같다.

북한은 1956년부터 인재육성을 위해 과학자, 기술자를 구소련으로 유학시키고 모스크바 에너지 연구소, 바만 고급기술학교 등에 연수를 시키는 것 외에 소련, 동독, 불가리아 등 동구 공산권제국의 원자력발전소에서도 실지 훈련을 받게 하였다.

1960년대에는 평양의 북동 90km 정도의 지점에 원자력 연구센터를 건설하고 소련은 이것에 대하여 1965년에 IRT-2000으로 불리는 소형연구화로(火爐)와 핵연료를 공급하고, 북한에서 "첫"원자로가 되는 이 연구화로는 1967년에 운전을 시작하였다.

1970년대에 접어들어 1973년 김일성 종합대학 물리학부에 핵물리학과, 화학부에

〈참고 16-1〉 북한의 핵시설 현황

방사화학과를 개설하고, 김책대학에 핵물리학부를 출범시켰다.

　1980년대에는 본격적인 원자로 발전 추진을 위해 소련에서 VVER타입의 가압 수형 경수로 도입을 계획하고, 신포시 부근에 원자력발전소 건설부지를 선정하였다. 이것 때문에 소련의 권유도 있어 1985년에는 핵확산방지조약(NPT)에 가맹하였다. 가입배경을 보면, 1984년 김일성이 소련을 방문해 식량지원 문제와 원자력 발전소 건설에 소련의 지원을 요청했는데, 이에 소련은 북한이 NPT에 가입시 지원이 가능하다고 응답하여 동년 12월 12일 NPT에 가입하게 된 것이다. 그렇지만 이 원자력 발전소 건립 프로젝트는 소련이 분열되면서 중단되었다(박명서 2000: 42).

북한의 원자력 이용은 당초 평화이용을 주목적으로 하고 있다고 볼 수 있지만 1985년경에는 군사이용으로 방향전환을 시도한 것으로 판단된다. 그 이유로서는 몇 가지를 고려해 볼 수 있다. 우선, 북한경제가 1970년대 후반 이후 저조하기 시작하여 한국과의 격차가 크게 벌어지고 게다가 중·러의 군사적 후원이 사라졌다. 그 결과로서 남북의 군사력 균형도 북한에 불리한 상황이 되었고, 이것에 대항하기 위해 북한으로서는 코스트가 낮은 핵무기 개발에 뛰어든 것으로 판단된다. 또한 당시 한국의 박정희 대통령은 주한미군 철수에 대비, 핵무기 개발을 위해 폐연료의 재처리 시설도입 관련 프랑스와의 계약을 맺으려 하였지만, 핵확산을 우려하는 미국의 강한 압력으로 1978년 계약을 포기한 바 있다. 이는 아마도 북한을 자극했을 것으로 생각된다.

따라서 북한은 1970년대 말부터 1980년대에 걸쳐 영변의 원자력 센터에 자력으로 5메가와트 소형화로를 건설하여, 1986년부터 운전을 시작한 것으로 볼 수 있다. 이

〈참고 16-2〉 북한의 핵시설 동결(5개소)

순번	시설명	수량	위치	비고
1	5MWe 원자로	1기	영변	'79 착공 → '86 가동 개시
2	50MWe 원자력발전소	1기	영변	'85 착공 → '95 완공예정이었으나 '94.10 동결
3	200MWe 원자력발전소	1기	태천	'89 착공 → '96 완공예정이었으나 '94.10 동결
4	방사화학연구소 (재처리시설)	1개소	영변	'85 착공 → '89 부분가동 → '95 완공예정이었으나, '94.10 동결 (동결 당시 70% 공정 완료)
5	핵연료봉 제조시설	1개소	영변	
미신고	폐기물 저장소	3개소	영변	'76, '90, '92 건설

북한 원자력 건설의 화로는 소련 공급 IRT-2000에 이어 북한의 '제2의 원자로'로 불리고 있다.

또한 북한은 1980년대의 중반부터 '방사화학연구소'라고 불리는 재처리시설 건설에 착수하였다(1989년부터 부분적인 가동). 이것은 연구소라기보다는 체육관 같은 큰 건물이다. 아직 원자력 발전소가 가동되고 있지 않고 있는 북한에서 이러한 대규모 재처리시설은 발전용으로는 필요 없는 것으로 핵무기의 플루토늄 추출을 위해서라고 밖에 생각할 수가 없다.

북한의 핵시설 현황은 위의 그림과 같으며 2차 핵 위기 이전까지 동결된 핵시설 5개소는 〈참고 16-2〉에 나타난 바와 같다.

2. 핵 위기

북한이 소련에서 IRT-2000이 되는 "제1의 원자로"를 도입하였을 때에는 소련 측의 요구에 따라 이 화로에 대해서 국제원자력기구(IAEA: International Atomic Energy Agency)의 부분적 사찰을 받아들여, 1967년 이후 IAEA의 사찰관의 사찰이 이루어졌다. 그러나 전해지는 바에 따르면 사찰관의 출입은 야간으로 한정되고 이 화로가 있는 장소에만 허용될 뿐이었고 "제2의 원자로"나 재처리시설에 관련해서 북한 측은 그 존재조차 침묵하고 일체 이야기하지 않았다. 그렇지만, 미국의 위성사진 등으로 재처리시설의 존재가 떠오르면서 북한은 1985년에 NPT에 가맹하였지만 원자력 시설 신고도 하지 않았고 사찰도 받아들이지 않은 것은 NPT 의무 위반이라는 소리가 IAEA 이사회 등에서 커지게 되었다.

이러한 지적에 대해서 북한은 1992년이 1월이 되어서야 IAEA와의 보장조치협정에 조인하고, 같은 해 4월이 되어 비준 수속을 끝마쳤지만, NPT 가맹으로부터 6년 이상이 지나 있었다. 다시 말하면 NPT(제3조)에 의하면 가맹국은 가맹 후 18개월 이내에 IAEA에 신고하여 보장조치협정을 맺고 자국 내의 모든 원자력 활동을 IAEA에 신고하여 사찰을 받아야 하는 의무가 부여되어 있었다. 이것은 단순 명쾌하고 또한 기술적인 규정이며, 별도의 해석이 필요 없는 규정이다. 그러나 북한은 미국의 핵무기가 한국에 배치되어 있고 핵의 위협에 있는 등 조약상 이유가 되지 않는 정치논의를 전개하여 사태지연을 도모하였다.

보장조치가 체결되면 체약국은 자국의 원자력 활동실태를 IAEA에 신고하는 최초보고서를 제출하고, IAEA는 그 보고가 옳은가에 대한 이른바 "특정사찰"을 실시한다. 북한의 경우에도 그에 따라 수속이 진행되고 1992년 5월부터 특정사찰이 시작되었지만, 사찰이 진행됨에 따라 북한이 신고한 플루토늄의 조성과 양이 IAEA가 실제로 검인한 결과 "중대한 불일치"가 발생하였다. 더욱이 영변 원자력센터의 구내에 핵폐기물 저장센터와 두 개의 시설이 발견되었기 때문에 IAEA는 북한에 설명을 구함과 동시에, 이 두 개 시설에 대한 출입검사를 요구하였다. 그러나 북한은 이들 시설은 원자력 활동과는 상관없는 군사시설이라고 항변하며 사찰을 거부, 거꾸로 미국에 휘둘러지고 있는 IAEA는 불공평하다는 비판을 전개하고, 1994년 6월 IAEA 탈퇴를 선언하였다. 이른바 제1차 핵위기가 발발되었다. IAEA이사회는 결의를 통해 1993년 1월에 두 개 시설에 대해 "특별사찰"을 요구하였고 북한은 이것을 거부하면서 더욱이 3월 12일에 국가의 최고이익을 지키기 위한 조치로서 NPT 제10조 규정에 따라 NPT에서의 탈퇴 의사를 표명하였다.

이에 대해 국제사회는 북한에 탈퇴통고의 철회를 요구하였고 북한은 핵문제는 미국과의 직접 교섭에 의해서만 해결할 수 있다는 주장을 반복하였다. 미국은 내키지 않았지만 여기에 응하면서 북한은 탈퇴통고가 효력이 발하는 기일(탈퇴통고로부터 3개월)의 전날인 1993년 6월 11일, NPT 탈퇴 통고를 "중단"시키는 것을 "자주적"으로 결정하였다고 발표하였다. 북한은 이것이 탈퇴통고의 "중단"이며 철회가 아니라고 하면서 NPT에 대해 "특수한 입장"에 있다고 주장했다.

이렇게 해서 파란은 수습되었지만 잇따라 실시된 북미 직접교섭으로 북한은 NPT에 대해 통상의 체약국과는 달리 "특수한 입장"에 있는 것이므로 IAEA의 사찰을 전면적으로 받아들일 의무는 없다는 주장을 집요하게 전개하여, 교섭은 난항을 겪었다(이춘근 1995: 126-176).

북한은 유엔안보리나 IAEA의 재차 요청에도 귀를 기울이지 않아, 영변에 대한 핀포인트 공격이라든가, 안보리에 있어서의 경제제재 결의 가능성 등도 검토되기 시작하여 한반도는 심각한 긴장에 휩싸였다. 결국, 1994년 6월에 북한은 IAEA에서 탈퇴, 지금까지 복귀하지 않고 있다.

그러나 같은 해 6월 카터 前 미국 대통령의 방북과 김일성 주석(당시)과의 회담으로 상황은 일전(一轉)하여 충돌 가능성은 후퇴하였으며, 결국 북·미 교섭이 재개되어 1994년 10월에 북·미간에 "제네바 합의"가 조인되었다. 이것으로써 한·미·일 3국은 북한이 플루토늄에 의한 핵무기 개발을 중단하는 대신 북한에 100만 KW급의 경수로를 2기 건설하고, 그것이 완성하기까지 50만 톤의 중유를 무상 공급하기 위한 국제콘소시엄을 설립하기 위해 교섭을 시작, 1995년 3월에 한반도에너지개발기구(KEDO)가 발족하였다.

"제네바 합의"와 KEDO에 의해 북한의 플루토늄에 의한 핵개발은 우선 억제되었지만, 그 후에도 북한의 핵의혹 소문은 끊이지 않았다. 그와 같은 상황 속에서 2002년 10월에 북한의 고관이 방북중인 케리 미국 국무차관보에게 우라늄 농축에 의한 핵개발 존재를 인정한 것은 국제사회에 대단한 충격이었다. 그 후 북한은 미국 전문가조사단에 추출 플루토늄(100g정도)을 보여주고 핵무기계획의 진전을 각인시키는 한편, 우라늄 농축을 표명한 적이 없다고 말하면서 공적으로는 우라늄 농축을 부정하였다. 그러나 이 우라늄 농축계획의 언급으로 한·미·일을 선두로 국제사회는 크게 반발하였다. 이에 북한은 북·미 제네바 합의로 약속되어 있던 핵관련 시설동결을 해제하고, IAEA의 봉인을 제거하고, 감시카메라 촬영을 방해하여 상주하고 있는 IAEA의 사찰관을 추방하고, 더욱이 2003년 1월에는 NPT에서의 탈퇴를 표명하였다. 제2의 핵위기의 시작이었다(고영태 2005).

우라늄 농축은 NPT, 또한 그에 따른 보장조치협정에 위반하고, 남북한 비핵화 공동선언도 위반하는 것이며 "제네바 합의"정신에도 배치된다. 그럼에도 우라늄 농축에 손을 댄 이유는 정확히 알 수 없다. 추측하기로는 플루토늄에 의한 핵개발이 금지되고 있는 북한으로서 지금 하나의 핵개발의 수단인 우라늄 농축으로 갈 수 밖에 없다는 것, 재처리와는 달리 민생용 원자력 발전을 위한 연료를 만드는 데에 불가결하다고 말할 수 있다는 것, 더욱이 농축에 의한 우라늄 폭탄 쪽이 플루토늄형 폭탄보다는 폭발시키는 데 기술적으로 용이한 것 등을 들 수 있을 것이다.

제2의 핵위기는 제1의 핵위기보다는 더 큰 위험성을 내포하고 있다고 볼 수 있다. 그 이유로서는 첫째, 플루토늄 추출이든, 우라늄 농축이든 핵억지력을 위한 핵개발이라는 본심을 분명히 주장하고 있는 것으로 따라서 NPT라든가 IAEA 사찰이라는 제도적인 제약요인을 이제 벗어던져 버린 것이다. 둘째로는 북한의 미사일 개발은 소련형 스커드 B를 기초로 스커드 C, 노동, 대포동으로 꾸준히 진행하고, 운반수단이 점차 고도화되고 있는 것이다. 셋째로 플루토늄의 경우는 영변 원자력 센터 1개소에 집중하고 있지만, 농축과 관련해서는 장소의 특정을 할 수 없다는 문제가 있다. 우라늄 농축의 진보상황은 잘 모르지만, 약간의 시간을 들이면 충분히 그 목적을 달성할 수 있을 것이다.

3. 핵능력 평가

핵무기(nuclear weapons)로서 핵탄두 및 기폭장치 외에 운반장치를 포함할 것인가에 관해 두 가지 관점이 존재한다. 하나는 "핵물질(nuclear material)"에 기폭장치를 조합해서 제조한 "핵장치(nuclear device)"를 핵무기로 보는 것이고(Zimmerman 1993: 345-356), 다른 하나는 핵장치에 "운반수단(delivery means)"까지 갖춘 것을 핵무기로 간주하는 것이다. 운반수단을 제외한 핵장치를 핵무기로 보는 관점은 대량살상무기의 비확산에 관련된 국제레짐에서도 통용되고 있다. 예를 들어, 걸프전 이후 이라크의 대량살상무기를 폐기할 것을 규정한 유엔안보리 결의안 687호에서도 폐기대상을 다음과 같이 크게 3개 항목으로 구분해서 나열했다. 즉, 생화학무기와 관련물질(제8a항), 핵무기와 관련물질 및 부품(제12항), 사정거리 150km를 초과하는 모든 탄도미사일(제8b항) 등이다(UN SCR687, Apr. 3, 1991). 따라서 통상 운반수단을 핵무기와는 별도로 다루게 된다. 따라서 "핵능력(nuclear capability)"이란 핵물질을 생산하고 이를 "무기화(weaponization)"해서 핵장치를 제조하는 데 필요한 기술적 지식, 생산시설 및 필요한 원료물질을 갖춘 능력으로 본다. 여기서 운반수단은 무기화의 일부가 아니라 핵능력을 구체적인 위협으로 실현하는 수단으로 간주되며, 핵능력을 구성하는 2대 요소는 핵물질과 핵장치가 된다. 핵물질이 무기화과정을 거치면 핵장치가 되고, 완성된 핵장치를 운반수단에 장착하면 "핵무기 체계(nuclear weapon system)"가 된다.

핵물질은 핵장치를 만드는 데 필요한 재료로서 "플루토늄(Pu: plutonium)"과 "고농축우라늄(HEU: highly enriched uranium) 두 종류가 있다. 따라서 핵폭탄에도 이 두 종류의 핵물질을 이용해 플루토늄(Pu) 폭탄과 고농축우라늄(HEU) 폭탄을 만든다. 플루토늄 탄은 농축우라늄 탄에 비해 제조하기가 어렵다. 반면에 농축우라늄 탄은 개발하는 데 시간이 오래 걸리고, 비용도 비싼 것으로 평가된다. 가공 전 천연우라늄은 U-238이 약 99%, U-235가 0.7%를 함유하고 있다. 플루토늄 폭탄 제조를 위해서는 우선 천연 U-238을 중성자와 충돌시켜 U-239를 생성시킨다. 이를 재처리(흑연감속로를 가동시)하면 핵연료봉에서 Pu239가 축적되며, 이를 화학적 방법으로 처리하여 93% 이상 순도의 Pu을 추출하여 플루토늄탄 핵무기 제조에 사용한다. 반면, 우라늄 농축 방법을 보면, 천연우라늄에 있는 0.7%의 U235의 함유비율을 90% 이상으로 높이는 작업을 통해 핵무기 제조용 고농축 우라늄을 생산하는 것이다(우라늄을 4%까지 농축하면 경수로 원료로 사용).

핵장치는 플루토늄이나 고농축우라늄을 화약으로 삼아서 무기화 과정을 거쳐 만들어진 핵 폭발장치를 말하는데, 핵분열(원자탄) 혹은 핵융합(수소탄)을 통한 폭발에 의해 피해를 야기하는 부분이다. 핵장치는 소총에 비유하면 총알에 해당된다고 할 수 있다. 따라서 핵무기에는 두 종류로서 하나는 핵분열무기(fission weapons)이고, 다른 하나는 핵융합무기(fusion weapons)가 있는 셈이다. 전자는 핵분열을 이용한 원자폭탄(atomic bomb)이고, 후자는 핵융합을 이용한 수소폭탄(열핵폭탄: hydrogen bomb, thermonuclear bomb)이다. 원자폭탄은 수소폭탄에 비해 단순하고, 비용도 적게 들고, 파괴력도 상대적으로 낮다(국방부 2004).

무기화과정이란 설계도면에 따라 핵물질과 기폭장치 등 다른 부품들을 조합해서 폭발이 가능한 핵장치를 제조하고, 실험을 실시해서 핵장치의 작동여부를 확인하며, 핵물질의 양을 줄이고 설계기법을 현대화해서 핵장치의 소형화와 경량화를 꾀하는 전 과정으로 정의할 수 있다. 결국 무기화 과정은 핵장치의 설계·제조 및 고폭실험, 핵실험, 핵장치의 소형화·경량화로 세분화할 수 있다.

한편 방사능물질에 재래식 폭약을 장착해 터뜨려서 인명을 살상하고 심리적 공황상태를 야기하는 방사능무기는 "방사능살포장치(RDD: radiological dispersion device)" 혹은 "더러운 폭탄(dirty bomb)"이라고 하는데, 핵무기로 분류되지는 않지만 역시 큰 위협이 될 수 있다(전성훈 2008: 22-23). RDD는 보통 TNT와 같은 재래식 폭약과 방사능물질을 섞어서 터뜨리게 되는데(방사능무기를 만드는 데 적합한 방사능물질은 코발트-60 등 10여 종이 넘는다(Van der Meer 2003: 126-132), 넓은 지역에 인체에 해로운 방사능물질을 퍼뜨리는 RDD는 핵폭발에 비해 살상력은 떨어지지만 공황상태를 야기하고 사회질서를 깨뜨릴 수 있다. 따라서 방사능무기를 "대량혼란무기(weapons of mass disruption)라고 부르기도 한다. 실제로 방사능무기는 제조와 취급이 핵무기에 비해 훨씬 쉽기 때문에 테러에 사용될 가능성이 많으며, 부품을 구입해서 조립하기 용이하기 때문에 절도와 불법거래의 표적이 되고 있다. 또한 방사능무기는 인명살상의 규모는 핵무기에 비해 떨어지지만 방사능오염에 의한 경제활동의 중단과 일반인들의 심리적 공포감을 유발함으로써 우리사회를 커다란 혼란에 빠뜨릴 수 있을 것이다(북한의 핵개발 역사와 핵능력의 규모를 감안할 때, 북한이 방사능무기를 제조하는 데는 큰 어려움이 없을 것으로 보인다).

앞에서도 언급했듯이 핵능력을 구성하는 4대요소는 기본적으로 ① 핵물질, ② 핵장치의 설계·제조 및 고폭실험, ③ 핵실험, ④ 핵장치의 소형화·경량화이다. 현재 북한

〈참고 16-3〉 북한의 보유 핵 운반 수단

구분	항공기	미사일	대(大)구경포	핵배낭
종류	IL-28	SCUD, 노동, 신형중장거리, 대포동	170mm 240mm	
운반능력	약 3.5톤	0.5~1톤	약 50kg	약 20kg
특성	운반가능, 이동 중 요격에 취약	사거리 길고 안전한 투발수단	초소형화	초경량화

의 예상 핵능력을 분석한 내용을 요약하면 〈참고 16-3〉에서 보는 바와 같다.

핵장치 제조능력은 편의상 초급, 중급 및 고급으로 구분할 수 있는데, 초급기술은 1945년 일본에 투하된 제1세대 형 핵장치를 제조할 수 있는 정도의 능력이고, 고급기술은 미국과 러시아가 보유한 것과 같이 오랜 경험과 최신기술을 바탕으로 설계와 제조기법을 개량해서 핵장치의 첨단화, 경량화에 성공한 능력을 말한다. 중급기술은 초급과 고급의 중간단계의 능력으로 볼 수 있다. 북한의 경우, 플루토늄과 HEU를 확보하고 있기에 핵장치를 제조하는 데 아무런 문제가 없으며, 이제는 초급기술을 넘어 중급기술까지도 보유 가능한 것으로 추정된다(NRDC Natural Resources Defense Council 2003: 76). 북한의 제1차 핵실험은 1kt 이하였으나 핵실험이 계속되면서 늘어나 6차 핵실험은 50~100kt의 위력을 과시하게 되었다. 북한은 수차례의 폐연료봉 재처리 과정을 통해 핵무기를 만들 수 있는 플루토늄을 50여kg 보유하고 있는 것으로 추정되며, 일반적으로 하나의 핵폭탄 제조 시 약 6kg의 플루토늄이 필요하다고 볼 때 10여 개의 플루토늄탄을 보유하고 있다고 볼 수 있다. 고농축 우라늄(HEU) 프로그램도 상당한 수준으로 진전되고 있는 것으로 평가된다. 핵무기 소형화 능력도 상당한 수준에 이른 것으로 보인다(국방백서 2016: 27). 약 10여 개를 보유하고 있는 것으로 예상된다.

한편, 북한의 핵위협은 운반수단에 의해서 그 강도가 더욱 증가된다. 미사일 운반수단의 경우 문제는 핵탄두를 1톤 이내로 소형·경량화 하여야 하는 기술적 문제가 있으나 이의 실현이 가시화되고 있는 것으로 알려져 있다(Curtis Scaparrotti 주한미군사령관

요점정리

- 북한은 1967년 연구용 원자로(IRT-2000) 첫 도입, 가동
- 군사용 전환계기: '70년대 후반 남북 경제적 큰 격차 발생, 중·러의 군사적 후원 감소, 한국의 핵무기 개발 시도 → '85년부터 군사이용으로 전환
- 핵장치(=핵물질): 핵물질(Pu, HEU)의 무기화과정(핵실험, 소형화) 통한 핵폭발장치
- 북한은 중급 정도의 핵능력 기술 보유, 핵탄두 10여 개 보유 추정
- 북한은 미사일에 탑재 가능한 핵탄두 중량 0.5~1톤 생산능력 보유 위한 지속적 노력 경주

기자간담회, 조선일보, 2014.10.27).

III. 북한핵의 미래

1. 선군정치(先軍政治)와 핵

북한의 유일지도이념이며 영생불멸의 사상이 되어왔던 주체사상은 김정일의 통치 이전까지는 매우 중요한 통치이념으로서 작동되었으나 김정일 등장 이후 통치상황의 변화와 함께 붉은기사상, 선군정치, 강성대국의 개념들이 등장·강조되었다. 특히 강성대국은 주체사상을 대체하는 새로운 통치이념으로 기능하고 있다(2012년 북한의 신년사에서는 강성대국 대신 강성국가로 표현, 2013년에는 강성국가 건설을 위한 가장 중요한 과업으로 '경제강국' 건설을 강조).

강성대국론이 처음으로 나온 시점은 1998년으로서 황장엽이 탈북하여 남한으로 귀순한 1997년의 이듬해다. 황장엽의 탈북과 남한 귀순이 주체사상의 권위를 훼손시켰다고 북한지도부는 생각했을 것이다. 강성대국론은 한마디로 정치·사상강국, 경제강국, 군사강국을 건설하겠다는 것이다. 북한은 식량난으로 민심이 흉흉한 상황에서 군부를 무마하고 동시에 사회통합에 활용하기 위하여 1995년부터 선군정치라는 새로운 통치양식으로 통치를 하고 있는데 이 선군정치에 잘 부합하는 통치이념이 강성대국론이다(서재진 2002: 40-55).

 2004년부터는 하위개념의 통치양식인 '선군정치'라는 개념이 매우 자주 등장하면서 '강성대국론'은 그 이념으로서의 위치를 상실하고 '선군정치'개념에 그 자리를 내주게 되었다. 여기서 말하는 '선군'은 김정일 국방위원장의 정치방식으로 알려지고 있는 '선군정치'를 의미한다. 김정일의 '선군정치'는 군을 최우선시하며 군을 앞세워 국가의 모든 문제를 해결해 보겠다는 의지를 담고 있는 것이다. 따라서 현재 북한에서는 명목상에 있어서나 실질적인 차원에 있어서도 군의 최고 가치는 곧 국가의 최고 가치며, 군대를 대표하는 것이 바로 국가를 대표하는 체제가 유지되고 있다고 할 수 있다. 이를 일컬어 '선군정치 체제'라 할 수 있을 것이다(정영태 2004: 2-8).

 김정일은 소련이나 동구권에서 공산주의체제가 무너진 원인을 다음과 같이 설명하고 있다. 소련이나 동구권에서 공산주의체제가 무너진 것은 그 체제 때문이 아니고 사상적으로 무장이 덜된 군대가 체제붕괴를 방관하거나 묵인한 것이 원인이라는 것이다(도준호 2005). 게다가 동구공산권의 몰락은 북한 경제의 악화를 가속화시켰다. 대외무역의 대부분을 소련을 비롯한 공산권에 의지하고 있던 북한으로서는 이들 나라들의 몰락은 외부에서의 젖줄이 끊어진 것이나 다름없었다. 미국과의 관계도 갈수록 나빠지면서 직접적인 위협으로 다가왔다. 이러한 상황은 북한에게 군에 모든 것을 의지하는 선택을 불가피하게 만들었다.

 선군정치를 통해 헌법상으로도 국방위원장이 최고 권력자가 되도록 했으며, 군의 위상이 대폭 확대되었다. 차수급 장령들의 권력순위가 당 비서들을 앞질렀으며 김정일이 중국을 방문 시에는 업무와 직접 관련이 없는 군 실세들이 대거 수행했던 것이다. 김정일은 현지 방문의 60% 이상을 군부대나 군관련 행사에 할애했으며 기회 있을 때마다 군에 대한 각별한 애정을 나타내곤 했다(정영태 2004: 7-8) 김정일을 승계한 김정은도 아버지의 통치양식을 이어받고 있다고 볼 수 있다.

 종업원 5백 명 이상의 공장 기업소 광산 등은 군이 직접 관리하고 있으며 협동농장도 대부분 군이 담당하고 있다. 안변청년발전소, 월비산발전소, 태천수력발전소, 대응단군종합농장을 군이 건설했다.

 또한 어려운 경제사정에도 막대한 예산을 들여 1998년 북한이 대포동 1호(백두산 1호, 탑재위성은 '광명성 1호'), 2006년 대포동 2호(백두산 2호, 탑재위성 미상), 2009년 은하 2호(탑재위성은 '광명성 2호'), 2012년 12월 12일 은하 3호(탑재위성은 '광명성 3호' 2호기, 유일하게 발사성공)를 발사한 것도 선군정치의 위상을 높이기 위한 조치였다. 그 이후 북한은 끊임없는 미사일 개발·발사시험을 통해 2017년 11월 29일에는 마침내 미 본토를 위협할 수 있는 예상 사거리 13,000km의 화성-15호를 발사하였다. 그러나 북한의 경제난 가속으로 북한정권이 주민들의 경제적 욕구를 채워줄 수 없게 되자, 이러한 선군정치를 통해 주민들의 심화된 정치적 불신을 완화시켜주는 효과와 함께, 군대를 우선하는 정책의 표방으로 경제난에 대한 책임을 회피하면서 군부의 일탈현상을 막고 정권의 안정성을 확보하려는 것이다.

선군정치는 무엇보다 군부의 영향력 확대와 정책의 보수화로 사실상 안보문제를 외교적으로 해결하는 것을 방해하고 있다. 북한이 당면한 가장 중요한 문제인 핵문제의 경우 스스로 외교적인 노력을 차단하고 막다른 길로 가고 있다.

미국 등 6자회담 참가국들이 북한의 회담 참가를 계속 종용해도 일방적으로 핵무기 보유를 천명하고 6자회담 진행을 거부했다. 이는 어떤 일이 있더라도 핵무장을 하겠다는 북한군부의 의지가 확고한 것으로 볼 수 있다. 설사 6자회담이 진전된다 해도 북한이 핵을 포기할 가능성은 낮다. 북한이 94년 제네바 합의로 핵개발을 포기하겠다고 약속하고서도 우라늄 핵개발을 다시 시작한 것을 보면 북한의 핵개발 의지가 얼마나 확고한가를 알 수 있다. 무력강화를 우선시하는 군부의 입김이 강하기 때문이다. 북한의 대미, 대일외교가 결코 만만치 않은 강경자세로 유지하고 있는 것도 그와 관련이 있다. 핵개발은 북한의 선군정치 수단으로서 군력의 핵심수단으로서 매우 가치있는 일임에 틀림없는 것이다.

정상적인 국가로서의 북한의 생존을 위해서는 당연히 개혁과 개방의 대안이 필요하겠지만 이는 우상화 신정(神政)체제의 조속한 몰락을 의미할 지도 모를 일이다. 김정일을 이은 김정은체제의 생존을 위해서는 지속적인 폐쇄 및 고립정책이 필요하나 이경우 북한이라는 국가사회는 경제적 파탄을 면치 못할 것이다.

바로 이 같은 딜레마를 해결하기 위한 방법으로 북한이 택한 길은 후자의 길, 즉 '체제의 생존'을 '국가의 생존'보다 우선하는 정책이었다. 이를 위한 하나의 중요한 방편이 핵무기를 개발하는 일이며 핵개발을 통해 체제의 생존을 우선적으로 보장하고 궁극적으로 국가의 생존 방안까지 강구하려는 것이다. 따라서 북한은 군축, 화해, 개방의 길을 택하기보다는 핵개발을 통한 군비증강, 적극적인 군부중시정책 및 군부의 환심확보, 대남전략적 우위확보, 적화통일정책의 지속적인 강조 등을 통해 체제를 유지 강화하고자 노력하고 있는 것이다.

북한은 핵개발 정책을 통해 신국제질서를 주도하고 있는 미국의 지위에 정면 도전함으로써 오히려 최강대국을 통한 체제의 생존확보를 위한 노력전개의 기회를 갖게 되었다고 볼 수 있다. 따라서 북한은 핵을 지렛대로 사용하면서 북한 정권의 유지와 체제의 생존을 보장받고자 하는 것으로서, 애초부터 '6자회담'을 통한 북핵문제 해결은 북한의 생리에 맞지 않는 논리가 되는 것이다.

또한 북한은 개혁과 개방을 통해 공산주의 체제를 자본주의 체제로 형질 변경시키는 방법이 아니라 공산주의체제를 그대로 지속하는 범위 내에서 북한의 민생고를 해결하기 위해 서방측의 돈을 필요로 하는데, 핵카드는 이들을 확보하기 위한 절호의 수단이 되고 있는 것이다. 핵무기가 북한 정권의 안정에 기여할 것인지는 의문스러운 일이지만, 그럼에도 불구하고 북한의 지도자들이 의존할 수단이 별로 없다는 데에서 핵무장이라는 도구로서의 효용성을 계속 가질 것이다.

2. 향후 전개전망

선군정치는 일시적으로 북한사회를 안정시킬 수 있을지는 몰라도 북한의 생존과 발전전략에서는 커다란 '방해물'이다. 선군정치는 역설적으로 북한체제 변화나 정권변환을 앞당길 수도 있다. 따라서 김정은은 선군정치의 허상을 버려야 하며 그 핵심수단인 핵개발을 포기해야 하는 것이다. 핵개발포기 없이는 남북문제나 주변국과의 관계개선은 근본적으로 이루어질 수 없는 것이다.

그러나 한편, 핵이 없는 북한은 아시아 최빈국의 하나이며, "파탄국가"에 불과하다. 이러한 나라가 초강대국 미국을 직접교섭의 테이블에 도착하게끔 한 것은 "핵의 위력"이며, 핵개발을 포기하면 아무도 돌아보지 않게 될 것을 두려워하고 있을 지도 모른다. 따라서 북한은 용이하게 핵개발을 포기하지 않을 것이다. 특히 "완전하고도 검증가능한, 불가역적인 포기(CVID: complete, verifiable, irreversible dismantlement)"는 극히 어려운 일이다. CVID에는 철저한 사찰과 검증, 예를 들어 유엔 안보리의 힘과 IAEA의 전문기술을 기초로 하는 검증이 불가결하다. 그러나 북한이 이것을 받아들일 것인가는 의문이다.

현시점에서 북한이 몇 kg의 플루토늄을 보유하고, 몇 개의 핵탄두를 가지고 있는 것일까에 관련해서는 각종의 정보가 있지만, 어찌 되었든지 간에 확실히 양도 불어나고, 소형화도 진행하여 미사일에 탑재도 가능해질 것이다. 우라늄 농축에 관련해서도 마찬가지로 진행될 것이다. 가령 현재는 아직 핵장치(nuclear device)의 단계이고, 군사적 의미에서의 핵무기(nuclear weapon)가 아니라고 하더라도 그렇게 되는 것은 시간 문제이다.

한편, 북한은 심각한 경제적 어려움을 가지고 조급한 해결을 재촉받고 있다. 이 시간과의 싸움이 북한에서 유리하게 작용할 것인가, 불리하게 작용할 것인가, 지금으로서는 단정지울 수 없다. 북한은 재처리를 재개하여, 농축에도 손을 댄 것 같지만, 다음 예측해 볼 수 있는 단계는 아마도 "핵실험 계속", "핵무기 수출" 등일 것이다. 이제 이러한 단계로 가면 위기가 파멸적인 상황이 될 수도 있다.

북한이 핵무기를 포기하지 않는다고 해서 실질적인 핵억지력을 갖춘 핵보유국이 된다는 것도 사실상 불가능할지도 모른다. 현재 북한의 노후화된 핵시설과 기술력, 그리고 자금 등을 고려할 때 핵무기를 실전 배치한다고 하더라도 핵억지력까지 보유하기는 상당한 시간과 노력이 필요하다. 핵억지력을 위해서는 반드시 상대방의 공격미사일 등이 도달하기 전 또는 도달 후 생존하여 보복력을 이용 상대방을 전멸시킬 수 있는 '상호확증파괴' 능력이 필요하다. 그러나 북한이 세계 최대의 핵보유국인 미국을 상대로 '상호확증파괴'능력을 갖는 것은 현실적으로 불가능하다. 더군다나 미국은 북한이 핵보유국이 되는 것을 결코 좌시하지 않을 것이다. 현재 UN 안보리 상임이사국인 미국, 러시아, 중국, 영국, 프랑스를 제외하고 핵무기를 보유한 국가는 인도, 파키스탄, 이스라엘이 전부이다. 이들 중 미국을 직접적인 주적으로 간주하는 국가는 없다.

반면 북한은 미국을 직접적인 주적으로 간주하고 있기 때문에 북한의 핵무기 보유는 미국의 안보에 실질적인 위협이 된다. 따라서 미국의 입장에서 자국을 공격할 수 있는 북한의 핵무기 개발을 좌시할 수 없다. 더욱이 북한의 핵물질 또는 핵무기는 국제 반미 테러조직 등으로 확산될 우려가 있기 때문에, 미국은 어떠한 형태로든지 북한의 핵무기 개발을 좌시할 수 없을 것이다. 무엇보다 미국이 북한의 핵무기 보유를 인정한다면 국제적 핵확산 방지정책을 유지할 명분을 잃게 됨은 물론, 미국의 국제적 지위에도 큰 손상을 입게 될 것이다. 이러한 이유로 미국은 북한의 핵무기 보유를 막기 위해서는 이라크의 전례에서 보듯 최악의 경우 군사적 행동까지 염두에 두고 있을 가능성을 배제할 수 없다.

더욱 큰 이유는 북한의 가장 큰 우방인 중국이 북한의 핵무기 개발을 원치 않는다(한·중 정상회담 공동선언, '14.7.3). 100% 원유제공 등 북한 정권의 생명줄을 쥐고 있는 중국이 원치 않는다면 북한은 이를 무시하기 힘들 것이다. 북한의 핵개발은 일본 군사력증강의 정당한 명분을 주게 되고 미국의 군사적 개입 가능성 등 복잡한 양상이 전개될 것이다. 역내 지역안정을 통해 경제발전을 최우선 과제로 추진하고 있는 중국으로서는 북핵으로 인한 동북아의 군사적 긴장은 반갑지 않은 상황전개이다.

이처럼 핵보유국을 통한 핵억지력 확보는 어려울지 모르나 한국으로서는 북한의 핵무기 존재자체가 군사력 균형을 깨뜨리는 매우 위력적인 수단임에는 틀림없다. 향후 6자회담에 의해 북한의 핵문제를 완전하고도 검증가능하고, 불가역적으로 해결하는 것은 대단히 어렵다고 생각되지만, 협의를 계속하는 것은 의의가 있다. 왜냐하면 북한과의 중요한 접촉점의 하나이며 북한에 대해 가장 영향력이 있는 중국과의 접촉을 계속할 수 있다는 것이다.

3. 한국의 대응

한국에게 있어서 북한이 보유한 핵과 미사일 능력은 군사안보적인 위협으로서 반드시 제거해야 할 대상이다. 그러나 북한의 핵개발은 정권유지와 밀접한 관계를 갖고 있어 해결의 실마리를 찾기가 쉽지 않다. 따라서 북한의 핵보유 의지가 강한 만큼 우리 안보를 위한 대안을 고려해야 할 것이다.

학자들 간에 논의되는 제안들 중 하나는 북핵폐기를 목표로 하는 이중경로정책(dual-track policy)이다(전성훈 2010). 이는 북한 비핵화와 국가안보라는 두 가지 목표를 실현하기 위해서 시한을 설정해서 주한미군의 전술핵 재배치와 북한 비핵화 협상을 동시에 추진하는 적극적인 북핵폐기 정책이다. 적절한 시일을 정해 놓고 그 시점까지 북핵협상을 추진하면서 동시에 주한미군 전술핵의 남한 재배치를 준비하는 것이다. 이 시점까지 북한 비핵화가 완료되지 않으면 주한미군의 전술핵을 재배치하고, 반입된 전술핵은 추후 핵군축 협상을 통해 북핵폐기가 완료되는 것과 동시에 철수되는 조건부 재배치가 되는 셈이다. 전술핵이 재배치되는 시점부터는 북핵문제는 '북한의 일방적 핵포기'에서 '북한 핵과 주한미군 전술핵의 쌍방 군축'으로 국면이 전환되는 것이다.

이와 같은 전술핵 배치는 북핵에 대한 가장 확실한 대응방안이며 핵우산의 신뢰성을 높이고 내실화를 기할 수 있을 뿐만 아니라 협상시한과 전술핵 재배치의 연동은 북핵협상을 촉진하는 계기가 될 것으로 보인다. 하지만 전술핵 재배치는 국내외 여론의 지지를 받아야 하며, 무엇보다 미국의 동의를 필요로 한다.

다음은 북한의 현실적 핵위협에 대해 억제능력을 강화하는 정책을 들 수 있겠다. 억제방법에는 자주적인 방법과 국제협조를 통한 억제방법이 있을 것이다. 자주적 억제는 한국이 독자적으로 핵무기를 개발·보유하는 것이다. 만약 미국이 우리의 전술핵 재배치 요구를 거부할 경우 한국은 북핵폐기 시 재가입을 전제로 NPT 제X조에서 허용한 대로 조약에서 잠정적으로 탈퇴하고 자체적인 핵개발 프로그램을 가동하는 것이다. 개발한 핵은 북한과 핵군축협상을 통해 폐기하고 다시 비핵국으로 NPT에 복귀하겠다고 분명하게 밝히면 국제사회의 이해를 구할 수 있다.

자주적 억제를 재래무기의 범주 내에서 한다고 하면, 억제에 효과적인 무기체계, 군사력 운영체제 등을 갖추어 나가는 것을 의미한다. 이에는 많은 예산과 시간이 필요하며 한정된 국방예산의 재분배를 위해 사회적·정치적 합의를 이끌어내는 힘든 과정이 수반될 것이다. 그러나 자주적 억제는 '선택과 집중' 전략 하에 검토·추진될 수

〈참고 16-4〉 처벌/거부 억제와 능동적 억제

▪ 억제: 처벌(punishment)과 거부(denial)의 조화된 위협을 사용하여 상대방의 행위를 단념시키는 것(Glenn Snyder)
  - 처벌에 의한 억제: 원하지 않는 행동을 잠재적 공격자가 취할 경우 수용 불가능한 손실을 가하겠다는 위협을 통해 행동을 단념시킴, 군사적 보복의 두려움을 조성하는 것에 주안(적의 핵심가치 표적화 및 타격능력 보유, 특히 제2격 능력 보유)
    예) MAD전략
  - 거부에 의한 억제: 잠재적 공격자가 손실을 감수하고 공격을 하더라도 궁극적인 목적달성을 거부할 것이라는 위협을 통해 행동을 단념시킴, 상대자가 궁극적으로 추구하는 정치적 목적 달성의 희망을 좌절(hopelessness) 시키는 것에 주안(대내외적 정치적 목적 달성 거부, 즉 심리전 전개 통한 체제생존을 오히려 위협)
    예) SDI전략
▪ 능동적 억제: 한반도 전면전 징후 포착 시 선제적인 대응조치를 하는 것으로, 특히 한국형 3축체계를 통해 핵·미사일 위협에 대응
  - 킬체인(Kill-chain, 타격순환체계): 북한의 위협징후가 뚜렷한 경우 30분 안에(탐지-식별-결심-타격) 북한의 핵무기, 미사일 시설을 사전 제거하는 선제대응전략
  - KAMD(Korea Air Missile Defense): 북한미사일이 킬체인을 피해 날아오더라도 지상에 도달하기 전 요격하는 시스템. 저고도 요격용 미사일로서 PAC-2/3, M/L-SAM 사용
  - KMPR(Korea Massive Punishment & Retaliation, 대량응징보복): 북한이 핵무기로 위해를 가할 경우 우리의 미사일전력과 특수작전부대 등을 운용하여 북한 전쟁지도부 및 지휘부를 직접 겨냥하여 응징보복

있다. 특히 천안함 폭침 및 연평도 포격사건으로 국방개혁이 속도를 내면서 '능동적 억제전략'으로 북한의 위협에 대응하겠다는 자주적 억제개념이 힘을 얻게 되었다. '능동적 억제'는 적이 핵미사일 등을 발사하기 전에 우리가 먼저 탐지해 선제타격하겠다는 일련의 공격형 방위시스템인 타격순환체계(kill chain)와 적 미사일을 요격하기 위한 한국형미사일방어체계(KAMD), 그리고 적의 핵위해 시 지휘부를 겨냥한 대량응징보복체계(KMPR) 구축을 통해서 이루어진다. 특히 KAMD를 위해서 비용문제나 기술의존성 문제가 있다고 하지만, 동북아 주변국의 경우 대부분 핵을 보유하고 있거나 핵을 만들 수 있는 기술력을 확보하고 있다. 따라서 장차 한반도 지역 방어를 위해 여기에 적합한 지상, 해상 및 공중 미사일 종합방어체계 구축(초기에는 미국의 MD 기초 연구와 개발계획 참여)을 고려해야 할 것이다.

다음 억제능력 강화를 위한 정책으로 국제적 협조를 통한 억제가 있다. 이는 확장된 억제(extended deterrence)로서 동맹, 핵우산(Nuclear Umbrella), 유엔, 대주변국 핵외교 등을 통해 북한의 핵사용 가능성을 거부하고 핵이 발휘하는 정치·외교적 위력을 무력화시키는 것이다.

이론상 특별한 예산 없이 즉시적이고 강력한 효과를 발휘할 수 있다. 따라서 한정된 자원으로 국가를 안위해야 하는 한국에게 있어 합리적 선택이란 국제적 억제책과 병행하여 자주적 억제책을 강구하는 것이다. 한국은 2009년 6·16 한미 정상회담에서 핵우산의 법적 지위 고양 및 적용범위 확대(확장억제력 강화)를 통해 핵우산의 신뢰성과 안정성을 강화하게 되었다. 한편, 한국의 실정에 부합하는 확장억제 발전을 위해서 한국의 핵공유 정책도 추천할 만하다. 이는 전술핵 무기 재배치 이전에 이루어지는 대응책으로서, 미국과 핵무기 사용 공동 작계수립, 북한의 위협고조로 데프콘(DEFCON) 격상 시 전술핵 전개 시사, 한국의 플랫폼에 전술핵 장착/사용 훈련을 미국이나 유럽 등에서 전개 등을 생각해 볼 수 있다. 6자회담 재개를 통한 핵문제의 평화적 해결

〈참고 16-5〉 핵우산(Nuclear Umbrella)

핵무기 보유국이 자신의 핵억제력으로써 제3국의 위협·공격으로부터 핵무기를 미보유한 동맹국·우방국의 안전을 보장하는 것을 의미

〈참고 16-6〉 북핵·미사일 대응 한국형 3축체계도

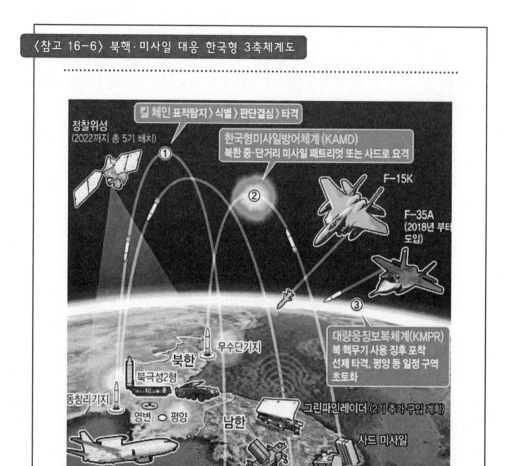

노력을 지속하는 것과 함께 동북아 다자안보협의체 내에 동북아지역의 핵문제 협의 및 국제통제기구로서 동북아핵통제협의체의 구축을 적극적으로 추진해야 할 것이다.

따라서 한국은 북핵폐기를 위한 이중경로정책을 구사하면서 자주적 및 국제적 억제력 강화정책 중 실현가능한 방안들을 강구하되, 궁극적인 대응방안을 모색하면서 북한핵에 대비해 나가야 할 것이다.

요점정리

··

- 선군정치의 기능은 정치적 불신 완화, 경제난 책임회피, 군부이탈방지, 정권안전성 확보
- 선군정치 핵심 수단: 핵 개발
- 핵억지력 보유는 시기상조, MAD 능력 보유 후 가능
- 한국의 대응
  - 이중 경로 정책(한국군 전술핵 재배치, 북한비핵화 협상 동시 추진)
  - 억제력 강화 정책: 자주적 억제(자체 핵무장, 재래식무장 강화), 국제적 억제(확장 억제─핵공유 포함)

IV. 맺음말

북한의 핵무기 개발 목적은 대략 다음과 같은 것으로 볼 수 있을 것이다. 즉, 정권의 업적 및 이미지 부각, 공산체제와 공산화 통일노선에 대한 북한 주민들의 자신감 제고, 남북한 군사균형에 있어서 북한의 우위 유지 내지 강화, 외교수단으로의 이용 등이다.

그러나 이중 가장 중요하고 궁극적인 목적은 공산체제유지(현정권유지)와 나아가서 공산화통일이라고 보아야 할 것이다(북한의 '한반도 공산화 통일'은 그들의 능력과 관계없이 체제결속·유지의 좋은 명분이 되고 있다).

사실 북한이 핵무기 개발을 외교수단으로 이용하는 것은 득보다 실이 많다. 왜냐하면 북한은 핵무기 개발을 통해서가 아니라 핵무기개발을 포기함으로써 미·일을 포함한 서방국가들과의 수교 및 각종 지원을 통하여 국제적 고립과 경제난으로부터의 탈피가 더욱 용이할 것이기 때문이다.

이처럼 북한의 핵무기개발의 본질적이고 궁극적인 목적이 공산체제유지와 공산화통일이기 때문에 북한 핵문제의 평화적 해결이 어려운 것이다. 왜냐하면 핵무기개발의 완전포기를 위하여 북한은 미국에 대하여 미·북 간 평화협정의 체결, 북한에 대한 미국의 적대정책의 포기, 북한체제의 보장 등을 요구하고 있는데, 이것은 미국이 한국 방위정책을 포기하고, 북한의 공산체제유지와 공산화통일노선을 지지·지원하든가 최

소한 방관·묵인할 것 등을 요구하는 것이기 때문이다.

이러한 정권의 태생적 목적추구가 지속되면서 북한의 경제난이 가중되어 북한정권이 주민들의 경제적 욕구를 채워줄 수 없게 되고 점차적으로 주민들의 정치적 불신이 심화되면서, 북정권은 군대를 우선하는 정책의 표방으로 이러한 경제난에 대한 책임을 회피하려는 시도를 하게 된다. 그리하여 군부의 일탈현상을 막고 정권의 안정성을 확보하기 위해 결국 군(軍)에 모든 것을 의지하는 선택을 하게 된다. 이른바 '선군정치'다.

선군정치 논리의 중심에는 핵무기개발이 자리 잡고 있다. 결국 북한정권의 유지는 핵무기 개발위에서만 가능하게 된 것이다. 따라서 핵무기개발 포기는 정권의 생존을 위협하는 일이 아닐 수 없다.

결국 북한의 공산체제의 유지와 공산화통일이라는 기본목표도 핵무기개발을 통해 유지할 수 있게 된 것이다. 북한의 핵무기(대량살상무기 포함)가 주한미군이나 미국 혹은 일본을 대상으로 삼고 있는 것도 사실이지만 우선적이고 종국적인 대상은 한국이다. 북한의 핵위협이 미국이나 다른 나라들에게는 생존의 문제까지는 아니지만 한국에게는 바로 생존의 문제이다.

북한정권의 변화나 교체 없이 계속해서 김정은 정권이 건전하게 생존해나간다는 것 자체가 우리에게 큰 위협이 될 수 있다. 왜냐하면 현 북한정권의 유지는 핵무기를 비롯한 대량살상무기 보유의 기반 위에 있기 때문이다. 따라서 김정은 세습정권과 핵무기개발의 동시유지 또는 유착관계를 끊을 수 있는 특단의 발상이 필요하다. 이를 위해서는 궁극적인 북핵폐기 노력과 아울러 현실적 위협인 북핵위협에 대비한 정책들을 과감하게 실행해 나가야 할 것이다.

핵심개념

- 핵물질
- 핵장치
- 선군정치
- 이중경로정책
- 억제력 강화책

토론주제

1. 북한이 핵을 보유하려는 의도는 무엇인가?
2. 북한의 핵능력은 얼마나 되는가?
3. 북한의 핵능력에 대한 대응책은?

17

북한의 위협과 대비방향

학습내용

북한의 김정일 철권통치는 막을 내렸다. 하지만 북한은 6·25 전쟁을 통해 민족상잔의 비극을 초래하였고 최근 천안함 폭침사건, 연평도 포격도발 등 그 이후에도 끊임없이 우리의 생명을 위협하는 안보위협의 대상이 되어 왔다. 최악의 경제난에 시달리고 있음에도 불구하고 북한군은 체제와 정권의 보루로서 그 위상과 능력을 강화시키고 있다. 본장은 위협의 실체를 분석해보고 한반도 전쟁양상(급변사태포함)과 이에 대한 대응책을 논의해 본다.

Ⅰ. 머리말

북한체제의 기본목표는 대남적화통일로서 김정일에 이어 김정은 세습체제가 유지되는 한 변화의 가능성은 희박할 것으로 전망된다. 우리가 직면하고 있는 북한의 도전은 핵문제를 포함하여 대량살상무기의 위협, 천안함 피격사건과 연평도 포격도발 사건 등 제한적이고 국지적인 군사도발을 통해 드러난 재래식 전력이 주는 위협 등 매우 다양하고 복잡하다. 특히 북한은 기습전, 배합전, 속전속결전 전략을 유지하면서 대량살상무기, 특수부대, 장사정포, 수중전력, 사이버전 능력을 포함한 비대칭전력의 집중적인 증강과 재래식 전력의 선별적인 증강 등 다양한 전술변화를 모색하고 있다.

한국의 안전을 위협하는 북한의 군사적 위협 중에서 가장 심각하고 당면한 위협이 북한의 핵위협이다. 북한은 지금까지 국제정세 및 동북아 안보환경 변화의 흐름과 무관하게 한반도의 적화통일을 달성하기 위해 군사력을 강화하면서 미국의 경고와 중국의 만류에도 불구하고 6차례에 걸쳐 핵실험을 강행하였다. 북한의 핵보유 의지와 그 확산의 위협은 북한의 경제난과 식량난이 심화되고, 체제의 불안정성이 높아질수록 커질 것으로 판단된다. 향후 북한의 급변사태 발생시 핵 확산 위험은 더욱 커질 것으로 전망되고 있다.

따라서 한국은 북한의 핵위협을 포함한 다양한 위협을 분석·평가하면서 우리의 영토와 주권수호는 물론 한반도 통일을 위한 다양한 방책들을 준비하여야 할 것이다.

이를 위해 본 장에서는 북한의 군사력 평가를 통해 한반도 전쟁양상 및 전쟁기획을 추정해보고 북한의 급변사태에 따른 대비방향을 제시해 본다.

II. 북한의 군사력 평가

1. 군사정책 및 전략

북한은 당규약 전문에서 노동당의 최종목표는 "한반도의 전국적 범위에서 공산주의 사회를 건설하는데 있다"라고 규정하고, 당면목표로서 "공화국 북반부에서 사회주의의 완전한 승리를 보장하며, 전국적 범위에서 민족해방, 민주주의 혁명의 과업을 수행하는데 있다"라고 규정함으로써 전 한반도의 적화통일을 그들의 목표로 분명히 하고 있다. 이러한 정치적 목표는 군사정책 그 자체를 그 어떤 정책보다도 상위에 위치하게 한다. 또한 공산주의 군사이론에 따라 전쟁개념에도 정치성을 부여하고 있으며, 북한 역시 노동당 규약에서 명시한 바와 같이 군을 '당의 군대', '혁명적 군대'로 규정하고 있다. 김정일 사후에도 김정은을 중심으로 한 당이 군대에 대해 철저한 통제를 하게 되면, 그들의 통치이념인 주체사상에 의해 국가이익뿐만 아니라 국가의 기본전략까지도 철저히 지배하게 된다. 즉 북한의 군사정책은 사상에서 주체, 정치에서 자주, 경제

〈참고 17-1〉 북한의 군사정책

대상	3대 혁명역량강화론	군사정책 기조	실천노선
북한	자체 혁명역량 구축	국방자위 정책 (무장력 극대화)	4대 군사노선
남한	동조 혁명역량 부식	시기조성 정책 (전쟁여건 성숙화)	군사문제 선결노선
국제	지원 혁명역량 강화	국제역량강화 정책 (외부 지원세력 획득)	중·러 군사동맹 강화 대미평화협상제의: 통미봉남

에서 자립, 국방에서 자위라는 김일성의 주체사상에 뿌리를 두고 있으며, 국방정책의 구현을 위해서 북한 내 자체혁명역량의 구축, 남한 내 동조 혁명세력의 부식, 국제적 지원역량의 획득이라는 '3대 혁명역량 강화론'을 실현방법으로 채택하는 기본적 성격을 지니고 있다.

북한의 통치이념인 김일성 주체사상과 한반도 적화라는 남한혁명의 기본노선인 "3대 혁명론"에 의한 북한의 군사정책의 주요 내용은 ① 국방자위 정책, ② 결정적 시기 조성 정책, ③ 국제역량강화 정책으로 구분할 수 있다. 국방에서의 자위라는 것은 자체의 힘으로 자기나라를 보유한다는 것으로 한국 내에서 결정적 시기가 조성되거나 또는 주한미군의 철수 및 자동개입 가능성이 배제될 때 중·러의 지원 없이도 무력통일을 서슴지 않겠다는 전쟁준비정책이다. 이러한 전쟁준비정책은 1962년 12월 당중앙위원회 제4기 5차 전원회의에서 '국방에서의 자위(自衛)' 원칙을 채택하고 이러한 원칙을 목표로 구체적인 실천지침인 「4대 군사노선」이 표명된 이래 현재까지 지속적으로 추진되어 왔다.

'4대 군사노선'은 '전인민의 무장화', '전국토의 요새화', '전군의 간부화', '전군의 현대화'로서 이는 곧 북한 전 사회를 병영화하고 전 지역을 지하진지로 요새화함으로써 대외적인 군사위협으로부터 체제를 보호하는 한편, 적절한 시기가 조성되면 이를 기반으로 대남무력적화통일을 이루겠다는 것이다(북한연구소 1978: 257-262). 북한이 이와 같이 자위정책을 군사정책으로 채택하게된 것은 중국과 구소련의 대립과정에서 노정된 두 나라의 태도변화에 기인한 것으로서, 특히 구소련의 원조중단은 보다 직접적인 요인으로 작용하였다.

한편, '결정적 시기'라 함은 단순한 시간적 의미보다는 전쟁여건의 성숙을 추구하는 것으로 한반도 내외 제반 여건과 남북한의 능력을 감안하여, 그들의 주도 하에 전 한반도의 공산화를 이룩하는 데 필요한 모든 수단과 방법을 확보할 수 있는 시기를 말한다. 이를 위한 평화공세의 일환으로 북한은 한반도의 비핵지대화, 군비축소, 주한미군 철수 주장 등을 통해 한국의 주민은 물론 제3국인에게 호의적인 반응을 불러일으키고 있다. 군사외교정책은 외부 군사지원세력의 획득을 추구하는 것으로, 1961년 4월에 체결된 중국과의 우호방위조약, 2000년 2월에 정식 서명된 조·러 우호선린협조조약 등을 바탕으로 국제적 지원역량의 확대를 통해 한국을 국제적으로 고립시킴으로써 유사시에 우방의 지지를 차단시킨다는 포위전략을 추구하고 있다.

군사전략은 군사정책을 실질적으로 수행하는 수단으로써, 북한의 군사전략은 군사정책이 추구하는 '남조선 해방'에 궁극적인 목표를 두고, 이를 달성하기 위해 대규모 기습전, 속전속결전, 정규전과 비정규전의 배합전을 요체로 하고 있다. 북한의 군사전략은 김일성의 항일 유격투쟁의 경험과 소련식의 주력전을 통한 정면돌파 및 포위섬멸전 전략과 중국식의 유격전략을 합한 일종의 현대전과 유격전의 배합전략을 갖추고 있다. 즉, 소련식 전략이 전면, 정면 기습전략이라면 중국식은 유격, 침투, 교란식의 게릴라 전략으로서 북한이 이 두 가지 장점을 모두 취하여 한국지형에 맞는 독특한 전후방 동시 기습전략을 갖추고 있는 것이다. 대규모 기습전략은 정규전에 의한 대규모 전략적 기습선제 공격으로부터 비정규전에 의한 전략적 기습공격에 이르기까지 광범위하고 다양하게 전개되는 개념이다. 속전속결 전략은 단기결전으로 제한된 전쟁 비축물자에 따른 물량대결시의 상대적 열세를 감안한 것이며, 한국군이 전력을 재정비하여 반격하거나 다국적군의 참전기회를 봉쇄하여 개전 초기의 승세를 유지한 채 전쟁을 조기에 종료한다는 전략이다. 배합전략은 대규모 정규전과 비정규전인 유격전을 배합하여 "상대를 도처에서 공격하는 전선없는 전쟁"으로 남한 전력을 동시에 전장화한다는 것이 그 핵심내용이다(『로동신문』 논설 1972.4.19 참조). 이는 전선에서 상대방 주력군을 고착시켜 두고, 후방에서는 인민항쟁을 유발시키면서 전면공세를 취한다는 것이다.

따라서 북한의 대남 군사전략은 한마디로 초전 기습공격으로 전쟁의 주도권을 장악하고 기계화 및 자주화된 기동부대로 전과확대를 실시하여 속전속결을 기도하는 한편, 정규전 및 비정규전의 배합으로 동시 전장화하여 미 증원군의 도착이전에 남한 전역을 석권한다는 단기 속전속결 전략이라고 정리할 수 있다. 이를 위하여 북한은 공격전력 위주로 군사력을 증강하고 있고 주요전력을 전진배치해 놓고 있다.

2. 군비태세

1) 군사지휘구조

당 중앙군사위원회는 당의 군사노선과 정책을 관철하기 위한 대책을 토의·결정하며, 혁명무력을 강화하고 군수공업을 발전시키기 위한 사업을 비롯하여 국방사업 전반을 당적으로 지도한다(「조선노동당규약」 제3장 27항, 2010.9.28 개정). 그리고 국무위원회는 국가주권의 최고 정책적 지도기관으로서 과거 국방위원회를 '국가주권의 최고 국방지도기관'으로 규정해 국방업무에만 한정했던 것에 비해 업무영역이 넓어져 국무

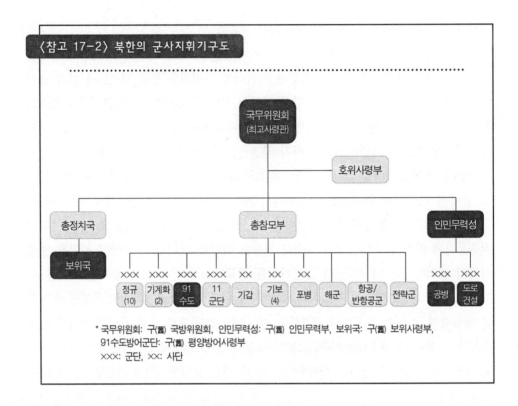

〈참고 17-2〉 북한의 군사지휘기구도

* 국무위원회: 구(舊) 국방위원회, 인민무력성: 구(舊) 인민무력부, 보위국: 구(舊) 보위사령부,
  91수도방어군단: 구(舊) 평양방어사령부
  ×××: 군단, ××: 사단

위원회가 국방사업뿐 아니라 국가의 중요정책을 토의해 결정토록 했다(2016년 6월 채택). 북한은 김정일을 영원한 당 총비서와 국방위원장으로 추대하고, 김정은이 노동당 위원장, 국무위원장, 최고사령관(원수) 그리고 당 중앙군사위원회 위원장을 겸직하면서 실질적인 1인자로서 하부 군사조직을 지휘·통제하고 있다.

과거 김정일 국방위원장이 직접 지시를 내렸던 군조직으로는 호위사령부와 보위사령부가 있다. 호위사령부는 김정일 일가와 노동당 고위 간부의 경호, 평양 내 핵심시설 경비 임무 등을 수행하고, 보위사령부는 반(反) 김정일 세력을 단속하는 군내 비밀경찰 역할을 수행하였다. 이러한 역할은 김정은에게도 이어지고 있다. 총정치국은 군의 당 조직과 정치사상 사업을 관장하고, 총참모부는 군사작전을 지휘하는 군령권을 행사한다. 총 참모부 예하에 정규군단, 기계화 군단, 평양방어 사령부 등 11개 종류의 조직들이 있다. 인민무력부는 편제상 우리의 국방부와 유사한 조직이다. 군 관련 외교, 군수, 행정, 재정 등 군정권을 행사하면서 대외적으로 군의 대표성을 가지고 있다. 이와 같이 대외적으로 군을 대표하기 때문에 북한군 내부적으로는 총참모부가 발행한 문건이라도 군 외부로 나갈 때에는 인민무력부 명의를 사용한다. 총정치국, 총참모부,

인민무력부는 수평적 관계라 볼 수 있으며 주요 군사사안에 대해서는 사전에 3자 합의를 거쳐 공동결재후 사안에 따라 국방위원장, 최고사령관에게 보고한다.

2) 군사능력

지상군은 총참모부 예하 9개의 정규군단, 2개의 기계화 군단, 평양방어사령부, 국경경비사령부, 11군단, 미사일지도국 등 총 15개 군단급 부대로 편성되어 있다. 북한은 평양-원산선 이남 지역에 지상군 전력의 약 70%를 배치하고 있으며, 그 일부는 북방한계선 일대에 준비된 갱도진지에서 기습공격을 감행할 태세를 갖추고 있다. 특히 170mm 자주포와 240mm 방사포 전력은 지속적으로 유지되고 있으며, 현재 배치된 진지에서 수도권에 대한 기습집중사격이 가능하다(국방부 2012a: 26). 기갑·기계화 부대의 주축은 T-54/55 전차와 T-62 전차를 개량한 천마호 전차이며, T-72 전차를 모방한 신형 전차(폭풍호)를 개발하여 작전배치하였다. 이처럼 주요 기동부대의 기동력과 타격력을 대폭 보강하여 작전적 융통성을 증가시키고 단기 속전속결 태세를 유지하고 있다. 또한 북한은 대부분의 군사시설을 지하화하고 있는데, 전국 약 11,000개의 지하시설이 있는 것으로 추정되며, 남침용 땅굴은 약 20여 개가 있는 것으로 추정되기고 한다(The Seatle Times 2003).

북한은 이미 경보병사단을 전방군단에 편성하였고 전방사단에 경보병연대를 추가 편성하는 등 특수전 능력을 지속적으로 강화하고 있다. 이들 특수전 병력은 현재 20만여 명에 달하는 것으로 평가된다. 이들은 땅굴·AN-2기 등을 이용하여 우리의 후방 지역으로 침투 후 주요 목표 타격, 요인암살, 후방교란 등의 배합작전을 수행할 것으로 판단된다.

해군은 해군사령부 예하에 2개 함대사와 13개 전대 40여 개의 기지, 특수작전을 수행하는 2개의 해상저격여단으로 구성되어 있다. 해군전력도 약 60%가 평양·원산

〈참고 17-3〉 북한의 경보병 사단

전방군단 예하에 편성되어 있으며 산악으로 침투하여 군단작전에 기여하거나 대규모 배합작전 및 후방 교란임무를 수행하는 특수전 부대

선 이남에 전진 배치되어 있어 기습공격이 가능하나 독립된 해군작전보다는 지상군작전과 연계하여 지상군의 진출 지원과 연안방어 등의 임무를 수행할 것이다. 수상전력으로서 유도탄정, 어뢰정, 소형 경비정 등을 보유하고 있으나 대부분은 소형 고속함정 위주로 구성되어 있어 기상 악화시 기동성이 약화되고 원해작전능력이 제한된다. 수중전력은 로미오급·상어급 잠수함과 연어급 잠수정 등 70여 척으로 구성되어 있으며, 기뢰 부설, 수상함 공격, 특수전 부대의 침투지원 임무 등을 수행한다. 천안함 피격사건에서 보듯이 북한은 무기체계가 월등히 앞서는 우리 군함을 신형 어뢰로 공격하는 등 비대칭 전력에 의한 전술을 계속 발전시킬 것이다.

공군은 공군사령부 예하에 4개 비행사단, 2개 전술수송여단, 2개 공군저격여단, 방공부대 등으로 구성되어 있다. 북한 공군은 북한전역을 4개 권역으로 분할하여 전력을 배치하였으며, 이 중 약 40%를 평양-원산선 이남 기지에 전진 배치하여 우리의 중요시설에 대한 기습능력을 보유하고 있다. 1980년 이후 도입한 항공기를 제외하면 대부분 항공기는 매우 노후하였으나, 전쟁 초기에 기습공격을 감행하여 우리의 방공자산, 보급로, 산업 및 군사시설, 국가기반시설 등을 타격할 것이다. 북한의 방공체계는 공군사령부 예하에 항공기, 지대공미사일, 고사포, 레이더 탐지부대 등으로 통합 구성되어 있다. 평양지역과 주요 군사시설 지역에는 SA-3, 휴전선 일대와 해안지역에

〈참고 17-4〉 북한군의 비대칭 위협

구분	규모	특징
탄도미사일	1,000여 발	스커드B와 C, 노동, IRBM
화학무기	2,500~5,000t	탄두 충전용 화학작용제
생물무기	13종	탄저균, 천연두, 콜레라 등
사이버 전력	사이버전력 6,000여 명 * 해커 600~700명	1986년부터 자동화대학에서 배출
장사정포	700문	구경 170mm 자주포, 240/300mm 방사포
특수전부대	20만여 명	땅굴, AN-2기, 고속부양정으로 침투
잠수함(정)	70여 척	로미오급, 상어급, 연어급 등

는 SA-2와 SA-5 지대공미사일을 다중으로 배치하였다.

예비전력은 지방군(구 교도부대), 노농적위군, 붉은청년근위대, 준군사부대로 구성 되어 있으며, 14세부터 60세까지 전 인구의 약 30%가 전시동원 대상으로 총 770만여 명에 달한다. 이 중 지방군은 한국의 예비군에 해당하는 조직으로 평시에는 군복과 개인장구만을 지급받고 있다가 일단 소집되면 현지에서 무기를 지급받아 연간 45일간 훈련을 받는다. 이 지방군은 핵심 예비전력으로 편성과 훈련 면에서 정규군에 준하는 수준이다.

전략무기를 확보하기 위해 북한은 핵, 탄도미사일, 화생무기를 지속적으로 개발하 고 있다. 북한은 1960년대 영변에 핵 시설을 건설하였으며, 1970년대에는 핵 연료의 정련, 변환, 가공기술을 집중 연구하였다. 1980년대 이후 5MWe 원자로를 가동하여 얻은 폐연료봉을 2009년까지 4회에 걸쳐 재처리하여 약 40kg의 플루토늄을 확보한 것으로 추정되며(2012 국방백서: 29), 2006년 10월, 2009년 5월, 2013년 2월, 2016년 1월과 9월, 2017년 9월 등 총 6차례에 걸쳐 핵실험을 실시했다. 고농축 우라늄 프로 그램도 상당한 수준으로 진전되고 있는 것으로 평가된다. 핵무기 소형화능력도 상당

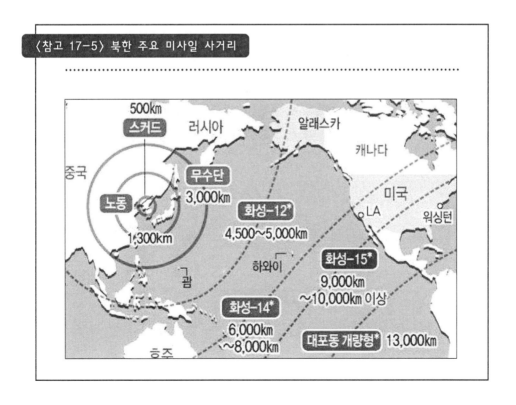

〈참고 17-5〉 북한 주요 미사일 사거리

한 수준에 이른 것으로 보인다(국방백서 2016).

북한은 1970년대부터 탄도미사일 개발에 착수하여 1980년대 중반 사정거리 300km 의 SCUD-B와 550km의 SCUD-C를 생산하여 작전배치하였다. 1990년대에는 사정거 리 1,300km인 노동미사일을 작전배치하였으며, 2007년 사거리 2,500km 이상의 중 거리 탄도미사일(IRBM)인 무수단을 작전배치함으로써 한반도를 포함한 일본과 괌 등 주변국에 대한 직접적인 타격능력을 보유하고 있다. 1990년대부터 장거리 탄도미사 일(ICBM) 개발에 착수하여 1998년 대포동 1호, 2006년에 대포동 2호를 시험 발사하 였으며, 2009년 4월 장거리 로켓을 발사하였다. 북한은 또한 2012년 12월 2일 은하수 3호라는 발사체를 이용하여 발사에 성공한 이후 끈질긴 발사도발을 통해 급기야는 화성-15라는 사거리 13,000km에 달하는 것으로 추정되는 ICBM발사를 성공시켰다. 미사일 종류별 사거리는 〈참고 17-5〉와 같다. 북한은 약 2,500~5,000톤의 다양한 화 학무기를 보유하고 있으며 전국에 분산 저장하고 있는 것으로 추정된다. 또한 탄저균, 천연두, 콜레라 등의 생물무기를 자체적으로 배양하고 생산할 수 있는 능력을 보유하 고 있는 것으로 추정된다.

요점정리

- 북한의 군사정책 기조: 국방자위, 결정적 시기조성, 국제지원역량강화
- 북한의 군사전략: 대규모 기습전, 속전속결전, 정규·비정규 배합전
- 북한군전력 평남-원산선 이남지역에서 집중배치: 육군 70%, 해군 60%, 공군 40%
- 20만 명의 특수전 부대(경보병사단)를 전방군단에 편성하여 특수전 능력 지속 강화
- WMD 지속 개발
  - 플루토늄(Pu) 50kg 확보, 고농축(HEU) 프로그램 추진
  - 중장거리 미사일 지속 개발 및 실험
  - 2,500~5,000톤의 화학무기 보유

III. 한반도 전쟁양상 및 전쟁기획

1. 한반도 전장환경과 작전양상

한반도에서의 미래전쟁은 ① 첨단전쟁과 재래식전쟁의 병행, ② 다차원영역에서의 비선형전장 형성, ③ 피아 사활을 건 국가총력전, ④ 네트워크 중심 작전환경(NCOE) 의 특징으로 전개될 것으로 예측되고 있다(국방부 2010b: 38-39). 궁극적으로 볼 때는 한반도 미래 전장환경과 작전양상은 앞에서 언급한 미래전 양상(10장 참고)과 맥을 같이한다고 볼 수 있다. 그러나 한반도의 지형적 특성과 함께 독특한 전력구조는 당분간 특이한 작전양상을 상정해 볼 수 있다. 여기서는 남북한 무기체계의 수준을 살펴보고 예상되는 전략전술과 아울러 전쟁수행 방식을 예상해 본다.

1) 한반도 전장환경

북한의 경제난을 고려할 때 일부 현대식 전력 보유를 꾀하고 있으나 전반적으로 북한군의 전력과 전략전술은 당분간 미래에도 비슷한 양상이 될 것임을 예상할 수 있다. 북한의 주요 전력은 지상군을 중심으로 구성되어 있으며 주로 양적 우세를 보이고 있으나 장비는 노후화된 것으로 알려져 있고, 반면 한국은 질적으로 우세한 장비를 보유하고 있다. 북한의 지상군은 병력, 전차, 화포의 수에서 월등한 우세를 보이고 있으며, 지대공·지대지 미사일 면에서도 우세를 보이고 있다. 더구나 북한은 대량살상무기를 보유하고 있어서 이를 사용할 경우 막강한 전력을 발휘할 수 있다. 해군력에 있어서 북한은 한국과 같은 구축함 위주의 전력이 아니라 잠수함 및 소형 미사일 위주의 전력을 보유하고 있으며 이에 따라 북한의 다수의 소형함에 대응할 수 있는 전력에서는 한국이 수적인 열세를 보이고 있다. 공군력에서는 양적인 면에서 다소 우위를 보이고 있으나 노후화된 기종을 다량으로 보유하고 있어, 유지 및 전력발휘에 제한이 있을 것이다. 북한은 수적 우세를 이용한 전략을 구사할 것으로 전망된다. 또한 특수부대는 한국군의 후방에 침투하여 후방교란 및 작전지역의 후방에서 한국군의 조직적 방어를 방해할 것이다.

한편, 지난 2009년 7월 한미 양국의 주요 국가기관인 인터넷 사이트에 대한 북한의 디도스(DDoS: 분산서비스 거부) 공격은 비대칭전력을 활용한 대표적 사례로 꼽는다. 북한의 사이버전 역량은 세계 상위권으로 평가된다. 북한의 사이버전 분야의 인력은 약 4,000명에 이른다고 한다(VOA, 2017.1.11, 러시아 유력 일간지 '코메르산트'지 인용). 그리하여 유사시 우리사회의 기간 인프라망과 정부 및 군의 주요 지휘센터에 대해 동시다발적으로 사이버 공격을 할 것으로 예상된다. 동시에 전자장비를 무력화할 수 있는 전자기(EMP: Electro Magnetic Pulse)탄을 사용할 가능성이 있다. 이와 같은 비대칭전력은 정규전 전력의 보조수단으로 활용할 가능성이 크지만 효과는 재래식 무기보다 클 수 있다.

이와 같은 북한군의 전력구성에 대해 한국군이 처하게 되는 어려움은 미래전에서 가장 중요한 '여건조성'을 할 수 있는 시간이 부족하다는 점에 있다. 북한군의 주전력이 전선에서 30~40km 사이에 배치되어 있기 때문에 전선돌파를 시도하면 이들은 수 시간 내에 한국군의 전선에 도착할 수 있을 것이다. 따라서 한국군은 전쟁개시 이후 비교적 짧은 시간 내에 북한군의 주력과 교전할 수밖에 없는 상황이 될 것이다. 그러나 한국군은 북한의 공격기도를 인지한 후에 우선 해상통제권 및 공중통제권 장악을 위해 전력을 활용할 것이고 대화력전을 전개할 것이다. 공중통제권을 장악한 이후에는 북한의 종심지역에 있는 전략표적에 대해 타격할 것이고 한국군에 대한 근접지원

〈참고 17-6〉 남북한 주요 전력 비교

육군

구분	병력	군단/사단	전차	장갑차	야포	지대지미사일(발사대)	헬기
북	1,100,000	17/82	4,300	2,500	8,600	100	290
남	490,000	12/43	2,400	2,700	5,700	200	690

해군

구분	병력	잠수함	전투함	상륙함	기뢰전	지원함
북	60,000	70	430	250	20	40
남	70,000(해병대 포함)	10	110	10	10	20

공군

구분	병력	전투기	감시통제기	공중기동기	훈련기	예비병력
북	110,000	810	30	330	170	762만
남	65,000	410	60	50	180	310만

출처: 국방백서 2016

전력은 비교적 약할 것으로 판단된다.

따라서 한국의 작전환경상 북한군이 공격을 개시하여 전방전투지경선(FEBA)에 도달하기 전 불과 수 시간 내에 북한군의 전투력을 감소시키기는 어려울 것이다. 즉 한국군이 처한 상황은 아무리 첨단 전력의 미래전이 수행된다 하더라도 지상군의 교전 이전에 충분한 여건조성 작전을 수행하기 어려운 작전환경이라는 것이다. 수도권 이북에서 방어에 성공하여야 하기 때문에 지역을 양보하면서 적 전투력을 감소시킬 수 있는 지연전을 계획할 수도 없어서, 현 전선에서 여건조성이 충분하지 않은 상태에서 적과 근접전투를 수행하여야 한다. 따라서 한국전에서는 초전 근접방어가 중요하며, 한국전이 미국이 수행한 전쟁의 양상과는 다르리라는 점이 바로 여기에 있는 것이다. 공군력은 제공권 장악 및 필요한 타격을 위하여 초전 수일간 전투력을 집중하여야 하기 때문에, 지상작전의 근접지원은 우선순위에서 뒤떨어질 수밖에 없다.

한편, 해군력의 이용도 마찬가지다. 해군력 또한 북한군에 우수한 장비를 보유하고 있지만, 해군의 함포사격지원은 지상에 근접해야 하는데 함포사거리가 20여km임을 고려시 해군 함정이 지상작전에 기여할 수 있는 바는 제한될 것이다. 특히 북한군의 주 기동로가 한반도의 내륙이 될 가능성이 크므로 함포 사거리를 훨씬 벗어나게 될 것이다.

2) 한반도 작전양상

이라크전과 걸프전의 수행방식으로 대표되는 미래전의 전쟁양상은 지상군의 교전 이전에 공중공격에 의해 여건조성을 충분히 한 다음 지상전을 수행하는 방식이었다. 전장상황 인식과 정밀타격 수단의 발전은 이와 같은 전쟁을 가능하게 하였고, 지상전투에서 불가피하게 수반되는 인명피해 또한 최소화하면서 전쟁을 수행할 수 있게 되었다. 충분한 여건조성을 위해 걸프전과 이라크전에서는 지상군 교전 이전에 적 전투력을 40~50%가량 감소시켰던 것이다. 이를 위해서 걸프전에서는 39일이라는 시간이 소요되었고, 이라크전에서는 수일간의 시간이 소요되었다. 그러나 한반도 전쟁양상에서는 한반도의 특수성이 많이 작용할 것으로 보이는데, 남북한 공히 여건조성을 충분히 할 수 있는 능력과 시간적 여유가 없다는 것이다.

또한, 최근 이라크전과 아프간전을 보면 미래전쟁이 꼭 최첨단의 과학기술 전쟁방식으로만 치러지는 것이 아님을 알 수 있다. 한반도 전쟁양상도 대주변국과의 분쟁을 대비하고 향후 북한의 전력수준과 전략을 미루어 보건대 부분적으로는 첨단과학전이,

〈참고 17-7〉 배합전(配合戰)

···

배합은 정규전과 비정규전의 배합이다. 이 전략은 구소련군의 전략을 바탕으로 한반
도의 지형적 특수성을 감안하여 개발된 전격전의 변형이다. 북한은 전통적으로 비정
규전의 중요성을 강조하여 대규모 경보병부대와 특수군단을 육성해 왔다. 배합작전에
의거한 전격전으로 초전에 승기를 장악하는 것이 목적이다(남만권 2006: 54).

다른 한편으로는 재래식 비정규전이 수행될 것으로 판단된다. 북한으로서는 재래식
비정규전을 중심한 전쟁을 수행하되 고전적인 방식이 아닌 일부 첨단능력이 첨가된
전쟁을 수행할 것으로 보인다. 따라서 이 두 전쟁양상이 혼합된 모습이 펼쳐질 것으로
예상된다. 즉 우리 입장에서는 대주변국 위협을 고려한 첨단과학 기술전쟁 중심으로
하되 북한 비대칭적 구식전쟁에도 대비해야 한다.

북한의 전략전술은 북한의 무기체계 특징과 한반도의 지형을 최대한 이용하여 발전
되고 있다. 최근 북한은 이라크, 탈레반군이 수행한 작전을 통해 첨단전력의 취약점을
간파하고 북한군의 전방사단을 경보병사단으로 개편·증편하여 유사시 산악이나 도시
지역을 이용한 작전 비중을 증가시키고, 특공대처럼 후방에 신속하게 침투해 파괴,
교란작전을 펼칠 수 있도록 했다. 산악이나 도시지역에서의 작전은 기술력에 기반을
둔 감시정찰 수단 및 정밀타격수단의 효과를 무력화할 수 있다는 측면에서 북한의
입장에서는 유리한 전략전술이다. 이렇게 되면 한국군은 후방지역에서 활동하고 있는
북한군 때문에 자체방어를 강화할 수밖에 없을 것이며, 그만큼 전방에 대한 방어노력
은 약화될 것이다. 북한군의 이러한 전략전술은 기동전 중심의 기본작전개념을 유지
하되 배합전, 앞에서 언급한 하이브리드전과 유사한 비정규전을 강화한 것으로 평가
할 수 있다.

북한군은 그들이 보유한 전력을 토대로 이른바 '대량기습에 의한 속도전'을 구상할
것으로 알려져 있다(남만권 2006: 52-55). 북한의 전력구조상 미국의 이라크 공격시와
같이 항공전력을 최대한 이용한 사전 여건조성은 기대할 수 없을 것이다. 따라서 전방
의 1제대로 불리는 사단이 기습적으로 한국군의 전방지역을 공격하여 돌파구 형성에
주력할 것이다. 이를 위하여 북한은 전방에 전개된 방사포, 자주포 등을 일제히 사격
함으로써 한국군에게 최대한 피해를 입힌다는 것이다. 또한 수십여 개의 땅굴을 통해

수시간 내 일거에 수만 명의 경무장한 정규군을 투입하여 전방 아군의 배후를 습격, 돌파구 형성에 크게 기여할 것으로 추정된다. 이러한 전법이 그들에게는 여건조성 단계가 될 것이다. 이러한 나름대로의 여건조성이 없이 무모하게 대량 인명희생을 각오하고 남침하지는 않을 것으로 보인다. 또한 동시에 북한군의 특수부대는 지·해·공을 이용하여 한국군의 후방으로 침투하여 주요 기지, 한국 내의 주요 전략목표, 주요 요인에 대한 암살 등을 시도할 것으로 예상된다.

한국군의 전방에 도달한 북한군의 전연군단은 모든 수단을 통해 한국군 방어선을 돌파할 것으로 예상되며, 특히 기계화부대를 기동시킬 수 있는 주요 접근로에 전력을 집중할 것으로 예상된다. 북한군은 공중과 해상을 통해 침투부대를 상륙시킨 이후, 해군은 한국 함대와 주요 전력을 공격하고, 공군은 낙후된 기종(IL-28, Mig-17 등의 기종이나 북한의 공군은 약 50%를 전방으로 배치하여 수분 내에 서울 상공에 도달하도록 할 것이다)을 이용하여 한국의 비행장이나 서울 상공 등 주요 목표지점에 폭격 또는 자폭 등을 시도할 것으로 예상된다.

이후 북한 해군은 자신들의 기지로 들어가 해안포, 지대함 미사일을 이용하여 한국 함정의 접근을 막고 상륙전에 대비할 것이다. 일단 한국군의 전방이 돌파되면 북한군은 제2제대인 기계화부대를 투입하여 한국군의 중심으로 신속히 기동하여 한강 교두보를 확보할 것으로 추정된다. 이들은 자주화된 포병군단의 지원을 받아 기동할 것이다. 이들은 신속히 한강을 도하하여 한국의 주요 항만으로 진격하여 미군이 증원하기 전에 한반도를 점령하려고 할 것이다.

2. 한국 전쟁기획

1) 군사전략과 전쟁지도

군사전략이라 함은 일반적으로 '전·평시 국가목표를 달성하기 위하여 군사력을 준비·운용하는 기술과 과학'으로 정의된다. 따라서 우리의 군사전략은 다양한 안보위협으로부터 국가를 방위하고 국가이익을 보호하여야 한다. 전략개념의 구체적 내용은 국가안보정책, 국가안보전략, 국방정책에서 제시하고 있는 완벽한 대비태세 확립, 전쟁억제, 통일달성, 국제평화에 대한 기여 등의 개념을 고려하여 설정되어야 한다. 나아가 국가이익을 보호하고 발전시키기 위한 적극적 의미의 군사적 역할을 수행하기 위한 군사전략이 요구된다. 또한 우리의 군사전략은 안보환경이 남북대치기, 평화공

〈참고 17-8〉 상정 시기별 군사전략 개념

구분	군사전략 주요개념
남북대치기	▪ 한·미군사동맹 기반으로 북한의 전쟁도발을 억제 　- 북한의 전쟁도발시 승리달성 　- 개전 초 전장의 주도권 장악 및 수도권 안전확보 ▪ 최소의 손실로 조기에 전승을 확보하고 통일달성 ▪ 국지도발을 예방하고 도발시 단호히 격퇴 ▪ 해상교통로 보호 ▪ 비군사적 위협의 예방 및 위협도발시 조기 원상 회복
평화공존기	▪ 남북 간 성공적인 군비통제 실시 ▪ 통일대비 유리한 군사적 환경 구축
통일기	▪ 불특정 위협에 의한 분쟁도발의 예방 및 억제 ▪ 적의 군사도발을 단기간에 격퇴하고 승리 달성 ▪ 해상교통로 보호 ▪ 비군사적 위협의 예방 및 위협도발시 조기 원상 회복

존기, 통일기로 발전됨에 따라 커다란 차이를 갖게 될 것이라는 특성을 반영하여야 한다(차영구·황병무 2009: 130-138). 현재처럼 남북대치기의 군사전략은 주요 군사위협인 북한의 군사도발에 대한 대응개념에 중점을 두어야 할 것이다. 평화공존기는 남북 간에 평화체제가 구축되고 군비통제가 실현되어 북한의 실질적인 군사적 위협이 감소되는 시기이다. 이 시기의 군사전략은 한반도 평화통일을 지원하고 유리한 통일여건을 조성할 수 있도록 준비되어야 한다. 통일기의 군사전략은 새로운 다양한 불특정위협에 대처할 수 있도록 전략개념이 정립되어야 한다. 이러한 우리의 군사전략은 국가경제활동을 지원하기 위한 해상교통로 확보 및 21세기 새로운 위협으로 중시되고 있는 비군사적 위협에 대한 대응개념을 포함해야 할 것이다. 〈참고 18-8〉의 표는 현재 및 미래 주요 위협에 대응하기 위해 우리가 설정해야 할 주요 군사전략 개념을 보여주고 있다.

2) 군사력 운용 개념 및 작전

군사전략 개념을 실제로 구현하기 위해서는 장차 예상되는 미래 분쟁에서 '어떻게 싸워 이길 것인가에 대한 개념'을 정립하고, 이를 위한 군사력 건설을 준비해야 한다. 우리는 현실적인 북한위협에 대비하면서 미래 통일기 위협에 대비할 수 있는 능력을 동시에 발전시켜야 한다. 분쟁과 관련된 군사력 운용방법은 평시 분쟁을 예방·억제하기 위한 감시·정찰 활동과 군사력 현시 및 시위 활동이 중요하다. 잠재적인 적의 군사도발 징후를 면밀히 감시·정찰하여 사전에 경보하는 것은 필요한 조치를 조기에 강구할 수 있도록 함으로써 군사도발 의도를 차단할 수 있도록 한다. 군사력 현시는 분쟁 예상지역에 평시 군사력을 배치하여 우리의 의지를 과시하는 활동이며, 군사력 시위는 분쟁과 관련하여 긴장 또는 위기가 고조시 자신의 의지를 가시적으로 전달하기 위해 실시하는 군사력 활동이다. 일반적으로 분쟁 도발국이 이미 어떠한 행동을 개시한 것을 중단시키는 것보다 행동을 개시하기 이전에 중단시키는 것이 보다 용이하다. 이러한 군사활동은 분쟁 도발국이 자신의 국가적 위상을 크게 손상함이 없이 행동을 손쉽게 바꿀 수 있도록 하기 때문에 분쟁을 보다 효과적으로 예방하고 억제할 수 있다.

분쟁을 예방 및 억제하기 위한 노력에도 불구하고 군사도발이 발생할 경우 이를 격퇴하기 위한 군사작전이 요구된다. 현대 군사작전 개념으로서 가장 각광받고 있는 개념은 효과중심작전(EBO)과 네트워크중심전(NCW)이다. 이 EBO와 NCW는 미래전에도 대비할 수 있는 매우 발전된 우수한 개념이다. EBO는 미 합동전력사령부(JFCOM)가 1992년부터 본격적으로 개념연구에 착수하여 한·미연합사령부에서 우선적으로 시험 적용 및 발전시킨 작전교리로서 EBO의 정의는 다음과 같다. "부여된 정책목표를 달성하기 위해, 작전환경에 대한 전반적인 이해를 바탕으로, 국력의 제요소를 통합 사용하여, 적의 행동 또는 능력에 영향을 미치거나 변화시키는 데 중점을 두고 계획, 시행, 평가, 조정하는 작전"이다.

한편, NCW는 군사혁신(RMA)의 일환으로 해군의 군사력 변혁과 관련하여 1990년대 후반부터 연구·발전된 개념으로서 세계 최강의 미국이 세계 최첨단 컴퓨터자료처리능력과 네트워크로 연결된 고도의 통신기술을 복합·활용한 통합전장개념이다. NCW는 "지리적으로 분산배치된 전투조직들을 네트워크를 통해 효율적으로 연결·결합시켜 전투력을 향상시키는 것으로 네트워크 중심의 사고를 군사작전에 적용, 전투원과 조직형태를 혁신시키는 개념"이다. 따라서 미래전을 위한 작전개념은 이 두 주요 개념을 포괄하는 개념이 되어야 할 것이다. 결국 한국의 합동작전은 한반도의 작전환경 및 위협평가, 무기체계 발달과 미래전 양상 등을 고려하여 '효과중심의 공세적 통합작전' 개념으로 수행하여야 할 것이다. 이러한 개념은 네트워크중심 작전환경(NCOE)하에서 전력을 효과적·공세적으로 운용하고 전영역에서 작전을 통합하여 적의 중심을 마비시킴으로써 전쟁에서 승리하는 개념이다.

이러한 개념을 기반으로 한국군의 작전양상을 예상해 보면, 우선 유사시 장거리 감시정찰을 통해 전장정보에서 우위를 달성하고, 적이 접근하기 이전에 타격을 하는데, 타격의 목표는 적의 핵심요소를 타격함으로써 적 전투력의 효과적 발휘를 마비시키는 형태의 작전을 수행할 것이다. 한국군 지상군의 대부분은 전방방어에 치중하고 있다. 한국의 전략목표는 수도 서울의 안전을 보장하는 것으로 볼 수 있다. 수도 서울이 휴전선과 근접하고 있고, 서울에 한국의 모든 역량이 집중되고 있어서 서울의 함락이나 파괴는 한국의 함락이나 파괴를 의미하는 만큼 중요하다. 초전 생존성 보장은 일차적으로 전방지역에 배치되어 있는 지상전력의 생존성 보장을 의미한다.

한국군이 방어에 성공하고 한반도를 통일하기 위해서는 한국군은 필수적으로 전방방어에 성공할 뿐만 아니라, 많은 전력을 보존하여야 한다. 한국 지상군의 손실이 클 경우에는 방어에 성공할 수 있다 하더라도 북한을 통일할 전력이 부족하게 되는 상황이 발생하기 때문이다. 때문에 공군력운용은 매우 확대될 수밖에 없다. 공군은 우선 제공권 확보와 함께 적지 종심의 주요표적에 대한 전략타격, 적의 장사정포를 타격할 수 있는 대화력전 등을 수행할 것이다. 동시에 적지상군의 대규모공격을 저지하여 현 전선 고착을 위한 초전 수일간 근접작전지역에도 공군전력의 많은 할당이 필요할 것으로 보인다. 미래 한국의 방어 작전개념은 여건조성 및 공지합동작전이라고 정의할 수 있겠다. 즉 이라크와 아프가니스탄에서 적용된 작전개념을 혼합한 작전개념을 적용하여야 할 것이다. 이를 위해서는 적 지역에 대한 무인정찰기나 인적자원을 이용한 실시간대의 정보를 획득 및 전파할 수 있는 능력을 보유하여야 한다.

한반도 작전에서 합동성의 구현은 실시간 합동작전이 이루어져야 하는 상황으로 우선 근접전투간 합동작전을 구현할 수 있어야 할 것이다. 이는 주로 지상 작전부대와 근접지원을 제공하는 항공기 간의 합동성이 될 것이며, 또는 표적 획득을 위한 지상부대 정찰팀과 근접지원 항공기간의 합동성이 될 것이다. 근접지원에서의 합동작전은 전형적인 공지 합동작전의 형태로 이루어질 것이다. 이외에도, 공군과 해군의 합동작전, 해군과 지상군의 합동작전, 방공작전과 같이 공군과 지상군의 합동성 등을 필요로 하는 경우가 있을 것이다.

　근접작전지역에서 공군력 역할에 대한 합동작전개념은 두 가지 형태가 있는데, 공군력이 종심지역 타격위주로 운용하고, 근접방어지역은 주로 지상군에 의한 타격 위주로 수행하게 되면, 한국적 여건에서 필수적인 지상군 작전여건 조성이 미흡할 가능성이 있다. 그러나 근접전투에 공군력을 적극적으로 사용하게 되면 여건조성과 함께 지상군 생존력이 증가될 수 있으나, 공군력의 손실과 함께 정밀한 공역통제가 필요하며 공군력의 증강이 필요하다.

　공격작전을 수행할 때도 적의 저항이 작은 지역을 따라 기동해야 할 것이며 다양한 수단을 이용하여 근접전투 이전에 적을 타격해야 할 것이다. 적과 근접전투를 하게 되면 첨단전력의 장점이 발휘되기 어렵고, 재래식 장비로 무장한 적과 거의 대등한 전력으로 작전을 하여야 한다. 원거리에서의 작전은 전쟁의 제요소가 네트워크로 연결되어 있지 않으면 수행이 불가능하다. 원거리에 분산된 작전요소, 도시작전, 실시간 타격, 합동작전 등의 전쟁을 수행하기 위해서 네트워크는 필수적이다.

　공격작전의 전력운용은 장거리 정찰능력과 장거리 정밀타격능력을 최대한 이용하는 형태의 전력 운용이 될 것이다. 정보전력은 적의 전략 및 작전목표를 식별하고, 특히 전쟁을 조기에 종료하기 위해 적의 전쟁지도부를 찾아내고 표적 정보를 제공하는데 주력한다. 타격전력은 장거리 정밀타격능력을 바탕으로 전략 및 작전적 목표를 정밀타격함으로써 패주하는 적 전투력의 격멸은 물론, 방어진지를 구축하고 있는 적 전투력을 타격하여 적이 조직적인 전력발휘를 못하도록 하는 데 결정적인 기여를 한다. 그야말로 기동부대가 기동전을 전개하기 위한 여건을 조성하는 것이다. 여건조성에 이용되는 전력은 공군전력, 해상에서의 유도탄, 지상 유도탄 등 각종 장거리 정밀타격능력이 이용될 것이다. 기동부대의 전투를 위해 합동성 또한 요구된다. 기동부대가 보유한 화력에 제한이 있을 경우, 공중공격을 통해 적을 타격할 수 있어야 한다. 전체 전쟁에서 부분적인 합동성구현은 항상 구현될 수 있어야 한다. 북으로 진격 중 10,000여 개의 은폐된 지하시설을 통한 적의 비정규전에도 대비해야 되는데 이는 아프간에서의 미국의 잘 협조된 공군과 특수부대간의 합동작전 같은 형태를 수행해야 할 것이다. 상륙작전은 많은 위험을 감수하여야 하는 작전이나 상륙작전의 가능성으로 인한 전략적인 효과가 매우 클 것이다. 즉 북한은 동해와 서해의 상륙작전에 대비하여야 하기 때문에 전력을 분산·운용하여야 하고 상륙작전의 가능성 때문에 후방의 전력을 휴전선 쪽으로 집중하지 못할 것이다.

대주변국과 분쟁 가능성에 대해서 통일 이전에는 주로 해상에서 발생하는 분쟁이 될 것이다. 그러나 무력분쟁보다는 외교적으로 해결될 가능성이 높으며 동원되는 전력도 무력시위가 주목적일 가능성이 크다. 그러나 실제 군사적 충돌이 명백한 상황에서 전력을 동원할 경우, 한국은 사전에 장거리 감시정찰 체계를 이용하여 적의 동향 탐지 및 위치를 파악한 후, 적전력이 한국의 영해에 진입하기 전 미사일 또는 공중전력을 이용하여 적을 원거리에서 적을 타격하는 것이 유리할 것이다. 통일 이후에는 중국과 지상작전의 가능성이 추가될 것이다. 중국과의 지상분쟁은 북한에 대한 방어보다는 유리할 것으로 전망된다. 중국군이 국경을 넘어 군사력을 한국 영토로 전진시킨다면, 감시정찰 장비를 총동원하여 적에게 대하여 정밀타격을 감행하여 적에게 시간적인 여유를 갖고 충분히 지상군이 교전할 수 있는 여건을 조성할 수 있을 것이다. 여건조성 기간 동안에 적 전투력의 상당 부분을 타격한다면, 이후에는 아군의 기동전력을 이용하여 근접전투로 승리를 쟁취할 수 있을 것이다.

IV. 북한의 급변사태에 따른 대비방향

최근 중동에서 튀니지 혁명(재스민 혁명)과 같은 거대한 정치변동은 북한급변사태에 대한 관심을 형성하고 있다. 아프리카의 튀니지, 이집트, 예멘, 리비아, 바레인 등 중동 및 북아프리카 지역에서 거대한 정치변화가 진행되고 있다. 이들 지역에서 진행되고 있는 국민들의 정치적 요구는 정권교체에 있다. 특히 외양상 공화제를 표방하면서 실질적으로 일인(一人), 일가(一族), 일당(一堂)의 장기집권체제에 대해 국민들이 저항하고 교체를 요구하고 있는 것이다. 이와 같은 중동 발 정치변화가 북한에도 일어날수 있을까? 여기서는 소위 북한 급변사태가 일어난다면 어떤 형식으로 진행되고 이에대한 군의 대응은 어떻게 해야 할 것인가? 하는 문제를 다룰 것이다.

1. 급변사태 논의 및 전개 시나리오

1990년대 이후 북한의 상황을 설명하고 예측하는 용어로서 '급변사태'라는 개념이 사용되었는데, 이 개념은 북한의 붕괴상황, 불안정, 경제적 위기, 체제위기라는 말들과 엄격한 구별 없이 사용되었다. 이러한 북한 급변사태 논의는 크게 1990년대 후반 대량 탈북사태 발생시, 2009년 화폐개혁 전후시기, 2010 김정은이 권력승계자로 지명된 것을 전후하여 활발하게 전개되었다. 1990년대 중반에 처음 북한의 급변사태 가능성이 활발하게 논의된 배경은 북한의 심각한 경제난에 있었다. 경제난으로 인하여 탈북자가 발생하고, 탈북자의 증언을 통하여 '북한지역에 대규모 아사자가 발생하고 있는 사실'이 북한지역에 광범위하게 알려지면서 급변사태 가능성이 논의되었던 것이다. 특히 1997년 1월 황장엽 비서 등 북측 고위인사가 한국으로 망명하면서 권력장치 내부에도 심각한 문제가 있는 것으로 추측되었다. 이러한 논의는 당시 대북포용정책 시기에 위축되었다가 2008년 후반기 김정일의 건강이 악화되고, 공세적 대외정책에 대한 부작용으로 국제사회의 제재가 강화되자 다시 활발히 제기되었다. 게다가 북한이 2009년 11월 말에 단행한 화폐개혁이 실패하고, 실패의 정치적 후유증이 알려지면

〈참고 17-9〉 재스민 혁명(튀니지 혁명)

⋯⋯⋯⋯⋯⋯⋯⋯⋯⋯⋯⋯⋯⋯⋯⋯⋯⋯⋯⋯

튀니지 혁명은 2010년부터 2011년에 걸쳐 튀니지에서 일어난 혁명이다. 튀니지의 나라꽃인 재스민에 빗대어 재스민 혁명(Jasmine Revolution)으로도 불린다. 혁명의 결과로 24년 장기집권한 대통령이 사퇴했으며 이 민주화 운동은 이집트, 리비아 등 다른 아랍국가에도 확대되어 수많은 정변과 개혁을 촉발시켰다.

서 북한체제의 급변사태 발생가능성에 대해 새로운 관심이 집중되었다. 특히 북한당
국이 실패를 인정하고, 후속조치를 취하면서 화폐개혁이 북한체제의 내구력에 중요한
손상을 주는 것이 아닌지에 대한 관심이 집중되었던 것이다. 아울러 2010년 북한이
노동당 대표자 대회를 통해 김정일 위원장의 3남 김정은이 당 중앙군사위원회 부위원
장으로 선출되는 등 김정은 승계 프로세스 작업이 본격화됨으로써 김정은이 과연 안
정적으로 권력을 승계할 것인가에 대한 논의가 활발히 진행되고 있다. 집단지도체제
등의 진행 후 권력의 안정적 승계가 이루어진다면 보수정권의 유지 또는 개혁개방체
제로 전환될 수 있지만, 승계에 실패할 경우는 이러한 상황 외에 '급변사태'로 진행될
수 있다는 것이다.

북한의 급변사태는 다음과 같은 두 가지의 의미를 갖고 있다. 첫째, 기존의 북한체
제가 단기간 내에 스스로 극복할 수 없는 성질, 규모의 내부 불안정상황이 발생한
상황이다. 둘째, 내부의 불안정이 확대, 심화되어 한반도와 동북아, 국제사회의 개입
에 의해 해결이 모색되는 상황이다. 우선 북한 스스로 극복할 수 없는 내부적 위기상
황이다. 이러한 내부적 위기상황은 분야별로 엄격하게 분리하여 상정하기 어렵지만
위기발생의 중심요소별 다음과 같이 나누어 생각할 수 있다.

첫째, 북한의 정치적 위기상황이다. 체제유지, 지배기구의 핵심인 김정은과 노동당
의 지도기능의 마비이다. 세계 유례없는 김정은 3대 세습정권의 동요와 함께 일당독
재의 기능마비현상은 북한의 정치적 혼란을 초래할 것이며, 그 혼란은 단기적으로 극
복하기 어려울 것이다.

둘째, 경제·사회적 위기의 차원에서 보면 국가의 자원부족, 식량난으로 인한 사회
적 혼란, 체제위기로 진행되는 상황이다. 즉 식량부족으로 인하여 국내정치과정의 기
능이 정지되고 단순한 경제정책 차원의 변화차원이 아니라 권력구조 차원, 체제의 질
적변화가 임박한 그러한 상황을 의미한다. 식량과 관련한 폭동이 발생하여 체제의
변혁을 요구하거나, 식량문제와 관련하여 권력내부의 갈등 등의 요인으로 인해 김정
은 체제의 구축실패, 노동당 일당지배의 와해 등이 이러한 상황에 해당된다.

셋째, 군사적 위기상황이다. 북한의 체제속성을 고려할 때, 정치와 군사를 분리해서
분석하기에 어려움이 많으나 북한체제가 직면할 군사적 위기는 두 가지로 나누어 고
려할 수 있다. 우선, 북한의 군부가 분열하여 내전으로 진행되는 상황이다. 내전이
다른 정치적 위기, 경제·사회적 위기와 밀접한 상관관계를 맺으면서 발생할 수 있다.
김정은의 권력장악 과정에서 쿠데타, 사회적 소요의 확대에 편승하여 군의 사령부 간

〈참고 17-10〉 미국의 대이라크전

미국의 대이라크전은 이라크의 대량살상무기 위협에 대해 선제공격전략(적의 공격이
임박한 확실한 증거를 기초로 시작되는 전략)보다는 예방적 자위권 행사를 위한 예방
공격이라고 볼 수 있다. 이러한 자위권 행사는 규범적 관점에서 일반적으로 인정되는
자위권의 범주를 벗어나는 것으로 보고 있다. 그러나 미국의 이라크전은 국제사회의
전폭적인 지원 없이도 수행되었고, 미국의 승전에 따라 전후처리에 유엔이 참여하는
모습을 보이고 있다.

에 영향력 확대 및 대내외 정책에 대한 갈등으로 축발될 수 있다. 다음으로는 북한이
국지도발을 하거나 대량살상무기 개발을 지속하여 주변국의 예방적 공격을 초래할
수도 있다. 핵개발과 관련하여 미국이 예방적 선제공격을 계획한 경우가 그러한 사례
가 될 것이다. 이러한 정치·군사적, 경제·사회적, 외교적 위기(국제제재) 등으로 북한
은 ① 대량 난민 발생, ② 주민 봉기, ③ 내전(권력내부 갈등), ④ 외국과의 충돌, ⑤
대량살상무기 통제 불능 등의 급변사태 유형을 맞이할 수 있다.

이처럼 북한 스스로 해결할 수 없는 불안정상황에 대하여 주변국이 정책적 차원에
서 적극적으로 개입하는 상황은 능력과 이해관계를 고려해 볼 때 미국이 주도할 가능
성이 많다. 그러나 미국은 북한은 물론 한반도 전체에 긴밀한 이해관계를 갖고 있는
한반도 주변국가의 입장을 존중하지 않을 수 없을 것으로 고려된다. 따라서 주변국과
쉽게 합의가 가능한 상황에서 제한된 목적을 갖고 정책적 대응을 할 것으로 고려된다.
북한의 불안정상황에 대한 위와 같은 주변국의 입장을 고려할 때 ① 북한의 불안정상
황이 밖으로 확산될 위험에 처할 때, ② 정치·군사적 혼란으로 대량살상무기의 통제
가 의심되거나 대량살상무기의 사용 조짐이 있을 때, ③ 주민에 대한 대량살상이 진행
되거나 구호품 지원이 절대적으로 필요한 상황 등 대규모의 인도주의적 지원이 필요
한 경우, ④ 주민의 대량탈주로 주변국의 국가이익이 침해받는 경우에 적극적으로
개입을 검토할 것으로 보인다.

2. 대북 군사개입의 조건과 방향

국제법은 구속력에 한계가 존재한다. 즉 국제법을 위반하는 경우 이를 제재할 수 있는 현실적 수단이 취약하기 때문에 강대국이 국제법을 위반한다 해도 사실상 불이익을 받지 않는다는 것이다. 역사적으로도 힘에 바탕을 둔 현실적 영향력이 국제법의 구속력보다 우위에서 핵심적인 역할을 한 사례가 빈번하였다. 특히 최근의 이라크전은 그 좋은 예로 볼 수 있을 것이다. 그러나 역사적으로나 지정학적으로 다른 지역과는 달리 현 한반도 상황에서 국제법이 차지하는 비중은 결코 간과될 수 없다.

그 이유로는 첫째, 한반도가 주요 강대국의 힘의 균형이 이루어지고 있는 지역이라는 점이다. 힘의 균형이 어느 일방에 의해 압도적으로 기울어진 상황이라면 단기간 내에 물리적 힘, 즉 군사력을 통한 해결을 시도할 수 있겠으나 한반도와 같은 힘의 균형 속에서는 어느 국가도 일방적 정책 추진이 어렵다.

둘째, 현 정전체제의 규범적 특징 때문이다. 한반도는 정전협정이라는 남북한, 미국(유엔), 중국 등이 관계하고 있는 조약에 의하여 질서가 규정되어 있다. 따라서 한반도에 유사한 문제가 발생하여 현 정전체제에 변화가 생기려 할 경우 남북한 외에도 미국과 중국은 어느 정도의 법익을 보유하고 있으며 이에 근거하여 행동할 수 있을 것이다. 이처럼 한반도에 놓여 있는 복잡한 법률관계는 그만큼 문제해결에 있어서 국제규범의 중요성을 내포하고 있다고 볼 수 있다.

이 같은 이유로 인해 역내 어느 국가 일방이 국제규범을 무시하고 자의적으로 군사행위를 감행한다면 이는 곧 타 국가들의 대항을 낳을 것이다. 따라서 대북 군사개입은 국제법적 근거 없이 이루어지기 어려울 것으로 보인다. 따라서 대북 군사개입 관련 국제법 고찰의 필요성이 여기에 있다.

UN설립 이래 국제사회에서 일국의 타국에로의 군사개입은 원칙적으로 금지되고 있다. 역사적으로 국제법 주체로서의 '국가'는 자주적 생존권을 보장받아 왔으며 그 국가의 구성요소라 할 수 있는 영토, 국민, 주권에 관한 타국의 부당한 간섭을 배제할 권리를 인정받아 왔다. 이는 「UN헌장」에도 잘 나타나 있다. 그러나 국제사회는 특정한 상황 하에서 예외를 인정하고 있는데, 이는 군사개입 제한성 원칙을 보다 확실하게 보장하기 위한 것이라고 말할 수 있다. 첫째로는 피 개입국의 승인에 의한 개입이다. 피 개입국의 승인 유형으로는 조약에 의한 경우, 정부기관의 요청이 있는 경우를 들 수 있다.

<참고 17-11> 조약·요청에 의한 개입

- 조약에 의한 개입은 「한·미 상호방위조약」과 같이 평시에 타국의 군부대를 주둔시키는 형태와 「조·중 우호협력 및 상호원조 조약」과 같이 위기상황의 발생 시 타국 군대의 개입을 약정하는 두 가지 형태로 구분된다.
- 요청국가는 기존의 합법정부임을 요한다. 따라서 한반도의 모든 주변국은 '북한 정부'의 요청시 합법적으로 북한에 개입할 수 있으며, 급변사태시 북한 정부는 중국 등 주변국에 지원을 요청할 수 있다.

둘째로, 국제법상 예외적으로 인정되는 군사개입으로서 자위권에 의한 개입을 들 수 있다. 자위권은 자기를 위하여 급박한 위협을 배제하기 위해 일정한 한도에서 실력을 행사할 수 있는 권리를 말한다. 따라서 북한의 붕괴과정에서 일부세력의 의도적·비의도적 남침이 이루어진 경우, 남침이 임박한 경우나 대량살상무기 사용이 전망되는 경우, 붕괴과정에서 대량난민사태가 발생한 경우는 개입이 고려될 수 있다. 셋째로, 인도적 목적에 의한 개입을 들 수 있다. 인권보호의 국제화 경향에 따라 인권문제와 관련해서 국제사회는 전통적으로 이를 국내문제로 보지 않고 있다. 따라서 특정국에 대규모 인권탄압이 발생하는 경우 이의 해결을 위한 타국의 군사개입이 예외적으로 인정될 수 있다. 물론 국제법의 외교적 교섭에 의한 담판, 국제사법 절차의 준수 등을 우선적 조건으로 요구하고 있다. 북한 급변사태 상황 중에서 기아 폭증, 대량 인명학살 등과 같은 대규모 인도적 문제가 발발할 경우 국제사회의 군사적 개입이 가능하리라 생각된다.

그렇다면 급변사태시 국군의 개입유형은 어떠한 형태가 될 것인가? 우선 한국군 단독 군사개입문제다. 한국이 북한에 단독으로 개입하는 것을 상정하는 것은 사실상 극히 제한적이다. 북한의 급변사태시 한국 정부에 개입을 요청할 가능성은 극히 적을 것이다. 북한의 대남공격이 임박한 상황에서 한국군 단독으로 예방적 자위권을 행사하는 것도 상상하기 어렵다. 또한 인도적 개입과 관련해서는 이는 보다 국제적인 문제이므로 한국만이 이를 이유로 개입하는 것을 국제사회가 허용할 가능성도 매우 적고, 바람직하지도 않다고 생각한다.

이 점에서 한국이 단독으로 북한에 군사개입을 할 상황은 거의 발생하지 않을 것으

<참고 17-12> 대북 군사개입의 유형 판단

구분	단독	한·미	국제
피개입국 승인(요청)	△	×	○
자위권	○	○	△
인도적	×	△	○

* ○: 가능성 높음, △: 가능성 불명확, ×: 가능성 희박

로 생각된다. 다만, 급변사태 진행과정에서 북한의 일부세력이 의도적·비의도적 이유에서 한국에 대해 무력공격을 감행한다면 이 경우에는 보다 적극적으로 대북 군사개입을 고려할 수 있을 것이다. 북한의 공격에 따른 한국의 자위권 행사와 관련해서는 주변국의 반대명분 역시 약하므로 단독개입을 고려할 수 있을 것이다. 한편, 북한에서 대량난민이 군사분계선을 통해 유입되고 북한군이 이를 통제할 힘을 상실할 경우에는 한국의 개입이 어느 정도 불가피할 것이다. 이 경우 한국은 주변국이나 유엔에 협력을 구할 수 있을 것이나, 그 이전에 문제해결의 주도권 장악 차원에서 적극적인 대응을 고려할 수 있을 것이다.

둘째, 한미연합에 의한 군사개입을 들 수 있다. 한미연합을 통한 군사개입의 폭은 한국군 단독개입의 가능성보다는 높다고 볼 수 있다. 앞서 상정한 상황 중에서 예방적 자위권 행사와 관련하여 그 가능성을 보다 높게 평가할 수 있기 때문이다. 북한의 급변사태시 일부에 의해 대량살상무기가 사용될 가능성이 있거나 사용위협이 가해질 경우, 미국은 보다 적극적으로 이를 억제하려 할 것이다. 이라크에서와 같이 미국은 일차적으로 유엔을 통해 해결하려 할 수 있을 것이나 상황이 급박하거나 유엔에서 중국과 러시아의 반대가 가시화 될 경우 한미 연합에 의한 예방적 자위권 행사를 가정할 수 있다. 한편, 북한의 선제공격에 의한 자위권 행사와 관련하여서도 한국군 단독 대응보다는 한미연합 차원의 개입이 보다 가능성이 높다고 볼 수 있다.

셋째, 국제사회의 공동 개입이다. 북한 붕괴시 국제사회가 공동으로 개입할 가능성은 매우 높다. 비록 모든 국가가 군사적 개입을 하지는 않더라도 북한 재건을 위해 다양한 협력이 이루어질 것은 쉽게 전망할 수 있다. 그 유형은 한반도 주변 국가들의

요점정리

....

- 급변사태 유형
  - 대량난민 발생
  - 주민봉기
  - 내전(권력내부갈등)
  - 외국과의 충돌
  - 대량살상무기 통제 불능
- 대북군사개입 조건
  - 한국군 단독 군사개입: 북한의 무력공격 감행시 외에는 가능성 희박
  - 한·미 연합에 의한 군사개입: 대량살상무기 사용 가능성 등 요인으로 개입가능성 존재
  - 국제사회 공동개입: 북한 붕괴시 재건 위한 활동

개입과 UN, PKO를 통한 개입 등을 고려할 수 있다. 북한은 붕괴 이전에 중국이나 러시아에게 체제 안정을 위한 각종 지원을 요청할 것이며, 심각한 경제난 재발의 경우에는 국제사회에 지원을 요청할 것이다. 그 과정에서 주변국의 대북개입은 어느 정도 예상된다. 다만, 북한이 이러한 지원을 통제할 능력까지 상실하게 되면, 북한의 질서 회복과 안정을 위해 주변국을 중심으로 한 국제사회가 적극적으로 개입하게 될 것이다. 앞서 한국의 단독 개입이나 한미연합을 통한 개입이 북한으로부터의 공격이나 공격이 급박한 상황을 가정한 것이라면, 국제사회의 개입은 난민발생이나 북한에 대규모 인권문제가 발생할 경우에 보다 중점을 둘 수 있다.

V. 맺음말

북한의 '군사제일주의'는 북한정권의 핵심으로 군사력만이 정권을 계속 유지시켜주고, 한반도 무력통일이라는 궁극적인 목적을 달성하게 해주는 유일한 수단이기 때문에 이러한 슬로건 하에 북한은 재래식전력뿐만 아니라 대량살상무기와 같은 비대칭전력을 체계적으로 증강시켜왔다. 이런 군사력의 실체는 국제적인 협상에서 힘이 되어

줄 뿐만이 아니라 체제유지는 물론 전쟁억지력과 방어력, 그리고 대규모 공격력까지 제공해 준다.

북한은 장기전을 추구하기에는 제한사항이 많기 때문에 공격전력 위주로 군사력을 증강하고 주요전력은 전진배치하여 대량기습에 의한 단기속전속결전략을 추구하고 있다.

이러한 북한의 전략전술에 대비하여 한국군은 네트워크중심 작전환경(NCOE)하에서 전력을 효과적·공세적으로 운용하고 전영역에서 작전을 통합하여 적의 중심을 마비시킴으로써 전쟁에서 승리하는 '효과중심의 공세적 통합작전' 개념으로 전쟁을 수행하게 된다. 따라서 유사시 장거리 감시정찰을 통해 전장정보에서 우위를 달성하고, 적이 접근하기 이전에 타격을 하는데, 타격의 목표는 적의 핵심요소를 타격함으로써 적 전투력의 효과적 발휘를 마비시키는 형태의 작전을 수행할 것이다.

한편, 최근 중동을 비롯한 독재국가들의 거대한 정치변동은 북한의 급변사태에 대한 대비에 관심을 제고시키고 있다. 북한의 급변사태는 두 가지 의미를 갖고 있는데, 첫째는 기존의 북한체제가 단기간 내에 스스로 극복할 수 없는 성질과 규모로 내부 불안정상황이 발생하는 경우가 될 것이고, 둘째는 내부의 불안정이 확대, 심화되어 한반도와 동북아, 국제사회의 개입에 의해 해결이 모색되는 상황이 될 것이다. 이러한 북한의 정치·군사적·사회적·외교적 위기(국제제재) 등으로 북한은 대량난민발생, 주민봉기, 내전, 외국과의 충돌, 대량살상무기 통제 불능 등의 급변사태 유형을 맞이할 수 있을 것이다.

대북 군사개입시 한국군의 역할은 개입유형에 따라 다양하게 나타날 것이다. 우선 한국군 단독이나 한미연합의 형태로 북한에 개입하게 될 경우, 한국군은 앞에서 제시한 내용의 제반단계에서 주도적 역할을 수행할 수 있을 것이다. 그러나 과연 북한 급변사태시 한국 단독 개입의 상정이 쉬운 것일까? 북한을 복구하고 경제를 회생시키는 비용을 과연 한국이 혼자 감당할 수 있는가하는 문제를 고려할 경우 그리 바람직한 방법도 아닐 수도 있다. 결국 북한에 급변사태가 발생한다면 그것은 국제사회의 공동 대응으로 이어질 것으로 생각된다. 한국은 국제사회의 공동대응에 참여하게 될 것이다. 그렇다면 한국의 역할은 어떻게 될 것인가?

국제사회의 대북개입을 가정할 때 그 주도적 역할은 미국이 수행할 것이며, 중국의 견해를 어느 정도 존중하며 수행될 것이다. 미국은 주로 대량살상무기 통제에 관심을 보일 것이며 중국은 탈북난민의 월경을 통제할 것이다. 일본의 경우 일제강점기 보상

액을 바탕으로 대북 경제지원과 관련한 영역에서 기여를 할 것이며, 러시아는 별다른 기여를 하지 못한 채 기득권 확보차원에서 필요 최소한의 개입을 시도할 것이다.

한국은 대량살상무기 통제를 제외한 전 영역에서 상당한 역할을 수행할 것이다. 실질적으로 가장 많은 수의 인원이 파견될 것이고, 치안질서 유지, 난민구호, 북한군 무장해제와 관련된 실무를 수행하게 될 것이다. 그러나 그 내용은 철저하게 국제사회의 통제 하에 이루어질 수밖에 없을 것이다. 그 이유의 하나는 북한은 국제법상 국가이기 때문에 한국으로의 무조건적 흡수통일을 지지할 국가가 많지 않을 수도 있다는 것이다. 주변국의 개입 목적은 1차적으로는 북한 내부의 혼란을 막고, 이를 통해 불필요한 위협을 제거하면서 인도적 목적을 달성하는 것이다. 민족문제나 통일문제는 부차적인 고려사항으로서 북한 현지정부를 수립한 후 합의를 통해 통일을 결정할 수 있다고 볼 것이기 때문이다.

다른 하나는 북한에 생존해 있는 정치세력의 반대일 것이다. 한국에 흡수된다는 것은 북한에 남아 있는 정치세력에게는 그나마 남아 있는 권력을 상실하게 되는 것을 의미한다. 경우에 따라서 그들은 국제형사재판소에 기소될 수도 있을 것이다. 따라서 그들은 자신들의 정치적 세력을 유지하기 위해 한국으로의 흡수를 반대하고 자치정부 수립을 위해 타 국가에 적극 협조할 가능성이 농후하다. 결국 한국군의 역할에는 근본적인 한계가 있다고 볼 수 있으며, 이에 대한 철저한 준비가 필요한 이유가 여기에 있다고 생각된다.

핵심개념

- 여건조성 작전
- 북한급변사태
- 초전생존성 보장
- 돌파구 형성
- EBO/NCW
- 효과중심의 공세적 통합작전

토론주제

1. 북한의 군사정책/전략은 무엇인가?
2. 북한의 군사전략 달성을 위한 북한군의 전력을 평가해 보시오.
3. 북한의 군사전략에 대응한 한반도 군사력 운용 개념에서 공군의 역할은?
4. 급변사태유형은 어떤 것들이 있는가?
5. 대북 군사개입의 법적조건 하에서 국제사회공동개입의 가능성이 가장 큰 이유는 무엇인가?

18

국가비상대비와 국가동원

학습내용

한국의 안보환경은 아직까지 냉전의 잔재가 가장 큰 위협으로 남아 있는 독특한 구조 하에 놓여 있다. 최근 북한의 천안함 폭침과 연평도 포격도발이 이를 잘 증명해 주고 있다. 따라서 한국의 국가안보를 위한 국가위기관리체제의 발전은 가장 중요한 국정 업무라고 할 수 있다. 그러나 안보환경 변화는 군사적 중심의 개념에서 정치·경제· 사회·환경 등 비군사적 분야까지를 포함하는 포괄적인 종합안보개념으로 변화되고 있으며 전시뿐 아니라 평시에서의 국가비상관리 체계 구축이 요망된다고 할 수 있다. 국가동원은 최근 그 범위가 확대되어 전·평시를 망라해서 국민 총동원부터 민방위, 재난재해 대비 등에까지 그 범주를 확대하고 있다. 따라서 군사적·비군사적 차원을 망라하는 하나의 일원화된 조직을 통한 업무의 효율화 및 재해·재난으로부터 안전한 국민생활보장을 영위할 수 있는 국가동원체계를 발전시켜 나가야 할 것이다. 이와 같이 국가위기관리체계와 국가동원체계의 발전은 튼튼한 국가안보를 보장하기 위한 버 팀목이 될 것이다. 본 장에서는 국가비상대비 업무를 포함하는 국가위기관리체제를 이 해하고 국가동원의 내용을 집중적으로 살펴봄으로서 국가동원의 중요성을 이해한다.

I. 머리말

국가안보의 개념은 국가의 주요 이익과 생존을 보호한다는 측면에서 위기관리와 직결된다. '안보'는 국가의 일상적 유지에서 극단적 위기상황의 관리 등 다양한 부분을 포괄하고 있으며, 위기관리 및 비상대응은 국가안보의 일부분이라고 정의할 수 있다. 전통적인 '안보' 개념은 주로 외국과의 전쟁, 외국의 군사적 침공 방어, 국지분쟁 등 군사적인 부분에 초점이 맞추어져 있었다. 이에 따라 국가위기 역시 주로 전쟁의 방지나 억제, 혹은 중대한 군사적 충돌의 방지에 중점을 두고 다루어져 왔다. 그러나 20세기에 들어 국가의 기능이 확장되면서 안보개념은 국가질서의 유지와 관련된 부분에까지 확장되고 있다. 즉, ① 반란, 폭동 등 국가권위에 대한 대항행위의 관리, ② 홍수, 태풍, 지진 등의 자연재해에 대한 대응, ③ 건축물 붕괴, 가스폭발 등의 인재(人災)가 중요한 위기관리 대상으로 부각되기 시작하였다. 더욱이 탈냉전 시대에 들어 다양한 비전통적 위협이 등장하면서 국가비상대비 소요 역시 확장되는 추세이다.

국가위기는 위기상황이 국가 차원에서 현실화되는 것이다. 2004년 제정되고, 2008년에 개정된 『국가위기관리지침』은 국가위기를 "국가주권 또는 국가를 구성하는 정치·경제·사회·문화체계 등 국가의 핵심요소나 가치에 중대한 위해가 가해질 가능성이 있거나 가해지고 있는 상태"로 정의하고 있다. 이러한 위기는 일상적인 체제 하에서는 대응이 어렵거나 불가능한 사항으로 볼 수 있다. 따라서 국가위기관리는 "국가위기를 효과적으로 예방, 대비하고 대응·복구하기 위해 국가가 자원을 기획·조직·조정·통제하는 제반 활동과정"을 말한다. 이를 위한 국가활동은 바로 '비상사태'에 대한 준비이다. 오늘날과 같이 급변하는 안보환경에 적절히 대응하지 못하는 국가와 민족이 생존하기 어려운 것은 동서고금의 철칙이다.

따라서 국가는 비상사태에 대비하여 경제적이고 효율적인 즉응능력 건설을 위한 대안을 부단히 모색해야 하는데 이 같은 대안의 하나로 생각할 수 있는 분야가 바로 '동원'이다. 그러므로 평시에는 일상적 생활을 유지하는 잠재능력을 필요시 조직화하여 즉각적인 실현능력으로 전환시키는 제도인 '동원'은 그만큼 중요하다. 동원의 개념은 최근 그 범위가 확대되어 전·평시를 망라해서 국민 총동원부터 민방위, 재난재해 대비 등에까지 그 범주를 확대하고 있다.

한국은 전대미문의 왕조체제를 구축하고 핵을 통한 위협으로 정권을 유지하려는 불량국가와 대치하고 있다. 또한 다양하고 급격한 기후변화, 급속한 산업화 및 세계화의 영향 등으로 지구상에서 가장 다양한 위협에 노출되어 있다. 따라서 당면한 전통적 안보문제해결뿐만 아니라 새롭게 등장한 비전통적 안보위협에도 철저히 대비해야 하는 포괄적·통합적 안보시스템을 운영해야 한다. 이 장에서는 한국의 국가위기관리체제를 살펴보고 국가비상대비 업무의 가장 중요한 분야로서 전면전과 같은 비상대비 업무의 하나인 국가동원에 대해 집중적으로 조명하고자 한다.

II. 한국의 국가안보·위기관리체제 변천

대한민국이 건국된 이후 국가안보를 담당하기 위한 제도적 장치는 역대 어느 정부에서나 존재했다. 1962년 12월 제3공화국 헌법 87조는 국가안보에 관한 대통령자문기관으로 『국가안전보장회의』(NSC: National Security Council)를 설치할 것을 규정하였고, 이에 의거 1963년 한국 최초로 국가안전보장회의 및 이의 운영을 위한 사무국이 설치되어, 국가안전보장에 관련되는 대외정책·군사정책과 국내정책의 수립에 관하여 대통령에게 자문토록 하였다(대통령실 국가위기상황센터 2009: 53). 1.21사태를 계기로 정부는 국가안전보장회의 소속으로 『국가비상기획위원회』를 설치하여 북한의 대남도발에 적극 대응하기 위한 준비를 하였다. 이러한 비상기획위원회는 동원체제, 민방위, 전시법령 등에 관한 조사 및 연구의 임무를 부여받았다. 특히 주목할 만한 것은 전시대비 각종 연습 및 국가종합상황실을 운영하였다는 점이다. 이러한 비상기획위원회는 3부회로 구성되어 1부회는 전시대비 정부기능 조정 및 민방위와 전시에 적용할 법령정비를, 2부회는 국가자원동원에 관련되는 기획·통제 및 조정업무를 그리고 3부회는 전시대비 각종연습 및 국가 종합상황실 운영 및 관리업무를 담당토록 하였다. 1974년 8월에는 국가위기 시 국가의 자원을 효과적으로 운영할 수 있는 제도적 장치를 마련하기 위해 충무계획기본지침을 대통령훈령(제38호)으로 작성하였다. 비상기획위원장은 국가안전보장회의 상근위원 중에서 임명됨으로써 국가안전보장회의와 국가비상기획위원회의 양개기관은 상호밀접한 관계 속에서 통합·협력적 구조로 발전하게 되었다.

이와 같이 대통령 중심제에서 청와대에 설치된 국가안전보장회의의 사무처(구 사무국)와 비상기획위원회는 행정 각부 통제력이 지대하여 부처 간 협력은 아주 원활하였다. 특히 비상기획위원회로 하여금 전시 지휘를 위한 훈련(을지연습)을 계획하고 통제케 하여 위기관리 시스템의 영속성을 보장하였다(박정희 대통령은 B-1 벙커에서 숙식하면서 훈련을 지도하였음). 그러나 1984년에 『비상대비 자원관리법』이 제정되면서 이 비상기획위원회의 소속기관이 청와대에서 국무총리실로 변경되었고 이어서 국가안전보장회의의 행정실(구 사무국, 사무처)의 회의기능마저 비상기획위원회로 이관하면서 국가안전보장회의는 단순한 자문기관으로서 상설조직이 없는 형태가 되었다.

김대중 정부에 들어서서 이러한 국가안전보장회의를 보다 제도화·효율화하는 데 관심을 두고, 이를 상설적인 정책결정기구로서 활용하기 시작했다. 이에 따라 1999년 NSC 상임위원회와 NSC 사무처가 창설되었으며, 같은 해 6월의 연평해전을 기점으로 신속하고 정확한 정보의 취합·전파를 위해 청와대 상황실이 확대 개편되었다. 이후 NSC 사무처는 다양한 위기 관련 정보의 종합 및 신속전파를 위한 시스템을 갖추기 위해 노력하였다. NSC 사무처 산하에는 정책조정, NSC 회의 지원을 위한 기능과 함께 정보의 종합분석 및 조정기능이 있었다. 김대중 정부시절 NSC 상임위원회와 NSC 사무처의 설립은 보다 효율적인 평시 정책결정과 위기관리체제 수립을 지향한 것으로, 외교·안보 관련 주요 정책조정 기구로서 NSC 상임위원회의 역할이 제도화되었다. 이로써 국가안보 및 위기관리체제는 대통령 외교안보수석비서관이 NSC 사무처장 직을 겸직하는 형태로 운영되었으며, NSC 상임위원회 의장은 초기에는 통일부 장관, 후기에는 대통령이 지정하는 인물이 담당하였다. 노무현 정부에 들어서는 NSC 사무처 역할이 더욱 강화되어 역사상 가장 큰 규모로 설치·운영하게 되었고, 특히 NSC

사무처 산하에 위기관리센터가 창설되어 국가위기상황 정보의 종합관리를 위해 국가
안보 정보종합상황실이 운영되었다. 노무현 정부 초기에는 신설된 대통령 국가안보보
좌관이 NSC 사무처장을 겸직하는 체제가 형성되었으나, 실제 운영 면에서는 국가안
보보좌관과 NSC 사무차장이 양립하는 형태가 이루어졌다.

이러한 제도 및 운영형태는 노무현 정부 중·후반기에 들어 또 한 번의 변화를 겪었
다. 2006년 대통령 산하에 장관급 안보정책실장직이 창설되면서 NSC 사무처의 역할
(안보정책실장이 처장 겸직)은 위기관리센터 통제와 NSC 상임위원회 회의 지원으로 제
한되었으며, 평시 외교·안보정책결정과 관련된 주요 기능들은 안보정책실장 산하의
각 비서관실로 이관되었다. 당시 위기관리센터가 여전히 NSC사무처 산하에 남았던
이유는 NSC가 유사시 대통령을 수장으로 한 국가급 최고위기관리기구라는 점을 감안
한 조치였던 것으로 판단된다. 즉, 위기와 관련된 정보를 통합 관리·분석하고, 이에
따라 상황의 심각성에 따라 청와대와 정부가 취해야 할 조치를 적기에 취할 수 있도록
경보를 발령하며, 각 부처가 이미 약속되어 있는 기본방침(지침, 계, 매뉴얼 등)에 따라
적절한 위기 예방·관리·사후점검을 시행하고 있는가를 감독할 부서가 필요했기 때
문이다.

2008년 이명박 정부 출범과 함께 간소한 정부조직을 지향하는 방침에 따라 NSC
상임위원회가 폐지되었고, NSC 상임위원회를 지원·보좌하던 NSC 사무처 역시 자동
소멸되었다. 기존 안보정책실의 임무는 대통령실 산하 외교안보 수석비서관실이 승계
하였으며, NSC 상임위원회를 대체하는 외교·안보 관련 정책결정기구로『외교·안보
정책조정회의』가 창설되었다. 그러나 NSC 사무처의 전통적 역할 중 국가급 위기관
리, 특히 위기와 관련된 정보의 모니터링과 조기경보 그리고 사후관리를 담당할 통제
센터(control center) 기능 수행에 공백이 생길 위험이 발생하였다. 이러한 문제인식에
따라 2009년 3월, 대통령실장 직속으로『위기정보상황팀』이 창설되어 국가급 위기
관련 정보의 종합적 관리를 담당하게 되었다. 2008년 7월 금강산에서의 관광객 피살
사건으로 인해 대통령실장 직속의 위기정보상황팀이 확대 개편되어 대통령 외교안보
수석비서관이 센터장을 겸임하는『국가위기상황센터』가 창설되었으며, 센터 산하에
『국가위기상황팀』(위기정보상황팀 개편)이 활동하는 체제가 형성되었다.

한편, 전시 동원자원 관리 등 비상대비업무체제 부문에서 업무의 효율화를 위해
관리기관의 단순화, 자원의 실질적인 관리에 중점을 두고 개선하였다. 비상기획위원
회를 폐지하고 동 위원회가 수행하여 온 전시동원자원의 관리와 비상대비 업무를 지

요점정리

▪ 1963년 최초 국가안전보장회의(NSC) 창설
▪ 비상기획위원회 소속 변천: 대통령 직속 NSC → 국무총리실 → 행안부
▪ 국가급 위기 관련 정보 모니터링, 조기경보 등 담당: 국가위기관리센터(대통령 직속)

자체에 대한 행정권한이 제도적으로 확보된 행정안전부로 이관하여 통합수행토록 하였다(법률 제10339호『정부조직법』, 제29조).

천안함 사건 이후에 국가위기관리체제 강화를 위해 정부는 다양한 조치들을 발표하였다. 이 중 대표적인 것이『국가위기상황센터』를『국가위기관리센터』로 개칭하여 위기관리 전반에 대한 업무 효율성을 높이려 한 것과,『국가안보총괄점검회의』의 창설이었다. 이러한 조치들은 유사한 사태의 재발을 방지하기 위해 일관성 있고 지속적인 노력을 보장했다. 현재 국가위기관리센터는 국가안보실 소속기관으로『국가위기관리센터 상황실』을 운영하고 있다.

III. 국가비상대비 계획 및 비상사태 선포

국가비상대비 계획이란 전시 또는 이에 준하는 국가비상사태에 대비하기 위해 정부가 수립하는 계획을 말한다. 즉, 국가비상사태 발생 시 정부기능을 유지하고 자원동원을 통해 군사작전을 지원하며 국민생활 안정을 도모함으로써 국가총력전을 효율적으로 수행하기 위한 정부의 전시대비 계획이며 일명 충무계획(忠武計劃)으로 불린다. 이 충무계획의 충무(忠武)는 임진왜란 당시 우리나라를 국난의 위기에서 구해냈던 충무공 이순신 장군의 호국정신을 계승하기 위해 명명한 것으로 알려져 있다.

정부는 국가비상대비 업무를 ① 전면전에 대비하는 비상대비 업무, ② 국지도발 혹은 사회혼란 등에 대비하는 민방위 업무, ③ 향토방위를 위한 향토예비군 업무, ④ 각종 대형 재난재해에 대비하는 재난관리 업무, ⑤ 이상의 업무들과 유기적인 관련을 갖는 분야를 통합하기 위한 통합방위 업무로 구분하고 있다. 비상사태는 전시뿐만

〈참고 18-1〉 비상사태 관련 정부부처 업무와 기능

구분	전면전	국지도발/사회혼란	재난재해	통합방위 업무
업무	비상대비 업무	민방위/ 향토예비군	재난관리	적의 침투도발
법률	비상대비 자원관리법	민방위법/ 향토예비군법	재난관리법	통합방위법
주무	행정안전부	행안부/국방부	행안부	국방부
비고	재난안전관리본부	민방위대/예비군	재난안전관리본부	통합방위 협의회

아니라 대비정규전, 민방위사태와 재해재난과 테러, 대규모 시위와 파업 등이 모두 포함되는 그야말로 평상시와 다른 긴급한 조치가 필요한 사태를 포괄하고 있다. 여기에는 반드시 국가적인 자원의 동원이 필요하고 이를 체계적으로 통제, 운용하여 비상사태의 피해를 최소화하며 신속하게 원상태로 복구하여야 함을 내포하고 있다. 비상사태의 범위는 충무사태, 대비정규전사태, 민방위사태, 대형 재해재난사태, 각종테러, 대규모시위 및 파업사태 등으로 보고 있는데 이들 업무의 효율성을 어떻게 통합하고 분류할 것인지를 정하는 것이 중요하다. 현재의 업무관장 상황을 보면 전면전 상황과 관련된 전시대비 업무는 행정안전부 소속의 재난안전관리본부가 책임을 지고 있지만, 다른 영역의 업무는 〈참고 18-1〉에서 보는 바와 같다.

국가비상대비 업무의 목표는 유사시 국가총력전 체제로 신속히 전환, 국가의 이용가능한 모든 자원을 동원하여 군사작전을 효율적으로 지원하고, 민·관 소요의 적정배분으로 국민생활의 안정을 도모하며, 전시 경제력과 정부기능을 지속적으로 유지함으로써 전쟁지원 역량을 확보하는 데 있다(공군본부 2016: 6). 국가비상대비 계획(충무계획)은 작성기관에 따라 〈참고 18-2〉와 같이 구분한다.

국가비상대비 업무와 동원업무와의 관계를 살펴보면, 국가비상대비 업무는 전시 등 국가비상사태에 대비하기 위한 정부의 비군사분야 업무로서 전시 정부기능 유지와 자원동원을 통한 군사작전 지원, 국민생활 안정계획을 포함하고 있다. 반면 동원업무는 전시 등 국가비상사태 시 인적·물적·기타 제반자원을 동원하여 군사작전을 지원

〈참고 18-2〉 국가비상대비 계획 작성 및 승인권자

계획명	작성자	승인권자	비 고
기본계획지침	국무총리	대통령	▪ 주무부처 장관에게 하달
기본계획	국무총리	대통령 (국무회의 심의)	▪ 주무부처 장관 계획(안) 제출 ▪ 국회통고 및 주무부처 장관에게 하달
집행계획	주무부처 장관	국무총리	▪ 시·도지사, 중점 관리업체의 장에게 전달
시행계획	시·도시자	주무부처 장관	▪ 시·군·구 및 중점 관리업체의 장에게 전달
실시계획	시·군·구의장	시·도지사	▪ 시·도 보고 및 관련 기관 통보
	업체장	지정권자	▪ 지정권자에게 보고

함으로써 국가 안전보장에 기여할 수 있도록 효율적으로 통제, 관리 및 운용하는 것으로 국가비상대비 업무의 일부분으로 시행된다. 충무계획은 정부 부처별로 숫자명칭을 두어 구분하고 있다. 예를 들어 국가비상대비 업무에 대한 기본 정책수립 관련 충무계획명은 '충무 1000'으로서 행정안전부에서 수립·시행을 소관하고 있다. 또한 국방부는 '충무 3600'으로서 병력동원 대상자원을 신속히 동원하여 전시 증·창설 및 손실보충 소요병력을 충원하는 내용이다.

국가 안전보장에 중대한 영향을 미칠 수 있는 비상사태가 발생할 시, 정부는 각급 기관의 행동기준과 사전 조치사항을 설정하는 등 위기를 효율적으로 관리하기 위하여 국가비상사태(충무사태)를 선포한다. 국가비상사태는 사태의 발생 정도에 따라 충무III·II·I종으로 구분하며, 충무1종 사태는 군사적으로 DEFCON I, 충무2종 사태는 DEFCON II, 충무3종 사태는 DEFCON III에 해당된다. 국가비상사태는 사태의 발생 정도에 따라 구분하여 국방부장관의 제안으로 국가안전보장회의의 의결과 국무회의 심의를 거쳐 대통령이 선포하나, 사태가 긴급할 시에는 심의 절차를 생략할 수 있다. 충무사태와 이에 따르는 국가동원령 및 계엄은 국방부 장관의 제안으로 국가안전보장회의와 국무회의 심의를 거쳐 대통령이 선포한다. 〈참고 18-3〉은 국가비상사태(충무사태) 종

<참고 18-3> 충무사태 종류 및 선포요건

구분	상황/선포 요건	비고
충무III종	▪ 한반도에 직·간접적으로 영향을 미칠 수 있는 국제 분쟁이나 국지전이 발생하여 위기관리가 필요할 때 ▪ 북한 내부에서 쿠데타, 반란, 대규모 폭동, 대량난민 탈출 등 돌발사태 발생 시 ▪ 비무장지대 무력충돌, 서해5도 국지도발, 대규모 무장 간첩 침투/테러행위 등으로 전면전 확전 우려 시	▪ 선포 국방부장관 건의 → 국무회의 심의 → 대통령 선포
충무II종	▪ 국내외 안보상황이 급박하게 돌변하면서 전쟁 발발 가능성이 한층 증대된 때 ▪ 적의 병력, 장비, 군대의 기동 등 전면전으로 예상되는 행위가 조기경보체제에 포착되거나 정보를 종합해 볼 때 전쟁 징후가 농후하다고 판단된 때	▪ 전파 비상 지령대를 이용, 전국에 동시 전파
충무종	▪ 사태가 악화되어 일부 교전상태로 돌입되는 등 사실상 전쟁이 개시되어 전면전으로 확대된다고 판단된 때	

류 및 선포요건을 말해주고 있다.

국가비상대비 훈련에는 정부연습과 종합훈련 및 자체연습이 있다. 정부연습에는 전시 또는 이에 준하는 국가비상사태에 대비한 전시대비 계획의 실효성 검증과 시행절차를 숙달시키고 국민의 안보의식 고취를 위하여 매년 전국 규모로 실시하고 있다. 정부연습의 통상 명칭은 을지연습이라 하고 연습사태선포 명칭은 을지0종사태로 구분한다. 행정안전부 재난안전관리본부(비상대비정책국장)이 연습의 제분야를 계획하고 통제 및 평가하며 전 국가기관 및 동원지정 업체가 참여하여 도상연습을 기본으로 하되, 필요시 실제훈련도 병행하여 실시한다. 기간 중 프리덤가디언 연습도 병행하여 실시하며 통상 을지프리덤가디언 연습(UFG)이라고 한다.

한편, 종합훈련을 위해서는 전시 또는 이에 준하는 국가비상사태에 대비한 전시대비계획의 실효성 검증과 시행절차를 숙달하기 위하여 2개 부·처 이상의 부문이 관련된 가운데 실제 연습위주로 실시한다. 이때 종합훈련의 통상 명칭은 충무훈련(인적·물적 자원을 실제동원)이라 하고 훈련사태선포 명칭은 충무훈련 0종사태로 구분한다.

요점정리

∙∙

- 국가비상대비계획 중 정부의 전시대비계획 = 충무계획
- 비상대비 업무: 전시정부기능유지, 자원동원, 국민생활안정계획
- 충무사태 종류: 군사적 사태발생 정도(DEFCON)에 따라 1, 2, 3종으로 구분
- 국가비상사태훈련: 정부연습(을지연습), 종합훈련(충무훈련), 자체연습
- 국가비상사태범위: 충무사태(전면전), 대비정규전사태, 민방위사태, 대형재난재해
  사태, 대규모시위, 각종 테러 등

이 종합훈련의 전반적인 통제는 행전안전부 중앙재난안전관리본부(비상대비정책국)에
서 하되, 병력동원 소집훈련과 전시 근로소집훈련은 국방부에서 주관한다. 특별지방
행정관서, 지방행정관서, 동원지정업체, 군부대 등이 참여하여 실제훈련 위주로 계획
점검과 도상연습을 병행하여 실시한다. 자체연습을 위해서는 중앙행정기관 및 시·도
가 자체적으로 통상 정부연습 전·후에 실시한다. 이는 주무부처 장관이나 지방자치
단체의 장이 연습방법 및 기간을 정하여 국무총리의 승인을 받아 자체적으로 실시하
며, 행정안전부 중앙잰난안전관리본부(비상대비정책국)에서 연습을 조정 통제한다. 토
의형 연습을 원칙으로 하며 필요시 도상연습이나 실제 훈련을 병행하여 실시한다.

IV. 국가동원의 개념 및 구분

1. 동원조직의 변천

제1차 세계대전을 계기로 선진 각국들은 동원의 중요성을 인식하고 자국에 맞는
동원체제에 대한 연구를 본격화하기 시작하였으나, 우리나라는 사실상, 5.16혁명 이
전까지만 해도 동원에 관한 중요성을 인식하지 못하였다. 5.16혁명 이후 국제정세의
변화에 따라 자주국방이라는 문제가 현실적으로 대두되면서 동원의 중요성을 인식하
고 계획과 연구를 본격화했다. 1966년에 안전보장회의 예하에 국가동원체제 연구위
원회가 처음 설치되어 국가동원에 관한 전반적인 자료수집과 기초계획을 수립하였다.

또한 대통령을 보좌하면서 동원체제와 국가동원법안 및 동 시행령 안을 작성하게 이르렀다(육군본부, 『동원업무』 1990: 26-27). 1968년 1월 1.21사태(북한 124군부대 청와대 기습사건)로 전시대비계획의 필요성이 대두되어, 1968년 3월 30일 국가안전보장회의 내에 국가동원체제연구위원회를 설치, 충무계획반을 구성하여 충무계획을 수립하였다.

그 후 충무계획 반에서 추진한 전시대비계획이 방대하고 장기적으로 발전시켜야 할 성격일 뿐만 아니라 총괄조정의 필요성이 대두되어 1969년 3월 24일 국가동원체제 연구위원회를 모체로 국가안전보장회의 소속기관으로 비상기획위원회(대통령령 제818호)가 설치되어 전시대비 업무를 수행하게 되었다. 1973년에는 국가동원법에 의해 동원에 관한 업무를 국무총리가 총괄함에 따라서 국무총리를 보좌하기 위하여 중앙동원위원회가 설치되었으며, 중앙동원위원회는 동원계획의 기본지침을 제공하고 각 부처의 동원업무를 조정, 통제, 협조하는 역할을 하였다. 1983년에는 충무계획 기본지침을 비상대비 업무지침으로 개칭하였으며, 1984년에는 비상대비 자원관리법의 제정(법률 제3745)시행으로 국무총리 보좌기관으로 전환되고 비상기획위원장은 국가안전보장회의 상근위원을 겸임했다. 1998년 5월 25일 국가안전보장회의법 및 회의운영규정이 개정되어 국가안전보장회의는 대통령소속으로 옮겨가고 국무총리 보좌기관인 비상기획위원회와는 분리되었다(비상기획위원회, 『비상대비 30년사』 2000: 68). 국무총리실 직속기관으로서의 비상기획위원회는 다시 2008년 2월부로 국가재난임무를 맡고 있는 행전안전부의 재난안전실로 옮겨가게 되었다. 재난안전실은 재난안전관리본부로 개칭되어 중앙재난안전상황실을 비롯하여 안전정책실, 재난관리실, 비상대비정책국을 운영하면서, 재난안전관리 및 비상대비 관련 업무를 총괄하게 된다.

2. 동원의 개념

동원이라는 용어는 현재 또는 특정목적에 대한 현재적 및 잠재적인 국력의 가동화라는 의미에서 널리 사용되지만 원래는 군사용어로서 실제 전쟁 상황에서의 물자요구에 충당하기 위해 군사용 생산을 급속히 확장하는 것을 뜻한다. 그러나 근대까지는 주로 사람의 징병이나 물자징발의 뜻으로 사용되어 왔고, 그 후 제1차 세계대전 이후 전쟁의 규모가 커지고 총력전화됨에 따라 동원의 범위도 광범위해져서 군대의 전투수행 능력을 부여한다는 것(군사동원)에서부터 전시에 필요한 모든 기관을 설치하여 전쟁수행을 위한 국가의 인적·물적 자원을 통제 운용하는 것(국가총동원)까지도 포함되어 있다. 따라서 『국가동원』이란 전시, 사변 또는 이에 준하는 국가비상사태 시 한 나라의 인적·물적·기타 제반자원을 국가 안전보장에 기여할 수 있도록 효율적으로 통제, 관리, 운용하는 것을 말한다(공군본부 2016: 4). 징발과는 여러 면에서 차이가 있는데 국가동원은 법에 따라 사전에 계획되어 절차에 의해 집행되지만, 징발은 사전에 계획되지 않았고 동원대상으로 지정되지 않았다 하더라도 전투목적상 필요물품이나 인력을 명에 의해 사용했다. 국가동원은 국가동원령 선포 시 효력이 발생되며 주무부처 장관이 명령권을 가지고 있다. 반면 징발의 경우 계엄령 선포 시 효력이 발생되며 계엄사령관이 명령권을 가지고 있다.

동원의 목표로 국가동원령 선포 시 동원대상 자원을 동원하여 우선적으로 군사작전 지원에 역점을 두고, 국민생활의 안정을 도모하며, 전쟁지속 역량의 확대를 1차적 목표로 하고 이를 위해서 가용자원뿐만 아니라 잠재 및 부존자원 개발과 부족한 자원은 해외 도입을 통해 비축함으로써 비상대비 능력을 확대하며, 사태발생 시 이를 극복하고 사후복구 활동이 보장되어야 한다(공군본부 2016: 4).

현대전은 국가총력전(total war), 단기속결전 등을 특징으로 하고 있어 이에 대응하기 위해서는 신속한 전시전환을 위하여 평시부터 고도의 준비태세가 필요하다. 여기에서 동원의 필요성이 대두된다. 동원은 또한 한정된 국가예산을 전시소요 예산으로

〈참고 18-4〉 동원단계

		1	2	3	4	5	6	7	8	9	10	11	12
기간		M ~ M+1	M+2 ~ M+3	M+4 ~ M+6	M+7 ~ M+30	M+31 ~ M+45	M+46 ~ M+60	M+61 ~ M+90	M0+91 ~ M+120	M+121 ~ M+150	M+151 ~ M+180	M+181 ~ M+270	M+271 ~ M+364
일수		2	2	3	24	15	15	30	30	30	30	90	94
누적일수		2	4	7	31	46	61	91	121	151	181	271	365
적용 단계	병력	긴급 단계			지속 단계								
	물자	초기 단계				지속 단계							

전액 확보할 경우 국민복지 부문에 막대한 예산제약을 초래하기 마련이다. 때문에 평시에는 최소한의 상비군만 유지하면서 전시대비 동원체제를 구축해 놓으면 평상시 국민복지향상의 제약요인을 제거할 수 있다. 그 좋은 예로 스위스는 평시 병력 1,800 명을 유지하고 있으며 동원 시 48시간 이내에 625,000명 충원이 가능하도록 동원체제 가 완비되어 있다.

동원의 단계는 전략 및 작전개념에 부응한 전쟁수행 단계에 따라 동원령 선포일을 기준으로 1년을 12단계로 나누어, 초기단계는 1~4단계, 정상단계는 5~12단계로 구분 시행한다. 단, 병력동원의 경우는 긴급단계(1~3단계)와 정상단계(4~12단계)로 구분하 여 단계별 동원을 시행한다(국방부 1988: 12).

3. 동원의 구분

국가동원은 인적·물적 또는 유형·무형의 모든 국가자원을 대상으로 하기 때문에 그 영역은 매우 광범위하며 실제 동원 대상을 분류 내지는 구분하는 데 통일된 방식이 있는 것은 아니다. 전쟁양상의 변천에 따라서 각기 동원의 범위나 내용이 다르며 표현 방법에 있어서도 국가와 개인의 견해에 따라 다소 차이가 있다고 볼 수 있다. 따라서 동원범위에 의한 분류와 동원시기, 동원형태, 동원방법, 동원 대상자원에 의한 분류로 구분하고자 한다.

동원의 범위에 따라 유사시 국가의 유·무형 제반자원을 전부 동원하는 총동원과 어느 특정지역 또는 일부자원만을 필요에 의해 동원하는 부분동원으로 분류할 수 있 다. 다시 말하면 총동원은 M(동원)일 이후의 현존 부대구조를 초월하여 확장된 동원 을 말한다. 총동원 시는 물가, 금융, 자원배분 등의 통제, 주요 소비재의 배급제로 부분동원 시보다 높은 대(大)군수 지원이 실시된다. 부분동원은 국가비상사태를 선포 하지 않은 평시상태에서의 군사물자 생산의 확장에 관해 언급할 때 국방성 내에서 사용되는 언어이다. 이는 전쟁선언이 임박한 비상사태에 대비해서 주요 전쟁물자 생 산을 급증시키는 상황에서 통상 사용된다. 따라서 부분동원 시는 평시 경제의 기조인 균형예산, 물가 및 임금통제의 회피, 가격에 의한 자원배분 기능을 유지한 채 군 수요 를 공급하게 된다.

동원시기에 의한 분류로는 전시동원과 평시동원으로 구분할 수 있으며, 전시동원은 동원령이 선포되어 충무계획에 의거 국가자원이 동원되는 것이며, 평시동원은 동원령 선포 이전에 부분적으로 전시동원에 대비하기 위한 사전동원, 평상시 대침투 작전동원, 민방위동원 그리고 훈련소집 및 소집점검 등 전시대비 훈련동원 등이 있다.

동원형태에 의한 분류로는 소관부처에서 사전 계획된 동원운영계획(충무계획)에 의거 소요자원이 동원되는 정상동원과 사전계획된 정상동원에 차질이 생겼거나 우발사태로 인해 긴급한 추가 소요가 발생하여 지역사령관이 직접 해당지역 행정관서에 긴급요청 시 지역행정관서에서 즉각 집행 지원하는 긴급동원이 있다.

동원방법에 따라 분류하면 각종 매스컴을 통해 동원령을 선포하여 동원하는 공개동원과 동원령을 공개적으로 선포하지 않고 비밀리에 동원하는 비밀동원이 있다(안충영 1984: 62). 동원대상 자원에 의한 분류로는 전시, 사변 또는 법률에 의하여 국가동원령이 선포된 경우 군부대의 확장 또는 손실보충에 소요되는 병력을 충원하기 위하여 예비역 및 방위병과 군복무를 마친 보충역을 소집하는 병력동원과 전시, 사변 또는

<참고 18-5> 국가동원 분류

구분		내용
범위	총동원	동원대상이 되는 유·무형의 전 자원 동원
	부분동원	동원대상자원 또는 지역의 일부를 동원
시기	전시동원	동원령을 선포하고 일정계획에 의거 동원
	평시동원	전쟁 외 비상사태 또는 전시대비 훈련을 위한 동원
형태	정상동원	동원령 선포 시 사전계획에 의거 동원
	긴급동원	동원계획에 차질이 있거나 추가소요가 발생할 때 동원
방법	공개동원	각종 홍보매체를 통한 동원령 선포로 동원
	비밀동원	동원대상자에게 별도 통보하는 동원
대상 자원	인원동원	병력동원, 기술인력동원, 전시근로소집
	물자동원	산업동원, 수송동원, 건설동원, 정보통신동원
	기타동원	재정경제동원, 홍보매체동원 등

출처: 공군본부 2016: 4

이에 준하는 국가비상 시에 군사작전 지원, 정부기능 유지 및 중점관리 대상업체의 임무수행을 위하여 추가적으로 소요되는 인력을 국가에서 동원하는 인력동원, 평시의 산업시설 및 기구를 전시에 적용하도록 전환시키는 산업동원, 전시에 있어서 병력을 비롯하여 물자 등의 수송을 원활하게 하기 위하여 철도·선박·차량·항공기 및 수송기 등을 통제 운용하는 수송동원, 그리고 전시에 있어서 군사작전 및 기타의 전시소요까지도 충족시키기 위하여 건물·토지·중기 및 중기정비업체·건설업체 등의 사용, 통제 운용하는 건설동원이 있다(육군본부,『동원업무』 1990: 124).

이상과 같은 동원대상을 중심으로 한 국가동원을 분류해보면 〈참고 18-5〉와 같다.

4. 동원 관련 법규

동원 관련 법규에는 헌법을 비롯하여 평시법령, 전시법률이 있다. 헌법에서는 다음과 같이 국민의 자유와 권리의 제한사항과 이를 위해 대통령이 긴급조치 관련 명령을 발할 수 있음을 명시하고 있다.

"국민의 자유와 권리는 국가안전보장, 질서유지, 공공복리를 위해 필요한 경우에 한하여 법률로써 제한할 수 있다(제37조 2항). 대통령은 국가안위에 관계되는 중대한 교전상태시 국가보위를 위하여 긴급한 조치가 필요하고 국회의 집회가 불가능한 때에 한하여 법률의 효력을 가지는 명령을 발할 수 있다(제76조 2항)."

이에 따른 평시법령으로서 전시 국가자원의 효율적인 활용을 위한 평시 조치사항이 규정되어 있는 "비상대비자원관리법"(법률 제13061호), 병력동원 소집 및 훈련, 전시 근로소집 규정이 명시되어 있는 "병역법"(법률 제12906호), 국방부장관의 예비군 동원 권한, 시기를 규정하고 있는 "향토예비군 설치법"(법률 제12791호), 동원령 선포 시기,

---

요점정리

- 동원: 전시 등 국가비상사태 시 한나라의 인적·물적 기타 제반자원을 국가안보에 기여할 수 있도록 효율적으로 통제, 관리, 운용하는 것
- 동원의 단계로 1년을 12단계로 나누어 시행
- 동원의 대상에 따른 분류: 총동원/부분동원, 전시/평시동원, 인원/물자/기타동원

절차를 명시한 "국가전쟁지도지침"(대통령훈령 284호), 연도 국방병력동원 기본계획안, 국방자원동원소요서를 포함하고 있는 "국방기획관리기본훈련"(국방부훈령 제1768호) 등이 있다. 다음으로 전시 자원동원에 관한 법률 및 긴급명령으로서 전시법률이 있다. 이러한 전시법률에는 여러 가지 사항들이 규정되어 있는데, 국가동원에 관한 사항 규정, 동원령 선포 요건, 동원의 종류, 동원명령 및 해제에 관한 사항, 인원동원, 동원대상물자, 동원대상업체의 범위 규정 등이다.

V. 국가동원 수행체계와 국민생활 안정

1. 동원업무 수행체계 및 발전방향

우리나라의 동원체제상 최고의 권한은 대통령에게 있으며, 대통령은 충무기본계획의 승인과 국가동원령의 선포 및 해제권한을 가지고 있다. 국무총리(행안부)는 충무기본계획을 작성하고 건의하며 국가동원에 관한 업무를 총괄한다. 행정안전부의 비상대비정책국에서는 비상대비계획수립 및 조정, 국가동원업무의 총괄, 자원조사, 비상대비교육 및 훈련, 비상대비 업무의 조사연구, 비상대비 업무에 관한 업무를 수행하고 있다.

또한 자원관리 주무부처는 충무집행계획을 수립하고 각 시·군·구에 시달하며 동원명령을 하달한다. 특히 국방부장관은 병력동원·예비군 업무를 총괄하게 되고 인력 및 물자동원운영계획을 수립해서 시행한다. 특별시 광역시·도, 특별지방행정관서에는 충무시행계획을 수립하고 각 시·군·구에 시달하고 동원영장을 발부한다.

한편, 동원업무 수행부대는 각 군본부와 예하부대로서 본부 인사참모부에서는 전시 인력운영계획을 작성하고 인원동원에 대한 신체검사 계획 수립 및 집행을 담당한다. 정보작전지원참모부에서는 동원업무를 총괄하는 부서로서 분야별 운영계획수립 및 시행을 감독한다. 충무계획 관련 업무를 주관하고 병력동원훈련 운영계획을 수립하고 조정·통제한다. 또한 인원 및 물자분야 동원운영계획을 작성해서 하달한다. 군수참모부에서는 병력동원에 대한 수송계획을 수립하고 집행하며, 산업·수송·건설 동원 소요서를 작성한다. 각급부대에서는 그 부대의 계획, 인사, 정보, 군수참모, 정훈, 의무 등이 동원 관련 세부역할을 수행하게 된다.

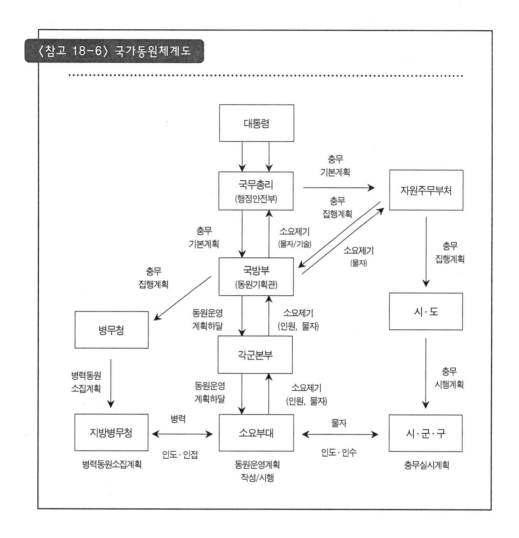

〈참고 18-6〉 국가동원체계도

군부대에서 작성하는 동원운영계획은 행정관서에서 작성한 충무계획을 기초로 '동원된 자원을 배분하고, 운영하기 위한 계획'이다. 이는 인원동원(병력동원, 전시근로소집, 기술인력동원), 산업동원, 수송동원, 건설동원, 정보통신동원 등의 운영계획으로 구분된다. 〈참고 18-8〉은 동원운영계획 작성분야 및 협조기관을 명시하고 있다.

한 나라가 갖고 있는 자원을 잘 관리하여 필요시 유용하게 동원함으로써 강력한 국가로 변신할 수 있다면 최상의 국가전략이라 할 수 있다. 그것도 자국의 모든 역량을 총동원하는 시간이 빠를수록 그 힘은 훨씬 강력할 것이다. 장차 전쟁양상은 총력전, 단기속결전, 제한전이 모두 가능한 가운데, 전국의 동시전장화 가능성에 따라 전방위 안보태세가 필요해질 것이다. 그러므로 우리 나름의 동원전략은 아래와 같은

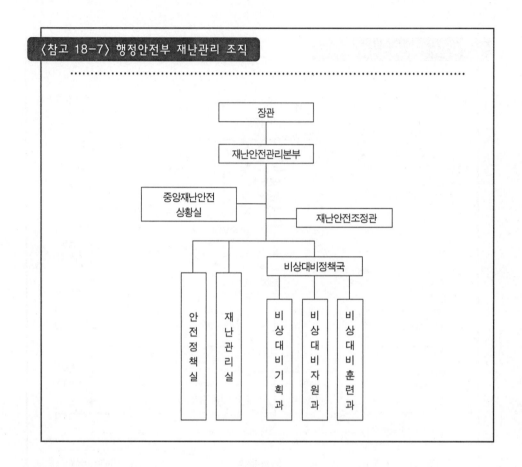

〈참고 18-7〉 행정안전부 재난관리 조직

내용을 준비할 필요가 있다.

① 광역자치단체를 중심으로 비상대비 동원체제를 강화한다.

② 민·관·군·경 통합방위형태를 취한다.

③ 비상대책, 민방위, 향토예비군, 통합방위 업무, 재난재해관리 등 위기관리분야의 업무들을 가능한 한 자치단체 단위로 통합·관리한다.

④ 중앙정부에서는 주무부서별 관리형태를 취하고, 광역자치단체에서는 중간조정자 로서 업무를 취합해 하나의 부서에서 종합관리하고, 예하 시·군·구 이하의 단위에 서는 광역자치단체 주도하에 통합관리체계화를 달성한다.

〈참고 18-8〉 동원운영계획 작성분야 및 협조기관

분야	협조 기관	동원 대상
인원동원	병무청	▪ 병력동원, 전시근로소집
	행정안전부	▪ 기술인력
산업동원	산업통상자원부	▪ 피복/장구, 유류, 수리부속 등 957종
	보건복지부	▪ 의약품, 의무장비 등 236종
	환경부	▪ 먹는샘물(식수)
	기획재정부	▪ 담배
	문화체육관광부	▪ 인쇄, 영화, 신문사
	농림수산식품부	▪ 양곡, 채소류, 육류 등 9종
수송동원	국토교통부	▪ 자동차, 선박, 항공기, 업체(운송, 정비, 하역)
건설동원		▪ 건설기계, 토지/건물, 건설업체
정보통신 동원	미래창조과학부	▪ 소프트웨어사업자 및 정보보호 컨설팅 전문업체
	KT	▪ 정보통신회선

2. 국가동원과 국민생활 안정: 북한의 기도와 위협대비

전시 북한의 기도와 위협을 분석해보면 최소한의 전선배치 조정 없이 기습남침이 예상되며, 초전에 미사일과 장사정포, 특수전 부대에 의한 우리의 C4I체계와 주요 국가 및 군사시설을 타격하여 단기간에 우리의 방어체계를 와해시키고 국가와 군 그리고 국민들을 공황에 빠지게 하여 조직화된 대응을 못하게 하며, 단기속전속결을 시도할 것이 예상된다. 만약 여기서 전세가 불리하게 되면 북한은 서해 5도나 기타 중요한 지역을 선점하거나 협상의 유리한 조건을 조성하여 협상에서 주도권을 확보하기 위한 노력을 할 것으로 판단된다. 따라서 전쟁이 발발하면 전·후방은 물론 전투에 직접 참가하는 군 병력뿐만 아니라 수많은 민간이 즉 국민들이 피해를 입고 공포와 공황에 빠지게 될 것은 자명한 일이다.

따라서 개념적인 면에서 전시 발생할 수 있는 예상 혼란양상은 북한의 선제기습공격으로 전쟁 초기 장거리포와 미사일 사격, 기계화 부대의 공격, 특수부대의 침투, 항공기 폭격, 그리고 화학무기 살포가 시작된 이후의 혼란양상 등이 포함된다. 혼란의 유형은 대량 인명피해 발생으로 인한 혼란, 주민이동·교통체증으로 인한 혼란, 화생무기 공격 피해로 인한 혼란, 단전·단수·가스공급 제한 및 중단으로 인한 혼란, 방송·통신체계 마비로 인한 혼란, 유해가스·유류·가스시설 피해로 인한 혼란, 생필품 공급부족으로 인한 혼란, 적 특수부대의 테러 및 피습으로 인한 혼란, 적의 대민 심리적 강화로 인한 혼란 등이다.

이에 대처하기 위해 충무계획에 의거한 전시 국민생활안정 계획은 다음과 같다(김열수 2005: 425-429). 전시 양곡, 연료, 소금 등 생필품의 가정비축 권장과 배급제를 실시함으로써 전시 생필품을 안정적으로 공급하기 위한 계획과 병원 등 공공시설 단전시에 대비하여 자가발전시설의 확보와 비상전력을 공급할 계획을 수립하고 단수시에 대비하여 간이급수시설을 설치하며 비상 급수장비를 확보하는 등의 계획을 포함하고 있다. 또한 다수의 전사자와 전재민(戰災民) 발생이 예상되므로 이들을 진료하고 수용할 수 있는 대책도 관련부처 계획에 포함되어 있다. 따라서 여기서는 더 구체적으로 전시 예상되는 적 기도와 위협, 전개되는 전장상황을 기초로 국민생활의 안정도모를 위한 몇 가지 정책방안을 생각해 볼 수 있겠다.

먼저, 북한의 미사일과 장사정포에 의한 국민의 생명을 보장하는 방안이다. 북한은 수많은 중장거리 미사일과 장사정포를 보유하고 있으며 이들의 위협은 수도권은 물론 후방지역까지 도달하고 있고 그 능력은 가공하리만큼 위협적이라 볼 수 있다. 전시가 되면 북한은 미사일과 장거리포(일부 핵탄두 부착)로 아군의 지휘통제시설, 주요 공항과 항만, 국가 핵심기반 산업시설 그리고 인구밀집지역 등에 지속적인 타격으로 우리 군을 무력화시키고 국민들을 혼란에 빠지게 할 것으로 예상된다(북한은 실제 지난 2010년 11월 23일 대연평도를 향해 대구경포를 이용 170여 발을 포격하여, 민간인 2명 포함 4명이 사망하였다).

따라서 민·관·군이 통합하여 북한의 미사일과 장사정포의 예상 타격지역을 사전에 정밀분석 및 판단하여 유사시 주민들을 소개시켜 피해를 최소화하도록 해야 한다. 특히 접전지역과 주요 국가 및 군사시설 주민에 대한 주민소개 계획을 실질적으로 준비해 두어야 한다. 다음은 북한의 화생방 공격에 대한 보호대책이다. 북한은 현재

많은 양의 화학 및 생물학 작용제를 보유하고 있고 전시에 핵사용의 위협을 포함하여 아군의 전·후방 지역에서 화생방전을 시도할 것으로 보인다. 공격의 수단으로는 미사일과 장거리포, 특수전 부대를 활용한 공격이 예상되며 전방은 물론 후방까지 그 위협이 미친다고 볼 수 있다. 이러한 위협에도 불구하고 우리의 대응수준은 아주 초보적인 단계에 머물러 있다. 국민들에게 방독면을 구입하도록 권장한다든가 하는 수준에 머물러 있으며 그나마도 방독면을 구입하여 보유하고 있는 가정도 아주 드물다.

따라서 북한의 화생방 공격에 대비하여 국민의 생명을 보호하고 안정을 도모하기 위해서는 국가적인 차원에서 생화학 경보전파체계를 확립하여 국민들이 미리 대비하도록 하고 평시부터 민·관·군이 통합된 탐지와 제독능력을 구비하도록 인력과 장비를 투자하고 민·관·군 통합훈련을 통해 실질적인 능력을 제고시키는 방안을 적극 강구토록 하여야 한다. 또한 국가적인 차원에서 지방자치제와 협조체제를 유지하여 방독면 확보방안을 강구하고 유사시 화생공격에 대한 피해자를 수송하고 치료할 수 있는 병원시설이나 인적풀을 확보하는 방안을 구축하여야 한다.

또한 북한의 특수전 부대에 대한 국민 보호대책을 강구하여야 한다. 북한은 20만이 넘는 대규모 특수전 부대들을 보유하고 있으며, 이들은 은밀하게 개전 전부터 투입하여 전후방 동시 전장화를 꾀하고 세포분열식 연속타격에 의한 주요목표를 타격하고 은거 및 타격활동을 지속적으로 실시할 것으로 예상된다. 예상 은거지도 예전에는 주로 산악지역으로 판단하였으나 최근에는 아파트 단지와 도시지역이 발달되고 은거하기에 용이한 지하공동구 등 각종 시설이 우리 국민들이 거주하는 곳에 산재되어 있어 적 특수전 부대들은 국민들 가까이에서 은거하면서 국민들의 생명과 재산을 위협할 것으로 판단된다. 또한 이들은 주간에는 은거하고 야간에는 은밀히 타격활동을 실시할 것으로 예상되기 때문에 국민들의 불안과 공포는 엄청나게 클 것으로 판단된다.

침투한 적 특수전부대들은 아군 복장과 민간인 복장을 착용하기에 국민들은 피아간의 구분이 어려워 아군을 가장한 적의 특수전 부대들의 활동으로 인하여 국민으로 하여금 군의 신뢰를 이간하여 총력전을 약화시킬 우려가 있다. 따라서 피아 식별대책을 홍보하고 발견 및 식별시에 통신대책과 연락수단을 통합방위체제에 의한 효율적 방안을 강구하여야 한다. 현재 안보의식의 해이로 인하여 후방지역에서의 통합방위체제가 많이 약화되어 있는 실정이다. 민·관·군의 통합된 공세적인 후방지역작전이야말로 전시에 국민생활의 안정을 도모할 수 있는 가장 효과적인 방안이라는 사실을 주지시키는 것이 중요할 것이다.

전시 국민생활안정을 위한 방향으로 첫째, 전시 비상사태에 대한 범위와 내용이 구체적이고 실질적이어야 한다. 구체적으로 단전에 대비한 아파트와 공공시설 또는 개인주택의 자체 발전시설에 대한 국가적인 차원에서의 준비가 필요하며 단수에 대비한 심정 등 지하수 개발과 주변 식수원을 개발하여 활용할 대책을 강구하여야 하고 폭격으로 인한 주거시설 파괴 시 수용대책과 주식과 생필품에 대한 대책을 수립해야 한다. 특히 식량에 대해서는 국가적으로 생산지와 저장창고, 각종 판매망에 대한 사전 정보를 파악 유지함으로써 유사시에 활용할 수 있는 대책을 강구해야 하며 필요시에는 지역 군을 통한 급식방안도 마련하여야 한다.

둘째, 지속적인 훈련과 연습 그리고 유기적인 민·관·군 협조체제를 구축하여야 한다. 현재는 국민들의 안보의식 해이와 민·관·군뿐만 아니라 중앙정부와 지자체 간의 협조체제가 다소 미흡한 실정이다. 따라서 매년 실시하는 을지연습 및 충무훈련 시 형식적이고 보고위주의 관행과 타성에서 벗어나서 실질적인 연습과 훈련이 진행되도록 시스템화해야 한다. 또한 유명무실해지는 지역방위지원본부의 역할과 기능을 제고시키고 국방개혁 2030에 부합된 후방지역에서의 민·관·군의 역할과 기능을 재정립하여야 한다.

셋째, 전시가 되면 국민들은 전장상황에 매우 민감해지며, 국가의 전장상황 보도와 군의 전쟁수행에 지대한 관심을 가질 것이다. 그러나 전시에는 TV나 라디오, 인터넷, 전화 등의 체계적인 매스컴 운용이나 국가 정보망, 기타 유무선 등을 효과적으로 운용하지 못하여 활용에 많은 제한이 있다. 정확한 정보와 상황을 알지 못하는 국민들은

요점정리

- **행안부:** 충무기본계획작성·건의, 국가동원에 관한 업무 총괄 부서
- **동원운영분야:** 인원, 산업, 수송, 건설, 정보통신
- **전시 북한군의 공격양상:** 장거리포와 미사일공격, 기계화부대 공격, 특수부대 침투, 항공기 폭격, 화생무기 살포
- **전시 국민생활 안정화 방안**
  - 비상사태 범위와 내용의 구체화
  - 지속적인 훈련과 연습, 민·관·군 협조체제 구축
  - 정부의 전쟁상황에 대한 국가 매스컴 통합하여 전시 국민홍보, 생활안정 도모

불안과 공포에 빠질 우려가 많다. 이렇게 되면 국민들은 안정을 찾지 못하고 공황으로 인해 후방지역의 안정은 물론 조직적인 전투지속능력을 보장하기 위한 국민들의 활동은 와해가 될 것이다. 그러므로 정부는 전시가 되면 전장상황에 대한 정보를 정확하게 알려주어 국민들이 유언비어나 공포와 공황에 빠지지 않도록 하고 후방지역의 안정을 도모하도록 효과적인 홍보방안을 마련하여야 한다. 현재 전시에 군에서는 전략 및 전술 C4I 등 각종 지휘통제수단을 활용하여 상황이 전파되고 작전을 수행하지만 국민들에게는 통합방위개념차원의 통신수단만이 가능할 뿐이다. 따라서 중앙재난안전관리본부, 문화체육관광부와 지방자치단체, 방송국, 지역 군부대와 유기적인 협조체제를 실질적으로 구축하는 등 가용한 국가 매스컴을 통합하여 전시 국민을 홍보하고 국민생활의 안정을 도모할 수 있는 정책을 발전시켜야 한다.

VI. 맺음말

현대의 안보패러다임은 과거의 군사위주 전통적 안보에 더하여 비군사적 위협을 망라하는 '포괄안보' 시대로 본다. 따라서 위협의 다양화, 복잡화, 대형화된 초국가적·범지역적 위협이 대두되고, 이라크전쟁과 같이 비군사분야의 중요성과 비중이 증대되어 전·평시 구분의 모호성이 증대되고 있다. 게다가 한반도에서는 북한의 군사적 위협이 상존하고 있어 전·평시 국가 차원의 통합된 비군사분야 관리체제의 발전이 요구되고 있다. 이를 위해서는 정부 차원의 군사·비군사분야 대비가 가능한 통합된 전담조직(부서)이 필요하다(안광찬 2011). 이와 같이 전담조직을 통해 국가위기 및 전시사태의 기획·조정·통제기능을 통합하여 사태관리의 효율성의 극대화를 보장할 수 있다.

현대전의 특징은 총력전이다. 따라서 군사작전을 뒷받침해 줄 수 있는 효율적인 국가정책이 없이는 전쟁에서 승리할 수 없으며 후방지역의 안정과 전투지속능력이 보장되지 않고서는 효과적인 군사작전이란 있을 수 없다. 또한 후방지역의 안정을 도모하고 전투지속능력을 보장하기 위해서는 국민생활의 안정을 도모하는 것은 필수불가결한 요소이다. 결국 전·평시 일원화된 국가비상관리체계와 민·관·군 통합체계를 통한 조직과 제도를 구축하고 전시 민생안정을 위한 대비책을 마련하는 것이 요구된다.

핵심개념

- 국가안전보장회의(NSC)
- 국가비상대비계획(충무계획)
- 국가동원
- 충무사태

토론주제

1. 국가비상사태의 종류는?
2. 국가비상대비계획(충무계획)의 작성과 승인은 어떻게 이루어지는가?
3. 전시 인원동원과 물자동원에는 어떠한 것들이 있는가?
4. 충무계획과 관련하여 행정안전부의 역할은?
5. 전시 북한군의 공격양상과 혼란유형은?

19

국제안보를 위한 한국의 노력

학습내용

국제평화와 안전의 유지를 위한 국제연합의 주요 정책수단의 하나인 평화유지활동(PKO)은 1948년 유엔이스라엘정전감시단(UNTSO)을 시작으로 지난 60여 년에 걸쳐 세계 분쟁지역에서 평화회복과 유지에 크게 공헌해 왔다. 1990년대 들어 냉전이 종식되면서 '국가 간의 분쟁'보다는 민족, 종교간 갈등에 의한 '국가내 분쟁(내전)'이 빈발함에 따라 유엔 PKO의 중요성이 새롭게 인식되게 되었고, 또 그 역할도 확대되기에 이르렀다. 구체적으로 PKO의 임무가 기존의 평화유지 임무 외에 국가재건활동, 민간행정지원, 치안유지, 인도적지원활동 등 그 폭을 넓혀가게 된 것이다. 한국군의 UN PKO 참여는 1991년 유엔가입 후 시작되었다. 그 후 국제사회에서 한국의 위상이 높아지면서 한국은 여기에 걸맞는 활동들을 요구받고 있다. 여기서는 국제평화활동들의 내용과 함께 국제안보를 위한 한국의 노력들을 살펴보겠다.

I. 머리말

최근 한국은 과거 '받는 나라'에서 이제 세계 10위권의 경제대국으로 성장했으며 한국에게 바라는 국제적 요청도 커지고 있는 바, 이제 '베푸는 나라'의 능력을 갖게 된 것이다. 따라서 과거 한국 정부는 한국전을 통해 받은 국제적인 평화유지지원을 이제 세계에 갚아야 한다는 의미에서 UN을 비롯한 국제적인 평화유지활동에 적극적으로 참여하여야 할 위치에 있다.

국제평화유지활동은 1948년 이후 양적으로 급속한 팽창을 거듭해 오고 있으며, 오늘날 UN헌장에서 규정한 바와 같이 국제평화유지와 안전보장의 파수꾼 역할을 긍정적으로 수행하고 있다. 특히 오늘날 국제평화유지활동은 실효적이고 당위적 차원에서 단순한 분쟁국가 간 평화유지라는 소극적 차원을 넘어서 평화조성과 평화구축의 적극적 실현이라는 새로운 임무를 전개하고 있다.

세계평화 구축을 위한 평화유지활동의 주체로서 UN과 다국적군은 분쟁지역의 평화정착을 위한 지원을 제공하고 있으며, 한국군도 요청되는 UN PKO 임무와 지역 다국적군의 임무를 모두 수행할 수 있는 능력을 요구받고 있다. 본장은 먼저 평화유지활동에 관한 개념과 유형에 대한 이해를 통해 한국군의 PKO 활동을 살펴보고, 그 발전과제들을 제시해 본다.

II. 국제평화유지활동

한국군은 1991년 걸프전 지원을 비롯하여 아프가니스탄과 이라크 지역에서 다국적 군의 일국으로 평화유지활동과 아울러 UN의 평화유지활동을 지원해 왔다. 국제평화 유지활동은 UN이 주도하는 'UN 평화유지활동'과 UN 안보리 승인 아래 지역기구 또 는 특정국가가 주도하는 '다국적군을 통한 평화유지활동'으로 구분되지만, 다국적군의 활동도 UN 안보리 승인에 따라 임무를 부여받는다는 측면에서 광의의 'UN 평화유지 활동'으로 인식되고 있다(권안도 2009: 8).

1. PKO의 정의와 유형

1) 국제평화유지활동 개념

PKO는 'Peace Keeping Operations'의 약자로 평화유지활동을 뜻하며 2005년 이 전에는 국제평화·안보를 유지하기 위한 유엔의 활동을 총칭해 PKO라고 부르기도 하였다. 이 PKO라는 용어는 유엔이 평화유지활동을 처음 시작할 때부터 사용한 것은 아니다. 최초에 UN에서는 감시단(1948년 UNTSO), 긴급군(1956년 UNEF) 등과 같은 용어를 사용하면서 이를 통칭하여 '예방활동'으로 사용하였다 이후 1960년 콩고에서 무력사용을 통한 평화강제활동으로 말미암아 안보리 상임이사국 간에 의견차이가 노 정되어 1962년에 국제사법재판소에서 '이러한 활동을 관계국의 요청 또는 동의를 근 거로 한 평화유지활동(PKO)'이라는 표현으로 권고적 의견을 제시하였다.

이후 임무단을 현장에 전개하는 단계인 PKO뿐만 아니라 분쟁의 예방활동, 평화조 성, 평화강제, 평화건설 등으로 개념이 분화해 감에 따라 큰 차원에서의 활동도 PKO 라고 부르고 그 안의 다섯 가지 활동 중에 하나도 PKO라고 부르는 상황이 되었다. UN에서는 이러한 불편을 시정하기 위하여 2005년 1월 1일부터 광의의 PKO를 평화 활동(PO: Peace Operation)이라고 사용하고 있다. 다만 미국에서는 PKO와 PEO만을 PO로 분류하여 순수 군사작전에만 국한하여 사용하고 있다.

국제평화학회(The International Peace Academy)는 평화유지(peacekeeping)를 '중립 적이고 평화적인 제3자가 국제적으로 조직 구성된 다국적의 군인, 경찰 및 민간인을 운용하여 분쟁 당사자 집단의 적대행위를 예방(prevention), 봉쇄(containment), 완화 (moderation), 종결(termination)시키는 활동'으로 정의하며(김열수 2003: 211) 행위자에 관해 UN을 비롯하여 다국적 집합체를 광의로 포함하고 있다. 한편, UN DPKO(The Department of Peace Keeping Operations)는 평화유지에 대하여 민간인과 군인을 포함한 UN요원이 현장에 있으면서 분쟁당사자의 동의 아래 분쟁 통제와 해결과 관련한 조치를 시행하거나 감독하며, 인도적 구제를 위한 안전조처를 확인하는 행위로 정의하고 있다(UN/DPKO, What is Peacekeeping?). 또한 PKO를 국제안보와 분쟁 중인 지역의 평화와 안전을 회복·유지하기 위해 국제사회가 취하는 활동으로써 군사적 강제력을 행하지 않는 군인들에 의해 수행되는 것으로 정의하기도 한다(Ramsbotham and Woodhouse 1999: 11).

이러한 다양한 시각을 종합하여 정리하면 국제평화유지활동은 '국제평화와 안전을 유지하기 위하여 국제사회가 분쟁지역에 공평하게 개입함으로써 분쟁을 관리하는 국제사회의 제반 활동'으로 정의될 수 있다(김열수 2003: 211).

2) 평화유지활동의 유형

UN 평화유지활동 원칙과 지침서(UNDPKO, UN Peacekeeping Operations: Principles and Guidelines 2008)는 광의의 평화유지활동 개념으로 분쟁예방, 평화조성, 평화유지, 평화강제, 평화구축을 제시하고 있다.

분쟁예방(Conflict Prevention)은 '국가 간 또는 국가내의 긴장과 분규(tensions and disputes)가 분쟁(violent conflict)으로 확대되지 않도록 구조적 또는 외교적 조치를 취하는 행동'이다. 그러나 위기가 발생할 경우 국제사회가 조기에 분쟁지역에 개입하는 예방외교의 한 수단으로 '예방전개'를 통한 평화유지군의 사전 전개도 가능하다. 평화조성(Peace Making)은 UN 헌장 제6장에서 제시하고 있는 수단인 조사, 협상, 중재, 조정, 중재재판, 사법적 해결과 국제사회의 일반적인 수단인 주선을 포함하고 있다. 분쟁지역에서 정전협정이나 평화협정이 이루어지는 것은 협상과 중재를 통한 평화조성의 결과라고 볼 수 있다. 평화유지(Peace Keeping)는 '분쟁 관련 모든 정치집단들의 동의 하에 통상 UN 군사요원과 경찰요원 및 민간요원들이 현장에 배치되어 분쟁의 확대 가능성을 예방하고 평화조성의 가능성을 확대하는 기술로 분쟁의 확대 억지와 분쟁지역에서 정전협정체결이나, 평화협정이 체결될 수 있는 환경을 조성한다는 의미를 갖는다. 평화강제(Peace Enforcement)란 '평화조성과 평화유지에 의한 활동이 분쟁을 관리함에 있어서 그 실효성을 거둘 수 없을 때 강제적인 수단과 방법을 동원하여 평화를 획득하는 것'으로 평화강제수단은 UN 헌장 제7장에 명시되어 있다. 특정 정치

집단이 합의된 정전을 위반하거나, 또는 이를 파기하고 분쟁에 재돌입 하는 경우, UN 은 특정집단을 '평화의 파괴 또는 위협'집단으로 간주하고 이에 대해 응징하는 대안이 평화강제활동이다. 평화구축(Peace Building)은 '평화조성과 평화유지활동이 성공적이 기 위해 평화를 공고히 하고, 사람들 간에 신뢰와 번영의 감정을 진전시킬 수 있는 구조를 찾아 이를 지원하는 포괄적 노력'으로 분쟁당사자들의 무장해제, 무기의 회수 및 파기, 난민복귀, 선거감시, 인도주의 구호활동, 인권보호활동, 정부기관의 재편 및 강화 등이 포함된다(김열수 2003: 211-5).

평화유지활동 가운데 특히 평화조성은 분쟁원인인 사회적·경제적 긴장 근원을 제 거하는데 목표를 둔 조치로 평화유지와 상호보완적으로 병행 또는 선차적으로 시행될 수 있으며, 분쟁후 평화구축은 분쟁의 재발을 예방하는 노력으로 볼 수 있다(김열수 2003: 211-5). 〈참고 19-1〉의 그림과 같이, PKO 활동유형은 활동내용과 영역에 따라 상호 연계되고 중첩되는 부분이 발생한다. 분쟁 발생 전에는 분쟁예방활동(Conflict Prevention)을 통해 평화가 유지되도록 하지만, 일단, 분쟁이 발생하면 평화조성(Peace

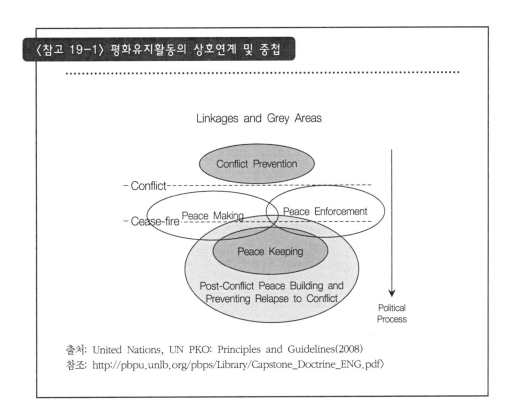

〈참고 19-1〉 평화유지활동의 상호연계 및 중첩

Linkages and Grey Areas

Conflict Prevention

- Conflict

- Cease-fire   Peace Making   Peace Enforcement

Peace Keeping

Post-Conflict Peace Building and Preventing Relapse to Conflict

Political Process

출처: United Nations, UN PKO: Principles and Guidelines(2008)
참조: http://pbpu.unlb.org/pbps/Library/Capstone_Doctrine_ENG.pdf〉

〈참고 19-2〉 UN PKO와 다국적군 비교

	UN PKO	Multi-National Forces(MNF) 다국적군
설치근거	▪ 안보리 결정 ▪ 총회의결로 파병가능	▪ 안보리 결정으로 파병가능 ▪ 핵심 이해 당사국의 주도로 창설
임무	▪ 적대행위 종료지역 정전감시 ▪ 평화협정 이행감시 ▪ 전후복구	▪ 침략행위 발생 또는 평화 교란된 지역 평화회복임무수행 (Peace Enforcement)
무력사용 범위	▪ 자위 목적으로만 사용	▪ 침략격퇴, 무력진압 등을 위한 적극적 무력 사용 가능
UN 통제장치	▪ UN 사무총장의 사령관 임명 ▪ 안보리 지침 통한 작전지휘	▪ 병력 공여국들 자체 통제체제수립 ▪ 안보리: 임무범위 및 기한 재검토 기능 통한 형식적 통제
경비부담 주체	▪ UN 회원국들 부담	▪ 병력 파견국 자비 부담
설치사례 및 한국군 참여사례 (인원: 명)	〈주요사례〉 - 1948년 이후 총 60개의 PKO 설치 - '08년 현재 콩고, 수단 등 20개 PKO 활동 중 ▪ UNIFIL(레바논 PKO) ▪ 인도-파키스탄 정전감시단 ▪ 수단 임무단 ▪ 아프가니스탄 지원단 등 〈한국군 참여〉 ▪ PKF: UNIFIL 동명부대(359) ▪ 정전감시단: 인도-파키스탄(9), 조지아(그루지야)(2) ▪ 지원단: 라이베리아(2), 아프가 니스탄(1), 수단(8), 네팔(3) ▪ 참모: UNIFIL(8)	〈주요사례〉 - 1990년 이후 총 12개의 다국적군 설치 - 이라크, 아프가니스탄 다국적군 활동 ▪ 동티모르('99, 호주) → '00년 UNPKO로 전환 ▪ 코소보('99, NATO) → '99년 UNMIK로 전환 ▪ ISAF('01, NATO) * CJTF-101(미군)은 작전활동 치중 ▪ MNF-I(이라크 다국적군, '03 미국) 〈한국군 참여〉 ▪ 동티모르: '99~'03 ▪ 아프가니스탄 동의/다산부대: '02.2~'07.12 ▪ 이라크 자이툰부대(659): '04.9~ * 아프가니스탄, 이라크의 경우 대테러전 참여 하에서 평화건설 활동 치중

출처: 고성윤(2009)

Making) 또는 평화강제(Peace Enforcement) 활동으로 정전을 유도한다. 이러한 활동은 정전 이후에도 평화유지(Peace Keeping)활동과 함께 어느 정도 수준까지 지속될 수 있으며, '분쟁이후 평화구축(Post-Conflict Peace Building)'활동의 큰 범주에 포함되어 이루어 질 수 있다. 분쟁예방활동에서 '정전 이후 평화재건'단계로 발전할수록 더욱 정치적인 행위가 이루어진다.

3) UN PKO와 다국적군(Multi-National Forces)의 비교

UN군과 다국적군의 차이는 활동 주체와 책임자에 의해 구분된다. UN 평화유지활동의 경우 UN 사무총장이, 다국적군일 경우 다국적군의 주도국가가 활동의 책임자가 된다. 국제평화와 안전을 유지하기 위한 활동의 주체는 UN 또는 지역기구나, UN이 위임한 특정국가가 될 수도 있다. 유럽지역 코소보(Kosovo) 전쟁에서는 지역기구인 NATO와 OSCE(The Organization for Security and Co-operation in Europe)가 중심이 되어 보스니아(Bosnia), 코소보(Kosovo), 마케도니아(Macedonia)에서 평화강제활동을 하고, 아시아 지역 동티모르에서는 호주가 주도국가로서 다국적군이 구성되어 평화유지활동을 하였다(김열수 2003: 221-2).

UN 안보리의 결정으로 이루어지는 국제평화유지활동을 위한 UN PKO나 다국적군 모두 광의의 UN 평화유지활동으로 볼 수 있으나, 설치근거, 임무와 무력사용 범위의 차이와 통제장치 및 경비부담 주체에 관한 제도적인 면에서도 많은 차이가 있다. 특히, 미국의 경우, 자국의 군대를 UN 사무총장이 임명하는 UN군 지휘관의 지휘아래 배치하는 것을 꺼려하고 있어 UN PKO 참여보다는 미국이 주관하는 다국적군 체제를 지향하고 있다.

4) 평화유지군(PKF: Peace Keeping Force) 편성

UN은 다차원 평화유지작전을 위한 평화유지군 부대편성을 다음과 같이 세 가지로 구분하여 편람에 제시하고 있다(UN DPKO 2003: 65).

- 전투부대는 보병, 기갑, 항공, 함정, 해병대와 특수전 부대 등을 포함한다.
- 전투지원부대는 포병, 공병, 해상/공중정찰, 지휘통제시설 등을 포함한다.
- 전투근무지원부대는 통신, 의료, 육상, 해상 및 공중 수송수단 등을 포함한다.

지상군 규모는 다음과 같이 편성한다.

- 중대는 120~150명으로 구성한다.
- 대대는 500~1,000명으로 구성하고, 중화기/통신/공병/군수 분야 등으로 구성하며, 특별한 경우에는 포병과 기갑으로 편성 가능하다.
- 여단은 4,000~10,000명으로 구성하고, 보병/포병/기갑/공병/본부 및 통신 등으로 구성한다.

2. UN의 평화유지활동의 임무와 원칙

1) UN 평화유지활동의 임무

UN에 의한 최초의 평화유지활동은 1948년 5월 이스라엘이 독립을 선포함에 따라 주변 아랍 여러 나라들과 전쟁이 발생하여, UN이 정전을 위해 1948년 5월29일 UN 안전보장이사회(안보리) 결의(SCR: Security Council Resolution/50)에 의거 설치한 UN 예루살렘정전감시단(UNTSO: UN Truce Supervision Organization)에 의해 시작되었다.

'평화유지(peacekeeping)'라는 단어가 비록 UN헌장에는 없다고 하나, 제2대 UN사무총장 햄마슐트(Dag Hammarskjold, 1953~61년 재임)가 1956년 수에즈운하 전쟁을 종료하기 위하여 UN상비군(UNEF: UN Emergency Force)을 제안하면서 법적근거를 UN헌장 제6장(중재 혹은 사실확인 등 분쟁의 평화적 해결을 위한 전통적 방안)과 제7장(금수 혹은 군사제재와 같은 보다 강제적 행위)사이에 놓여 있다는 의미에서 '제6과 1/2장'이라고 규정한 이래 광범위하게 사용되면서 일반화되었다(정은숙 2008: 214).

일부학자들은 시대적으로 PKO의 임무가 냉전기를 기점으로 확대되어 온 것에 관점을 두고 PKO를 정전감시 활동위주의 제1세대, 국가재건 및 인도적 임무로 확대된 제2세대와 현대에 접어들어 적극적인 활동인 평화강제로 확장된 제3세대로 분류하기도 한다. 탈냉전 시대에 들어와서 PKO의 영역과 수준확대에 따라 난민지원, 무장해제, 치안능력 확립 등 국가재건활동도 담당하게 되었다. 그러나 오늘날 무력분쟁 중에도 PKO가 조직되고 현장에 전개하여 평화를 강제적으로 집행하는 적극적인 평화활동이 전개되어 이러한 PKO를 제3세대 PKO로 분류하고 있다(제성호 2009: 2-3; 백진현 1994: 81-100).

UN은 평화유지활동을 위하여 비무장 또는 무장 군사요원과 광범위한 분야의 훈련

〈참고 19-3〉 UN 평화유지활동 현황(2017.10.31)

을 달성한 다양한 민간인으로 구성하여 이들에게 분쟁지역의 환경에 따른 다양한 UN PKO 임무를 부여하고 있다. PKO 주요임무로 우선 분쟁발생을 예방하거나 국경에서 분쟁이 발생한 경우 요원을 전개시키며, 정전 이후 분쟁상황을 안정시키고 평화협정이 지속될 수 있도록 분쟁 당사자들의 환경을 조성하는 것이다.

이를 위해 복합적인 평화협정 시행을 지원하고, 분쟁국이나 당사자들이 민주주의 원칙에 기반을 두고 안정된 정부로 전환하여 정치 경제가 발전할 수 있도록 지도하는 데 중점을 두고 있다.

1980년대 이후 평화유지활동은 양적으로 증가하고 질적으로 변화하여왔다. UN 창설 이후 탈냉전 직전인 1988년까지 약 40년 동안 UN 주도의 PKO는 중동지역 위주의 활동 15건에 불과하였으나 탈냉전 이후 2017년 5월까지 28년간 UN주관 아래 전 세계적으로 125개국이 아프리카 및 아시아 지역 위주로 71건의 PKO를 전개하였으며, 2017년 12월 현재 15개의 PKO 임무를 수행 중에 있다. PKO 설치수와 참여인원의 규모가 냉전체제 이후 1990년대에 급격하게 증가하여 2017년 5월 현재 군인 77,089여 명, 옵서버 1,368명, 경찰 11,034명 등 총 91,414명이 활동하고 있으며, 임무도

전통적인 정전감시활동으로부터 평화재건 기능 등이 복합적으로 연계되어 이에 따른 재정지출도 급격히 증가하여 다국적군 주도국가 및 UN에게 예산에 대한 부담이 크게 되고 있다. UN 안보리의 기능강화와 함께 분쟁지역에서 UN PKO 기능의 확대는 UN 안보리 결의를 근거로 PKO 요원의 제한된 무력사용을 허락함으로써 강제력을 동원해서라도 무력분쟁을 진정시키려는 UN의 노력이 증가하고, PKO 상비준비태세를 구축하는 추세이다(https://peacekeeping.un.org/en/data-0, 2018.1.20).

2) UN 평화유지활동의 기본원칙

분쟁지역에서의 UN PKO 활동에는 그 목적과 의의에 부합하기 위하여 당사자 간의 동의, 공정성, 합법성 그리고 신뢰성 등 기본원칙이 준수되어야 한다. UN은 평화유지활동에 대한 원칙과 지침(UN Peacekeeping Operations Principles and Guidelines)을 마련하여 그 기본원칙들을 제시하고 있다(UNDPKO, UN Peacekeeping Operations 2008: 31-43).

첫째, 평화유지활동은 분쟁과 관련된 주요 당사자들의 동의 아래 이루어져야 하는 것이 가장 우선이다. 이것은 분쟁 당사자들이 평화유지활동의 임무수행 활동을 보장하는 것으로 간주되며 임무 수행 중에도 분쟁 당사자들과 마찰이 일어나지 않도록 지속적으로 상황을 평가하고 관리하여야 한다. 둘째, 평화유지활동은 분쟁 당사자들의 동의와 협조를 유지하면서 공정하게 임무를 수행하여야 하며, 이는 중립성과 구분하여 혼돈을 방지해야 한다. 셋째, 평화유지군은 군사력 사용을 최대한 제한하여야 한다. 임무수행을 위한 최소한의 무력사용과 자위권 차원의 무력행사 외에는 무력사용을 금지하여야 한다. 다만, 평화유지활동에 대한 적대세력의 위협이 가중되어 보다 강화된 군사력 사용이 필요한 경우 UN 안보리의 승인이 필요하다. 넷째, 평화유지활동의 국제적 합법성은 국제평화와 안전보장을 유지하기 위하여 UN 안보리로부터 주어지는 UN 임무(mandate)로부터 비롯된다. 다섯째, 신뢰성은 평화유지활동의 관건이다. 폭력, 빈곤, 대립 등으로 사회불안이 가중되고 있는 열악한 분쟁지역에서 임무를 수행하므로 신속한 전개, 임무수행태세, 확실성, 일관성 등을 구비해야 한다. 여섯째, 평화유지활동을 통해 분쟁 당사국의 중앙 및 지방정부의 통치, 행정능력이 제 기능을 발휘할 수 있도록 분쟁 당사국의 재건 역량강화를 지원하여야 한다.

UN의 이러한 평화유지활동의 원칙과 지침 제시는 분쟁당사국들이 분쟁지역에 파병되는 다른 국가들로부터 불이익을 받지 않도록 UN이 보장하기 위한 조처이며, 특히 당사자들의 동의성, 공정성과 자위(self-defence)와 임무보장을 위한 경우 이외에 무력사용을 금지하는 것에 중점을 두고 있다.

3. 각국의 PKO 참여 동향

세계적으로 각국은 자국의 이익과 국제적 위상을 고려하여 국제평화유지활동에 다양한 형태로 참여하고 있으며, 이들 국가들의 참여형태는 다음과 같이 4개의 유형으로 분류할 수 있다(고성윤 2009).

1) 초강대국

초강대국은 국제질서 유지의 일환으로 전략지역 위주로 자국의 이익을 극대화하기 위해 참여하고 있다. 미국은 국제질서 유지 차원에서 전략적 분쟁지역은 직접참여하면서 비전략지역은 부분적으로 UN PKO를 지원하는 데 그치고 있다. 미국 정부, 특히 군부는 UN이 고도로 관료화된 기구로서 군사작전에 적합하지 않다는 인식과 미국 전투군이 휴전협정 감독, 완충지대 순시, 또는 인도주의적 지원을 하는 것은 전투승리를 목적으로 하는 군 본연의 임무와 전적으로 무관한 일이라는 견해가 지배적인 환경에서, 미국은 'UN주도'보다는 미국주도 다국적군 형태의 'UN위임' 공동작전을 선호해왔다. 미국은 초강대국의 위치에서 자국의 군사력을 UN명령과 지휘아래 맡기는 대신 UN PKO에 대한 다른 지원방안을 제공해 왔다.

러시아는 1990년대 약화된 국제 영향력을 UN 안보리 상임이사국지위를 통해 모색하면서 PKO의 정당성을 인정하고 CIS(독립국가연합)내 PKO를 주도하였다. 그러나 PKO에 대한 서방국가들과 인식의 차이가 점차 확대되면서, 서방국가들은 러시아의 PKO에 관한 전문성, 공정성 및 중립성, 기술 측면에서 서방국가들과 같은 수준의 UN PKO에 대한 기여 능력은 미비한 것으로 평가하고 있다.

중국은 1970년대 PKO에 대해 비판적 입장을 견지하였으나, 1990년 초 미국주도 다국적군의 걸프전을 승인한 UN 안보리 결의안 제678호에 기권한 이후, 2000년대에 들어 콩고민주공화국, 라이베리아, 수단 등 아프리카지역 PKO에 적극 참여하고 있는 것은 중국의 아프리카 지역에 대한 전략적 진출과 중국군의 국제화를 모색하려는 것으로 보인다. 그러나 중국은 자원확보와 무기수출과 같은 경제적 이익만 추구할 뿐, 전문성과 정치성 측면에서 선거, 인권, 민주주의 등 분쟁국가들의 분쟁이후 국가지원의 여러 영역에서 서방국가들과 같이 효율적인 PKO관리에 기여할 수 있을 것인가에 대한 논란이 있다(정은숙 2008: 228-38).

2) 전통적 PKO 적극 참여국

국제사회에 평화적 기여를 주목적으로 제시하며 세계평화활동에 선도적인 역할을 해 온 전통적 PKO 참여국들은 스웨덴을 비롯한 스칸디나비아 4개국과 캐나다 등이 포함된다. 이들 국가들은 대외 안보위협이 극히 적은 국가들로 자신들의 평화지향적인 이미지를 높여 국제적으로 국가위상을 확대하기 위하여 국제 PKO 초기부터 적극 활동을 해온 국가들이다.

3) 특수 지위국

일본과 독일은 2차 대전 패전국으로 각기 헌법에 의거하여 군사력의 증강과 외국 영토내 배치가 원칙적으로 금지되어 있으나, 국제사회의 평화에 기여를 통해 '패전국'으로 실추된 국가위상을 제고하고 군의 간접적인 해외파병을 실현하고 있다.

일본과 독일은 제1차 걸프전을 전환점으로 UN PKO에서 자국의 군사 및 경제지원 역량을 발휘하면서 평화적 이미지를 부각시켜 국제적 영향력을 확대 시키고 나아가 UN 안보리 상임이사국의 지위를 하려는 목표 아래 UN PKO에 적극 참여하고 있다.

4) 저개발국

PKO에 참여함으로써 국제평화에 기여하면서 외화획득을 목적으로 참여하고 있는 저개발국들은 파키스탄, 인도, 방글라데시, 네팔, 요르단, 가나, 우루과이 등이 있으며, 2017년 11월 현재, PKO 파병인원의 상위 10개국은 대부분이 저개발국이다(에티오피아 8,387명, 방글라데시 7,240명, 한국 625명).

세계 각국의 참여형태로 볼 때, 한국은 강대국들의 전략적 선택에서 오는 국가이익의 추구와 전통적 적극참여국들이 지향하는 세계평화 모토를 바탕으로 특수지위국들이 추구하고 있는 국제평화기여와 국가위상제고를 고려하여 한국군의 국제평화유지활동을 위한 파병을 전략적으로 발전시켜 나가야 한다.

4. 국제 PKO 교훈과 국제동향 시사점

국제평화유지활동에 대한 다양한 문제점들을 통해 얻은 교훈들은 PKO 발전을 위한 시사점을 제시하고 있다. 먼저, PKO의 단기적인 활동기간은 분쟁당사자들에게 불안정한 여건과 환경을 잔존하게 하여 분쟁이 다시 발발할 수 있는 여지가 있다. 분쟁이 완전히 종료되지 않은 상태에서 PKO가 중단된 경우 불안정한 '현상유지(status quo)'는 결국 장기적으로는 평화유지가 불가피하게 몰락하게 된다고 지적되고 있다. 현 PKO의 임무는 영구적인 해결을 창출하는 것이 아니기 때문에 장기적인 활동을 하는데 제한되어, 향후 PKO는 평화조성과 평화재건을 위한 장기적인 차원의 활동으로 확대하여 정치, 외교적으로 분쟁당사자들이 지속적인 평화가 유지되도록 안정된 환경을 구축하는데 중점을 두어야한다.

둘째, 분쟁지역에 전개한 PKO 요원들이 캄보디아, 모잠비크, 보스니아, 코소보 등 분쟁지역에서 지역주민들과 마찰이 발생하는 경우가 있었다는 비판이 있어왔다(Graca Machel 1996). PKO 요원들은 분쟁당사자들에게 진정한 의미의 평화유지활동 목적을 수행하기 위한 선량한 요원으로 주민으로부터 인식되고 수용될 수 있도록 PKO 요원들에 대한 해당 분쟁지역의 역사, 문화, 생활양식에 대한 전문적인 지식과 이해가 함양되어야한다.

셋째, 분쟁지역에 파병된 PKO 요원의 안전과 건강문제가 지적되어왔다. 분쟁지역에서 임무를 수행하면서 UN 임무에 저항하는 위협세력으로부터 공격 위험, 기후 등 생활여건의 열악한 여건과 타국에서의 생활로 인해 야기되는 정신 건강문제는 현지의 임무수행 환경을 개선하고 예비병력을 확보하여 적절한 시기에 임무를 교대시켜 주어야한다.

국제평화유지활동을 위한 국제 동향은 점차 참가하는 국가들이 증가 추세에 있으며, 이에 따라 PKO 참가 여건에 맞는 통합 또는 다국협력형 PKO 센터를 구성하여 운용할 필요성이 제기되고 있다. PKO 참가인원도 군병력 위주에서 경찰, 민간인의 평화유지활동 참여가 확대되고 있는 추세로 PKO 주체의 다양화와 함께 전문화가 이루어져야한다. 아직까지 주요국가들의 PKO 파병이 저조한 상황에서 중진국인 한국의 PKO 참여 증가는 분쟁국으로부터 수용성이 높아지고 이들 국가들과의 외교관계 증대를 통하여 국가위상을 선양하고 국익을 세계적으로 확대할 수 있는 계기가 될 것으로 보인다(고성윤 2009).

III. 한국군의 국제평화유지활동

1. 한국군의 PKO 참여

한국군의 UN PKO 참여는 1991년 9월 남·북한이 UN에 동시 가입한 다음해인 1992년 UN에서 요청한 PKO 참여를 통보하고, 1993년 소말리아에 건설 공병부대인 상록수부대(Evergreen Unit) 258명을 UN PKO 임무(UNITAF)를 위해 파병한 것이 효시가 되었다. 이후 한국군의 PKO 파병은 탄력을 받아 1994년 9월에는 국군의료부대 요원 42명이 서부사하라에서 PKO 임무(MINURSO)를 수행하게 되었고, 같은 해 11월부터는 인도-파키스탄 지역의 잠무카슈미르분쟁 감시요원으로 PKO 임무(UNMOGIP)에 5명이 파병되어 현재까지 활동하고 있으며, 1995년 10월에는 200여 명의 공병부대가 앙골라 지역의 PKO 임무(UNAVEMIII)에 참여하였다. 1999년 10월에는 약 400여 명의 보병부대가 동티모르 평화유지활동단 임무(INTEREEF/UNUNTAET/UNMISET)에 참가한 것은 전투병력의 평화유지활동 참가라는 의미를 갖고 있다. 당초 호주가 주도국가로 활동해온 지역다국적군 평화유지활동은 UN PKO로 전환되었으며, 이러한 경우는 평화유지활동의 다양한 참여가 장기적 또는 종국적으로 UN PKO의 성격을 갖게 되는 현상을 설명하고 있다. 이후 한국군은 UN PKO를 위하여 그루지야, 레바논, 네팔, 사이프러스, 부룬디, 코트디부아르 등에서 다양한 임무와 형태로 참여해 왔다.

한국군의 PKO 참여임무는 초기(1993년~1998년)에 공병, 의무 등 비전투/근무지원

임무를 중심으로 파병되었으나, 1999년 동티모르 파병 이래 보병부대를 위주로 전투병력이 파병되어 치안유지 등 주요임무와 인도적 차원의 지원활동을 펼쳐왔다. 부대단위는 공병, 보병, 의료 등 다양한 편성을 통해 PKO 임무에 부응하여 높은 성과를

〈참고 19-4〉 한국군의 해외파견 현황

(총 13개국 1,106명, 2017.12.20 현재)

구분			현재 인원	지역	최초 파병	교대 주기
UN PKO	부대 단위	레바논 동명부대	329	티르	'07.7월	8개월
		남수단 한빛부대	293	보르	'13.3월	
	개인 단위	인·파 정전감시단(UNMOGIP)	7	스리나가	'94.11월	1년
		남수단 임무단(UNMISS)	7	주바	'11.7월	
		수단 다푸르 임무단(UNAMID)	2	다푸르	'09.6월	
		레바논 평화유지군(UNIFIL)	4	나쿠라	'07.1월	
		서부사하라 선거감시단(MINURSO)	4	라윤	'09.7월	
	소계		646			
다국적군 평화활동	부대	소말리아해역 청해부대	302	소말리아해역	'09.3월	6개월
	개인 단위	바레인 연합해군사령부 · 참모장교	4	마나마	'08.1월	1년
		지부티 연합합동 기동부대 (CJTF-HOA) · 협조장교	2	지부티	'09.3월	
		미국 중부사령부 · 협조단	2	플로리다	'01.11월	1년
		미국 아프리카사령부 · 협조장교	1	슈투트가르트	'16.3월	2년
	소계		311			
국방 협력	부대	UAE 아크부대	149	알 아인	'11.1월	8개월
	소계		149			
총계			1,106			

달성하여 분쟁지역의 주민과 국제적으로 높은 평가를 받아왔다.

한국군은 한미동맹 차원에서 다국적군 평화유지활동의 일환으로 '아프가니스탄 항구적 자유작전'에 2001년 12월부터 2007년 12월까지 해군, 공군 수송지원단을 비롯하여 다산, 동의부대요원 등 연인원 3,400여 명이 다양한 임무를 통하여 PKO에 참여하였으며, '이라크 자유작전'을 위하여 2003년 4월부터 2008년 12월까지 자이툰부대를 중심으로 의료지원단, 다이만 부대, 지방재건팀 등 연인원 20,300여 명이 PKO에 참여하였다. 최근에는 소말리아 해역의 해양안보작전을 위해 한국해군의 청해부대가 2009년 3월부터 지역다국적군의 일원으로 PKO 임무에 큰 성과를 거두고 있다(고성윤 2009).

2010년 1월 19일 대규모 지진피해를 입은 아이티에 피해복구 및 재건을 지원하기 위해 2월 10일부터 단비부대를 파견하였고, 2010년 6월 15일에는 아프가니스탄의 재건을 지원하는 한국 지방재건팀(PRT)을 보호하기 위해 아프가니스탄에 오쉬노부대를 파견하였다.

2. 한국군 PKO 참여 성과

1993년 한국군 최초로 소말리아에 파견된 UN PKO군은 지역재건, 의료지원 등 인도적 활동과 치안 유지 및 평화정착 지원임무를 수행하였다. 한국군의 인도적 학교운영은 현지 주민들에게 국가의식과 자립의식을 심어 주려는 한국인의 박애정신을 널리 알린 한국군 최초의 인도주의적 국제 활동으로 평가받았다.

서부 사하라 의료지원단은 1994년부터 2006년까지 서부사하라 선거지원단(MINURSO) 요원들에 대한 1단계 의료지원과 응급환자 조치 및 후송체계를 유지하며 지역 주민에 대한 의료지원과 전염병 예방활동과 지역일대에 대한 방역, 식품 및 수질검사 등의 임무를 성공적으로 완수하였다.

1995년 10월부터 약 1년 2개월 동안 190여 명 규모의 야전공병단은 앙골라에서 열대기후와 지뢰의 위험 속에서 연인원 600명은 교량건설을 비롯하여 비행장 복구, 도로보수 등 유엔으로부터 부여받은 임무 수행함은 물론 인도적 구호활동을 전개하였다.

동티모르 상록수부대는 대대규모의 보병부대로 1999년 10월부터 2003년 10월까지 3년 동안에 동티모르에서 국경선 통제, 치안 유지, 민사작전 및 핵심 시설에 대한 경계 제공 등 임무와 더불어 치안유지와 재건지원 및 순회 진료, 방역, 구호품 전달 등 인도적 활동을 전개하였다. 이러한 노력의 결과 국경선 일대에 대한 원활한 통제와 책임지역내 완벽한 치안을 유지하는 한편 '푸른천사(Blue Angel)' 작전으로 명명된 인도적 지원활동과 복구활동 등을 통해 지역주민의 민심을 확보하여 주민들로부터 '다국적군의 왕(말라이 무띤)'으로 불리었으며, 현지 유엔 기구로부터 PKO 참여국 중 가장 모범적으로 임무를 수행하는 부대라는 평가를 받았다.

2001년 9·11 테러 이후 한국군은 다국적군 국제평화유지활동으로 대테러작전인 '항구적 자유작전(OEF)'을 지원하기 위하여 UN 안보리결의안에 따라 아프가니스탄에 해·공군 수송지원단(2001년 12월), 국군의료지원단인 동의부대(2002년 2월)와 건설공병지원단인 다산부대(2003년 2월)를 각각 파견하여 6년간 동맹군과 현지 주민에 대한 진료와 병원 및 교량 등 시설물 건설의 임무를 수행하였다. 동의부대는 연인원 780명이 파병되어 한국의 우수한 의료 기술을 바탕으로 동맹군 및 현지 주민 총 26만여 명을 진료하고 인도적 차원의 구호활동과 보건교육 등을 병행하여 현지인들로부터 높은 신뢰를 받았다. 다산부대는 150여 명으로 구성한 건설공병지원단으로 연인원 1,332명이 파병되어 미군 및 동맹군의 기지건설 지원과 아프가니스탄 재건을 위해 건설 및 토목공사, 한·미 연합 PRT 참여, 대민지원 등의 임무를 성공적으로 수행하여 동맹국들의 높은 신뢰를 받았고 기술력과 성실성을 인정받았다. 한국 정부는 2003년 4월, 이라크 다국적군의 일원으로서 200명 규모의 건설공병지원단인 서희부대와 90명 규모의 의료지원단인 제마부대를 편성, 이라크 나시리아에 파견하여 1년 4개월의 기간 동안 다국적군 기지 운용과 인도적 차원의 전후 복구를 지원하면서 현지 주민에 대한 의료지원을 수행하였다.

국방부는 미국 정부의 추가파병 요청에 따라 '이라크 자유작전'에 참가하기 위하여 이라크 아르빌에 2004년 7월부터 2008년까지 총 9진의 부대, 연인원 17,700여 명이 파견되어 임무를 수행하였다. 자이툰부대는 4년 3개월 동안, 한 차원 격상된 연합작전수행과 다기능 민사작전(Green Angel Operation)을 실시하여 지역 주민의 신뢰를 통한 상호 친화적인 관계를 형성하여 이라크 평화 정착 및 한·미동맹에 기여하였고, 또한 지역주민에게 필요한 재건지원을 수행하여 동맹군 중에서 가장 모범적인 활동을 전개하였다는 평가를 받은 바 있다. 한국 정부는 2007년 7월에는 레바논 남부 티르지역에 동명부대 359명을 파견하였고, 현재까지 레바논과 이스라엘 국경지대에서 정전감시 임무를 수행하고 있으며, 또한 2009년 3월 13일 소말리아 해역에 파견된 청해부

청해부대는 국제해상안전과 테러 대응을 위한 국제사회의 노력에 동참하고 우리 선박을 보호하기 위해 활동 중에 있다. 우리나라는 2019년 12월 기준 580명이 PKO에 참여 중이다.

IV. 한국군 국제평화유지활동 발전 과제

1. 국방개혁 기본계획 PKO 상비군 구상

국방개혁 기본계획 2009~2020은 국내외 안보환경의 변화에 따라 국가위상에 걸맞은 국제사회의 평화유지를 위한 요구에 부응하기 위한 과제로 국제평화유지활동에 적극적이고 효과적인 참여를 중점과제로 설정하고, 해외파병 상비부대 편성을 통하여 이러한 역할 변화에 대비한 임무수행능력 구비를 목표로 하고 있다(국방부, '국제평화유지활동'; 국방개혁 기본계획 2009~2020, 2009: 24). 한국군의 해외파병 상비부대의 운용에 대한 구상은 1992년 1월 UN에서 한국 정부에 PKO 상비부대 창설 제안을 한 이후 검토되기 시작하였다. 1995년 3월, 한국 정부는 'UN 상비체제' 1단계 참여를 위하여 보병부대를 위주로 건설공병부대, 의료지원단, 해난구조대, 폭발물처리팀과 군 옵서버를 포함하여 800여 명 규모의 상비부대를 UN에 통보하였다.

2005년 6월, 국방부는 상비부대 편성안으로 1,000여 명 규모의 부대편성을 위하여 별도부대를 창설하지 않고 각 군별 부대를 지정하여 파병준비태세를 유지하는 방안을 준비하였다. 부대편성을 위하여 육군은 보병대대를 중심으로 수송, 통신, 공병, 의무와 헌병을 포함하여 700여 명의 규모로, 해군은 LST 해군수송부대, 폭발물처리, 해난

구조, 해병경비부대를 포함하여 250여 명, 공군은 항공수송단, 참모단을 포함하여 100여 명 규모의 전력으로 구성하는 안을 준비하였다.

이후, 2008년 3월, 국군 PKO 상비부대 편성계획은 국정과제(88번)에 반영되었고, 2009년 6월, 해외파병 상비부대 편성계획이 포함된 국방계획 기본계획(안)이 국방부 군무회의 의결을 거쳐, 2009년 7월3일, 대통령의 재가를 맡아 국방계획 기본계획 2009~2020에 반영되었다.

2. 미래 국제평화유지활동 환경

1) 국제분쟁환경의 변화

냉전 이후 국제분쟁은 민족문제, 식민유산, 영토문제 등 복합적인 원인이 작용되어 분쟁유형도 내분형, 국제형과 혼합형으로 분류되는 다양한 형태로 나타나고 있다. 국제분쟁의 성격은 국가 간 전쟁은 감소하는 반면, 국내분쟁 또는 내전이 증가하는 추세이며, 무장 테러집단의 증가와 더불어 전투의 양상도 다양하게 변화하고 있다.

이러한 분쟁환경 변화에 따라 국제평화유지활동도 변화를 맞고 있다. 그동안 소극적이었던 강대국 및 중건국의 국제평화유지활동 참여가 증대되고 있으며 PKO 활동 참여인원 및 조직도 확대되어 UN 직원, 군, 경찰로 구성된 UN 임무단이 편성 운용되고, 비군사요원의 참여와 역할도 증대되고 있다.

2) 미래 국제평화유지활동 양상

미래 국제평화유지활동은 국제분쟁환경의 변화와 더불어 테러, 이익집단의 위협에 대응할 수 있는 다양하고 복합적인 임무수행 역량을 구비한 PKO 활동을 요구하고 있다. 종래 정전협정준수 감시를 위주로 한 PKO 활동은 강도 높은 분쟁지역의 궁극적인 평화정착에는 한계가 있다. 따라서 분쟁지역에서 민간인의 희생 방지와 대량학살 또는 인종청소 등 인도주의 실종에 대처하기 위한 인도적 활동지원, 인권보호 감시활동의 증대에 부응하기 위한 적극적인 군사적 수단의 참여와 함께 그 역할이 증대될 것으로 전망된다. 구체적으로 국제평화활동은 정전 또는 평화협정의 준수 여부에 대한 감시 및 조사활동, 민간인 보호 및 인권감시, 인도적 활동지원, 반군의 무장해제 및 사회 재통합 활동 지원, 사회재건 및 분쟁재발 방지를 위한 선거지원, 경찰 및 군대조직의 창설 지원, 기술지원 등 분쟁국가의 국가재건 역량 강화를 지원하기 위하여 광범위하고 복합적인 임무수행 역량을 구비해야 할 것이다.

3. 국제적 협력

세계적 평화에 기여하고 국가위상을 신장하고 국익을 증대하기 위하여 국제사회의 평화유지활동에 적극적으로 참여하는 것이 필요하다. 먼저, UN이 주관하는 UN PKO 임무에 적극 부응하여 국제사회에서 한국의 평화적 이미지를 제고하고 UN 상비군의 편성에 대해 적극적인 정책이 마련되어야 한다. 또한 21세기 한·미간 전략적 동맹차원의 협력을 강화하기 위하여 한국의 PKO 정책과 활동이 한반도 유사시에 대비한 미래 지향적 투자로 인식하여 동맹국가인 미국의 세계안보질서 관리에 유리하도록 연대를 강화할 필요가 있다(고성윤 2009).

둘째, 국제평화유지활동의 광범위하고 다양한 참여를 위해 한국군이 수행할 수 있는 임무의 형태를 다양하게 개발하고 적극적으로 UN이나 다국적군 주도국가에 제시할 필요가 있다. 한국공군의 해외공수에 추가하여 탐색구조임무와 해군의 해로 확보 및 해적퇴치임무 등을 통해 한국군의 작전능력을 관리할 필요가 있다.

셋째, 분쟁지역에서 국제기구와 지역 민간단체, 경찰, 군의 상호 협조 및 지원체제 구축과 국제 NGO를 비롯한 다양한 참여조직 간에 정보공유를 활성화하기 위한 지원 체제가 구축되어야 임무 효과를 증진시킬 수 있다. 우선적으로 분쟁지역에 파병된 평화유지군이 실질적인 현지 정보를 확보하기 위하여 외교, 군사, 기업 및 교포 등의 정보자원을 통합하여 관리할 수 있는 조직과 체제를 구비하는 것이 긴요하다.

넷째, 분쟁지역의 주민들에게 신뢰를 주고 함께 지역의 평화재건을 위한 활동이 이루어 질 수 있도록 민사작전의 광범위한 확대와 군사외교를 증대할 수 있는 외교정책의 뒷받침과 국가 차원의 분쟁지역 당사자들에 대한 경제적 지원이 국제적 협력을 통해 반영될 수 있는 방안이 마련되어야 한다.

다섯째, 북한의 급변사태 및 통일 여건을 준비하는 차원에서 PKO 평화재건 측면에서 '분쟁후 임무(post-conflict mission)'에 경험을 축적할 필요가 있다. 한국이 주체가 되어 위기상황을 관리할 수 있는 능력을 함양할 수 있다(급변사태 관련 PKO역할은 김성진 2011 참조).

4. 국내 환경 조성 및 제도적 체제 구비

국제평화유지활동을 적극적으로 추진하기 위해서는 근본적으로 국내적 환경을 조성하고 법률적 제도적 체제를 보완·발전시켜 나가는 것이 우선해야 한다.

PKO에 대해 일각에서 부정적 시각을 갖고 비판하는 견해에 대해 적극적인 홍보와 설명이 필요하다. 국제평화유지활동참여는 전쟁이 아니라 분쟁예방활동이며 평화재건을 위한 평화지향적인 활동으로 한국의 국제적 위상에 맞는 PKO 정책에 대하여 긍정적인 측면을 적극적으로 홍보하여 설득하여야 한다. 세계관, 평화관, 협력적 안보에 대한 계도와 이해가 선행되어야 한다.

정부에서는 지난 2010년 1월 25일 '국제연합 평화유지활동 참여에 관한 법률(법률 제9939호)'을 제정하여 4월 26일부터 시행에 들어갔는데, 여기에 따라 PKO 상비군의 파병 절차가 개선되고 파병부대의 전문화를 위한 전력증강과 교육훈련을 위한 예산지원 등이 마련될 수 있게 되었다.

향후 보완·발전시켜 나가야 할 몇 가지 사항들을 나열해 보면 다음과 같을 것이다.

첫째, 테러 또는 평화위협집단의 출현으로 PKO 활동의 안정적 운용을 보장하기 위하여 정보통신, 무기 발달에 부응한 생존성과 기동성이 보장되는 전력으로 평화유지 상비군을 구성하고 다양한 조직으로 정전 및 평화협정 준수 감시체계를 보완할 수 있는 PKO 부대 편성과 무기체제와 전력구비를 위한 계획이 수립되어야한다.

둘째, PKO 상비부대 요원과 여러 분야의 다양한 참여요원의 전문성을 함양하기 위하여 정부차원의 통합소양교육을 위한 기관의 설치가 긴요하다. 현재는 국방대학교 안보문제연구소 내에 PKO 센터가 설립되어 각종 연구개발과 교육훈련을 맡고 있으

요점정리

- 국군상비부대 편성: 국방개혁 2009~2020에 반영
- 미래 PKO 환경: 국내분쟁 또는 내전 증가, 테러집단 증가, 전투양상 다양화, 국제 PKO 참여 증대, 참여인원/조직 확대
- 미래 PKO 양상: 광범위하고 복합적인 임무수행이 요구됨. 따라서 정전협정 준수 위주에서 인도주의적 지원, 인권보호 감시활동 지원 등으로 확대

며, 파병교육은 특수작전사령부 국제평화지원단에서도 실시하고 있다. 그러나 PKO의 포괄적인 임무 수행을 위해서는 외교, 국방, 행정을 비롯한 PKO 관련 여러 부처의 협력적인 조처가 필요한 사안으로서 민관군 통합교육훈련을 관리할 수 있는 국가 급의 평화유지활동센터가 고려될 수 있다.

셋째, PKO 요원을 확보하는 다양한 경로와 인적자원의 활용을 위한 제도적 고려가 필요하다. 국방부는 이미 20여년의 PKO 임무 참여를 통해 34,000여 명의 경험자들을 양성해왔으며, 지역별로 전문적인 경험을 가진 예비역들을 PKO 요원으로 활용할 수 있는 제도적 장치를 발전시켜야 한다.

V. 맺음말

한국의 높아진 위상에 걸맞은 국제평화 기여에 대한 국제사회의 기대에 따라, 한국 정부는 한국전을 통해 받은 국제적인 평화유지지원을 세계에 기여한다는 의미에서 UN을 비롯한 국제적인 평화유지활동에 적극적으로 참여하여야 할 위치에 있다. 이러한 기대와 요구에 부응하기 위하여 국방부는 중장기계획으로 '국방개혁 기본계획 2009~2020'에 국제평화유지활동을 위한 3,000여 명 규모의 상비군의 창설을 제시하고 있다. 국제평화유지활동은 활동주체에 따라 UN PKO와 다국적군 PKO로 구분되며, 한국군은 세계평화기여 차원에서 1990년대 들어 소말리아, 레바논, 동티모르 등지에서 UN PKO를 지원하고 동맹국과의 협력외교 차원에서 이라크, 아프가니스탄 등지에서 다국적군 PKO 활동을 전개해왔다.

그러나 UN은 신속한 PKO 관리를 위하여 신속배치단계제도를 통해 PKO 상비군제도를 요청하고 있으며, 한국군은 이에 부응하기 위하여 PKO 상비부대를 창설할 필요성이 대두되어왔다. 이리하여 한국은 2010년 4월 26일 공포된 '국제평화유지활동 참여에 관한 법률' 제정으로 신속하게 국제평화유지활동에 참여할 수 있는 법적근거가 마련됐다. 같은 해 7월 1일에는 유엔 상비체제(UN Stand-by Arrangement System)인 '국제평화지원단(온누리부대)'의 창설로, 보다 전문화되고 역량을 갖춘 부대의 적시적인 해외파병이 가능해졌다.

한국군의 PKO 상비부대는 미래의 국제분쟁환경 변화에 따른 PKO 임무양상의 확대에 대비하여 현 수준의 정전감시임무보다 발전된 평화유지활동으로 적극적인 평화강제작전(Peace Enforcement Operations)과 평화재건작전(Peace Building Operations)을 수행해야 할 것이며 이를 위한 적정한 수준의 부대 규모와 능력을 구비해야한다.

한편 우리는 해외파병 전략의 중점을 군사적 지원에서 국가안보와 국익창출에 기여하는 방향으로 바꿀 필요가 있다. 이를 위해서는 국가급 PKO 센터의 설립, 국방협력 차원의 파병 소요 증가에 대비한 법적·제도적 보완과 함께 군은 물론 공무원·경찰, 비정부기구(NGOs)의 참여 확대 등을 지속적으로 추진해야 한다.

이와 더불어 우리는 중동 및 아프리카 여러 국가들로부터 단순한 평화유지 목적 이외의 국방기획·선진화된 훈련체계 도입 등 다양한 군사협력을 요청받고 있다. 따라서 이제는 우리 군이 이룩한 성과를 바탕으로 한국군의 해외파병을 통한 국익창출과 함께 여러 국가들과의 국방협력을 더욱 강화해야만 한다.

핵심개념

- 평화유지활동(PKO: Peace Keeping Operations)
- 다국적군(MNF: Multi-National Forces)
- 분쟁예방(Conflict Prevention)
- 평화조성(Peace Making)
- 평화유지(Peace Keeping)
- 평화구축(Post-conflict Peacebuilding)
- 평화강제(Peace Enforcement)

토론주제

1. PKO의 유형들은?
2. UN의 평화유지군 편성내용은?
3. 세계 각국의 PKO 참여 유형들은?
4. 한국군의 PKO 성과를 극대화하기 위한 발전방향은?

참고문헌

✳ 01 국가안보의 개념

구영록 (1995). 『한국의 국가이익』. 서울: 법문사.

국가안전보장회의 (2004). 『평화번영과국가안보: 참여정부의안보정책구상』. 국가안전보장회의.

김열수 (2011). 『국가안보: 위협과 취약성의 딜레마』. 서울: 법문사.

육군사관학교 (2006). 『국가안보론』. 서울: 박영사.

이상현 (2011). 『새로 그리는 동아시아 안보지도: 중국 부상의 안보적 함의』. 성남: 세종연구소.

피터 하스 편저, 이상현 역(2017). 『세계화의 논쟁』. 서울: 명인출판.

홍원표 (2005). 『국제질서의 패러독스』. 인간사랑.

Allison, G. T., G. F. Treverton et al. (1992). *Rethinking America's security: beyond Cold War to new world order*. Norton.

Baldwin, D. A. (1997). "The concept of security." *Review of International Studies* 23(1): 5-26.

Burgess, J. P. (2009). *The Routledge handbook of new security studies*. Routledge.

Buzan, B. (2007). *People, states, and fear: an agenda for international security studies in the post-cold war era*. ECPR Press.

Buzan, B., O. Wæver et al. (1998). *Security: a new framework for analysis*. Lynne Rienner Pub.

Cavelty, M. D., and V. Mauer (2009). *The Routledge handbook of security studies*. Routledge.

Dannreuther, R. (2007). *International security: the contemporary agenda.* Polity.

Ganguly, S., A. Scobell et al. (2009). *The Routledge handbook of Asian security studies.* Routledge.

George, R. Z., and H. Rishikof (2011). *The National Security Enterprise: Navigating the Labyrinth.* Georgetown University Press.

Haass, R. N. (2008). "Age of Nonpolarity-What Will Follow US Dominance." *Foreign Affairs* 87: 44.

Krauthammer, C. (1990). "The unipolar moment." *Foreign Affairs* 70(1): 23-33.

Sahinoglu, M. (2005). "Security meter: A practical decision-tree model to quantify risk." *Security & Privacy*, IEEE 3(3): 18-24.

Snow, D. M. (2010). *National Security for a New Era.* Pearson Education Canada.

Tow, W. T. (2009). *Security politics in the Asia-Pacific: a regional-global nexus?* Cambridge University Press.

Ullman, R. H. (1983). "Redefining security." *International security* 8(1): 129-153.

✳ 02 국제정치이론과 국가안보

이근욱 (2009). 『왈츠 이후』. 서울: 한울아카데미.

_____ (2010). "자유주의 이론과 안보." 함택영·박영준 편. 『안전보장의 국제정치학』. 서울: 사회평론.

Axelrod R., and R. O. Keohane (1986). "Achieving Cooperation Under Anarchy: Strategies and Institutions." In Kenneth Oye (ed.). *Cooperation Under Anarchy.* Princeton: Princeton University Press.

Berger, T. U. (1996). "Norms, Identity, and National Security in Germany and Japan." In Peter J. Katzenstein (eds.). *The Culture of National Security.* New York: Columbia University Press.

Bueno de Mesquita, B., J. D. Morrow, R. M. Siverson, and A. Smith (1999). "An Institutional Explanation of the Democratic Peace." *American Political Science Review*, 93(4): 791-807.

Doyle, M. (1983). "Kant, Liberal Legacies, and Foreign Affairs." *Philosophy and Public Affairs*, 12(2-3): 205-35, 323-53.

_____ (1986). "Liberalism and World Politics." *American Political Science Review*, 80(4): 1151-69.

Gartzke, E. (2007). "The Capitalist Peace." *American Journal of Political Science*, 51(1): 166-191.

Grieco, Joseph. (1988). "Anarchy and the Limits of Cooperation: A Realist Critique of the Newest Liberal Institutionalism." *International Organization*, Vol.42, No.3 (Summer 1988).

Finnemore, M., and K. Sikkink (1998). "International Norm Dynamics and Political Change." *International Organization*, 52(4): 887-918.

_____ (1996). *National Interests in International Society*. Ithaca: Cornell University Press.

_____ (2003). *The Purpose of Intervention: Changing Beliefs about the Use of Force*. Ithaca: Cornell University Press.

Glaser, C.L. (1994-5). "Realists as Optimists: Cooperation as Self-Help." *International Security*, 19(4): 50-90.

Gray, C. S. (1981). "National Styles in Strategy: The American Example." *International Security* 6(2): 21-47.

_____ (1990). *War, Peace and Victory: Strategy and Statecraft for the Next Century*. New York: Simon and Schuster.

Jepperson, R. L., A. Wendt, and P. J. Katzenstein (1996). "Norms, Identity, and Culture in National Security." In P. J. Katzenstein (eds.). *The Culture of National Security*. New York: Columbia University Press.

Jervis, R. (1978). "Cooperation under the Security Dilemma." *World Politics*, 30(2): 167-214.

Keohane, R.O. (1984). *After Hegemony: Cooperation and Discord in the World Political Economy*. Princeton: Princeton University Press.

_____ (1989). *International Institutions and State Power: Essays in International Relations Theory*. Boulder, CO: Westview.

Keohane, R.O., and Nye, J.S., Jr. (1977). *Power and Interdependence*. Boston: Little, Brown.

Klotz, A. (1995). *Norms in International Relations: The Struggles against Apartheid.* Ithaca: Cornell University Press.

Legro, J. (2005). *Rethinking the World: Great Power Strategies and International Order.* Ithaca: Cornell University Press.

Lobell, S., N. Ripsman, and J. Taliaferro, eds. (2009). *Neoclassical Realism, the State, and Foreign Policy.* Cambridge: Cambridge University Press.

Maoz, Z., and B. Russett (1993). "Normative and Structural Causes of the Democratic Peace, 1946-1986." *American Political Science Review,* 87: 624-38.

Mearsheimer, J. J. (2014). *The Tragedy of Great Power Politics.* New York: W.W. Norton.

Morgenthau, H. J. (1948). *Politics among Nations: The Struggle for Power and Peace.* New York: Knopf.

Onuf, N. (1989). *World of Our Making: Rules and Rule in Social Theory and International Relations.* Columbia: University of South Carolina Press.

Owen, J. M. (1994). "How Liberalism Produces Democratic Peace." *International Security,* 19(2): 87-125.

Price, R. (1997). *The Chemical Weapons Taboo.* Ithaca: Cornell University Press.

Powell, Robert (1991). "Absolute and Relative Gains in International Relations Theory." *American Political Science Review,* Vol.85, No.2(December 1991).

Riss-Kappen, T. (1995). *Cooperation among Democracies: The European Influence on U.S. Foreign Policy.* Princeton: Princeton University Press.

Ruggie, J. (1993). "Territoriality and Beyond: Problematizing Modernity in International Relations." *International Organization,* 47(1): 139-74.

Russett, B. (1994). *Grasping the Democratic Peace: Principles for a Post-Cold War World.* Princeton: Princeton University Press.

Russett, B., and J. Oneal (2001). *Triangulating Peace: Democracy, Interdependence, and International Organizations.* New York: W.W. Norton.

Schweller, R.L. (2004). "Unanswered Threats: A Neoclassical Realist Theory of Underbalancing." *International Security,* 29(2): 159-201.

Snyder, J. (1977). *The Soviet Strategic Culture: Implications for Nuclear Options,* Rand R-2154-AF. Santa Monica, Calif.

Tanenwald, N. (2007). *The Nuclear Taboo: The United States and the Non-Use of*

Nuclear Weapons since 1945. Cambridge: Cambridge University Press.

Van Evera, S. (1999). *Causes of War: The Structure of Power and the Roots of Conflict*. Ithaca: Cornell University Press.

Waltz, K.N. (1979). *Theory of International Politics*. Reading: Addison Wesley.

Wendt, A. (1992). "Anarchy Is What States Make of It: The Social Construction of Power Politics." *International Organization*, 46(2): 391-425.

_____ (1999). *Social Theory of International Politics*. Cambridge: Cambridge University Press.

✽ 03 민군관계와 국가안보

국방대안보문제연구소 편 (2009). 『안보적 관점에서 본 한국 현대사』. 서울: 오름.

온만금 (2006). 『군대사회학』. 서울: 황금알.

윌리엄 맥닐 저, 신미원 역 (2005). 『전쟁의 세계사』. 서울: 이산.

조영갑 (2005). 『민군관계와 국가안보』. 서울: 북코리아.

한국정치학회 (2008). 『국제정치경제와 새로운 영역』. 서울: 법문사.

Brooks, R. (2008). *Shaping Strategy: the civil-military politics of strategic assessment*. Princeton University Press.

Egnell, R. (2011). *Complex Peace Operations and Civil-Military Relations: Winning the Peace*. Routledge.

Huntington, S. P. (1981). *The soldier and the state: the theory and politics of civil-military relations*. Belknap Press of Harvard University Press.

Huntington, S. P. (2011). 『군인과 국가』. 서울: 한국해양전략연구소.

Janowitz, M. (1960). *The professional soldier: a social and political portrait*. Glencoe, Ill.: Free Press.

Janowitz, M. (1964). *The military in the political development of new nations : an essay in comparative analysis*. Chicago: University of Chicago Press.

Lovell, J. P., and P. S. Kronenberg (1974). *New civil-military relations: the agonies of adjustment to post-Vietnam realities*. Transaction Books; distributed by E. P.

Dutton.

Nielsen, S. C., and D. M. Snider (2009). *American civil-military relations: the soldier and the state in a new era*. Baltimore: Johns Hopkins University Press.

Owens, M. T. (2011). *US civil-military relations after 9/11: renegotiating the civil-military bargain*. Continuum.

Smith, D., and R. Smith (1983). *The economics of militarism*. Pluto Press.

Snider, D. M., and M. A. Carlton-Carew (1995). *U.S. civil-military relations: in crisis or transition?* Center for Strategic & International Studies.

Snider, D. M., L. J. Matthews et al. (2002). *The future of the Army profession*. McGraw-Hill.

❋ 04 전략과 국가안보

이성만 외 (2015). 『항공우주시대 항공력 운용: 이론과 실제』. 서울: 오름.

Biddle, S. (2002). "Land Warfare: Theory and Practice." In J. Baylis and J. J. Wirtz (eds.). *Strategy in the Contemporary World: An Introduction to Strategic Studies*. New York: Oxford University Press.

Brodie, B. (1949). "Strategy as a Science." *World Politics*, 1(4).

Corbett, J. S. (1988). *Some Principles of Maritime Strategy*. Annapolis, MD: Naval Institute Press.

Drew, D. M., and D. M. Snow (2006). *Making Twenty-First-Century Strategy: An Introduction to Modern National Security Processes and Problems*. Maxwell: Air University Press.

Douhet, G. (1999). 이명환 역. 『제공권』. 서울: 책세상.

Hart, L. B. H. (1954). *Strategy: The Indirect Approach*. New York: Praeger.

Howard, M. (1979). "The Forgotten Dimensions of Strategy." *Foreign Affairs*, 57(5).

Jomini, A. H. (1862/2000). 이내주 역. 『전쟁술』. 서울: 책세상.

Lykke, A. F. (2001). "Toward an Understanding of Military Strategy." In *U.S. Army War College Guide to Strategy*. Carslie: Strategic Studies Institute.

Mahan, A. T. (1889/1999). 김주식 역. 『해양력이 역사에 미치는 영향』. 서울: 책세상.

Malik, M. J. (1999). "The Evolution of Strategic Thought." In C. A. Snyder (eds.). *Contemporary Security and Strategy.* London: Macmillan Press.

Stephens, A., and N. Baker. (2006). *Making Sense of War: Strategy for the 21st Century.* Cambridge: Cambridge University Press.

Van Creveld, M. (1995). *Supplying War: Logistics from Wallenstein to Patton.* New York: Cambridge University Press.

Walt, S. (1987). "The Search for a Science of Strategy." *International Security*, 12(1).

Yarger, H. R. (2006). *Strategic Theory for the 21st Century: The Little Book on Big Strategy.* Carslie: Strategic Studies Institute.

❋ 05 안보정책결정과 국가안보

김용호 (2006). 『세계화 시대 국제관계: 동아시아적 이해』. 서울: 오름.

히가시 다이사쿠, 서각수 역 (2004). 『우리는 왜 전쟁을 했을까』. 서울: 역사넷.

밸러리 허드슨, 신욱희 역 (2007). 『외교정책론』. 서울: 을유문화사.

장달중·임수호 (2004). "부시행정부의 패권전략과 동아시아의 안보딜레마." 『국가전략』 10(2).

Allison, G. T., and P. Zelikow (1999). *Essence of decision: explaining the Cuban Missile Crisis.* Longman.

Frankel, J. (1963). *The making of foreign policy: an analysis of decision making.* London, New York: Oxford University Press.

Gilboa, E. (2005). "The CNN effect: The search for a communication theory of international relations." *Political Communication* 22(1): 27-44.

Haas, R. (2005). 『미국 외교정책의 대반격』. 서울: 김영사.

Hudson, V. M. (2007). *Foreign policy analysis: classic and contemporary theory.* Rowman & Littlefield Pub.

Krasner, S. D. (2002). "Are bureaucracies important?(or Allison Wonderland)." *American foreign policy: theoretical essays.* Nova York: Longman: 441-453.

Lakoff, G. (2004). *Don't think of an elephant!: know your values and frame the debate:*

the essential guide for progressives. White River Junction, Vt., Chelsea Green Pub. Co.

Mercer, J. (2009). *Reputation and International Politics.* Cornell Univ. Pr.

Mintz, A., and K. R. DeRouen (2010). *Understanding Foreign Policy Decision Making.* Cambridge University Press.

Paul, C. (2008). *Marines on the beach: the politics of U.S. military intervention decision making.* Praeger Security International.

Peña, M. (1003). "News media and the foreign policy decision-making process, CNN or Washington?" *Razonypalabra* 32.

Rosati, J. A., and J. M. Scott (2010). *The Politics of United States Foreign Policy.* Cengage Learning.

Rosenau, J. N., and I. N. I. NetLibrary (2006). *The study of world politics.* London, New York: Routledge.

Sabatier, P. A. (2007). *Theories of the policy process.* Westview Press.

Silverstein, G. (1997). *Imbalance of powers: constitutional interpretation and the making of American foreign policy.* Oxford University Press.

Zaloga, S. (2002). *The Kremlin's nuclear sword: the rise and fall of Russia's strategic nuclear forces, 1945-2000.* Smithsonian Institution Press.

✳ 06 국가안보의 모색: 자력방위와 동맹

Art, R. J. (1980). "To What Ends Military Power?" *International Security*, 4(5).

_____ (2003). "The Four Functions of Force." In R. J. Art and R. Jervis (eds.). *International Politics: Enduring Concepts and Contemporary Issues.* New York: Longman.

_____ (2007). "Coercive Diplomacy." In R. J. Art and R. Jervis (eds.). *International Politics: Enduring Concepts and Contemporary Issues.* New York: Longman.

Biddle, S. (2004). *Military Power: Explaining Victory and Defeat in Modern Battle.* Princeton: Princeton University Press.

Eyre, D. P., and M. C. Suchman (1996). "Status, Norms, and the Proliferation of

Conventional Weapons: An Institutional Theory Approach." In P. J. Katzenstein (eds.). *The Culture of National Security: Norms and Identity in World Politics.* New York: Columbia University Press.

George, A. L. (1991). *Forceful Persuasion: Coercive Diplomacy as an Alternative to War.* Washington, DC: United States Institute of Peace Press.

_____ (1994). "Theory and Practice." In Alexander L. George and William E. Simons. *The Limits of Coercive Diplomacy.* Boulder: Westview Press.

George, A. L., and R. Smoke (1974). *The Deterrence in American Foreign Policy: Theory and Practice.* New York: Columbia University Press.

Huth, P. K. (1988). *Extended Deterrence and the Prevention of War.* New Haven: Yale University Press.

Lauren, P. G. (1979). "Theories of Bargaining with Threats of Force: Deterrence and Coercive Diplomacy." In P. G. Lauren (eds.). *Diplomacy.* New York: The Free Press.

Morrow, J. D. (1999). "The Strategic Setting of Choices: Signaling, Commitment, and Negotiation in International Politics." In D.A. Lake and R. Powell (eds.). *Strategic Choice and International Relations.* Princeton: Princeton University Press, 77-114.

Schelling, T. C. (1966). *Arms and Influence.* New Haven: Yale University Press.

Schweller, R. L. (1994). "Bandwagoniing for Profit: Bringing the Revisionist State Back In." *International Security*, 19(1).

Smith, R., 황보영조 역 (2008). *The Utility of Force: The Art of War in the Modern World.* 『전쟁의 패러다임: 무력의 유용성에 대하여』. 서울: 까치.

Snyder, G. H. (1997). *Alliance Politics.* Ithaca: Cornell University Press.

Walt, S. (1987). *Origins of Alliances.* Ithaca: Cornell University Press.

_____ (1997). "Why Alliances Endure or Collapse." *Survival*, 39(1).

Weitsman, P. A. (2004). *Dangerous Alliances: Proponents of Peace, Weapons of War.* Stanford: Stanford University Press.

✽ 07 국제안보의 모색: 다자안보와 군비통제

박창권·김명진 (2006). "대량살상무기 확산방지구상(PSI)과 북한." 『국방정책연구』, 71.

안준호 (2011). 『핵무기와 국제정치』. 서울: 열린책들.

이근욱 (2006). "한반도 평화체제 구축논의에 대한 비판: 평화조약과 군비통제의 필요성과 국제정치 이론." 『사회과학연구』, 14(2).

조나단 와츠 저, 윤태경 역 (2011). 『중국 없는 세계: 중국, 경제, 환경의 불협화음에 관한 8년의 기록』. 서울: 랜덤하우스코리아.

함택영·박영준 편 (2010). 『안전보장의 국제정치학』. 서울: 사회평론.

Beardsley, K., and V. Asal (2009). "Winning with the Bomb." *Journal of Conflict Resolution* 53, 278-301.

Belcher, E. (2009). *A Tighter Net: Strengthening the Proliferation Security Initiative.* Lowy Institute for International Policy.

Caravelli, J. (2008). *Nuclear Insecurity: Understanding the Threat from Rogue Nations and Terrorists.* Praeger Security International.

Cavelty, M. D., and V. Mauer (2009). *The Routledge Handbook of Security Studies.* Routledge.

Cirincione, J., J. B. Wolfsthal, and M. Rajkumar (2005). *Deadly Arsenals: Nuclear, Biological, and Chemical threats.* Carnegie Endowment for International Peace.

Frederking, B. (2007). *The United States and the Security Council: Collective Security since the Cold War.* Routledge.

Gartzke, E., and D. J. Jo (2009). "Bargaining, Nuclear Proliferation, and Interstate Disputes." *Journal of Conflict Resolution* 53, 209.

Larsen, J. A., and J. J. Wirtz (2009). *Arms Control and Cooperative Security.* Lynne Rienner Publishers.

Lodgaard, S., and M. B. Mærli (2007). *Nuclear Proliferation and International security.* Routledge.

Medeiros, E. S. (2005). *Chasing the Dragon: Assessing China's System of Export Controls for WMD-related Goods and Technologies.* Rand Corp.

Reeves, R. (1993). *President Kennedy: Profile of Power.* Simon & Schuster.

Shepsle, K. A., and M. S. Bonchek (1997). *Analyzing Politics: Rationality, Behavior, and Institutions.* W.W. Norton.

Tow, W. T. (2009). *Security Politics in the Asia-Pacific: a Regional-Global Nexus?* Cambridge University Press.

Van Evera, S., and R. J. Reardon (2010). "Nuclear Bargaining: Using Carrots and Sticks in Nuclear Counter-proliferation." Massachusetts Institute of Technology.

✳ 08 억제와 핵전략

김재한 (2000). "핵과 초강대국의 평화." 이상우·하영선. 『현대국제정치학』. 서울: 나남출판.

문영일 (1999). 『미국의 국가안보전략사상사』. 서울: 을지서적.

온창일 (2004). 『전략론』. 서울: 집문당.

Blacker, C., and G. Duffy (1984). *International Arms Control: Issues and Agreements.* Stanford: Stanford University Press.

Catudal, H. (1986). *Nuclear Deterrence-Does It Deter? Atlantic Highlands.* N.J.: Humanities Press International, Inc.

Dougherty, J. E., and Pfaltzgraff R. L. Jr. (2011). 이수형 역. 『미국외교정책사』. 파주: 한울아카데미.

Freedman, L. (2008). *Deterrence.* Cambridge: Polity Press.

Harkabi, Y. (2008). *Nuclear War and Nuclear Peace.*

Lebow, R., and J. Stein (1990). "Deterrence the elusive dependent variable." *World Politics* 35.

The White House (2002). *The National Security of the United States of America.* Washington, D.C.: The White House.

Wohlstetter, A. (1959). "The delicate balance of terror." *Foreign Affairs*, January 1959.

❋ 09 전쟁

Bull, H. (1977). *The Anarchical Society: A Study of Order in World Politics.* London: McMillan.

Christensen, T., and J. Snyder (1990). "Chain Ganging and Passed Bucks: Predicting Alliance Patterns in Multipolarity." *International Organization*, 44.

Clausewitz, C. V. (1976). *On War*, edited and trans. by M. Howard and P. Paret. Princeton: Princeton University Press.

Van Creveld, M. (1991). *The Transformation of War.* New York: Free Press.

Freud, S. (2008). "Why War?" In R. Bett (eds.). *Conflict after the Cold War: Arguments on Causes of War and Peace.* New York: Pearson Longman.

Fromm, E. (1977). *The Anatomy of Human Destructiveness.* New York: Penguin Books.

Hensel, P. (2000). "Territory: Why Are Territorial Disputes between States a Central Cause of International Conflict?" In J. A. Vasquez (eds.). *What Do We Know About War?* New York: Rowman & Littlefield.

Holsti, K. J. (1991). *Peace and War: Armed Conflicts and International Order, 1648-1949.* Cambridge: Cambridge University Press.

Jervis, R. (1976). *Perception and Misperception in International Politics.* Princeton: Princeton University Press.

Kahneman, D. (2003). "Maps of Bounded Rationality: Psychology for Behavioral Economics." *American Economic Review*, 93 (December 2003).

Khong, Y. F. (1992). *Analogies at War.* Princeton: Princeton University.

Levy, J. S. (2003). "Loss Aversion, Framing Effects, and International Conflict." In M. Midlarsky (eds.). *Handbook of War Studies II.* Ann Arbor: University of Michigan Press.

Levy J. S., and L. I. Vakili (1992). "External Scapegoating in Authoritarian Regimes: Argentina in the Falklands/Malvinas Case." In M. I. Midlarsky (eds.). *The Internationalization of Communal Strife.* London: Routledge.

Levy, J. S., and W. R. Thompson (2010). *Causes of War.* Oxford: Wiley-Blackwell.

Lorentz, K. (2002). *On Aggression.* Marjorie Latzke, trans. New York: Routledge.

Mead, M. (2008). "Warfare in Only an Invention: Not a Biological Necessity." In R. Bett (eds.). *Conflict after the Cold War: Arguments on Causes of War and Peace.* New York: Pearson Longman.

Organski, A. F. K., and J. Kugler (1980). *The War Ledger.* Chicago: University of Chicago Press.

Schweller, R. L. (2006). *Unanswered Threats: Political Constraints on the Balance of Power.* Ithaca: Cornell University Press.

Singer, D., and M. Small (1972). *The Wages of War, 1816-1965: A Statistical Handbook.* New York: Wiley.

Snyder, J. (1991). *The Myths of Empire: Domestic Politics and Imperial Ambition.* Ithaca: Cornell University Press.

Van Evera, S. (1994). "Hypotheses on Nationalism and War." *International Security*, 18(4).

Walzer, M. (2000). *Just and Unjust War.* New York: Basic Books.

Wright, Q. (1965). *A Study of War.* Chicago: University of Chicago Press.

✽ 10 군사혁신과 미래전쟁

강봉구 (2002). "아프간 전쟁이후 미국의 군 변혁." 『국제정치논총』, 42(1).

공군본부 (2009). 『공군교리요약집』.

국방부 (2007). 『주요 국방정책 용어』. 서울: 국방부.

_____ (2003). 『한국적 군사혁신의 비전과 방책』. 서울: 국방부.

국방연구원(KIDA) 2008. 『동북아 군사력 2008-2009』.

권태영·노훈 (2008). 『21세기 군사혁신과 미래전』. 서울: 법문사.

배달형 (2004). "군사력 변환의 개념과 미군 변환추진전략에 대한 시사점." 『주간국방논단』, KIDA, 985호 (04-10).

이성만 (2010). "현대 비정규전 개념 범주에 관한 고찰." 『국방연구』, 53(4).

이성만 외 (2015). 『항공우주시대 항공력 운용: 이론과 실제』. 서울: 오름.

임길섭 (2004). "미래의 전쟁양상 및 국방과학 기술." 국방과학기술조사서(ADD).

조동성·신철호 (1996). 『14가지 경영혁신 기법의 통합모델』. 서울: 아이비에스컨설팅 그룹.

조한승 (2010). "4세대 전쟁의 이론과 실제: 분란전 평가를 중심으로." 『국제정치논총』,

50(1).

Blaker, J. R. (1997). *Understanding the Revolution in Military Affairs.* Washington, D.C: Progressive Policy Institute.

Boot, M. (2005). "The Struggle to Transform the Military." *Foreign Affairs*, 84(2).

Brook, T. V. (2010). "Push on to Protect New Troops From IEDs." *USA Today* (April 19, 2010).

Burgess, M. B. (2003). "Navigating the Three-Block War and the Urban Triad." *Eye on Iraq.* Center for Defense Information (April 4, 2003).

Crowder, G. L. (2003). "Effects Based Operations Briefing." *Pentagon Briefing.* Mar. 19, 2003.

Dunny, R. S. (2008). "Improvisation Won't D it." *Air Force Magazine* (June 2008).

Hammes, T. X. (2006). *The Sling and The Stone: On War in the 21st Century.* St. Paul: Zenith Press.

Hoffman, F. G. (2009). "Hybrid Warfare and Challenges." *Joint Forces Quarterly*, 52, 1st quarter.

Krulak, C. C. (1999). "The Strategic Corporal: Leadership in the Three Block War." *Marine Corps Magazine*, 28(1).

_____ (1997). "The Three Block War: Fighting in the Urban Areas." *Vital Speeches of the Day*, 64(5): 139-41.

Lind, W. S. et al. (1989). "The Changing Face of War: Into the Fourth Generation." *Marine Corps Gazette* (Oct 1989).

JFCOM J9 Concepts Department (2001). *Effects-Based Operations.* White Paper Version 1.0.

Kiras, J. (2007). "Irregular Warfare: Terrorism and Insurgency." In J. Baylis (eds.). *Strategy in the Contemporary World.* Oxford: Oxford University Press.

Lind, B. et al. (1989). "The Changing Face of War: Into the Fourth Generation." *Military Review* (October 1989).

Mattis, J. N., and F. G. Hoffman (2005). "Future Warfare: The Rise of Hybrid Wars." *Proceedings*, 132 (November 2005).

Mazarr, M. J. et al. (1993). *The Military Technical Revolution.* Wsahington D.C.: CSIS.

Montana, J. (2011). *Urban Warfare.* Broomall, PA: Mason Crest.

Murray, W., and A. R. Millett (eds.). *Military Innovation in the Interwar Period*. New York: Cambridge University Press.

National Defense Panel (1997). *Transforming Defense: National Security in the 21st Century*.

Office of Force Transformation (2003). *Military Transformation: A Strategic Approach*. Washington, D.C: Department of Defense.

Owens, W. A. (1995). "The Emerging System of Systems." *Military Review* (May/June 1995).

Rumsfeld, D. H. (2002). "Transforming the Military." *Foreign Affairs*, 81(3).

Sloan, E. C. (2002). *Revolution in Military Affairs*. Montreal: McGill-Queen's University Press.

US Departmet of Defense Office of Force Transformation (2005). *The Implementation of Network Centric Warfare*.

_____ (2000). *Joint Vision 2020*, May 30, 2000.

_____ (2005). "Network-Centric Environment Joint Functional Concept." version 1.0 (7 April 2005).

Van Creveld, M. (1991). *The Transformation of War*. New York: The Free Press.

Wilson, C. (2004). "Network Centric Warfare: Background and Oversight Issues for Congress." *CRS Report for Congress*.

✻ 11 국가정보

민진규 (2010). 『국가정보학: 역사와 혁신』. 서울: 배움.

Daugherty, W. J. (2004). *Executive Secrets: Covert Action and the Presidency*. Lexington: University Press of Kentucky.

DNI(Office of the Director of National Intelligence). (2009). *National Intelligence: A Consumer's Guide*.

Kinzer, S. (2006). *Overthrow: America's Century of Regime Change from Hawaii to Iraq*. New York: Henry Holt and Company.

Lowenthal, M. M. 김계동 역. (2008). *Intelligence: From Secret to Policy*, Third ed. 『국가 정보: 비밀에서 정책까지』. 서울: 명인문화사.

MacEachin, D. (2001). *US Intelligence and the Polish Crisis, 1980-1981.* Washington D.C.: Center for the Study of Intelligence, Central Intelligence Agency.

Macleod, S. (2006). "Behind Gaddafi's Diplomatic Turnaround." *Time Magazine*, May 18.

Parker, C., and E. Stern (2002). "Blindsided? September 11 and the Origins of Strategic Surprise." *Political Psychology*, 23(3): 601-30.

Schulsky, A. N., and Gary J. S. 신유섭 역 (2007). *Silent Warfare: Understanding the World of Intelligence*, third ed. 『국가정보의 이해: 소리없는 전쟁』. 서울: 명인문 화사.

Wohlstetter, R. (1965). "Cuba and Pearl Harbor: Hindsight and Foresight." *Foreign Affairs*, 43: 691-707.

Zegart, A. (2007). "CNN with Secrets: 9/11, the CIA, and the Organizational Roots of Failure." *International Journal of Intelligence and Counterintelligence*, 20(1): 18-49.

✱ 12 위기관리

김갑식 (2008). "노무현 행정부의 위기관리 체계 : 인간안보와 재난관리의 접목 가능성." 『북 한연구학회보』, 12(2).

조영갑 (2005). "전통적 안보위기와 위기관리학의 정립." 『한국위기관리논집』 1(1).

한용섭 (1999). "한반도 위기사태 유형과 효과적 위기관리." 『전략연구』, 통권 제17호.

Allison, G.T., and P. Zelikow (1999). *Essence of Decision: Explaining the Cuban Missile Crisis,* 2nd ed. New York: Longman.

Ben-Yehuda, H. (1999). "Opportunity Crises: Framework and Finding, 1918-1994." *Conflict Management and Peace Science*, 17(1).

Brecher, M., and J. Wilkenfeld (1998). *A Study of Crisis.* Ann Arbor: University of Michigan Press.

Chiozza, G., and A. Choi (2003). "Guess Who Did What: Political Leaders and the Management of Territorial Disputes, 1950-1990." *Journal of Conflict Resolution*, 47(3): 251-78.

George, A. L. (1969). "The 'Operational Code': An Neglected Approach to the Study of Political Leaders and Decisionmaking." *International Studies Quarterly*, 13(2).

_____ (1991). "The Tension between Military Logic." In Alexander L. George, eds. *Avoiding War: Problems of Crisis Management*. Boulder: Westview Press.

George, A. L., and Richard Smoke (1974). *Deterrence in American Foreign Policy*. New York: Columbia University Press.

Hensel, P., and S. M. Mitchell (2005). "Issue Indivisibility and Territorial Claims." *Geojournal*, 646), 275-85.

Hermann, C.F., ed. (1972). *International Crises: Insights from Behavioral Research*. New York: Free Press.

Hermann, M. G. et al. (2001). "Who Leads Matters: The Effects of Powerful Individuals." *International Studies Review*, 3(2).

Huth, P. (1996). *Standing Your Ground: Territorial Disputes and International Conflict*. Ann Arbor: University of Michigan Press.

Janis, I. L., and L. Mann (1977). *Decision Making: A Psychological Analysis of Conflict, Choice, and Commitment*. New York: Free Press.

Jervis, R. (1976). *Perception and Misperception in International Politics*. Princeton: Princeton University Press.

Lebow, R. N. (1981). *Between Peace and War: The Nature of International Crisis*. Baltimore: Johns Hopkins University Press.

Leeds, B. A. (2003). "Alliance Reliability in Times of War: Explaining State Decisions to Violate Treaties." *International Organization*, 57, 801-27.

Levy, J. S. (1983). "Misperceptino and the Causes of War: Theoretical Linkages and Analytical Problems." *World Politics*, 36(1).

_____ (1989). "The Diversionary Theory of War: A Critique." In M.I. Midlarsky, eds. *Handbook of War Studies*. Boston: Unwin Hyman, 259-88.

Maoz, Z. (1982). "Crisis Initiation: A Theoretical Exploration of a Neglected Topic in International Crisis Theory." *Review of International Studies*, 8(4).

Nisbett, R., and L. Ross (1980). *Human Inference: Strategies and Shortcomings of Social*

Judgement. Englewood Cliffs: Prentice Hall.

Roberts, J. M. (1988). *Decision-Making during International Crises*. Hong Kong: MacMillan Press.

Rogers, P. J. (1991). "Crisis Bargaining Codes and Crisis Management." In Alexander L. George, eds. *Avoding Inadvertent War: Problems of Crisis Management*. Boulder: Westview.

Sagan, S. D. (1991). "Rules of Engagement." In Alexander L. George, eds. *Avoiding War: Problems of Crisis Management*. Boulder: Westview Press.

Snyder, G.H., and P. Diesing (1977). *Conflict among Nations: Bargaining, Decision Making, and System Structure in International Crisis*. Princeton: Princeton University Press.

Stein, J. G. (2010). "Crisis Behavior: Miscalculation, Escalation, and Inadvertent War." in Robert A. Denemark, eds. *The International Studies Encyclopedia*, Blackwell Reference Online. 19 January 2011(http://www.isacompendium.com/subscriber /tocnode?id=g9781444336597_chunk_g97814443365975_ss1-27).

Tomz, M. (2007). "Domestic Audience Costs in International Relations: An Experimental Approach." *International Organization*, 61, 821-40.

Tversky, A., and D. Kahneman (1974). "Judgment under Unvertainty: Heuristics and Biases." *Science, New Series*, 185(4157).

Wilkenfeld, J. (2006). "Concepts and Methods in the Study of International Crisis Management." In Machael D. Swaine and Zahng Tuosheng, Danielle F. S. Cohen. *Managing Sino-American Crises: Case Studies and Analysis*. Washington D.C.: Carnegie Endowment for International Peace.

Wilkenfeld, J., M. Brecher, and S. Moser (1988). *Handbook of Foreign Policy Crises, Crises in the Twentieth Century*. Oxford: Pergamon.

Williams, P. (1976). *Crisis Management: Confrontation and Diplomacy in the Nuclear Age*. London: Martin Robertson.

✽ 13 한국의 안보환경과 안보·통일정책

국방대학교 (2012). 『2012년도 안보정세전망』. 서울: 국가안전보장문제연구소.

국방부 (2010). 『국방백서 2010』. 서울: 국방부.

김문성 (2000). 『행정학의 이해』. 서울: 박영사.

도재숙 외 (2007). 『동북아 전략환경과 한국안보』. 서울: 한국학술정보.

박명서 (1999). 『통일시대의 북한학 강의』. 서울: 돌베개.

박인휘 (2010). 『세계화시대 한국의 국가안보』. 서울: 새사회전략정책연구원.

박종철 (2007). 『2020 선진한국의 국가전략』. 서울: 통일연구원.

박창권 외 (2009). 『한국의 안보와 국방』. 서울: 국방연구원.

배한동 (2010). 『새로운 통일교육론』. 대구: 경북대학교 출판부.

백승주 (2011). 『2011 한국의 안보와 국방』. 서울: 국방연구원.

안정식 (2007). 『한국의 자주적 대북정책은 가능한가』. 서울: 한울아카데미.

최경희 (2016). "북한의 '2체제' 통일전략에 관한 연구: 북한의 '수령권력'체제와 영구분단전략을 중심으로." 『국제정치논총』 제56집 4호, p.142.

통일교육원 (2002). 『통일교육기본지침서』. 서울: 통일교육원.

_____ (2004a). 『통일·남북관계 사전』. 서울: 통일교육원.

_____ (2004b). 『통일문제 이해』. 서울: 통일교육원.

_____ (2006). 『통일문제 이해』. 서울: 통일교육원.

_____ (2007). 『통일교육기본지침서』. 서울: 통일교육원.

_____ (2008). 『통일교육기본지침서』. 서울: 통일교육원.

_____ (2011). 『통일문제 이해』. 서울: 통일교육원.

_____ (2012). 『통일문제 이해』. 서울: 통일교육원.

_____ (2014). 『통일문제 이해』. 서울: 통일교육원.

_____ (2017). 『통일문제 이해』. 서울: 통일교육원.

합동참모본부 (2010). 『합동·연합작전 군사용어사전』. 2010.

World Development Indicators database(World Bank) and World Factbook(CIA).

❋ 14 국방개혁과 합동성 강화

국방부 (2003). 『한국적 군사혁신의 비전과 방책』. 서울: 국방부.

_____ (2004). 『한미동맹과 주한미군』. 서울: 국방부.

_____ (2006). 『2006 국방백서』. 서울: 국방부.

국방참모대학 (2003). 『EBO / RDO 개념 소개』.

권영근 외 (2003). 『미군의 통합활동』. 합동참모본부.

권태영·노훈·정춘일 (1997). "한국군의 전력 통합화 개념과 방향."『국방경영정책연구』정책 연구시리즈 통권 제3호. 서울: 한국군사운영분석학회.

김상범 (2006). "국방개혁의 추진에 따른 공중전력 발전과제와 방향."『국방정책연구』2006년 여름호.

문광건 (2001). "합동성의 이론과 실제."『국방정책연구』2001년 가을호.

유삼남 (2001). "3군의 균형된 군인사로 첨단 정보.과학화된 미래군 건설해야."『월간 군사세 계』2001년 4월호. 21세기 군사연구소.

윤광웅 (2000). "국방조직 현황과 발전방향." 한국군사학회 제8회 국방군사세미나.

이선호 (2001). "국방조직의 당면과제와 3군 균형발전방향." 국방정책 토론회발표논문. 사단 법인 21세기 군사연구소.

이상현 (2005). "국방개혁의 방향과 과제."『정세와 정책』. 세종연구소.

_____ (2006). "한미동맹과 전략적 유연성: 쟁점과 전망."『국제정치논총』, 46(4).

이성만 (2004). "이라크 전쟁 교훈 분석."『군사사 연구총서』제4집.

통일교육원(2014). 『통일문제 이해』, 서울: 통일교육원

황선남. 1994. 『Goldwater-Nichols 미국 국방조직 개편법에 관한 연구: 합참의 기능과 역할 의 변화를 중심으로 분석』. 국방대학교 석사학위논문.

Charles H. C., and R. J. Pellegrin (1970). *Military Sociology: A Study of American Military Institution and Military Life*. University Park, Md.: The Social Science Press.

Douglas J. F. (2003/4). "Transforming the United States Global Defense Posture." *The DISAM Journal*, Winter. 2003-2004.

Roger A. B., 권영근 역. 2001. 『합동작전의 역사』.

USJFCOM (2001). Effects-based Operations. USJFCOM J9 Concepts Department, White-paper Version 1.0.

✻ 15 한미동맹의 역사와 발전

국방부 (2003). 『한국적 군사혁신의 비전과 방책』. 서울: 국방부.

＿＿＿ (2004). 『한미동맹과 주한미군』. 서울: 국방부.

＿＿＿ (2010). 『2010 국방백서』. 서울: 국방부.

국방정보본부 (1999). 『FY2000 미국방연례보고서』.

권영근 외 (2003). 『미군의 통합활동』. 합동참모본부.

권태영·노훈·정춘일 (1997). "한국군의 전력 통합화 개념과 방향." 『국방경영정책연구』 정책 연구시리즈 통권 제3호. 서울: 한국군사운영분석학회.

김상범 (2006). "국방개혁의 추진에 따른 공중전력 발전과제와 방향." 『국방정책연구』 2006년 여름호.

박기련 (2007). "미국의 군사변혁과 그것이 한미동맹에게 주는 함의." 『국제정치논총』 47(1).

서주석 (1996). 『한·미안보협력 50년의 재조명』. 서울: 한국국방연구원.

유삼남 (2001). "3군의 균형된 군인사로 첨단 정보.과학화된 미래군 건설해야." 『월간 군사세계』 2001년 4월호. 21세기 군사연구소.

윤광웅 (2000). "국방조직 현황과 발전방향." 한국군사학회 제8회 국방군사세미나.

이 근 (2005). "해외주둔 미군재배치계획(GPR: Global Defense Posture Review)과 한미동맹의 미래." 『국가전략』, 11(2).

이상현 (2005). "국방개혁의 방향과 과제." 『정세와 정책』. 세종연구소.

＿＿＿ (2006). "한미동맹과 전략적 유연성: 쟁점과 전망." 『국제정치논총』, 46(4).

＿＿＿ (2007). "전시작전통제권 전환과 한미동맹의 제 문제." 『군사논단』, 50.

이성만 (2004). "이라크 전쟁 교훈 분석." 『군사사 연구총서』 제4집.

이영희 (1988). "남북한 전쟁 능력 비교연구." 『사회와 사상』 1988년 9월호.

청와대 통일외교안보정책실 (2006). "전시 작전통제권 환수 문제의 이해." 2006.8.9.

최형두 (2012). 『아메리카 트라우마』. 서울: 위즈덤하우스.

황선남 (1994). 『Goldwater-Nichols 미국 국방조직 개편법에 관한 연구: 합참의 기능과 역할의 변화를 중심으로 분석』. 국방대학교 석사학위논문.

Douglas J. F. (2003/4). "Transforming the United States Global Defense Posture." *The DISAM Journal,* Winter, 2003-2004.

Morgenthau, H. J. (1967). *Politics among Nations.* New York: Knopf.

Rothstein, R. (1968). *Alliances and Small Powers.* London: Columbia University Press.

U.S Department of Defense (2006). *Quadrennial Defense Review Report*. Washington D.C.: Department of Defense.

_____ (2010). *Quadrennial Defense Review Report*. Washington D.C.: Department of Defense.

✱ 16 북한 핵무기의 평가와 전망

공군대학 (2007). 『북한핵 어떻게 제압할 것인가?』. 제13회 국제항공전략 심포지엄 발표 자료집, 2007.9.13.

국방대학교 (2010). 『북한 핵무기 위협에 대한 현실적 대응방안』. 합참대 합동전략발전 세미나 발표자료집, 2010.2.24.

길병욱 (2007). "북한의 핵보유국 지위 획득전략과 한국의 정책대응방안." 『한국동북아논총』. 한국동북아학회 45집.

국방부 (2004). 『대량살상무기(WMD) 문답백과: 화·생·방·미사일 얼마나 알고 계십니까?』. 서울: 국방부.

김종찬 (2005). 『한반도 핵게임』. 서울: 새로운 사람들.

김태우 (2003). 『북한핵문제 종합적 대처방안』. 서울: 국방연구원.

박명서·정지웅 (2000). 『북한 핵 프로그램』. 서울: 사군자

박영규 (2002). 『김정일 정권의 외교전략』. 서울: 통일연구원.

박 진 (2003). 『박진의 북핵리포트』. 서울: 한국경제신문.

이용준 (2004). 『북한핵: 새로운 게임의 법칙』. 서울: 조선일보사.

이재석 (2004). 『북한핵 드라마: 배경·전개·해법』. 서울: 형성출판사.

이춘근 (1995). 『북한핵의 문제: 발단, 협상과정, 전망』. 세종연구소.

전성훈 (2008). "대량살상무기(WMD) 군비통제와 군축의 역사적 평가와 전망." 『한반도 군비통제』, 44.

_____ (2010). "북한 비핵화와 핵우산 강화를 위한 이중경로정책." 『국가전략』 2010년 봄.

전현준 (2001). 『김정일 정권의 분야별 정책변화와 추이 분석』. 서울: 통일연구원.

_____ (2002). "북한 정치체제의 특성에 관한 일 고찰." 『북한체제의 현주소』. 서울: 통일연구원.

정영태 (2004). "김정일 정권하 정치군사체제 특성과 변화전망." 『김정일 정권 10년: 변화와

전망』. 서울: 통일연구원.

정재욱 (2012). "북한의 군사도발과 '적극적 억지전략'의 구현방향."『국제정치논총』. 한국국
제정치학회 52집 1호.

홍성후 (2010). "북한의 2차 핵실험과 핵개발 의도."『한국동북아논총』 15(2).

Albright, D. (2003). "Introduction to Verified Dismantlement of Nuclear Programs: Defining the approach." *ISIS,* July 2003(http://www.isis-online.org/overview 2.pdf).

ICG (2004). "North Korea: Where Next for the Nuclear Talks?" *Asia Report,* No. 87, November 15, 2004.

Kim, K. et al. (2004). *North Korea's Weapons of Mass Destruction: Problems and Prospects.* Seoul: Hollym International Corp.

Kissenger, H. (2003). "Toward an East Asian Security system." *Tribune Media Services International*, August 17, 2003.

Van der Meer, K. (2003). "The Radiologist Threat: Verification at the Source." *Verification Yearbook 2003.* London: VERTIC.

E. Sanger, D. (2003). "U.S. And 2 Allies Agree On A Plan For North Korea." *The New York Times.* December 8, 2003.

Zimmerman, P. (1993). "Technical Barriers to Nuclear Proliferation." *Security Studies*, Spring/Summer.

✽ 17 북한의 위협과 대비방향

고봉준 (2010). "국가안보와 군사력." 함택영·박영준 편. 『안전보장의 국제정치학』. 서울: 사
회평론.

국방부 (2003). 『한국적 군사혁신의 비전과 방책』. 서울: 국방부

_____ (2010b). 『2012~2026 합동개념서』. 서울: 국방부.

_____ (2012a). 『2012 국방백서』. 서울: 국방부.

_____ (2012b). 『집중해부 북한·북한군』. 서울: 국방부

남만권 (2006). 『북한 군사체제: 평가와 전망』. 서울: 국방연구원.

로동신문 (1972). "김일성 군사선집 제1권 출판에 즈음해서." 논설, 1972.4.19.

박관용 외 (2007). 『북한급변사태와 우리의 대응』. 서울: 한울 아카데미.

북한연구소 (1978). 『북한군사론』. 서울: 북한연구소.

이성만 외 (2011). 『항공우주시대 항공력 운용: 이론과 실제』. 서울: 오름.

정경영 (2011). 『동북아 재편과 한국의 출구전략』. 서울: 21세기 군사연구소.

차영구·황병무 편 (2009). 『국방정책의 이론과 실제』. 서울: 오름.

최 강 (2011). "북핵, 군비통제 그리고 평화체제." 『한반도 군비통제』 제49집.

하정열 (2009). 『국가전략론』. 서울: 박영사.

Hoffman, F. G. (2009). "Hybrid Warfare and Challenges." *Joint Forces Quarterly*, 52(1).

U.S. Department of Defense. 2010. *Quadrennial Defense Review Report*, Feb 2010.

✳ 18 국가비상대비와 국가동원

공군본부 (2016). 『동원업무실무지침서』. 대전: 국군인쇄창.

국방부 (1988). 『동원 및 예비군 관계 용어집』. 서울: 국방부.

_____ (2016). 『국방백서』. 서울: 국방부.

김열수 (2005). 『21세기 국가위기관리체제론: 한국 및 외국의 사례 비교연구』. 서울: 오름.

길병옥 (2007). "전시 작통권 환수에 따른 국가위기관리체계 확립방안," 『군사논단』 제50호.

대통령실 국가위기상황센터 (2009).

법률 제10339호 『정부조직법』 제29조.

비상기획위원회 (2000). 『비상대비 30년사』. 서울: 비상기획위원회.

안충영 (1984). "국가동원에 관한 연구." 『국방대학원정책보고서』, 1984.12.

안광찬 (2011). 『국가위기관리 및 전시대비체제 발전방향』. 2010년도 안보국방학술회의 자
    료집.

육군본부 (1990). 『동원업무』. 대전: 육군본부.

✱ 19 국제안보를 위한 한국의 노력

고성윤 (2009). "평화유지활동의 활성화 방안." 연구보고서. 서: 국방연구원.

국방대학교 (2011). 『분쟁해결사 PKO 바로 알기』. 서울: 국방대학교 PKO센터.

국방부 (2009). "국제평화유지활동." 『국방개혁 기본계획 2009~2020』. 서울: 국방부.

국방부 홈페이지, http://www.mnd.go.kr/mndPolicy/GlobalArmy (검색일: 2011.10.21).

권안도 (2009). "한국군과 국제평화유지활동." 『The Army』.

김열수 (2003). "세계 PKO 동향 및 우리의 정책방향." 『전사』 제5호. 서울: 국방대학교.

송승종 (2006). 『유엔평화유지활동의 이해』. 서울: 연경문화사.

오영호 (2007). "한국군의 해외 평화유지활동에 관한 연구." 서울: 원광대학교.

오흥국 외 (2011). 『지구촌에 남긴 평화의 발자국』. 서울: 국방부군사편찬연구소

우석제 (2006). "한국 유엔평화유지군(PKO)활동에 관한 연구." 서울: 고려대학교.

정은숙. (2003). 『21세기 유엔 평화유지활동』. 서울: 세종연구소.

정은숙 (2008). "제2세대 유엔 PKO." 『세종정책연구』, 4(1). 서울: 세종연구소.

조용만 (2010). "유엔 PKO활동 분석과 한국 PKO의 전략적 실용화 방안." 『국제정치논총』 50(1).

한국국방연구원 (1996). "한국 PKO 정책방향 연구." 『한국국방연구원 연구보고서』 정96-1139. 서울: 국방연구원.

Fleitz, Jr., F. H. (2002). *Peacekeeping fiascoes of the 1990s: Causes, Solution, and U.S. Interests.* Westport: Praeger Publisher.

International Peace Academy (1984). *Peacekeeper's Handbook.* New York: Pergamon.

Kim, S. (2011). *Prospects and Tasks on UN PKO and ROK Forces in North Korea's Contingency Situation.* Seoul: Kyung Hee University Press.

Paul, D. (2008). *Peace Operations: War and Conflict in the Modern World.* Cambridge: Polity Press.

Rubinstein, R. A. (2008). *Peacekeeping under Fire: Culture and Intervention.* Paradigm publishers.

Ramsbotham, O., and Tom W. (1999). *Encyclopedia of International Peacekeeping Operations.* Santa Barbara: ABC-CLIO.

UNDPKO (2003). *Handbook on UN Multidimesional Peace Keeping Operations.* New York.

_____ (2008). UN Peacekeeping Operations: Principles and Guidelines, 2008. 〈http://pbpu.unlb.org/pbps/Library/Capstone_doctrine_ENG.pdf〉(검색일: 2011.11.15).

_____ (2009). *Charting A New Horizon for UN Peacekeeping.* New York.

_____ (2008). "What is Peacekeeping?"(http://www.un.org/Depts/dpko/dpko/field/body_pkeep.htm).

_____ (2016). *Peacekeeping Brochure* (http://peacekeeping.un.org/en/publications, 검색일: 2018.1.20).

UNPKO Website. http://peacekeeping.un.org/en/how-we-are-funded(검색일: 2018.1.20).

찾아보기

|ㄱ|

[개정판]

국가안보의
이론과 실제

초 판 1쇄 발행: 2013년 3월 4일
개정판 1쇄 발행: 2018년 2월 5일
개정판 6쇄 발행: 2024년 1월 31일

지은이: 이성만 외
발행인: 부성옥
발행처: 도서출판 오름
등록번호: 제2-1548호(1993. 5. 11)

주 소: 서울특별시 중구 필동로 19 삼가빌딩 4층
전 화: (02) 585-9123 / 팩 스: (02) 584-7952
E-mail: oruem9123@naver.com
ISBN   978-89-7778-395-9   93340